DIREITO EMPRESARIAL
PARA
ECONOMISTAS E GESTORES

DIREITO EMPRESARIAL
PARA
ECONOMISTAS E GESTORES

3ª EDIÇÃO · 2020

Paulo Olavo Cunha
Doutor em Direito
Professor da Faculdade de Direito da
Universidade Católica Portuguesa (Lisboa)
Advogado (Vieira de Almeida & Associados)

ALMEDINA

DIREITO EMPRESARIAL
PARA
ECONOMISTAS E GESTORES

AUTOR
Paulo Olavo Cunha
1ª Edição: Janeiro, 2014

EDITOR
EDIÇÕES ALMEDINA, S.A.
Rua Fernandes Tomás, nºs 76-80
3000-167 Coimbra
Tel.: 239 851 904 · Fax: 239 851 901
www.almedina.net · editora@almedina.net

Design de colecção: FBA.
Capa: Edições Almedina

PRÉ-IMPRESSÃO
EDIÇÕES ALMEDINA, SA
IMPRESSÃO E ACABAMENTO
ACD Print, S.A.
março, 2020
DEPÓSITO LEGAL
467531/20

ALMEDINA | GRUPOALMEDINA

BIBLIOTECA NACIONAL DE PORTUGAL – CATALOGAÇÃO NA PUBLICAÇÃO

CUNHA, Paulo Olavo, 1961-

Direito empresarial para economistas e gestores. – 3ª ed.
ISBN 978-972-40-8376-6

CDU 347

O estudo dos mercados é de três ordens – económico, psicológico, e propriamente social.

Fernando Pessoa[1]

[1] Adaptação do artigo «A essência do comércio», *Revista de Comércio e Contabilidade*, vol. I, Lisboa, 1926 (transcrito na *Essência do Comércio*, Editorial Nova Ática, Lisboa, s/d, mas dep. legal de 2006, p. 15).

NOTA PRÉVIA À 3ª EDIÇÃO

Seis anos após a sua primeira publicação, em janeiro de 2014 – cuja 1ª edição foi objeto de uma reimpressão (em abril de 2014) e cuja 2ª edição seria publicada em março de 2016 –, o *Direito Empresarial para Economistas e Gestores* encontra-se novamente esgotado.

Embora não se justifique proceder a maiores desenvolvimentos do que os efetuados na 2ª edição – uma vez que o texto do livro se encontra devidamente consolidado –, as alterações ocorridas na nossa ordem jurídica constituem fundamento bastante para atualizar o texto e publicar uma 3ª edição.

Mantive o índice analítico (ideográfico) elaborado para a 2ª edição para permitir aos leitores, sobretudo aos que utilizam o livro como obra de consulta, encontrarem com maior facilidade as matérias que, pontualmente, procuram.

De entre as atualizações feitas, saliente-se, entre outras, as resultantes das alterações introduzidas ao Código das Sociedades Comerciais desde 2016, da publicação do novo Código da Propriedade Industrial (de 2018), vigente, na generalidade, desde 1 de julho de 2019 (aprovado pelo Decreto-Lei nº 110/2018, de 10 de dezembro) (vd. nº 11), da substancial modificação da lei das práticas individuais restritivas do comércio (DL 166/2013, de 27 de dezembro) introduzida pelo DL 128/2019, de 29 de agosto (vd. nº 10.3), e as modificações ocorridas no âmbito da crise da empresa, com o novo regime extrajudicial de recuperação (RERE) (nº 19.2.2) e com a introdução de outras medidas com a mesma finalidade que se traduzem na conversão (forçada) de créditos de sócios e de terceiros em capital (vd. nº 19.5).

É natural que os meus leitores atentos encontrem, neste livro, um tronco comum com o manual de *Direito Comercial e do Mercado* – publicado no final de 2018 e que corresponde às nossas lições de Direito Comercial –, em especial no que respeita à Concorrência, Propriedade Industrial e Contratos Comerciais, dada a natural coincidência de matérias, mas a evolução das duas obras apontará seguramente, como já se está a verificar, para uma gradual separação dos textos, considerando os respetivos destinatários.

Finalmente, renovo os agradecimentos anteriormente feitos, em especial ao fundador e *alma mater* da sociedade de advogados de que com muita honra e orgulho sou sócio e integro há década e meia, Vasco Vieira de Almeida, pela brilhante apresentação deste livro aquando do respetivo lançamento público (em janeiro de 2014) – a qual jamais esquecerei –, e expresso o meu muito obrigado a todos quantos contribuíram para a sedimentação ou desenvolvimento do respetivo texto.

Agradeço à Cristina Ortigão Correia e à Marta Martins da Costa as sugestões de correcção de provas e à Rosa Baptista e à equipa da Almedina, na pessoa do João Pedro, a paginação e edição deste livro.

Em qualquer circunstância, todos os lapsos e imprecisões – que serão certamente mais do que os desejáveis – continuarão a ser da minha exclusiva responsabilidade.

Lisboa, janeiro de 2020

Paulo Olavo Cunha
(poc@lisboa.ucp.pt / poc@vda.pt)

NOTA PRÉVIA À 1ª EDIÇÃO

Este livro foi escrito para os meus alunos de Economia e de Administração e Gestão de Empresas da *Católica Lisbon School of Business & Economics*, pretendendo constituir igualmente, para todos os licenciados em ciências económicas e empresariais, um manual de referência e um repositório sistematizado do conhecimento da matéria de Direito Empresarial, a qual se enquadra no mais amplo ramo de Direito do Mercado.

Na escolha dos temas e assuntos que integram este livro não é alheia a veia prática de advogado, que me anima, e o contacto permanente, quotidiano, que mantenho com gestores a quem cabe prover a condução de empresas da mais variada dimensão.

Sem qualquer intenção de desprezar os textos dos meus livros para juristas – e a estrutura e raciocínio que os enforma –, optei por simplificar (ainda mais, se possível) a linguagem que utilizo habitualmente neste tipo de obras, com a dupla finalidade de facilitar o (primeiro) contacto com o mundo do Direito e de tornar mais apetecível a compreensão e a aprendizagem da dimensão técnico-jurídica da vida económica e social.

Tendo em conta os principais destinatários das páginas que se seguem, prescindi intencionalmente de incluir citações jurisprudenciais – que são frequentes nas minhas obras –, por não fazerem sentido num texto elaborado para não juristas, mas optei por indicar um razoável número de elementos auxiliares de natureza bibliográfica, aos quais o leitor poderá recorrer se pretender fazer uma incursão nalgum domínio em especial, remetendo pontualmente para manuais (de referência).

A finalidade do ensino do Direito a economistas e gestores é essencialmente a de lhes proporcionar os instrumentos e ferramentas que lhes vão permitir dialogar com os juristas, que os poderão assessorar no exercício da sua atividade empresarial, sempre que carecerem dessa interação. Não se trata de formar "quase juristas", mas de tentar fornecer a cultores de outras ciências e profissionais de diferentes áreas as armas que lhes permitam identificar oportunamente as dificuldades e os problemas jurídicos e, se possível, percecionar a qualidade da assessoria técnico-jurídica de que beneficiam em cada momento.

Se o conseguir, através do meu ensino e deste livro, sentir-me-ei plenamente realizado na minha missão – complementar ao exercício da atividade docente na área de ciências jurídico-comerciais da Faculdade de Direito – na academia que forma economistas e gestores e da qual é, naturalmente, indissociável a relação, também quotidiana, que mantenho com a prática e com o mundo empresarial. É também a essa experiência que se deve este livro que assinala, volvidos alguns anos, o regresso à Faculdade que, na minha Universidade, se dedica ao ensino das ciências económicas e empresariais: a *Católica Lisbon School of Business & Economics.*

Importa, por fim, explicar que este livro versa matérias não abrangidas no curso que leciono, por falta de espaço didático que ao mesmo é dedicado, mas que reputo relevantes para o conhecimento adequado do Direito Empresarial por parte de economistas e gestores.

Agradeço a todos os que, de alguma forma, contribuíram para melhorar a qualidade do texto, cuja responsabilidade assumo inteiramente, bem como a todos os meus amigos e sócios da VdA, e dedico este livro aos meus amigos gestores e economistas – salientando, de entre eles, sem injustiça, o Alberto e o René – e a todos aqueles que tive o privilégio de assessorar, com os quais depressa aprendi que o Direito não se desenvolve numa torre de marfim, mas sim num mercado em constante mutação impulsionado pela dinâmica e criatividade dos agentes económicos.

Chiado, novembro de 2013

Paulo Olavo Cunha
(poc@lisboa.ucp.pt / poc@vda.pt)

PLANO DA OBRA

SUMÁRIO

CAPÍTULO III – **Sujeitos de Direito Comercial e do Mercado**

CAPÍTULO IV – **A intervenção do Estado na economia**

CAPÍTULO V – **Negócios jurídico-empresariais**

CAPÍTULO VI – **Instrumentos comerciais**

ABREVIATURAS

I) LEGISLAÇÃO (E REGULAMENTOS) E JURISPRUDÊNCIA

AcRelCoimbra – Acórdão do Tribunal da Relação de Coimbra
AcRelÉvora – Acórdão do Tribunal da Relação de Évora
AcRelLisboa – Acórdão do Tribunal da Relação de Lisboa
AcRelPorto – Acórdão do Tribunal da Relação do Porto
AcSTJ – Acórdão do Supremo Tribunal de Justiça
CC – Código Civil (português, 1966, red. da Lei nº 122/2015, de 1 de setembro, e da Lei nº 137/2015, de 7 de setembro)
CCom – Código Comercial (português, 1888)
CCoop – Código Cooperativo (português, 2015, red. da Lei nº 119/2015, de 31 de agosto)
CCP – Código dos Contratos Públicos (português, 2008)
CIRE – Código da Insolvência e da Recuperação da Empresa (português, 2004)
CNot – Código do Notariado (português, 1995)
CP – Código Penal (português, 1982, red. da L 81/2015, de 3 de agosto)
CPC – Código de Processo Civil (português, 2013, red. da Lei nº 41/ /2013, de 26 de junho, e da Lei nº 122/2015, de 1 de setembro)
CPEREF – Código do Processo de Recuperação de Empresas e da Falência (revogado)
CPI – Código da Propriedade Industrial (português, 2003)
CPP – Código de Processo Penal (português, 1987)
CRCiv – Código do Registo Civil (português, 1995)
CRCom – Código do Registo Comercial (português, 1986)
CRP – Constituição da República Portuguesa (1976)[2]

[2] Texto resultante da 7ª revisão constitucional, aprovada pela Lei Constitucional nº 1/2005, de 12 de agosto.

CSC – Código das Sociedades Comerciais (português, 1986)
CT – Código do Trabalho (português, 2009, red. da Lei nº 120/2015, de 1 de setembro)
CUP – Convenção da União de Paris (Tratado Internacional, 1993)
CVM – Código dos Valores Mobiliários (português, 1999)
EGP – Estatuto do Gestor Público (aprovado pelo Decreto-Lei nº 71//2007, de 27 de março
LC – Lei da Concorrência (Lei nº 19/2012, de 8 de maio)
LCCG – Lei das Cláusulas Contratuais Gerais (Decreto-Lei nº 446/85, de 25 outubro)
LDC – Lei de Defesa do Consumidor (Lei nº 24/96, de 31 de julho)
LOSJ – Lei de Organização do Sistema Judiciário (Lei nº 62/2013, de 26 de agosto).
LUCh – Lei Uniforme sobre o (ou relativa ao) Cheque (1931)
LULL – Lei Uniforme relativa às Letras e Livranças (1930)
RegSE – Regulamento (CE) nº 2157/2001, do Conselho, de 8 de outubro, sobre a Sociedade Anónima Europeia
RGIC – Regime Geral das Instituições de Crédito e Sociedades Financeiras (aprovado pelo Decreto-Lei nº 298/92, de 31 de dezembro)
RJAEL – Regime Jurídico da Atividade Empresarial Local (Lei nº 50//2012, de 31 de agosto)
RJASR – Regime Jurídico de Acesso e Exercício da Atividade Seguradora e Resseguradora (aprovado pela Lei nº 147/2015, de 9 de setembro)
RJSPE – Regime Jurídico do Sector Público Empresarial (Decreto-Lei nº 133/2013, de 3 de outubro)
TFUE – Tratado sobre o Funcionamento da União Europeia
TUE – Tratado da União Europeia

II) DOCUMENTOS, EDITORAS, LIVROS, RECOLHAS DE JURISPRUDÊNCIA E REVISTAS

AAFDL – Associação Académica da Faculdade de Direito de Lisboa
BFDUC – Boletim da Faculdade de Direito de Coimbra
BMJ – Boletim do Ministério da Justiça
CJ – Colectânea de Jurisprudência
CadCTF – Cadernos de Ciência e Técnica Fiscal
CDP – Cadernos de Direito Privado
DJ – Direito e Justiça (Revista da Faculdade de Direito da Universidade Católica)
DR – Diário da República
JOCE – Jornal Oficial das Comunidades Europeias

JO(EU) – Jornal Oficial (da União Europeia)
RB – Revista da Banca
RCEJ – Revista de Ciências Empresariais e Jurídicas (ISCAP)
RDC – Revista de Direito Civil
RDE – Revista de Direito e Economia (Coimbra, Portugal)
RDES – Revista de Direito e Estudos Sociais
RFDC – Revista da Faculdade de Direito da Universidade de Coimbra
RFDUL – Revista da Faculdade de Direito da Universidade de Lisboa
RFDUP – Revista da Faculdade de Direito da Universidade do Porto
RLJ – Revista de Legislação e de Jurisprudência (Coimbra, Portugal)
ROA – Revista da Ordem dos Advogados
SI – Scientia Iuridica (Braga, Portugal)
Themis – Revista da Faculdade de Direito da UNL
UCE – Universidade Católica Editora

III) INSTITUIÇÕES E ENTIDADES (DIVERSAS)

AAFDL – Associação Académica da Faculdade de Direito de Lisboa
ACE – Agrupamento Complementar de Empresas
AdC – Autoridade da Concorrência
AEIE – Agrupamento Europeu de Interesse Económico
ASF – Autoridade de Supervisão de Seguros e Fundos de Pensões
BdP – Banco de Portugal
CCI – Câmara de Comércio Internacional (de Paris)
CMVM – Comissão do Mercado de Valores Mobiliários
EIRL – Estabelecimento (Mercantil) Individual de Responsabilidade Limitada
IDET – Instituto de Direito das Empresas e do Trabalho
INPI – Instituto Nacional de Propriedade Industrial
IRNPC – Registo Nacional de Pessoas Coletivas
SIBS – Sistema Interbancário de Serviços
STJ – Supremo Tribunal de Justiça (português)
UCP ou **UC** – Universidade Católica Portuguesa

IV) OUTRAS

AA.VV. – Autores vários
ATM – *Automated Teller Machine(s)* (Caixa automática)
Ac. – Acórdão
atual. – atualização (ou atualizado)
anot.(s) – anotação (anotações)

art.(s) – artigo(s)
Cap.[ou cap.] – Capítulo
cfr. – confronte(-se), confrontar
cit. – citado, citação
colab. – colaboração
coord. – coordenação, coordenado
DL – Decreto-Lei
dir. – dirigido(a)
ed. – edição
EFT – *Electronic Fund Transfer* (Transferência eletrónica)
et al. – *et alterum* (e outros)
fasc. – fascículo
ibid. – *ibidem*
L – Lei
nº(s) – número(s)
ob. cit. – obra citada
org. – organizado(a)
p. (pp.) – página(s)
p. ex. – por exemplo
PIN – *Personal Identification Number* (Número de identificação pessoal)
POS – *Point of sale*
PPP – Parceria Público-Privada
Polic(s). – Policopiado(s) (a, as)
Port. – Portaria
Proc. – Processo (em regra, judicial)
publ. – publicado (a)
red. – redação
Reg. – Regulamento
reimp. – reimpressão
rev. (revs.) – revisão (revisões) / revista
s/d – sem data
seg.(s) – seguinte(s)
Sent. – Sentença
sep. – separata
Supl. – Suplemento
t(s). – tomo(s)
tb – também
Tit. [ou tít.] – Título
ult. – última(o)
vd. – vide
v.g. – *verbi gratia*
vol(s). – volume(s)

BIBLIOGRAFIA GERAL BÁSICA

Para além deste, são apenas dois os manuais ou obras gerais disponíveis no mercado português para explicar a economistas e gestores o Direito Empresarial precedido de noções elementares de Direito[3], refletindo a recente concentração de disciplinas

[3] No que se refere à matéria de Introdução ao Direito, podemos enunciar livros didáticos (para juristas) de Introdução ao Estudo do Direito e de Direito Comercial. De entre os mais recentes, e sem prejuízo de referências pontuais em nota de rodapé, salientamos (por ordem alfabética) os seguintes, começando pelos livros de Introdução ao Direito, publicados no século XXI: Diogo Freitas do Amaral, *Manual de Introdução ao Direito*, vol. I, Almedina, Coimbra, 2004, e vol. II (com a colab. de João Gomes de Castro) Almedina, Coimbra, 2019, José de Oliveira Ascensão, *O Direito – Introdução e Teoria Geral*, 13ª ed. (Refundida), Almedina, Coimbra, 2005, Miguel Nogueira de Brito, *Introdução ao Estudo do Direito*, AAFDL, Lisboa, 2017, F. Pinto Bronze, *Lições de Introdução ao Direito*, 2ª ed., Coimbra Editora, Coimbra, 2006, A. Santos Justo, *Introdução ao Estudo do Direito*, 10ª ed., Coimbra Editora, Coimbra, 2019, Mário Reis Marques, *Introdução ao Direito*, vol. I, 2ª ed., Almedina, Coimbra, 2007, Germano Marques da Silva, *Introdução ao Estudo do Direito*, 5ª ed., Universidade Católica Editora, Lisboa, 2015, e Miguel Teixeira de Sousa, *Introdução ao Direito*, Almedina, Coimbra, 2012.
Quanto aos livros de Direito Comercial, publicados neste século, enuncie-se os seguintes: Jorge Manuel Coutinho de Abreu, *Curso de Direito Comercial*, vol. I, *Introdução, Atos de Comércio, Comerciantes, Empresas, Sinais Distintivos*, 12ª ed., Almedina, Coimbra, 2019, José Augusto Engrácia Antunes, *Direito dos Contratos Comerciais*, Almedina, Coimbra, 2009, António Menezes Cordeiro, *Direito Comercial*, 4ª ed. (com a colab. de A. Barreto Menezes Cordeiro), Almedina, Coimbra, 2016, Miguel J. A. Pupo Correia, *Direito Comercial. Direito da Empresa*, 14ª ed. (com a colab. de António José Tomás e Octávio Castelo Paulo), Ediforum, Lisboa, 2018, Paulo Olavo Cunha, *Direito Comercial e do Mercado*, 2ª ed., Almedina, Coimbra, 2018 [no qual fazemos referência a obras relevantes anteriores, apesar de desatualizadas (p. 18)], Fátima Gomes, *Direito Comercial. Noções Gerais e Regimes Complementares*, 2ª ed., Universidade Católica Editora, Lisboa, 2017, Maria Elisabete Ramos, *Direito Comercial e das Sociedades*, Almedina, Coimbra, 2018, Filipe Cassiano

jurídicas nos cursos das Faculdades de Economia e Gestão, motivada pelo Processo de Bolonha.

A primeira, a mais antiga, da autoria de MANUEL ANTÓNIO PITA, professor no ISCTE, em 4ª edição foi publicada, sob o título *Curso Elementar de Direito Comercial*, pela Áreas Editora, Lisboa, em 2018.

A segunda, mais recente – cuja 1ª edição data de 2012 –, corresponde ao curso ministrado na Faculdade de Economia de Coimbra e é uma obra coletiva de MARIA MANUEL LEITÃO MARQUES / MARIA ELISABETE RAMOS / CATARINA FRADE / JOÃO PEDROSO, sob o título *Manual de Introdução ao Direito. Saber Direito para entender o Mercado, 2ª ed.*, Almedina, Coimbra, 2017. Este livro, seguindo uma linha de orientação, mais tradicional, na esteira dos livros clássicos destinados à formação de economistas e gestores, por académicos (juristas) ocupa hoje um papel central na aprendizagem das primeiras noções empresariais por parte dos futuros gestores e economistas que cursam a Faculdade de Economia da Universidade de Coimbra.

Recaindo exclusivamente sobre a matéria de Introdução ao Direito ou sobre noções de Direito Civil, mas também pensadas para alunos dos cursos de economia e gestão[4] – naquela que era antigamente a disciplina de Noções Fundamentais (ou Elementares) de

DOS SANTOS, *Direito Comercial Português*, vol. I – *Dos actos de comércio às empresas: o regime dos contratos e mecanismos comerciais no Direito Português*, Coimbra Editora, Coimbra, 2007, CATARINA SERRA, *Direito comercial. Noções fundamentais*, Coimbra Editora, Coimbra, 2009, e PEDRO PAIS DE VASCONCELOS, *Manual de Direito Comercial*, Almedina, Coimbra, 2011.
Publicado sob o título de *Direito Comercial*, em 2017, existe um manual, da autoria de PAULO RAMIREZ, elaborado no âmbito da docência ministrada no Instituto Superior de Contabilidade e Administração (de Coimbra), editado pela Almedina, Coimbra, cuja 2ª edição data de 2019, mas que revela algumas insuficiências e desatualizações no que se refere às fontes bibliográficas nacionais que (não) utiliza.
Finalmente, importa também referir os principais manuais de Direito da Economia publicados no século XXI. São eles os seguintes: EDUARDO PAZ FERREIRA, *Direito da Economia*, AAFDL, 2001, LUÍS S. CABRAL DE MONCADA, *Direito Económico*, 7ª ed., Coimbra Editora, Coimbra, 2018, e ANTÓNIO CARLOS SANTOS / MARIA EDUARDA GONÇALVES / MARIA MANUEL LEITÃO MARQUES, *Direito Económico*, 6ª ed., Almedina, Coimbra, 2012. Este último foi objeto de uma 7ª edição, em maio de 2014, que ignorou alterações relevantes entretanto ocorridas na legislação e manteve inalterada a pesquisa bibliográfica, reportando-se ao ano de 2010 as referências mais recentes, razões pelas quais mantivemos as citações feitas (na 1ª edição deste livro) da 6ª edição desse manual.
Procuramos, ao longo do texto, atualizar as referências bibliográficas constantes das nossas anteriores edições (de 2014 e 2016), mas nos casos em que as novas edições (de autores já citados) se apresentam sem grandes modificações não se justificava verdadeiramente esse trabalho.

[4] Algumas obras foram estruturadas para alunos de ciências sociais, caso das lições de ANTÓNIO PINTO PEREIRA, *Princípios Gerais de Direito*, Coimbra Editora, Coimbra, 2013, e de MANUEL DE ALMEIDA RIBEIRO, *Introdução ao Direito para as Ciências Sociais*, Almedina, Coimbra, 2013.

Direito (Civil), podemos mencionar também as lições de MÁRIO JÚLIO ALMEIDA COSTA, *Noções Fundamentais de Direito Civil,* 7ª ed. (com a colaboração de ANTÓNIO ALBERTO VIEIRA CURA), Almedina, Coimbra, 2018[5], PEDRO EIRÓ, *Noções Elementares de Direito,* Verbo, Lisboa, 1997, JOSÉ DIAS MARQUES, *Noções Elementares de Direito Civil,* 7ª ed., ed. autor, 1992, e MANUEL DAS NEVES PEREIRA, *Introdução ao Direito e às Obrigações,* 6ª ed., Almedina, Coimbra, 2019[6].

Para além destas obras, o mercado conhece outras iniciativas, que importa realçar. Uma respeita ao curso sobre o *Método do Caso,* composto por um conjunto de decisões (judiciais) selecionadas, da autoria de GONÇALO DE ALMEIDA RIBEIRO, PATRÍCIA FRAGOSO MARTINS e PEDRO GARCIA MARQUES, publicado com o título *Método do Caso. Uma introdução ao Direito,* pela Universidade Católica Editora (Lisboa), em 2014 (que se encontra atualmente na 4ª edição, de 2018), e que consubstancia uma abordagem essencialmente anglo-saxónica do Direito (e *complementar*), e consequentemente casuística, constituindo o manual de apoio a um curso autónomo (formalmente designado "Introdução ao Direito Segundo o Método do Caso") na licenciatura em Direito da Católica (de Lisboa); outra corresponde a uma obra coletiva – com sete coordenadores, um deles geral (PEDRO TROVÃO DO ROSÁRIO)[7] –, publicada, pela Almedina (Coimbra), em 2016, sob o título *Introdução ao Direito,* incorporando textos de 27 autores, com o denominador comum de terem todos uma ligação à Universidade Autónoma de Lisboa.

[5] Este manual teve na origem umas lições publicadas na disciplina de Introdução ao Direito Privado* (nos idos de setenta do século passado) – e foi adotado na disciplina de Noções Fundamentais de Direito I e II (aos cursos de Economia e de Administração e Gestão de Empresas da Universidade Católica Portuguesa, quando as respetivas licenciaturas tinham um maior número de disciplinas jurídicas e a duração mínima de quatro anos/oito semestres).

[6] Trata-se de um manual publicado na esteira das lições de MÁRIO JÚLIO DE ALMEIDA COSTA, mas limitado à Introdução ao Direito e ao Direito das Obrigações, e que evidencia alguma desatualização bibliográfica e falta de precisão nas citações (feitas, por vezes, com referência à data da reimpressão e não da respetiva edição).

[7] Mas revelando a Nota Prévia alguma descoordenação, visto que, na publicação (colocada à venda), apresenta, em 3 páginas (5-7), o texto sobre a "Segurança Social", repetido – aí bem – no lugar próprio (pp. 144-146). Ficamos assim sem conhecer o propósito da publicação, com exceção das 9 linhas que constam da contracapa. Esta insignificante deficiência – que certamente ocorreu na edição – não mancha o inegável interesse da obra, nem a pedagogia e mérito de alguns dos textos publicados, mas deve constituir uma chamada de atenção para a (nossa) editora, de forma a evitar que se repitam lapsos com esta natureza.

MODO DE CITAÇÃO
E
INDICAÇÕES ÚTEIS

1. As referências a diplomas legais sem expressa menção da fonte reportam-se à legislação principal que, para o efeito e a propósito, constitui o enquadramento da matéria, salvo se do contexto da citação resultar claramente solução diversa. Na falta de qualquer referência deve entender-se que se reportam ao Código Comercial.

2. No final, indica-se a Bibliografia citada – sendo os autores (exclusivamente nacionais) enunciados por ordem alfabética do último nome –, em especial em notas de rodapé.

3. Os textos legais são normalmente citados em itálico (por vezes dispensando as aspas), tal como a jurisprudência (que intencionalmente mantive muito escassa). Os termos (palavras e expressões) que sejam objeto de adaptação são introduzidos em letra normal. A doutrina, quando reproduzida, é citada entre aspas, em letra normal.

4. A citação de autores em notas de rodapé – sem preocupação de exaustão, e a título essencialmente exemplificativo e informativo – faz-se de acordo com a fórmula prevista para cada um deles (na Bibliografia final), sendo os mesmos indicados por ordem alfabética do último nome ou considerando a data das respetivas publicações, exceto se resultar do próprio texto diferente critério.

5. Tendo em conta a formação académica dos destinatários deste livro, continuamos a prescindir de indicar jurisprudência (nacional) e doutrina estrangeira, embora em alguns casos a mesma esteja absorvida pela pesquisa efetuada para outros textos.

6. Mantém-se, depois da Bibliografia final e antes do Índice Geral, um Índice Analítico que facilita a consulta por parte daqueles que não recorrem ao livro de forma sistemática (na íntegra).

7. O presente texto tomou em consideração elementos conhecidos até ao mês de dezembro de 2019.

Lisboa, janeiro de 2020

INTRODUÇÃO

1. Âmbito e alcance da disciplina; o Direito e o Mercado

1.1. Razão de ser e breve conspecto sobre o livro

O mundo em que vivemos atingiu, no século XXI, uma sofisticação comercial que, há cerca de cinco décadas, seria impossível prever.

Os agentes económicos – nestes incluídos os produtores, distribuidores e consumidores – multiplicaram-se para dar vazão a uma procura crescente e as transações comerciais aumentaram exponencialmente em número e dimensão.

Por sua vez, o Estado passou a intervir nesses negócios, abdicando gradualmente do seu papel de árbitro, para assumir também o de ator.

Paralelamente, os mercados alargaram-se, abandonando o caráter local, a que durante séculos estiveram confinados, para, cavalgando a onda do desenvolvimento tecnológico e das telecomunicações, se globalizarem à escala mundial. Para isso, contribuiu grandemente o desenvolvimento económico que transportou faixas significativas da população mundial de uma economia de mera subsistência ou sobrevivência para um nível de desenvolvimento aceitável – quiçá de prosperidade injustificada (e mesmo imerecida) em alguns países desenvolvidos –, o qual seria responsável pela expansão do consumo e, consequentemente, pelo aumento da produção.

É neste quadro, animado do pano de fundo descrito, e em permanente reajustamento, que procuraremos identificar a forma como as relações económicas se processam no plano da regulação social, concentrando a nossa atenção no mercado português e no seu funcionamento.

Para o efeito, teremos de identificar e caracterizar, sumariamente, o Direito, como conjunto de regras que regula o funcionamento da sociedade e da economia, e do mercado em especial, explicando como é que ele intervém no processo de disciplina das relações e situações económicas.

Procurar dar uma panorâmica, necessariamente breve, deste fenómeno implica começar por abordar o Direito – explicando o seu significado e utilidade –, situando neste o complexo normativo que regula os negócios no mercado, incluindo a intervenção do Estado.

Em seguida, vamos ver como é que, algo paradoxalmente, o mercado da concorrência se regula pela atribuição e reconhecimento de monopólios aos agentes económicos consistentes em direitos privativos de propriedade industrial, que justificam o desenvolvimento científico e tecnológico da sociedade, e nos quais se destacam as patentes (registos de invenções), as marcas (sinais individualizadores de bens ou serviços em função do mercado a que estes se destinam) e os logótipos (como o nome que individualiza os estabelecimentos e os sinais que distinguem os produtos entre si), entre outros.

Num terceiro capítulo, estudaremos os sujeitos do mercado, nos quais incluímos, sem qualquer margem para dúvidas, os consumidores, em número e relevância cada vez maiores, e em função dos quais o mercado se tem vindo aceleradamente a desenvolver, com base na crescente sofisticação das técnicas de comercialização e de promoção dos produtos e serviços, e com a consequente necessidade crescente de informação e proteção dos adquirentes e utilizadores (finais) desses bens.

Começamos, naturalmente, por identificar os comerciantes – fazendo menção aos empresários individuais, em claro decréscimo, e procurando caracterizar todas as entidades que prosseguem a atividade mercantil. Entre estas, assume papel preponderante a sociedade comercial, forma típica da empresa. Dedicaremos especial atenção às sociedades por quotas e anónimas e à respetiva capitalização (e financiamento em geral) e governação, aspetos cujo conhecimento reputamos essencial para a formação de economistas e gestores.

No capítulo seguinte (IV), autonomizaremos a chamada intervenção do Estado na economia, perspetivando-o no seu papel de agente económico, sob forma empresarial, e consequentemente abordaremos as empresas públicas e as empresas locais, o estatuto dos gestores públicos e os negócios e grandes projetos em que o Estado intervém juntamente com os particulares.

O livro continua o seu percurso, no capítulo V, com os negócios jurídico-empresariais – os chamados contratos comerciais –, com a preocupação de sistematizar os princípios e regras gerais aplicáveis, de os identificar conceptualmente, de indicar as respetivas fontes e de caracterizar os sujeitos envolvidos, com a finalidade de proporcionar ao leitor a perceção dos diferentes negócios que formam e em que se concretiza quotidianamente o mercado.

Finalmente, concluímos com um capítulo (VI) dedicado aos instrumentos comerciais – isto é, aos títulos de crédito, valores mobiliários e meios de pagamento –, bens indispensáveis ao funcionamento do mercado, permitindo-lhe a disponibilidade de liquidez, meios e crédito de que carece para se desenvolver.

Vamos então ao que interessa.

1.2. Sentido e utilidade das disciplinas jurídicas na formação de gestores e economistas

Para o economista e o gestor a aprendizagem do Direito e o contacto com os seus conceitos básicos visa proporcionar-lhes os conhecimentos essenciais para dialogar com os juristas, consultar os advogados e ter a noção da qualidade dos respetivos serviços quando deles necessita.

Não está em causa torná-los aptos para resolver situações jurídicas, mas tão só identificar as questões e procurar enquadrá-las no mundo do Direito.

O economista e o gestor de empresas – ou aqueles que estudam para virem a sê-lo – não têm de dominar o Direito e os princípios e normas jurídicas fundamentais que regem a atividade profissional dos juristas e o meio em que profissionalmente se movimentam; nem tão pouco lhes é exigível que conheçam as regras positivas, qualquer que seja a fonte em que se contenham. No entanto, muitas normas, de diversas proveniências e de valor hierárquico diferente, são instrumentais da sua atividade e devem ser conhecidas porque, como veremos, a ignorância da lei – e do Direito constituído, acrescente-se – não aproveita ao infrator (cfr. art. 6º do Código Civil).

O exercício da atividade económica, por sua vez, está crescentemente enquadrado por regras jurídicas, cuja existência devemos conhecer, de modo que saibamos colocar as questões e tenhamos consciência quando as mesmas impõem consultar um jurista, para evitar cometer violações grosseiras da ordem jurídica.

É natural que, de entre todas as disposições legais que interessam aos gestores e economistas, faça mais sentido ter a perceção daquelas que enquadram a respetiva atividade profissional.

No entanto, para viabilizar a compreensão da linguagem jurídica que é relevante ao seu desempenho quotidiano, torna-se necessário facultar-lhes os rudimentos desta ciência e as noções elementares que lhes permitirão estabelecer distinções básicas e proceder à identificação das situações que os envolvem.

Do ponto de vista científico, importa colocar a seguinte questão:

– Para que serve e porque se estuda o Direito?

A resposta é simples e pode sintetizar-se da seguinte forma: o Direito

- promove a convergência de interesses, com os instrumentos que reconhece e disponibiliza (como o contrato); é formativo;
- regula a vida em sociedade, disciplinando as relações que na mesma se estabelecem e orientando a conduta dos homens; é regulativo ou regulatório; e
- resolve conflitos, solucionando casos concretos; é decisório.

1.3. **Aproximação a uma noção de Direito Empresarial**

Quem contacta com o Direito pela primeira vez e pretende vir a ser economista ou gestor e administrador de empresas tem um interesse especial pelas normas que regulam a atividade económica, sobretudo as que disciplinam a vida mercantil, em geral, e das empresas, em especial, e sente uma natural inclinação para estudar o Direito das Empresas, o Direito da Economia, o Direito Comercial e, no quadro deste, o Direito dos seus sujeitos mais relevantes no século XXI: as sociedades comerciais.

A compreensão desses ramos jurídicos justifica uma breve incursão nos antecedentes históricos dos ramos mais relevantes para a atividade comercial.

1.3.1. *Antecedentes históricos*

Quando falamos no Direito Empresarial temos em mente o sector do Direito que estuda e disciplina a empresa comercial.

Este conjunto normativo, que hoje é possível identificar e autonomizar, pelo menos do ponto de vista pedagógico, tem na sua origem o Direito Comercial, que ainda engloba um acervo muito significativo de regras jurídicas.

O Direito Comercial surgiu como um Direito de classe, composto por regras que visavam facilitar a concessão de crédito e fomentar a atividade mercantil. Esta, inicialmente assente em formas incipientes e baseadas em estruturas jurídicas de titularidade singular, viria a organizar-se em empresas posicionadas no mercado sob formas jurídicas gradualmente mais complexas.

Por isso, com o florescimento dos negócios no mercado europeu e com o aumento significativo das transações, os comerciantes sentiram necessidade de adotar um conjunto de regras específicas – diferentes das normas que regiam os negócios comuns (celebrados entre particulares) – que facilitassem a celebração dos contratos, tornando-a, simultaneamente, mais expedita e simples, e com claro pendor na tutela do crédito.

Com o progresso e o desenvolvimento dos negócios este conjunto de normas, que teve uma origem eminentemente subjetiva alicerçada na pessoa dos mercadores, veio a objetivar-se e a aplicar-se independentemente de os negócios envolverem comerciantes.

No entanto, à medida que os instrumentos comerciais passaram a poder ser utilizados por particulares, o Direito Comercial fragmentou-se, autonomizando algumas das suas regras que passaram a aplicar-se a todos os sujeitos envolvidos. E esse fenómeno viria a criar um conjunto de normas que, não se limitando a aspetos estritamente particulares e da vida das pessoas em geral, se aplica, hoje, indistintamente a empresas e particulares. A proliferação de tais regras foi de tal maneira significativa que, na atualidade, é difícil distinguir aquelas que se aplicam exclusivamente a empresários (comerciantes) das que tanto podem envolvê-los em relações comerciais com consumidores e ainda das normas que regem negócios de idêntico tipo em que apenas participam não comerciantes, isto é, cidadãos que não exercem sistematicamente uma atividade económica.

Nesse contexto, faz todo o sentido admitir que o Mercado se caracteriza presentemente por um conjunto de regras próprias, mais amplas e abrangentes que o Direito Mercantil, que esteve na sua origem e que hoje corresponde apenas a uma das suas partes.

1.3.2. *O Direito Comercial e a afirmação da empresa*

O Direito Comercial regula, pois, a atividade dos sujeitos económicos mais relevantes no mercado: os comerciantes, ou seja, empresários mercantis, em nome individual ou organizados em sociedades comerciais, que se caracterizam essencialmente pela profissionalidade dos seus atos. Por isso, corresponde ao complexo normativo que regula os atos e as atividades jurídico-mercantis.

Por sua vez, a estrutura económica em que se baseia a atividade profissional do sujeito de Direito Comercial é a empresa. Esta é elemento comum a todos os sujeitos, afastando deste ramo do Direito aqueles que esporadicamente celebram negócios jurídico-mercantis ou o fazem sem organização dos necessários fatores de produção. Caracteriza a empresa comercial o exercício de uma atividade económica lucrativa.

A relevância da empresa é tão significativa que, só por si, embora não tenha independência jurídica, não lhe sendo reconhecida, enquanto tal, personalidade jurídica, justifica uma abordagem pedagógica e didática autónoma.

É o que procuraremos fazer, ao longo deste livro, não esquecendo todas as formas que a empresa pode revestir, os negócios que sobre ela recaem ou que pode praticar, bem como os instrumentos típicos a que recorre amiúde no âmbito do exercício da sua atividade.

Constituindo referência central, e incontornável, da atividade mercantil, a empresa justifica, no século XXI, ser o polo agregador de uma primeira aproximação ao Direito por todos aqueles para quem esta ciência é secundária, na hierarquia dos seus interesses imediatos – como é o caso dos destinatários deste livro (economistas e gestores) –, apesar de relevante para o conhecimento adequado das regras que pautam a sua intervenção quotidiana e, sobretudo, para o diálogo necessário com os profissionais que os aconselham permanentemente, enquadrando juridicamente as suas opções e negócios.

1.3.3. *A intervenção do Estado na economia e o aparecimento do Direito Económico*

Por estranho que pareça o desenvolvimento económico das nações fez-se, nos séculos XVIII e XIX, à margem do poder central e fortemente baseado na iniciativa económica dos empresários.

Por isso, o século XIX, em especial, é um período de enorme progresso técnico-jurídico, espelhado nos múltiplos instrumentos criados e nos inúmeros complexos normativos aprovados.

No século XX, porém, o Estado viria a intervir gradualmente na economia, passando de um papel meramente regulador ou disciplinador para o de verdadeiro agente económico. Senão titular de meios de produção, pelo menos gestor dos mesmos.

Com essa crescente intervenção – que não é exclusiva de regimes ditatoriais ou totalitários, em particular de natureza socialista – viria a reconhecer-se um novo conjunto de normas, que acabaram por assumir autonomia dogmática. Referimo-nos ao Direito Económico, que se caracteriza por regular a intervenção indireta do Estado na economia, na sua qualidade de agente do mercado. No âmbito desta disciplina – que em Portugal surgiu no último quartel do século XX –, estudamos hoje o sector empresarial do Estado (composto, em especial, pelas empresas públicas) e o sector empresarial local (que abrange as empresas municipais e regionais), participado por entidades infra estaduais, *maxime* os municípios e as regiões autónomas.

1.4. A fusão de conceitos no novo ramo do Direito do Mercado

Comum ao Direito Comercial e ao Direito Económico é o mercado em que atuam os respetivos sujeitos e no qual se relacionam com os demais agentes económicos: os consumidores.

1.4.1. *O mercado: conceito e evolução*

A ideia tradicional de mercado é a de lugar físico onde a oferta e a procura de produtos e mercadorias se encontram. Por isso, os primeiros mercados eram, na realidade, feiras, onde aqueles que queriam vender a sua produção se deslocavam e aqueles que pretendiam adquirir bens também compareciam[8].

Nesses mercados, de características agropecuárias, as pessoas adquiriam produtos agrícolas e animais.

Com o progresso económico e social viriam a surgir, muito mais tarde, os mercados de títulos, ou de valores mobiliários, como os qualificaríamos na atualidade: as bolsas, verdadeiras feiras de títulos transacionáveis.

O conceito de mercado alargou-se horizontalmente a diferentes produtos e bens.

Mas a evolução da espécie humana foi mais longe e ampliou os mercados – inicialmente, locais, e posteriormente nacionais – para o mercado global, em que vivemos hoje, muito facilitado pelo fim do protecionismo e pela abolição das fronteiras económicas, por um lado, e claramente incentivado pelos enormes avanços tecnológicos e pelo desenvolvimento das telecomunicações ocorridos no final do século XX, por outro.

O progresso dispensou o espaço físico, processando-se as transações no mercado global sem a presença física necessária dos intervenientes, os quais passaram a negociar à distância, frequentemente por recurso a meios informáticos, cada vez mais sofisticados, mas que importam igualmente riscos mais significativos, que justificam adicionalmente a intervenção do Direito na perspetiva da proteção dos consumidores e, em última análise, do próprio Mercado.

1.4.2. *O Direito Económico e Empresarial e os efeitos da crise global; crítica do conceito*

No mundo em que vivemos, a ideia de um Direito estritamente nacional começa a perder sentido, como vimos.

[8] Não ignoramos que na origem das feiras esteve um sistema de pura troca de bens, mas o mesmo, com a criação da moeda, evoluiria para um local (geográfico) de compra e venda de mercadorias.
Sobre a definição de mercados, ainda que na perspetiva do Direito da Concorrência, vd. MIGUEL SOUSA FERRO, *A definição de Mercados Relevantes no Direito Europeu e Português da Concorrência,* Almedina, Coimbra, 2015, pp. 20-29 (e sobre a respetiva história, pp. 31-246). Sobre o conceito, *ibid.*, pp. 247-250.

Mas, no século XXI, é cada vez mais pertinente questionar a relevância do Direito Económico, em época em que as regras que o caracterizam são próprias do ramo mais amplo do Direito do Mercado.

Por isso, seria preferível, para romper definitivamente com o passado e com formas e estruturas jurídicas ultrapassadas, reconduzir as normas características desse ramo ao Direito de Mercado, mais vasto e completo e seguramente menos cativo de um período temporal específico.

Contudo, não ousando avançar tanto, pelo menos no título – e suscitar legítimas dúvidas de caráter pedagógico –, e considerando que a empresa continua presente no centro da atividade económica, escolhemos identificar este texto como um livro de Direito Empresarial, dirigido não apenas a alunos (com diferente formação da nossa), mas também aos gestores que, na sua vida profissional, não podem alhear-se da crescente regulação a que se encontram submetidos e das normas imperativas que enquadram a sua intervenção no mercado e que vão bastante para além da sua ética.

Com efeito, foi a falta de valores essenciais que, em certo momento, proporcionou que a ganância individual justificasse a criação de negócios impossíveis. Todo esse ambiente, de alguma euforia, fortemente assente no crédito concedido, se, por um lado, contribuiu indiscutivelmente para o progresso da humanidade, por outro lado, veio a gerar uma crise económica a nível mundial, evidenciando a debilidade estrutural de certas economias, como a portuguesa.

O Direito da atividade económica, como conjunto de regras que a hão de disciplinar, deve hoje ser repensado e recuperar valores há muito perdidos em favor do puro e egoístico escopo lucrativo que caracteriza tradicionalmente a atividade económica. Esta só faz sentido, no mundo presente, numa lógica de sustentabilidade e bem-estar, contribuindo para a realização do ser humano, mas também para a sua felicidade.

Por isso, falar em Direito Económico Empresarial não faz sentido no contexto atual. Seria preferível enquadrar a atividade das empresas no mercado de que fazem parte e que deverá ser conduzido por princípios de equidade e ética e não apenas pela liberdade de negociação que tradicionalmente o caracteriza nas economias liberais. São muitas as regras que disciplinam a intervenção dos sujeitos económicos e que visam proteger aqueles que são menos fortes e relevantes nesse amplo espaço económico, que é o mercado global.

Capítulo I
Introdução ao Direito[9]

2. Conceito[10]

2.1. Direito objetivo e direito subjetivo

2.1.1. *Sentidos do termo Direito*

O "direito" é um termo plurissignificativo, que pode revestir várias aceções. Isto é, o vocábulo "direito" pode representar diversas realidades. Vejamos quais, recorrendo aos seguintes exemplos:

[9] Sobre este capítulo, vd., entre outros autores pontualmente citados, José de Oliveira Ascensão, *O Direito – Introdução e Teoria Geral*, 13ª ed. (Refundida), Almedina, Coimbra, 2005 (cit. Oliveira Ascensão, *O Direito*, 2005), Miguel Nogueira de Brito, *Introdução ao Estudo do Direito*, AAFDL, Lisboa, 2017 (cit. Miguel Nogueira de Brito, *Introdução ao Estudo do Direito*, 2017), António Menezes Cordeiro, *Tratado de Direito Civil, I – Introdução. Fontes do Direito. Interpretação da Lei. Aplicação das Leis no Tempo. Doutrina Geral*, 4ª ed., Almedina, Coimbra, 2012 (cit. Menezes Cordeiro, *Tratado de Direito Civil I*, 4ª ed., 2012), Pedro Eiró, *Noções Elementares de Direito*, cit., 1997 (cit. Pedro Eiró, *Noções Elementares*, 1997), A. Santos Justo, *Introdução ao Estudo do Direito*, 10ª ed. cit., 2019 (cit. Santos Justo, *Introdução*, 10ª ed., 2019), Maria Manuel Leitão Marques / Maria Elisabete Ramos / / Catarina Frade / João Pedroso, *Manual de Introdução ao Direito. Saber Direito para entender o Mercado, 2ª ed.*, Almedina, Coimbra, 2017 (cit. AA.VV. ou Autor, *Manual de Introdução ao Direito, 2ª ed.*, 2017), Manuel António Pita, *Curso Elementar de Direito Comercial*, 4ª ed., Áreas, Lisboa, 2018 (cit. Manuel António Pita, *Curso Elementar*, 4ª ed., 2018), e Inocêncio Galvão Telles, *Introdução ao Estudo do Direito*, vol. I, 11ª ed., Coimbra Editora, Coimbra, 2001 (cit. Galvão Telles, *Introdução* I, 2001), e vol. II, 10ª ed., Coimbra Editora, Coimbra, 2001 (cit. Galvão Telles, *Introdução* II, 2001).

[10] Cfr., para além dos autores pontualmente citados, Miguel Nogueira de Brito, *Introdução ao Estudo do Direito*, 2017, pp. 12-15, Pedro Eiró, *Noções Elementares* cit., 1997, pp. 9-18 e

- Ter **direito** a ... (uma prestação, uma conduta, um comportamento, uma coisa, um bem) ou ter **direito** de ... (casar, suceder, propriedade).
- "Não haver **direito**!" (Não ser justo).
- "Estar **direito**" (reto).
- **Direitos** aduaneiros (impostos alfandegários).
- Ciência do **Direito** (ou jurisprudência[11]).
- Ramos do **Direito** (isto é, do ordenamento jurídico) ou **Direito** Civil, **Direito** Comercial, entre muitos outros.

A palavra Direito pode, assim, assumir múltiplos significados. Vamos abordar os dois mais relevantes do ponto de vista técnico.

2.1.2. *Direito objetivo*

2.1.2.1. *Conceito*

Quando nos referimos ao Direito objetivo temos em mente a ordenação da vida social, segundo valores fundamentais (em especial o da justiça), suscetível de proteção coativa.

Acentuamos a dimensão axiológica do Direito e reguladora, mas reconhecemos também a imprescindibilidade do recurso à força para impor a aplicação das normas, sempre que necessário.

Importa salientar que muitos outros conceitos são possíveis. Assim, e recorrendo apenas ao ensino dos nossos professores[12], o Direito pode objetivamente ser entendido como «*ordem da sociedade*» (Oliveira Ascensão[13]), «*ordenação da vida social segundo a justiça*» (Bigotte Chorão[14]) ou «*sistema de normas de conduta social, assistido de protecção coactiva*» (Castro Mendes[15]).

115-132, Santos Justo, *Introdução*, 10ª ed., 2019, pp. 37-38 e 46-47, e Elisabete Ramos, «O Direito e a vida social – a ordem jurídica», AA.VV., *Manual de Introdução ao Direito*, 2ª ed., 2017, pp. 27-40.

[11] Não confundir com as decisões dos tribunais, caracterizadas pelo mesmo termo (jurisprudência).

[12] Tivemos também a honra e o proveito de termos sido assistente dos dois primeiros e apenas aluno do terceiro, o saudoso João de Castro Mendes, precocemente desaparecido.

[13] Oliveira Ascensão, *O Direito*, 2005, p. 14.

[14] Mário Bigotte Chorão, *Introdução ao Direito*, vol. I – *O conceito de Direito*, Almedina, Coimbra, 1989, p. 55. Vd. também pp. 55-71.

O Direito fundamenta-se na natureza humana que, em última análise e nos aspetos essenciais, impõe a ordenação jurídica.

A este propósito podemos falar no **Direito natural**, que radica na própria natureza das coisas, sendo por isso conatural (ao Homem) e afirmando-se como a "*ordem que deveria vigorar na sociedade*".

Paralelamente, e em termos que coincidem, mas não se sobrepõem necessariamente (vd., *infra*, nº 2.3), o **Direito positivo** corresponde às regras efetivamente vigentes (se necessário pelo recurso à força) num certo espaço e num determinado momento[16].

Nesta aceção "o Direito" pode escrever-se com letra maiúscula, significando um complexo normativo, mais ou menos lato, definido espacialmente ou em função da natureza das regras que integra.

2.1.2.2. *Os valores enformativos; a justiça*

São diversos os valores que enformam e informam esta ordem normativa.

Desde logo, a **justiça** – virtude que "consiste em atribuir a cada um o que é seu" (segundo mérito, trabalho e necessidades) –, mas também a **segurança**, isto é, certeza da solução jurídica.

Enquanto a justiça confere ao Direito a sua dimensão ontológica, a segurança é um valor que tempera esta realidade, proporcionando às normas que caracterizam o Direito a estabilidade necessária à movimentação em sociedade.

Para além destes dois valores fundamentais, encontramos outros, que se refletem nas características desta ordem normativa da sociedade, tais como a eficácia[17] e a exequibilidade.

[15] João de Castro Mendes, *Introdução ao Estudo do Direito*, Danúbio, Lisboa, 1984, p. 25. Vd. também as páginas anteriores (17-25). Na 3ª ed. (póstuma), Lisboa, 2010, p. 15 (vd. também pp. 7-15).

[16] Neste sentido, que adotamos, o Direito não se reduz a uma construção essencialmente legalista ou orgânica, como a que António Pinto Pereira (*Princípios Gerais de Direito*, cit., 2013, pp. 36-44, em especial p. 36) propõe – embora sem corresponder, em nossa opinião, à fundamentação ontológica apresentada [designadamente ao apoiar-se na teoria tridimensional de Miguel Reale (pp. 44-46)] –; e na qual não há espaço para a formação espontânea do Direito.

[17] A **eficácia** visa o resultado da atividade, medindo a relação entre os resultados obtidos e os objetivos pretendidos, e não se confunde com a **eficiência**, que tem que ver com a quantidade de recursos que se vão utilizar para alcançar um resultado, que se prende com a forma como a atividade é realizada, procurando produzir mais com menos recursos.

A **eficácia** traduz-se no acolhimento e aceitação que as regras jurídicas devem merecer para se aplicarem sem objeções, exprimindo-se na adesão que recebem dos seus destinatários.

A **exequibilidade** consiste na procura de soluções normativas que sejam adequadas a situações da vida real e que concretizem as regras gerais e abstratas que caracterizam o Direito.

2.1.2.3. *O Direito neutro; exemplos*

O Direito pode, porém, ser regulação não enformada por valores. Tal acontece com diversas opções normativas que revestem um caráter essencialmente técnico, tais como as regras de circulação rodoviária.

Contudo, o Direito neutro não se esgota nas normas de trânsito. São normas técnicas, de um modo geral, todas as que visam a realização da segurança e a certeza e estabilidade de uma solução e que concretizam o valor da segurança. Por isso, os termos e os prazos específicos, em geral, são normas técnicas[18].

No que se refere a estes últimos, a sua natureza é frequentemente adjetiva. Tal acontece com os prazos processuais, que delimitam o período temporal durante o qual um ato deve ser praticado. Assim, por exemplo, na falta de fixação de prazo para a prática de um ato processual, entende-se que o prazo para o efeito é de 10 dias (cfr. art. 149º, nº 1 do CPC)[19].

Mas os prazos podem ser substantivos. Tal acontece, por exemplo, com o prazo para a declaração de propriedade de um bem por usucapião (cfr. art. 1287º do CC[20])[21] ou com o prazo de caducidade para requerer a anulação de uma deliberação social (cfr. art. 59º, nº 1 do CSC).

No que se refere a um termo, é exemplo paradigmático a maioridade, que se adquire com os dezoito anos de vida (cfr. art. 122º do CC).

[18] Já a necessidade de um prazo, em abstrato, é uma regra que realiza a segurança.

[19] Sobre a contagem de prazos, cfr. art. 138º do CPC (aprovado pela Lei nº 41/2013, de 26 de junho).

[20] Reportam-se ao Código Civil todas as disposições legais não especialmente referenciadas neste Capítulo.

[21] A usucapião é o modo de aquisição do direito de propriedade ou de outro direito real de gozo, pela manutenção da posse desse direito durante um certo lapso de tempo. O prazo para aquisição por usucapião varia, consoante estejam em causa bens móveis ou imóveis e o possuidor (adquirente) tiver, ou não, título de aquisição e estiver de boa ou má fé (cfr. arts. 1294º, 1298º e 1299º do CC).

Veremos que o principal efeito da maioridade é aquisição da capacidade de exercício plena, o que significa que, a partir desse momento, a pessoa singular passa a poder atuar livremente os seus direitos e a cumprir as suas vinculações.

Ora, não sendo as pessoas todas iguais, poderíamos discutir o momento (o "termo") em que é adequado poderem exercer, pessoal e livremente, todos os seus direitos. Umas adquirem, porventura, maioridade para o efeito aos dezasseis anos e outras apenas aos vinte ou mais tarde[22].

A fixação do termo, correspondendo a uma regra de experiência – a média das pessoas com dezoito anos encontra-se preparada para reger os seus bens e a si própria –, visa assim conferir certeza e segurança na ordem jurídica.

2.1.3. *O Direito subjetivo; conceitos*

Mas o termo Direito pode referir-se ao indivíduo; nasce com o ser humano. Neste caso, podemos falar de algumas das suas concretizações, tais como o direito à vida, o direito de propriedade, o direito de crédito, o direito de contrair casamento, o direito de suceder ou o direito de voto.

Com este sentido, o "direito" escreve-se com minúscula, reportando-se a um sujeito em concreto: o seu titular.

O direito subjetivo pode ser caracterizado de diversas formas, designadamente como "*poder de realizar um interesse juridicamente protegido*" (REGELSBERGER[23], CASTRO MENDES[24]) ou «*permissão normativa específica de aproveitamento de um bem*» (MENEZES CORDEIRO[25]);

Neste conceito amplo, podemos encontrar duas diferentes aceções.

Uma, que diríamos *comum*, por ser a mais habitual, e que se traduz no poder de exigir de outrem uma determinada conduta. Neste caso, falamos de **direito subjetivo em sentido estrito**.

[22] Aliás, até 31 de março de 1978, a maioridade só se atingia, em Portugal, aos vinte e um anos, como ainda sucede nalguns locais do mundo (cfr. art. 122º, na red. originária do CC).

[23] *Apud* MENEZES CORDEIRO, *Tratado de Direito Civil I*, 4ª ed., 2012, pp. 878-879.

[24] Para quem «o direito subjetivo é o poder conferido pela ordem jurídica para prossecução de interesses» (*Introdução ao Estudo do Direito*, cit., 1984, p. 158; 3ª ed. cit., 2010, p. 140).

[25] *Tratado de Direito Civil I*, 4ª ed., 2012, pp. 895.

Noutra, menos vulgar, o direito subjetivo configura-se como o poder de, unilateralmente, o sujeito produzir modificações na esfera jurídica de outro sujeito, através de uma declaração de vontade, encontrando-se a contraparte inelutavelmente exposta à produção desses efeitos. Nesta aceção falamos de **direito potestativo**.

No quadro da bilateralidade ou alteridade que caracteriza o mundo do Direito, a cada direito subjetivo corresponde uma situação jurídica passiva, a qual varia consoante a natureza do direito em causa.

2.2. Dever jurídico e sujeição

O **dever jurídico** é a conduta que deve ser adotada pelo devedor, contraparte de um direito subjetivo comum, ou corresponde à atitude de abstenção e de não interferência com os direitos absolutos (reais e de personalidade) e não se confunde com a **sujeição** que caracteriza a situação do sujeito passivo de um direito potestativo, que se encontra exposto à produção de efeitos jurídicos contra a qual nada pode fazer e para cuja concretização o Direito (no sentido objetivo) dispensa a sua colaboração.

Assim, e exemplificando, o vendedor tem o dever (jurídico) de entregar a coisa vendida (cfr. art. 879º, *alínea b)* do CC) e o comprador tem a obrigação de pagar o preço (cfr. art. 879º, *alínea c)* do CC). Neste caso, estão em causa prestações, isto é, condutas que recaem sobre bens.

Uma vez concluído o contrato de compra e venda, todos os sujeitos que de algum modo se relacionam com o comprador, e atual proprietário do bem, têm o dever de não interferir no gozo do bem (cfr. art. 1305º do CC). A situação jurídica destes traduz-se num dever geral de respeito pelo direito de propriedade alheio, que se concretiza na abstenção de impedir o livre uso e fruição do bem pelo seu titular.

Como a maior parte dos direitos subjetivos são comuns, os deveres jurídicos prevalecem sobre as sujeições, em menor número. Mas estas existem.

Exemplificando: o cônjuge separado de facto há mais de um ano está *sujeito* ao divórcio que pode ser requerido pelo seu cônjuge (cfr. arts. 1785º, nº 1 e 1781, *alínea a)* do CC), no exercício de um direito potestativo, tal como o proprietário de um prédio com acesso à via pública está *sujeito* a uma servidão de passagem do proprietário de um prédio confinante que esteja encravado (cfr. arts. 1550º e 1543º do CC).

Nestas situações, não se espera que o sujeito passivo adote um comportamento; ele nada pode fazer, devendo suportar na sua esfera jurídica os efeitos do direito potestativo alheio.

2.3. Perspetiva esquemática do Direito objetivo: a teoria das esferas secantes

Quando nos referimos ao complexo de regras jurídicas que rege a vida em sociedade temos em mente o Direito objetivo, ainda que estejamos a mencionar um simples ramo do Direito.

O Direito objetivo pode representar-se esquematicamente, a partir das normas com vocação coativa e das que prosseguem a realização da justiça.

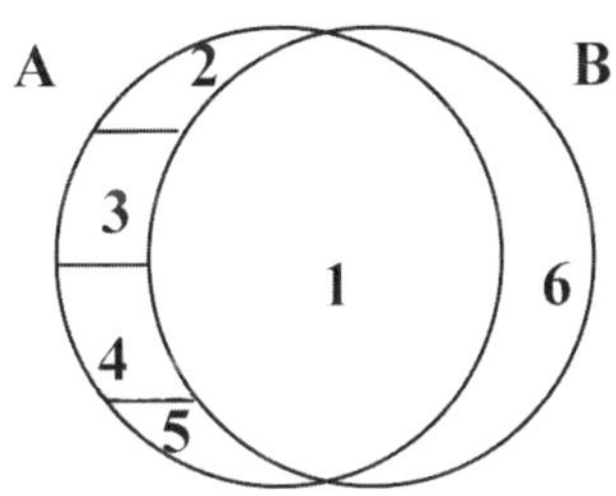

Legenda:
1 – Normas positivas que realizam o valor da justiça.
2 – Normas de segurança (ex.: necessidade de um prazo, necessidade de circular apenas por uma via).
3 –Normas técnicas (ex.: o prazo em si, obrigatoriedade de circular pela via direita).
4 – Normas injustas (ex.: numa perspetiva católica, a interrupção voluntária da gravidez).
5 – Erro do legislador (ex.: estatuir, por lapso, um aumento de 30% nas rendas em vez de 3%).
6 – Normas exigidas pela justiça e não pelo Direito positivo de um determinado ordenamento (ex.: a inviolabilidade do direito à vida, num ordenamento em que subsista a pena de morte).
1+2+3+4+5 = Direito objetivo

3. Características do Direito[26]

O Direito apresenta características que o afirmam perante outras ordens normativas.

3.1. Necessidade ou essencialidade

A sociedade é uma comunidade humana organizada segundo normas e o Direito consiste nessas regras, afirmando-se como conatural ao Homem.

O Direito é uma necessidade da vida social, no plano formativo, regulatório e até decisório.

A vida do Homem em sociedade, com os seus semelhantes, exige regras que são imprescindíveis para regular as relações que estabelecem.

O Direito é necessário porque constrói as normas que disciplinam a vida social, satisfazendo os interesses de todos os envolvidos, regula as relações dos membros de uma sociedade e resolve os conflitos e litígios que resultam das mesmas, solucionando-os e, dessa forma, realizando o seu fim, de ordenação.

3.2. Sociabilidade ou exterioridade

O Direito tem por objeto relações entre pessoas, pressupondo a existência de mais do que uma pessoa, e visando a regulação da vida em sociedade.

O Homem é um ser que vive em sociedade, junto com outros seres semelhantes, com os quais se organiza económica e socialmente.

Por sua vez, só no plano relacional o Direito faz sentido; se o Homem fosse um ser isolado, não careceria de disciplina jurídica. É, pois, no plano intersubjetivo que o Direito se torna premente, designadamente para disciplinar as relações entre os membros da sociedade.

Esta característica é evidenciada pelo brocardo latino *ubi societas, ibi ius*.

Se "onde há sociedade, há Direito", então este promove a convergência de interesses e procura dirimir os litígios correspondentes aos conflitos (de interesses) que possam surgir.

[26] Cfr., para além dos autores pontualmente citados, Pedro Eiró, *Noções Elementares*, 1997, pp. 24-27, Santos Justo, *Introdução*, 10ª ed., 2019, em especial, pp. 32-36, 165-167 e 186-188, e António Pinto Pereira, *Princípios Gerais de Direito*, 2013, pp. 46-49.

3.3. Coercibilidade e tutela jurídica

3.3.1. *A coatividade*

Mas o Direito distingue-se também pela suscetibilidade de imposição pela força. É a sua vocação coativa que o diferencia de outras ordens normativas, como a moral.

No entanto, a proteção que concede não se realiza habitualmente pela intervenção dos sujeitos diretamente envolvidos, mas sim pelo recurso às autoridades públicas de natureza administrativa ou judicial (os tribunais).

Como veremos, a suscetibilidade do recurso à força é simultaneamente dissuasora (preventiva) e punitiva (repressiva), reintegradora ou reparadora.

3.3.2. *A moral*

A moral, na sua conceção restrita, é uma ordem do agir humano que, regulando-o, prossegue o bem do Homem, visando a sua perfeição. A moral rege a vida do Homem no seu todo, quer se trate de meras intenções ou estados de espírito (aspeto individual), quer de comportamentos (aspeto social), procurando o seu bem, ao passo que o Direito se limita a ordenar as relações sociais.

As perspetivas destas duas ordens normativas são, pois, distintas[27].

A moral valora fundamentalmente o agir humano no plano da consciência (isto é, da vontade, das intenções). Desenvolve-se, consequentemente, do interior para o exterior do indivíduo.

Para a moral é a natureza das coisas que determina o valor do ato, fazendo-se as coisas por serem boas e não se fazendo por serem más. Por isso, a moral não se realiza pelo recurso à força, enquanto o Direito é suscetível de aplicação coativa.

[27] Para maiores desenvolvimentos, vd. Oliveira Ascensão, *O Direito*, 2005, pp. 102-103, Miguel Nogueira de Brito, *Introdução ao Estudo do Direito*, 2017, pp. 497-502, Menezes Cordeiro, *Tratado de Direito Civil I*, 4ª ed., 2012, pp. 50-62, Mário Reis Marques, *Introdução ao Direito*, vol. I, 2ª ed., Almedina, Coimbra, 2007, pp. 27-44, Germano Marques da Silva, *Introdução ao Estudo do Direito*, 5ª ed., Universidade Católica Editora, Lisboa, 2015, pp. 33-39, Miguel Teixeira de Sousa, *Introdução ao Direito*, Almedina, Coimbra, 2012, pp. 73-80, Galvão Telles, *Introdução*, II, 2001, pp. 115-119, e, em especial, Paulo Otero, *Lições de Introdução ao Estudo do Direito*, I vol., 1º t., Lisboa, 1998, pp. 267-305.

O direito regula a atividade humana em sociedade, relevando unicamente os atos que tenham projeção exterior.

A realização do Direito é, em regra, independente do ânimo do agente, embora este possa influir na valoração jurídica do ato. Desenvolve-se, consequentemente, do exterior para o interior do indivíduo.

Para o Direito a conduta é boa ou má, consoante é conforme ou desconforme com as regras vigentes.

3.3.3. *Heterotutela*

No Direito vigora o princípio de que a imposição coativa (isto é, pela força) da solução deve ser assegurada por uma entidade externa às pessoas diretamente envolvidas num conflito e cujos interesses carecem da solução. Por isso, «(a) *ninguém é lícito o recurso à força com o fim de realizar ou assegurar o próprio direito, salvo nos casos e dentro dos limites declarados na lei*» (art. 1º do Código de Processo Civil).

A heterotutela é assegurada pelo Estado e o recurso a este meio de proteção jurídica constitui regra na sociedade.

Em certos casos, a heterotutela pode ser realizada por entidades infra estaduais, que são instâncias autónomas a que as partes podem recorrer sempre que não estiverem em causa direitos indisponíveis.

Mas a regra geral é a de que a solução dos conflitos ou litígios é da competência exclusiva do próprio Estado, enquadrando-se no seu poder de controlo e materializando-se pela intervenção dos tribunais.

3.3.4. *Autotutela*[28]

No entanto, em alguns casos, não é possível recorrer em tempo útil aos tribunais, pelo que excecionalmente o Direito admite desvios a esse princípio, permitindo o recurso à justiça privada, para a indispensável tutela dos direitos em causa.

[28] Cfr. Miguel Nogueira de Brito, *Introdução ao Estudo do Direito*, 2017, pp. 472-481 e 493-495 – com interessante apontamento sobre a segurança privada (pp. 482-485) –, João Pedroso, «A tutela dos direitos e a resolução de litígios», AA.VV., *Manual de Introdução ao Direito*, 2ª ed., 2017 (pp. 265-282), pp. 168-271, António Pinto Pereira, *Princípios Gerais de Direito*, 2013, pp. 311-315, Germano Marques da Silva, *Introdução ao Estudo do Direito*, 5ª ed. cit., 2015, pp. 230-234, e Miguel Teixeira de Sousa, *Introdução ao Direito*, cit., 2012, pp. 109-115.

Tal acontece, em regra, apenas em termos subsidiários, em circunstâncias em que o recurso à própria força é a solução mais adequada para preservar os direitos que se encontram em risco.

Representam situações de justiça privada a **ação direta** (art. 336º CC), a **legítima defesa** (art. 337º CC) e o **estado de necessidade** (art. 339º).

No primeiro caso, o recurso à força é possível se a agressão contra os bens do sujeito estiver a ser perpetrada e se esse for o único meio idóneo para evitar a concretização da violação do Direito. Por exemplo, perseguir o agente criminoso que tenha sido surpreendido a cometer um furto e que se encontre em fuga com o respetivo produto.

A legítima defesa ocorre perante uma agressão iminente contra a pessoa do defendente ou de terceiro, em situação em que não existam meios alternativos para impedir a ameaça que recai sobre o que exerce a autotutela ou terceiro. Este meio não legitima o abuso ou excesso da defesa, devendo a força envolvida ser proporcional à da agressão sofrida ou iminente.

Em terceiro lugar, o estado de necessidade verifica-se sempre que o agente depara com uma situação de perigo iminente que compromete o seu direito, podendo licitamente causar prejuízos na esfera jurídica de terceiros se o fizer para afastar um perigo maior.

Por fim, refira-se que excecionalmente – e apenas quando legalmente previsto – pode a justiça privada ser concorrente com a heterotutela; e não meramente subsidiária. Tal acontece, por exemplo, com o **direito de retenção** (arts. 754º e 755º do CC).

Em conformidade com esta situação jurídica ativa, o hoteleiro pode reter as bagagens do hóspede enquanto este não proceder ao pagamento da estadia (cfr. art. 755º, nº 1, *alínea b)*), o transportador pode conservar o bem transportado até que o cliente pague o transporte (cfr. art. 755º, nº 1, *alínea a)*) e o dono da oficina pode manter o veículo reparado enquanto a conta não for paga (cfr. art. 754º).

A ideia associada a esta forma de justiça privada é a de que a pressão resultante da retenção do bem pelo credor do valor por ele originado irá induzir o devedor do pagamento a cumprir, para reaver esse bem.

3.4. Eficácia da ordem jurídica

O Direito procura a solução do caso concreto e deve conter em si os meios adequados a atingir de facto esse resultado, isto é, as regras em que se consubstancia devem ser construídas e orientadas para ordenarem adequadamente as relações sociais.

Exemplificando: se existir uma regra que diga "*Quem empresta dinheiro deve ser reembolsado*", tal prescrição proporciona com maior probabilidade o resultado (o reembolso), mas este só é assegurado se o sistema acolher mecanismos de coação adequados, como, por exemplo, a eventualidade de apreensão de bens do devedor, se necessário.

4. Os ramos do Direito[29]

Consoante a natureza das situações que pretendem regular, as normas jurídicas podem agrupar-se em diferentes ramos, nalguns casos com eventuais sobreposições.

Tais regras respeitam antes de mais a um determinado espaço (jurídico) nacional, mas podem extravasá-lo e podem resultar de entidades supranacionais.

4.1. Direito Internacional e Direito interno

Tendo tido uma origem essencialmente local e nacional, o Direito veio a aplicar-se a situações jurídicas plurilocalizadas, ultrapassando as fronteiras dos diversos países e regendo o relacionamento entre Estados soberanos ou enquadrando situações privadas que se encontram em conexão com mais de uma ordem jurídica. Começamos pelas normas que se aplicam a estas relações supranacionais.

[29] Cfr., para além dos autores pontualmente citados, Miguel Nogueira de Brito, *Introdução ao Estudo do Direito*, 2017, pp. 64-81, Menezes Cordeiro, *Tratado de Direito Civil I*, 4ª ed., 2012, pp. 83-116, em especial pp. 83-84, 88-90, 99-104, 112-113, Pedro Eiró, *Noções Elementares*, 1997, pp. 171-194, Santos Justo, *Introdução*, 10ª ed., 2019, pp. 236-267 e 400-403, Mário Reis Marques, *Introdução ao Direito*, cit., 2007, pp. 293-362, Manuel António Pita, *Curso Elementar*, 4ª ed., 2018, pp. 31-38, 48-52 e 68-72, e Elisabete Ramos, «O Direito e a vida social – a ordem jurídica», AA.VV., *Manual de Introdução ao Direito*, 2ª ed., 2017 (pp. 25-72), pp. 40-43 e 52-58.

4.1.1. *Direito Internacional Público*[30]

O Direito Internacional Público é o ramo do Direito que respeita às relações entre os Estados e à disciplina das organizações de que estes façam parte, como, por exemplo, a ONU (Organização das Nações Unidas)[31].

Recorde-se que o Estado é uma comunidade humana baseada num espaço geográfico e dotada de uma organização política independente, materializada nos diversos órgãos que o compõem e que permitem afirmar a respetiva soberania no plano internacional. Integram esta realidade três elementos distintos: o povo (ou conjunto de cidadãos) – que não se confunde com a população (isto é, os residentes num determinado território, que também podem ser estrangeiros[32]) –, o território (o espaço geográfico em que se baseia) e o poder político (composto pelos órgãos de soberania, que o afirmam interna e externamente, como organização e poder supremo independente dos demais).

São fontes deste ramo o costume[33], os atos e as decisões dos Estados e das organizações internacionais[34], os tratados internacionais[35] e os princípios gerais (de Direito)[36].

[30] Vd. Maria Luísa Duarte, *Direito Internacional Público e a Ordem Jurídica Global do Século XXI*, Coimbra Editora, Coimbra, 2014, pp. 27-28, 31-32 e 37-51, Jorge Bacelar de Gouveia, *Manual de Direito Internacional Público*, 5ª ed., Almedina, Coimbra, 2017 (reimp. 2019), pp. 31-46 e 65-67, Jorge Miranda, *Curso de Direito Internacional Público*, 6ª ed., Principia, Cascais, 2016, pp. 22-25, 30-32 e 37, André Gonçalves Pereira / Fausto de Quadros, *Manual de Direito Internacional Público*, 3ª ed., Almedina, Coimbra, 1993, em especial pp. 26-38, e Galvão Telles, *Introdução*, I, 2001, pp. 154-162.

[31] Sobre a ONU, vd. Gonçalves Pereira / Fausto de Quadros, *Manual de Direito Internacional Público*, 3ª ed., 1993, pp. 461-553.

[32] Estrangeiros são aqueles a quem a lei do Estado não reconhece a qualidade de cidadãos.

[33] Vd. Bacelar de Gouveia, *Manual de Direito Internacional Público*, 5ª ed., 2017, pp. 147-154, Jorge Miranda, *Curso de Direito Internacional Público*, 6ª ed., 2016, pp. 45-49, e Gonçalves Pereira / Fausto de Quadros, *Manual de Direito Internacional Público*, 3ª ed., 1993, pp. 155-168.

[34] Vd. Bacelar de Gouveia, *Manual de Direito Internacional Público*, 5ª ed., 2017, pp. 154-158, e Jorge Miranda, *Curso de Direito Internacional Público*, 6ª ed., 2016, pp. 49-51 e 52-55, o qual reconhece crescente autonomia à jurisprudência (cfr. pp. 51-52).

[35] Vd. Bacelar de Gouveia, *Manual de Direito Internacional Público*, 5ª ed., 2017, pp. 143-147 e 207-298, Jorge Miranda, *Curso de Direito Internacional Público*, 6ª ed., 2016, pp. 58-121, e Gonçalves Pereira / Fausto de Quadros, *Manual de Direito Internacional Público*, 3ª ed., 1993, pp. 169-255.

[36] Vd. Jorge Miranda, *Curso de Direito Internacional Público*, 6ª ed., 2016, pp. 123-124, e Gonçalves Pereira / Fausto de Quadros, *Manual de Direito Internacional Público*, 3ª ed., 1993, pp. 257-264.

O Direito Internacional Público caracteriza-se pela imperfeição das suas normas, dada a ausência de mecanismos de heterotutela semelhantes àqueles que existem no Direito interno[37] e regista um claro predomínio de formas de autotutela, tais como a legítima defesa própria ou alheia.

4.1.2. *Direito da União Europeia*[38]

O Direito da União Europeia (anteriormente Direito Comunitário) é formado pelo conjunto de normas que disciplinam os diversos órgãos que integram a União Europeia (o *Parlamento Europeu*, o *Conselho Europeu*, o *Conselho*, a *Comissão* Europeia, o *Tribunal de Justiça* da União Europeia, o *Banco Central Europeu* e o *Tribunal de Contas*) (cfr. art. 13º do TUE) e que, no quadro dessa organização, regulam as relações entre os respetivos Estados membros, destes com os seus nacionais e os da União Europeia ou apenas entre sujeitos dos diversos Estados membros nas relações económicas e comerciais que estabelecem entre si.

Trata-se de um complexo normativo autónomo relativamente aos ordenamentos jurídicos específicos dos Estados que integram a União Europeia. Como pilares deste ordenamento salienta-se o Tratado da União Europeia e o Tratado do Funcionamento da União Europeia, ambos na versão do Tratado de Lisboa.

O Direito da União Europeia é aplicável na ordem jurídica interna independentemente de expressa receção, no que se refere às regras

Bacelar de Gouveia (*Manual de Direito Internacional Público,* 5ª ed., 2017, pp. 159-166), por sua vez, qualifica os princípios como uma "pretensa fonte" de Direito (*Manual de Direito Internacional Público*, p. 159).

[37] Sobre a juridicidade do Direito Internacional, vd. Bacelar de Gouveia, *Manual de Direito Internacional Público,* 5ª ed., 2017, pp. 113-126, referindo a principal doutrina portuguesa (pp. 123-124), e, anteriormente, Gonçalves Pereira / Fausto de Quadros, *Manual de Direito Internacional Público,* 3ª ed., 1993, pp. 46-56.

[38] Sobre o Direito da União Europeia, e em especial sobre o conceito, vd. Maria Luísa Duarte, *União Europeia,* vol. I, Almedina, Coimbra, 2011, pp. 17-22, Catarina Frade, «O Direito da União Europeia», AA.VV., *Manual de Introdução ao Direito,* 2ª ed., 2017, pp. 95-115, Jónatas E. M. Machado, *Direito da União Europeia,* 3ª ed., Gestlegal, Coimbra, 2018, pp. 35-36 e 40-49, Fausto de Quadros, *Direito da União Europeia,* 3ª ed., Almedina, Coimbra, 2013, pp. 27-29, 416-419, e Maria Elisabete Ramos, «O Direito e a vida social – a ordem jurídica», AA.VV., *Manual de Introdução ao Direito,* 2ª ed., 2017 (pp. 25-72), p. 43.
Numa visão muito sintética, mas atual, vd. António Pinto Pereira, *Princípios Gerais de Direito,* 2013, pp. 121-123.

contidas nos **regulamentos** comunitários (art. 8º, nº 3 da CRP), que são obrigatórios, compostos por normas gerais e abstratas e de aplicação direta, impondo-se na ordem jurídica interna de cada Estado membro sem necessidade de transposição[39].

Outros instrumentos são as **diretivas**[40] – que, procurando a harmonização da legislação dos Estados membros, vinculam-nos e podem ser de aplicação direta diferida –, as **decisões**[41], as **recomendações** e **pareceres**[42] da Comissão, sendo vinculativos alguns pareceres negativos[43].

4.1.3. *Direito Internacional Privado*[44]

O Direito Internacional Privado é, algo paradoxalmente, composto pelas regras (de Direito interno) que contribuem para determinar qual o ordenamento aplicável a uma situação jurídica de natureza privada plurilocalizada, isto é, que se encontra em conexão com mais do que um ordenamento jurídico. Essas regras designam-se "normas de conflitos".

Exemplifique-se o relevo deste ramo enunciando duas situações jurídicas que apresentam ligações a mais do que um complexo normativo (ordenamento jurídico) estadual.

A primeira respeita a uma relação contratual que reveste natureza patrimonial. Um português residente em Bruxelas (Bélgica) celebra, em Paris (França), um contrato com um alemão, domiciliado em Madrid (Espanha), para entrega de vinhos italianos em Londres (Inglaterra). Admitindo que o contrato não estabelece qual a lei aplicável, importa determinar qual o complexo normativo que rege a relação contratual e as

[39] Vd. Miguel Gorjão-Henriques, *Direito da União,* 9ª ed., Almedina, Coimbra, 2019, pp. 301-303, e Sofia Oliveira Pais, *Estudos de Direito da União Europeia* («O Tratado de Lisboa e o quadro institucional da União Europeia», pp. 13-81), 4ª ed., Almedina, Coimbra, 2018, pp. 31-32.

[40] Sobre estes instrumentos, vd., por todos, Miguel Gorjão-Henriques, *Direito da União,* 9ª ed., pp. 303-317.

[41] Vd. Miguel Gorjão-Henriques, *Direito da União,* 9ª ed., pp. 317-319.

[42] Vd. Miguel Gorjão-Henriques, *Direito da União,* 9ª ed., p. 320.

[43] Cfr. Sofia Pais, *Estudos de Direito da União Europeia,* 4ª ed., 2018, pp. 26-27.

[44] Vd. António Ferrer Correia, *Lições de Direito Internacional Privado I,* Almedina, Coimbra, 2000, pp. 11-22, em especial pp. 11-12 e 19, Luís de Lima Pinheiro, *Direito Internacional Privado,* vol. I – *Introdução e Direito de Conflitos. Parte Geral,* 3ª ed., Almedina, Coimbra, 2014, pp. 24-43, em especial pp. 24-27 e 36-43, Galvão Telles, *Introdução,* I, 2001, pp. 162-164 e 297-304.

suas eventuais crises (incumprimento). Repare-se que são vários os critérios de solução possíveis. Não havendo nacionalidade comum das partes, nem tão pouco residência no mesmo país, sobrariam as leis aplicáveis aos locais de produção dos bens, da sua entrega (ou do cumprimento) e da celebração do contrato.

O problema coloca-se também com referência a relações de caráter pessoal. Assim, se um cidadão espanhol casa com uma cidadã brasileira e vão viver para a Edimburgo (Escócia), caso se pretendam divorciar, importa apurar qual o Direito substantivo aplicável, dos três ordenamentos que, de algum modo, estão em conexão com o casamento.

No nosso Código Civil as normas de Direito Internacional Privado constam dos artigos 14º a 65º.

4.2. **Direito Privado e Direito Público**[45]

4.2.1. ***Diferenciação***

4.2.1.1. *Critérios (absolutamente) ultrapassados*

São muitos os critérios que ao longo dos tempos foram avançados para diferenciar normas de Direito Público de regras de Direito Privado e consequentemente distinguir ramos de Direito Público de ramos de Direito Privado.

De entre os possíveis, vamos referenciar os dois que durante muito tempo maior destaque assumiram: o **critério do interesse** – segundo o qual as regras de Direito Público são as que prosseguem interesses predominantemente coletivos e as de Direito Privado as que se destinam a tutelar interesses primacialmente particulares – e o **critério da qualidade dos sujeitos da situação (relação) jurídica**, segundo o qual seriam regras de Direito Público aquelas que disciplinassem relações em que interviesse o Estado ou entes públicos menores e, eventualmente,

[45] Vd. Miguel Nogueira de Brito, *Introdução ao Estudo do Direito*, 2017, pp. 64-70, Menezes Cordeiro, *Tratado de Direito Civil I*, 4ª ed., 2012, pp. 88-90 e 99-104, Carlos Alberto da Mota Pinto, *Teoria Geral do Direito Civil*, 4ª ed. (por António Pinto Monteiro e Paulo Mota Pinto), Coimbra Editora, Coimbra, 2005, pp. 36-46, e Galvão Telles, *Introdução*, I, 2001, pp. 165-170.

particulares, limitando-se as regras de Direito Privado à regulação das relações entre estes últimos.

O primeiro é insatisfatório, dado que a prossecução do interesse coletivo caracteriza todos os ramos do Direito, sendo especialmente nítida por exemplo no Direito da Família e no Direito dos Valores Mobiliários, para além de, ainda que em menor escala, encontrarmos disseminadas em ramos tidos como juspublicísticos, como o Direito Administrativo, normas que visam essencialmente a realização de interesses particulares.

Como objeção principal ao segundo critério, saliente-se que o Estado e os entes públicos menores nas suas relações com os particulares nem sempre atuam do mesmo modo, fazendo-o por vezes num plano de quase completa igualdade relativamente aos particulares.

As críticas formuladas a estes critérios conduziram ao aparecimento do critério que consideramos mais adequado.

4.2.1.2. *Critério da qualidade e posição dos sujeitos na relação jurídica*

O critério mais elucidativo – em época em que se põe em causa esta distinção, aqui mantida por razões didáticas – é o da qualidade e posição dos sujeitos na relação jurídica, o qual supera anteriores critérios e sintetiza essencialmente os dois que, no passado, assumiam maior destaque; e que referimos: precisamente os **critérios do interesse** e **da qualidade dos sujeitos da situação (relação) jurídica**.

Este critério conjuga a qualidade dos sujeitos participantes com a respetiva posição na relação (situação) jurídica, designadamente a própria forma como intervêm.

São **normas de Direito Público** todas aquelas que disciplinam relações em que o Estado e outros entes públicos (menores) intervêm com as prerrogativas de autoridade (o chamado *jus imperii*) que os caracterizam, participem ou não particulares nessas situações.

As **normas de Direito Privado** regulam as relações entre os particulares ou entre estes e o Estado (ou outros entes públicos) quando desprovido de prerrogativas de autoridade, isto é, sempre que este intervém como se de um particular se tratasse.

Recorrer à qualidade e posição dos sujeitos na relação jurídica significa, em suma, reconduzir ao Direito Privado todas as situações jurídicas em que só intervêm particulares ou em que, participando também o Estado ou outros entes públicos, estes o façam desprovidos do respetivo poder de autoridade, isto é, em pé de igualdade com os particulares.

4.2.1.3. *Relevância da diferenciação*

É importante salientar que esta distinção tem sentido prático, porquanto o Direito Privado se caracteriza pela autonomia privada, isto é, pela faculdade que os particulares têm de autorregularem os seus interesses ou pela liberdade genérica de produção de efeitos jurídicos, o que significa – de forma simplista – que tudo o que não for proibido é permitido.

Por sua vez, no Direito Público rege o princípio da competência, segundo o qual as atuações nesse domínio têm de pautar-se pelo que se encontra devidamente autorizado

Qualificar um ramo do Direito como sendo de Direito Público ou Privado, significa sujeitá-lo ao ambiente que é típico de um complexo normativo que se pauta por determinados princípios e critérios. Daí a sua relevância.

4.2.2. ***A crise da distinção***

Não obstante ser possível continuar a qualificar um determinado complexo normativo como sendo um ramo de Direito Público ou Privado, por recurso ao critério acima enunciado, a verdade é que na atualidade a autonomização clássica enfrenta sérias dificuldades porquanto alguns sectores da ordem jurídica congregam normas típicas de Direito Público e de Direito Privado. Assim sucede, por exemplo, com o Direito Bancário – com uma parte institucional de natureza administrativa e com uma componente relevante de caráter mercantil correspondente aos negócios jurídicos bancários – e com o Direito dos Valores Mobiliários.

4.3. **Direito Privado comum: Direito Civil[46]; sub-ramos**

O Direito Privado comum corresponde ao Direito Civil, respeitando às situações e relações jurídicas que, habitual e tipicamente, caracterizam

[46] Vd. José de Oliveira Ascensão, *Direito Civil – Teoria Geral*, vol. I – *Introdução. As pessoas. Os bens*, 2ª ed., Coimbra Editora, Coimbra, 2000, pp. 17-19, Menezes Cordeiro, *Tratado de*

ou se desenvolvem entre os particulares; podendo envolver o Estado e outras entidades públicas, quando desprovidas das suas prerrogativas de autoridade.

Centrado na pessoa – sujeito de Direito –, o Direito Civil é suscetível de se subdividir em vários sub-ramos, os quais reproduzem a sistematização do Código Civil (Livros II a V)[47] acrescida de um conjunto de normas que têm vindo a adquirir uma importância e dignidade crescentes, que justificam um tratamento autónomo.

4.3.1. *Direito das Obrigações*[48]

O Direito das Obrigações regula as relações jurídicas de crédito, de que são sujeitos o credor e o devedor – podendo existir uma pluralidade de sujeitos em cada lado da relação jurídica ou situação intersubjetiva – e cujo objeto característico são as prestações.

A prestação é o comportamento individualizado do devedor para satisfação da pretensão do credor. É a conduta do sujeito passivo na relação jurídica obrigacional (CC, arts. 398º a 400º).

A prestação pode ser **patrimonial** ou **não patrimonial**.

Mas outras modalidades existem, tais como:

- Prestação de fazer ou **de facto** {**positivo** (material ou jurídico) ou **negativo** (o comportamento do devedor traduz-se numa omissão, tolerância ou em suportar um comportamento alheio).
- Prestação **de coisa** {**de dar** (entrega de algo), **de restituir** (devolução ao credor de coisa por ele cedida), **de prestar** (entrega ao credor, para seu uso e fruição, de coisa que continua a pertencer ao devedor).

Direito Civil I, 4ª ed., 2012, pp. 83-84 e 112-113, Carlos Mota Pinto, *Teoria Geral do Direito Civil*, 4ª ed., 2005, pp. 47-48 e 58-61, Galvão Telles, *Introdução*, I, 2001, pp. 184-186, e Pedro Pais de Vasconcelos / Pedro Leitão Pais de Vasconcelos, *Teoria Geral do Direito Civil*, 9ª ed., Almedina, Coimbra, 2019, pp. 7-13.

[47] Diploma ao qual se reportam todas as disposições legais que não estejam especialmente referenciadas neste número (4.3).

[48] Vd. João de Matos Antunes Varela, *Das Obrigações em Geral*, vol. I, 10ª ed., Almedina, Coimbra, 2000, pp. 15-20, e, estabelecendo o confronto dos direitos de crédito com os direitos reais, Inocêncio Galvão Telles, *Direito das Obrigações*, 7ª ed., Coimbra Editora, Coimbra, 1997, pp. 19-21.

- Prestação **fungível** (realizável por pessoa diferente do devedor, sem prejuízo do interesse do credor) ou **não fungível** (necessariamente realizada pelo devedor, que não se pode fazer substituir).
- Prestações **instantâneas** (realizam-se num único ato) e **duradouras** (divididas ou fracionadas e contínuas).

4.3.2. *Direitos Reais*[49]

O ramo dos Direitos Reais ou Direito das Coisas disciplina situações jurídicas, que têm por objeto coisas[50].

Os direitos reais subdividem-se em três tipos[51]:

- Direitos reais de **gozo**, que, sendo a principal categoria, abrange as situações em que o titular pode aproveitar a aptidão do bem que é objeto do seu direito [p.ex., direito de propriedade (cfr. arts. 1302º a 1438º-A)];
- Direitos reais de **garantia**, que visam assegurar o cumprimento de obrigações próprias ou alheias pela afetação de certas espécies de bens (móveis ou imóveis) [p.ex., hipoteca (cfr. arts. 686º a 732º)]; e
- Direitos reais de **aquisição**, que se caracterizam por proporcionar ao respetivo titular a faculdade de, em certas circunstâncias, fazer ingressar no seu património determinadas coisas [p.ex., direito de preferência legal (cfr. art. 1091º do CC)].

[49] Vd. Henrique Sousa Antunes, *Direitos Reais*, Universidade Católica Editora, Lisboa, 2017, pp. 55-57, José de Oliveira Ascensão, *Direitos Reais*, 5ª ed., Coimbra Editora, Coimbra, 2000, pp. 16-20, Rui Pinto Duarte, *Curso de Direitos Reais*, 3ª ed., Principia, Parede, 2013, pp. 11-12, Luís Carvalho Fernandes, *Lições de Direitos Reais*, 6ª ed., Quid Juris, Lisboa, 2009, pp. 15-19, A. Santos Justo, *Direitos Reais*, 6ª ed., Coimbra Editora, Coimbra, 2019, pp. 21-22 e 24-25, Luís Manuel Teles de Menezes Leitão, *Direitos Reais*, 8ª ed., Almedina, Coimbra, 2019 – mitigando as novas orientações da doutrina portuguesa com a atualização da teoria do poder absoluto (pp. 40-41) –, e José Alberto Vieira, *Direitos Reais*, 2ª ed., Almedina, Coimbra, 2018, pp. 9-12.

[50] Sobre *as várias conceções de direito real*, vd. Rui Pinto Duarte, *Curso de Direitos Reais*, 3ª ed. cit., 2013, pp. 16-19, Carvalho Fernandes, *Lições de Direitos Reais*, 6ª ed. cit., 2009, pp. 39-50, Luís Manuel Teles de Menezes Leitão, *Direitos Reais*, 8ª ed., 2019, pp. 27-41, e José Alberto Vieira, *Direitos Reais*, 2ª ed., 2018, pp. 71-89.

[51] Para maior desenvolvimento, vd. Oliveira Ascensão, *Direitos Reais*, 5ª ed., 2000, pp. 175-189, o *Curso* cit. de Rui Pinto Duarte, pp. 19-20, 47-50, 241-246 e 311-314, e Santos Justo, *Direitos Reais*, 6ª ed., 2019, pp. 55-57.

4.3.3. *Direito da Família*[52]

O Direito da Família regula o casamento (cfr. arts. 1577º e 1587º a 1795º-D do CC) e seus efeitos, a filiação (cfr. arts. 1796º a 1972º) e a adoção (cfr. art. 1586º e 1973º a 2002º-D) e estabelece os termos da relevância jurídica de outras *relações jurídicas familiares* (cfr. art. 1576º) – como o parentesco (cfr. arts. 1578º a 1582º) e a afinidade (cfr. arts. 1584º e 1585º) – ou que revestem uma semelhança mais ou menos significativa com as relações familiares, como a **união de facto** (cfr. art. 2020º e Lei nº 7/2001, de 11 de maio, na red. da Lei nº 23/2010, de 30 de agosto) e o **apadrinhamento civil** (cfr. art. 103/2009, de 11 de setembro)[53].

4.3.3.1. *Casamento*

A lei caracteriza o **casamento**[54] como a união contratual *de duas pessoas que pretendem constituir família*, através de *uma plena comunhão de vida* (cfr. art. 1577º, red. da Lei nº 9/2010, de 31 de maio). O casamento tem efeitos pessoais – que se traduzem designadamente nos *deveres* conjugais (cfr. art. 1672º), *de respeito, fidelidade, coabitação* (cfr. art. 1673º), *cooperação* (cfr. art. 1674º) *e assistência* (art. 1675º) [que se desdobra nas obrigações de prestar alimentos (arts. 1675º e 2015º) e de contribuir para os encargos da vida familiar (cfr. arts. 1675º e 1676º)], e no direito ao nome (cfr. art. 1677º) – e patrimoniais, no que respeita ao reconhecimento de um regime matrimonial de bens (cfr. arts. 1717º a 1736º), imutável durante o casamento (cfr. art. 1714º), à existência de regras específicas sobre a administração e disposição de bens próprios e comuns (cfr. arts. 1678º, 1681º a 1682º-B) e ainda ao reconhecimento de um regime específico de dívidas (cfr. arts. 1690º a 1697º), que representa derrogação ao regime

[52] Vd. Francisco Pereira Coelho / Guilherme de Oliveira, *Curso de Direito da Família*, Vol. I – *Introdução. Direito Matrimonial*, 5ª ed., Imprensa da Universidade de Coimbra, Coimbra, 2016 (reimp. 2018), pp. 32-36, Maria Margarida da Silva Pereira, *Direito da Família*, 3ª ed., AAFDL Editora, Lisboa, 2019, pp. 57-71, e Jorge Duarte Pinheiro, *O Direito da Família Contemporâneo*, 6ª ed., AAFDL, Lisboa, 2018 (reimp. 2019), pp. 18-22 e 31-40.

[53] Caracterizando estas relações *parafamiliares* (união de facto e apadrinhamento) de modo sintético, mas muito claro, Mário Júlio de Almeida Costa, *Noções Fundamentais de Direito Civil*, 7ª ed. (com a colaboração de António Alberto Vieira Cura), Almedina, Coimbra, 2018, pp. 369-376.

[54] Instituto civil que não se confunde com idêntico instituto que constitui no quadro da religião católica um sacramento.

geral das obrigações, segundo o qual cada sujeito apenas pode ser responsabilizado pelas dívidas que contrai.

4.3.3.2. *Filiação*

A **filiação** resulta da procriação e estabelece-se com o nascimento completo e com vida do ser humano (cfr. art. 66º, nº 1 do CC), que descende de duas pessoas de sexo diferente. Constitui-se pelo nascimento e declaração (de maternidade) relativamente à mãe (cfr. arts. 1796º, nº 1, 1803º e 1806, nº 1) e por presunção (de que o pai é o marido da mãe) (cfr. art. 1826º, nº 1) ou por reconhecimento (da paternidade) (cfr. art. 1796º, nº 2), a qual pode ocorrer espontaneamente, por perfilhação (cfr. arts. 1847º e 1849º a 1863º), ou por decisão judicial (cfr. arts. 1847º, *in fine*, e 1869º a 1873º).

4.3.3.3. *Parentesco*

A filiação pode existir à margem do casamento e gera relações de **parentesco**, que são as que existem entre duas pessoas por descenderem uma da outra ou, não descendendo uma da outra, descenderem ambas de um progenitor (ascendente) comum (cfr. art. 1576º), dizendo-se no primeiro caso em linha reta e no segundo em linha colateral (cfr. art. 1580º). Assim, os pais e os avós são parentes dos filhos e dos netos na linha reta e os tios e sobrinhos, bem como os primos, são parentes uns dos outros na linha colateral, contando-se um grau de parentesco por cada geração necessária para se encontrar o denominador (progenitor) comum (cfr. arts. 1579º e 1581º).

4.3.3.4. *Afinidade*

Por sua vez, do cruzamento do casamento com o parentesco resulta a **afinidade**, que é *o vínculo que liga cada um dos cônjuges aos parentes do outro* (art. 1584º) ou uma pessoa aos cônjuges dos seus parentes. A afinidade define-se, pois, como um espelho do parentesco, medindo-se por linhas – reta (sogros, genro, nora, padrasto, madrasta e enteados) ou colateral (os casados com os nossos tios, sobrinhos ou primos) – e contando-se por graus (cfr. art. 1585º).

4.3.3.5. *Adoção*

Por último, as relações familiares podem também constituir-se por **adoção**, que é o vínculo constituído por sentença judicial, pelo qual uma ou duas pessoas[55] (os adotantes) assumem com outra, menor de idade (o adotando), uma relação em tudo semelhante à filiação (cfr. arts. 1586º e 1973º, nº 1). Tal acontece sobretudo quando a adoção é plena (cfr. arts. 1977º, nº 1 e 1979º a 1991º); e não apenas restrita (cfr. arts. 1977º e 1992º a 2002º-D).

4.3.4. ***Direito das Sucessões***[56]

O Direito das Sucessões regula as transmissões de direitos e vinculações – fundamentalmente de natureza patrimonial – que ocorrem por causa da morte (cfr. art. 2024º do CC).

A sucessão pode ser legal (cfr. art. 2026º do CC), ou voluntária.

A sucessão legal pode ser legitimária ou legítima (cfr. art. 2027º do CC), consoante seja imposta (sendo, consequentemente, forçosa ou necessária), em favor do cônjuge, ascendentes e descendentes, ou não (circunstância em que ocorre supletivamente).

A sucessão voluntária (cfr. art. 2026º, *in fine* do CC) reconduz-se, essencialmente, à disposição de bens por testamento, podendo assumir excecionalmente a forma contratual (pactos sucessórios) (cfr. art. 2020º do CC).

Os sucessores designam-se *herdeiros ou legatários* (art. 2030º, nº 1 do CC).

O **herdeiro** é o que sucede na totalidade ou numa parte ou *no remanescente* dos bens do falecido (cfr. art. 2030º, nºs 2 e 3), ao passo que o

[55] Neste caso devem ser ainda de sexos diferentes.

[56] Vd. José de Oliveira Ascensão, *Direito das Sucessões,* 5ª ed., Coimbra Editora, Coimbra, 2000, pp. 11-14 e 18-19, Pedro Pitta e Cunha Nunes de Carvalho, *Direito das Sucessões,* Almedina, Coimbra, 2017, pp. 14-20, Almeida Costa, *Noções Fundamentais de Direito Civil,* 7ª ed., 2018, pp. 421-424, Carlos Pamplona Corte-Real, *Curso de Direito das Sucessões,* Quid Juris, Lisboa, 2012, pp. 7-11, Cristina Araújo Dias, *Lições de Direito das Sucessões,* 7ª ed., Almedina, Coimbra, 2019, pp. 21-25, Luís A. Carvalho Fernandes, *Lições de Direito das Sucessões,* 4ª ed., Quid Juris, Lisboa, 2012, pp. 13-19 e 24; e, problematizando o fenómeno sucessório na atualidade, Rita Lobo Xavier, *Planeamento sucessório e transmissão de património à margem do Direito das Sucessões,* Universidade Católica Editora, Porto, 2016, em especial pp. 18-29.

legatário é que o sucede em bens ou valores determinados (art. 2030º, nº 2 *in fine* do CC).

4.3.5. *Direito da Personalidade*[57]

O **Direito da Personalidade**, não sendo objeto de um Livro autónomo na sistemática do Código Civil, é composto por regras que visam tutelar os bens da personalidade, como o nome (art. 72º), a honra (cfr. art. 70º), a imagem (art. 79º)[58] e a intimidade da vida privada (art. 80º).

Os direitos da personalidade são indisponíveis, não podendo ser alienados pelo respetivo titular, que aos mesmos nunca pode renunciar. Por isso, as limitações voluntárias a estes direitos, quando legalmente admissíveis, são livremente revogáveis (cfr. art. 81º, nº).

4.4. Direito Privado especial

4.4.1 *Direito Comercial*[59]

O **Direito Comercial** regula os atos e as atividades jurídico-mercantis, abrangendo no seu objeto, para além do comércio (em sentido económico, de intermediação entre a oferta e a procura), a indústria e os serviços.

A sua autonomia justifica-se pela:

– Maior tutela do credor;

[57] Sobre a tutela geral da personalidade, vd. a dissertação de doutoramento de Rabindranath V. A. Capelo de Sousa, *O Direito Geral de Personalidade*, Coimbra Editora, Coimbra, 1995, em especial pp. 104-106 e 246-252 e notas 560, 564, 565 e 568 (a pp. 246-249), e Pedro Pais de Vasconcelos / Pedro Leitão Pais de Vasconcelos, *Teoria Geral do Direito Civil*, 9ª ed., 2019, pp. 40-61.
Nesta matéria reconheça-se ainda a importância das lições (polic.) de Paulo Cunha, *Teoria Geral do Direito Civil*, Lisboa, 1971-72, pp. 110-199, embora naturalmente muito desatualizadas no que se refere às fontes.

[58] Que não se confunde com a reputação, tutelada pela norma geral do art. 70º.
Sobre esta norma e outras disposições legais citadas no texto, vd. Ana Filipa Morais Antunes, *Comentário aos artigos 70º a 81º do Código Civil (Direitos de personalidade)*, Universidade Católica Editora, Lisboa, 2012, em especial pp. 13-38, 57-74, 154-159, 177-187, 200-217 e 231-241.

[59] Vd. Menezes Cordeiro, *Tratado de Direito Civil I*, 4ª ed., 2012, pp. 288-294, Galvão Telles, *Introdução*, I, 2001, pp. 186-189, e adiante nºs 12.1.1.

– Simplicidade de formas;
– Presunção de remuneração das atividades mercantis.

4.4.2. *Direito do Trabalho*[60]

O **Direito do Trabalho** regula a relação individual de trabalho subordinado (cfr. arts. 1152º e 1153º do CC) e as relações coletivas de trabalho (cfr. arts. 404º a 543º do CT[61])[62].

A primeira, baseada num contrato específico celebrado entre entidade patronal e trabalhador, é hoje objeto de vasta regulamentação autónoma, vertida essencialmente no Código do Trabalho.

As relações coletivas de trabalho constituem-se pelo acordo das estruturas representativas dos trabalhadores (*maxime* os sindicatos) e pelas

[60] Vd. António Menezes Cordeiro, *Tratado de Direito Civil I*, 4ª ed., 2012, pp. 312-316, e *Direito do Trabalho I – Direito Europeu, Dogmática Geral, Direito Coletivo*, Almedina, Coimbra, 2019, pp. 37-48 e 52-57. Reconduzindo este ramo a um ramo misto do Direito Público e do Direito Privado, Galvão Telles, *Introdução*, I, 2001, p. 190.

[61] Aprovado pela Lei nº 7/2009, de 12 de fevereiro, atualmente na red. da Lei nº 93/2019, de 4 de setembro. Note-se que, não obstante a redação do art. 1º da L 7/2009, de 12 de fevereiro – que aparentemente aprova o Código do Trabalho –, alguns autores insistem na tese de que o atual Código foi aprovado em 2003, pela L 99/2003, de 27 de agosto, tendo sido objeto de modificações substanciais em 2009. Nesse sentido, vd. AA.VV., *Código do Trabalho Anotado*, 9ª ed., Almedina, 2013, pp. 11-13.

[62] Sobre a **noção de Direito do Trabalho**, vd. (por ordem alfabética do último apelido) João Leal Amado, *Contrato de Trabalho*, 3ª ed., Almedina, Coimbra, 2019, pp. 9-12 e 25-29, António Menezes Cordeiro *Direito do Trabalho I*, 2019, pp. 37-48, António Monteiro Fernandes, *Direito do Trabalho*, 19ª ed., Almedina, Coimbra, 2019, pp. 30-31, Luís Manuel Teles de Menezes Leitão, *Direito do Trabalho*, 6ª ed., Almedina, Coimbra, 2019, pp. 11-13, Pedro Romano Martinez, *Direito do Trabalho*, 7ª ed., Almedina, Coimbra, 2019, pp. 31-43, em especial pp. 31-33, Maria do Rosário Palma Ramalho, *Tratado de Direito do Trabalho*, Parte I – *Dogmática geral*, Almedina, Coimbra, 3ª ed., 2012, em especial, pp. 27-31, 121-132 e 147-151, e Bernardo da Gama Lobo Xavier, *Direito do Trabalho* (com a colab. de P. Furtado Martins, A. Nunes de Carvalho, Joana Vasconcelos e Tatiana Guerra de Almeida), 3ª ed., Verbo, Lisboa, 2018, pp. 35-41, em especial p. 35.
Sobre os **instrumentos de regulamentação coletiva**, vd. *infra* a matéria das fontes de Direito e, na doutrina juslaboralista, Menezes Cordeiro *Direito do Trabalho I*, 2019, pp. 346-349, 673-702 e 736-747, Monteiro Fernandes, *Direito do Trabalho*, 19ª ed., 2019, pp. 929-930 e 938-944, Romano Martinez, *Direito do Trabalho*, 7ª ed., 2019, pp. 193-200, 1147-1149, 1155-1214, Maria do Rosário Palma Ramalho, *Tratado de Direito do Trabalho*, Parte III – *Situações Laborais Colectivas*, Almedina, Coimbra, 2012, pp. 183-189, e Bernardo Lobo Xavier, *Direito do Trabalho*, 3ª ed., 2018, pp. 254-290.

entidades patronais ou pelas associações representativas dos seus interesses e materializam-se nos Acordos Coletivos de Trabalho.

4.5. Ramos do Direito Público

4.5.1. *Direito Constitucional*[63]

O **Direito Constitucional** é composto pelas principais regras relativas à estrutura e funcionamento dos órgãos do Estado (organização do poder político) e aos direitos e deveres fundamentais dos cidadãos[64].

As suas normas integram a principal lei do Estado: a Constituição da República[65].

4.5.2. *Direito Administrativo*[66]

O **Direito Administrativo** regula a organização e atuação dos órgãos executivos, na prossecução dos interesses públicos (do Estado) – incluindo no seu relacionamento contratual com outras entidades –, mediante o exercício de prerrogativas de autoridade, bem como o controlo do desempenho desses órgãos e as garantias dos cidadãos perante tal atuação.

[63] Vd. Jorge Miranda, *Curso de Direito Constitucional,* vol. 1 – *Estado e constitucionalismo. Constituição. Direitos Fundamentais,* UCE, Lisboa, 2016, pp. 13-16, e anteriormente no *Manual de Direito Constitucional,* Tomo I – *Preliminares. O Estado e os Sistemas Constitucionais,* 8ª ed., Coimbra Editora, Coimbra, 2009, pp. 13-18, e Galvão Telles, *Introdução,* I, 2001, p. 171.

[64] Vd. Jorge Miranda, *Curso de Direito Constitucional,* vol. 1, cit., 2016, pp. 229-323, e Jorge Pereira da Silva, *Direitos Fundamentais. Teoria Geral,* UCE, Lisboa, 2018, em especial pp. 34-42.

[65] Sobre a Constituição, vd. João Pedroso, «A Constituição e o Estado de direito», AA.VV., *Manual de Introdução ao Direito,* 2ª ed., 2017 (pp. 75-94), em especial, pp. 77-79.

[66] Cfr. Diogo Freitas do Amaral, *Curso de Direito Administrativo,* vol. I, 4ª ed., Almedina, Coimbra, 2015, pp. 121-123, João Caupers / Vera Eiró, *Introdução ao Direito Administrativo,* 12ª ed., Âncora, Lisboa, 2016, pp. 47-48, Pedro da Costa Gonçalves, *Manual de Direito Administrativo,* vol. 1, Almedina, Coimbra, 2019, pp. 80-85, Paulo Otero, *Manual de Direito Administrativo,* vol. I, Almedina, Coimbra, 2013, pp. 28-35, em especial 34-35, e Galvão Telles, *Introdução,* I, 2001, p. 171-173.

4.5.3. *Direito Financeiro e Direito Fiscal*

O **Direito Financeiro** disciplina a cobrança das receitas e a efetivação das despesas públicas[67].

O **Direito Fiscal**, por sua vez, regula o pagamento de impostos[68] ao Estado, como forma do seu financiamento, abrangendo todas as fases que o mesmo implica, desde a definição e incidência do imposto, passando pela determinação da matéria coletável e pela liquidação do imposto e concluindo pela respetiva cobrança, sem excetuar as eventuais reclamações que tais atos justifiquem[69].

4.5.4. *Direito Criminal ou Penal*[70]

O **Direito Penal** qualifica determinados factos – que são objeto de particular censura social, pela sua gravidade – como crimes, sancionando as

[67] Sobre o conceito de finanças públicas, vd. Maria d'Oliveira Martins, *Lições de Finanças Públicas e Direito Financeiro*, Almedina, Coimbra, 4ª ed., 2019, pp. 11-16.
Autonomizando o *Direito da Despesa Pública*, em obra com este nome (publicada pela Almedina, Coimbra, 2019), Joaquim Freitas da Rocha, pp. 33-36.

[68] Os impostos são de diversa natureza e classificam-se de acordo com inúmeros critérios. Têm na sua base a exigibilidade aos cidadãos e às empresas e pessoas coletivas em que eles se organizam de contribuições que sustentem as despesas e investimentos do Estado. Na sua principal classificação sistematizam-se em impostos diretos (sobre o rendimento) e indiretos (sobre a despesa). Se os primeiros – nos quais se enquadram o Imposto sobre o Rendimento das Pessoas Singulares (IRS) e o Imposto sobre o Rendimento das Pessoas Coletivas (IRC) – são aplicados em conformidade com os rendimentos e capacidade contributiva dos cidadãos e das empresas, os segundos são cobrados quando os contribuintes realizam uma despesa, como sucede com o Imposto sobre o Valor Acrescentado (IVA) ou o Imposto do Selo. Para maiores desenvolvimentos, vd. José Casalta Nabais, *Direito Fiscal*, 11ª ed., Almedina, Coimbra, 2019, pp. 62-68. Sobre o conceito de imposto, vd. *ibid.*, pp. 34-42.
Os impostos distinguem-se das **taxas** porque estas pressupõem a prestação de um serviço por parte de uma entidade pública, *maxime* do Estado, ou correspondem a uma contrapartida pela utilização de um bem do domínio público. Sobre este conceito, vd. Saldanha Sanches, *Manual de Direito Fiscal*, 3ª ed., Coimbra Editora, Coimbra, 2007, pp. 30-37.
Sobre outras figuras tributárias, José Casalta Nabais, *Direito Fiscal*, 8ª ed. cit., 2015, pp. 51-57.

[69] Cfr. José Casalta Nabais, *Direito Fiscal*, 11ª ed., 2019, pp. 27-33, Manuel Pires / Rita Calçada Pires, *Direito Fiscal*, 5ª ed., Almedina, Coimbra, 2012, pp. 91, 92-96 e 38-46, J. L. Saldanha Sanches, *Manual de Direito Fiscal*, 3ª ed. cit., 2007, pp. 65-67, e Sérgio Vasques, *Manual de Direito Fiscal, 2ª ed.*, Almedina, Coimbra, 2018 (reimp. 2019), pp. 65-67.

[70] Cfr. Américo Taipa de Carvalho, *Direito Penal – Parte Geral. Questões Fundamentais. Teoria do Crime*, 2ª ed., Coimbra Editora, Coimbra, 2008, pp. 14, 102-104, José de Faria Costa, *Direito Penal*, Imprensa Nacional-Casa da Moeda, Lisboa, 2017, pp. 11-15, Jorge de

condutas correspondentes pela aplicação de penas, cuja execução também disciplina. Para além da categorização dos elementos que originam a infração criminal, o Direito Penal engloba os efeitos desta nas diversas espécies de consequências jurídicas do crime.

A própria designação deste ramo de Direito é sintomática, apontando para o crime e para a pena.

Na atualidade, encontramos normas de Direito Penal em diversos ramos do Direito, tal como sucede com o Direito Societário (cfr. arts. 509º a 527º do CSC) e o Direito Tributário.

4.5.5. *Direito Processual*[71]

O **Direito Processual** regula a forma de resolução de litígios pelos tribunais

O **processo** é a sequência ordenada de atos[72], pelos quais o tribunal soluciona definitivamente as questões que lhe são submetidas.

O Direito Processual é um direito adjetivo, visto que dirime os conflitos que se suscitam relativamente ao eventual incumprimento de normas de Direito substantivo ou material, de que é instrumental. Assim, consoante a natureza do litígio, pode ser:

- Civil[73];
- (do) Trabalho;

Figueiredo Dias, *Direito Penal – Parte Geral,* Tomo I, *Questões Fundamentais, A doutrina geral do crime,* 3ª ed. (com a colab. de Maria João Antunes, Susana Aires de Sousa, Nuno Brandão e Sónia Fidalgo), Gestlegal, Coimbra, 2019, pp. 3-6 e 15-20, Manuel Cavaleiro de Ferreira, *Lições de Direito Penal, Parte Geral,* I – *A Lei Penal e a Teoria do Crime no Código Penal de 1982,* 4ª ed., Almedina, Coimbra, 1992, pp. 13-18 e 35, Germano Marques da Silva, *Direito Penal,* I, 3ª ed., Verbo, Lisboa, 2010, pp. 30-33, e Galvão Telles, *Introdução,* I, 2001, pp. 173-176.

[71] Cfr. Galvão Telles, *Introdução,* I, 2001, pp. 179-183.

[72] Sobre o processo como sequência de atos, vd. José Lebre de Freitas, *Introdução ao Processo Civil,* 3ª ed. cit., 2013, pp. 15-28.

[73] Cfr. Antunes Varela / J. Miguel Bezerra / Sampaio e Nora, *Manual de Processo Civil,* 2ª ed., Coimbra Editora, Coimbra, 1985, pp. 1-2 e 8-10, e J. P. Remédio Marques, *Acção Declarativa à luz do Código Revisto,* 2ª ed., Coimbra Editora, Coimbra, 2009, pp. 23-27, em especial pp. 23-24.
Sobre a instrumentalidade do Direito Processual Civil, vd. José Lebre de Freitas, *Introdução ao Processo Civil,* 3ª ed. cit., 2013, pp. 12-14, e Antunes Varela / Bezerra / Sampaio e Nora, *Manual de Processo Civil,* 2ª ed. cit. 1985, pp. 7-8.

- Administrativo[74];
- Penal (ou Criminal)[75];
- Tributário.

4.5.6. *Direito Notarial e Direito Registal*[76]

O **Direito Notarial** regula a formalização de atos, que pressuponha a intervenção de uma entidade dotada de fé pública, que é o notário.

O **Direito Registal** respeita à inscrição de factos sobre pessoas, bens e situações jurídicas nos Registos, com a finalidade principal da respetiva identificação e publicidade.

4.6. A autonomização de novos ramos do Direito

No último quartel do século XX e no início deste século assistimos a uma crescente autonomização de novos ramos do Direito, tendo em conta o objeto das respetivas regras.

4.6.1. *Direito Económico*[77]

O **Direito Económico** ou Direito da Economia regula aspetos da atividade económica produtiva – *maxime* a defesa da concorrência[78], a

[74] Cfr. Mário Aroso de Almeida, *Manual de Processo Administrativo,* Almedina, Coimbra, 2ª ed., 2016, pp. 39-42, Vasco Pereira da Silva, *O contencioso administrativo no divã da psicanálise,* 2ª ed., Almedina, Coimbra, 2009, pp. 241-435.

[75] O **Processo Penal** é o complexo normativo que rege a aplicação das normas de Direito Penal à situação de infração qualificada como crime.
Vd. José de Faria Costa, *Noções Fundamentais de Direito Penal,* 4ª ed. cit., 2015, pp. 40-49, e Germano Marques da Silva, *Direito Processual Penal Português, vol. I – Noções e princípios gerais, sujeitos processuais, responsabilidade civil conexa com a criminal e objeto do processo,* 2ª ed., UCE, Lisboa, 2017, pp. 13-25, em especial 13-15.

[76] Cfr. Joaquim de Seabra Lopes, *Direito dos Registos e do Notariado,* 10ª ed., Almedina, Coimbra, 2019, pp. 11-15 e 24.

[77] Vd. João Pacheco de Amorim, *Direito Administrativo da Economia,* vol. I (Introdução e Constituição Económica), Almedina, Coimbra, 2014, pp. 27-35, António Carlos Santos / / Maria Eduarda Gonçalves / Maria Manuel Leitão Marques, *Direito Económico,* 6ª ed., Almedina, Coimbra, 2012, pp. 7-14 e 18-19, e Luís Silva Morais / Nuno Cunha Rodrigues / Paulo Alves Pardal, *Direito da Economia,* vol. I, AAFDL, Lisboa, 2014, pp. 35-47.

[78] No conjunto destas regras podemos deparar com um novo ramo: o Direito da Concorrência (cfr., *infra,* nº 4.7). Apontando para a autonomização deste ramo, Menezes Cordeiro, *Tratado de Direito Civil I,* 4ª ed., 2012, pp. 335-336.

regulação dos intervenientes no mercado e a tutela dos interesses dos consumidores – e o regime da intervenção do Estado na economia, como agente económico, nomeadamente sob a forma de empresas públicas[79].

Trata-se de um complexo normativo – composto por regras extraídas de outros ramos do Direito, tais como o Direito Civil, Comercial, Constitucional, Administrativo, Penal e Tributário –, cuja autonomia dogmática e científica, enquanto ramo do Direito, tem sido discutida, designadamente por falta de objeto específico[80].

4.6.2. *Direito Bancário*[81]

O **Direito Bancário** autonomizou-se do Direito Comercial, onde se integrava em razão das chamadas operações bancárias, previstas e reguladas no artigo 362º e seguintes do Código Comercial[82]. Trata-se do conjunto de normas que disciplina a relação contratual que se estabelece entre o banco e os seus clientes – com múltiplas e diversas vertentes comerciais – e que abrange igualmente o modo como os bancos se constituem e como são supervisionados no exercício da respetiva atividade económica.

Estamos perante um ramo que integra uma componente típica do Direito Privado, relativa aos negócios jurídicos bancários e uma vertente institucional, de caráter administrativo, respeitante ao acesso dos bancos ao mercado e à sua atuação – necessariamente controlada, dada a sua relevância na economia – no mesmo.

[79] Sobre o Direito da Economia como ramo de Direito, cfr. Maria Eduarda Azevedo, *Temas de Direito da Economia*, 3ª ed., Almedina, Coimbra, 2018, pp. 16-40, em especial pp. 35-40.

[80] Cfr. João Pacheco de Amorim, *Direito Administrativo da Economia*, cit., 2014, pp. 31-33 e 36-39.

[81] Cfr. Augusto de Athayde, *Curso de Direito Bancário*, vol. I, 2ª ed. (com a colab. de Augusto Albuquerque de Athayde e Duarte de Athayde), Coimbra Editora, Coimbra, 2009, pp. 34-37, 38-40 e 44-45, António Menezes Cordeiro, *Direito Bancário*, 6ª ed., Almedina, Coimbra, 2016, pp. 51-54 e 60-65, António Pedro A. Ferreira, *Direito Bancário*, 2ª ed., Quid Juris, Lisboa, 2009, pp. 24-34, José Simões Patrício, *Direito Bancário Privado*, Quid Juris, Lisboa, 2004, pp. 61-67, e L. Miguel Pestana de Vasconcelos, *Direito Bancário*, 2ª ed., Almedina, Coimbra, 2019, pp. 17-71, em especial 39-44.

[82] Neste sentido, vd. o nosso *Direito Comercial e do Mercado*, 2ª ed., Almedina, Coimbra, 2018, p. 45.

4.6.3. *Direito de (mera) Ordenação Social*[83]

O **Direito de Ordenação Social** trata das contraordenações, que são factos ilícitos de menor gravidade que os crimes, puníveis com uma coima, que é uma sanção de caráter administrativo.

Corresponde a um ramo do Direito que se constituiu inicialmente com base nos ilícitos penais de menor gravidade, mas que encontra hoje aplicações nos diversos ramos do Direito, representando um complexo normativo transversal.

Os seus exemplos mais típicos encontram-se no domínio das infrações rodoviárias, ao Código da Estrada, e também no âmbito da atividade económica em geral e do mercado de valores mobiliários em especial (cfr. arts. 388º a 422º do CVM)[84].

4.6.4. *Direito do Urbanismo*[85]

O **Direito do Urbanismo** é relativo à criação e gestão do espaço urbano, recaindo sobre o fenómeno arquitetónico correspondente à adaptação do espaço às necessidades e conveniências do Homem.

Para além da habitação e espaços de vivência, este ramo opera a síntese do alinhamento de fachadas e nivelamento de vias públicas, sobressaindo recentemente preocupações de natureza estética.

Este ramo do Direito é fruto da autonomização de normas que classicamente integravam o Direito Administrativo, mas congrega igualmente regras que se criaram *ex novo*.

[83] Cfr. Galvão Telles, *Introdução*, I, 2001, pp. 176-178, e Augusto Silva Dias, *Direito das Contra-Ordenações*, Almedina, Coimbra, 2018, pp. 41-56.
Confrontando este novo ramo com o Direito Penal, José de Faria Costa, *Noções Fundamentais de Direito Penal*, 4ª ed. cit., 2015, pp. 25-39.

[84] Encontramos muitos outros exemplos dispersos por outras fontes normativas, incluindo o próprio Código das Sociedades Comerciais (cfr. art. 528º).

[85] Cfr. Fernando Alves Correia, *Manual de Direito do Urbanismo*, vol. I, Almedina, Coimbra, 2001, pp. 45-51 e 76-80, e Menezes Cordeiro, *Tratado de Direito Civil I*, 4ª ed., 2012, p. 351.
Qualificando-o como um Direito Administrativo especial, João Caupers, *Introdução ao Direito Administrativo*, 11ª ed. cit., 2013, p. 76.

4.6.5. *Direito do Ambiente*[86]

O **Direito do Ambiente**, pressupondo a relação estabelecida entre o Homem e tudo aquilo que o rodeia, regula a proteção da paisagem, a defesa dos bens da natureza e o ordenamento do território, aspeto que interessa igualmente ao Direito do Urbanismo.

Trata-se de um ramo do Direito que é também transversal a outros ramos, visto que é composto por regras que se aplicam a todos os cidadãos e por normas que são específicas ou dirigidas a determinados sectores da atividade económica, *maxime* industrial.

4.6.6. *Direito de Autor*[87]

O **Direito de Autor** autonomizou-se do Direito Civil[88], ao qual pertenciam tradicionalmente as normas que o caracterizam, centrando-se nas faculdades reconhecidas ao autor de uma obra intelectual (um livro, uma peça de música, um programa de computador) de proceder à respetiva exploração económica, beneficiando da tutela indispensável para o efeito.

[86] Cfr. Vasco Pereira da Silva, *Verde Cor de Direito. Lições de Direito do Ambiente*, Almedina, Coimbra, 2002, pp. 44-58 – que, procurando afirmar uma perspetiva da teoria geral do ambiente, revela que o faz a partir do seu «"posto de observação" jurídica da Natureza» (*sic*), que é o do Direito Administrativo (pp. 55-56) –, Carla Amado Gomes, *Introdução ao Direito do Ambiente*, 4ª ed., AAFDL, Lisboa, 2018, pp. 30-41 e 46-49, Menezes Cordeiro, *Tratado de Direito Civil I*, 4ª ed., 2012, pp. 341-351, e Fernando Reis Condesso, *Direito do Ambiente e Território, Urbanismo e Reabilitação Urbana*, 3ª ed., Almedina, Coimbra, 2018, pp. 17-30 e 67-73.

[87] Cfr. Luís Manuel Teles de Menezes Leitão, *Direito de Autor*, Almedina, Coimbra, 2011, em especial pp. 11-15, Alberto de Sá e Melo, *Manual de Direito de Autor e Direitos Conexos*, 3ª ed., Almedina, Coimbra, 2019, em especial pp. 49-68, Patrícia Akester, *Direito de Autor em Portugal, nos PALOP, na União Europeia e nos Tratados Internacionais*, Almedina, Coimbra, 2013, em especial pp. 15-25.

Na literatura geral, cfr. Menezes Cordeiro, *Tratado de Direito Civil I*, 4ª ed., 2012, pp. 340-341.

[88] Enquadrando-o ainda no âmbito deste grande ramo do Direito, Galvão Telles, *Introdução*, I, 2001, pp. 185-186.

4.7. Outros ramos; o Direito do Mercado

4.7.1. *Ramos em crescente autonomização*

Finalmente, refira-se ser possível ponderar ainda o reconhecimento da existência de diversos outros ramos de Direito, tais como o Direito da Concorrência[89], o Direito dos Transportes – dos quais se poderão autonomizar o Direito Aeronáutico (ou Aéreo[90]) e o Direito Marítimo[91] –, o Direito da Atividade Seguradora ou dos Seguros (com componentes diferenciadas à semelhança do Bancário)[92], o Direito dos Valores Mobiliários[93], o Direito das Telecomunicações[94], o Direito da Energia[95], o Direito da Saúde [que integra duas vertentes: hospitalar e farmacêutico (medicamentos)][96], o Direito da Segurança Social[97] e o Direito do Turismo[98], entre outros[99].

[89] Sobre o Direito da Concorrência, vd. MIGUEL SOUSA FERRO, *A definição de Mercados Relevantes no Direito Europeu e Português da Concorrência*, cit., 2015, pp. 19-20.

[90] Preferindo esta designação, HUGO RAMOS ALVES, *Direito Aéreo – Uma introdução*, AAFDL Editora, Lisboa, 2019, pp. 11-12 e 22-38.

[91] Vd. ANTÓNIO PINTO PEREIRA, *Princípios Gerais de Direito*, 2013, p. 109.

[92] Vd. ANTÓNIO MENEZES CORDEIRO, *Direito dos Seguros*, 2ª ed., Almedina, Coimbra, 2016, pp. 33-39, em especial pp. 33-34.

[93] Cfr. PAULO CÂMARA, *Direito dos Valores Mobiliários*, 4ª ed., Almedina, Coimbra, 2018, pp. 18-38, A. BARRETO MENEZES CORDEIRO, *Direito dos Valores Mobiliários*, Almedina, Coimbra, 2015, pp. 23-32, e 201-208, e AMADEU JOSÉ FERREIRA, *Direito dos Valores Mobiliários*, AAFDL, Lisboa, 1997, pp. 22-35 e 59-61.
JOSÉ AUGUSTO ENGRÁCIA ANTUNES, *Direito dos Contratos Comerciais*, Almedina, Coimbra, 2009, avançando com um conceito que merece a nossa total concordância, prefere chamar a este ramo "Direito do Mercado de Capitais" (pp. 567-568).

[94] Cfr. PEDRO GONÇALVES, *Direito das Telecomunicações*, Almedina, Coimbra, 1999, em especial pp. 7-8 e 16-26 (apesar da manifesta desatualização).

[95] Cfr. LOURENÇO VILHENA DE FREITAS, *Direito Administrativo da Energia*, 2ª ed., AAFDL Editora, Lisboa, 2019, em especial pp. 11-14, SUZANA TAVARES DA SILVA, *Direito da Energia*, Coimbra Editora, Coimbra, 2011, em especial pp. 17-21 e 26-31, e LUÍS MANUEL TELES DE MENEZES LEITÃO, «Os Contratos no Direito do Petróleo e do Gás», AA.VV., *Direito dos Petróleos – Uma Perspectiva Lusófona*, 2ª ed., Almedina, Coimbra, 2015, pp. 221-266.

[96] Cfr. MARIA JOÃO ESTORNINHO e TIAGO MACIEIRINHA, *Direito da Saúde*, UCE, Lisboa, 2014, pp. 13-20.

[97] Sobre este ramo, em franco desenvolvimento – e autonomizando-se do Direito do Trabalho, onde foi originado –, cfr. GALVÃO TELLES, *Introdução*, I, 2001, p. 190, e ANA SILVA, AA.VV., *Introdução ao Direito*, coord. geral de PEDRO TROVÃO DO ROSÁRIO, Almedina, Coimbra, 2016, pp. 144-146.

Autores existem que autonomizam ramos que, em nossa opinião, integram sectores mais amplos do ordenamento jurídico, como acontece com o chamado Direito do Consumo ou do Consumidor[100], que tendemos a diluir no ramo mais vasto do Direito do Mercado[101].

[98] Vd. Manuela Patrício, *Direito do Turismo*, Almedina, Coimbra, 2016, pp. 14-15.

[99] Há quem reconheça autonomia ao **Direito Agrário** – como ramo que engloba o Direito da Agricultura e da Pecuária [atividades cuja comercialidade é ainda hoje expressamente excluída pela norma qualificadora autónoma do Código Comercial (o art. 230º, § 2º)] – ou ao **Direito Cooperativo**, como sucede com Carlos Mota Pinto, *Teoria Geral do Direito Civil*, 4ª ed. cit., 2005, pp. 52-53, e Galvão Telles, *Introdução*, I, 2001, pp. 185-186 e 189.
Consideramos que ambos se reconduzem hoje ao vasto ramo de Direito Mercado, enfrentando o primeiro uma crescente perda de autonomia – no trânsito que se operou do Direito Civil para este novo ramo – e o segundo uma diminuição de importância, apesar da subsistência no mercado de diversas cooperativas; entre as quais um número (ainda) significativo no sector de atividade económica agrícola.
Autonomizando o Direito Militar, o Direito Eleitoral, o Direito da Informática, o Direito do Desporto e o Direito Imobiliário, António Pinto Pereira, *Princípios Gerais de Direito*, 2013, pp. 108-110.
Mencionando outros ramos – p. ex., Direito Policial, Direito da Nacionalidade, Direito dos Estrangeiros, Direito de Informática, Direito das Crianças (ou dos Menores) –, vd. AA.VV., *Introdução ao Direito*, cit., 2016, pp. 109-113 (Ana Robalo), 113-120 (Constança Urbano de Sousa), 160-162 (Armindo Dias Ramos), 165-171 (Fernando Silva).

[100] Tal é o caso de Jorge Morais Carvalho, AA.VV., *Introdução ao Direito*, cit., 2016, pp. 144-146.
Apontando também no sentido da autonomização deste ramo e referindo-se às duas designações para o caracterizar, embora opte claramente pela primeira, José Engrácia Antunes, *Direito do Consumo*, Almedina, Coimbra, 2019, pp. 14-16 e 28-33.

[101] É o caso de António Pinto Monteiro e Paulo Mota Pinto, na atualização que fazem das lições de Carlos Mota Pinto, *Teoria Geral do Direito Civil*, 4ª ed. cit., 2005, pp. 53-57, e de Menezes Cordeiro, no seu *Tratado de Direito Civil I*, 4ª ed., 2012, citando a bibliografia mais relevante (pp. 317-333). Nesta linha, com uma obra que corresponde a um curso lecionado na Faculdade de Direito da Universidade Nova de Lisboa, Jorge Morais Carvalho, *Manual de Direito do Consumo*, 6ª ed., Almedina, Coimbra, 2019 (cfr., em especial, pp. 43-49). Repare-se que a 1ª edição é relativamente recente, tendo sido publicada em outubro de 2013.
Nem todos os autores adotam uma terminologia uniforme.
Optando claramente pela expressão "Direito do Consumidor" e referindo-se a esta divergência, António Pinto Monteiro, *«O Direito do Consumidor em debate: evolução e desafios»*, AA.VV., *I Congresso de Direito do Consumo*, Almedina, Coimbra, 2016 (pp. 11-26), p. 12, e José Oliveira Ascensão, *«Direito Autoral e Direito do Consumidor»*, AA.VV., *I Congresso de Direito do Consumo*, Almedina, Coimbra, 2016, pp. 35-38.
Preferindo a designação "Direito do Consumo", José Engrácia Antunes, *Direito do Consumo*, cit., 2019, Jorge Morais Carvalho, *Manual de Direito do Consumo*, 6ª ed., Almedina,

As diversas disciplinas jurídicas que, nos quadros das Faculdades (de Direito) nacionais têm vindo a ser criadas, ilustram devidamente estes fenómenos.

4.7.2. *O Direito do Mercado*

Num movimento contrário à fragmentação do Direito Comercial – que foi cedendo inúmeros institutos ao Direito comum, por serem suscetíveis de aproveitamento e utilização pela generalidade das pessoas –, tem-se vindo gradualmente a afirmar um novo ramo, que abrange normas provenientes de diversos ramos tradicionais: o **Direito do Mercado**. Este caracteriza-se por agregar regras que disciplinam as relações dos agentes económicos produtores e distribuidores de bens e serviços entre si e com os consumidores, aos quais se destinam, em último *ratio*, essas realidades.

Paralelamente, e como referimos na Introdução deste livro, o Direito Empresarial (e Económico) mais não é do que uma perspetiva de abordagem deste novo e amplo ramo, essencialmente sob a perspetiva dos sujeitos de Direito Comercial.

A relevância do reconhecimento dogmático deste novo ramo encontra-se bem patente adiante (nº 12.1.1), quando sistematizarmos os sujeitos de Direito Comercial e do Mercado, explicando a razão da evolução do Direito Mercantil para um ramo mais abrangente.

4.7.3. *As "indústrias" nos ramos do Direito*

A concluir a abordagem dos ramos do Direito, importa salientar que na formação de alguns dos ramos – a que nos referimos anteriormente (*supra*, nº 4.7.1) – se reconhece uma matriz comum: o de corresponderem a sectores bem definidos da economia, como a agricultura, a banca, os seguros, a energia, as telecomunicações, os transportes, a saúde e o turismo. Transversalmente a todos, identificamos a necessidade de regulação da concorrência e do mercado.

Por isso, não surpreende que a crescente autonomização de que têm vindo a ser objeto diversas matérias e que originaram ramos que

Coimbra, 2019, e Carlos Ferreira de Almeida, «O futuro do Direito do Consumo», AA.VV., *I Congresso de Direito do Consumo*, Almedina, Coimbra, 2016, pp. 27-34.

resultam essencialmente de setores anteriormente bem definidos, como são os casos dos Direitos da Concorrência – que presentemente é transversal ao Direito do Mercado (público e privado) –, dos Transportes, das atividades Seguradora (ou dos Seguros) e Bancária e dos Valores Mobiliários, que resultam todos do Direito Mercantil, ou do Direito da Segurança Social, que historicamente era englobado no Direito do Trabalho, todos emergentes de ramos clássicos, coexista com o reconhecimento de ramos que são inteiramente novos, como o Direito das Telecomunicações, da Energia ou da Saúde, de ramos que nasceram da exclusão de alguns ramos, como o Direito Agrário (há muito reconhecido) e ainda de outros que resultam de diversos contributos, como o Direito do Turismo.

5. Norma jurídica[102]

5.1. Conceito e características de norma jurídica

5.1.1. *Conceito*

A **norma jurídica** constitui expressão de um dever ser que vigora efetivamente (dado ser assistido de coatividade) num determinado lugar e num certo momento.

Em sentido lato, significa o mesmo que disposição ou preceito; em sentido estrito ou técnico, a ligação da estatuição à previsão, que constituem os seus elementos.

5.1.2. *Estrutura; elementos: previsão e estatuição*

A norma jurídica decompõe-se em previsão e estatuição.

A **previsão** é o modelo de um facto ou situação humana que implica consequências jurídicas.

[102] Vd., para além dos autores pontualmente citados, Diogo Freitas do Amaral, *Manual de Introdução ao Direito*, vol. II, Almedina, Coimbra, 2019, pp. 77-83, 85-88 e 91-93, Pedro Eiró, *Noções Elementares*, 1997, pp. 31-39, 40-42 e 44-54, Santos Justo, *Introdução*, 10ª ed., 2019, pp. 139-150 e 154-164, e Manuel António Pita, *Curso Elementar*, 4ª ed., 2018, pp. 52-58.

A **estatuição** consiste precisamente nesses efeitos, ou seja, nas consequências determinadas pela norma.

Enquanto o primeiro elemento corresponde à hipótese que a norma desenha e que enquadra a sua aplicação; o segundo estabelece a reação que estará associada ao cumprimento ou incumprimento da situação prevista.

5.1.3. ***Características***

5.1.3.1. *Generalidade*

A norma não se dirige a uma pessoa determinada, mas sim a todas as pessoas que estejam na situação que ela prevê, a categorias. Por isso se diz consistir num comando "geral".

A ideia de categoria – aplicável eventualmente a órgãos de titular único, por exemplo – deve distinguir-se de pluralidade.

Dizem-se "fotográficas" as normas criadas a pensar num ou mais destinatários em concreto, só aparentemente apresentando a característica da generalidade. Assim, por exemplo, quando se pretende aplicar um diploma a uma única empresa que, no mercado, apresenta características singulares e específicas, o legislador fixa os critérios que *a priori* sabe enquadrarem apenas essa empresa.

5.1.3.2. *Abstração*

A norma jurídica é abstrata porque prevê situações ou modelos de conduta-tipo, isto é, não concretizados.

Por exemplo, o tipo criminal pode consistir na condenação do homicídio voluntário, quer este seja cometido por meio de armas de fogo, quer com armas brancas (tipo facas e navalhas), com recurso à força ou por intermédio de veneno; e em quaisquer circunstâncias (*v.g.*, de noite, em locais públicos ou privados).

5.1.3.3. *Imperatividade, violabilidade e coercibilidade*

Outras características, geralmente atribuídas às normas, reconduzem-se à ideia de que a norma, encerrando um comando (a expressão de um "dever ser"), é por natureza suscetível de ser infringida e de ser imposta pela força.

5.2. Tipos de normas

As normas podem revestir diferentes tipos. Sem grandes preocupações de sistematização – mas atendendo ao grau de imperatividade do comando que a norma encerra[103] –, enunciemos alguns.

5.2.1. *Normas injuntivas ou cogentes*

Normas injuntivas ou cogentes são aquelas que se impõem à observância dos seus destinatários, cominando uma conduta ou vedando-a, independentemente da sua vontade.

Considerando o conteúdo do comando que as caracteriza, estas normas agrupam-se em dois subtipos diferentes.

5.2.2.1. *Precetivas*

As normas precetivas são, precisamente, as normas que impõem uma conduta. Constituem exemplos o disposto nos arts. 875º e 1323º do Código Civil e o art. 7º, nº 1 do Código das Sociedades Comerciais.

São disposições legais percetivas todas as que impõem uma forma especial para a celebração de negócios jurídicos. A inobservância dessa forma compromete a validade do ato, pelo que a conduta que as mesmas prescrevem – a adoção de uma exteriorização da vontade (forma) específica – deve ser seguida se o sujeito de Direito (e destinatário das normas) pretende obter os efeitos decorrentes da celebração desse ato.

5.2.2.2. *Proibitivas*

Por sua vez, as normas proibitivas são as normas que impedem ou vedam uma conduta. São exemplos os preceitos contidos nos arts. 877º e 989º do CC.

[103] Cfr., também, a título de exemplo, Manuel das Neves Pereira, *Introdução ao Direito e às Obrigações*, 6ª ed. cit., 2019, pp. 50-53.

5.2.3. *Normas dispositivas*

As normas dispositivas são as que concedem poderes ou contêm uma estatuição (preveem efeitos) que pode ser afastada pelos destinatários. Estas regras podem agrupar-se em dois subtipos.

5.2.3.1. *Permissivas (facultativas)*

As normas permissivas são aquelas que autorizam uma conduta, isto é, preveem uma possibilidade de agir. Constituem exemplos os arts. 1450º e 2188º do CC e os arts. 377º, nº 3 e 410º, nº 5 do CSC.

5.2.3.2. *Supletivas*

As normas supletivas são as regras dispositivas que se aplicam se as partes as não afastarem expressamente, nem dispuserem em sentido diverso sobre a mesma matéria. Consistem, em regra, na solução mais justa ou naquela que se presume a ser a mais comummente adotada. Exemplos: art. 878º do CC; arts. 217º e 294º do CSC.

5.2.4. *Normas interpretativas*

As normas interpretativas são aquelas que esclarecem o sentido e alcance de outros preceitos, de natureza legal (por exemplo, art. 9º do CC) ou negocial (arts. 236º a 238º do CC), contribuindo para a determinação do respetivo sentido.

Integram também este tipo de normas as definições legais (cfr. arts. 874º e 1023º do CC) e as enunciações (p.ex., art. 204º, nº 1 do CC), mas sem que o respetivo conteúdo seja vinculativo.

5.3. **O problema da violação das normas; as sanções jurídicas**

5.3.1. *O problema*

As normas são, como se referiu, violáveis, porque se dirigem a pessoas livres. O seu cumprimento encontra-se no livre arbítrio dos seus destinatários.

Por isso, a sanção não é elemento da norma, mas consequência da sua violação.

5.3.2. *Noção de sanção jurídica*

A infração de uma regra jurídica desencadeia, em regra, uma reação negativa da ordem jurídica. A sanção jurídica, numa perspetiva negativa[104], é precisamente a reação desfavorável imposta ao violador da norma.

Como veremos adiante a sanção pode ter um alcance material – impondo uma modificação no plano físico, como consequência da infração da ordem jurídica (por exemplo, a reintegração em espécie pela entrega de um bem idêntico ao danificado) – ou efeitos meramente jurídicos, traduzindo-se na inutilização ou esvaziamento do ato praticado (pela cominação da respetiva nulidade).

5.3.3. *Fins da sanção: preventivo e repressivo*

A sanção pretende constituir um exemplo relativamente à prática de novas infrações, evitando que as mesmas se repitam, consistindo na ameaça de uma consequência prejudicial a ser imposta ao violador e, ao mesmo tempo, castigar o infrator. Os seus fins são, pois, simultaneamente, preventivo e repressivo da inobservância da ordem jurídica, visando evitar que esta seja violada – dissuadindo os seus potenciais infratores – e reparando-a sempre que a infração se consumar, nalguns casos associando à reparação a punição do prevaricador.

5.3.4. *Espécies de sanções*

É possível agrupar as diversas sanções de acordo com a respetiva função.

5.3.4.1. *Sanções punitivas*

As sanções punitivas traduzem-se na aplicação de um castigo ao infrator de uma norma, considerando a relevância dos bens jurídicos que se pretende proteger e a gravidade da conduta, expressa na culpa do agente.

As penas são sanções que consistem num sofrimento e reprovação para o violador do Direito. Podem ser de diversas espécies, designadamente criminais [por exemplo, penas de prisão, multa, prestação de

[104] Refira-se que, embora raramente, o termo sanção pode estar associado a uma recompensa pela observância de certas regras. Nesse caso, que não o utilizado no texto, fala-se em **sanção premial.**

trabalho a favor da comunidade e de admoestação (cfr. arts. 41º e 42º, 47º, 58º e 60º do CP)], civis [caso da indignidade sucessória (cfr. arts. 2034º e 3037º do CC)] e disciplinares [*v.g.*, despedimento (cfr. arts. 338º e 351º e segs. do CT) ou demissão].

5.3.4.2. *Sanções reconstitutivas ou executórias*

Em certos casos a sanção visa promover a reposição das coisas na situação anterior à violação da norma.

São exemplos: a indemnização em espécie – traduzida na entrega ao lesado de um bem idêntico ou na reconstituição do que sofreu o dano – e a execução específica (art. 830º do CC).

5.3.4.3. *Sanções compensatórias ou ressarcitórias*

Por vezes, não é possível proceder à reconstituição exata da situação preexistente à violação das normas.

Nesse caso, suscita-se a aplicação de sanções compensatórias (ou ressarcitórias) que têm por finalidade a reparação do dano resultante da violação da norma, de modo a obter-se uma situação equivalente à preexistente a essa infração.

Estas sanções estabelecem uma indemnização por sucedâneo pecuniário e compensação por danos morais.

Estas sanções atuam invariavelmente através de uma indemnização de perdas e danos (sofridos), visando a reparação do prejuízo infligido, mediante uma indemnização por sucedâneo pecuniário (ex: arts. 483º e 566º do CC) ou uma compensação por danos morais (ex.: art. 496º do CC).

5.3.4.4. *Sanções compulsórias*

As sanções compulsórias são medidas que reagem à violação de uma norma, mantendo-se enquanto a mesma não cessar e, dessa forma, induzindo ao respetivo cumprimento. Trata-se de medidas variáveis que aumentam quantitativamente – e desfavoravelmente para o infrator – com o prolongamento do incumprimento.

Constituem exemplos: o direito de retenção (cfr. art. 754º do CC) e a sanção pecuniária compulsória (cfr. art. 829º-A do CC), que desempenham simultaneamente finalidades repressiva e preventiva.

5.3.4.5. *Sanções de ineficácia; sistematização: ineficácia* stricto sensu *e invalidade*

As sanções de ineficácia determinam a inutilização do ato jurídico, praticado em violação do Direito, privando-o de efeitos. Sempre que tal acontece dizemos estar perante ineficácia em sentido lato.

No âmbito da ineficácia em sentido amplo, distinguimos a ineficácia em sentido restrito e a invalidade.

Na ineficácia *stricto sensu*, ou em sentido restrito, o ato jurídico encontra-se perfeito na sua estrutura – diversamente do que acontece na invalidade –, não produzindo efeitos, dado carecer da verificação de um facto ou circunstância externos.

Esta sanção pode revestir, por sua vez, duas formas claramente distintas: a de ineficácia absoluta, caso em que o ato não produz quaisquer efeitos, sendo como que irrelevante até ao momento em que ocorrer o requisito em falta (p.ex., art. 55º do CSC) e a de ineficácia relativa ou inoponibilidade, em que o ato, sendo válido e eficaz para os seus intervenientes, não pode ser invocado perante terceiros, relativamente aos quais não produzirá, consequentemente, quaisquer efeitos (p.ex., arts. 17º, nº 2 do Código do Registo Predial e 268º, nº 1 do CC).

Por sua vez, a invalidade pode revestir duas formas típicas: a nulidade – que constitui o regime-regra (cfr. art. 294º do CC) – e a anulabilidade. Enquanto o ato nulo não produz quaisquer efeitos – podendo ser invocado em juízo ou fora dele e a todo o tempo, sendo de conhecimento oficioso pelo tribunal (cfr. art. 286º do CC) –, o ato anulável produz efeitos enquanto não for posto em causa, o que só pode suceder dentro de um prazo limitado e pelas pessoas em razão das quais a anulabilidade é estabelecida (cfr. art. 287º).

6. As fontes do Direito[105]/[106]

6.1. Conceito. Fontes em sentido técnico-jurídico ou formal e fontes em sentido instrumental

As fontes do Direito, como a designação indica, são as formas pelas quais o Direito se exprime e os instrumentos onde se contém e materializa.

Por isso, podemos distinguir as fontes em sentido técnico-jurídico ou formal – os modos de criação e revelação de normas jurídicas – das fontes em sentido instrumental (ou material), que são os textos ou documentos em que se contêm as normas jurídicas. A este propósito falamos de leis, decretos-lei e Códigos.

As fontes habitualmente reconhecidas são a lei, o costume, a jurisprudência e a doutrina.

A título de exemplo de fontes em sentido instrumental, tenhamos presentes as mencionadas ao longo deste livro, deste a Constituição da República Portuguesa, passando pelos diversos Códigos (por exemplo, Civil, Penal, Comercial, das Sociedades Comerciais) até aos diplomas avulsos que analisamos, como a Lei da Concorrência (Lei nº 19/2012, de 8 de maio).

6.2. Direito interno e fontes internacionais[107]

No que respeita à proveniência das normas, as fontes podem sistematizar-se em fontes internas e internacionais.

[105] Cfr., para além dos autores pontualmente citados, Miguel Nogueira de Brito, *Introdução ao Estudo do Direito,* 2017, pp. 83-88 e 95-157, Pedro Eiró, *Noções Elementares,* 1997, pp. 149-156, Santos Justo, *Introdução,* 10ª ed., 2019, pp. 189-225, AA.VV., *Manual de Introdução ao Direito,* 2ª ed., 2017, pp. 41-42, 43-52, 58-62 e 77-78, e António Pinto Pereira, *Princípios Gerais de Direito,* 2013, pp. 133-145 e 150-160.

[106] Autonomizando das fontes tradicionais a *soft law,* Miguel Santos Neves, AA.VV., *Introdução ao Direito,* coord. geral de Pedro Trovão do Rosário, Almedina, Coimbra, 2016, pp. 251-265.

Trata-se de questão que justifica melhor ponderação, porquanto a *soft law* não deixa de se reconduzir, pela sua estrutura e características, à lei.

[107] Cfr. Elisabete Ramos, «O Direito e a vida social – a ordem jurídica», AA.VV., *Manual de Introdução ao Direito,* 2ª ed., 2017, pp. 41-43.

Por razões que não carecem de explicação, iremos estudar mais detalhadamente as fontes de Direito interno. No entanto, faremos em seguida uma referência às fontes internacionais, que já mencionámos a propósito dos ramos de Direito.

6.2.1. *Direito interno*

As fontes internas do Direito respeitam à sua criação num determinado ordenamento. Falaremos delas adiante, a propósito da nossa ordem jurídica.

6.2.2. *Fontes internacionais*

Paralelamente ao Direito interno, descortinamos normas de caráter internacional que promanam de diversas fontes.

Com efeito, o Direito, em geral, e o Direito Comercial, em especial, são também sustentados por fontes de origem externa que nalguns casos são expressamente transpostas para a nossa ordem jurídica – como sucede com as Diretivas comunitárias, com o Direito uniforme ou com outras regras convencionais que são objeto de Tratados internacionais –, noutros se aplicam diretamente, como acontece com os regulamentos comunitários, e outras ainda têm uma base consuetudinária universal[108].

6.2.2.1. *Convenções internacionais e Direito uniforme*

A aproximação das soluções legais de diversos ordenamentos e o recurso a instrumentos jurídicos que atravessam diversos espaços nacionais conduziram os Estados a celebrarem acordos internacionais sobre normas a aplicar uniformemente em todos eles (ainda que com possíveis reservas relativamente a algumas normas).

De um plano inicialmente recomendatório passou-se para Direito uniforme, que os Estados contratantes se comprometeram a receber nos seus diplomas internos.

[108] Seguimos, de perto, o nosso *Direito Comercial e do Mercado*, 2ª ed., 2018, pp. 65-66.
No que respeita às fontes internacionais do Direito Comercial, vd. Maria Helena Brito, *Direito do Comércio Internacional*, Almedina, Coimbra, 2004, em especial pp. 63-65 e 75-123, e Luís de Lima Pinheiro, *Direito Comercial Internacional*, Almedina, Coimbra, 2005, em especial pp. 15-23.

Foi neste ambiente que surgiram, assim, por exemplo, as Leis Uniformes relativas às Letras e Livranças (1930), primeiro, e relativa ao Cheque, mais tarde (1931)[109].

6.2.2.2. *Direito da União Europeia*

Mais tarde, com a adesão à Comunidade Económica Europeia, em 1986, e com a, consequente, integração europeia, muitas das normas de Direito Comunitário (atual Direito da União Europeia) passaram a ter aplicação direta no nosso País – caso dos Regulamentos – ou, não o tendo, passaram a dever estar sujeitas a transposição, o que ocorre com as Diretivas, cujas regras integram diplomas nacionais.

São diversos os diplomas que disciplinam, direta e imediatamente, matérias comerciais, nomeadamente no domínio dos contratos de distribuição[110].

6.2.2.3. *Lex mercatoria*

Por último, importa abordar uma fonte que mantém uma relevância significativa e uma autonomia assinalável no âmbito de um ramo com a dinâmica que caracteriza o Direito Comercial: a *lex mercatoria*[111], isto é, o conjunto de princípios e regras específicos aplicáveis ao comércio internacional que, promanando da autorregulação dos agentes económicos envolvidos, são permanentemente criados pelos próprios destinatários (utilizadores) das regras e seus beneficiários imediatos.

Enquadram-se nesta designação – que remonta ao mais remoto comércio, nomeadamente ao que ocorria na Antiguidade, em especial por via marítima, e no Mar Mediterrâneo – princípios e regras, com origem corporativa e sectorial, de diversa natureza, desde práticas e usos comerciais vigentes numa área de atividade económica (por exemplo, o

[109] Reproduzimos, *ipsis verbis*, o nosso *Direito Comercial e do Mercado*, 2ª ed., 2018, p. 65.

[110] Seguimos de muito perto o nosso *Direito Comercial e do Mercado*, 2ª ed., 2018, p. 65.

[111] Sobre a *lex mercatoria* – que conhece nos últimos cinquenta anos um desenvolvimento que leva os autores a falarem em nova *lex mercatoria* –, vd. Carlos Ferreira de Almeida, *Contratos I. Conceito. Fontes. Formação*, 6ª ed., Almedina, Coimbra, 2017, pp. 78-79, Maria Helena Brito, *Direito do Comércio Internacional*, cit., 2004, em especial pp. 111-123, e, mais desenvolvidamente, Dário Moura Vicente, *Da arbitragem comercial internacional. Direito aplicável ao mérito da causa*, Coimbra Editora, Coimbra, 1990, pp. 134-220, em especial pp. 135-146, 156-178, 180-190.

comércio bancário), passando pelos Códigos deontológicos (ou de ética ou de conduta) existentes e pelas regras relativas a transações comerciais, até cláusulas contratuais gerais e modelos contratuais publicados por organizações internacionais, como a Câmara de Comércio Internacional[112].

Acrescem a estas fontes primárias, pelo seu caráter formativo do Direito no plano do Comércio Internacional, as que podemos considerar secundárias e que se consubstanciam na revelação do Direito formado pela *lex mercatoria*, constituídas pelos contributos da jurisprudência, através das decisões arbitrais, e da doutrina, por meio dos chamados princípios *Unidroit*, referentes aos contratos internacionais, como a compra e venda[113].

6.3. O sistema de fontes do Direito no ordenamento jurídico português

Em Portugal, como no Direito continental em geral, o sistema assenta essencialmente na criação do Direito por via legislativa (estadual), sendo muito escassa ou quase nula a formação do Direito por via consuetudinária e configurando-se a jurisprudência como modo de revelação das regras, por efeito da sua aplicação.

Isso não significa que o costume seja irrelevante como fonte de Direito em Portugal e subordinado à lei, mas que, no que respeita à criação do Direito, se discute o problema do seu valor em face da lei e a tensão existente entre estas duas fontes.

O valor do costume depende da conceção adotada sobre o fundamento da juridicidade, sendo certo que tal fonte permite uma adaptação automática do Direito, diminui a arbitrariedade e revela uma maior espontaneidade e, consequentemente, eficácia social, na criação das regras de regulação social[114].

[112] Seguimos de perto Carlos Ferreira de Almeida, *Contratos I*, 6ª ed., 2017, pp. 78-99.

[113] Neste sentido, anteriormente, o nosso *Direito Comercial e do Mercado*, 2ª ed., 2018, pp. 66, confessadamente inspirado na obra de Carlos Ferreira de Almeida, *Contratos I*, a que corresponde atualmente a 6ª ed., 2017, p. 79.

[114] No sentido do texto, Diogo Freitas do Amaral, *Manual de Introdução ao Direito*, vol. I, cit., 2004, p. 577.
Contra, embora manifestando dúvidas, Elisabete Ramos, «O Direito e a vida social – a ordem jurídica», AA.VV., *Manual de Introdução ao Direito*, 2ª ed., 2017 (pp. 211-264), pp. 51-52.

Afigura-se, por isso, questionável que a lei possa, como pretende (cfr. art. 3º do CC), determinar a sujeição do costume e condicionar o seu valor.

6.4. **Fontes imediatas e fontes mediatas**

As fontes podem sistematizar-se em imediatas e mediatas consoante tenham, ou não, força vinculativa própria.

São fontes imediatas, no nosso ordenamento, a lei e o costume e fontes mediatas a jurisprudência e a doutrina.

6.5. **Costume e usos comerciais (normativos)**[115]

6.5.1. ***Conceito***

O costume é a observância constante e uniforme de uma regra de conduta, acompanhada da convicção da sua obrigatoriedade.

6.5.2. ***O costume e sua relevância no Direito continental***

O papel e o relevo desta fonte são discutíveis no Direito continental, dividindo-se os autores entre considerá-la submetida à lei, valendo na medida em que esta o aceitar, ou – como nós – recusando a sua subjugação (e dos usos, também), qualquer que seja a sua natureza, à lei, ainda que esta tenha óbvia preponderância no mundo atual e especialmente nos ordenamentos continentais.

Por isso, podemos afirmar que as práticas que são reiteradamente adotadas pelos sujeitos de Direito com a convicção que devem ser observadas, com maiores desenvolvimentos nalgumas áreas do Direito – como é o caso do Direito Comercial –, também vinculam os sujeitos e entidades que intervêm na atividade social e económica[116].

[115] Cfr. Menezes Cordeiro, *Tratado de Direito Civil I*, 4ª ed., 2012, pp. 558-589, e Galvão Telles, *Introdução* I, 2001, pp. 115-126 e 128-135.

[116] Seguimos de perto a nossa dissertação de doutoramento, *Cheque e convenção de cheque*, Almedina, Coimbra, 2009, pp. 422-423.

6.5.3. *Confronto com os usos sociais*

Os usos sociais, a que se refere o Código Civil, no seu artigo 3º, consistem em práticas reiteradas, adotadas em sociedade, independentemente da consciência da obrigatoriedade.

Sendo os usos aceites pelo próprio Código Civil, importa salientar que, sobre os que carecem de reconhecimento legal, prevalecem aqueles que, por serem plenamente aceites e absorvidos por todos quantos os praticam, e dos mesmos são destinatários, se impõem (pela sua eficácia social), constituindo fonte autónoma e imediata de direito.

6.5.4. *Os usos comerciais (normativos)*

Valendo o costume pela convicção social que uma dada norma de conduta deve ser observada, é de admitir que as práticas sociais atuadas e aceites por categorias profissionais, mais ou menos vastas, de determinados agentes sirvam para caracterizar juridicamente uma relação de natureza comercial, pelo menos enquanto a lei não impuser diferente solução, nomeadamente proibindo-as ou cominando certos efeitos quando as mesmas forem seguidas[117]. Tais usos, quando revestem conteúdo normativo, correspondem a uma forma de costume e ocupam um papel particularmente relevante no âmbito do Direito Comercial por confronto com o que sucede nos demais ramos, designadamente no plano do Direito Civil.

Os **usos comerciais** são práticas reiteradamente adotadas numa determinada atividade económica, numa certa região, em especial nas relações contratuais entre as empresas e a sua clientela, constituindo fonte relevante dos negócios jurídicos mercantis celebrados por esses agentes, sendo o seu valor jurídico – mesmo para aqueles que recusam ao costume o papel de fonte imediata do Direito – inegável, e reconhecido pelo artigo 3º, nº 1 do Código Civil, segundo o qual «*os usos que não forem contrários aos princípios da boa fé são juridicamente atendíveis quando a lei o determinar*»[118]. Por isso, no relacionamento que os agentes económicos

[117] Seguimos *ipsis verbis*, nesta passagem, o nosso livro *Cheque e convenção de cheque*, cit., 2009, pp. 423-424.

[118] Note-se que os usos são juridicamente relevantes por sua própria autoridade, e não por força da lei ou do contrato. Tal é o que sucede com os chamados "*usos da praça*", que são, em geral, também usos comerciais, se constituírem prática habitual dos comerciantes (na

estabelecem no mercado, animando todas as fases que o caracterizam – desde a produção até ao consumo, passando pela distribuição –, os usos não podem ser desprezados, nem ignorados, assumindo um papel relevante.

6.5.5. *A equidade*[119]

Finalmente, no que respeita à equidade, ou justiça do caso concreto, trata-se de uma abertura da lei (cfr. art. 4.ºdo CC) para os tribunais poderem julgar sem atender ao Direito constituído, preocupando-se apenas com a realização da justiça na situação que é submetida à sua apreciação, desde que se encontrem legal (cfr. art. 809.º do CC) ou contratualmente autorizados a fazê-lo. E, neste segundo caso, os direitos envolvidos não sejam indisponíveis.

6.6. A lei[120]

6.6.1. *Conceito adotado*

A lei é a norma jurídica declarada por escrito, de modo voluntário e intencional, por um órgão competente. Nesta aceção, falamos da lei em sentido **amplo**.

aceção de agentes económicos de uma certa atividade mercantil) no exercício do respetivo comércio, cuja juridicidade radica na convicção de que, na atividade comercial que se desenvolve naquele lugar, o comportamento devido é o que é imposto pelos usos, de que resulta. E esses usos, originados na atividade das empresas comerciais de um determinado sector de atividade, para responderem às necessidades de regulação suscitadas pelas novas operações, adquirem relevância na caracterização de múltiplos aspetos da relação negocial dessas empresas. Sendo aceites pelas respetivas contrapartes contratuais, em especial pelos clientes, formam-se com base em costumes supletivos e permissivos, alicerçados na convicção de que são juridicamente vigentes[104], e podem ser pontualmente afastados pelas partes.
Neste sentido, vd. as lições de Freitas do Amaral, *Manual de Introdução ao Direito*, cit., 2004, pp. 521-523, em especial pp. 522-523. Cfr. também Ferreira de Almeida, *Contratos I*, 6.ª ed., 2017, pp. 72-74.

[119] Cfr. Menezes Cordeiro, *Tratado de Direito Civil I*, 4.ª ed., 2012, pp. 590-602 e 609-613, e Galvão Telles, *Introdução*, I, 2001, pp. 149-152.

[120] Cfr. Menezes Cordeiro, *Tratado de Direito Civil I*, 4.ª ed., 2012, pp. 518-532, Miguel Teixeira de Sousa, *Introdução ao Direito*, cit., 2012, pp. 145-154, e Galvão Telles, *Introdução* I, 2001, pp. 65-84.

A lei pode, para além deste, revestir diversos sentidos:

- **amplíssimo**, se equivaler a norma jurídica;
- **intermédio ou técnico**, quando constituir forma de atuação própria do poder legislativo; e
- **restrito**, se corresponder às normas emanadas do órgão legislativo, por excelência (Assembleia da República).

6.6.2. *Tipos ou espécies de leis*[121]

São diversos os tipos ou espécies de leis com que podemos deparar.

A **Constituição** (da República) é o conjunto de regras respeitantes à organização política do Estado e aos direitos e deveres fundamentais dos cidadãos.

A Constituição da República Portuguesa foi aprovada em 1976, tendo sido revista pela última vez (7ª revisão) em 2005.

A Constituição prevê, nos artigos 8º e 16º, a aplicação de regras jurídicas internacionais, reconhecendo a algumas dessas normas aplicação automática no espaço jurídico nacional. Entre estas assumem especial relevância a Declaração Universal dos Direitos do Homem e, em geral, os tratados internacionais, nos quais ocupa particular destaque o ato constitutivo da União Europeia.

A lei da Assembleia da República é um diploma emanado deste órgão (cfr. CRP, arts. 112º, nºs 1 a 3 e 5).

A competência legislativa da Assembleia pode ser reservada a este órgão de forma absoluta (cfr. art. 164º) ou relativa (art. 165º) ou ainda ser concorrente com a do governo (art. 161º, *alínea c)*).

Os **Decretos-Leis** são os atos legislativos da competência do Governo (CRP, arts. 112º, nºs 1, 2 e 5, e 198º, nºs 1 e 2).

As **Resoluções do Conselho de Ministros** são diplomas emanados do Conselho de Ministros, que traduzem uma atuação concreta do Governo no seu conjunto, assumindo por vezes caráter regulamentar.

Num plano subordinado ao poder legislativo, encontram-se os **regulamentos** do governo, instrumentos pelos quais este órgão prossegue a sua função típica de administração pública. Assumem diversas formas,

[121] Cfr. Elisabete Ramos, «O Direito e a vida social – a ordem jurídica», AA.VV., *Manual de Introdução ao Direito*, 2ª ed., 2017 (pp. 211-264), pp. 225-232.

consoante pressuponham a respetiva aprovação em Conselho de Ministros (**Decretos-Regulamentares**), sejam aprovados por um ou mais ministros, com caráter geral e abstrato (**Portarias**) ou dispondo sobre a atividade da Administração (**Despachos** ou **Despachos Normativos**) (CRP, arts. 112º, nº 7 e 8, e 199º, *alínea c)*).

Atos legislativos regionais são diplomas emanados das Assembleias Legislativas Regionais, refletindo o interesse específico das Regiões Autónomas (CRP, arts. 112º, nºs 1 e 4, e 227º).

Em acréscimo às leis do poder central e regional, existem **diplomas das autarquias.**

As autarquias possuem um órgão com características legiferantes, que é a Assembleia Municipal, a qual, com observância de limites decorrentes da lei geral, tem competência para dispor sobre assuntos de menor relevância que digam respeito à sua vida (nomeadamente horários de estabelecimentos comerciais).

Por último, façamos referência a instrumentos de natureza contratual, que existem paralelamente às leis e que revestem autonomia normativa. Temos em mente os instrumentos de regulamentação coletiva de trabalho e, em especial, as convenções coletivas de trabalho[122].

As **convenções coletivas de trabalho** são leis não estaduais, sendo consequência da **autonomia normativa** (ou poder de criação de normas jurídicas por entidades diferentes do Estado) que, no ordenamento jurídico português, é reconhecida aos acordos entre associações representativas dos trabalhadores (sindicatos) e instituições patronais, intervindo de forma organizada ou individualmente (cfr. art. 1º, nº 3 do CC: «*normas corporativas*»).

Estas fontes do Direito podem revestir a forma específica de:

- **contratos coletivos de trabalho** celebrados entre associações sindicais e associações patronais;

[122] Cfr., entre outros, os seguintes autores (indicados por ordem alfabética do último apelido): Menezes Cordeiro *Direito do Trabalho I,* 2019, pp. 346-349 e 648-747, Monteiro Fernandes, *Direito do Trabalho,* 19ª ed., 2019, pp. 929-930 e 938-944, Romano Martinez, *Direito do Trabalho,* 7ª ed., 2019, pp. 1147-1149 e 1155-1185, Rosário Palma Ramalho, *Tratado de Direito do Trabalho,* Parte III – *Situações Laborais Colectivas,* cit., 2012, pp. 183-189, e Bernardo Lobo Xavier, *Direito do Trabalho,* 3ª ed., 2018, pp. 254-290, em especial pp. 254-256 e 259-283.

- **acordos coletivos de trabalho** celebrados entre associações sindicais e uma pluralidade de entidades patronais;
- **acordos de empresa** celebrados entre associações sindicais com uma única entidade patronal; e
- **acordos de adesão**, pelos quais as empresas se limitam a aderir integralmente a instrumentos preexistentes.

O acordo de empresa, por respeitar a uma única empresa, prefere ao «*acordo coletivo ou ao contrato coletivo*», quando existirem e concorrerem com ele (cfr. art. 482º, nº 1, *alínea a)* do CT), e «*o acordo coletivo afasta a aplicação do contrato coletivo*» (art. 482º, nº 1, *alínea b)* do CT).

6.6.3. ***Hierarquia das leis***

6.6.3.1. *O problema*

As diversas espécies de leis integram, em conformidade com o respetivo valor intrínseco e a fonte das quais promanam, uma hierarquia, que tem por finalidade estabelecer critérios de subordinação e disciplinar a concorrência entre normas de diversas fontes, pelo reconhecimento da primazia de umas sobre outras (cfr. CC, art. 1º, nºs 2 e 3).

6.6.3.2. *Subordinação dos Decretos-Leis às Leis*

Os Decretos-Leis têm, em geral e não obstante serem emanados do governo, o mesmo valor que as leis da Assembleia da República, às quais se encontram, porém, subordinados (CRP, arts. 112º, nº 2), nas seguintes circunstâncias:

- Uso de autorização legislativa (CRP, arts. 161º, *alínea d)*, 165º e 198º, nºs 1, *alínea b)*, e 3).
- Desenvolvimento de bases gerais dos regimes jurídicos (CRP, art. 198º, nºs 1, *alínea c)*, e 3).

6.6.4. *Dinâmica da lei*[123]

6.6.4.1. *Caracterização. O processo legislativo: elaboração, aprovação, promulgação e publicação da lei*

A dinâmica da lei reflete-se no processo associado à sua criação, que nasce com a elaboração e decorre até à sua entrada em vigor.

O processo legislativo desdobra-se em diversas fases bem distintas, que vão desde a feitura até à efetiva entrada em vigor (cfr. art. 119º da CRP, art. 5º do CC e Lei nº 74/98, de 11 de novembro, red. da Lei nº 42/2007, de 24 de agosto).

No caso de a iniciativa legislativa pertencer ao Governo o texto proposto designa-se por proposta de lei; no caso de emanar da Assembleia da República, por projeto-lei.

A feitura de um diploma é um processo complexo que pressupõe sempre discussão e votação de um texto pelos membros de um órgão. A votação favorável determina a aprovação do diploma.

O ato mediante o qual o qual o Presidente da República atesta de forma solene a validade jurídica de uma norma designa-se **promulgação.**

A **publicação** visa a divulgação dos diversos diplomas, *maxime* dos que são objeto de promulgação, para que os mesmos sejam do conhecimento dos destinatários das normas.

A publicação é feita no Diário da República, em cuja I Série são publicados os principais diplomas e, designadamente, todos os atos legislativos.

A data da publicação (constante do Diário da República) faz parte da identificação do diploma. Assim, por exemplo, o Decreto-Lei nº 49/2010, de 19 de maio – que alterou o CSC e o CVM –, foi publicado no Diário da República, I Série, do dia 19 de maio de 2010.

6.6.4.2. *A* vacatio legis. *Entrada em vigor da lei*

Entre o momento da publicação de um diploma e o do início da sua vigência deve decorrer um prazo adequado à possibilidade de apreensão do seu conteúdo por aqueles a quem se dirige. A esse período – que

[123] Cfr. Menezes Cordeiro, *Tratado de Direito Civil I*, 4ª ed., 2012, pp. 797-810, e António Pinto Pereira, *Princípios Gerais de Direito*, 2013, pp. 180-199.

medeia entre a publicação e a entrada em vigor – chama-se ***vacatio legis***. Esta, na falta de expressa previsão pelo diploma a que respeita, é de cinco dias (no continente).

Quando a complexidade da lei o requer, a *vacatio legis* expressamente prevista no diploma pode ser substancialmente aumentada, relativamente ao prazo normal, chegando a atingir vários meses, o que acontece em geral com os Códigos.

Diferentemente, certos diplomas entram imediatamente em vigor, em especial dada a urgência da sua aplicação, e outros, inclusivamente, preveem uma aplicação retroativa, o que só deve suceder a título excecional (ver, *infra*, aplicação da lei).

A **entrada em vigor** corresponde ao começo da vigência da lei, ou seja, da necessidade do seu cumprimento.

6.6.5. *Cessação da vigência da lei*[124]

A cessação da vigência da lei pode revestir duas modalidades básicas (art. 7º do CC): a revogação e a caducidade.

6.6.5.1. *Revogação*

A **revogação** consiste na cessação de vigência da lei, por força da entrada em vigor de um outro diploma de valor hierárquico igual ou superior[125]. Pode ser **total** ou **parcial**, quanto à sua extensão, e expressa ou tácita, quanto à forma.

A revogação **expressa** é aquela que é feita de forma direta ("é revogado o DL ..."); a revogação **tácita** é a que ocorre sempre que o novo diploma postula uma solução incompatível com o vigente (art. 7º, nº 2).

A revogação diz-se de sistema (art. 7º, nº 2, *in fine*), quando a nova lei visa a substituição de toda uma matéria que, anteriormente, respeitava a um mesmo objeto.

[124] Cfr. Menezes Cordeiro, *Tratado de Direito Civil I*, 4ª ed., 2012, pp. 825-838, António Pinto Pereira, *Princípios Gerais de Direito*, 2013, pp. 199-202, e Galvão Telles, *Introdução I*, 2001, pp. 102-115.

[125] A este propósito refira-se que «(a) *lei geral não revoga a lei especial, exceto se outra for a intenção inequívoca do legislador*» (art. 7º, nº 3 do CC).

6.6.5.2. *Caducidade*

A **caducidade** determina-se pela verificação de circunstâncias que suprimem a vigência de uma lei. Pode ocorrer pelo decurso do tempo previsto para a sua aplicação (art. 7º, nº 1, I parte do CC) ou por circunstâncias que lhe são exteriores e correspondem ao desaparecimento dos pressupostos de facto da aplicabilidade da lei, nomeadamente pela extinção da instituição regulada, pela cessação da situação de emergência e pela realização dos fins para que tendia (por exemplo, desaparecimento do último dos seus destinatários) ou pela comprovação da inviabilidade dos mesmos.

6.6.5.3. *Referência à repristinação*

Quando uma lei é revogada, suscita-se a questão da repristinação da lei anterior, isto é, da reposição da lei que havia cessado por efeito da lei revogada.

A repristinação, em princípio, não ocorre, nem é aceitável (cfr. art. 7º, nº 4 do CC).

No entanto, esta regra comporta uma exceção. Assim, se a lei revogatória é declarada inconstitucional, a lei que havia sido revogada volta a aplicar-se, produzindo plenamente os seus efeitos (cfr. art. 282º, nº 1 da CRP).

6.7. **Jurisprudência e doutrina**[126]

6.7.1. ***Relevo e significado das decisões judiciais***

6.7.1.1. *Decisões jurisdicionais*

As decisões dos tribunais podem revestir, *grosso modo*, a forma de sentença ou de acórdão, conforme o carácter singular ou coletivo do órgão responsável pelas mesmas.

[126] Cfr. Menezes Cordeiro, *Tratado de Direito Civil I*, 4ª ed., 2012, pp. 614-621 e 664-669, Elisabete Ramos, «O Direito e a vida social» cit., AA.VV., *Manual de Introdução ao Direito*, 2ª ed., 2017 (pp. 25-94), pp. 48-51, Germano Marques da Silva, *Introdução ao Estudo do Direito*, 5ª ed. cit., 2015, pp. 129-135, e Galvão Telles, *Introdução* I, 2001, pp. 139-145.

6.7.1.2. *Os acórdãos de uniformização de jurisprudência*[127]

O art. 2º do Código Civil – que previa a possibilidade de os assentos do Supremo Tribunal de Justiça[128] fixarem «*doutrina com força obrigatória geral*» – foi revogado pela reforma do Código de Processo Civil (de 1961), aprovada pelo Decreto-Lei nº 329-A/95, de 12 de dezembro (cfr. art. 4º, nº 2).

Na mesma época, o Tribunal Constitucional declarou a inconstitucionalidade dos assentos, com força obrigatória geral (cfr. Acórdão do Tribunal Constitucional nº 743/96, de 28 de maio de 1996).

Atualmente desempenham uma função de algum modo próxima dos assentos os **acórdãos de uniformização de jurisprudência**, também emitidos pelo Supremo Tribunal de Justiça, que se encontram previstos no art. 686º do Código de Processo Civil[129].

Trata-se de decisões do Supremo, através do Pleno das suas *secções cíveis* sempre que, com referência a uma mesma disposição legal, ocorreram duas decisões de tribunais superiores em sentido contrário insuscetíveis de recurso.

A doutrina do acórdão uniformizador de jurisprudência – que dirime um caso concreto – não sendo vinculativa, em geral é observada pelos tribunais em intervenções subsequentes.

6.7.1.3. *O caso julgado*

Transitada em julgado uma sentença judicial, a decisão que a mesma encerra sobre a relação material controvertida ganha força obrigatória

[127] Cfr. Menezes Cordeiro, *Tratado de Direito Civil I*, 4ª ed., 2012, pp. 654-658, e Germano Marques da Silva, *Introdução ao Estudo do Direito*, 5ª ed. cit., 2015, pp. 134-135.

[128] Através dos quais o STJ emitia doutrina com força obrigatória geral sobre o sentido e alcance de uma norma, sempre que a mesma era objeto de interpretação contraditória por dois acórdãos de tribunais superiores (STJ ou Tribunal da Relação), sem possibilidade de recurso daquele que ainda se encontrava a julgar a causa, fixando o que considerava ser a interpretação adequada dessa norma e que deveria passar a ser observada por todos os tribunais.
Os assentos constituíam uma verdadeira fonte imediata de Direito.

[129] Trata-se da redação resultante da reforma de 2013, aprovada pela Lei nº 41/2013, de 26 de junho, e vigente desde 1 de setembro de 2013 (cfr. art. 8º). Configurado como um novo *Código de Processo Civil* (cfr. arts. 1º, 5º, 6º e 7º, nº 2 da L 41/2013), não há unanimidade nos operadores jurídicos sobre a sua consideração como um novo Código ou simplesmente uma profunda alteração, com reflexos sistemáticos acentuados, do Código existente, que foi totalmente revogado (cfr. art. 4º, *alínea a)* da L 41/2013).

dentro do processo e fora dele. Isto é, a questão sobre a qual recai não pode ser reapreciada e por isso se diz que a decisão judicial forma **caso julgado**. Constitui exemplo o disposto no nº 5 do art. 29º da CRP, segundo o qual *«ninguém pode ser julgado mais do que uma vez pela prática do mesmo crime»*.

O trânsito em julgado consiste na insuscetibilidade, como regra, de recurso.

6.7.2. *Contributo da doutrina e interpretação do Direito*

Por fim, refira-se que a doutrina é formada pelas opiniões dos jurisconsultos, expressas nos respetivos textos escritos (manuais, tratados, lições, obras monográficas em geral e pareceres). Não sendo uma fonte vinculativa, constitui precioso auxiliar na determinação do sentido com que devem valer as normas e, consequentemente, na sua aplicação.

7. A realização do Direito. Interpretação e aplicação das normas[130]

Realizar o Direito é, como referimos antes, solucionar o caso concreto. Para que tal seja possível, importa conhecer o sentido e alcance que as normas têm para podermos concluir sobre a sua aplicação a uma dada circunstância da vida social.

7.1. A interpretação: conceito e problemática[131]

A aplicação das normas pressupõe a determinação do sentido com que valem, num primeiro momento, para verificar subsequentemente se o respetivo conteúdo se adequa ao caso da vida social que se pretende solucionar.

[130] Vd., para além dos autores pontualmente citados, Pedro Eiró, *Noções Elementares* cit., 1997, pp. 156-161 e 163-170, Santos Justo, *Introdução*, 10ª ed., 2019, pp. 325-326, 336-342, 349-350, 377-381 e 397-398, AA.VV., *Manual de Introdução ao Direito*, 2ª ed., 2017 (pp. 25-74), pp. 62-68, e Manuel António Pita, *Curso Elementar*, 4ª ed., 2018, pp. 58-64.

[131] Vd. Diogo Freitas do Amaral, *Manual de Introdução ao Direito*, vol. II, 2019, pp. 104-107, Miguel Nogueira de Brito, *Introdução ao Estudo do Direito*, 2017, pp. 159-163, Menezes Cordeiro, *Tratado de Direito Civil I*, 4ª ed., 2012, pp. 677-682, e Galvão Telles, *Introdução* I, 2001, pp. 237-239.

Por isso, a aplicação das regras jurídicas suscita a sua interpretação, a qual é sempre necessária ainda que o seu texto não acarrete aparentemente quaisquer dúvidas.

Não é, pois, aceitável o brocardo *in claris non fit interpretatio*, visto que o simples ato de leitura da regra pressupõe a apreensão do seu significado.

7.2. Interpretação da lei em sentido amplo e em sentido restrito

A interpretação em **sentido amplo** traduz-se, antes de mais, na procura da própria norma aplicável a uma situação real ou suposta e, encontrada esta, ainda na interpretação em sentido estrito, isto é, na determinação do significado que encerra.

É assim possível distinguir três diferentes fases nesse processo:

1ª – Identificação da disposição legal plausivelmente aplicável ao caso, após adequada pesquisa das fontes disponíveis e qualificação da situação jurídica.

2ª – Verificação da validade (constitucionalidade e legalidade) e vigência da norma.

3ª – Determinação do sentido intrínseco da regra (interpretação em sentido estrito).

Apurado o sentido de uma norma válida, procede-se à sua efetiva aplicação ao caso concreto.

7.3. Elementos da interpretação[132]

7.3.1. *Conceito*

Os elementos da interpretação são os fatores auxiliares da determinação do significado das normas a que o intérprete deve recorrer quando está a interpretá-las (cfr. art. 9º, nº 1 do CC).

[132] Vd. Miguel Nogueira de Brito, *Introdução ao Estudo do Direito*, 2017, pp. 204-221, Menezes Cordeiro, *Tratado de Direito Civil I*, 4ª ed., 2012, pp. 696-731, e Galvão Telles, *Introdução* I, 2001, pp. 245-250.

Podemos identificar cinco diferentes elementos:

- Literal (ou gramatical);
- Sistemático;
- Histórico;
- Teleológico; e
- Atualista.

Vejamos, em seguida, como se caracterizam.

7.3.2. *Elemento literal (ou gramatical)*[133]

Comecemos pelo elemento literal, que é o que corresponde ao teor verbal da norma, isto é, à sua letra.

O texto ou letra da lei impõe um limite da procura do seu espírito (sentido), desempenhando uma função positiva, quando sugere claramente um significado, e uma função negativa, na medida em que exclui, como sentidos possíveis, aqueles que exorbitam o teor verbal possível (cfr. art. 9º, nº 2 do CC).

7.3.3. *Elemento sistemático*[134]

A norma deve tomar como referência a globalidade do ordenamento, em que se insere, assim como as suas constantes mutações, devendo atribuir-se-lhe um sentido coerente no sistema a que pertence.

São subelementos deste fator:

- O **contexto da lei**, ou seja, o conjunto das normas que regulam o instituto ou a matéria a que a norma interpretanda respeita.
- Os **lugares paralelos,** constituídos por normas reguladoras de institutos ou matérias afins ou semelhantes daqueles que são disciplinados pela norma interpretanda (a regra cujo sentido se pretende determinar).

[133] Vd. Freitas do Amaral, *Manual de Introdução ao Direito*, vol. II, 2019, pp. 138-140, e Menezes Cordeiro, *Tratado de Direito Civil I*, 4ª ed., 2012, pp. 696-706.

[134] Vd. Freitas do Amaral, *Manual de Introdução ao Direito*, vol. II, 2019, pp. 156-160, e Menezes Cordeiro, *Tratado de Direito Civil I*, 4ª ed., 2012, pp. 718-724.

7.3.4. *Elemento histórico*[135]

O elemento histórico consiste no apuramento das circunstâncias em que a lei foi elaborada e que de algum modo contribuíram para a sua redação definitiva. Desdobra-se nos seguintes subelementos:

- **Antecedentes normativos**, históricos e comparativos. Isto é, nas leis nacionais anteriores e nas leis estrangeiras que, existindo no momento da feitura da norma interpretanda, possam ter influenciado a sua redação;
- **Trabalhos preparatórios** (e materiais legislativos), ou seja, nas discussões contemporâneas ocorridas no processo de feitura da lei em que se integra a norma e ainda os diversos projetos que tenham sido apresentados com vista à sua elaboração;
- ***Occasio legis*** ou circunstâncias sociais do tempo (factos e valores culturais, políticos, religiosos e económicos) que estiveram subjacentes (e possam ter influenciado) ao aparecimento e conteúdo da lei; e
- **Fontes jurisprudenciais e doutrinais** (da norma), isto é, as decisões dos tribunais (em especial os superiores) e o entendimento dos juristas mais conceituados ("a doutrina") que possam ter estado na base da criação da regra legal (interpretanda).

7.3.5. *Elemento teleológico*[136]

O elemento teleológico, como o próprio nome indica, consiste no fim que a norma pretende atingir, ou seja, na determinação da finalidade para que a norma propende.

7.3.6. *Elemento atualista*

Finalmente, o elemento atualista consiste na determinação do alcance com que a norma há de valer no momento da sua efetiva aplicação.

Assim, por exemplo, uma norma de um diploma do século XIX, como o Código Comercial, por exemplo, que se refira ao transporte marítimo,

[135] Vd. Freitas do Amaral, *Manual de Introdução ao Direito*, vol. II, 2019, pp. 148-155, e Menezes Cordeiro, *Tratado de Direito Civil I*, 4ª ed., 2012, pp. 706-717.

[136] Vd. Freitas do Amaral, *Manual de Introdução ao Direito*, vol. II, 2019, pp. 160-164, e Menezes Cordeiro, *Tratado de Direito Civil I*, 4ª ed., 2012, pp. 725-728.

fluvial, rodoviário e ferroviário, deverá, no século XXI, abranger necessariamente o transporte aéreo e quem sabe, a manter-se vigente, talvez venha um dia a ser aplicável ao transporte espacial.

7.4. Interpretação quanto ao resultado

Feita a interpretação há que ponderar se a norma deve valer com o sentido que imediatamente se retira dela – porque este é coincidente com o teor literal (interpretação ***declarativa***) – ou se, diversamente, tomando por referência o seu conteúdo gramatical, há que proceder a retificações do alcance da norma, ampliando o seu texto (interpretação ***extensiva***) ou restringindo o sentido literal (interpretação ***restritiva***).

Noutras circunstâncias podemos ser conduzidos mais longe.

7.5. As lacunas e a integração da lei[137]

7.5.1. *Conceito e causas das lacunas*

Por vezes não é prevista pela lei uma hipótese carecida de regulamentação jurídica. Diz-se então que há uma lacuna da lei.

Estamos perante uma **lacuna** da lei sempre que estamos perante uma situação jurídica que careça de regulamentação legal e que não encontre na lei solução positiva. Mesmo nesse caso o juiz não pode, em qualquer circunstância, deixar de aplicar o Direito, alegando não haver solução para o mesmo. Trata-se do princípio da proibição da denegação da justiça (art. 8º, nº 1 do CC).

As lacunas podem ocorrer por diversos motivos, tais como:

- Imprevisibilidade;
- Intencionalidade (porque a matéria a regular é ainda fluída ou porque o legislador pretende deixar um espaço livre aos sujeitos do Direito e, em especial, ao intérprete-aplicador);

[137] Cfr. Miguel Nogueira de Brito, *Introdução ao Estudo do Direito*, 2017, pp. 259-273 e 277-282, Menezes Cordeiro, *Tratado de Direito Civil, I*, 4ª ed., 2012, pp. 737-747 e 756-768, Elisabete Ramos, «O Direito e a vida social» cit., AA.VV., *Manual de Introdução ao Direito*, 2ª ed., 2017 (pp. 25-72), pp. 68-72, e Galvão Telles, *Introdução* I, 2001, pp. 260-264.

– Deficiência de técnica legislativa;
– Contradição de normas (que se anulam).

7.5.2. *Referência sumária ao método e regras legais de integração das lacunas*

Deparando com uma lacuna, ou uma falha do sistema relevante, o intérprete deverá proceder à sua integração.

O Código Civil prevê um método para o efeito.

A integração das lacunas processa-se pelo recurso à analogia da lei, isto é, procurando soluções normativas semelhantes à que se encontra em falta (cfr. art. 10º do CC) ou do Direito (princípios gerais).

A este propósito refira-se que, em nossa opinião, as normas excecionais[138] não são passíveis de analogia (art. 11º do CC).

Quando o recurso à analogia não for possível ou não for suficiente, a integração realizar-se-á de acordo com as valorações do juiz, ou seja, por aplicação de uma norma (inexistente) que o próprio intérprete criaria se fosse o legislador, para solucionar o caso concreto (art. 10º, nº 3 do CC).

7.6. A aplicação da lei no tempo[139]

7.6.1. *O problema*

Quando se processa a sucessão de leis no tempo, podem suscitar-se dúvidas sobre a aplicabilidade da lei nova relativamente aos factos anteriores à sua vigência ou pelo menos no que respeita aos efeitos desses factos.

Como regra, é desejável que a lei nova só se aplique aos factos futuros, isto é, aqueles que se venham a produzir durante a sua vigência e que pressupuseram o seu conhecimento (cfr. art. 12º, nº 1 do CC).

[138] São normas excecionais as que estabelecem uma solução oposta à que consta da regra geral.
Tratando-se de mera excecionalidade formal, já admitimos poder estabelecer um paralelo (analogia) com a norma que apenas é formalmente excecional.

[139] Vd. Diogo Freitas do Amaral, *Manual de Introdução ao Direito*, vol. II, 2019, pp. 221-225, Miguel Nogueira de Brito, *Introdução ao Estudo do Direito*, 2017, pp. 360-377, Menezes Cordeiro, *Tratado de Direito Civil, I*, 4ª ed., 2012, pp. 844-860, João Baptista Machado, *Introdução ao Direito e ao Discurso Legitimador*, Almedina, Coimbra, 1982, pp. 219-251, e Galvão Telles, *Introdução ao Estudo do Direito*, I, 2001, pp. 287-289, 291-294.

Mas há factos e situações que se prolongam no tempo, isto é, cujos efeitos perduram muito para além do momento da respetiva ocorrência, e que, por isso, podem vir a ser objeto de regulação por duas ou mais leis, que se sucedem no tempo. Casos do casamento, do arrendamento e da sociedade comercial, por exemplo.

O problema mais delicado que, a propósito da questão da aplicação da lei no tempo, se coloca consiste em saber se, uma vez entrada em vigor uma nova lei sobre tal tipo de factos ou sobre o respetivo conteúdo, a mesma se aplica também aos factos passados (e não apenas aos factos futuros) ou, pelo menos, aos efeitos futuros dos factos passados.

A nossa lei civil contém uma regra geral de aplicação da lei no tempo, que se imporá sempre que a lei nova não contiver uma precisa solução normativa para o caso: o artigo 12º do Código Civil.

7.6.2. *As disposições transitórias*

As disposições transitórias são regras legais em que o legislador fixa o regime de transição da lei antiga para a lei nova, determinando como se hão de solucionar os problemas decorrentes da sucessão de leis, isto é, estabelecendo qual a lei aplicável aos efeitos futuros de factos passados.

As disposições transitórias podem ser de natureza **formal** – consistindo em normas de remissão que estabelecem qual a lei aplicável (a lei antiga ou a lei nova) –, quando determinam qual das leis se deve aplicar, ou **material**, se fixam um regime particular de transição para certas situações que se prolongam no tempo (por exemplo, arts. 182º, 184º e 185º do DL 496/77, de 25 de novembro), permitindo adequar, com um regime específico (que não corresponde nem à lei antiga, nem à lei nova), a nova orientação legal a factos que, tendo ocorrido anteriormente, ainda produzem efeitos quando a lei nova entra em vigor.

7.6.3. *A regra transitória geral do Direito português*[140]

Mas como referimos acima, na nossa lei civil existe um comando normativo – o artigo 12º do Código Civil – que contém o critério geral de

[140] Seguimos de muito perto o nosso estudo sobre *A aplicação no tempo da reforma de 2006 do Direito Societário Português*, sep. da *ROA*, ano 67, I, 2007 (pp. 207-221), pp. 212-214.

aplicação da lei no tempo. Desta norma, cujo âmbito e sentido importa determinar, resulta que a lei nova só se aplica para o futuro, salvo se, em regra transitória, for previsto algum grau de retroatividade.

A solução geral nesta matéria é a seguinte:

A lei nova aplica-se apenas aos factos novos, só dispondo «*para o futuro*» (art. 12º, nº 1)[141]; e também aos efeitos futuros dos factos passados, sempre que recair sobre aspetos respeitantes ao conteúdo da situação jurídica resultante desses factos, independentemente dos mesmos (art. 12º, nº 2, *in fine*).

No entanto, quando dispuser sobre as condições de validade formal e substancial de factos passados, a lei nova só se aplicará para o futuro (art. 12º, nº 2, I parte).

Em caso de dúvida – isto é, se não se determinar que visa apenas o conteúdo das situações jurídicas –, a lei nova deve aplicar-se apenas aos factos futuros (art. 12º, nº 2), não interferindo com a subsistência de atos que no momento da respetiva prática eram conformes com o Direito então vigente.

A lei nova é, pois, de aplicação imediata às situações que ocorram após a sua entrada em vigor, por forma a salvaguardar os factos praticados anteriormente. Mas a que situações futuras se deve aplicar? Apenas às que surjam *ex novo* após o início da sua vigência ou também às que decorram de factos passados?

Seguramente a todas as que surjam depois da respetiva entrada em vigor.

No que se refere aos efeitos em curso nessa data, na falta de regra transitória específica, as novas disposições legais aplicam-se, por regra, às situações que ocorram posteriormente à sua entrada em vigor, ainda que tenham sido originadas antes, se dispuserem sobre o conteúdo dessas situações, sem considerarem os factos de que estas emergem.

Vamos procurar exemplificar recorrendo a um caso real, de Direito positivo.

O Código das Sociedades Comerciais sofreu a sua maior reforma em 2006, por efeito do Decreto-Lei nº 76-A/2006, de 29 de março, a qual entrou em vigor em 30 de junho desse ano. O diploma que aprovou a

[141] Se lhe for «*atribuída eficácia retroativa, presume-se que ficam ressalvados os efeitos já produzidos pelos factos que a lei se destina a regular*» (art. 12º, nº 1 *in fine*).

reforma continha uma norma transitória especial – o art. 63º –, cuja insuficiência demonstrámos no estudo que então elaborámos[142].

No que se referia às sociedades já existentes na data da entrada em vigor da reforma, na falta de regra transitória específica – como sucedia em relação à quase totalidade das alterações do Código das Sociedades Comerciais –, as novas disposições legais seriam aplicáveis, por regra, às situações que ocorressem posteriormente à sua entrada em vigor, ainda que tivessem sido originadas antes, se dispusessem sobre o conteúdo dessas situações, sem considerarem os factos de que estas emergiam.

Com efeito, se estavam em causa situações ou relações jurídicas resultantes de factos anteriores, independentemente da sua origem – como era o caso dos direitos e deveres dos titulares de órgãos sociais, por exemplo –, então a lei nova seria de aplicação imediata a essas situações. Por essa razão, o disposto no artigo 64º do CSC foi imediatamente aplicável, mesmo aos titulares de órgãos sociais anteriormente designados.

Diferentemente, sempre que estivessem em causa as condições de validade formal ou substancial dos factos que foram objeto da reforma (lei nova), ou se houvesse dúvidas sobre se são essas condições que estão em causa, a lei nova só se aplicaria para o futuro[143], não afetando os efeitos (ainda) subsistentes de factos anteriores.

Estes critérios encontram-se regulados no número 2 do artigo 12º do Código Civil[144].

[142] *A aplicação no tempo da reforma de 2006 do Direito Societário Português*, cit., 2007 (pp. 207-221), no qual criticámos a aplicação no tempo da reforma e a referida regra (cfr. em especial pp. 209-212).

[143] Imaginando um exemplo (puramente académico), diríamos que se a lei nova viesse a exigir que as sociedades se passassem a constituir com um mínimo de sete acionistas – em vez dos cinco que eram necessários desde 1986 –, as sociedades constituídas anteriormente a 30 de junho de 2006 com menos acionistas não seriam afetadas, no que respeita à sua constituição.

[144] Efetuando uma interpretação lapidar desta regra, BAPTISTA MACHADO, *Introdução ao Direito e ao Discurso Legitimador*, cit., 1982, em especial pp. 232-234. Escrevia o ilustre professor, nas suas lições, que «poderíamos sintetizar a teoria da aplicação das leis no tempo distinguindo entre *constituição e conteúdo* das situações jurídicas. À constituição das situações jurídicas (requisitos de validade, substancial e formal, factos constitutivos) aplica-se a lei do momento em que essa constituição se verifica; ao conteúdo das situações jurídicas que

Segundo esta regra (I parte), «*quando a lei dispõe sobre as condições de validade substancial ou formal de quaisquer factos ou sobre os seus efeitos*» – ou quando não houver a certeza de que são essas condições que estão em jogo – só se aplica para o futuro, isto é, só é aplicável aos factos (novos) que surjam posteriormente à sua entrada em vigor.

No entanto, se a lei nova «*dispuser diretamente sobre o conteúdo de certas relações jurídicas, abstraindo dos factos que lhes deram origem*», aplica-se – após a sua entrada em vigor – às situações anteriormente constituídas e que se mantenham (cfr. art. 12º, nº 2, *in fine*).

Haverá neste caso que verificar se o facto que esteve na origem das situações que se mantêm é totalmente autónomo destas. Se houver dúvidas sobre essa autonomia, se não pudermos isolar o conteúdo da relação jurídica subsistente das condições que envolveram o facto gerador, deveremos concluir que a lei nova não é aplicável a essas situações.

7.6.4. *O princípio constitucional* "nullum crimen, nulla poena, sine lege"[145]

Ninguém pode ser condenado por facto que, quando foi praticado, não constituía crime, nem a esse facto pode ser aplicada (uma) pena que não estava prevista no momento da sua prática. A lei penal não pode, pois, ser retroativamente aplicada (art. 29º, nºs 1 e 3 da CRP)[146].

subsistam à data do início da vigência da lei nova aplica-se imediatamente esta lei, pelo que respeita ao regime futuro deste conteúdo e seus efeitos, com ressalva das situações de origem contratual relativamente às quais poderia haver uma como que "sobrevigência" da lei antiga» (pp. 233-234). E, mais à frente, acrescentava, a propósito da aplicação da lei aos contratos, um critério genérico: o de que «a lei nova só poderá, sem retroactividade, reger os efeitos futuros dos contratos em curso quando tais efeitos possam ser dissociados do facto da conclusão do contrato» (p. 241).

[145] Cfr. Paulo Pinto de Albuquerque, *Comentário do Código Penal à luz da Constituição da República e da Convenção Europeia dos Direitos do Homem*, 3ª ed., UCE, Lisboa, 2015, pp. 85-95 (anot. ao art. 2º), J. J. Gomes Canotilho / Vital Moreira, *Constituição da República Portuguesa Anotada*, Vol. I, 4ª ed., Coimbra Editora, 2007, pp. 491-499 (art. 29º), Américo Taipa de Carvalho, Anot. ao art. 29º da CRP, Jorge Miranda / Rui Medeiros, *Constituição Portuguesa Anotada*, Tomo I, 2ª ed., Coimbra Editora, Coimbra, 2010, pp. 667-676, Jorge de Figueiredo Dias, *Direito Penal – Parte Geral*, 3ª ed. cit., 2019, pp. 148-150 e 209-215, e Germano Marques da Silva, *Direito Penal*, I, 3ª ed., 2010, pp. 292-317.

[146] Exceto se for mais favorável ao arguido ou ao criminoso, como veremos.

Assim, e exemplificando, Alfredo não pode ser incriminado por um facto praticado em junho, se nessa altura tal facto não era qualificado como crime e o vem a ser posteriormente. Tal pode vir a suceder com os *grafitis*, como especialidade do crime de dano.

Por idêntica razão, se um determinado facto qualificado como crime era punido com uma pena de multa e a respetiva sanção punitiva, pela sua especial censurabilidade social, vem a ser agravada, passando a consistir em pena privativa da liberdade (pena de prisão), esse agravamento não é aplicável a facto praticado anteriormente ao momento em que ocorreu.

Admite-se, contudo, a retroatividade da lei penal mais favorável (art. 29º, nº 4 da CRP), mesmo que a decisão tenha transitado em julgado. Por isso, se, entre o momento da prática do facto declarado punível como crime e o momento do trânsito em julgado da decisão condenatória, ocorrer uma sucessão de leis no tempo, deve ser aplicada aquela que, em concreto, for mais favorável ao arguido. Por exemplo, se no momento da sua prática, o crime era sancionado com pena de prisão entre 2 e 10 anos e posteriormente, aquando do julgamento, a moldura penal é reduzida para um mínimo de 1 ano e o máximo de 2 anos, esta (nova) lei é mais favorável ao arguido, pelo que ser-lhe-á aplicável, ainda que, entretanto, a decisão judicial tenha transitado em julgado[147].

Transitada em julgado decisão condenatória, a mesma é retroativamente afetada em benefício do infrator em caso de descriminalização (por efeito do disposto no art. 29, nºs 1 e 4 da CRP) e no caso em que, tendo ocorrido uma diminuição da pena aplicável (redução da moldura

[147] A aplicação de regime mais favorável, mesmo depois do trânsito em julgado da condenação e, consequentemente, durante a própria execução da pena, tornou-se inequívoca com a alteração do nº 4 do art. 2º do CP (pela Lei nº 59/2007, de 4 de setembro) e com a introdução no CPP do art. 371º-A (pela Lei nº 48/2007, de 29 de agosto). Sobre a questão, vd. Paulo Pinto de Albuquerque, *Comentário do Código Penal cit.*, 3ª ed., 2015, p. 94, e *Comentário do Código de Processo Penal à luz da Constituição da República e da Convenção Europeia dos Direitos do Homem*, 4ª ed., UCE, Lisboa, 2011, pp. 954-957 (anot. ao art. 371º-A), Américo Taipa de Carvalho, anot. ao art. 29º da CRP, *in* Jorge Miranda / Rui Medeiros, *Constituição Portuguesa Anotada*, T. I, 2ª ed. cit., 2010, pp. 675-676, Jorge de Figueiredo Dias, *Direito Penal – Parte Geral*, 3ª ed. cit., 2019, pp. 233-234, e Germano Marques da Silva, *Direito Penal*, I, 3ª ed., 2010, pp. 305-307.

penal), *a parte que se encontre cumprida atinja o limite maior da pena prevista na lei posterior* (art. 2º, nº 4 *in fine* do CP)[148].

Em síntese, se um facto declarado como crime no momento da sua prática deixa de merecer censurabilidade social – e, consequentemente, se a sociedade já não reputar essa conduta como grave –, não tem sentido manter a incriminação. Do mesmo modo, se alguém se encontra a cumprir pena por um crime que deixa de o ser, então a sanção oportunamente aplicada cessa, extinguindo-se a pena aplicada com todas as consequências, designadamente libertando-se o (até então) criminoso; e o mesmo acontece no caso em que, diminuindo a censurabilidade social do crime, a pena aplicável ao delito é reduzida, implicando a nova lei penal (mais favorável) a cessação da sanção punitiva no momento em que o criminoso cumpre uma pena correspondente à pena máxima que passou a ser, entretanto, aplicável.

7.7. **A aplicação da lei no espaço**; *remissão*

Finalmente refira-se que a aplicação da lei também suscita dificuldades sempre que não ocorra no âmbito de um espaço jurídico inteiramente regido por um único complexo normativo. Com efeito, encontrando-se conexionada com mais de um espaço jurídico, dizemos que a situação se encontra plurilocalizada. Nesse caso, importa determinar qual a ordem jurídica (nacional) aplicável, recorrendo para o efeito às normas de conflitos que caracterizam o Direito Internacional Privado. São elas que apontam o Direito substantivo a que o tribunal há-de recorrer e que pode não coincidir com o da ordem jurídica a que pertence o juiz, que, dessa forma, apreciará a causa à luz do Direito estrangeiro.

[148] Mas também o pode ser sempre que *o condenado requerer reabertura da audiência para* que possa beneficiar do novo regime (penal) *mais favorável* (art. 371º-A do CPP).
Concluindo pela inconstitucionalidade do art. 371º-A do CPP, Paulo Pinto de Albuquerque, *Comentário do Código de Processo Penal*, 4ª ed., 2011, p. 957.

8. Situação e relação jurídica; elementos[149]

8.1. Conceitos

A relação jurídica é toda a relação da vida social que liga dois, ou mais, sujeitos e é juridicamente tutelada[150]. Tratando-se de um conceito dificilmente aplicável aos direitos absolutos, a grande maioria da doutrina evoluiu para um conceito mais amplo de situação jurídica[151], correspondendo a ocorrência da vida social com relevo e tutela jurídicos.

Na relação ou situação jurídica podemos distinguir claramente quatro elementos: os sujeitos, o objeto, o facto jurídico e a garantia.

8.2. Pessoa jurídica e sujeito de Direito[152]

8.2.1. *Conceito*

O **sujeito de Direito** é um centro de imputação de normas jurídicas. É pessoa jurídica todo o ente dotado de personalidade jurídica.

8.2.2. *Personalidade jurídica*[153]

A **personalidade jurídica** é a suscetibilidade de direitos e vinculações (cfr. arts. 66º, 68º e 158º do CC).

[149] Cfr., para além dos autores pontualmente citados, PEDRO EIRÓ, *Noções Elementares*, 1997, pp. 56-114, CATARINA FRADE, «As pessoas e os direitos», AA.VV., *Manual de Introdução ao Direito*, 2ª ed., 2017 (pp. 117-134), pp. 119-125 e 130-134, ANTÓNIO PINTO PEREIRA, *Princípios Gerais de Direito*, 2013, pp. 245-252, 272-283, 287-296 e 308-309, MANUEL ANTÓNIO PITA, *Curso Elementar*, 4ª ed., 2018, pp. 73-79, 82-109 e 110-113, e ELISABETE RAMOS, «Os contratos e a responsabilidade civil», AA.VV., *Manual de Introdução ao Direito*, 2ª ed., 2017 (pp. 137-154), pp. 142-148.

[150] Sobre o conceito de relação jurídica, vd. GALVÃO TELLES, *Introdução* II, 2001, pp. 149-157.

[151] Sobre este conceito, cfr. MENEZES CORDEIRO, *Tratado de Direito Civil I*, 4ª ed., 2012, pp. 863-867.

Referindo-se ao confronto dos dois conceitos, JOSÉ DIAS MARQUES, *Noções Elementares de Direito Civil*, 7ª ed., ed. autor, 1992, pp. 8-10.

[152] Cfr. GALVÃO TELLES, *Introdução* II, 2001, pp. 157-163 e 178.

[153] Cfr. DIAS MARQUES, *Noções Elementares de Direito Civil*, cit., 1992, p. 11.

8.2.3. *Pessoas singulares*

São sujeitos de Direito antes de mais as pessoas físicas ou biológicas, que designamos por pessoas singulares, isto é, os seres humanos.

8.2.4. *Pessoas coletivas*[154]

Mas, a par das pessoas físicas, o Direito reconheceu e atribuiu personalidade a organizações de pessoas e de interesses, admitindo-as a participar na vida social como centros autónomos de imputação de direitos.

O círculo dos sujeitos de Direito tem-se vindo a alargar, questionando-se hoje o conceito de pessoa coletiva, dado o fenómeno da unipessoalidade, ao mesmo tempo que determinados organismos, em número crescente, adquirem uma autonomia patrimonial e financeira que os aproxima das pessoas jurídicas, como sucede com os fundos.

Na categoria das pessoas coletivas enquadram-se as **sociedades comerciais**, que, sendo pessoas coletivas (em geral participadas por duas ou mais pessoas), exercem uma atividade económica lucrativa, que se consubstancia na prática de atos de comércio ou de contratos comerciais (cfr. art. 1º, nº 2 do CSC).

8.2.5. *A capacidade jurídica*[155]

A capacidade jurídica, necessária para apurar o acervo de direitos de cada pessoa e a sua margem de manobra, bem como a forma como intervém na vida económica e social, não se confunde com a personalidade jurídica.

A **capacidade jurídica** é a medida de direitos e vinculações de que uma pessoa é suscetível, desdobrando-se em capacidade de **gozo** – a medida de direitos e vinculações de que uma pessoa é suscetível de ser titular – e capacidade de **exercício**, isto é, medida de direitos e vinculações que uma pessoa pode atuar pessoal e livremente.

As pessoas singulares têm uma capacidade de gozo genérica, mas os menores sofrem de incapacidade de exercício (cfr. art. 125º do CC), apenas podendo praticar os atos cujo alcance entendam (cfr. art. 127º do CC). Nos demais atos, devem fazer-se representar pelos seus progeni-

[154] Cfr. Dias Marques, *Noções Elementares de Direito Civil*, cit., 1992, p. 27-36.
[155] Cfr. Dias Marques, *Noções Elementares de Direito Civil*, cit., 1992, pp. 11-13.

tores, que exercem os seus direitos em seu nome e por sua conta, no âmbito do instituto da representação legal[156].

Por sua vez, as pessoas coletivas têm uma capacidade de gozo adaptada aos fins que prosseguem e à atividade que exercem e uma capacidade de exercício – que atuam por intermédio dos seus órgãos de representação e gestão (direção, administração ou gerência) – sem limites.

8.2.6. *Outros conceitos fundamentais*

8.2.6.1. *Titularidade e legitimidade*

A **titularidade** é o nexo de pertença efetiva de um direito a um sujeito.

Assim, afirmamos que Belmiro é titular de um imóvel, para significar que este bem lhe pertence, ou que Américo é titular de um crédito, com o sentido de ter direito à realização de uma prestação.

A **legitimidade**, por sua vez, é a suscetibilidade de um sujeito dispor válida e eficazmente de um certo bem. Trata-se de um conceito relacional que envolve necessariamente uma pessoa e um bem, procurando evidenciar a aptidão que um sujeito tem para dispor de determinados bens, por ser titular dos mesmos ou por ter sido constituído representante do titular.

Podemos, pois, concluir que ambas as realidades (titularidade e legitimidade) coincidem frequentemente no sujeito, mas há casos em que aquele que não é titular de um direito, tem, não obstante, legitimidade para dispor de um bem, por ter sido mandatado para o efeito.

8.2.6.2. *Esfera jurídica e património*

A **esfera jurídica** é o conjunto de direitos e vinculações pertencentes a um certo sujeito, em determinado momento.

Podemos distinguir dois lados ou hemisférios na esfera jurídica: o hemisfério patrimonial, composto pelas situações ativas e passivas suscetíveis de avaliação pecuniária, e o hemisfério pessoal, integrado pelas situações de natureza não patrimonial.

[156] Esta distingue-se da representação voluntária que ocorre sempre que alguém mandata um terceiro para atuar em seu nome e por sua conta.

O **património** corresponde ao hemisfério patrimonial, consistindo no complexo de direitos e vinculações suscetíveis de avaliação pecuniária pertencentes a um certo sujeito num determinado momento.

O património líquido é o complexo de direitos patrimoniais, deduzidas as dívidas e os encargos que o oneram.

O património desempenha uma **função interna** de subsistência (ou "suporte material de vida") do seu titular e uma **função externa** de garantia (comum) dos respetivos credores. É a esta última aceção que se refere o art. 601º do CC, quando se refere ao património como garantia geral das obrigações.

8.2.7. *Obrigações quanto aos sujeitos*

Existindo uma pluralidade de devedores, as obrigações seguem um regime diferente, consoante nos situemos no domínio do Direito Comercial, caso em que, em regra, são solidárias, respondendo qualquer dos codevedores pela totalidade da dívida e havendo, subsequentemente, direito de regresso do cumpridor sobre os demais (cfr. arts. 512º e 518º, 519º, 523º e 524º do CC e art. 100º do CCom), ou nos situemos no domínio do Direito Civil, isto é, nas relações comuns entre os particulares, em que as dívidas são conjuntas – sendo cada um dos codevedores responsável por uma quota-parte igual à dos demais –, salvo se diversamente convencionado.

Voltaremos a esta questão (*infra*, nº 23.2.2.1).

8.3. O objeto dos direitos

8.3.1. *Os bens jurídicos*

Os direitos recaem sobre bens jurídicos que podemos sistematizar nas seguintes categorias:

- **Bens da personalidade**;
- **Bens culturais**;
- **Bens materiais impessoais**; e
- **Condutas**.

Os **bens da personalidade** são elementos constitutivos, essenciais, da própria pessoa, à qual são inerentes. Por exemplo, o nome e a honra.

Os **bens culturais** são realidades que constituem criações do espírito humano na ordem intelectual, técnica, artística e científica. Enquadram-se nesta categoria as obras de arte e literárias, na ótica do respetivo autor.

Noutra perspetiva, e enquanto aproveitáveis por terceiros, tais **bens** (um quadro ou um livro) são **materiais impessoais**. Estes são realidades percetíveis pelos sentidos e independentes da pessoa humana (por exemplo, um automóvel ou um edifício). Mas também se reconduzem a esta categoria das realidades percetíveis pelos sentidos **bens incorpóreos**, como a eletricidade ou o gás.

Por fim, as **condutas** são os comportamentos suscetíveis de constituírem bens jurídicos (por exemplo, a entrega do preço num contrato de compra e venda).

Como veremos, os bens, com exceção das condutas, são sinónimo de coisas[157], e como tal juridicamente classificados.

8.3.2. ***As coisas***[158]

8.3.2.1. *Noção ampla e conceito técnico*

Em sentido amplo, coisa é tudo aquilo que, tendo relevância autónoma para o Direito, não tenha personalidade jurídica.

Coisa, em **sentido técnico**, é tudo aquilo que, carecendo de personalidade, tem individualidade e utilidade e é suscetível de apropriação. As coisas dizem-se "*no comércio*" se puderem ser objeto de apropriação privada e individual.

Interessam-nos sobretudo as coisas **corpóreas**, isto é, as que têm existência física e que correspondem à maior parte dos bens materiais impessoais.

[157] Sobre o recurso à designação de coisas ou bens, vd. António Menezes Cordeiro, *Tratado de Direito Civil III – Parte Geral. Coisas*, 4ª ed. (com a colab. de A. Barreto Menezes Cordeiro), Almedina, Coimbra, 2019, pp. 49-51. Sobre a classificação da energia e o regime jurídico que lhe deve ser aplicável, por exemplo, vd. pp. 201-204.

[158] Vd. Menezes Cordeiro, *Tratado de Direito Civil, III – Parte Geral. Coisas*, 4ª ed., 2019, pp. 51-55, e Carvalho Fernandes, *Direitos Reais*, 6ª ed., 2009, pp. 195-199.

8.3.3.2. *Coisas imóveis e coisas móveis*

As coisas são móveis ou imóveis consoante são suscetíveis de se deslocar por si mesmas; ou não (arts. 204º e 205º do CC). A lei qualifica as coisas imóveis (cfr. art. 204º do CC) e associa-lhes as águas (cfr. *alínea b)*) – numa disposição legal taxativa, que não comporta analogia – e define residualmente as coisas móveis (cfr. art. 205º, nº 1).

8.4. Os negócios jurídicos

Os negócios jurídicos enquadram-se na categoria mais vasta do ato jurídico que, por sua vez, se reconduz ao facto jurídico.

Facto jurídico é todo o evento que determina um efeito de direito, ou seja, que é gerador de efeitos jurídicos.

8.4.1. *Facto jurídico em sentido estrito e ato jurídico*

São **factos jurídicos em sentido estrito** (*stricto sensu*) (todos) os que não são atos jurídicos. São os eventos que produzem efeitos independentemente da vontade humana. Por exemplo, o nascimento, a morte, o (decurso do) tempo.

Os **atos jurídicos** são manifestações de vontade juridicamente relevantes. Podem ser **simples** (não intencionais), se a manifestação de vontade não visar a produção dos efeitos que lhe estão associados, relevando a voluntariedade do facto, mas não a intenção (por exemplo, a caça, a criação de uma obra de arte); ou **intencionais**, se a manifestação de vontade teve por fim os efeitos que dela decorrem. Neste caso designam-se **negócios jurídicos.**

A grande maioria dos atos jurídicos tem caráter negocial. Constituem exemplos de negócios jurídicos a compra e venda [cfr. arts. 874º a 939º do CC (em especial art. 874º) e arts. 463º a 476º do CCom], o mútuo (arts. 1142º a 1151º do CC) ou empréstimo [mercantil (arts. 394º-396º do CCom)][159], a locação (cfr. arts. 1022º a 1113º do CC; em especial art. 1022º) – sob a forma de arrendamento ou aluguer (cfr. arts. 1023º

[159] O mútuo designa-se por contrato de suprimento quando é efetuado com caráter de permanência (por período superior a um ano) em benefício de uma sociedade comercial de que o mutuante (aquele que empresta) é sócio (cfr. arts. 243º a 245º do CSC).

do CC e arts. 481º e 482º do CCom) –, o mandato (cfr. arts. 1157º a 1179º do CC e arts. 231º a 265º do CCom) e a comissão (arts. 266º a 277º do CCom) [(ou mandato sem representação (arts. 1180º a 1184º do CC)], o penhor[160] (cfr. arts. 666º a 685º do CC, em especial o art. 666º, nº 1), a doação (arts. 940º a 979º do CC) e o testamento (art. 2179º, nº 1 do CC), entre muitos outros. Os dois últimos são exclusivamente civis.

8.4.2. ***O negócio jurídico***[161] ***e o contrato***[162]

8.4.2.1. *Diferenciação*

Os negócios jurídicos podem ser bilaterais ou unilaterais, consoante seja ou não possível diferenciar os seus efeitos.

Tradicionalmente, os negócios jurídicos são classificados em unilaterais e bilaterais ou contratos consoante tenham uma só parte – embora possam ter mais do que um sujeito – ou tenham diversas partes.

No entanto, pode acontecer que, na formação do negócio, confluam declarações de interesses distintas e que os efeitos delas resultantes se produzam externamente no mesmo sentido, sem diferenciação. Nesse caso, apesar de descortinarmos a existência de mais do que uma parte, o negócio não perde o seu caráter unilateral.

Por isso, o critério mais apropriado para distinguir os negócios unilaterais dos negócios bilaterais é o da diferenciação de efeitos.

Quando o negócio, ainda que envolva diversos sujeitos ou até mais do que uma parte – por os sujeitos manifestarem a sua vontade em sentidos diferentes –, não produz efeitos diferenciados na ordem jurídica,

[160] Que pode assumir diversas espécies para além da regulada no CC, casos do penhor mercantil (cfr. arts. 397º a 402º do CCom), do penhor financeiro ou do penhor de participações sociais (cfr. art. 23º, nºs 3 e 4). Cfr., *infra*, nº 27.14.

[161] Sobre o conceito de negócio jurídico, vd. ANTÓNIO MENEZES CORDEIRO, *Tratado de Direito Civil II – Parte Geral. Negócio Jurídico*, 4ª ed., Almedina, Coimbra, 2014, pp. 85-89, e LUÍS CARVALHO FERNANDES, *Teoria Geral do Direito Civil II – Fontes, Conteúdo e Garantia da Relação Jurídica*, 5ª ed., Universidade Católica Editora, Lisboa, 2010, pp. 31-36.

[162] Cfr. CARLOS FERREIRA DE ALMEIDA, *Contratos I – Conceito. Fontes. Formação*, 6ª ed., 2017, em especial, pp. 27-39, ENGRÁCIA ANTUNES, *Contratos Comerciais. Noções Fundamentais*, Direito e Justiça, volume especial, 2007, pp. 9-10, MENEZES CORDEIRO, *Tratado de Direito Civil II*, 4ª ed., 2014, pp. 90-93, MÁRIO JÚLIO DE ALMEIDA COSTA, *Direito das Obrigações*, 12ª ed., Almedina, Coimbra, 2009, pp. 219-221, e CARVALHO FERNANDES, *Teoria Geral do Direito Civil II*, 5ª ed. cit., 2010, pp. 63-66.

mas um único efeito, como sucede nas deliberações sociais em geral, em que prevalece a vontade da maioria adequadamente formada, nós dizemos que o **negócio** é **unilateral** (plural disjunto). Noutros casos, as várias manifestações de vontade sobrepõem-se e produzem-se no mesmo sentido. É o que acontece com a denúncia de um contrato de arrendamento, pelos locadores que sejam comproprietários do imóvel. Neste caso, dizemos que o negócio unilateral é plural conjunto.

A lei civil acolhe diversos exemplos de negócios unilaterais: o reconhecimento de dívida (art. 458º, nº 1 do CC), a promessa pública (art. 459º do CC), os concursos públicos (art. 463º do CC) e o testamento (art. 2179º, nº 1 do CC). Este último, porque tem de ser individualmente praticado, é necessariamente unilateral singular.

Por sua vez, quando as manifestações de vontade visam regular unitariamente interesses distintos, falamos de **contrato**.

Não tem de haver necessariamente divergência de efeitos, mas os sujeitos devem ter um interesse específico nos efeitos que decorram do ato, essencial para satisfazer as respetivas necessidades. Quem declara vender, pretende receber o preço de um bem, contra a transferência da respetiva propriedade, e quem afirma comprar está disposto a sacrificar esse preço para ver o bem ingressar na sua esfera jurídica.

Os contratos têm o seu paradigma (cfr. art. 939º do CC) precisamente no negócio de compra e venda (arts. 974º a 939º do CC), já mencionado.

Quando as partes se limitam a prometer contratar, celebram um simples contrato-promessa que, pela sua relevância, no mundo económico e social, beneficia naturalmente de tutela jurídica (cfr. arts. 410º a 413º do CC).

8.4.2.2. *Requisitos de validade e eficácia dos negócios jurídicos*

Os negócios estão sujeitos à verificação de requisitos gerais de validade e de eficácia, isto é, devem construir-se de acordo com determinadas exigências de caráter substancial e formal e recolher a confluência de circunstâncias externas à sua estrutura que permitam a plena produção dos efeitos para que tendem.

Os requisitos gerais de validade do negócio jurídico respeitam à sua **forma** (modo de exteriorização da vontade negocial) – seja a mesma legal ou meramente convencional – ou à sua substância.

Os requisitos de **validade substancial** podem ser atinentes aos sujeitos ou ao objeto do negócio ou, ainda, como veremos, a ambos.

Relativamente aos sujeitos, constitui requisito da validade do negócio, a respetiva **capacidade**, nomeadamente de exercício[163] (medida de direitos e vinculações que podem ser atuados pessoal e livremente), e ainda que a sua **vontade** e **declaração negociais** sejam perfeitas, isto é, que a vontade não seja viciada e que não exista uma discrepância entre a mesma e a sua exteriorização (declaração).

O objeto, por seu turno, deve ser **idóneo**, isto é, lícito, possível e legal.

Finalmente constitui também requisito do negócio a **legitimidade** – que se coloca no âmbito da relação entre o sujeito e o objeto do negócio – que, como já vimos, se reconduz à suscetibilidade de um sujeito dispor válida e eficazmente de um determinado bem.

Por sua vez, a **eficácia** consiste na aptidão que o negócio tem para produzir efeitos na ordem jurídica e os respetivos requisitos consistem em circunstâncias externas – *maxime* a intervenção de terceiros ou a promoção da sua publicidade (pela inscrição no registo) – de cuja verificação dependem esses efeitos.

8.4.3. *Atos ilícitos e responsabilidade civil. Responsabilidade contratual e extracontratual*[164]

Os atos jurídicos dizem-se lícitos ou ilícitos, consoante são conformes ou desconformes com o Direito, e podem ser causadores de danos em esferas jurídicas alheias à do respetivo autor[165]. Nesse caso, originam a necessidade de ressarcir os prejuízos causados, mesmo que sejam lícitos (cfr., a título de exemplo, o art. 1322º, nº 1 do CC).

Se o dano ocorrer em esfera jurídica própria, isto é, na pessoa ou bens de quem lhe deu causa, deve ser imputável nessa esfera jurídica, sendo, em princípio, irrelevante para o Direito, salvo se o ato for praticado em abuso de direito. Se o dano foi causado por terceiro, ou seja, por pessoa distinta daquela em cuja esfera jurídica ocorreu, então haverá lugar a responsabilidade civil do seu autor pela sua prática.

[163] Pressupõe-se que o sujeito tem capacidade de gozo.

[164] Cfr. Elisabete Ramos, «Os contratos e a responsabilidade civil», AA.VV., *Manual de Introdução ao Direito,* 2ª ed., 2017 (pp. 137-154), pp. 149-154.

[165] Sobre os atos ilícitos, vd. Galvão Telles, *Introdução* II, 2001, pp. 9-11.

Responsabilidade civil consiste na obrigação de reparar um dano causado na esfera jurídica de um terceiro, que pode ser uma contraparte contratual.

A responsabilidade pode resultar de um incumprimento associado a um contrato, podendo ocorrer ainda antes da sua celebração – caso em que falamos em responsabilidade pré-contratual (cfr. art. 227º do CC) – ou resultar do inadimplemento de um contrato, circunstância em que nos referimos a responsabilidade contratual (cfr. art. 798º do CC).

Mas a responsabilidade civil pode ser relevante à margem de qualquer relação contratualizada ou a estabelecer, podendo resultar de um prejuízo causado no património de terceiro por efeito de uma qualquer ação ou omissão (que não tenha base negocial ou seja alheia ao cumprimento de um negócio jurídico) culposa (com dolo ou negligência) do seu autor (responsabilidade extracontratual pela culpa) ou, não havendo culpa, que seja consequência de uma atividade perigosa desenvolvida pelo seu autor. Neste caso, falamos de responsabilidade pelo risco.

A responsabilidade extracontratual pode, assim, ser qualificada pela culpa (dita também subjetiva) (483º-498º do CC), pelo risco (arts. 499º-510º do CC) ou, inclusivamente, por factos lícitos (cfr. art. 1322º, nº 1 do CC).

8.5. **A garantia**

O património desempenha uma função de garantia (geral) (art. 601º do CC), respondendo ilimitadamente pelas dívidas do seu titular, salvo se essa responsabilidade ilimitada (do património do devedor) for excecionada por lei, convenção das partes ou determinação de terceiros.

A ação creditória é a ação que o credor tem contra o património do devedor (art. 817º do CC).

As obrigações podem ser objeto de garantias pessoais ou reais. Constituem exemplos das primeiras a fiança (cfr. arts. 627-655º do CC e art. 101º do CCom) e o aval e das segundas a hipoteca (cfr. arts. 686º a 732º) e o penhor (cfr. arts, 666º-685º do CC e arts. 397º a 402º do CCom).

9. A publicidade e o Direito: os registos

9.1. Noção e função da publicidade

A **publicidade** consiste no ato e efeito de dar a conhecer ao público.

A publicidade pode ser assegurada através de institutos públicos criados para o efeito – nos quais deverão ser inscritas as situações pessoais das pessoas singulares, a titularidade e vicissitudes dos bens imóveis e os sujeitos de Direito Comercial e os seus atos mais relevantes, entre outros – ou através de meios de comunicação disponíveis, informatizados (sítios da Internet, *v.g.*), em papel (jornais) ou audiovisual (rádio e televisão).

9.2. Os registos[166]

Os registos públicos não se confundem com os locais físicos onde são promovidas as inscrições devidas ou requisitadas as certidões dos atos registados. Embora com uma origem indiscutivelmente física, necessariamente associada ao local em que viviam as pessoas envolvidas ou se situavam os bens neles descritos, os registos públicos, no século XXI, têm o significado de central pública do conhecimento das situações jurídicas especialmente relevantes, onde se inscrevem os factos mais significativos da vida das pessoas, das suas atividades ou dos seus bens mais valiosos, continuando a distinguir-se em função do seu objeto. Para além de uma função divulgadora de factos e situações jurídicas, os registos desempenham uma relevantíssima função de memória dos atos inscritos[167].

9.2.1. *Registo civil*[168]

As pessoas singulares são conhecidas através de um determinado nome que as identifica e individualiza em sociedade e, em particular, perante determinadas instâncias, com base na sua inscrição (obrigatória) junto de um instituto público (o registo civil), que se destina

[166] Vd. SEABRA LOPES, *Direito dos Registos e do Notariado*, 10ª ed. cit., 2019.

[167] Neste sentido, SEABRA LOPES, *Direito dos Registos e do Notariado*, 10ª ed., 2019, p. 12.

[168] Vd. SEABRA LOPES, *Direito dos Registos e do Notariado*, 10ª ed., 2019, pp. 27-149.

a revelar a respetiva identidade e estado pessoal, e no qual deverão constar os factos mais relevantes da sua vida, desde o nascimento, passando pelo(s) casamento(s) – com menção do respetivo(s) regime(s) matrimonial(ais) de bens –, eventual divórcio ou separação judicial de pessoas e bens, até à morte ou viuvez.

À cabeça de todos os registos, cumpre, assim, identificar o registo civil, que respeita à situação das pessoas, e que é objeto de disciplina num diploma autónomo, que é o Código de Registo Civil.

9.2.2. *Registo predial*[169]

O registo predial é o instituto que abrange a situação jurídica dos imóveis, acolhendo a inscrição dos respetivos titulares e das suas vicissitudes, como as suas transmissões e onerações (com garantias, *maxime* hipotecas).

Trata-se de um instituto que é objeto de regulação em normas específicas, que compõem o Código do Registo Predial, o qual constitui paradigma para outros registos, como o comercial.

9.2.3. *Registo comercial*[170]

9.2.3.1. *A publicitação dos atos jurídico-mercantis*

De modo análogo ao que sucede com as pessoas singulares relativamente ao registo civil – no qual devem ser inscritos a respetiva identificação e factos mais relevantes, desde o nascimento até à morte –, na vida comercial as entidades personificadas que prossigam atividades de caráter económico estão também sujeitas à publicitação da respetiva existência e à sua individualização no mercado, devendo promover a sua inscrição num instituto específico: o registo comercial.

O registo comercial é um instituto que abrange os factos jurídico-mercantis com maior relevância, quer respeitem a sujeitos do Direito Comercial – como os comerciantes e as sociedades[171] –, quer apenas a

[169] Vd. Rui Pinto Duarte, *O registo predial*, Almedina, Coimbra, 2020, em especial pp. 9-13, e Seabra Lopes, *Direito dos Registos e do Notariado*, 10ª ed., 2019, pp. 329-542.

[170] Vd. Seabra Lopes, *Direito dos Registos e do Notariado*, 10ª ed., 2019, pp. 151-283.

[171] No caso das sociedades comerciais em particular, o registo do contrato é constitutivo, isto é, a sociedade só se considera constituída e adquire personalidade jurídica própria com o registo definitivo do contrato (cfr. art. 5º do CSC).

atos objetivamente comerciais, como seja o caso do mandato. É disciplinado por um diploma autónomo – o Código do Registo Comercial – que, tendo sido aprovado pelo Decreto-Lei nº 403/86, de 3 de dezembro, foi objeto de inúmeras modificações[172].

9.2.3.2. *Âmbito e formas de registo*

O registo comercial abrange os sujeitos de Direito Comercial – que se encontram legalmente obrigados a promover a sua inscrição (cfr. art. 18º do CCom e arts. 2º a 8º do CRCom) –, bem como as situações jurídico-mercantis mais relevantes, que lhes dizem respeito. Consequentemente, estão sujeitos ao registo comercial os atos das sociedades (cfr. art. 3º) e os relativos aos sujeitos de Direito Comercial, em geral, como os mandatários comerciais (cfr. art. 10º, *alínea a)* do CRegCom).

O registo comercial pode ser promovido por requerimento subscrito pela entidade comercial interessada ou por mandatário suficientemente habilitado para o efeito, junto de qualquer Conservatória do Registo Comercial[173], mas também o pode ser por recurso a meios eletrónicos[174]/[175].

9.2.4. ***Outros registos***

Para além dos institutos descritos, outros registos existem, como seja o caso do Registo Automóvel – para os veículos automóveis[176] – e da Central de Valores Mobiliários, para os valores mobiliários (ações e obrigações, em especial) transacionáveis em bolsa (de valores).

O registo de navios ainda hoje se encontra regulado no Código do Registo Comercial de 1959 (Decreto-Lei nº 42644, de 14 de novembro de 1959) e pelo Regulamento do Registo Comercial da mesma data (apro-

[172] A última das quais pelo Decreto-Lei nº 24/2019, de 2 de fevereiro.

[173] Esta possibilidade foi viabilizada pela reforma de 2006 que pôs fim à competência territorial das Conservatórias do Registo Comercial, permitindo que a inscrição de factos relevantes se passasse a efetuar em qualquer local.

[174] Importa referir que os atos de registo civil também podem ser promovidos *on-line* (desde a entrada em vigor da Portaria nº 654/2009, de 17 de junho, que consubstanciou, nesta matéria, a alteração de 2007 do CRCiv, aprovada pelo DL 324/2007, de 28 de setembro). Vd., por todos, Seabra Lopes, *Direito dos Registos e do Notariado*, 10ª ed., 2019, pp. 49-50.

[175] Por isso, a própria constituição da sociedade comercial pode ser feita *on-line*. Vd. Seabra Lopes, *Direito dos Registos e do Notariado*, 10ª ed., 2019, pp. 233-240.

[176] Cfr. Seabra Lopes, *Direito dos Registos e do Notariado*, 10ª ed., 2019, pp. 545-565.

vado pelo Decreto-Lei nº 42645)[177] – apesar de ter sido "expressamente" afastado do registo comercial (pelo nº 6 do Preâmbulo do Decreto-Lei nº 403/86, de 3 de dezembro, que aprovou o CRCom) –, enquanto os factos e situações relativos a aeronaves são inscritos no Registo Aeronáutico Nacional, que funciona no Instituto Nacional de Aviação Civil (INAC)[178].

9.3. **Outras formas de publicidade**

Os registos não esgotam a publicidade que a ordem jurídica requer seja dada a muitas das situações mais relevantes da vida social.

9.3.1. ***Publicidade tradicional***

A publicidade que era feita por recurso a formas tradicionais, como seja a imprensa escrita e os jornais de maior divulgação nacional, tem vindo a ser substituída por publicidade na Internet, nos sítios mais relevantes.

9.3.2. ***A publicidade na Internet, em sítios específicos***

No século XXI, a publicidade que não é exclusivamente registral, deve ser assegurada pela Internet, nomeadamente por recurso ao sítio do Ministério da Justiça, no qual são divulgados os factos mais relevantes que, anteriormente, eram objeto de divulgação pelo Diário da República, pelos jornais nacionais de maior tiragem ou pelos jornais locais.

[177] Sobre o registo de navios, cfr. SEABRA LOPES, *Direito dos Registos e do Notariado*, 10ª ed., 2019, pp. 566-573.

[178] O registo é obrigatório e encontra-se previsto no Regulamento de Navegação Aérea de 1931 (aprovado pelo Decreto nº 20062, de 25 de outubro de 1930, e publicado no Diário do Governo, nº 160, I Série, de 13 de julho de 1961). Sobre o registo de aeronaves, cfr. SEABRA LOPES, *Direito dos Registos e do Notariado*, 10ª ed., 2019, pp. 574-575.

Capítulo II
Concorrência e propriedade industrial

10. O mercado e a defesa da concorrência

10.1. O mercado e a concorrência

O mercado forma-se pela intervenção dos seus agentes, designadamente dos produtores de bens e respetivos distribuidores e dos prestadores de serviços, existindo em função da procura desses bens e serviços, representada pelos consumidores.

Ao participarem no processo económico, os sujeitos podem fazê-lo individualmente ou de forma concertada com outros agentes, concorrendo com aqueles que prosseguem atividades idênticas ou sucedâneas. Uma vez que a sua força relativa é diferente, importa ao Direito acautelar que a intervenção no mercado se processe de modo equilibrado e são, sem pôr em causa a existência de concorrentes que visem satisfazer idênticas necessidades, por um lado, e evitando que os fornecedores se conluiem com a finalidade de obter um retorno pelos bens produzidos ou pelos serviços prestados manifestamente superior ao respetivo valor intrínseco, em nítido desfavor daqueles que necessitam desses bens, por outro lado.

Para que a reunião da oferta e da procura, no mercado, ocorra harmoniosamente, o modo de participação no processo produtivo deve ser objeto de regulação – geral e sectorial – que discipline a intervenção individual ou concertada dos diversos agentes, de modo a preservar os equilíbrios indispensáveis ao bom e regular funcionamento dos mercados e a proteger, em especial, os agentes mais débeis.

Essa regulação é primariamente assegurada por normas criadas para o efeito, de âmbito nacional e supranacional, cuja aplicação depende dos mercados envolvidos, sob a vigilância e supervisão de entidades constituídas com essa finalidade – as autoridades da concorrência e os reguladores sectoriais –, e, em caso de incumprimento das regras estabelecidas, pela intervenção destas entidades e, sempre que necessário, dos tribunais.

10.2. A disciplina da concorrência: interesses envolvidos

As leis da concorrência regulam práticas individuais – dizendo quais é que são proibidas – e práticas concertadas, procurando evitar os efeitos nefastos das mesmas para o funcionamento da economia.

O relevo que a intervenção dos agentes económicos tem depende do mercado em que se verifica.

Se atuarem num plano internacional, as respetivas práticas devem ser objeto de regulação supranacional. Por isso, há que considerar também o Tratado de Roma ou Tratado sobre o Funcionamento da União Europeia. Haverá, pois, nesta matéria, que ponderar regras comunitárias – designadamente os arts. 101º a 109º do TFUE[179] –, a par da legislação nacional existente.

Ao regular a concorrência no mercado, que pretende aberto, a lei protege diretamente todos os agentes do mercado – desde os produtores, disciplinando o fabrico de bens, passando pelos distribuidores, cuja intervenção regula, até à proteção dos interesses dos consumidores e adquirentes dos bens e serviços produzidos e prestados –, e reflexamente tutela o próprio mercado, que se desenvolve, num plano cada vez mais globalizado, graças às regras que disciplinam o seu funcionamento. Por isso, ao regularem a concorrência, os legisladores nacional e comunitário estão a estimular o crescimento ordenado e organizado do mercado, com respeito por todos os seus participantes.

[179] O TFUE é composto por 358 artigos e foi revisto pela última vez em Lisboa (cfr. art. 2º do Tratado de Lisboa), tendo então adotado a sua atual designação, em substituição da originária (Tratado que institui a Comunidade Europeia).

10.3. **Práticas individuais (proibidas)**[180]

O Direito português regula as práticas individuais dos agentes económicos[181] no mercado nacional, procurando impedir, e censurando, as que forem restritivas da concorrência num diploma autónomo – o Decreto-Lei nº 166/2013, de 27 de dezembro (red. do DL 128/2019, de 29 de agosto)[182] –, que estabelece as regras que esses atores devem observar e identifica as práticas individuais que considera serem anticoncorrenciais[183], excluindo do seu âmbito de aplicação as transações *sujeitas a regulação sectorial*, de que são exemplos os sectores *financeiro, postal, dos transportes, comunicações eletrónicas e energia* (cfr. art. 2º, nº 2, *alínea b)*).

O atual regime jurídico, na forma vigente desde 1 de janeiro de 2020, pode sistematizar-se em quatro grandes núcleos, sendo os três primeiros coincidentes com a lei anterior:

- Um referente aos preços e condições de venda (cfr. art. 4º);

[180] Sobre o regime aplicável às práticas individuais restritivas do comércio, na sua versão original – vigente desde 2014 –, vd. ADALBERTO COSTA, *As práticas individuais restritivas do comércio*, Vida Económica, Porto, 2014, em especial pp. 19-43, 48-51 e 54-58, MIGUEL SOUSA FERRO, *O novo regime das práticas restritivas do comércio*, AAFDL, 2014, em especial pp. 10-12, 19-62, e MIGUEL GORJÃO-HENRIQUES, *Lei das Práticas Restritivas do Comércio: Comentário* (com a colaboração do Prof. Doutor José Lobo Moutinho), Almedina, Coimbra, 2014, em especial pp. 5-8 e 25-80.
No quadro da legislação anterior a 2014, vd. JOSÉ AUGUSTO ENGRÁCIA ANTUNES, *Contratos Comerciais. Noções Fundamentais*, DJ, vol. especial, 2007, pp. 155-158.

[181] Diversamente do que sucedia no regime anterior, este decreto-lei não caracteriza a categoria de **agentes económicos** (anteriormente, «*todos aqueles que se movimentam no mercado, desde os produtores e os fabricantes, os prestadores de serviços, os comerciantes, passando por todos os que promovem a exploração comercial ou industrial e incluindo os próprios consumidores*»).

[182] Entrando em vigor em 25 de fevereiro de 2014 (cfr. art. 21º, nº 1), substituiu o Decreto-Lei nº 370/93, de 29 de outubro (então na red. do DL 10/2003, de 18 de janeiro) (cfr. art. 20º, *alínea a)*), e viria a ser alterado por duas vezes: pelo DL 220/2015, de 8 de outubro, e, mais recentemente, pelo DL 128/2019, de 29 de agosto, vigente desde 1 de janeiro de 2020 (cfr. art. 6º), que o amputou fortemente, revogando os arts. 3º e 6º, entre outros.

[183] Paralelamente, outros diplomas visam regular a intervenção dos diversos agentes no mercado de concorrência, como sucede com o DL 70/2007, de 26 de março (red. do DL 109/2019, de 14 de agosto), sobre as práticas comerciais com redução de preço com a finalidade de escoamento de existências, aumento do volume de vendas ou de promoção de um produto não comercializado anteriormente (art. 1º), que ocorrem nas vendas a retalho praticadas nos estabelecimentos comerciais (e na oferta de serviços) (art. 2º).

- Outro relativo às práticas restritivas (proibidas) (cfr. arts. 5º e 7º);
- Um terceiro respeitante à fiscalização, às sanções e medidas cautelares (cfr. arts. 7º-A, 9º a 11º e 8º); e
- Um quarto e último sobre a autorregulação na disciplina das transações comerciais (art. 16º).

No que respeita aos **preços e condições de venda**, impõe-se distinguir, no diploma em apreço, as obrigações e as limitações que são estabelecidas aos agentes económicos e que são essencialmente as seguintes:

- O dever que os agentes económicos têm de fixar **tabelas** de preços e **condições de venda** (cfr. art. 4º);
- A **proibição de práticas abusivas** (cfr. art. 7º), e
- A inadmissibilidade da **venda com prejuízo** (cfr. art. 4º).

Considerando a previsão de que os preços e as condições de venda estão sujeitos a determinadas regras e o estatuto que caracteriza a intervenção individual dos agentes no mercado, não surpreende que o Decreto-Lei nº 166/2013, de 27 de dezembro, qualifique expressamente como **proibidas** as práticas individuais que sejam abusivas, no que se refere aos preços e condições de venda (cfr. art. 7º), ou consistam em **vendas com prejuízo** (cfr. art. 5º).

Estabelecendo obrigações e proibindo determinados comportamentos, o Decreto-Lei nº 166/2013, de 27 de dezembro, prevê as condutas – que qualifica como contraordenações (cfr. art. 9º) –, suscetíveis de serem punidas com reações desfavoráveis, que assumem a forma de coimas (cfr. art. 10º), nalguns casos exorbitantes, e, em paralelo, estabelece medidas cautelares que se destinam a impedir as situações de infração (cfr. art. 8º), impondo a autorregulação das práticas negociais não proibidas, em instrumentos criados para o efeito e homologados pelo membro do governo com a tutela da área de atividade económica envolvida (cfr. arts. 7º, nº 8 e 16º, nºs 1 e 2).

10.4. Práticas concertadas (coletivas)[184]

Para além das práticas individuais que podem ser restritivas da concorrência, as empresas podem concertar-se com o intuito de controlar a concorrência, desvirtuando-a.

Para prevenir e evitar esses comportamentos, e também para os sancionar, quando os mesmos se tornam uma realidade, existe legislação autónoma, cuja versão mais recente foi aprovada em 2012.

10.4.1. *A lei da concorrência*

A concorrência dos agentes económicos no mercado português é disciplinada pela **Lei nº 19/2012, de 8 de maio (LC)**[185], na redação da Lei nº 23/2018, de 5 de junho (arts. 20º e 21º), que, após um primeiro capítulo sobre *a promoção e a defesa da concorrência* – no qual inclui algumas disposições gerais, designadamente sobre o seu *âmbito de aplicação* objetivo e espacial (art. 2º), a *noção de empresa* (art. 3º) e a referência à *Autoridade da Concorrência* (art. 5º), cujos poderes são agora claramente reforçados (cfr. arts. 13º a 35º, no cap. II, em especial arts. 18º a 20º) –, enuncia e caracteriza, sem alterações substanciais relativamente à legis-

[184] Sobre esta matéria, vd. MARIA MANUEL LEITÃO MARQUES, «A intervenção do Estado na Economia», AA.VV., *Manual de Introdução ao Direito. Saber Direito para entender o Mercado,* 2ª ed., Almedina, Coimbra, 2017 (pp. 211-264), pp. 236-264, LUÍS S. CABRAL DE MONCADA, *Direito Económico,* 7ª ed., Almedina, Coimbra, 2018, pp. 518-526, JOÃO CALVÃO DA SILVA, *Banca, Bolsa e Seguros. Direito Europeu e Português,* Tomo I – *Parte Geral,* 5ª ed., Almedina, Coimbra, 2017, pp. 414-417, e AA.VV., *Comentário Conimbricense* à *Lei da Concorrência,* 2ª ed., coord. por Manuel Lopes Porto, José Luís da Cruz Vilaça, Carolina Cunha, Miguel Gorjão-Henriques, Gonçalo Anastácio, e dir. por Miguel Gorjão-Henriques, Almedina, Coimbra, 2017 (AA.VV., *Lei da Concorrência – Comentário Conimbricense,* 2ª ed., 2017).

[185] *Lei da Concorrência ou Regime Jurídico da Concorrência* (cfr. art. 1º), a que se reportam todas as disposições legais que, neste número (10), não são especialmente referenciadas. Vigente na nossa ordem jurídica desde 8 de julho de 2012, isto é, «*60 dias após a sua publicação*» (cfr. art. 101º), substituiu a Lei nº 18/2003, de 11 de junho.

Sobre a atual lei da concorrência, e para além dos autores citados na nota anterior, vd. ADALBERTO COSTA, *O novo regime jurídico da concorrência,* Vida Económica, Porto, 2014, apesar do escasso desenvolvimento das respetivas anotações, que nalguns casos parecem reportar-se à anterior Lei da Concorrência (L 18/3003, de 11 de junho) (cfr. p. 19, anot. 2), tal como os *apontamentos* constantes das páginas 189-220 (cfr., por exemplo, pp. 192 e 208).

lação anterior (Lei nº 18/2003, de 11 de junho)[186], as *práticas restritivas da concorrência* (cap. II[187], em especial arts. 9º a 12º), que agrupa em três tipos diferentes:

- os acordos, as práticas concertadas e as decisões de associações de empresas (arts. 9º e 10º),
- o abuso de posição dominante (art. 11º), e
- o abuso de dependência económica (art. 12º).

Este capítulo (II) conclui com o regime sancionatório dessas práticas (secção II, arts. 13º a 35º), ao qual acresce um núcleo autónomo da lei – porque aplicável também a outras situações – sobre as *infrações e sanções* em matéria de concorrência (cfr. cap. VII, arts. 67º a 93º).

Para além das práticas restritivas e do regime sancionatório aplicável, encontramos no diploma um outro conjunto de normas claramente diferenciado. Referimo-nos ao capítulo III, sobre a concentração de empresas (e respetivo controlo, incluindo o processo sancionatório específico) (arts. 36º a 59º).

A estas regras importa ainda acrescentar a referência isolada aos *auxílios públicos* (anteriormente designados auxílios de Estado) (art. 65º), e a competências genéricas e regulares da Autoridade da Concorrência, à margem do processo sancionatório (arts. 60º a 64º).

[186] Sobre as práticas concertadas no quadro do anterior regime legal – que apresentava três núcleos claramente diferenciados (as práticas restritivas proibidas, a concentração de empresas e respetivo controlo, e os órgãos) –, Carolina Cunha, *Controlo das Concentrações de Empresas (Direito Comunitário e Direito português)*, Almedina, Coimbra, 2005, pp. 192-202, José Luís Caramelo Gomes, *Lições de Direito da Concorrência*, Almedina, Coimbra, 2010, pp. 218-22, Sofia Oliveira Pais, «O controlo das concentrações de empresas na Lei nº 18/2003», AA.VV., *Concorrência – Estudos* (coord. de António Goucha Soares e Maria Manuel Leitão Marques), Almedina, Coimbra, 2006 (pp. 71-101), pp. 78-98, Santos / / Gonçalves / Leitão Marques, *Direito Económico*, 2012, pp. 292-293, 298-301, 309-310, 313-315, 324-325, e José Luís da Cruz Vilaça, «Introdução à nova legislação da concorrência», AA.VV., *Concorrência – Estudos*, cit., 2006 (pp. 13-44), pp. 33-44.
Não obstante, o enorme interesse que tem, não remetemos para o relatório de Luís Domingos Silva Morais, *Direito da Concorrência – Perspectivas do seu Ensino*, Almedina, Coimbra, 2009, pela complexidade que reveste. Contudo, permitimo-nos salientar, a propósito, o conteúdo de pp. 238-271.

[187] Este capítulo contém uma secção (II) sobre *(o) processo sancionatório relativo a práticas restritivas* (arts. 13º a 35º), que referiremos no texto, pela sua relevância.

No que respeita ao seu **âmbito de aplicação,** a lei da concorrência abrange a atividade económica, enquanto exercício permanente ou ocasional, nos sectores privado, público (também entre empresas públicas) e cooperativo, em todo o território nacional[188], sendo aplicável às práticas restritivas e às operações de defesa da concorrência neste praticadas ou *que neste tenham ou possam ter efeitos* (art. 2º).

10.4.2. *Práticas concertadas (proibidas)*

Os atos e comportamentos que a lei condena, e proíbe, podem revestir a forma de acordos, decisões de associações de empresas ou serem (intencionalmente) concertados.

A lei enuncia exemplificativamente os acordos *que tenham por objeto ou por efeito impedir, falsear ou restringir de forma sensível a concorrência no todo ou em parte do território nacional* (art. 9º, nº 1, *alíneas a)* a *e)*), e que são os seguintes:

(i) acordos de fixação de preços,
(ii) acordos de repartição de mercados,
(iii) acordos de limitação ou controlo da produção e distribuição,
(iv) acordos que subordinam a celebração de contratos à conclusão de outros negócios (independentes), e
(v) acordos que apliquem, na comercialização, *condições desiguais no caso de prestações equivalentes.*

Verificando-se uma prática proibida, o ato ou acordo em que a mesma se consubstancia ou a que se refere é nulo (art. 9º, nº 2).

Paralelamente, a lei admite algumas **práticas (restritivas)**, desde que **justificadas** (art. 10º), incluindo nestas os *acordos que contribuam para melhorar a produção ou a distribuição* (de bens e serviços) *ou para promover o desenvolvimento técnico ou económico,* contanto que os utilizadores dos bens e serviços venham a beneficiar de uma parte equitativa do benefício daí resultante, os acordos se limitem a impor às empresas restrições imprescindíveis para lograr esses fins e não proporcionem a eliminação da concorrência.

[188] Ao passo que o Direito Comunitário se aplica às práticas que afetam o comércio intercomunitário.

10.4.3. *Posição dominante abusiva*[189]

O diploma que disciplina a concorrência no mercado, na linha das leis que o antecederam, pretende também evitar que, detendo uma ou mais empresas uma posição de supremacia no respetivo mercado, essa posição seja abusiva, distorcendo as condições normais que se deveriam verificar no seu funcionamento e, por isso, proíbe a exploração abusiva de uma posição dominante (cfr. art. 11º, nº 1), enunciando situações que reconduz a condutas abusivas (cfr. art. 11º, nº 2) e que, consideradas no âmbito dos acordos restritivos da concorrência, configurariam práticas restritivas (ilícitas). Assim, os exemplos legalmente contemplados (no art. 11º, nº 2) reconduzem-se às práticas restritivas acima (nº 10.4.2) enunciadas, mas impostas agora como efeito do abuso de uma posição dominante no mercado.

Assumem **posição dominante** no mercado as empresas que – por si só ou concertadas com outras – não têm concorrência significativa ou são preponderantes em face dos concorrentes ou de terceiros, no sector de atividade em que intervêm.

Importa, por fim, esclarecer que a **posição dominante**, embora possa envolver concertação[190], é resultado de uma situação que, em si mesma, não é ilícita[191], mas que será de afastar se for objeto de abuso.

10.4.4. *Dependência económica abusiva*[192]

Uma terceira categoria de práticas restritivas da concorrência a evitar traduz-se na **dependência económica abusiva**, que consiste na exploração excessiva e inadequada por uma ou mais empresas em relação a outra (fornecedora ou cliente), que com ela(s) se relaciona e que dela(s) é dependente, *por não dispor de alternativa equivalente* no mercado em que se integra (cfr. art. 12º, nº 1).

Considera-se que *uma empresa não dispõe de alternativa equivalente* se *o fornecimento do bem ou serviço em causa for assegurado por um número restrito*

[189] Cfr. Calvão da Silva, *Banca, Bolsa e Seguros, 5ª ed.*, 2017, pp. 438-447.

[190] Por isso, a **posição dominante** pode ser **abusiva** independentemente de concertação. É abusiva, designadamente se se verifica a cláusula geral (art. 11º, nº 1) ou se conduz a práticas restritivas (art. 11º, nº 2, *alíneas a)* a *d)*).

[191] Nesse sentido, vd. a anot. de Gonçalo Anastácio ao art. 11º da LC, AA.VV., *Lei da Concorrência – Comentário Conimbricense*, 2ª ed., 2017 (pp. 224-268), p. 239.

192 Cfr. Calvão da Silva, *Banca, Bolsa e Seguros*, 5ª ed., 2017, pp. 449-452.

de empresas e se não conseguir obter, *por parte de outros parceiros comerciais, num prazo razoável*, condições idênticas às que vinha beneficiando junto da empresa relacionada (cfr. art. 12º, nº 3).

A possibilidade de a empresa dependente se poder libertar da subordinação em que se encontra é, pois, fator determinante para podermos concluir pela inexistência de abuso de dependência económica. Esta situação não é, pois, meramente psicológica, mas fáctica.

À semelhante do que acontece com o abuso de posição dominante, também é abusiva a adoção de práticas restritivas (cfr. art. 12º, nº 2, *alínea a)*).

10.4.5. *Auxílios públicos*[193]

A lei da concorrência deixou de proibir os auxílios de Estado – anteriormente vedados ao abrigo do art. 13º, nº 1 da Lei nº 18/2003, de 11 de junho[194], e que são proibidos pelo Tratado sobre o Funcionamento da União Europeia (cfr. art. 107º, nº 1) –, para se limitar a estabelecer que os **auxílios públicos**, concedidos pelo Estado ou por qualquer ente público, «*não devem restringir, distorcer ou afetar de forma sensível a concorrência*» (art. 65º, nº 1)[195].

O auxílio de Estado, que a Lei da Concorrência pretende impedir, sob qualquer forma, implica um custo financeiro para o Estado, traduzido numa despesa por este suportada ou no não recebimento de receitas, e, simultaneamente, uma vantagem económica que o respetivo beneficiário, escolhido seletivamente (por se tratar de uma determinada empresa, sector da economia ou região), não obteria em condições de normal funcionamento do mercado[196].

[193] Cfr. Calvão da Silva, *Banca, Bolsa e Seguros*, 5ª ed., 2017, pp. 452-456, em especial, focando o enquadramento dos auxílios de Estado na crise financeira global, pp. 456-461.

[194] E dos quais eram afastadas as indemnizações compensatórias, *concedidas como contrapartida da prestação de um serviço público* (art. 13º, nº 3 da L 18/2003).

[195] Sobre o âmbito e alcance desta regra, e designadamente sobre a substituição da expressão "auxílios de Estado" por "auxílios públicos", vd. a anot. de Manuel Lopes Porto, João Nogueira de Almeida e Ana Rita Andrade ao art. 65º da LC, AA.VV., *Lei da Concorrência – Comentário Conimbricense*, 2ª ed., 2017 (pp. 767-784), em especial pp. 769-770.

[196] Seguimos de perto a anot. cit. de Manuel Lopes Porto *et. al.* ao art. 65º da LC, AA.VV., *Lei da Concorrência – Comentário Conimbricense*, 2ª ed., 2017 (pp. 767-784), em especial pp. 771-779.

O quadro legal aplicável aos auxílios públicos ultrapassa o Direito puramente interno – visto não ser lógico exigir ao Estado que reconheça estar a prestar um auxílio indevido, e consequentemente deixar de o fazer –, para se situar no contexto da União Europeia, cabendo à Comissão proceder «*ao exame permanente dos regimes de auxílio existentes*» nos Estados da União Europeia e verificar se o auxílio prestado é compatível com o mercado interno e se não «*está a ser aplicado de forma abusiva*» (cfr. art. 108º, nos 1 e 2 do TFUE)[197].

Verificando-se que o auxílio introduz distorções ilegítimas no mercado (interno), a Comissão conclui «*que o Estado deve suprimir ou modificar esse auxílio*» em prazo a *fixar* por ela (cfr. art. 108º, nº 2, primeiro parágrafo *in fine*). A aplicação prática deste comando pode suscitar particulares dificuldades, sobretudo se o ato em que se materializou o auxílio do Estado não for reversível por determinação deste, seguindo uma instrução da Comissão ou uma decisão do Tribunal de Justiça da União Europeia.

10.5. **Concentração de empresas**[198]

10.5.1. ***Relevância e implicações***

A concentração de empresas – que, nos termos da lei da concorrência, ocorre quando, por efeito da fusão de empresas ou da aquisição do

[197] Foi isso que a Comissão fez em 2013 ao viabilizar os planos de recapitalização dos bancos nacionais, designadamente do Banco Comercial Português, S.A., e do Banco BPI, S.A. Sobre esses planos, vd. o estudo que resultou da nossa comunicação ao II Congresso das Sociedades Comerciais em Revista, sobre «Os novos direitos especiais: as ações especiais», publicado em AA.VV., *II Congresso Direito das Sociedades em Revista*, Almedina, Coimbra, 2012 (pp. 111-146), pp. 136-141.

[198] Vd. as anotações de Carolina Cunha ao art. 36º e de Miguel Gorjão-Henriques e Ana João Vide ao art. 37º da LC, *in* AA.VV., *Lei da Concorrência – Comentário Conimbricense*, 2ª ed., 2017, pp. 510-519 e 520-535, e Calvão da Silva, *Banca, Bolsa e Seguros*, 5ª ed., 2017, pp. 475-478 (sobre a competência exclusiva dos Estados membros e aplicação exclusiva do seu Direito), 479-487 e 491-510.

No quadro do regime legal anterior, vd. Carolina Cunha, *Controlo das Concentrações de Empresas*, cit., 2005, pp. 192-235 e 239-242, Margarida Rosado da Fonseca / Luís Nascimento Ferreira, *O procedimento de controlo das operações de concentração de empresas em Portugal*, Almedina, Coimbra, 2009, com inúmeros exemplos reais, pp. 36-133, Sofia Oliveira

controlo da totalidade ou de parte do capital ou dos ativos de uma ou várias empresas por quem já seja titular de uma das envolvidas, «*se verifique uma mudança duradoura do controlo sobre a totalidade ou parte de uma empresa*» (cfr. art. 36º, nº 1) – implica a obrigação de notificar a Autoridade da Concorrência (cfr. art. 37º).

Vamos focar essencialmente dois preceitos: os artigos 36º e 37ª da LC[199].

10.5.2. *Atos relevantes de concentração*

O artigo 36º estabelece que são atos relevantes de concentração:

a) A **fusão** de (duas ou mais) **empresas**, anteriormente independentes (cfr. nº 1, *alínea a)*);
b) O **controlo de empresas** por uma ou mais pessoas (singulares ou coletivas) que (já) controlem uma empresa (ou mais) (cfr. nº 1, *alínea b)* e nº 3);
c) A aquisição, direta ou indireta, do controlo de uma empresa ou de partes (cfr. nº 1, *alínea b)* e nº 3).

O controlo decorre de qualquer ato que, *independentemente da* sua *forma*, isolado ou conjunto (com outras empresas), permite uma *influência determinante* noutras empresas (cfr. nº 3).

Constituem exemplos de situações em que haja influência determinante:

- a aquisição de capital (todo ou parte) (cfr. *alínea a)*);
- o controlo do ativo líquido (direito de propriedade, uso ou fruição) (cfr. *alínea b)*); e
- ação preponderante nos órgãos da empresa (composição, deliberações), por efeito de direitos ou contratos (cfr. *alínea c)*).

No entanto, nem todos os atos que acabámos de enunciar se enquadram na noção de concentração de empresas de forma a podermos

PAIS, «O controlo das concentrações de empresas na Lei nº 18/2003», cit., 2006 (pp. 71-101), pp. 78-98.

[199] Vd., com desenvolvimento substancial, as citadas anotações de CAROLINA CUNHA, ao art. 36º, e de MIGUEL GORJÃO-HENRIQUES e ANA JOÃO VIDE, ao art. 37º da LC, AA.VV., *Lei da Concorrência – Comentário Conimbricense*, 2ª ed., 2017 (pp. 510-519 e 520-535).

concluir que estão sujeitos à notificação prévia à Autoridade da Concorrência cominada pelo artigo 37º.

Com efeito, se a lei pretende prevenir todos os atos que conduzam a uma concentração de empresas, ainda que inadvertidamente – para evitar os efeitos menos positivos que possam resultar do estreitamento do mercado –, compreende-se que alguns atos de concentração realizados em circunstâncias especiais não estão sujeitos às mesmas exigências.

Assim, não são considerados atos de controlo – e, logo, não constituem concentração de empresas (art. 36º, nº 4) para efeitos da Lei da Concorrência – os seguintes atos:

- A recuperação de empresas ou *a aquisição de participações ou de ativos pelo administrador da insolvência* (cfr. *alínea a)*);
- A aquisição de participações com meras funções de garantia (cfr. *alínea b)*);
- A aquisição temporária de participações por instituições de crédito, sociedades financeiras ou companhias seguradoras (cfr. *alínea c)*);
- O pagamento de créditos.

10.5.3. *Caracterização*

Ocorre uma ***concentração relevante no mercado*** quando a quota, resultante da operação, é igual ou superior a 50% (art. 37º, nº 1, *alínea a)*) ou a 30%, mas inferior a 50%, neste caso desde que o volume de negócios de, pelo menos, duas empresas envolvidas seja de 5 milhões de euros (art. 37º, nº 1, *alínea b)*), ou, independentemente da quota resultante da operação, o volume de negócios[200] das empresas envolvidas seja superior a 100 milhões de euros (art. 37º, nº 1, *alínea c)*). Este último critério conduz invariavelmente as operações das grandes empresas à obrigatoriedade de notificação, ainda que estejam em causa aquisições simples.

A empresa relevante para a concentração é a empresa em sentido amplo (cfr. art. 3º) e existem estruturas de dependência empresarial que são essenciais para calcular a *quota de mercado e o volume de negócios de cada empresa*.

[200] Sobre o cálculo da quota de mercado e do volume de negócios, vd. art. 39º.

Por sua vez, o critério de dependência (art. 39º, nº 1) determina-se:

- pela detenção de mais de metade do capital ou dos votos da dependente;
- pela possibilidade de designar os membros da administração ou do órgão de fiscalização da mesma; ou
- pelo poder de gerir os negócios da empresa dependente.

10.5.4. *Dever de notificação prévia*

A lei impõe o dever de notificação prévia à Autoridade da Concorrência dos atos de concentração, para apreciação por parte desta (art. 37º, nº 1), determinando a ineficácia desses atos (de concentração) se ocorrer incumprimento (desse dever) (cfr. art. 40º, nº 6).

Efetuada a notificação prévia, a Autoridade da Concorrência deverá adotar um de três comportamentos possíveis:

(i) Autoriza a operação, por considerá-la adequada às regras existentes e insuscetível de *criar entraves significativos à concorrência efetiva* no nosso mercado (cfr. art. 41º, nº 3);

(ii) Rejeita a operação, concluindo que a mesma é gravemente lesiva dos interesses públicos e do normal funcionamento do mercado, podendo quiçá conduzir à *criação* ou *reforço de uma posição dominante* (cfr. art. 41º, nº 4); ou

(iii) Admite a operação, mas condiciona a sua luz verde a adoção de certas medidas (remédios) que, em sua opinião, são indispensáveis para assegurar o normal funcionamento do mercado (cfr. art. 41º, nº 5).

10.5.5. *Proibição de concentração; exceções*

A lei admite que possam ser previamente avaliadas pela Autoridade da Concorrência certas práticas proibidas e admite como justificadas práticas proibidas (pelo art. 9º), desde que se enquadrem num regulamento comunitário (cfr. art. 10º, nº 3).

10.6. A defesa da concorrência

10.6.1. *Tutela da concorrência*

A defesa da concorrência está a cargo da Autoridade da Concorrência, que, para o efeito, dispõe de poderes sancionatórios de supervisão e de regulamentação (cfr. art. 5º da LC).

A Autoridade da Concorrência exerce os seus poderes sancionatórios, em defesa da concorrência sempre que estiverem em causa práticas restritivas – por serem *concertadas*, por traduzirem o *abuso de posição dominante* ou de *dependência económica* (cfr. arts. 9º, 11º e 12º da LC) – e quando as normas comunitárias sobre as práticas restritivas e o abuso de posição dominante (constantes, respetivamente, dos arts. 101º e 102º do TFUE) forem postas em causa, originando a *abertura de processo de contraordenação* (cfr. art. 7º, nº 2 da LC).

10.6.2. *Processo sancionatório relativo a práticas restritivas (da concorrência)*

Os artigos 13º a 35º regulam o processo sancionatório, desde os atos que conduzem à sua instauração (arts. 15º e 16º), primeiramente sobre a forma de inquérito.

Numa fase inicial, a Autoridade da Concorrência procede à *abertura do inquérito* (art. 17º), exerce os seus poderes de *inquirição, busca e apreensão* (arts. 18º a 20º), e de eventual *transação* (arts. 22º e 23º), e conclui com uma *decisão* sobre o *inquérito* (art. 24º), que pode redundar no fim do processo – por simples arquivamento (cfr. art. 24º, nº 3, *alínea b)*), por arquivamento sob *condições* (cfr. art. 24º, nº 3, *alínea d)*) ou *por decisão condenatória, em procedimento de transação* (cfr. art. 24º, nº 3, *alínea c)*) – ou no *início da instrução* (cfr. art. 24º, nº 3, *alínea a)*), regulada nos arts. 25º a 35º).

10.6.3. *Contraordenações, coimas e recursos*

No capítulo VII, sobre as *infrações e sanções* em matéria de concorrência, encontramos um conjunto de normas que qualificam as infrações ao Regime Jurídico da Concorrência como contraordenações (cfr. arts. 67º e 68º), estabelecendo as coimas aplicáveis (art. 69º), a sua *dispensa* ou redução [art. 70º e cap. VIII (arts. 75º a 82º)] e as possíveis *sanções acessórias* (art. 71º), bem como *sanções pecuniárias compulsórias* (cfr. art. 72º). O capítulo encerra como uma norma sobre a *responsabilidade* pelas contraordenações (art. 73º) – que, em certas circunstâncias pode ser extensível aos gestores (*titulares dos órgãos de administração das pessoas coletivas*) (cfr. art. 73º, nº 6) – e a previsão da *prescrição* do respetivo procedimento (art. 74º).

Das decisões proferidas pela Autoridade da Concorrência cabe recurso – em regra, com efeito meramente devolutivo (cfr. art. 84º, nºs 4 e 5) – para o Tribunal da Concorrência, Regulação e Supervisão[201] (arts. 84º, em especial, nº 3), e das decisões deste «*cabe recurso para o tribunal da relação competente, que decide em última instância*» (art. 89º, nº 1).

A concluir, refira-se que o regime geral do ilícito de mera ordenação social (aprovado pelo Decreto-Lei nº 433/82, de 27 de outubro) aplica-se subsidiariamente aos processos sancionatórios, bem como à interposição, tramitação e julgamento dos recursos das decisões da Autoridade da Concorrência.

11. A propriedade industrial[202]

11.1. Relevância e enquadramento da matéria

O mercado da concorrência envolve um paradoxo. Por um lado, implica a liberdade de produção de bens e serviços e constituição de empresa; por outro, alicerça-se em monopólios, que são os direitos privativos da

[201] Este foi instalado em Santarém (cfr. art. 83º, nºs 3, *alínea b)*, e 4, e Anexo III da Lei de Organização do Sistema Judiciário), com significativa polémica, numa medida demagógica que não surpreende nos responsáveis pela *justiça* portuguesa, obrigando a deslocalizar juízes, funcionários, advogados e arguidos.

[202] Bibliografia sobre o CPI de 2018: COUTINHO DE ABREU, *Curso de Direito Comercial*, I, 12ª ed., 2019, pp. 357-416, LUÍS COUTO GONÇALVES, *Manual de Direito Industrial*, 8ª ed., Almedina, Coimbra, 2019, e PEDRO SOUSA E SILVA, *Direito Industrial. Noções Fundamentais*, 2ª ed., Almedina, Coimbra, 2019.
No domínio do CPI de 2003, vd. MARIA MIGUEL CARVALHO, «Os direitos privativos industriais», AA.VV., *Questões de Direito Comercial no Brasil e em Portugal* (coord. Fábio Ulhoa Coelho e Maria de Fátima Ribeiro), Saraiva, São Paulo, 2014, pp. 137-170, MIGUEL PUPO CORREIA, *Direito Comercial*, 14ª ed., Ediforum, Lisboa, 2018, pp. 319-402, e CARLOS OLAVO, *Propriedade Industrial*, vol. I – *Sinais distintivos do comércio. Concorrência desleal*, 2ª ed., Almedina, Coimbra, 2005.

propriedade industrial, que se agrupam em duas grandes categorias: as invenções e os sinais individualizadores ou distintivos (de produtos ou serviços).

A natureza dos direitos privativos radica, pois, na lealdade na concorrência. Os direitos privativos envolvem interesses públicos; o que explica que a sua inobservância – por constituir uma violação grave – possa consubstanciar um ilícito penal (cfr. arts. 321º a 329º do Código da Propriedade Industrial[203]). Mas envolvem também interesses de empresários e dos consumidores[204] e a sua proteção (dos direitos privativos) exige registo.

O Direito da Propriedade Industrial é disciplinado pelo CPI de 2018, o qual – no que se refere ao regime jurídico dos direitos privativos – apresenta inúmeras semelhanças com o anterior código, sem prejuízo de algumas alterações[205].

Há uma unidade do Direito da Propriedade Industrial que justifica que, em certas circunstâncias, o direito privativo esteja bem formado, mas exista uma razão para a sua recusa (cfr. arts. 75º, 137º, 161º, 192º, 231º e 232º, 275º, 288º e 289º, e 302º do CPI).

Por sua vez, a **concorrência desleal** verifica-se em muitos casos de violação de direitos privativos, mas pode ocorrer independentemente daquela (cfr. art. 311º)[206]. E a "concorrência" a que nos referimos agora não se confunde com a concorrência cuja tutela é essencial para assegurar o normal funcionamento do mercado[207] – e que analisámos anterior-

[203] O atual Código da Propriedade Industrial (CPI) foi aprovado pelo Decreto-Lei nº 110/2018, de 10 de dezembro – e revogou o CPI de 2003 que, por sua vez, substituíra o Código de 1995 –, e entrou em vigor faseadamente, estando vigente na totalidade desde 1 de julho de 2019 (cfr. art. 16º do DL nº 110/2018).
Reportam-se ao CPI de 2018 todas as disposições legais citadas por referência a **CPI** e todas as que, neste número (11), forem citadas sem qualquer referência específica.

[204] O consumidor recorde-se é a razão final do mercado, tal como o aluno (o estudante) é da Universidade.

[205] Sobre as alterações ocorridas no domínio das marcas impostas pela transposição da respetiva Diretiva (UE nº 2015/2436, do Parlamento Europeu e do Conselho de 16 de dezembro de 2015), vd. Maria Miguel Carvalho, *«A transposição da Diretiva sobre marcas no projecto do Código da Propriedade Industrial»*, *RDI*, nº 2, 2018 (pp. 125-180), pp. 129-145.

[206] Vd. Carlos Olavo, *Propriedade Industrial*, 2005, pp. 32-35, embora sobre o art. 317º do CPI de 2003, idêntico à disposição atual (art. 311º).

[207] Sobre a interação do Direito da Propriedade Industrial com a disciplina da Concorrência, no plano europeu, vd. Pedro Sousa e Silva, *Direito Industrial*, 2ª ed., 2019, pp. 510-519.

mente (*supra*, n°s 10.3 e 10.4.2) –, em que se pretende prevenir e evitar as chamadas práticas (individuais e coletivas) restritivas de comércio, nem tão pouco com a proibição da concorrência imposta aos gestores das sociedades comerciais, relativamente à atividade exercida pelas sociedades por eles administradas (cfr. arts. 180º, 254º e 398º do CSC). Neste último caso, em que a lei societária proíbe a concorrência ilícita dos gerentes e administradores de sociedades comerciais verifica-se uma situação de exclusão da concorrência[208].

A **concorrência é desleal** quando, perante a situação concreta do sector de atividade em que o agente económico se movimenta, não é admissível um ato que noutras circunstâncias seria lícito, por ser contrário aos usos e práticas honestas do sector da atividade económica em que se insere. Na concorrência desleal está, pois, em causa a concorrência num sector de atividade económica, que se deve caracterizar por usos e práticas honestas e pela boa fé dos agentes económicos intervenientes, em termos de as respetivas ações serem conformes com os usos do comércio a que respeitam.

O Direito da Propriedade Industrial assegura, pois, uma convergência de interesses, simultaneamente patrimoniais e pessoais (do empresário) – que implicam a exclusividade – e gerais da economia (e, consequentemente, dos consumidores), que impõem uma concorrência efetiva e leal ou o regular funcionamento do mercado.

Finalmente, como veremos, a produção económica implica o uso e a transmissibilidade dos direitos privativos e a concessão de licenças.

11.2. **Função social e âmbito da propriedade industrial**

A função económica do direito privativo é a de conceder um monopólio ao respetivo titular (facto que é indiscutível nas invenções) e através do mesmo assegurar a lealdade de concorrência no mercado (cfr. art. 1º). Na tutela da propriedade industrial é necessária a exploração económica do bem que é objeto do direito privativo. Os sujeitos do mercado

[208] Neste sentido, Carlos Olavo, *Propriedade Industrial*, 2005, pp. 253-255, em especial p. 254. Trata-se, contudo, de limitações que recaem sobre o desempenho de funções de gestores societários. Sobre as mesmas, vd. o nosso estudo, «Limitações à atividade concorrente de gestores de sociedades comerciais», *AA.VV.*, *IV Congresso Direito das Sociedades em Revista*, Almedina, 2016, pp. 139-151 (existe sep.), em especial pp. 144-147.

não podem deter, no seu *portfolio*, invenções e marcas que não comercializem apenas para impedir terceiros de o fazerem. O âmbito da propriedade industrial (art. 2º) não é, pois, o mesmo do Direito Comercial, visto que nela é obrigatória a exploração económica; é seguramente mais vasto, no sentido de que se reconhece uma função útil ao Direito da Propriedade Industrial. Este respeita à produção económica no mercado de concorrência e o direito de monopólio do uso de direitos privativos não é concedido no interesse exclusivo do empresário, mas sim do mercado em que deve ser explorado, o que justifica e implica o seu uso obrigatório.

11.3. O regime jurídico dos direitos privativos da propriedade industrial

Vamos dedicar a nossa, necessariamente escassa, atenção a alguns direitos privativos da propriedade industrial, destacando as invenções, as marcas e os (nomes de) domínios da Internet, pela relevância que hoje têm no mercado.

11.3.1. *Invenções*

As **invenções** consistem em produtos novos ou em processos novos de fazer um produto já conhecido (cfr. arts. 50º e 54º).

Por sua vez, o registo das invenções designa-se por **patente** (cfr. arts. 50º e segs.). Esta *confere* ao seu titular *o direito exclusivo de explorar a invenção em qualquer parte do território português* (art. 102º, nº 1)[209].

No entanto, nem todas as invenções podem ser patenteadas. A lei estabelece limitações à patenteabilidade de certas descobertas (cfr. art. 53º). Tal sucede, nomeadamente, com *«os processos de clonagem de seres humanos»* (cfr. art. 53º, nº 2, *alínea a)*).

[209] Cfr. Couto Gonçalves, *Manual de Direito Industrial*, 8ª ed., 2019, pp. 93-101 e 111-112.
Considerando ser a patente – e não a invenção – o "primeiro direito da propriedade industrial", Manuel António Pita, *Curso Elementar de Direito Comercial*, 4ª edição, 2018, pp. 263-269, em especial p. 263.
Focando o âmbito da patente nas reivindicações, Samuel Dias Henriques, *O âmbito da patente e a doutrina dos equivalentes*, APDI/Almedina, Coimbra, 2019, em especial pp. 31-33 e 41-48.

Por isso, certas descobertas não são, juridicamente, consideradas invenções[210].

Por sua vez, *as invenções* que sejam *suscetíveis de aplicação industrial podem ser protegidas como* **modelos de utilidade** (cfr. art. 119º)[211].

Constituem exemplos de invenções as máquinas em geral (desde a televisão, passando pelo gira-discos e pelo leitor de CD's, eletrodomésticos e terminando nos computadores e instrumentos de telecomunicações) e os medicamentos. Em todos estes casos, à realidade material a que a invenção conduz, corresponde uma patente (de produto). Mas o processo que conduz à criação de um novo produto, como sucessão de atos aptos a conseguir uma realidade nova também é uma invenção[212].

Têm direito à patente o inventor ou os seus sucessores (cfr. art. 57º, nº 1), pertencendo esse direito à empresa no âmbito da qual a descoberta foi efetuada se esta tiver sido feita *durante a execução de contrato de trabalho* no qual *a atividade inventiva* estivesse *prevista* (cfr. art. 58º, nº 1).

A lei estabelece três requisitos de patenteabilidade da invenção: a novidade, a atividade inventiva e a suscetibilidade de aplicação industrial (cfr. art. 54º)[213].

A patente pode ser utilizada por pessoa diferente do respetivo titular, através de um contrato de licença[214]. Por isso, um medicamento (ou qualquer outra invenção) pode ser, num determinado espaço jurídico, explorado por quem não seja o titular do respetivo registo de propriedade industrial (patente).

[210] Cfr. Couto Gonçalves, *Manual de Direito Industrial*, 8ª ed., 2019, pp. 47-57.
Sobre a noção de invenção, vd. Couto Gonçalves, *Manual de Direito Industrial*, 8ª ed., 2019, pp. 43-45, e Pedro Sousa e Silva, *Direito Industrial*, 2ª ed., 2019, pp. 47-48.

[211] Sobre a alteração a que o regime jurídico dos modelos de utilidade foi objeto com o CPI de 2003 – e que se manteve em 2018 –, vd. AA.VV., *Código da Propriedade Industrial Anotado*, 2ª ed., 2015, pp. 288-291. Sobre este direito privativo, vd. também Couto Gonçalves, *Manual de Direito Industrial*, 8ª ed., 2019, pp. 363-370, e Pedro Sousa e Silva, *Direito Industrial*, 2ª ed., 2019, pp. 87-94.

[212] Sobre as categorias de patentes (patente de produto e patente de processo), a que se refere o art. 50º, nº 2, vd. Couto Gonçalves, *Manual de Direito Industrial*, 8ª ed., 2019, p. 47.

[213] Sobre estes requisitos, a que se refere o art. 54º, nos nºs 1, 2 e 4, vd. Couto Gonçalves, *Manual de Direito Industrial*, 8ª ed., 2019, pp. 67-73, Pedro Sousa e Silva, *Direito Industrial*, 2ª ed., 2019, pp. 55-63, e AA.VV., *Código da Propriedade Industrial*, 2ª ed., 2015, pp. 186-194.

[214] Cfr. Couto Gonçalves, *Manual de Direito Industrial*, 8ª ed., 2019, pp. 122-125.

Por sua vez, importa salientar que a lei impõe a exploração económica da invenção, para que a mesma possa ser socialmente aproveitada (cfr. art. 107º), impondo em certos casos a licença obrigatória sobre uma patente (cfr. arts. 108º e 109º).

No entanto, o Código da Propriedade Industrial estabelece o prazo findo o qual a patente se considera extinta[215], limitando a duração da patente ao prazo de vinte anos (cfr. art. 100º), decorrido o qual a realidade patenteada cai no domínio comum.

11.3.2. **Marcas**[216]

11.3.2.1. *Conceito*[217]

A **marca** é um sinal ou conjunto de sinais suscetíveis de representação gráfica, adequados a distinguir os produtos ou serviços de uma empresa dos de outras empresas.

Por ***representação gráfica***, entende a lei (cfr. art. 208º) o *uso de palavras (incluindo nomes de pessoas), desenhos, letras, números, sons, cor*[218], *a forma do produto ou da respetiva embalagem*, sempre que forem aptos a diferenciar produtos ou serviços de uma empresa, relativamente às outras que se movimentem no mercado[219].

[215] «*Os direitos de propriedade industrial caducam quando tiver expirado o seu prazo de duração*» (art. 36º, nº 1, *alínea a)*)

[216] Na Bibliografia atualizada, vd. Coutinho de Abreu, *Curso de Direito Comercial*, I, 12ª ed., 2019, pp. 369-411, e Couto Gonçalves, *Manual de Direito Industrial*, 8ª ed., 2019, pp. 173-314. No âmbito do CPI de 2003, e embora com uma sistematização complexa, vd. Américo da Silva Carvalho, *Direito de Marcas*, Coimbra Editora, Coimbra, 2004, em especial pp. 23-29. Sobre a evolução histórica das marcas, vd. a dissertação doutoral de Manuel Couceiro Nogueira Serens, *A Monopolização da Concorrência e a (Re-) Emergência da Tutela da Marca*, Almedina, Coimbra, 2007, pp. 589-683.

[217] Cfr. Carlos Olavo, *Propriedade Industrial*, 2005, pp. 71-90.

[218] A referência à "cor" é elemento novo na representação gráfica da marca e opera o reconhecimento dos até aqui considerados "significados secundários" (*secondary meaning*). Cfr. Couto Gonçalves, *Manual de Direito Industrial*, 8ª ed., 2019, pp. 122-125.

[219] Embora a lei tenha deixado de fazer referência às *frases publicitárias* com *caráter distintivo* como elementos constitutivos das marcas (cfr. art. 222º, nº 2 do CPI de 2003, red. de 2008), as mesmas podem continuar a caracterizar a marca, enquadrando-se em sinais que permitem «*determinar de modo claro e preciso, o objeto da proteção conferida ao seu titular*» (cfr. art. 208º *in fine*).

Tal como antecipámos na anterior edição deste livro[220], estes conceitos não são estanques, sendo hoje reconhecida a idoneidade de outros elementos para distinguir os bens no mercado em que são objeto de transação – abrindo-se caminho para as marcas sonoras – ou, pelo menos, para reforçar o caráter distintivo de elementos gráficos (já registados).

Ao diferenciar um produto, permitindo que o mercado o associe a uma determinada qualidade, a marca está a conferir-lhe um valor indiscutível, constituindo frequentemente fator decisivo de escolha dos consumidores. A marca é, pois, um instrumento de recolha (fidelização) de clientela (no mercado), que permite – normalmente pelo registo, como iremos ver – uma tutela relativa para produtos concorrentes, que são os que são relativamente confundíveis.

Individualizando um produto, a marca dá a conhecer a sua imagem. Ora, nesse processo, assume especial relevância a publicidade, precisamente porque a imagem se divulga e expande por essa via.

Os agentes económicos estão, por isso, especialmente interessados em alargar a tutela deste sinal individualizador de bens e serviços, procurando novos elementos de diferenciação e novos meios de identificar os seus produtos (e serviços). Tal é patente, embora no plano internacional, no caso Christian Louboutin *versus* Yves Saint Laurent (YSL), ocorrido em Nova Iorque[221], com base em ação proposta pela Louboutin – que havia obtido o registo da utilização da cor encarnada (lacada) nas solas de sapatos que comercializa – para impedir a YSL de comercializar sapatos que tivessem o encarnado como cor (única)[222]. O que importa retirar do caso[223] é que na base da pretensão judicial apresentada estava

[220] 2ª ed., 2016, p. 110.

[221] Descrito e analisado por Joana Quinteira Mota, «As marcas não tradicionais, um novo paradigma no Direito da Propriedade Industrial. A jurisprudência recente: O caso Christian Louboutin vs Yves Saint Laurent», *Actualidad Jurídica*, Uría Menéndez, nº 34, 2013 (pp. 140-145), pp. 143-144.

[222] Sobre marcas monocolores, vd. Pedro Sousa e Silva, *Direito Industrial*, 2ª ed., 2019, pp. 223-226.

[223] O caso conta-se em breves palavras, recorrendo ao interessante estudo citado de Joana Mota (pp. 143-144), no qual está desenvolvido. O fabricante dos sapatos Louboutin – que se caracterizam pela cor (encarnada) de parte da sua sola – conseguiu que o registo reconhecesse, como sinal individualizador dessa marca, precisamente a sola lacada a cor encarnada (sob a designação "*Red Sole*"). Ora, acontece que a dada altura a YSL quis produzir sapatos monocromáticos de várias cores, entre elas o encarnado, como aliás já o havia fei-

o registo de uma marca ("Louboutin") em função da cor (encarnada) de parte da sola dos sapatos de senhora, de modo que o uso dessa cor (nos termos registados) constitui direito exclusivo do titular dessa marca[224]. Os sinais distintivos, pelo menos no Direito e jurisprudência norte-americanos, não têm de se reconduzir a elementos meramente gráficos, fonéticos ou figurativos.

Contudo, mesmo à margem de bens que se reconduzam a uma mesma categoria, a deficiente utilização de uma marca para produtos diversos, pode prejudicar o seu valor e atratividade. Pense-se no que sucederia,

to no passado (antes do registo da marca "Louboutin" com as características apontadas). Louboutin pretendeu impedir a comercialização desses sapatos e requereu no Tribunal de Nova Iorque (*United States District Court for the Southern District of New York*) uma providência cautelar com essa finalidade, tendo este recusado a sua pretensão. Em apelo dessa decisão, o tribunal de recurso (*United States Court of Appeals for the Second Circuit*) viria a dar razão à Louboutin, reconhecendo-lhe o direito ao uso exclusivo, em sapatos de senhora, de solas lacadas de encarnado, por tal ser também sinónimo da sua identificação no mercado, isto é, da sua marca (registada, "Christian Louboutin"), o que significa que o consumidor médio de sapatos de alta gama associa esse *sinal*, que não é um mero detalhe, ao seu criador e fabricante, distinguindo-o – também por isso dos demais produtores de sapatos femininos. No entanto, diga-se que, ao fazê-lo, não impediu a YSL de comercializar os sapatos na forma pretendida (monocromática e de cor encarnada), porque entendeu que a mesma – por ser inerente à totalidade dos sapatos – não era confundível com a cor da sola, característica da marca "Christian Louboutin".

Em conclusão, o tribunal norte-americano concedeu tutela jurídica à marca Christian Louboutin, relativa à identificação do produto (sapatos femininos) diferenciado, pelo uso de solas lacadas a encarnado, quando as mesmas contrastassem com a cor da parte restante do sapato – que reconheceu ter um *significado secundário* suficientemente distintivo junto dos consumidores (e constituir hoje uma marca de prestígio) – e ao mesmo tempo considerou que não havia perigo de confusão (junto do público consumidor) entre esse sinal (distintivo) e a cor (única e vermelha) dos sapatos que uma marca concorrente (a YSL) pretendia comercializar, porque a sola lacada a encarnado só seria suficientemente distintiva se contrastasse com outra cor (do sapato) e não quando fosse da mesma cor de todo o sapato.

[224] É o chamado *secondary meaning* (ou segundo sentido) da marca – que constitui uma exceção à regra que veda a apropriação de elementos banais –, que Couto Gonçalves explica com clareza no seu *Manual de Direito Industrial*, 8ª ed., 2019, pp. 224-228, isto é, a possibilidade de *conversão de um sinal* que *originariamente* estaria *privado de capacidade distintiva* (a cor vermelha lacada) *num sinal distintivo de* um produto (ou serviço) (os sapatos femininos), *reconhecido como tal* no mercado (*ibid.*, p. 220). No caso exemplificado, trata-se do segundo sinal distintivo da marca "Christian Louboutin". O primeiro, claro está, é a própria designação (nome do titular da marca, no caso).

Cfr. também Américo da Silva Carvalho, *Direito de Marcas*, cit., 2004, pp. 256-279, em especial pp. 271-274, e Pedro Sousa e Silva, *Direito Industrial*, 2ª ed., 2019, pp. 256-258.

por exemplo, se fossem comercializados os "Pesticidas Chanel" ou os "Limpa WC Dior".

Veremos, adiante (nº 11.3.2.3), que a marca recolhe proteção para além do registo.

11.3.2.2. *A revisão do conceito legal de marca*

Para além da regulação constante do CPI, a marca é objeto de um regulamento europeu – o Regulamento nº 2017/1001, do Parlamento Europeu e do Conselho, de 14 de junho de 2017[225] –, vigente desde 1 de outubro de 2017[226], e da Diretiva nº 2015/2436 do Parlamento Europeu e do Conselho, de 16 de dezembro de 2015[227], transposta pelo novo CPI[228].

Entre outros aspetos, está na ordem do dia a possibilidade de reconhecer como sinais distintivos do comércio as marcas tridimensionais[229] e realidades sensoriais, percetíveis pelos sentidos, mas que não têm representação gráfica, tais como as marcas sonoras, olfativas, gustativas[230], que permitem diferenciar produtos e serviços pelo som, odor e sabor.

11.3.2.3. *Proteção da marca; registo e tutela de facto*

De forma idêntica ao que acontece com as invenções, a marca encontra tutela no **registo**, embora conheça também exceções. Nestas enquadram-se, positivamente, os casos de tutela de facto de marca anterior-

[225] Sobre este regulamento, vd. MARIA MIGUEL CARVALHO, «O novo regime jurídico da marca da união europeia», *RDI*, nº 01, 2017 (pp. 149-173), em especial pp. 155-168.

[226] Revogou, nesta data, o regulamento sobre a marca da União Europeia (anteriormente marca comunitária), o Regulamento (CE) nº 207/2009, de 26 de fevereiro de 2009 (JO L 78 de 24.3.2009, p. 1) do Conselho (na red. do Reg. 2015/2424 do Parlamento Europeu e do Conselho, de 16 de dezembro de 2015, JO L 341/21).

[227] Sobre «A nova Diretiva europeia sobre marcas e a sua transposição para a ordem jurídica portuguesa», vd. o estudo de MARIA MIGUEL CARVALHO, com esse título, *RDI*, nº 02, 2017, pp. 89-122, em especial pp. 95-105.

[228] Com base na qual, como salienta MANUEL DURÃES ROCHA («Marcas sensoriais», *AB Instantia*, Ano V, nº 7, 2017, pp. 113-117), se discute presentemente o conceito legal de marca, as (novas) formas de constituição da marca e a sua tutela (cfr. p. 113).

[229] Vd. JOÃO VEIGA GOMES, «As marcas não tradicionais e a nova Diretiva», *AB Instantia*, Ano III, nº 5, 2015, pp. 165-166 e 173-174.

[230] Sobre estas marcas, vd. JOÃO VEIGA GOMES, «As marcas não tradicionais e a nova Diretiva», cit., 2015, pp. 164 e 166-172, e MANUEL DURÃES ROCHA, «Marcas sensoriais», cit., 2017, pp. 113-115.

mente existente, mas não registada (pelo menos numa determinada classe de bens); e, negativamente, a marca anterior (registada) que não teve *uso sério durante*, pelo menos, *cinco anos* (cfr. art. 268º, nº 1).

Importa salientar que a marca registada (anterior) tem proteção:

- No plano do consumidor médio (que não deve incorrer em confusão ou erro) (cfr. arts. 232º e 238º), incluindo a nível de invólucro (cfr. art. 233º);
- Relativamente a produtos concorrentes (iguais ou semelhantes) e na mesma classe (cfr. art. 238º).

A semelhança a evitar, no conjunto, deve ser gráfica, fonética ou figurativa. Exemplo clássico é o que opôs a marca "Aspirina" (da Bayer!) à designação (tentada) de *Aspirin*.

Encontrando-se registada uma marca, para produtos de uma mesma classe, não é possível obter o reconhecimento público da mesma designação, pelo que o pedido de registo deverá ser recusado.

Mas a marca beneficia também de uma **tutela de facto**, isto é, de uma tutela que não se alicerça, nem depende exclusivamente do seu registo prévio.

Com efeito, podemos falar de uma **tutela de facto** da marca baseada na Convenção da União de Paris (cfr., *infra*, nº 11.6.2) – designadamente na relação que se estabelece com a tutela da firma (cfr. art. 8º; caso *Corte Inglês*[231]) – e exprime-se na marca notória, na marca de (grande) prestígio e na marca de facto.

Começando por esta última, refira-se que a **marca de facto** (ou marca livre) é aquela que é efetivamente utilizada antes de ser registada, valendo durante seis meses, independentemente de registo. A lei concede ao seu utilizador um *direito de prioridade para efetuar o registo* (cfr. art. 227º, nº 1). Pode acontecer que um fabricante lance um produto para o mercado, atribuindo-lhe uma designação para o diferenciar dos já existentes (registados) na mesma classe, e só proceda ao registo depois de ver como o mercado reage a esse (novo) produto. Neste caso, ele beneficia do prazo de seis meses contado desde o início da comercialização do

[231] Vd. M. Oehen Mendes, *Da protecção do nome comercial estrangeiro em Portugal. A propósito do Ac. STJ de 11 de Dezembro de 1979 («El Corte Inglés»)*, Almedina, Coimbra, 1982, em especial pp. 29-39 e 47-59.

produto para promover o registo, com prioridade relativamente a outros pedidos (de registo) feitos nesse espaço temporal, isto é, independentemente de ter sido, entretanto, apresentado pedido de marca idêntica para produto concorrente.

A **marca notória** é tutelada para produtos concorrentes (cfr. art. 234º). Isto é, o sistema concede proteção à marca não registada se for conhecida da generalidade dos consumidores de produtos da classe a que respeita (exs.: *amortecedores Koni, relógios Hublot, gravatas Hermès*). A tutela da marca notória, para além da classe a que respeita, verifica-se também no plano da concorrência desleal, que evita o abuso da marca notória (exs.: *bicicletas Swatch* ou *lâminas de barbear Siemens*).

Por sua vez, **marca de** (grande) **prestígio**[232] é aquela que, pela sua reputação e notoriedade geral, se afirma para além da classe a que respeitam os produtos que diferencia, que reveste atração significativa junto do público (incluindo os que não são consumidores da mesma) (cfr. art. 235º)[233]. Constituem exemplos, entre inúmeros, os seguintes: *Samsung, Siemens, Philips, Chanel, Dior, BMW, Ferrari, Mercedes, Porsche, Nestlé.* A tutela desta marca (de prestígio) justifica-se pela função económica relevante que pode resultar prejudicada pelo seu uso indevido por terceiros, ainda que para identificar produtos de classes que não são confundíveis com os produtos por ela diferenciados.

[232] Tradicionalmente falava-se em marca de grande prestígio. O CPI apenas se refere a "marca de prestígio", à semelhança do que já acontecia com o código anterior (de 2003).
Sobre a respetiva noção, vd. Américo da Silva Carvalho, *Direito de Marcas*, cit., 2004, pp. 359-378 e 384-393, Maria Miguel Carvalho, «Ser ou não ser marca de prestígio – Eis a questão (Anot. ao Acórdão do Tribunal da Relação de Lisboa sw 29.4.2014, Apelação 584/06)», *CDP* nº 47, 2014, pp. 56-65 (em especial pp. 59-65), pp. 60-63, Couto Gonçalves, *Manual de Direito Industrial*, 8ª ed., 2019, pp. 280-288, e Pedro Sousa e Silva, *Direito Industrial*, 2ª ed., 2019, pp. 300-320, em especial pp. 306-311.
Preferindo a expressão "marca célebre", Luís Couto Gonçalves, *Função distintiva da marca*, Almedina, Coimbra, 1999, pp. 124-125, nota 238. Nesta obra, vd. também pp. 166-176.
Caracterizando as marcas notórias e as marcas de prestígio, para equacionar a denominação de origem de prestígio, Alberto Ribeiro de Almeida, *A Autonomia Jurídica da Denominação de Origem. Uma perspectiva transnacional. Uma garantia de qualidade*, Wolters Kluwer / Coimbra Editora, Coimbra, 2010, pp. 1250-1255 e 1302-1307.

[233] Neste sentido, também os autores citados na nota anterior. Vd., por todos, Couto Gonçalves, *Manual de Direito Industrial*, 8ª ed., 2019, pp. 283-284, e *Função distintiva da marca*, cit., 1999, p. 168.

11.3.3. *Os (nomes de) domínios de Internet*[234]

Aos dois direitos privativos acima caracterizados, devemos agora acrescentar um novo direito privativo com importância crescente: o **domínio de Internet**. Este não é, aliás, privativo do comércio, não sendo utilizado apenas pelos sujeitos de Direito Comercial, mas também por inúmeras outras entidades. Por isso, é legítimo discutir se não faz sentido deslocar a proteção que as designações de **domínio** (de Internet) devem merecer no plano da propriedade industrial para um âmbito mais alargado, como o referente às firmas em geral.

O *domínio* corresponde a um endereço informático de Internet, ao qual podem estar ligados diversas caixas de correio eletrónico, contribuindo para identificar no mercado a entidade que do mesmo é titular. No entanto, ainda não foi reconhecido como um sinal distintivo do comércio ou como um direito privativo da propriedade industrial, o que não significa que não desempenhe uma função identificadora e distintiva característica desses direitos.

11.3.4. *Outros direitos privativos da propriedade industrial*

Para além das invenções e das marcas, existem outros direitos privativos, de que importa destacar o logótipo (arts. 281º a 298º), as recompensas (arts. 270º a 280º) e as denominações de origem (arts. 299º a 309º)[235].

[234] Sobre este sinal individualizador, vd. ALEXANDRE LIBÓRIO DIAS PEREIRA, *Direito Comercial das Empresas. Apontamentos Teórico-Práticos*, 2ª ed., Editorial Juruá, Lisboa, 2015, pp. 88-92, e PEDRO SOUSA E SILVA, *Direito Industrial*, 2ª ed., 2019, pp. 422-427.

[235] Mas o universo dos direitos privativos não se esgota nestes, como sucede, por exemplo, com os **desenhos ou modelos** de produtos (anteriormente designados desenhos ou modelos industriais) – a que não fazemos referência no texto –, que, pela sua aparência, sejam suscetíveis de «proporcionar sensação estética ao consumidor» (COUTO GONÇALVES, *Manual de Direito Industrial*, 8ª ed., 2019, p. 141), em razão das características que apresentam [designadamente das suas «*linhas, contornos, cores, forma, textura ou materiais*» (cfr. art. 173º)]. Cfr. AA.VV., *Código da Propriedade Industrial Anotado*, 2ª ed. cit., 2015, pp. 317-319 (anot. ao art. 173º). Sobre este direito privativo, vd. COUTO GONÇALVES, *ibid.*, pp. 141-170, e PEDRO SOUSA E SILVA, *Direito Industrial*, 2ª ed., 2019, pp. 95-208.
Se o desenho ou modelo tiver valor artístico, para além da proteção do Direito Industrial, pode beneficiar de proteção que lhe é proporcionada pelo Direito de Autor. Sobre essa possibilidade, vd. COUTO GONÇALVES, *Manual de Direito Industrial*, 8ª ed., 2019, pp. 141 e 161-165, e sobretudo PEDRO SOUSA E SILVA, *Direito Industrial*, 2ª ed., 2019, pp. 164-206, e na

11.3.4.1. *Logótipo*[236]

O **logótipo** é um sinal distintivo do comércio, constituído por *um sinal ou conjunto de sinais suscetíveis de representação gráfica* compostos por elementos nominativos e, ou, figurativos (art. 281º, nº 1 do CPI), que identifica e diferencia a empresa com base num símbolo ou no respetivo estabelecimento. Assim, são exemplos de logótipos os nomes *"El Corte Inglès" ou "Loja das Meias"*; mas também Mercedes ou BMW.

11.3.4.2. *Recompensas*[237]

As **recompensas** são os sinais distintivos atribuídos a determinados produtos em certas circunstâncias pela excelência da respetiva qualidade, que permitem distinguir esses bens de produtos de classes idênticas. Podem consistir em *condecorações de mérito, medalhas* ou *prémios* obtidos em concursos, exposições ou feiras nacionais ou internacionais (como as recompensas frequentemente atribuídas a vinhos e cervejas), os *atestados de análise* emitidos por serviços credenciados, tais como a certificação de qualidade, e os *títulos de fornecedor de* determinadas *entidades,* tais como o Chefe de Estado (p. ex., "fornecedor da Presidência da República") (cfr. art. 270º). Todos os sinais enunciados têm como elemento comum a evidência da qualidade do produto distinguido.

11.3.4.3. *Denominações de origem e indicações geográficas*[238]

As **denominações de origem** consistem no nome de *uma região* ou de *um local determinado* (e excecionalmente de um País) para *designar ou*

sua dissertação doutoral sobre *A Protecção Jurídica do Design*, Almedina, Coimbra, 2017, 2017, pp 243-289.

[236] Sobre este direito privativo, no âmbito do atual CPI, vd. Coutinho de Abreu, *Curso de Direito Comercial*, I, 12ª ed., 2019, pp. 359-369, Couto Gonçalves, *Manual de Direito Industrial*, 8ª ed., 2019, pp. 370-374, e Pedro Sousa e Silva, *Direito Industrial*, 2ª ed., 2019, pp. 349-362. Anteriormente, no domínio do CPI de 2003, vd. Alberto Ribeiro de Almeida, «Logótipos (ou das imperfeições de um legislador)», *RDI*, nº 2, 2017, pp. 37-59.
Voltamos a abordá-lo a propósito do estabelecimento (*infra*, nº 13.2.5).

[237] Cfr. Coutinho de Abreu, *Curso de Direito Comercial*, I, 12ª ed., 2019, pp. 415-416, e Pedro Sousa e Silva, *Direito Industrial*, 2ª ed., 2019, pp. 419-422.

[238] Sobre este direito privativo, vd. Coutinho de Abreu, *Curso de Direito Comercial*, I, 12ª ed., 2019, pp. 411-415, e Couto Gonçalves, *Manual de Direito Industrial*, 8ª ed., 2019, pp. 375-380, e Pedro Sousa e Silva, *Direito Industrial*, 2ª ed., 2019, pp. 387-418.

identificar um produto (cfr. art. 299º, nº 1)[239]. Trata-se do reconhecimento de que o local do qual o produto é originário é suficientemente relevante para o identificar e distinguir de produtos semelhantes (cfr. art. 299º). Constituem exemplos, entre muitos outros, o vinho do Porto, os bordados da Madeira e o queijo da Serra, de Serpa ou de Azeitão.

Das denominações de origem distinguem-se as chamadas **indicações geográficas**, reguladas conjuntamente com aquelas (arts. 299º e 300º), e que são nomes de uma região ou até de um país que servem para designar ou identificar um produto originário desse espaço, ao qual é atribuída a sua reputação ou qualidade (cfr. art. 299º, nº 3), ainda que tais produtos não devam necessariamente a sua relevância (fama) às características do meio geográfico que caracteriza a região de que são provenientes. Constitui exemplo de indicação geográfica o leitão da Bairrada, cuja fama resulta essencialmente do modo como é confeccionado; e não de aspetos naturais (geográficos) inerentes à produção do animal.

11.4. **Os segredos comerciais**[240]

Por sua vez, o Código da Propriedade Industrial de 2018 acolheu expressamente uma nova realidade – que anteriormente se encontrava tutelada apenas no plano da concorrência desleal –, com a finalidade de lhe conferir uma tutela autónoma, mas que não corresponde a um direito privativo, como aqueles que analisámos e enunciámos: os **segredos comerciais**, que são objeto de regulação nos arts. 313º a 315º.

Trata-se de situações jurídicas que não é possível proteger com a inscrição no registo da propriedade industrial, dado que a sua divulgação pública é prejudicial para o respetivo titular, uma vez que se caracteri-

Escrevendo no âmbito do CPI anterior, Alberto Ribeiro de Almeida, *A Autonomia Jurídica da Denominação de Origem*, cit., 2010 – com uma desenvolvidíssima parte histórica (pp. 15-658) –, em especial pp. 659-668.

[239] Sobre a diferença entre denominação de origem e **indicação geográfica**, vd. Pedro Sousa e Silva, *Direito Industrial*, 2ª ed., 2019, pp. 388-392, e, no contexto do Código anterior, AA.VV., *Código da Propriedade Industrial Anotado*, 2ª ed. cit., 2015, pp. 486-488 (anot. ao art. 305º).

[240] Abordando esta matéria na perspetiva do ilícito (autonomizado dos demais atos de concorrência desleal), Couto Gonçalves, *Manual de Direito Industrial*, 8ª ed., 2019, pp. 406-411, e Pedro Sousa e Silva, *Direito Industrial*, 2ª ed., 2019, pp. 461-465.

zam precisamente pela reserva do conhecimento da composição de determinados bens ou produtos.

Não obstante, o Direito da Propriedade Industrial, reconhecendo--lhes a enorme relevância que têm, dispensa-lhes hoje uma proteção específica, que não depende do registo.

O **segredo comercial** é constituído por informações secretas, com valor comercial, que o seu detentor tenha pretendido manter reservadas (cfr. art. 313º, nº 1). São **secretas**, para efeitos de proteção legal, as informações que não sejam «*geralmente conhecidas ou facilmente acessíveis, na sua globalidade ou na configuração e ligação exatas dos seus elementos constitutivos, para pessoas dos círculos que lidam normalmente com o tipo de informações em questão*» (art. 313º, nº 1, *alínea a)*), isto é, que não estão acessíveis a pessoas com conhecimentos semelhantes aquelas que as detêm.

O valor comercial destas informações resulta precisamente do seu secretismo, devendo o seu titular, isto é, a pessoa singular ou coletiva que detém o seu controlo, ter diligenciado conservá-las reservadas e preservadas do conhecimento alheio (cfr. art. 313º, nº 1, *alínea c)* e nº 3).

A lei, qualificando os atos ilícitos inerentes à obtenção ou utilização de um segredo comercial (cfr. art. 314º), tutela inclusivamente os «*produtos cuja conceção, características, funcionamento, processo de produção ou comercialização*» tenha beneficiado «*de segredos comerciais obtidos, utilizados ou divulgados ilicitamente*» (art. 313º, nº 2).

A violação de um segredo comercial constitui uma contra-ordenação, prevista e punida no art. 331º do CPI.

Em suma, reconhecendo a autonomia de uma realidade social e economicamente muito relevante que não tem sido objeto de tutela específica do Direito industrial, o novo CPI vem simultaneamente admitir que a proteção dos segredos (comerciais) não é compatível com um sistema que proceda ao respetivo registo, o qual daria origem a um aproveitamento indiscriminado dessas informações (que importa preservar reservadas). Consequentemente, e sem prejuízo de melhor ponderação, poderíamos considerar esta realidade como uma espécie de direito privativo de facto, visto merecer tutela de direito, à semelhança do que acontece com a marca livre, tutelada antes do registo.

11.5. A concorrência desleal[241]

Existe **concorrência desleal**, independentemente da violação de direitos privativos da propriedade industrial (cfr. arts. 75º, nº 3, 137º, nº 3, 161º, nº 3, 192º, nº 5, 232º, nº 1, *alínea h*), e 289º, nº 1, *alínea h*)), se um agente económico praticar um ato de concorrência, contrário às normas e usos honestos de qualquer ramo de atividade (cfr. art. 311º).

Na noção de concorrência desleal cabem atos de confusão (ex.: uso de uma marca alheia antes da concessão do respetivo registo), descrédito, apropriação e de desorganização de um outro agente (perturbação do seu normal funcionamento).

Só em sentido amplíssimo é que se pode afirmar existir concorrência desleal entre *toda* e *qualquer* atividade económica.

A atividade económica deve ser idêntica ou afim. O critério para determinar a identidade ou afinidade é o de tipo de necessidade que os bens visam satisfazer: relação de substituição e de complementaridade. Há, por isso, que procurar o mesmo tipo de clientela[242].

Mas enquanto as violações dos direitos privativos de propriedade industrial podem constituir crimes, nos termos do disposto nos arts. 318º a 326º do CPI, os atos de concorrência desleal – que não consubstanciarem, em simultâneo, uma das infrações tipificadas como crimes – constituem contra-ordenações, sancionadas com coimas (vd. art. 330º).

Com a repressão da concorrência desleal procura-se assegurar o regular funcionamento do mercado, sancionando condutas e posicionamentos essencialmente individuais que se revelem prejudiciais ao desenvolvimento do comércio e ao são e leal relacionamento dos agentes económicos que são concorrentes, ainda que não sejam (necessariamente) prejudicados. Nessa medida, o reconhecimento da necessidade de reagir contra a concorrência desleal precede a defesa da concorrência – que

[241] Vd., de entre os autores que escreveram no quadro do atual CPI ou do CPI de 2003, que apresentava um preceito (art. 317º) com redação idêntica ao atual art. 311º, e COUTO GONÇALVES, *Manual de Direito Industrial*, 8ª ed., 2019, pp. 383-411, CARLOS OLAVO, *Propriedade Industrial*, 2005, pp. 245-253, 259-291 e 295-299, PEDRO SOUSA E SILVA, *Direito Industrial*, e PEDRO SOUSA E SILVA, *Direito Industrial*, 2ª ed., 2019, pp. 431-461.

[242] Sobre o critério para a definição de atividade concorrente, ainda que num contexto diferente, PAULO OLAVO CUNHA, «Limitações à atividade concorrente de gestores de sociedades comerciais», cit., 2016, pp. 146-147.

sanciona atos e comportamentos padronizados – e justifica-se para além dela[243], impondo deveres de conduta a quem intervém no mercado pelo lado da oferta (produtores, distribuidores e prestadores de bens e serviços).

Exemplifique-se.

Imagine-se que a sociedade "Pénopedal – Comercialização de Veículos de Duas Rodas, Lda.", com sede em Sangalhos, obteve no Instituto Nacional da Propriedade Industrial, para os velocípedes que fabrica, o registo da marca «*Siemens*» (já protegido em diversas classes de bens).

Pelo menos duas questões se colocam a este propósito:

A primeira consiste em saber se a decisão do INPI pode ser atacada com fundamento em violação de um direito privativo da propriedade industrial.

Admitimos que não, embora a *Siemens* possa reagir por ser uma marca de prestígio. A verdade é que a marca em causa não é necessariamente afetada. As bicicletas podem ser de muita qualidade e a marca pode beneficiar da respetiva publicidade. No entanto, pode existir concorrência desleal, pelo aproveitamento obtido com a divulgação (publicidade) dessa marca de eletrodomésticos e produtos eletrónicos, entre outros.

A segunda questão respeita à eventual reação de uma outra empresa fabricante de bicicletas contra esse registo ou contra a venda das bicicletas «*Siemens*». Caso tal seja possível, importa apurar o fundamento.

A utilização do nome *Siemens* confunde o consumidor e constitui um ato de apropriação censurável (cfr. art. 311º, nº 1, *alínea d)*). Para além disso, prejudica outros fabricantes de bicicletas, pois a marca em questão beneficia da publicidade do material habitualmente produzido e comercializado pela *Siemens*.

À argumentação exposta, acresce ainda o facto de que a utilização indevida dessa marca, ainda que em produtos diferentes, poderia prejudicar o próprio fabricante da marca *Siemens*, provocando a depreciação desta.

[243] Sobre esta questão, vd. o estudo de EVARISTO MENDES, «Direito da concorrência desleal e direito da concorrência», AA.VV., *Concorrência desleal*, Almedina, Coimbra, 1997, pp. 87-98.

11.6. O alargamento da tutela dos direitos privativos (por via internacional)

A concluir procuremos situar a tutela da propriedade industrial no plano supranacional, tendo em conta que o mercado hoje é global.

11.6.1. *A proteção dos direitos privativos no plano internacional*

Foi o desenvolvimento da economia no século XIX, após a revolução industrial, que veio a gerar um substancial alargamento das fronteiras comerciais e a necessidade de tutela dos direitos privativos fora dos espaços jurídicos nacionais nos quais surgiram e se desenvolveram.

A proteção de tais direitos passou a fazer-se também por recursos a regras de largo espectro, criadas no contexto internacional, para tutelar determinadas situações específicas. Foi precisamente no domínio destas regras (de propriedade industrial) que primeiro se fizeram sentir os efeitos da globalização da economia pela necessidade de proteger os direitos privativos de propriedade industrial além-fronteiras.

Se os bens e serviços circulam no mercado internacional, justifica-se que a proteção de que os mesmos necessitam e beneficiam os acompanhe. Mas, extravasando o espaço jurídico nacional, as regras que eventualmente sejam criadas para proteger tais direitos devem resultar do acordo dos diversos Estados interessados nessa tutela, materializado em convenções de caráter internacional.

Limitemo-nos a fazer-lhes uma referência brevíssima.

11.6.2. *A Convenção da União de Paris*[244]

A equiparação da regulamentação da propriedade industrial prosseguida por tratados internacionais teve a sua origem na **Convenção da União de Paris** (de 20 de março de 1883), ratificada pelo Estado português pelo Decreto nº 22/75, de 22 de janeiro.

A CUP estabeleceu dois princípios fundamentais:

– O princípio da *tutela mínima* (internacional)[245], segundo o qual a

[244] Vd. Dário Moura Vicente, *A Tutela Internacional da Propriedade Intelectual*, Almedina, Coimbra, 2008, pp. 138-141.

[245] Sobre este princípio e sobre as possíveis interpretações do art. 8º, Oehen Mendes, *Da protecção do nome comercial estrangeiro em Portugal*, cit., 1982, pp. 12-15, 29-39 e 49-50, e Fer-

proteção se faz diretamente nos países membros, independentemente de os agentes económicos terem estabelecimento num certo país (ex. art. 8º).
- O princípio da *equiparação* (art. 3º), que estende a tutela aos empresários que não sendo nacionais de um país (dos subscritores) da União (de Paris) neste tenham um estabelecimento.

11.6.3. *A marca da União Europeia*

De entre todos os direitos privativos, importa destacar a tutela que é conferida à marca, no âmbito da União Europeia.

Trata-se do reconhecimento do relevo da marca em todo o espaço da União Europeia, a qual foi inicialmente designada por marca comunitária – instituída pelo Regulamento do Conselho nº 40/94, 20 de dezembro 1993, entretanto revogado pelo o Reg. (CE) nº 207/2009, de 26 de fevereiro de 2009, alterado pelo Reg. 2015/2424 do Parlamento Europeu e do Conselho, de 16 de dezembro de 2015 – e tem hoje a designação de **marca da União Europeia**, sendo objeto do Regulamento nº 2017/1001, do Parlamento Europeu e do Conselho, de 14 de junho de 2017, que substituiu o Regulamento de 2009 (cfr. art. 211º) (cfr. art. 239º do CPI)[246].

11.6.4. *Outros Acordos internacionais*

No plano internacional é possível identificar outros acordos com relevância. Limitemo-nos a enunciá-los:

a) o **Acordo de Madrid** (de 11 de abril de 1891) e o **Protocolo do Acordo de Madrid** (de 27 de junho de 1899, mas em vigor apenas desde 1 de dezembro de 1995), relativos ao Registo Internacional de Marcas[247];

NANDO OLAVO, *O nome comercial e o artigo 8º da convenção da União de Paris*, sep. da *CJ*, t. V, 1984, pp. 19-22.

[246] Vd. COUTO GONÇALVES, *Manual de Direito Industrial*, 8ª ed., 2019, pp. 351-357, e PEDRO SOUSA E SILVA, *Direito Industrial*, 2ª ed., 2019, pp. 332-336.

[247] Cfr. COUTO GONÇALVES, *Manual de Direito Industrial*, 8ª ed., 2019, pp. 357-360, PEDRO SOUSA E SILVA, *Direito Industrial*, 2ª ed., 2019, pp. 337-338, e DÁRIO MOURA VICENTE, *A Tutela Internacional da Propriedade Intelectual*, cit., 2008, pp. 141-144.

b) o **Acordo TRIPS**/ADPIC (de 15 de abril de 1994), sobre Aspetos dos Direitos de Propriedade Intelectual relacionados com o Comércio (em vigor desde 1 de janeiro de 1996)[248];
c) o Tratado de Cooperação em matéria de **patentes** (celebrado em Washington, em 19 de junho de 1970, e em vigor desde 24 de novembro de 1992) (cfr. art. 91º do CPI)[249]; e
d) a **Convenção (de Munique) sobre a Patente Europeia** (de 5 de dezembro de 1973; em vigor, em Portugal, desde 1 de janeiro de 1992)[250].

[248] Cfr. Patrícia Akester, *Direito de Autor em Portugal, nos PALOP, na União Europeia e nos Tratados Internacionais,* cit., 2013, pp. 405-412 e 675-687 (texto do Acordo), Carlos Olavo, *Propriedade Industrial,* 2005, pp. 63-64, e Dário Moura Vicente, *A Tutela Internacional da Propriedade Intelectual,* cit., 2008, pp. 150-152.

[249] Cfr. Pedro Sousa e Silva, *Direito Industrial,* 2ª ed., 2019, pp. 71-72.

[250] Cfr. Pedro Sousa e Silva, *Direito Industrial,* 2ª ed., 2019, pp. 68-70, e Dário Moura Vicente, *A Tutela Internacional da Propriedade Intelectual,* cit., 2008, pp. 148-150.

Capítulo III
Sujeitos de Direito Comercial e do Mercado

12. O acesso à atividade comercial

12.1. O comércio como objeto do Direito Comercial

12.1.1. *A noção de Direito Comercial e sua evolução para o Direito do Mercado*

Na Introdução ao Direito, que constitui o capítulo inicial deste livro, falámos em Direito Comercial como ramo do Direito, a propósito da clássica distinção entre Direito Público e Direito Privado, e, em particular, confrontando-o com o Direito Privado comum (ou Direito Civil), formado pelas normas que regem as relações e as situações (absolutas) da generalidade das pessoas, tendo em conta que estávamos a considerar o Direito no seu sentido objetivo, logo numa perspetiva essencialmente normativa. Direito objetivo – refira-se agora – como conjunto de regras que não têm de ter necessariamente como fonte a lei e que disciplinam uma pluralidade de situações jurídicas num determinado lugar e num certo momento, atendendo designadamente a um objeto delimitado e específico. Esse objeto é obviamente o **comércio**.

O Direito Comercial é um ramo especial relativamente ao Direito Civil porque se caracteriza por ter regras específicas que impõem uma disciplina diferente da que é característica e comum das relações ou situações jurídicas que tipicamente se desenvolvem entre os particulares ou que os envolvem[251].

Mas, adiante-se, no próprio âmbito do Direito Comercial podemos identificar, relativamente a uma *parte geral* – formada pelas regras aplicáveis à generalidade das situações jurídico-mercantis –, *partes especiais* compostas por normas que, em função do respetivo objeto, respeitam a determinados aspetos particulares da atividade económica. Exemplificando: encontramos, dentro do Direito Comercial, o Direito *especial* das Sociedades Comerciais e, no âmbito deste, regras especificamente aplicáveis a certas sociedades, como é o caso das instituições de crédito e sociedades financeiras, sujeitas a normas e soluções próprias diferentes das aplicáveis à sociedade comercial comum.

Regressando à **noção** de Direito Comercial, diremos que este regula a atividade dos sujeitos económicos mais relevantes no mercado: os comerciantes, ou seja, empresários mercantis em nome individual ou organizados em sociedades comerciais, que se caracterizam essencialmente pela profissionalidade dos seus atos. Em paralelo com estas realidades outras entidades ou pessoas coletivas são sujeitos de Direito Comercial, tais como as cooperativas, e os agrupamentos complementares de empresas, ao mesmo tempo que nele também cabem e se desenvolvem entidades não personalizadas, mas dotadas de autonomia patrimonial e financeira, como os organismos de investimento coletivo (vulgo, fundos).

O Direito Comercial não abrange os sujeitos que exercem outras profissões – liberais (advogados, médicos, engenheiros, arquitetos)[252] ou manuais (pedreiros, marceneiros, eletricistas, canalizadores, entre outras) –, nem os empresários civis, designadamente agrícolas ou que correspondam a pequenas indústrias familiares, exceto se organizados sob a forma de sociedade comercial. Isto é, o Direito Comercial não é

[251] Seguimos, quase textualmente, o nosso *Direito Comercial e do Mercado*, 2ª ed., 2018, pp. 21-22.

[252] Note-se que esta afirmação é aplicável sem restrições aos casos em que os sujeitos exercem a atividade individual ou associadamente sem organização empresarial. Quando as sociedades de advogados atingem grande dimensão (com mais de uma centena de profissionais), como sucede com algumas das que atuam no nosso mercado, a sua dimensão empresarial é indiscutível, encontrando-se hoje autorizadas a adotarem forma de sociedade comercial (cfr. art. 4º, nº 1 da Lei das Sociedades Profissionais – L 53/2015, de 11 de junho – e art. 213º, nº 1 do Estatuto da Ordem dos Advogados, aprovado pela L 145/2015, de 9 de setembro). O seu *capital* continua, porém, a consistir e a basear-se na respetiva clientela.

suposto tratar destas realidades, embora acabe por o fazer se as empresas a que as mesmas correspondem adotarem a forma de sociedade comercial. Nesse caso, diremos que a forma (comercial) se sobrepõe à substância (civil).

A lei comercial (o Código Comercial[253]) exclui expressamente do âmbito do comércio (em sentido lato, incluindo jurídico) a agricultura, os ofícios mecânicos diretamente exercidos (a chamada pequena empresa) e a atividade literária, bem como as atividades que lhes sejam

[253] O Código Comercial atual, publicado em 1888, sob a égide do então Ministro dos Negócios Eclesiásticos e da Justiça, Francisco Veiga Beirão, sistematizava-se inicialmente em quatro livros – «*Do Comércio em Geral*», «*Dos Contratos Especiais do Comércio*», «*Do Comércio Marítimo*» e «*Das Falências*» –, cada um deles dividido em títulos e estes, por sua vez, em capítulos e secções.
O Código – que representa o diploma com essa natureza há mais tempo vigente, e consequentemente mais antigo, no ordenamento jurídico português e o único que subsiste desde o século XIX – nasceu com a vocação de abarcar a totalidade da matéria comercial, existente e que, no futuro, viesse a surgir (cfr., nesse sentido, o nº 4º da Carta de Lei de 28 de junho de 1888, que o aprovou), prevendo que a legislação comercial que, desde então, fosse aprovada o viesse a integrar.
Contudo, ao invés do previsto, viria a ser profundamente amputado durante a sua longa vigência, perdendo algumas das suas matérias para diplomas autónomos, como sucedeu primeiramente, em 1889, com os artigos 692º a 749º (Livro Quarto), relativos à *Falência*, expressamente revogados pelo Código das Falências (aprovado pelo Decreto de 26 de julho de 1889), e que hoje consta do Código da Insolvência e Recuperação de Empresas (de 2004), em seguida com as Letras, Livranças e Cheques (artigos 278º a 343º) – matéria que passaria a ser regulada pelas respetivas Leis Uniformes de Genebra, de 1930 e 1931 –, mais tarde com as cooperativas (artigos 207º a 223º), com as sociedades comerciais (artigos 104º a 206º) e com as bolsas e corretores (arts. 64º a 92º), substituídos pelos Códigos Cooperativo, das Sociedades Comerciais (aprovado pelo Decreto-Lei nº 262/86, de 2 de setembro) e do Mercado de Valores Mobiliários (aprovado pelo Decreto-Lei nº 142-A/91, de 10 de abril), posteriormente substituído pelo atual Código dos Valores Mobiliários (1999), com diversos contratos comerciais [sendo o último o contrato de seguro, cujas disposições legais constantes do Código (artigos 425º a 462º) seriam substituídas, em 1 de janeiro de 2009, pelo nova lei do contrato de seguro, constante do Decreto-Lei nº 72/2008, de 16 de abril] e com inúmeras normas de Direito Marítimo. Paralelamente, alguns institutos comerciais que não eram conhecidos no século XIX, ou não se encontravam dogmaticamente autonomizados, não seriam regulados no Código Comercial, constando de legislação avulsa, casos do contrato de agência (aprovado pelo Decreto-Lei nº 178/86, de 3 de julho, ainda vigente), da mediação e angariação imobiliária (cfr. Lei nº 15/2013, de 8 de fevereiro, que substituiu o DL nº 211/2004, de 20 de agosto, que, por sua vez, substituíra o Decreto-Lei nº 77/99, de 16 de março), ou mantendo-se como negócios atípicos – isto é, não regulados na lei –, caso da concessão comercial.

acessórias, tais como empresas de transformação acessórias de empresas agrícolas (*i. e.*, delas primordialmente dependentes) (cfr. art. 230º, § 1º do Código Comercial[254]) e a edição de obras próprias (art. 230º, § 3º).

Mas o Direito Comercial trata também dos negócios que instrumentalizam a atividade económica dos comerciantes e de todos aqueles que com estes se relacionam, no exercício dessa atividade, e ainda de certos negócios que, por serem típicos da vida mercantil, estão sujeitos a um regime próprio, independentemente da qualidade dos respetivos sujeitos e da intensidade (repetida ou esporádica) com que são praticados.

O Direito Comercial inspira o seu nome no sector de atividade que pretende regular – o comércio –, dentro do qual encontramos dois estádios: o comércio por grosso e o comércio a retalho. Mas, desde o início, este ramo veio absorvendo a realidade básica de outros aspetos da vida económica, como diversos serviços e a indústria.

Não obstante o relevo dos comerciantes, caracterizados pela profissionalidade da sua atuação ou da sua qualificação legal, inclinamo-nos para entender o Direito Comercial como o conjunto de regras que regulam os atos e as atividades jurídico-mercantis.

O Direito Comercial é, hoje, um conceito em mutação, evoluindo claramente para um **Direito do Mercado**[255], caracterizado por, um lado,

[254] Reportam-se ao Código Comercial português de 1888 (ainda) vigente todas as disposições legais que, neste capítulo III (com exceção dos nºs 15 e 19), não forem especialmente referenciadas, salvo se do contexto resultar tratar-se de diferente fonte. Chama-se a atenção para o facto de, no texto oficial (do Código), não constarem epígrafes, pelo que, sendo prática dos compiladores identificarem os preceitos legais poderá haver divergências entre as diversas edições (de Código Comercial) disponíveis.

[255] Trata-se de aspeto que reconhecíamos já na nossa dissertação de doutoramento, *Cheque e Convenção de Cheque*, cit., 2009 (e sublinhado nas nossas *Lições* cit., pp. 6-7), quando afirmávamos – na respetiva Introdução, que passamos a reproduzir parcialmente – que no «*início do século XXI julgamos que talvez não tenha sentido continuar a falar de Direito Comercial – independentemente da perspectiva ou orientação que configure este ramo do Direito, partindo do estudo dos respectivos sujeitos para a análise do regime das operações comerciais ou centrando imediata e directamente a atenção nestas e qualificando os intervenientes habituais na vida mercantil como entidades comerciais*» (p. 1) e acrescentávamos que o «*mundo negocial já não se esgota seguramente no Direito Civil e no Direito Comercial, como durante séculos aconteceu. A generalização das transacções comerciais e a multiplicação dos agentes económicos, por um lado, e a prática crescente de actos tradicionalmente comerciais por parte de particulares, por outro, facilitada pelo vertiginoso desenvolvimento das comunicações, a que acresce a intervenção estadual nesse domínio – ainda que indirecta (concretizada através de empresas de natureza privada e sujeitas a regras jurídicas de Direito Privado) – suscita a questão, pertinente, sobre a consideração de um novo grande ramo da ciência*

pela qualidade dos agentes económicos intervenientes (produtores, intermediários e prestadores de serviços), os quais se qualificam essencialmente pela complexidade crescente das respetivas organizações (dos modelos como se apresentam no mercado para exercer a respetiva atividade), e, por outro lado, pela natureza das operações económicas, predominantemente estandardizadas, e submetidas a uma mesma regulamentação, independentemente dos respetivos intervenientes (operações com valores mobiliários em geral, isoladas ou em mercado regulamentado – títulos de crédito, ações, obrigações e instrumentos financeiros equiparados –, direitos privativos da propriedade industrial), a qual tutela especificamente a operação em causa e, em geral e simultaneamente, assegura a sã concorrência entre os diversos agentes económicos, salvaguardando naturalmente os interesses dos consumidores[256].

Por sua vez, a globalização do mercado coloca novos desafios à regulação de relações crescentemente transnacionais, conduzindo ao aparecimento de novas formas de autorregulação de interesses, com origem convencional, que gradualmente se vão afirmando na disciplina das relações do comércio internacional, fazendo renascer práticas que durante mais de um século cederam terreno ao rigor das normas jurídicas nacionais. Contudo, em paralelo com a aceitação de novas regras especial-

jurídica – o Direito do Mercado –, no qual entroncariam as matérias classicamente estudadas no Direito Comercial e todas as que resultaram da generalização das suas práticas ou de novos negócios e da necessidade de uma crescente disciplina pública dos mesmos» (pp. 1-2). E arriscámos, então – de forma que ainda consideramos válida –, delimitar o objeto deste novo grande ramo do Direito. Escrevemos: «*O Direito do Mercado estudaria os agentes económicos em geral – entre os quais, naturalmente, as Sociedades Comerciais – e, a par dos Contratos Comerciais, os Valores Mobiliários e os Títulos de Crédito. O seu âmbito seria balizado por normas regulatórias, de carácter geral – integrantes do Direito da Concorrência, em sentido lato (isto é, incluindo regras de Propriedade Industrial, de repressão da concorrência desleal e de defesa da concorrência) – e com diferentes incidências sectoriais*» (*ibid.*, p. 2, nota 23).
Escrevendo recentemente, e aproximando o Direito Comercial do Direito Empresarial, Ricardo Costa, «O Direito Comercial Português: Direito misto, autónomo e basicamente empresarial», AA.VV., *Para Jorge Leite. Escritos Jurídicos*, vol. II, Coimbra Editora, Coimbra, 2014 (pp. 121-146), em especial pp. 141-146.

[256] Por isso, não deve surpreender que, a tornar-se realidade autónoma, este novo (grande) ramo do Direito (do Mercado) abrangerá também, e naturalmente, os próprios consumidores, a cujos interesses estenderá a sua vasta tutela, nos termos que hoje são conhecidos e que se concretizam numa já clara diferenciação entre os regimes aplicáveis aos negócios que os envolvem e aos negócios que se restringem aos sujeitos comerciais e entidades profissionais.

mente adequadas a regular situações jurídicas privadas plurilocalizadas, sente-se a necessidade de uma supervisão ampla e multidisciplinar, também internacional, do desempenho dos agentes económicos em mercados cada vez mais alargados.

12.1.2. *Comércio em sentido económico e comércio em sentido jurídico*

Em sentido económico, o **comércio** consiste numa atividade de intermediação, que tem origem na troca de mercadorias (*commutatio mercium*). E este significado etimológico veio a sofrer, ao longo dos tempos, uma evolução notável e um desenvolvimento acentuado, proporcionado pela criação e divulgação da moeda. O comércio passa a configurar-se como atividade de compra de bens para obter um ganho com a respetiva revenda. É a atividade de (inter)mediação entre a oferta e a procura, no plano das compras e vendas por grosso e a nível do retalho – os quais se confundem amiúde na atualidade, reconduzindo-se à moderna ideia de distribuição –, ou seja, consiste na mediação entre a produção e o consumo, com a finalidade de obter um **lucro**.

Ora, o sentido de comércio dominante da época liberal, de que ainda é fruto o Código Comercial, corresponde ao significado económico e comum (da palavra), reconduzindo-se à mediação entre a produção e o consumo, com o fito de obter um ganho. Nesses termos, o comércio era a atividade que, exercida profissionalmente, como meio habitual de vida, qualifica(va), no quadro desse nosso diploma (art. 13º, nº 1 do CCom), o comerciante-pessoa singular.

Não se pense, contudo, que do Código Comercial português ressalta apenas uma noção económica de comércio, só essa importando ao nosso sistema. Não!

Juridicamente, o comércio é a atividade objeto do Direito Comercial.

Por isso, vamos ter de construir esta noção, tomando por referência o respetivo enquadramento legal, nomeadamente o disposto no Código Comercial e em legislação avulsa mercantil.

Nesses termos, e como veremos, o **comércio**[257] abrange todos os atos qualificados como tais (atos de comércio, objetivos e subjetivos) – e que,

[257] Vd. Paulo Olavo Cunha, «Comércio – DIR», AA.VV., *Enciclopédia Verbo*, Edição Século XXI, Verbo, Lisboa / São Paulo, 1998, vol. 7, cols. 551-558, e *Direito Comercial e do Mercado*, 2ª ed., 2018, pp. 28-30.

tradicionalmente, correspondem ao comércio em sentido económico –, bem como as atividades mercantis a que se refere o artigo 230º, nomeadamente parte da indústria extrativa (atividade mineira), a indústria transformadora e a prestação de serviços (que não se reconduza ao exercício de uma profissão liberal, de forma autónoma e isolada); mas já não os atos formalmente comerciais, como, por exemplo, atos de natureza cambiária, tal como a simples subscrição de uma letra (de câmbio) ou de um cheque, ou característicos do Direito da Propriedade Industrial.

Por sua vez, e como vimos, o Código Comercial afasta do domínio do comércio as atividades económicas primárias (agricultura e atividades fabris dela instrumentais), o exercício direto da atividade económica sob a forma de pequena empresa ou empresa de base familiar e iniciativas pessoais que, noutras circunstâncias dirigidas fundamentalmente para o mercado, se qualificariam, sem dificuldade, como mercantis.

Não existe, assim, uma coincidência absoluta entre a realidade económico-social e a que é objeto do Direito Mercantil, que compreende também outros serviços e a própria indústria.

12.1.3. *O artigo 1º do Código Comercial*

Da leitura e análise do primeiro preceito do nosso Código Comercial (**artigo 1º:** «*A lei comercial rege os atos de comércio sejam ou não comerciantes as pessoas que neles intervêm*») retira-se que a inclinação do nosso legislador (finais do século XIX) era, essencialmente, objetivista, encontrando-se então claramente influenciada pelo Código de Comércio francês de 1807, que, como os demais diplomas que lhe foram contemporâneos, assumia uma matriz claramente objetivista (e igualitária) na sequência da Revolução (francesa) de 1789.

O artigo 1º do segundo (e ainda atual) Código Comercial português pretendeu tornar claro que este diploma se aplicaria a todos os atos e contratos mercantis, não sendo exclusivo de uma classe profissional. Esta inclinação encontra-se, porém, mitigada pela qualificação direta de certas entidades como comerciantes (caso das sociedades comerciais – art. 13º, nº 2), pelo reconhecimento da comercialidade da generalidade dos contratos por estes celebrados (art. 2º, II parte) e, sobretudo, pela qualificação como comerciais de todas as atividades empresariais de carácter económico, em que na produção de bens e prestação de serviços para o mercado é, especialmente, relevante o risco do capital.

12.1.4. *Qualificação e regime de Direito Comercial*

A matéria de Direito Comercial pode ser delimitada por uma de duas diferentes conceções.

A primeira consiste em saber quais os atos que são característicos da atividade comercial e, em função destes atos, ver se se lhes aplica o regime especial. Trata-se de uma **conceção** nitidamente objetiva de Direito Comercial. Dir-se-á que estes atos (ou factos) que implicam a existência de determinadas regras são comerciais independentemente de quem os praticar.

A outra conceção reconduz-se à identificação prévia dos sujeitos que se movem no âmbito de uma certa atividade e à subsequente procura dos atos que são característicos e que, em regra, são praticados por eles. Está aqui patente uma **conceção subjetiva** de Direito Comercial.

A predominância de um destes entendimentos varia, de país para país, consoante a força histórica que tiver sido dominante, mas nenhuma pode, nem deve descurar a outra.

12.2. A noção de atos de comércio e os modernos contratos comerciais[258]

Os negócios jurídico-mercantis, e em especial os contratos comerciais, enquadram-se nos atos de comércio a que se refere o Código Comercial português, logo no seu artigo 1º, como vimos.

12.2.1. *O sistema dos atos de comércio: o artigo 2º do Código Comercial. Enquadramento da questão da qualificação dos atos jurídicos mercantis*

O Código Comercial não avança uma definição de ato de comércio, nem parece possível construir um conceito unitário com base nas suas normas.

A expressão **atos de comércio** abrange, para além dos negócios jurídicos (em que avultam os contratos), os simples atos jurídicos e os factos ilícitos, geradores de responsabilidade extracontratual.

[258] Cfr. Jorge Coutinho de Abreu, *Curso de Direito Comercial*, I, 12ª ed., 2019, pp. 63-108, José Engrácia Antunes, «O regime jurídico dos actos de comércio», *Themis*, ano IX, nº 17, 2009 (pp. 19-60), e Filipe Cassiano dos Santos, *Direito Comercial Português*, vol. I, cit., 2007, pp. 60-91 e 95-103.

O **artigo 2º** do Código Comercial é uma norma qualificadora do Direito Comercial.

A **primeira parte**[259] refere-se aos atos de comércio objetivos – aqueles que são comerciais, independentemente do sujeito que os pratica (isto é, ainda que o seu autor não seja comerciante) – e a **segunda parte** diz-nos o que se entende por atos de comércio subjetivos: os atos praticados por comerciante são comerciais, exceto se forem de natureza exclusivamente civil, ou se se mostrar que o ato não é comercial, ou seja, se resultar do ato que ele não é acessório da atividade mercantil do comerciante que o praticou (isto porque a lei parte do pressuposto de que todos os atos são acessórios da atividade mercantil do seu autor).

A qualificação dos atos de comércio em razão da sua autoria – isto é, ser comerciante aquele que os pratica – só faz sentido relativamente ao empresário individual, visto que os atos das sociedades comerciais são mercantis por definição.

A ideia da lei comercial é a de que a maioria dos atos jurídicos praticados por um comerciante (individual) se enquadra na sua atividade profissional, isto é, no exercício da atividade mercantil.

No que respeita aos **atos de comércio objetivos**[260] estão fundamentalmente em causa os contratos regulados no Código Comercial, com

[259] «*Serão considerados actos de comércio todos aqueles que se acharem especialmente regulados neste Código*».

[260] Podem sistematizar-se em três diferentes categorias:

Atos absolutos, ou seja, aqueles que são comerciais por natureza, isto é, os negócios jurídicos que têm por objeto o comércio como atividade de intermediação entre a oferta e a procura, com a finalidade de obtenção de um ganho. Por isso, estes atos também são conhecidos por "atos intencionais". Enquadram-se nesta categoria os seguintes atos e atividades, que podemos sistematizar em subgrupos:

A) Atos de intermediação. A estes atos reconduzimos a compra e venda comercial (art. 463º) – isto é, a compra para revenda –, a troca (art. 480º), o aluguer (art. 481º), a conta corrente (art. 344º) e o reporte (art. 477º).

B) Atos industriais, tais como fabricação (indústria transformadora, em geral) (art. 230º, nº 1), edição (art. 230º, nº 5), construção e obras (públicas e privadas) (art. 230º, nº 6).

C) Atividades ou operações financeiras; casos das operações de banco (arts. 362º a 365º e RGIC) e outras.

D) Atividades aleatórias, como o seguro, objeto da atual lei do contrato de seguro, aprovada pelo DL 72/2008, de 16 de abril.

E) Prestação de serviços. Nesta categoria englobamos o agenciamento (art. 230º, nº 3), a promoção de espetáculos públicos (art. 230º, nº 4) e o transporte (arts. 230º, nº 7, incluindo a aviação, por interpretação extensiva, e 366º).

especialização ou com autonomia relativamente aos contratos civis – como acontece, por exemplo e respetivamente, com a **compra e venda** (arts. 463º a 476º do CCom *versus* arts. 874º a 939º do CC), o **mandato** (arts. 231º a 265º do CCom *versus* arts. 1157º a 1179º do CC), **empréstimo** ou mútuo (arts. 394º a 396º do CCom *versus* arts. 1142º a 1151º do CC), **depósito** (arts. 408º a 424º do CCom *versus* arts. 1185º a 1206º do CC), **fiança** (art. 101º do CCom *versus* 627º a 654º do CC) e **penhor** (arts. 397º a 402º do CCom *versus* arts. 666º a 685º), por um lado, e com os contratos de **conta corrente** (arts. 344º a 350º do CCom) e **reporte** (arts. 477º a 479º do CCom), por outro – e na legislação extravagante publicada posteriormente, casos das **operações de bolsa** (cfr. arts. 321º a 343º do CVM).

Em acréscimo aos atos objetivos de comércio[261], também se enquadram nos negócios dos comerciantes (individuais) todos os atos que eles

A relevância destes atos reside no facto de revestirem caráter mercantil, em qualquer circunstância e independentemente da qualidade de quem os pratica ou da existência de outro ato que, com eles, se relacione.
Atos objetivos por acessoriedade objetiva que se caracterizam por terem uma conexão com um outro ato de comércio, designadamente com um ato absoluto. Nesta categoria é ainda possível estabelecer dois subgrupos se autonomizarmos os atos que são instrumentais (que constituem garantia daqueles de que são acessórios) dos demais. Assim, nos atos instrumentais, englobamos a fiança (art. 101º) e o penhor (art. 397º), e nos outros incluímos o mandato (art. 231º), a comissão (art. 266º), o empréstimo (art. 394º) e o depósito (art. 403º).
Finalmente há contratos que são mercantis se forem celebrados por sujeitos de Direito Comercial. Dizemos que são **objetivos por acessoriedade subjetiva**. Temos em mente o transporte (art. 366º, parcialmente revogado, no tocante ao transporte rodoviário de mercadorias, pelo Decreto-Lei nº 239/2003, de 4 de outubro).

[261] Na qualificação destes atos de comércio poderemos recorrer seguramente à interpretação extensiva, pressupondo que o negócio cuja natureza se pretende determinar também não se encontra especialmente regulado em legislação extravagante (de caráter mercantil) – como sucede, por exemplo, com o trespasse de estabelecimento ou com o arrendamento comercial –, casos em que será imediatamente comercial.
Para além dos atos previstos no artigo 2º, alguns autores defendem que haveria uma terceira categoria de atos que, não sendo abrangidos nem pela I, nem pela II parte dessa disposição legal, seriam comerciais se se encontrassem em íntima conexão com um ato abrangido na I ou na II parte desse mesmo preceito. Constituía exemplo clássico deste tipo de atos, o transporte de bens para revenda (por não comerciante), que seria um ato conexo com o artigo 463º, nº 1, visto tratar-se de um ato necessário à concretização do ato de revenda.
Aceitar a teoria do acessório seria equivalente a recorrer à analogia (para atribuir natureza comercial a determinado ato). Acresce que a teoria do acessório não definia precisamente em que é que consistia a *conexão* relevante, pelo que era de afastar.

praticam quotidianamente e que não são de natureza exclusivamente civil[262], sempre que não resulte, no momento da celebração do ato, "o contrário", isto é, que o ato não tem nada a ver com a atividade do comerciante[263].

É a propósito destes atos que podemos hoje concluir que a forma do negócio (compra e venda de géneros alimentares por pessoa singular faturada à respetiva empresa individual, ainda que os bens se destinem a consumo, *v.g.*) se sobrepõe e qualifica a respetiva substância (como mercantil).

12.2.2. *O conceito de comerciante: o artigo 13º, 1º, do Código Comercial*

Comerciante é aquele que faz do exercício do comércio profissão, a pessoa que se dedica habitualmente, como meio de vida, à prática de atos de comércio (absolutos), nomeadamente compra para revenda[264].

Também são comerciantes as pessoas que se propõem exercer uma atividade mercantil (nos termos do art. 230º) e as empresas coletivas, organizadas sob a forma de sociedades comerciais, só pelo simples facto

Por sua vez, os **atos formalmente comerciais** são aqueles que, tendo sido regulados inicialmente como típicos dos comerciantes, se autonomizaram, generalizando-se a todos os sujeitos, casos paradigmáticos dos atos cambiários (que paralelamente se autonomizaram formalmente, sendo objeto de regulamentação própria e especial, em separado do Código Comercial, onde foram originariamente regulados), das operações de bolsa e de outros valores mobiliários e dos atos característicos do Direito da Propriedade Industrial.

[262] Há atos que, pela sua essência, nunca podem ter natureza comercial. São eles, pela positiva, atos de natureza fundamentalmente pessoal – tais como o casamento, a perfilhação, a adoção e o testamento – e, pela negativa, atos que não sejam suscetíveis de constituir objeto de regulamentação comercial, não integrando «um género de que uma espécie» esteja regulada em legislação mercantil, nem correspondam ao «núcleo característico das actividades» comerciais (Neste sentido, Fernando Olavo, *Direito Comercial*, vol. I, 2ª ed., Coimbra Editora, 1978, pp. 85-90, em especial p. 90). Ora, os atos que sejam, na sua pureza, gratuitos, ainda que revistam conteúdo patrimonial, como o comodato (arts. 1129º a 1141º do CC) e a doação (arts. 940º a 979º do CC), não visam o lucro, não constituindo uma espécie de um género regulável no Código Comercial ou em legislação mercantil avulsa.

[263] Na dúvida – e desde que não tenha natureza exclusivamente civil –, o ato será qualificado como ato de comércio. Isto é, se da sua prática não resultar – para um destinatário normal – que não foi praticado no exercício do comércio do comerciante, será considerado como tendo sido realizado nesse âmbito. Ainda por outras palavras, o ato só não será comercial se da sua prática resultar a sua finalidade, *maxime* que nada tem a ver com o exercício do comércio do seu autor (e se qualifica, pois, como não comercial ou civil).

[264] Cfr. o nosso artigo «Comerciante», na *Enciclopédia Verbo*, Edição Século XXI, Verbo, Lisboa / São Paulo, 1998, vol. 7, cols. 550-551.

de existirem (art. 13º, nº 2). E também, em certas circunstâncias as cooperativas e empresas públicas.

O âmbito e alcance do artigo 13º, em especial do seu nº 1, são muito reduzidos, porquanto os comerciantes (ou empresários) individuais – isto é, os sujeitos de Direito Comercial que não estão organizados sob forma societária – são em número cada vez mais reduzido, não tendo o respetivo volume de negócios expressão na economia portuguesa.

A crescente diminuição e a tendencial extinção do comerciante individual conduzirão necessariamente ao esbatimento da relevância da qualificação da matéria comercial, uma vez que os respetivos sujeitos passam a sê-lo por definição e não por efeito da atividade profissional que exercem, encontrando-se regulados por regras próprias.

12.3. **Os atos preparatórios da atividade comercial**

12.3.1. ***O regime jurídico aplicável aos atos preparatórios da atividade mercantil***

Nos casos em que a empresa reveste a forma de sociedade comercial e se apresenta no mercado como mercantil podemos concluir que todos os seus atos correspondem ao exercício da atividade que corresponde ao seu objeto e que são praticados no âmbito da sua capacidade.

Relativamente aos sujeitos de Direito Comercial que se caracterizam em função dos atos que se praticam de forma habitual subsiste por explicar a natureza dos atos preparatórios da respetiva atividade. Tais atos são comerciais por se enquadrarem na respetiva atividade comercial por efeito do disposto no artigo 230º do Código Comercial.

12.3.2. ***Âmbito e relevância do artigo 230º do Código Comercial***

O artigo 230º não se limita a qualificar determinadas empresas como comerciais. O seu alcance objetivo é fundamentalmente o de determinar as empresas como atos de comércio.

A atividade empresarial exercida nos termos do artigo 230º terá uma relevância específica se considerarmos que a noção de ato de comércio compreende outras duas substancialmente distintas:

- a de ato isoladamente considerado;
- a de atividade.

Com efeito, há atuações que só têm significado na medida em que se integrem num conjunto de atos que visem obter o mesmo efeito económico. Assim, quando a lei apenas prevê a atividade (caso do art. 230º, mas não apenas) quer significar que o ato isoladamente praticado não preenche os requisitos de comercialidade; logo não é comercial, visto não ser uma prática massificada de atuação. Os atos previstos no artigo 230º para serem comerciais devem ser reiteradamente praticados com intuito especulativo, utilizando para tanto uma organização.

12.3.3. *O artigo 230º como norma qualificadora autónoma da matéria mercantil*

Para alguns comercialistas não há apenas uma norma qualificadora no nosso Direito Comercial, mas sim duas: as dos artigos 2º (I Parte) e 230º do Código Comercial.

O artigo 2º, I Parte, consagra atos de comércio objetivos. O alcance desta norma é muito reduzido, pois trata-se aí apenas de atos (contratos) isolados, que não se inserem (necessariamente) numa atividade profissional; isto é, podem ser praticados por qualquer sujeito.

O artigo 230º é uma norma qualificadora autónoma referida às empresas comerciais. Em parte alguma do nosso Código se diz que a empresa é um ato de comércio (um contrato comercial). Ao qualificar as empresas comerciais, o artigo 230º qualifica simultaneamente o empresário – há uma subjetivação da empresa. Diz-se que, sendo a empresa comercial, o empresário também o é. Mas, para se ser comerciante, ao abrigo do artigo 230º, não é necessário que se pratique um ato (se celebre um contrato), basta que se *proponha* o exercício de uma atividade empresarial, pois isso já é exercício da prática do comércio. E é neste aspeto que reside a contribuição desta regra quando foi aprovada e integrada no Código.

O simples facto de a empresa (de base singular) ser comercial quando se propõe a prática de atos de comércio reconduz ao Direito Comercial os atos relativos à sua organização (atos de constituição e de instalação) que, de outro modo, não seriam qualificáveis como comerciais, visto serem praticados antes do início da atividade comercial propriamente dita. Quando o empresário individual se encontra a montar o seu estabelecimento, desde a identificação do espaço adequado, à celebração do contrato para a respetiva utilização, passando pelas obras de adaptação necessárias e intervenção no plano de decoração, contratação dos mandatários comerciais (gerente de loja e auxiliares) e realização das primeiras encomendas de mercadoria, os contratos que celebra já são mercantis, apesar de o seu autor não ser (ainda) comerciante, por efeito do artigo 13º, por não se encontrar a exercer a atividade comercial.

12.4. Atos de comércio puros e mistos; regime dos atos de comércio mistos: o artigo 99º do Código Comercial

No que respeita aos atos bilaterais, ou contratos – isto é, aqueles que produzam efeitos diferenciados, regulando unitariamente interesses distintos –, levanta-se um problema de regime aplicável, sempre que forem comerciais relativamente a uma das partes e não o forem quanto à outra.

Com efeito, não se afigura possível aplicar ao mesmo ato – apesar de se qualificar como comercial relativamente a um sujeito (aquele que participa profissionalmente) e civil ou não comercial em relação ao outro (o que intervém pontualmente à margem de uma atividade profissional mercantil ou de um ato com essa natureza) dois regimes jurídicos diferentes e eventualmente contraditórios.

A questão consiste, pois, em saber que regime aplicar a esses atos: o civil (que consta do Código Civil), o (da lei) comercial ou outro regime?

Exemplificando: um particular adquire um automóvel num *stand* (cfr. art. 464º, nº 1). *Quid juris? Isto é, esse negócio é regulado pela lei comercial ou pelo Código Civil?*

Estamos perante um ato comercial relativamente ao titular do estabelecimento comercial (*stand*) – quer este seja uma sociedade comercial (com objeto adequado ao efeito), quer se trate de um empresário individual que tenha adquirido a viatura para revenda –, mas civil no que respeita ao adquirente, que compra o automóvel para utilização pessoal e particular (cfr. art. 464º, 1º, do CCom).

Não fazendo sentido que o mesmo ato se encontre sujeito a um regime jurídico relativamente a uma das partes e a diferente regime quanto à outra parte, encontramos uma solução no art. 99º do Código Comercial que unificou o regime aplicável aos atos mistos, estendendo o regime mercantil aos particulares que, enquanto consumidores, celebrem negócios com os comerciantes. Assim, um negócio que só seja comercial por uma das suas partes – por exemplo, pelo lado do comerciante que vende uma fração autónoma para habitação a um particular –, mas civil pela outra parte, pelo lado do particular que compra a dita fração (vd. art. 463º, 4º do CCom), é um negócio misto e regido inteiramente pelo Direito Comercial.

12.5. **Os contratos comerciais**; *remissão*

Por fim, impõe-se uma chamada de atenção para os atos de comércio mais significativos e claramente dominantes que caracterizaremos sucintamente adiante (cfr., *infra*, cap. V): os contratos comerciais. É essencialmente essa categoria (de atos de comércio) que a lei pretende qualificar e sujeitar ao regime jurídico-mercantil.

13. Empresa e estabelecimento comercial[265]

Com os sujeitos de Direito Comercial e do Mercado não se confundem realidades que lhes são próximas e que constituem estruturas de organização da respetiva atividade. Temos em mente duas figuras jurídicas distintas que se impõe caracterizar brevemente: a empresa e o estabelecimento comercial.

Enquanto a primeira constitui o substrato do sujeito de Direito Comercial, cuja atividade é necessariamente empresarial, a segunda é a referência espacial da sua atividade, a qual hoje já não se confina necessariamente a um espaço físico, mas vai muito para além dele, correspondendo, em certos casos, exclusivamente a um *website*. Tal acontece, por exemplo, com a *Amazon*.

Como veremos em seguida, a empresa comercial confunde-se amiúde com a sociedade que lhe dá forma jurídica e esta, por vezes, não se distingue do estabelecimento em que opera através da empresa, pela coincidência das respetivas designações, isto é, da firma com o nome do estabelecimento, atualmente genericamente conhecido por logótipo.

[265] Diferenciando precisamente estas realidades, FERNANDO OLAVO, *Empresa e Estabelecimento Comercial*, Lisboa, 1963, pp. 10-11.

Exemplificando, *Continente* é a empresa de distribuição alimentar, a sociedade anónima em que a mesma se consubstancia juridicamente e o nome do estabelecimento onde esta promove e realiza a sua atividade mercantil.

13.1. A empresa comercial

13.1.1. *A empresa (em geral)*

Em sentido lato, a **empresa** é a organização autónoma e intencional de meios – humanos e materiais – apta à realização de uma finalidade útil.

Num sentido mais específico e económico, a **empresa** é uma organização produtiva ou mediadora de riqueza, que exerce de forma estável, a sua atividade (económica) em função do mercado a que se dirige.

Paradoxalmente, não há um conceito jurídico uniforme de empresa[266]. Dizemos paradoxalmente porque, em regra, cabe ao Direito regular, com a maior precisão possível, a vida social, conceptualizando as realidades que desta fazem parte e nas quais se inclui a **empresa**, pois o Direito Comercial (tal como o Direito Empresarial) justifica-se em função de um mercado de concorrência, aspeto que caracteriza precisamente a empresa: a produção de bens e serviços para o mercado.

Uma primeira dificuldade com que deparamos consiste em adiantar uma definição jurídica de empresa; escolho subsequente reside em definir um estatuto jurídico para a empresa.

São alguns ramos do Direito que, isoladamente, se ocupam da ideia de empresa, fazendo realçar compreensivelmente os fatores que em cada um deles mais e melhor a caracterizam.

Para o **Direito do Trabalho** a empresa é «uma organização de meios estável predisposta para a realização de certo fim útil pelo seu titular, o

[266] Sobre a dificuldade em encontrar um conceito jurídico unitário de empresa, vd., por todos, a dissertação de doutoramento de Jorge Coutinho de Abreu, *Da empresarialidade (As empresas no Direito)*, Almedina, Coimbra, 1996, em especial pp. 281-308.
A questão já havia sido abordada com razoável desenvolvimento por Orlando de Carvalho, na sua dissertação (também de doutoramento) *Critério e estrutura do estabelecimento comercial*, Atlântida Editora, Coimbra, 1967, nota 52 (pp. 96-104).

qual, mediante contratos de trabalho, emprega outras pessoas na realização desse fim»[267].

Assinale-se, por um lado, a ideia do fator trabalho e, por outro lado, o carácter estável da empresa. Quanto ao fator trabalho, a relevância da empresa manifesta-se, fundamentalmente, no facto de ela ser suporte da tutela da continuidade do emprego e na estabilidade da posição sócio profissional do trabalhador que a integra (cfr. art. 318º do Código do Trabalho). Percebe-se aqui uma certa forma de objetivação da empresa, a qual será, neste ramo, de certo modo, sinónima de estabelecimento.

No campo do **Direito Fiscal** nenhum texto legal define empresa.

Sob um prisma jurídico-comercial, a relevância da figura reside no facto de se tratar de realidade suscetível de se constituir como sujeito autónomo de Direito. A este propósito, chame-se a atenção para o artigo 5º do Código da **Insolvência** e da Recuperação de Empresas (CIRE), onde se procura conceptualizar, de modo extremamente simplificado, a empresa com base num critério de unidade institucional: «(...) *considera-se empresa toda a organização de capital e de trabalho destinada ao exercício de qualquer atividade económica*»[268].

[267] Monteiro Fernandes, «A empresa – Perspectiva jurídica», *in Enciclopédia PÓLIS*, vol. II, cols. 928-934. Com maiores desenvolvimentos nas lições citadas de *Direito do Trabalho*, 2012, pp. 211-214.
Referindo que o recurso à noção de empresa – de que o Código do Trabalho avança quatro tipos (microempresa, pequena empresa, média empresa e grande empresa) (cfr. art. 91º) – resolveu o problema da «configuração do empregador», Pedro Romano Martinez, *Direito do Trabalho*, 7ª ed., 2019, pp. 149-150.
Acentuando o relevo económico da *empresa laboral*, enquanto unidade económica produtiva e salientando «a diferença de perspectiva do direito do trabalho e do direito comercial perante o fenómeno da empresa», Maria do Rosário Palma Ramalho, *Grupos Empresariais e Societários. Incidências laborais*, Almedina, Coimbra, 2008, pp. 30-32.
Sobre esta problemática, vd. também João Leal Amado, «Microempresa e Direito do Trabalho: o dilema dimensional», AA.VV., *Nos 20 anos do Código das Sociedades Comerciais. Homenagem aos Profs. Doutores A. Ferrer Correia, Orlando de Carvalho e Vasco Lobo Xavier*, vol. I – *Congresso Empresas e Sociedades*, Coimbra Editora, Coimbra, 2007 (pp. 399-414), e Menezes Cordeiro, *Direito do Trabalho I*, 2019, pp. 584-590.

[268] Em anotação ao Código da Insolvência e da Recuperação de Empresas atual, Luís A. Carvalho Fernandes e João Labareda, *Código da Insolvência e da Recuperação de Empresas Anotado*, 3ª ed. (póstuma a Carvalho Fernandes), Quid Juris, Lisboa, 2015, concluem ser a noção legal de empresa, para além de «eminentemente pragmática», «válida apenas no âmbito do *Código*» (p. 97).

No âmbito do **Direito da Concorrência** encontramos, no art. 3º da Lei nº 19/2012, de 8 de maio, um conceito de empresa que, para efeitos da LC, reconduz a esta realidade «*qualquer entidade que exerça uma atividade económica que consista na oferta de bens ou serviços num determinado mercado, independentemente do seu estatuto jurídico e do seu modo de funcionamento*» (nº 1). Por sua vez, o nº 2 da mesma disposição legal integra numa «*única empresa o conjunto de empresas que, embora juridicamente distintas, constituem uma unidade económica ou mantêm entre si laços de interdependência decorrentes, nomeadamente, de uma participação maioritária no capital* ou nos direitos de voto, *da possibilidade de designar* a maioria *dos membros dos órgãos de administração ou de fiscalização* ou *do poder de gerir os respetivos negócios*» (nº 2, *alíneas a)* a *d)*)[269].

Para o **Direito Comercial**, a empresa é a entidade que se propõe o exercício do comércio; revela-se pela sua constituição, que comunica a terceiros a qualidade profissional do comerciante (empresário), e pelo exercício da sua atividade (o seu funcionamento).

13.1.2. *Tentativa de construção de um conceito jurídico (de empresa)*

Juridicamente a noção de empresa não é unívoca, mas polifacetada. Julgamos não ser possível abranger numa única definição todas as relações supostas por uma empresa.

Tradicionalmente são quatro os perfis que se recortam de empresa[270]:

- uma conceção **subjetiva**, em que a empresa se confunde com o empresário;
- um sentido **objetivo**, em que a empresa se reporta à atividade económica exercida pelo empresário[271];

[269] Cfr. AA.VV., *Lei da Concorrência – Comentário Conimbricense*, 2ª ed., 2017, art. 3º, anot. por Jorge M. Coutinho de Abreu, pp. 119-124.

[270] Vd., para maiores desenvolvimentos, o nosso *Direito Comercial e do Mercado*, 2ª ed., 2018, pp. 116-119, e doutrina citada.

[271] Identificando o sentido objetivo com o patrimonial e a empresa com o estabelecimento (comercial ou industrial) e designando por funcional aquele que classicamente é identificado como objetivo, Catarina Serra, *Direito comercial. Noções fundamentais*, Coimbra Editora, Coimbra, 2009, p. 19.

- o **aspeto material** (ou patrimonial), que reconduz a empresa um conjunto de bens ou direitos: ao estabelecimento, criado pelo empresário[272]; e
- a **perspetiva institucional**, segundo a qual a empresa é uma organização de pessoas que, em diversas posições hierárquicas, prosseguem uma atividade económica: uma comunidade de trabalho[273].

Todos os perfis enunciados sugerem apenas aspetos parciais da empresa; por isso, nenhum é completo[274]. Diremos que são as óticas ou visões possíveis, perspetivas pelas quais esta realidade pode ser encarada, mas que não a esgotam.

Recorde-se que dissemos já ser a empresa uma organização produtiva ou mediadora de riqueza que exerce, de forma estável, a sua atividade económica em função do mercado a que se dirige.

A empresa é uma organização dinâmica que não se diferencia do empresário seu titular, nem do estabelecimento que dela faz parte integrante (e que se pode considerar como o seu aspeto estático).

A nosso ver, a **noção jurídica de empresa** conjuga dois fatores:

a) Um, **pessoal**, no qual, para além do trabalho de uma comunidade de pessoas que, na direção e na produção asseguram o seu funcionamento, releva a conceção própria do empresário na sua estruturação, ou seja, na organização dos diferentes fatores produtivos de modo a integrá-los numa mesma finalidade funcional; e

[272] Para Ferrer Correia, estabelecimento comercial é, em sentido lato, sinónimo de empresa; é o «mesmo que complexo da organização comercial do comerciante»: o seu negócio em movimento ou apto para entrar em movimento [*Lições de Direito Comercial* (Polic.), vol. I, Coimbra, 1973, pp. 201 e segs., e também em «Reivindicação do estabelecimento comercial como unidade jurídica», *in Estudos Jurídicos II*, Coimbra, 1969, pp. 255 e segs.].
Vd. também Orlando de Carvalho, *Critério e estrutura do estabelecimento comercial*, cit., 1967, p. 8, nota 3, e José Gabriel Pinto Coelho, *Lições de Direito Comercial*, 1º vol., 3ª ed., Lisboa, 1957, p. 82.

[273] Qualificando este significado (jurídico) como corporativo, e reconduzindo ao "sentido institucional" a empresa como instituição, Catarina Serra, *Direito comercial*, cit., 2009, p. 19.

[274] Para além das quatro teses enunciadas, que se configuram tradicionalmente, a empresa pode ser entendida como o conjunto de bens e direitos (estabelecimento) que se encontram afetos à atividade económica do empresário. (Não é apenas o aspeto material que se salienta aqui). Cfr. Jorge Pinto Furtado, *Curso de Direito das Sociedades*, 5ª ed., Almedina, Coimbra, 2004, pp. 355-366.

b) outro, **patrimonial**, constituído por todos os bens e elementos com valor económico (bens imóveis e móveis, direitos, situações jurídicas e elementos imateriais) unificados (conjugados) pela função unitária a que estão adstritos.

Assim sendo, a atividade económica é já objeto da empresa (é já um seu desenvolvimento), consiste no funcionamento desta.

Se fosse necessário invocar uma disposição legal para justificar esta noção apriorística diríamos que o artigo 230º apenas exige como requisito de comercialidade da empresa a sua constituição (*propuserem*) e não o seu funcionamento (que resulta do exercício das várias atividades nele enumeradas).

O relevo da empresa, nesta perspetiva, resulta de uma sua qualidade: o aviamento.

O **aviamento** explicita que a empresa é algo mais que a simples soma dos seus componentes; é, desde logo, uma expressão unitária da sua unidade.

A estruturação da empresa confere ao seu todo organizado um maior valor do que aquele que resultaria da simples soma dos seus elementos isoladamente considerados. Esta qualidade pode decompor-se:

- Por um lado, numa perspetiva *objetiva*, o aviamento é o maior valor patrimonial obtido pela organização funcional dos fatores que integram o estabelecimento. A tendência de reduzir a empresa ao estabelecimento compreende-se pelo maior valor deste que necessita de tutela, além de ter sido este que primeiramente foi tutelado pelo direito, designadamente quanto ao relevo do seu maior valor no trespasse e na venda.
- Por outro lado, releva também o aviamento *subjetivo* – o maior valor da estrutura humana da empresa –, que resulta fundamentalmente da atividade empresarial, ou seja, da personalização da empresa e das qualidades do empresário, nomeadamente da sua capacidade organizativa, dos seus conhecimentos, das suas ideias (porventura inovadoras) e, eventualmente, de determinados segredos.

13.1.3. *Significado do artigo 230º na construção do conceito de empresa*

O artigo 230º ampliou os atos de comércio ou contratos comerciais – pois nele não estão previstas todas as empresas, mas apenas as que não resultavam já de atos de comércio objetivos previstos no Código Comercial (ou em legislação comercial avulsa) – e, ao qualificar determinadas empresas como comerciais, acentuou os aspetos subjetivo e objetivo da empresa, que decorrem, respetivamente, da referência expressa a "*pessoas singulares ou coletivas que se propuserem*" e do facto da qualificação comercial das várias empresa ser feita pelas atividades que têm em vista realizar.

Resulta também da análise do artigo 230º, e, em especial, do confronto dos vários números com o §§ 1º e 2º, que a empresa comercial se caracteriza pelo **risco de capital** que o empresário assume. Isto significa que na organização da empresa comercial tem papel de relevo o fator capital, destacando-se o subsequente risco da atividade da empresa.

Por sua vez, as empresas agrícolas, as empresas que lhes são acessórias e as pequenas empresas não são comerciais no nosso Direito positivo (art. 230º, §§ 1º e 2º).

A razão de ser da exclusão da comercialidade da **empresa agrícola**[275] e da **empresa acessória** reside no facto de a sua força produtiva dominante ser a terra (riscos naturais).

Empresa acessória da (empresa) agrícola é aquela que manufatura produtos da terra (exploração agrícola), e só dela, a que está adstrita dentro de um critério de normalidade. Enquadra-se neste conceito a empresa cuja atividade depende maioritariamente da empresa agrícola a que se encontra adstrita e em função da qual foi criada. Sendo a sua exploração acessória (secundária), o risco do empreendimento total continua a ser o risco do fator terra.

A exclusão do regime comercial da **pequena empresa**[276] baseia-se na preponderância do fator trabalho, em detrimento do risco do capital.

[275] Classicamente a exclusão da sua comercialidade justificava-se pelo facto de os riscos inerentes à sua exploração serem predominantemente naturais. Hoje, com a modernização e sofisticação da agricultura temos muitas dúvidas que o critério subjacente à qualificação da empresa comercial permaneça intocável.

[276] Na pequena empresa "a forma qualifica a substância" pelo que, sendo impossível distingui-la das demais empresas, pelo respetivo objeto, a sua constituição como verdadeira sociedade comercial não é controlável, nem sindicável, desde que revista o capital mínimo exigido.

A qualificação da pequena empresa, que pode existir em qualquer sector económico, depende, em grande parte, da organização económica que lhe confere o empresário. O nosso Código, ao falar nos casos práticos da "*pequena empresa*", utiliza um critério delimitador: o exercício direto da atividade empresarial.

O art. 230º só é suscetível de interpretação extensiva, pois prevê, sob a forma de atividade, atos de comércio que não estejam previstos isoladamente, quer em disposições do Código Comercial, quer em legislação avulsa.

Os números 1 e 2 abrangem apenas prestações de coisas e os números 3 a 7 referem-se a prestações de facto (serviços).

Vejamos agora as **atividades** que estão abrangidas no corpo do **artigo 230º**:

- O **nº 1** reporta-se à atividade transformadora; à «indústria propriamente dita»[277], pelo que reconduz ao comércio em sentido jurídico toda a atividade fabril e, em geral, o sector secundário da economia.
- No **nº 2** compreende-se toda a atividade fornecedora de coisas, bens e serviços, que não se reconduza a prestações de facto[278].
- O **nº 3** refere-se à agenciação, que consiste na prática de atos materiais em nome de outrem. Não abrange as profissões cuja atividade é pessoal.
- O **nº 4** é relativo à promoção de espetáculos públicos: teatros, concertos, cinema e desportos.
- O **nº 5** qualifica a atividade editorial. Pela interpretação extensiva abrange toda a indústria discográfica, cinematográfica, de radiodifusão, de teledifusão (incluindo cadeias privadas de rádio e de televisão e televisão por cabo) e informática[279]. Admitimos que toda a área digital da economia seja enquadrável nesta previsão legal.

[277] Cfr. CUNHA GONÇALVES, *Comentário ao Código Comercial Português*, vol. I, José Bastos, Lisboa, 1914, p. 587.

[278] No sentido de que «não se abrangem nesta disposição imóveis», CUNHA GONÇALVES, *Comentário*, vol. I, cit., 1914, p. 597. Opinião contrária era a de ADRIANO ANTHERO, *Comentário ao Código Comercial Portuguez*, vol. I, Porto, 1913, p. 453

[279] Note-se que o § 3º exclui a comercialidade do sujeito que se dispuser a editar as suas próprias obras.

- O **nº 6** prevê a empreitada, desde que os materiais utilizados sejam fornecidos pelo empreiteiro[280]. Interpretada extensivamente, esta disposição abrange a edificação, construção ou reparação de quaisquer imóveis. Esta é, sem dúvida, a disposição mais esclarecedora de entre todas aquelas que constituem os vários números do artigo 230º. Com efeito, por um lado, qualifica como comercial uma empresa (no sentido de atividade) ou, o que é o mesmo, uma "empreitada" (material); por outro lado, faz depender essa qualificação da prevalência do risco do capital a que está sujeito (adstrito) o empresário – por contraposição ao risco do fator trabalho, característico da empreitada de lavor – no exercício da sua atividade (mercantil)[281]. Resulta, pois, desta disposição legal que a empresa comercial se caracteriza, essencialmente, pelo risco do capital[282].
- O **nº 7** reporta-se à atividade transportadora, abrangendo, naturalmente, o transporte aéreo, imprevisível quando o Código foi aprovado (1888), e como tal as companhias aéreas.

A empresa não é, nos temos do art. 230º, um ato de comércio. No entanto, nada impede que a *atividade* (que se traduz numa prática reiterada de atos) empresarial possa envolver a prática de atos de comércio objetivos, designadamente a "compra e venda" (a propósito do nº 5).

Concluindo, o art. 230º do CCom permite basicamente duas interpretações sobre a ***empresa***: uma subjetiva e outra objetiva (no sentido de atividade).

[280] Com diferente opinião, Cunha Gonçalves, *Comentário*, vol. I, cit., 1914, p. 615.

[281] A empreitada é comercial se o empreiteiro «*exerce* realmente uma empresa» (Adriano Anthero, *ob. cit.*, p. 437) nos termos do nº 6; isto é, se ele assume o *risco* dos materiais que utiliza na atividade para que foi contratado (construção ou reparação de qualquer imóvel) (*itálicos* nossos).

[282] Este fator distintivo, absolutamente relevante no século XIX, veio a perder importância até aos nossos dias e, no início do século XXI, assiste-se a uma modificação total da estrutura económica, acompanhada de uma clara predominância da forma sobre a substância, o que significa que a comercialidade da empresa e da respetiva atividade passou a depender fundamentalmente da opção do próprio empresário que, pela forma dos seus atos – frequentemente motivada por razões acessórias à sua própria atividade, como seja a procura de menores custos fiscais –, qualifica-os automaticamente. Noutros casos, a simples opção pela forma de sociedade comercial reconduz, por definição, ao regime mercantil todos os atos e contratos que essa entidade venha a praticar e celebrar.

13.1.4. *A relevância da empresa como sujeito do Direito (Comercial) português; o substrato empresarial das sociedades comerciais*

O artigo 230º qualifica a empresa, na sua totalidade, como sujeito do Direito comercial. Qualifica-se, como comercial, um **sujeito** (o empresário) que se proponha exercer uma determinada atividade.

A relevância dessa qualificação faz-se sentir não apenas no caso da empresa individual, que bastará ao seu titular propor-se realizar uma atividade, sem necessidade de exercer o comércio por profissão (art. 13º, nº 1), mas também no caso das sociedades. Estas são comerciais sempre que se constituam como tal – mediante matrícula (inscrição do contrato no registo comercial) – ou se proponham a realização de uma atividade (económica) empresarial, nos termos do artigo 230º, não sendo necessária a prática efetiva de atos de comércio.

O ato de constituição da sociedade envolve:

- A definição da atividade da empresa societária e das entradas de cada um dos sócios, e
- A delimitação do capital sobre o qual incide o risco da atividade a desenvolver.

Trata-se de um ato que está a constituir, desde logo, a própria empresa (organização interna, atividade, património).

Não obstante, não é possível sustentar a autonomia da empresa em termos de lhe ser reconhecida personalidade jurídica; quando coletiva, apenas terá relevância sob a *forma* de sociedade comercial[283].

A empresa comercial (coletiva) constitui-se, pela inscrição no registo comercial, após outorga do contrato, em regra, por documento particular, com reconhecimento presencial das assinaturas (cfr. arts. 5º e 7º do Código das Sociedades Comerciais)[284], no tipo de:

- Sociedade em nome coletivo;

[283] Esta era já a leitura de ADRIANO ANTHERO (*Comentário ao Código Comercial Portuguez*, cit., 1913, p. 425) e de JOSÉ TAVARES (*Sociedades e Empresas Comerciais*, Coimbra, 1924, p. 730), no primeiro quartel do século XX, para quem as empresas coletivas assumiam necessariamente a forma jurídica das sociedades.

[284] Excetuam-se as sociedades constituídas com bens em espécie cuja transmissão implique a observância de uma forma *mais solene*, como sucede com as entradas constituídas por (bens) imóveis. Nessa circunstância, aplica-se à constituição a forma requerida para a transmissão dos bens que constituem as entradas, *maxime* escritura pública (cfr. art. 7º, nº 1, *in fine* do CSC).

– Sociedade em comandita;
– Sociedade por quotas; ou
– Sociedade anónima.

A empresa ganha, pois, especial relevo como substrato de uma sociedade comercial. Esta constitui-se, propondo-se o exercício de uma atividade (nos termos do art. 230º do Código Comercial), de forma organizada e com caráter de estabilidade, em que predomine o risco do capital; em suma, a sociedade comercial constitui e exerce uma empresa. Adiante-se que a ideia central e caracterizadora das sociedades comerciais é a do risco do capital, em função da sua *atividade* económica, que pode ser direta ou acompanhar a atividade de outras sociedades. A atividade empresarial mercantil não tem necessariamente que ser uma atividade (económica) direta, de modo a abranger aquelas que têm apenas participações sociais (*maxime* quotas e ações) de outras sociedades.

A empresa (comercial) não é sujeito de Direito[285], mas constitui o substrato necessário da sociedade comercial, que é a sua forma jurídica, sempre que for coletiva[286].

[285] Ao contrário do que perspetivava há mais de três décadas CARLOS FERREIRA DE ALMEIDA, quando afirmava que «a empresa aguarda a sua hora de personalização, que parece inevitável e de fecundos resultados» [*Direito Económico*, vol. I (Lições policopiadas), Lisboa, 1979, pp. 323-374, em especial pp. 366-374].

Não se encontra um meio de atribuir personalidade jurídica às empresas (comerciais) enquanto realidades autónomas e independentes. Não cremos que se possa ir a ponto de integrá-las (forçadamente) no número 1 do artigo 13º do CCom, exceção feita às que são (empresas) individuais. Com efeito, em nossa opinião, essa disposição abrange apenas as pessoas físicas.

O Código das Sociedades Comerciais, por sua vez, continua sem reconhecer a autonomia da realidade empresarial. Para além da sociedade, limita-se a consagrar, como sujeito de Direito Comercial (mas sem personalidade jurídica), a representação permanente (vulgo **sucursal**) de sociedade estrangeira em Portugal (cfr. art. 4º), a qual deve ser formalmente instituída e registada por sociedade que, não tendo a respetiva sede estatutária situada em Portugal, deseje exercer a sua atividade no nosso País, por um período superior a um ano (cfr. também art. 10º, *alínea c)* do CRCom).

Por razões que não cabe aqui explicar, a "representação permanente" de sociedade estrangeira ou sucursal não tem personalidade jurídica, sendo uma extensão da sociedade que a institui e que, consequentemente, assume responsabilidade pela sua atividade, não obstante à mesma poder ser especialmente afeto um património próprio. Para mais desenvolvimentos, vd. o nosso livro *Direito das Sociedades Comerciais*, 7ª ed., 2019, pp. 142-146.

Curiosamente, a sucursal tem, no Direito português, personalidade tributária, sendo sujeito passivo de imposto e podendo inclusivamente contabilizar como custos, desde que demonstrados, serviços prestados pela sociedade estrangeira.

13.2. O estabelecimento comercial

Analisada a empresa sob pontos de vista pessoal e patrimonial e considerada nas suas vertentes estática e dinâmica, vamos agora estudar o significado objetivo ou material em que se concretiza.

13.2.1. *Conceito*

Na linguagem comum, estabelecimento comercial é sinónimo de armazém ou loja aberta ao público pelo comerciante. É nesta aceção – pressupondo um espaço físico – que o termo é utilizado no art. 263º, § único do Código Comercial.

A lei tradicionalmente refere-se ao estabelecimento comercial, para designar a totalidade ou parte das coisas corpóreas afetadas ao desempenho da atividade mercantil do comerciante[287], mas como todas as realidades existentes no mercado deve ser objeto de compreensão atualizada, estendendo-se ao mundo virtual e consequentemente ao domínio dos *websites* ou sítios da *Internet*, através dos quais os empresários podem exercer presentemente as respetivas atividades mercantis. Nessa circunstância, os seus *estabelecimentos* – isto é, as suas montras, através das quais dão a conhecer ao público consumidor os bens que comercializam – correspondem a lojas virtuais.

Por isso, em sentido técnico, devemos acolher a ideia de que o **estabelecimento comercial** é o conjunto de bens (no sentido material do termo) e serviços que são organizados pelo comerciante (empresário) para o exercício da respetiva atividade mercantil (empresarial). Sobreleva, pois, o aspeto objetivo da empresa – organização de meios materiais (bens) e humanos (serviços) –, em detrimento da essencialidade de um local fixo e permanente.

Como regra, cada comerciante tem um estabelecimento, embora possa ter mais.

[286] Do exposto decorre que não pode haver sociedades sem empresa, casos da sociedade ocasional e da sociedade oculta. Neste sentido, cfr. o nosso *Direito Comercial e do Mercado*, 2ª ed., 2018, pp.139-140.

[287] Cfr., nesse sentido, a redação originária do art. 425º do CCom, revogado, em 1 de janeiro de 2009, pelo diploma que aprovou a Lei do Contrato de Seguro: Decreto-Lei nº 72/2008, de 16 de abril (art. 6º, nº 2, *alínea a)*).

Em qualquer caso, há que evitar confundir o estabelecimento com o património do comerciante, sendo certo que aquele faz parte integrante deste.

13.2.2. *Caracterização (composição)*

Não encontramos na lei portuguesa uma disposição que enumere, de forma completa, os elementos do estabelecimento. Correspondendo esta realidade a um conjunto integrado de bens e serviços organizados para o exercício da atividade comercial do empresário, seu titular, podemos analisar separadamente os seus elementos corpóreos e os incorpóreos, embora hoje a atividade comercial se possa realizar numa dimensão informática, que se processa maioritariamente à margem de bens físicos (corpóreos).

13.2.2.1 *Elementos corpóreos*

Os **elementos corpóreos** correspondem aos bens materiais que integram o estabelecimento, designadamente bens imóveis (onde se situam as instalações do comerciante) e móveis, desde os bens de equipamento que integram o imobilizado (tais como máquinas e aparelhos), passando por objetos simples e utensílios e pelas matérias-primas ou produtos finais produzidos até à própria *caixa*, onde se guarda o fundo de maneio e, eventualmente, o dinheiro que constitua receita do estabelecimento.

13.2.2.2. *Elementos incorpóreos*

Nos **elementos incorpóreos** do estabelecimento avultam os direitos, desde a locação, sob a forma de arrendamento (cfr. arts. 1109º e 1112º do CC) – se se tratar de um espaço físico – ou constituição de um domínio ou sítio (*website*) na *Internet*, aos créditos sobre clientes e dívidas a fornecedores, empréstimos e financiamentos[288] e acabando nos direitos privativos da propriedade industrial, *maxime* nologótipo[289], em que se

[288] Não obstante estes serem assumidos pelo titular do estabelecimento, que frequentemente constitui garantia do bom cumprimento do financiamento. Também os direitos emergentes de contratos individuais de trabalho são encabeçados pelo empresário (cfr. art. 318º do Código do Trabalho).

[289] Anteriormente, no nome ou insígnia do estabelecimento. A própria marca, no atual contexto legal, reporta-se à empresa (e não já ao estabelecimento). Nesse sentido, cfr. art. 208º e segs. do CPI, em especial arts. 208º, nº 1 *in fine* e 211º.

materializa, como sinal diferenciador no comércio (cfr. arts. 281º e 295º, nº 1 do CPI).

O **aviamento** (maior valor) não é elemento do estabelecimento, mas um seu atributo; reconduz-se a uma aptidão funcional. Um dos seus índices mais fiáveis é a **clientela**, que não é, no mercado concorrencial, objeto de um Direito subjetivo, mas quando muito constitui uma expectativa.

A perfeição e eficiência da organização do estabelecimento são sinónimas de clientela, cujo aumento se faz, por via de regra, à custa de clientela alheia. Excluem-se, naturalmente, novos bens e serviços, assim como os novos clientes.

13.2.3. *Natureza jurídica*

O estabelecimento comercial é uma realidade jurídica complexa integrada por inúmeros bens (corpóreos e incorpóreos) e por direitos – nomeadamente os que resultam das relações jurídicas duradouras que o seu titular estabelece com terceiros (fornecedores, credores e clientes), com referência à sua exploração – que não se reconduzem, nem se identificam com uma categoria jurídica predefinida.

Num certo sentido, é uma universalidade de facto, mas noutro é também uma universalidade de direitos, que acompanham as suas vicissitudes, *maxime* a sua transmissão.

13.2.4. *Transmissão*

A vicissitude que se traduz na transmissão do estabelecimento evidencia a realidade unitária que está em jogo e que agrega diversos bens e situações jurídicas que, conjugadas, representam um valor superior à simples soma das partes.

13.2.4.1. *Trespasse*[290]

O **trespasse** designa a transmissão do estabelecimento comercial ou industrial, a qual pode resultar de diversos negócios típicos (como a

[290] Cfr. Coutinho de Abreu, *Curso de Direito Comercial*, I, 12ª ed., 2019, pp. 293-322, Jorge Pinto Furtado, *Manual do Arrendamento Urbano*, vol. II, 5ª ed., Almedina, Coimbra, 2011, pp. 669-778 (com vastíssima bibliografia, na nota 53, a pp. 669-670), Fernando de

compra e venda, a troca, a doação) e também da própria herança e da partilha de sócios.

O titular do estabelecimento pode transmiti-lo, na sua globalidade (unidade funcional), obtendo assim um valor superior à simples soma das partes – realizando, consequentemente, o trespasse –, ou optar por separar os elementos que o compõem, fragmentando-o e transmiti-los isoladamente, na sua unidade (funcional); mas não podendo dispor do direito ao arrendamento do local (cfr. art. 1112º do CC), se for esse o caso, nem do respetivo nome e insígnia (logótipos) (cfr. art. 295º, nº 1 do CPI)[291].

O maior valor desta figura autónoma reside precisamente na viabilização da transmissão de um dos contratos que a caracterizam (o de arrendamento comercial ou não habitacional), eventualmente contra a vontade da contraparte negocial: o senhorio[292]. Por isso, podemos afirmar que esta forma de transmissão não suscita especiais dificuldades se o estabelecimento estiver localizado em imóvel próprio.

O trespasse é um ato de transmissão global e a título definitivo, e este aspeto distingue-o da chamada cessão de exploração do estabelecimento comercial, que abordaremos em seguida.

13.2.4.2. *Cessão de exploração*[293]

Com efeito, diversamente do trespasse, a **cessão de exploração** do estabelecimento (ou locação do estabelecimento) consiste na transferência

Gravato Morais, *Novo Regime do Arrendamento Comercial,* 3ª ed., Almedina, Coimbra, 2011, pp. 48-50 e 342-351, e Alexandre Libório Dias Pereira, *Direito Comercial das Empresas,* 2ª ed. cit., 2015, pp. 66-73.

Cfr. também Ricardo Costa, «O Novo Regime do Arrendamento Urbano e os negócios sobre a empresa», AA.VV., *Nos 20 anos do Código das Sociedades Comerciais,* vol. I, cit., 2007 (pp. 479-523), em especial pp. 485-496, Urbano Dias, «Transmissão do arrendamento por morte e em vida», *O Direito,* ano 140º, II, 2008 (pp. 333-347), pp. 341-347.

[291] A propriedade da marca é transmissível independentemente do estabelecimento (cfr. art. 30º, nº 1), mas a transmissão da empresa implica a transmissão da marca, salvo convenção em contrário (art. 256º, nº 2 do CPI).

Também os *registos de logótipo* são, em regra, transmissíveis, isto é, salvo na situação em que a lei não o permite (cfr. art. 295º, nº 1).

[292] Este tem, porém, um direito legal de preferência relativamente ao trespasse de estabelecimento comercial ou industrial, se o mesmo ocorrer *por venda ou dação em cumprimento* (cfr. art. 1112º, nº 4 do CC).

[293] Cfr. Coutinho de Abreu, *Curso de Direito Comercial,* I, 12ª ed., 2019, pp. 322-332, Pinto Furtado, *Manual do Arrendamento Urbano,* II, 2011, pp. 778-792, Fernando de Gravato

temporária e onerosa, em que o cedente conserva a titularidade do estabelecimento, limitando-se a permitir que o cessionário o explore (cfr. art. 1109º do CC). Trata-se de uma verdadeira locação do estabelecimento, correspondendo à cedência do (gozo do) estabelecimento como um todo e pressupondo, desse modo, que o mesmo já se encontre devidamente constituído e apto a funcionar.

Esta cedência provisória não carece do consentimento do senhorio do local arrendado em que está instalado o estabelecimento, mas deve ser-lhe comunicada no prazo de um mês.

Exemplificando, imagine-se que Alfredo é o inquilino de um espaço dedicado à restauração e que, tendo exercido a atividade de exploração do restaurante durante vários anos, pretende agora ceder a um jovem cozinheiro essa exploração, propondo-se receber uma contrapartida financeira variável por essa cedência temporária (pelo prazo de cinco anos).

13.2.5. *O logótipo como direito privativo de propriedade industrial*

Classicamente, o **nome** (**do estabelecimento**) era a designação (o vocábulo ou vocábulos) pela qual o estabelecimento[294] era identificado, consistindo a **insígnia** num sinal externo composto por figuras ou desenhos (simples ou combinados com vocábulos), cujo conjunto devia apresentar uma configuração específica, enquanto elemento distintivo e característico.

O atual Código da Propriedade Industrial (2018), na linha do que já fazia o que o antecedeu (desde 2008), estrutura o nome e a insígnia do estabelecimento, tradicionalmente autónomos, sob uma única *modalidade de direitos da propriedade industrial:* os **logótipos** (cfr. arts. 281º a 298º do CPI).

Refira-se que o logótipo quando seja utilizado num estabelecimento não pode ser transferido sem o próprio estabelecimento (ou parte dele)

Morais, *Novo Regime do Arrendamento Comercial*, 3ª ed., 2011, pp. 51-52 e 351-354, e Alexandre Libório Dias Pereira, *Direito Comercial das Empresas, 2ª* ed. cit., 2015, pp. 73-78.

[294] O anterior Código da Propriedade Industrial, na sua versão inicial (2003), estruturava o direito privativo, com base no estabelecimento, mesmo que este não fosse comercial, referindo-se então a nome e insígnia do **estabelecimento** *tout court* (e não já, do estabelecimento *comercial*) (cfr. arts. 282º e 283º).

(cfr. art. 295º, nº 1 do CPI). Por sua vez, a transmissão do estabelecimento, salvo se diversamente previsto, implica a transmissão do logótipo que o caracterize (cfr. art. 295º, nº 2).

13.2.6. *O Estabelecimento (mercantil) Individual de Responsabilidade Limitada*

O Estabelecimento Individual de Responsabilidade Limitada não se confunde com o estabelecimento comercial, embora possa coincidir materialmente com este.

Há muito que o indivíduo, empresário mercantil, procura limitar a responsabilidade da sua atividade a um património que afecte para esse fim. Tal limitação consegue-se por uma de duas vias: constitui um **estabelecimento individual de responsabilidade limitada** (cfr. Decreto-Lei nº 248/86, de 25 de agosto) ou opta por uma sociedade por quotas da qual é o único sócio (cfr. arts. 270º-A a 270º-G do CSC), preservando a sua autonomia (financeira) perante a sociedade.

O principal objetivo do comerciante individual quando constitui um Estabelecimento mercantil Individual de Responsabilidade Limitada (**EIRL**) ou uma sociedade por quotas unipessoal é o de organizar e estruturar a sua atividade económica numa base estritamente individual, mas podendo beneficiar da limitação da respetiva responsabilidade (pessoal). Com o recurso a estas figuras (jurídicas) visa-se impedir que o risco do comércio afete os bens pessoais do comerciante individual.

A constituição do EIRL implica um processo formal pesado e desadequado aos interesses do pequeno empresário.

Aspeto crítico a sublinhar é o que se prende com a limitação de um EIRL por pessoa. Concebida e aceite a autonomia patrimonial, e inerente limitação de responsabilidade, não se vislumbram as razões que terão motivado o legislador a optar inicialmente por esta figura, em detrimento da sociedade unipessoal[295].

Com a generalização da sociedade unipessoal, a própria lei (Decreto-Lei nº 8/2007, de 17 de janeiro), reconhecendo o falhanço do EIRL –

[295] Considerando os custos inerentes teria sido preferível o legislador ter admitido desde logo, em termos genéricos, a sociedade unipessoal (originária), não obstante, no que se refere à sua regulamentação, perderem significado os preceitos respeitantes a órgãos (colegiais), deliberações sociais, relações entre sócios, entre outros.

que foi sempre um anacronismo, constituindo exemplo de *organismo* socialmente enjeitado –, quis apressar o fim deste instituto, promovendo a sua transformação em sociedade unipessoal por quotas (cfr. art. 20º do DL 8/2007).

13.2.7. *Empresa e estabelecimento: confronto*

Estamos, pois, em condições de concluir que a empresa é mais do que o estabelecimento, ainda que este integre os trabalhadores; engloba-o, mas caracteriza-se também pela vertente subjetiva que se traduz essencialmente na projeção da intervenção do empresário na constituição e direção da organização dos fatores de produção.

14. As pessoas singulares. O empresário individual

O acesso à atividade mercantil faz-se por intermédio das pessoas físicas que foram os primeiros empresários.

O Direito recusou, durante muito tempo, a personificação de entidades diversas e nomeadamente de organizações de pessoas e bens, pelo que não surpreende que a abordagem da matéria se deva iniciar pelas pessoas físicas.

14.1. A aquisição da qualidade de comerciante (individual)[296] e as proibições para comerciar

14.1.1. *O conceito de comerciante: o artigo 13º, número 1 do Código Comercial*

Vimos já que, no quadro do Código Comercial vigente, **comerciante** é aquele que faz do exercício do comércio profissão, a pessoa que se dedica

[296] Entre os diversos autores citados na bibliografia, vd. (por ordem alfabética do último nome): Coutinho de Abreu, *Curso de Direito Comercial*, I, 12ª ed., 2019, pp. 109-118, José Engrácia Antunes, «O estatuto jurídico de comerciante», *Colecção Estudos Instituto do Conhecimento AB*, Nº 4 – Estudos comemorativos dos 20 anos da Abreu Advogados, Almedina/Abreu Advogados, Coimbra, 2015 (pp. 413-442), pp. 413-415, José de Oliveira Ascensão, *Direito Comercial*, vol. I – *Institutos Gerais*, Lisboa, 1998/99, pp. 207-257, Pinto Coelho, *Lições de Direito Comercial*, vol. I, cit., 1957, pp 160-222, António Menezes

habitualmente, como meio de vida, à celebração de contratos comerciais, designadamente o de compra para revenda.

Reconduzimos também a esta categoria (de comerciantes) as pessoas que se propõem exercer uma atividade mercantil (nos termos do art. 230º) e as empresas coletivas e outras entidades, organizadas sob a forma de sociedades comerciais, só pelo simples facto de se constituírem como tais (cfr. art. 13º, nº 2). E também, em certas circunstâncias, as cooperativas e as empresas públicas.

Comerciante é, assim, sinónimo de sujeito de Direito Comercial, qualidade relevante na qualificação da matéria mercantil, em especial de atos de comércio (subjetivos) e que justifica, para além de um estatuto próprio, a sujeição à aplicação do regime comercial, mesmo quando se esteja perante um ato misto (comercial para um sujeito e civil para o outro), desde que a intervenção seja profissional (cfr. art. 99º).

Também são comerciantes, como vimos, as pessoas que se propõem exercer uma atividade mercantil (nos termos do art. 230º).

14.1.2. *Capacidade e profissionalidade do exercício do comércio*

Só quem tem capacidade de exercício – isto é, apenas quem pode atuar pessoal e livremente – pode ser comerciante, visto que a aquisição e conservação desta qualidade depende da prática habitual e profissional de atos de comércio, isto é, da celebração de contratos comerciais. Por esta razão, os menores, embora possam suceder na titularidade de um estabelecimento comercial, não são comerciantes.

14.1.3. *As proibições para comerciar; caracterização*

Proibições para comerciar (arts. 14º e 17º), para além de outras restrições em matéria concorrência, designadamente a propósito de sociedades comerciais (cfr. arts. 254º e 378º do CSC):

1º – Associações que não tenham por objeto interesses materiais;

Cordeiro, *Direito Comercial*, 4ª ed., 2016, pp. 256-261 e 265-277, Ferrer Correia, *Lições de Direito Comercial*, vol. I (Parte Geral), cit., 1973, pp. 121-142, Pinto Furtado, *Disposições Gerais do Código Comercial*, Almedina, Coimbra, 1984, pp. 61-88, Remédio Marques, *Direito Comercial*, Reproset, Coimbra, 1995, pp. 303-430, Fernando Olavo, *Direito Comercial*, vol. I, 2ª ed., e vol. II, 2ª Parte, 2ª ed., Coimbra Editora, 1978, pp. 231-259, e Filipe Cassiano dos Santos, *Direito Comercial Português*, vol. I, cit., 2007, pp. 103-116.

2º – Proibição genérica (p. ex., juízes, militares);
3º – Estado, Autarquias, Paróquias, Misericórdias.

As proibições de comerciar não são incapacidades, fundamentalmente por duas razões:

- A consequência da infração não é a invalidade do ato;
- A incapacidade supõe deficiências naturais do incapaz, sendo estruturada com vista à sua proteção.

Não há incapacidades de Direito Comercial que sejam genericamente diferentes de incapacidades de Direito Civil.

A **insolvência**[297] continua a não implicar uma específica limitação à capacidade de comerciar. Não obstante, a declaração de insolvência tem por efeito privar o insolvente da administração e do poder de disposição de bens (presentes ou futuros) *integrantes da massa insolvente* (cfr. art. 81º, nº 1 do CIRE).

14.2. Os comerciantes e as empresas comerciais individuais

O comerciante, tal como se configura tradicionalmente (e se encontra previsto no art. 13º, nº 1), identifica-se com o empresário individual, o que significa que equivale presentemente à empresa que gere.

Diversamente do que se poderia pensar, a empresa individual ainda é dominante no tecido económico-social português em números absolutos. Contudo, o seu peso económico, em termos de volume de negócios, representa hoje menos de 5% do total da economia, o que evidencia um claro declínio desta forma de organização produtiva. Estamos em crer que, nos tempos mais próximos, a facilidade que as pessoas singulares

[297] A falência, no âmbito do anterior Código (do Processo de Recuperação de Empresas e da Falência), já não implicava uma específica limitação à capacidade de comerciar. A declaração de falência tinha por efeito privar o falido da administração e do poder de disposição de bens presentes ou futuros (cfr. art. 147º do CPREF). Quanto às limitações para o exercício do comércio: art. 148º. No entanto, vd. nº 2 (O falido-pessoa singular podia ser excecionalmente autorizado).
O Código da Insolvência (2004) elimina a designação "falência" e adota o termo uniforme *insolvência*, sem distinção dos sujeitos a que se aplica e das situações que caracteriza.
Para maior desenvolvimento, vd., *infra*, nº 19.

têm de prosseguir a atividade comercial sob o modelo de sociedade unipessoal e a necessidade de se agruparem em empresas mais robustas para enfrentar os desafios de um mercado cada vez mais global contribuirão para acentuar essa tendência.

14.3. **Comunhão e transmissão de empresas comerciais**[298]

Uma determinada empresa mercantil pode ser detida por uma só pessoa, singular ou coletiva, ou por mais de uma pessoa simultaneamente.

Tratando-se de uma empresa que pertença a duas ou mais pessoas físicas, que não se encontrem organizados sob a forma de pessoa coletiva, haverá que analisar qual o regime aplicável a uma situação de comunhão de bens por parte do seu titular reconhecido (e inscrito) como empresário mercantil.

Sendo coletiva, e assumindo a forma jurídica societária, é natural que a mesma seja participada simultaneamente por diversas pessoas, embora sobressaia a titularidade coletiva.

14.3.1. ***Situações de comunhão***

Pertencendo a empresa comercial a um comerciante casado, ela poderá pertencer à pessoa que a encabeça, designadamente no regime da separação de bens, ou ser *bem comum do casal*, por efeito do respetivo regime de bens. Neste caso, poderá discutir-se se o cônjuge que não tiver a sua direção efetiva é também comerciante.

Importa referir que os (dois) cônjuges são ambos comerciantes no caso em que administrem indistintamente a empresa. Contudo, nesta circunstância haverá que ponderar se não estamos perante uma "verdadeira" sociedade irregular, se tal gestão for exercida intencional e conscientemente por ambos.

Se um dos cônjuges se limitar à prática de (alguns) atos auxiliares, não cremos que o mesmo fique automaticamente qualificado como comer-

298 Referindo-se a estas situações, embora com uma visão não inteiramente coincidente com a nossa, Coutinho de Abreu, *Curso de Direito Comercial*, I, 12ª ed., 2019, pp. 158-159.
Sobre esta matéria, vd. também, com inegável interesse, Rita Lobo Xavier, *Sucessão familiar na empresa: a empresa familiar como objeto da sucessão* mortis causa, UCE, Porto, 2017, em especial pp. 17-20, 31-38 e 61-75.

ciante, uma vez que não atua profissionalmente, não intervindo de forma habitual no exercício do comércio; e limitando-se a colaborar pontualmente ou a ajudar o outro. Quando muito poderá ponderar-se a atribuição da qualidade de "comerciante ocasional" e discutir os efeitos da mesma.

Para adquirir a *qualidade* de "comerciante" importa, pois, assumir uma prática habitual de atos e contratos comerciais, como modo de vida (profissional).

14.3.2. *A sucessão nas empresas comerciais singulares*

Ocorrendo a *sucessão* de um comerciante ou empresário mercantil, e (já) não se encontrando a herança jacente (isto é, por aceitar), mas não tendo havido ainda lugar à partilha, a qualificação de comerciante e os respetivos efeitos – em termos de regime jurídico aplicável – são imputados à empresa e, consequentemente, aos respetivos titulares: todos os herdeiros; e não apenas o cabeça-de-casal. Naturalmente, que tal qualificação ficará pendente da partilha que vier a ser efetuada, da atribuição dos estabelecimentos existentes e da continuação da atividade comercial.

14.3.3. *A antecipação da sucessão: o protocolo familiar nas empresas e nos grupos familiares*

Atingindo uma determinada empresa comercial (ou conjunto de empresas comerciais) uma certa dimensão coloca-se naturalmente a questão da sucessão da sua titularidade, qualquer que seja a forma que a empresa (ou empresas) revista(m): empresa individual em nome próprio, sociedade unipessoal, sociedade familiar ou grupo de empresas dominado por uma única pessoa. Trata-se, pois, de matéria que não respeita apenas a pessoas singulares, embora faça sentido abordá-la a este propósito pelo pendor individualista que se reconhece nos grupos familiares.

Existem hoje meios, instrumentos e processos que permitem acautelar uma transição geracional relativamente pacífica nas empresas comerciais de base familiar.

O instrumento adequado é o **protocolo familiar**[299], pelo qual os membros da família do empresário acordam na continuidade da empresa

[299] Este instrumento é também utilizável no âmbito das sociedades comerciais e da sucessão dos respetivos empresários, pelo que as fases inerentes à sua criação serão também válidas para as empresas familiares organizadas sob forma societária.

e na sua transição geracional, procurando identificar de, entre eles, o(s) mais apto(s) para assegurar no futuro a respetiva direção e gestão.

O protocolo familiar corresponde (ao corolário e) à materialização de um processo negocial – por vezes, longo –, que requer frequentemente a intervenção dos membros mais relevantes da família, assessorados por técnicos e consultores especializados, com a finalidade de assegurar a unidade da empresa (ou grupo) familiar, após a sucessão, e o respeito pela decisão de transmissão e pela nova (ou futura) gestão. Este instrumento permitirá evitar a natural dispersão dos ativos que integram as empresas familiares (incluindo, naturalmente, aquelas que têm já substrato societário) ou a sua venda precipitada, contribuindo, pela formação ou reforço de um núcleo coeso, para a conservação da unidade da empresa e da família e do centro de decisão no seio desta. Paralelamente, o acordo que se irá promover entre todos os interessados pode dispor sobre a governação das empresas e sobre o acesso à respetiva direção por parte dos elementos da família, estabelecendo critérios para o efeito.

Nesse processo podemos identificar oito **fases** distintas que vamos sumariamente enunciar e caracterizar:

A primeira respeita à consciencialização, isto é, à assimilação da ideia de que a celebração de um instrumento com esta natureza era conveniente à subsistência e eventual desenvolvimento da empresa.

A segunda fase coincide com o início da vertente jurídico-societária, fiscal e financeira implicando a recolha de dados, nomeadamente de toda a informação pertinente, incluindo o levantamento dos bens que integram a empresa.

Em seguida passa-se para a avaliação do património empresarial (familiar, incluindo todos os bens e participações).

Na quarta fase deve ser elaborado um relatório sobre a informação obtida e os resultados da avaliação efetuada, no qual se sintetize os contributos fornecidos.

Feito o balanço, os membros da família estão em condições de realizar a primeira reunião – na qual poderão já participar um ou dois consultores –, com a finalidade de discutir e analisar o relatório e preparar o calendário e atos subsequentes.

Na sexta fase – sempre que a dimensão da empresa o justifique –, procede-se à formação de equipas técnico-jurídicas e de consultores (financeiros e de gestão) e inicia-se elaboração dos diversos instrumentos e a realização dos atos pertinentes. Pode estar em causa a constituição de novas empresas (SGPS ou outra entidade), a reformulação da estrutura contratual existente e a celebração de acordos parassociais e, ou, de cooperação e de contratos de opções e de futuros, que poderão ser essenciais para uma clarificação futura da titularidade da empresa, permitindo aqueles que não pretenderem ficar à vinculados à mesma afastarem-se com razoável segurança.

Quando o protocolo familiar pretende regular empresas familiares que envolvem diversas sociedades, então haverá ainda que ponderar a introdução de novos modelos de funcionamento de órgãos sociais – de reforço da gestão, de controlo, de remunerações ou de natureza simplesmente consultiva –, equacionar atos estruturais relevantes, como a fusão ou a transformação de sociedades, eventualmente acompanhadas da dissolução e liquidação de empresas supérfluas.

A sétima (e penúltima) fase é destinada à apresentação e à discussão dos projetos e às negociações finais sobre o conteúdo dos atos a celebrar e das operações a realizar.

Na oitava, e última, fase – que conclui este processo – procede-se à formalização dos documentos que consubstanciarão o **protocolo familiar**.

A concluir, importa chamar a atenção para as dificuldades que as regras da sucessão forçada (a chamada sucessão legitimária) no Direito português – ao impor necessariamente que certas pessoas (designadamente os parentes na linha reta e o cônjuge) sucedam nos bens de um seu familiar – podem trazer à execução do protocolo familiar, nos casos em que o mesmo não colhe a adesão de todos os interessados (sucessores legitimários), considerando a possível rejeição extemporânea de afetações que terão sido efetuadas em vida do empresário a que respeita a sucessão.

15. As sociedades comerciais

Vimos já (*supra*, n°s 12.2.2 e 14.1.1) que é comerciante a pessoa física que faz do exercício do comércio profissão, isto é, que se dedica habitualmente, como meio de vida, à prática de atos de comércio (absolutos), nomeadamente compra para revenda.

No entanto, são igualmente comerciantes as empresas coletivas, organizadas sob a forma de sociedades comerciais, só pelo simples facto de existirem (art. 13º, 2º do CCom). E também, em certas circunstâncias, as cooperativas e as empresas públicas.

No século XXI, um número significativo de comerciantes ou sujeitos de Direito Comercial são sociedades (comerciais), organizando-se maioritariamente sob a forma de sociedades por quotas e anónimas, tendo por substrato necessário a empresa comercial, como vimos.

15.1. **Conceito**[300]

A sociedade será **comercial** sempre que se proponha a realização de *atos* de comércio ou de *uma atividade* (económica) empresarial, nos termos do art. 230º do Código Comercial, com fins lucrativos (cfr. art. 980º do CC).

Mais simplesmente, **sociedade comercial** é o ente personificado participado, em regra, por duas ou mais pessoas que exercem uma atividade económica lucrativa, que se consubstancia na prática de atos de comércio (art. 980º do Código Civil e art. 1º, nº 2 do Código das Sociedades Comerciais[301]).

A admissibilidade generalizada da sociedade (comercial) unipessoal implica forçosamente uma adaptação do conceito, no sentido da sua simplificação. A sociedade comercial terá de passar a ser entendida como um ente jurídico que, tendo um substrato essencialmente patrimonial (e sendo composto por uma ou mais pessoas jurídicas), exerce uma atividade económica lucrativa que se traduz na prática de atos de comércio ou exercício de uma atividade comercial.

Ora, a leitura atualizada do velho Código Comercial, conjugada com o disposto no Código das Sociedades Comerciais, designadamente no seu art. 1º, determina que a empresa comercial se define por uma atividade de produção ou mediação de bens e, ou, serviços para o mercado, assumindo particular relevo o risco do capital investido (por confronto com o peso do fator terra ou com o trabalho direto do empresário).

[300] Cfr. também o nosso *Direito das Sociedades Comerciais*, 7ª ed., 2019, pp. 6-11, e José Engrácia Antunes, *Direito das Sociedades*, 8ª ed. (autor), Porto, 2018, pp. 63-82 e 87-93.

[301] Reportam-se a este diploma todas as disposições legais que nos nºs 15.1 a 15.8 e 15.9.2 não se encontrarem especialmente referenciadas.

15.2. Os diversos tipos de sociedades (comerciais)[302]

15.2.1. *O princípio da tipicidade; conteúdo*

A lei portuguesa consagra o princípio da tipicidade em matéria de sociedades comerciais, dispondo que estas devem adotar um dos quatro tipos que prevê (cfr. art. 1º, nºs 3 e 2 do CSC).

Por sua vez, no quadro do Código das Sociedades Comerciais, encontramos um tipo societário – a sociedade anónima – com um regime mais desenvolvido e que, de certo modo, se assume como paradigmático do regime das sociedades comerciais (de responsabilidade limitada). Exemplifique-se com o disposto no art. 248º, nº 1, segundo o qual as regras referentes às assembleias gerais das sociedades anónimas são aplicáveis às sociedades por quotas, *em tudo o que não estiver especificamente regulado para* estas (cfr. nº 1).

15.2.2. *Os (quatro) tipos sociais*

A lei coloca ao dispor dos agentes económicos quatro modelos diferentes de sociedades comerciais:

15.2.2.1. *Sociedades em nome coletivo*

As **sociedades em nome coletivo** caracterizam-se pela responsabilidade ilimitada dos sócios. Cada sócio é responsável para com a sociedade pela prestação da sua entrada; e responde, solidariamente e sem limite, com os restantes sócios, perante os credores da sociedade pelas dívidas desta (mesmo anteriores) (art. 175º do CSC). Os sócios de indústria são responsáveis nas relações externas (art. 178º), sendo a sua responsabilidade subsidiária.

Estas sociedades são administradas por gerentes que, salvo previsão contratual em sentido diferente, são todos os seus sócios, só podendo ser geridas por estranhos quando tal for expressamente previsto no contrato de sociedade.

Cada sócio representa um voto, independentemente da sua participação no capital, e as deliberações habituais são formadas por maioria,

[302] Cfr. Paulo Olavo Cunha, *Direito das Sociedades Comerciais*, 7ª ed., 2019, pp. 61-77 e 95-104.

salvo se estiver em causa admitir um novo sócio ou alterar o contrato de sociedade, casos em que é necessária a unanimidade.

15.2.2.2. *Sociedades por quotas*

As **sociedades por quotas** podem ter substrato individual – caso em que o respetivo capital é totalmente detido por um único sócio (pessoa singular ou coletiva) –, designando-se como sociedades unipessoais por quotas[303], ou ser participadas por dois ou mais sócios. Em ambas as situações, são de responsabilidade (dos sócios) limitada (ao capital subscrito). Isto é, cada sócio responde pela sua entrada, mas solidariamente até ao montante do capital social subscrito (art. 197º, nº 1 do CSC), constituindo a sua participação uma quota. Só a sociedade responde pelas suas dívidas perante credores (cfr. art. 197º, nº 3), exceto se os sócios garantirem expressamente que se responsabilizam pelas mesmas «*até determinado montante*» (art. 198º, nº 1).

Estas sociedades podem constituir-se com um capital social simbólico correspondente a um mínimo de € 1,00 por cada sócio (cfr. arts. 201º e 219º, nº 3), o qual deverá ser realizado até ao final do primeiro exercício económico (cfr. arts. 199º, *alínea b),* e 202º, nº 4)[304].

Nestas sociedades a gerência é o único órgão social institucionalizado, sendo facultativos a mesa da assembleia geral (subórgão da assembleia geral) e o conselho fiscal ou fiscal único, na medida em que não há obrigatoriedade legal de os constituir.

A sociedade é administrada e representada por um ou mais gerentes, que não funcionam colegialmente – diversamente do que se passa nas sociedades anónimas com os administradores –, embora possam reunir e deliberar, registando em ata as suas decisões.

Em certos casos, a sociedade pode ser obrigada a adotar fiscalização *ad hoc*, recorrendo a um revisor oficial de contas se durante dois exercícios consecutivos ultrapassar dois de três índices (balanço, volume de vendas e número de trabalhadores) previstos no art. 262º, nº 2 do CSC.

303 Cfr. Paulo Olavo Cunha, *Direito das Sociedades Comerciais,* 7ª ed., 2019, pp. 68-69 e 71-72, e comentário de Ricardo Costa aos arts. 270º-A a 270º-G do CSC, *in* AA.VV., *Código das Sociedades Comerciais em Comentário,* vol. IV (Artigos 246º a 270º-G), 2ª ed., coord. por Coutinho de Abreu, 2017, pp. 287-388, em especial pp. 287-314.

304 Teria mais sentido que a lei autorizasse um capital "zero", em vez de um capital social irrisório cuja recolha e registo tem um custo superior ao seu valor económico.

Os votos contam-se proporcionalmente ao valor nominal da quota: um voto por cada cêntimo (cfr. art. 250º, nº 1 do CSC), sendo as deliberações normalmente formadas por maioria (cfr. art. 250º, nº 3), se não estiver em causa uma alteração do contrato de sociedade, caso em que a proposta deve ser aprovada por *três quartos dos votos correspondentes ao capital social* (art. 265º, nº 1).

As quotas são livremente transmissíveis entre os sócios ou para familiares próximos (herdeiros legitimários) do cedente, estando a sua alienação onerosa em favor de terceiros (outros que não os indicados) sujeita ao consentimento da sociedade (cfr. art. 228º, nº 2), salvo se o contrato adotar uma solução diferente.

15.2.2.3. *Sociedades anónimas*

As **sociedades anónimas** caracterizam-se pela responsabilidade individual e exclusiva dos acionistas pelo valor da entrada (art. 271º do CSC), sendo a sociedade a única responsável pelas suas dívidas (art. 271º *a contrario sensu*).

Estas sociedades têm de se constituir com o capital social mínimo de € 50.000,00 (cfr. art. 276º, nº 5), realizado em, pelo menos, 30% no que respeita às entradas em dinheiro (cfr. art. 277º, nº 2, *a contrario*), salvo se o objeto da sociedade impuser um capital mínimo superior.

As grandes empresas comerciais adotam a forma de sociedade anónima, que é o tipo societário com uma orgânica mais complexa.

Dada a dimensão destas sociedades, os sócios deliberam em regra em assembleia geral – convocada com uma certa antecedência e com a observância de determinadas formalidades[305] –, devendo os membros da respetiva mesa (pelo menos o presidente e um secretário) ser designados em paralelo com os demais titulares dos órgãos sociais.

A estrutura da administração e fiscalização da sociedade anónima é complexa e variável. A lei oferece três modelos distintos, com aptidão para serem utilizados em empresas com determinadas dimensões e

[305] A lei admite, contudo, que também nestas sociedades possam ser tomadas deliberações unânimes por escrito e deliberações em assembleia geral universal ou totalitária, isto é, reuniões realizadas sem observância de formalidades prévias de convocação, mas com a presença de todos os sócios e a concordância unânime na respetiva reunião e sobre a ordem de trabalhos a seguir (cfr. arts. 54º e 373º, nº 1 do CSC).

características, mas sem que tal seja imposto. Os modelos de governação societária – assim se designam as diferentes estruturas que desenvolveremos adiante (cfr., *infra*, nº 15.8) – são os seguintes:

a) Modelo **clássico** – também chamado, por alguns, latino ou monista[306] – composto por um órgão de administração e outro de fiscalização. Este modelo pode revestir duas estruturas diferentes: a simples, composta por conselho de administração (ou administrador único) e conselho fiscal (ou fiscal único) – que deverá integrar necessariamente um revisor oficial de contas ou uma sociedade de revisores oficiais de contas –, e a complexa, exigida para as grandes sociedades anónimas, em que, ao lado do órgão de administração (em regra de composição plural[307]), encontramos uma fiscalização composta por um conselho fiscal e um revisor oficial de contas externo ou autónomo.
b) Modelo **germânico**, ou dualista, composto por conselho de administração executivo (ou administrador único), conselho geral e de supervisão e revisor oficial de contas.
c) Modelo **anglo-saxónico**, em que o órgão de fiscalização, designado comissão de auditoria, integra o próprio conselho de administração, sendo composto por administradores não executivos e coexistindo com um revisor oficial de contas.

As ações, em regra, são livremente transmissíveis (cfr. art. 328º, nº 1 do CSC), apenas podendo deparar com limitações convencionais nos casos especificamente previstos na lei (cfr. art. 328º, nº 2 do CSC). No entanto, nas sociedades fechadas ou de caráter familiar é habitual sujeitar a transmissão ao consentimento da sociedade e à preferência dos demais acionistas.

[306] Trata-se de designações que consideramos menos adequadas e de afastar: a de modelo *monista*, por já não ser exclusiva da sociedade com o modelo de governação clássico (conselho de administração/conselho fiscal), uma vez que também caracteriza agora (desde 2006) o modelo anglo-saxónico; a de modelo latino, por ser a que caracterizava as sociedades por ações alemãs antes de 1937.

[307] E obrigatoriamente sempre que o capital social for superior a 200 mil euros (cfr. art. 390º, nº 2 do CSC).

Com referência à sociedade anónima, podemos identificar quatro diferentes subtipos (societários)[308]:

(i) As sociedades anónimas **abertas cotadas**[309] – disciplinadas pelos arts. 13º a 29º-A do CVM e pelo CSC, designadamente pelo título IV (arts. 271º-464º) e pela Parte Geral –, isto é, as sociedades anónimas cujo capital se encontra aberto ao investimento do público e cujas ações se encontram admitidas à negociação em mercado regulamentado.

(ii) As sociedades anónimas **abertas**, mas **não cotadas** – sujeitas à mesma regulamentação –, que são constituídas por oferta pública (cfr. art. 278º-283º do CSC) ou que perpassaram por uma operação dessa natureza (cfr. art. 13º do CVM), mas cujas participações não se encontram cotadas no mercado secundário.

(iii) As ***grandes*** sociedades anónimas, que não são abertas, que apresentam uma dimensão muito significativa, em conformidade com o disposto no art. 413º, nº 2, *alínea a)*, na red. do art. 7º da L 168/2015, de 9 de set., isto é, as que *durante dois exercícios consecutivos* ultrapassaram *dois dos seguintes limites*:
- total do balanço de € 20 milhões;
- € 40 milhões de vendas líquidas e outros proveitos;
- média de 250 trabalhadores durante o exercício.

Estas sociedades regem-se exclusivamente pelo CSC, sendo-lhes aplicáveis muitas normas deste Código que disciplinam as sociedades cotadas.

(iv) As sociedades anónimas **simples, comuns** ou em sentido estrito, que correspondem às sociedades reguladas na lei societária, que não atingem a dimensão das que são qualificadas como *grandes*. Estas sociedades podem substancialmente reconduzir-se a sociedades relativamente fechadas (com limitações à transmissibilidade das suas participações) – essencialmente familiares – e a sociedades que consubstanciam o paradigma de sociedade comercial aberta sem limitações à transmissibilidade das ações.

[308] Para maior desenvolvimento, vd. PAULO OLAVO CUNHA, *Direito das Sociedades Comerciais*, 7ª ed., 2019, pp. 99-102.

[309] Sobre estas sociedades, vd. JOSÉ FERREIRA GOMES / DIOGO COSTA GONÇALVES, *Manual de Sociedades Abertas e de Sociedades Cotadas*, vol. I, AAFDL Editora, Lisboa, 2018, em especial pp. 14-32. Estes autores referem a sociedade cotada não aberta (pp. 32 e 54).

15.2.2.4. *Sociedades em comandita*

Finalmente, os agentes económicos podem organizar a sua vida comercial em **sociedades em comandita**, que correspondem a um tipo societário claramente em desuso, composto por duas espécies de sócios, com regimes de responsabilidade diferentes (art. 465º, nº 1).

Os sócios *comanditados* assumem a responsabilidade pelas dívidas da sociedade (nos mesmos termos dos sócios das sociedades em nome coletivo); os sócios comanditários não respondem por quaisquer dívidas da sociedade, para além do capital que subscreveram.

Estas podem organizar-se por recurso, subsidiariamente, ao regime das sociedades em nome coletivo (*sociedades em comandita simples*) (cfr. arts. 474º a 477º; em especial art. 474º do CSC) ou das sociedades anónimas (*sociedades em comandita por ações*) (cfr. arts. 478º a 480º; em especial art. 478º do CSC).

As sociedades são, em qualquer caso, administradas por gerentes – que, em princípio[310], devem ser os sócios comanditados (cfr. art. 470º do CSC) – que, conjuntamente, constituem o único órgão obrigatório nestas sociedades (cfr. arts. 470º, 472º, 474º e 478º do CSC).

As participações sociais são dificilmente transmissíveis na sociedade sob a *forma simples*, sendo as partes dos sócios comanditários transmitidas de acordo com as regras legais da sociedade por quotas (cfr. art. 475º) e encontrando-se as demais sujeitas ao consentimento dos sócios comanditados (cfr. art. 469º), tal como acontece nas sociedades *em comandita por ações*. Neste subtipo, as ações detidas pelos comanditários são livremente transmissíveis, se não houver reserva contratual.

As sociedades em comandita são um tipo societário claramente em desuso e em vias de extinção, pelo que nos abstemos de maior desenvolvimento.

15.2.3. ***A capitalização das sociedades comerciais***

15.2.3.1. *Razão de ser*

A constituição de uma sociedade comercial pressupõe que os seus fundadores estejam disponíveis para afetar-lhe os fundos necessários para a prossecução da respetiva atividade económica.

[310] Sempre que o contrato não contiver uma previsão expressa que admita a participação de comanditários na gerência ou até de terceiros (cfr. art, 470º, nºs 1 e 2 do CSC).

As entradas dos sócios constituem o capital da sociedade e servem para sustentar o seu arranque e o exercício da sua atividade. Se o capital for insuficiente a sociedade deve ser financiada pelos seus sócios, diretamente, ou por capitais de terceiros, garantidos pelo património pessoal dos sócios.

As sociedades por quotas e anónimas portuguesas constituem-se obrigatoriamente com capital social – que pode ser realizado em dinheiro ou em bens em espécie –, ao passo que as sociedades em nome coletivo podem arrancar sem capital, apenas com o trabalho ou indústria dos sócios.

Quando uma sociedade comercial se constitui com um capital simbólico – como pode suceder atualmente com as sociedades por quotas –, ou sem capital social, ela tem de recorrer imediatamente a apoio financeiro dos seus sócios ou a capitais externos, garantidos por obrigações (pessoais) assumidas pelos sócios, em cujo crédito pessoal vai sustentar o financiamento da sua atividade. Nesse caso, a sua autonomia é desconsiderada e substituída pela responsabilidade pessoal dos seus sócios.

15.2.3.2. *Conceito de capital social*[311]

As sociedades comerciais constituem-se para a prossecução de uma determinada atividade e, para esse efeito, reúnem os meios financeiros adequados, necessários e suficientes à dimensão e amplitude da atividade que pretendem exercer.

Por sua vez, os meios financeiros que constituem o património inicial da empresa e que resultam da soma de todas as participações dos sócios correspondem ao **capital social**. Este consiste na cifra numérica de valor constante, em dinheiro, expressa em euros [«*moeda com curso legal em Portugal*» (vd. art. 14º)], «correspondente ao património de constituição

[311] Vd. Paulo de Tarso Domingues, «Capital e património sociais, lucros e reservas», AA.VV., *Estudos de Direito das Sociedades*, 12ª ed., Almedina, Coimbra, 2015 (pp. 151-222), em especial pp. 151-186, e, com natural desenvolvimento, a sua dissertação de doutoramento, *Variações do Capital Social*, Almedina, Coimbra, 2009, em especial pp. 32-57, 145-148 e 275-281. Para uma visão mais sintética, cfr. Catarina Serra, *Direito Comercial. Noções Fundamentais*, cit., 2009, pp. 162-165.
Propugnando e prevendo a supressão do capital social mínimo (pelo menos nas sociedades por quotas), Alexandre Mota Pinto, «Capital social e tutela dos credores para acabar de vez com o capital social mínimo nas sociedades por quotas», AA.VV., *Nos 20 anos do Código das Sociedades Comerciais*, vol. I – *Congresso Empresas e Sociedades*, Coimbra Editora, Coimbra, 2007 (pp. 837-861).

da empresa»[312], isto é, à soma de todas as participações dos sócios, nestas incluídas as entradas que apenas se comprometem vir a realizar[313].

Na realidade, nem sempre se torna necessário disponibilizar de imediato à sociedade a totalidade dos bens de que irá carecer para realizar a atividade económica que se propõe prosseguir.

Por exemplo, se a sociedade tencionar explorar diversos estabelecimentos comerciais, a inaugurar, em momentos diversos, nos primeiros anos da sua existência, deverá seguir um plano económico que lhe permita exigir dos seus sócios entradas de capital faseadas, diferindo parte das importâncias que se dispõem a realizar.

Por isso, se a sociedade não necessitar, desde logo, da totalidade do valor estimado, no momento da constituição é possível realizar um valor inferior ao do capital subscrito. Mais tarde, com o decurso do tempo, pode ser necessário proceder a um aumento desse valor se o mesmo se revelar insuficiente para a prossecução dos objetivos estabelecidos inicialmente ou redefinidos posteriormente.

O capital social é menção obrigatória do contrato de sociedade (cfr. art. 9º, nº 1, *alínea f)*).

15.2.3.3. *O capital social nos contratos de sociedade anónima e por quotas*

Vejamos, sumariamente, em que consiste o capital social e como se caracteriza nos principais tipos sociais.

Nas sociedades anónimas e por quotas o capital social forma-se exclusivamente com as entradas dos sócios, sendo representado unicamente por ações e por quotas (vd. arts. 271º e 197º, nº 1). No momento da constituição, tende a ser equivalente ao património da sociedade, mesmo antes dos sócios realizarem integralmente as suas entradas – isto é, o capital subscrito –, uma vez que o crédito que a sociedade terá sobre eles integra o património (ativo). Mas o capital pode ser superior ao património inicial, se as entradas em espécie forem sobreavaliadas – o que

[312] Paulo Sendin, *Curso de Sociedades Comerciais* (Policopiado), Lisboa, 1984.

[313] Com efeito, os sócios (ou acionistas) nalguns casos não realizam integralmente as suas entradas (o capital subscrito), obrigando-se a fazê-lo no prazo máximo de cinco anos. Neste sentido, vd. o nosso estudo sobre «A redução do capital das Sociedades Anónimas», AA.VV., *Estudos em Homenagem ao Professor Doutor Inocêncio Galvão Teles*, vol. IV, Almedina, Coimbra, 2003 (pp. 659-693), p. 667, retomado em escritos posteriores.

não é suposto acontecer –, ou inferior, quando as ações forem emitidas com prémio (acima do par).

A lei trata atualmente estes dois tipos societários de forma muito diferente. Assim, enquanto continua a exigir para as sociedades anónimas um capital mínimo obrigatório de € 50.000,00 (cinquenta mil euros), admite agora que as sociedades por quotas tenham um capital puramente simbólico, mínimo de apenas € 1,00 (um euro) por cada sócio (cfr. arts. 276º, nº 3, e 201º, na red. do DL 33/2011, de 7 de março)[314].

As participações sociais podem ser realizadas em dinheiro ou em espécie. No entanto, nem todas têm de ser imediatamente liberadas, como veremos adiante.

15.3. A obrigação de entrada[315]

15.3.1. *Caracterização*

A obrigação de entrada é uma das duas principais obrigações dos sócios de uma sociedade comercial[316], sendo o respetivo cumprimento essencial para a constituição e arranque da sociedade comercial.

[314] Até 6 de abril de 2010 (data da entrada em vigor da alteração do CSC determinada pelo DL 33/2011, de 7 de março): € 5.000,00 (cinco mil euros).

[315] Seguimos, naturalmente, o nosso *Direito das Sociedades Comerciais*, 7ª ed., 2019, pp. 306-317. Vd. também Paulo de Tarso Domingues, «O regime das entradas no Código das Sociedades Comerciais», *RFDUP*, ano III, 2006 (673-723), e *Variações do Capital Social*, cit., 2009, em especial pp. 172-178, 185-192 e 201-250, Alexandre Soveral Martins / Maria Elisabete Ramos, «As participações sociais», AA.VV., *Estudos de Direito das Sociedades*, 12ª ed., Almedina, Coimbra, 2015 (pp. 113-150), em especial pp. 136-148, Carlos Olavo, «Direitos e deveres dos sócios nas sociedades por quotas e anónimas», *in* AA.VV., *Estruturas Jurídicas da Empresa*, AAFDL, Lisboa, 1989 (pp. 57-81), Nuno Maria Pinheiro Torres, «A Transmissão da propriedade das entradas *in natura* nas sociedades anónimas», *DJ*, XVII, 2003 (pp. 33-113), e Pedro Pais de Vasconcelos, *A participação social nas sociedades comerciais*, 2ª ed., Almedina, Coimbra, 2006, em especial pp. 263-272.

[316] A outra obrigação essencial dos sócios é a que se traduz em quinhoarem nas perdas que se registem, na medida da respetiva responsabilidade social, consoante o tipo societário envolvido, com exceção dos sócios de indústria (arts. 20º, *alínea b)*, e 22º, nº 3).
Os sócios de capital estão todos obrigados a participar ou «*quinhoar nas perdas*» (art. 20º, *alínea b)*), devendo, em princípio, fazê-lo na proporção dos valores nominais das suas participações (cfr. art. 22º, nº 1). Mas, considerando a responsabilidade limitada do sócio de uma sociedade por quotas ou anónima, cabe perguntar:

A obrigação de entrada vem prevista no artigo 20º, *alínea a)*, e encontra-se regulada nos artigos 25º a 30º do Código das Sociedades Comerciais.

Nas sociedades por quotas e anónimas não são permitidas contribuições de indústria (arts. 202º, nº 1 e 277º, nº 1)[317], diversamente do que acontece nas sociedades em nome coletivo, pelo que todas as participações são necessariamente realizadas em capital (cfr. arts. 202º-208º e 285º-286º).

A entrada do sócio corresponde a uma contribuição necessária – geralmente em dinheiro, mas que também pode ser em espécie – para o acervo patrimonial de que a sociedade irá necessitar, para prosseguir a atividade económica que se propõe realizar quando se constitui, e traduz a medida do risco do capital suportado pelo sócio.

15.3.2. *Composição e montante das entradas*

15.3.2.1. *Tipos de bens*

O património da sociedade forma-se à custa dos bens que os sócios aportarem à sociedade, isto é, que lhe entregarem (e, em certos casos, que se comprometam a disponibilizar-lhe), e esses bens podem consistir em dinheiro ou em espécie, podendo ser da mais diversa ordem.

O limite à composição das entradas decorre, tradicionalmente, da restrição inerente à penhorabilidade dos bens[318] que as compõem e que

– *Em que termos (em que medida) participa o sócio obrigatoriamente nas perdas da sociedade?* Qual o significado e alcance dessa obrigação legal?

A resposta é extremamente simples. O sócio de responsabilidade limitada (sem obrigações acrescidas) participa nas perdas na medida em que, uma vez dissolvida a sociedade, não seja, no âmbito da liquidação, reembolsado da totalidade do capital que realizou, inicialmente (entrada) ou durante a vida da sociedade (pela subscrição de aumentos de capital em dinheiro). Assim sendo, a sua participação nas perdas é, nesses tipos sociais, em regra, limitada ao capital realizado.

[317] Não se lhes aplica consequentemente o regime específico criado para os sócios de indústria das sociedades em nome coletivo (cfr. arts. 20º, *alínea b) in fine*, e 178º, nºs 2 e 3).

Quanto à proibição das entradas em indústria nestes tipos societários, vd. PAULO DE TARSO DOMINGUES, «É justificável a proibição das entradas em indústria nas sociedades de capitais?», sep. de AA.VV., *Os 10 anos de investigação do CIJE. Estudos Jurídico-Económicos*, Almedina, Coimbra, 2010, pp. 819-831.

[318] Isto é, à suscetibilidade de poderem ser apreendidos pelo tribunal (para que o produto da sua venda possa satisfazer créditos).

tem uma certa razão de ser[319]. Fundamental é que, qualquer que seja, o bem traga um *valor económico* acrescido ao património societário.

Quanto às entradas em dinheiro, o primeiro problema que se põe é de saber o que podemos entender por *dinheiro* (cfr. art. 25º, nº 1). E isso é tanto mais importante quanto, em termos de composição, as entradas em dinheiro se contrapõem às entradas em espécie.

As entradas em espécie são aquelas que forem em bens diferentes de dinheiro (art. 28º). Por isso, podemos questionar, por exemplo, se entradas tituladas por cheque ou por um valor mobiliário são entradas em dinheiro ou em espécie.

O **dinheiro** é expressão pecuniária do valor dos bens e serviços transacionáveis no mercado[320]; é moeda circulante e dentro deste conceito devemos admitir as notas, moedas metálicas (que, conjuntamente com aquelas, formam o numerário) e cheques. Estes têm uma função liberatória plena, constituindo um meio de pagamento. Portanto, as entradas em sociedades comerciais tituladas por cheque devem ser consideradas em dinheiro[321].

[319] Assim, não podem constituir objeto de entrada para a sociedade os bens que, nos termos da lei processual, sejam considerados impenhoráveis, designadamente aqueles bens que são utilizáveis ao serviço da economia familiar ou doméstica; portanto, todos os bens que devem estar sempre salvaguardados e que, se viessem a fazer parte do acervo societário, poderiam ficar expostos a todas as consequências a que os bens próprios das sociedades estão sujeitos, designadamente à responsabilidade (ilimitada) pelas dívidas sociais.
Mas a restrição à penhorabilidade não deve ser entendida como limite à consideração de bens que, trazendo um maior valor económico à sociedade, são suscetíveis de acentuada variação do respetivo valor patrimonial. Essencial é que não se pretenda certificar como bens em espécie contribuições de indústria ou até despesas de constituição, uma vez que umas e outras têm regimes próprios; já a transferência em favor da sociedade de um projeto de investigação em curso – ainda que por concluir –, dos resultados entretanto obtidos e da respetiva exploração futura, se afigura poder reconduzir-se a um bem em espécie.
Pondo em causa a exigência da lei portuguesa, que considera específica no quadro do Direito europeu, Manuel António Pita, «O uso e fruição de bens na realização do capital social», AA.VV., *Prof. Inocêncio Galvão Telles: 90 anos. Homenagem da Faculdade de Direito de Lisboa*, Almedina, Coimbra, 2007 (pp. 775-802), pp. 789-793.

[320] Cfr. a nossa dissertação de doutoramento, *Cheque e Convenção de Cheque*, 2009, p. 283, nota 645, e Mário Coutinho dos Santos, *O Dinheiro*, Fundação Francisco Manuel dos Santos, Lisboa, 2015, em especial pp. 19 e 20.

[321] Procuramos simplificar esta abordagem. Adicionalmente – e recorrendo à nossa última obra citada (pp. 283-286) –, podemos afirmar que, «o cheque, mesmo que não seja dinheiro,

As **entradas em espécie** (arts. 25º e 28º), por sua vez, são constituídas ou integradas por créditos ou outros bens ou valores também realizáveis em dinheiro e suscetíveis de penhora. Por isso, os valores mobiliários são entradas em espécie.

Constituem exemplos de entradas em espécie, entre outros:

a) Valores mobiliários, designadamente ações (cotadas ou não cotadas) e outros instrumentos financeiros;
b) Letra de câmbio e outros títulos de crédito (endossáveis à sociedade);
c) Cedência de créditos (sobre terceiros ou sobre a própria sociedade, quando já constituída)[322];
d) Garantias transmissíveis;
e) Ouro e metais preciosos;
f) Veículos automóveis, máquinas e equipamentos, em geral, bem como quaisquer bens móveis (suscetíveis de avaliação pecuniária);
g) Patentes, marcas ou outros direitos privativos da propriedade industrial e direitos de autor;
h) Projetos de investigação que conduzam a uma patente;
i) *Know-how* e respetivo licenciamento;
j) Estabelecimento comercial (ou parte dele);
l) Prédios rústicos e urbanos;
m) Cessão da posição contratual em contrato-promessa de compra e venda (de imóvel).

O problema que se coloca nas entradas em espécie é, como veremos, o de saber qual o valor que lhes vai ser atribuído no momento da realização da respetiva entrada[323].

é considerado como tal, equivalendo a numerário e desempenhando funções análogas às das notas e moedas» (PAULO OLAVO CUNHA, *Cheque e Convenção de Cheque*, 2009, p. 284).

[322] Cfr. PAULO DE TARSO DOMINGUES, «O regime das entradas de sócios com créditos», AA.VV., *Nos 20 anos do Código das Sociedades Comerciais*, cit., vol. I – *Congresso Empresas e Sociedades*, Coimbra Editora, Coimbra, 2007 (pp. 785-801), pp. 793-800. Vd. também na mesma obra, mas no vol. II (*Vária*), o estudo de FERNANDO OLIVEIRA SÁ, sobre «A transformação de créditos em capital e o problema das entradas em espécie ocultas», 2007 (pp. 671-703), pp. 674-678.

[323] Acentuando este aspeto, a propósito das entradas com "saber-fazer" (*know how*), PAULO DE TARSO DOMINGUES, «O regime das entradas no Código das Sociedades Comerciais», cit., 2006, pp. 699-701, e, mais recentemente, em *Variações do Capital Social*, cit., 2009, pp. 219-222.

15.3.2.2. *Valor da entrada*

A entrada tem de ser objeto de uma correta valorização e de efetiva realização, não podendo o seu valor ser inferior ao valor nominal da participação. Antes pelo contrário, o valor da entrada deve ser igual ou superior ao valor comercial da participação (arts. 25º e 27º, nº 1). Isto é, devem presidir como critérios de certificação do valor da entrada, uma correta valorização dessas entradas e uma efetiva realização das mesmas, ou seja, que as entradas sejam efetivamente cumpridas, designadamente quando são feitas em dinheiro.

No que respeita às entradas em espécie, o valor deve ser certificado por uma entidade que assegure independência, em relação ao interessado (o sócio cuja entrada está em causa) (cfr. art. 28º, nº 1) e isenção, relativamente a todos e quaisquer interesses envolvidos na sociedade (cfr. art. 28º, nºs 1 e 2). Certificar é diferente de avaliar. Isto é, a entidade que certifica não é, necessariamente, a mesma que avalia. Quem certifica só diz, ou tem de comprovar, que está correta a avaliação efetuada.

A entidade que efetua a certificação é um revisor oficial de contas que, para esse efeito, deve ser designado por deliberação dos sócios (ou por indicação dos futuros sócios), na qual não podem participar todos aqueles que têm interesse imediato na sua intervenção, ou seja, aqueles que pretendam realizar as entradas em espécie (em causa).

Na certificação o revisor deverá atender ao valor intrínseco dos bens em espécie que integram a entrada, ao prazo de liquidação de que depende a satisfação dos ativos que a constituem e ao risco da sua liquidez (arts. 28º e 89º, nº 1)[324]. Isto é, em termos de valorização das entradas em espécie, há que ponderar, para além do respetivo valor patrimonial absoluto, o risco que possa estar associado a um eventual incumprimento, quando se trata de um título-valor ou de promessa contratual,

[324] O facto de o nº 2 do artigo 26º (na redação que a esta disposição legal foi dada pelo DL 33/2011, de 7 de março) não fazer qualquer referência às entradas em dinheiro não prejudica o entendimento enunciado de que apenas estas podem ser objeto de diferimento. As entradas em espécie não podem, por isso, ser realizadas até ao final do primeiro exercício económico, apesar de a lei não ser totalmente clara, como o deveria, a este propósito. Não o permitem a sua própria natureza, nem a limitação legal resultante do artigo 26º, nº 1.
Neste sentido, vd. também Maria Miguel Carvalho, «O Novo Regime Jurídico do Capital Social das Sociedades por Quotas», AA.VV., *Capital Social Livre e Acções sem Valor Nominal*, Almedina, Coimbra, 2011 (pp. 9-35), pp. 29-30, e Paulo de Tarso Domingues, «O novo regime do capital social nas sociedades por quotas», *DSR*, ano 3, vol. 6, 2011 (pp. 97-123) p. 121.

ou súbita desvalorização, caso de valor mobiliário (*maxime* ação) ou direito privativo da propriedade industrial. Noutros casos ainda a (des) valorização pode estar dependente da natureza da entrada que, consistindo num projeto, pode ficar aquém do expectável, se o mesmo acabar por não se concluir ou não gerar os resultados esperados.

15.3.3. ***Diferimento das entradas em dinheiro***

15.3.3.1. *Prazos de realização do capital apenas subscrito*

A lei admite que parte das entradas em dinheiro seja diferida (cfr. art. 26º, nº 3)[325]. Nesse caso, impõe que no contrato (bem como nas menções externas da sociedade) conste expressamente o montante do capital realizado e o montante subscrito (cfr. arts. 199º, *alínea b)*, 272º, *alínea e)*, e 171º, nº 2).

Em qualquer circunstância, sempre que for possível diferir a realização de parte do capital subscrito (a liberar necessariamente em dinheiro) (cfr. art. 26º, n.os 2 e 3), o prazo máximo para o efeito é de cinco anos, a contar da «*celebração do contrato*» ou da «*deliberação de aumento de capital*» (arts. 203º, nº 1, e 285º, nº 1).

No que se refere ao eventual diferimento (de parte) das entradas em dinheiro, importa ponderar os diversos tipos sociais.

15.3.3.2. *Sociedades por quotas*

Nas sociedades por quotas é possível realizar até ao final do primeiro exercício económico a totalidade das entradas em dinheiro que correspondam ao capital mínimo (legal) – que é simbólico, equivalendo a € 1,00 por cada sócio –, podendo acima desse montante ser diferidas todas as entradas em dinheiro[326], por um prazo máximo de cinco anos, a

[325] Sobre o diferimento da liberação das entradas em dinheiro e a diferenciação entre a realização do capital mínimo nas sociedades por quotas e a realização diferida das outras entradas em dinheiro no mesmo tipo societário, vd. Maria Miguel Carvalho, «O Novo Regime Jurídico do Capital Social das Sociedades por Quotas», cit., 2011 (pp. 9-35), p. 29, e Paulo de Tarso Domingues, «O novo regime do capital social nas sociedades por quotas», cit., 2011 (pp. 97-123), pp. 121-122.

[326] Neste sentido, vd., com maior desenvolvimento, Maria Miguel Carvalho, «O Novo Regime Jurídico do Capital Social das Sociedades por Quotas», cit., 2011 (pp. 9-35), pp. 31-33.

contar da *celebração do contrato* (cfr. arts. 26º, nº 2, 199º, *alínea b)*, 26º, nº 3 e 203º, nº 1)[327].

15.3.3.3. *Sociedades anónimas*

Nas sociedades anónimas pode haver um diferimento do capital até 70% das entradas em dinheiro correspondentes ao valor nominal ou ao valor de emissão das ações, qualquer que seja o montante do capital subscrito (cfr. arts. 26º, nº 3 e 277º, nº 2), pelo que a sociedade pode constituir-se, encontrando-se inicialmente realizado apenas € 15.000,00 de capital social.

Assinale-se que, quando for previsto um prémio de emissão – o que ocorre sobretudo no âmbito das operações de aumento do capital social –, o respetivo pagamento *«não pode ser diferido»* (art. 277º, nº 2, *in fine*).

15.3.3.4. *Sociedades em nome coletivo e em comandita*

Nas sociedades em nome coletivo e em comandita simples não pode haver lugar ao diferimento da realização de entradas, ainda que sejam em dinheiro (cfr. arts. 26º, nº 1 e 89º, nº 1), diversamente do que sucede nas sociedades em comandita por ações, em que é possível diferir 70% do valor do capital social subscrito a realizar em dinheiro (cfr. arts. 26º, nº 1, 89º, nº 1, 478º e 277º, nº 2). As menções externas destas últimas sociedades devem revelar a diferença entre o capital subscrito e o realizado, se existente (cfr. art. 171º, nº 2).

15.3.4. ***Realização imediata de todas as entradas em espécie***

Diversamente do que acontece com as entradas em dinheiro, a realização diferida não é possível relativamente às entradas em espécie – que devem ser realizadas na íntegra no momento da constituição da socie-

[327] Anteriormente a 6 de abril de 2011 (data da entrada em vigor do DL 33/2001, de 7 de março), só era possível diferir a realização de metade (50%) das entradas em dinheiro e desde que o capital mínimo estivesse assegurado (cfr. art. 202º, nº 2, na red. originária). Assim, e exemplificando, se o capital se situasse entre os € 5.000,00 e os € 10.000,00 (*inclusive*) tinha de se encontrar realizado um mínimo de € 5.000,00. Só a partir dos € 10.000,00 (*inclusive*) era suficiente realizar metade na constituição.

dade (ou aumento do seu capital social) e então devidamente valorizadas –, nem faz sentido quanto às sociedades (por quotas) com capital social simbólico.

Assim, as entradas em espécie nunca podem ser diferidas, devendo ser realizadas no momento da subscrição do capital a que respeitam (cfr. arts. 26º, nº 1 e 89º, nº 1) e, como vimos, ser objeto de avaliação por revisor oficial de contas independente[328], o qual deverá certificar o valor da entrada[329], em relatório[330] que *faz parte integrante da documentação sujeita às formalidades de* publicidade e que deverá ser objeto de depósito no registo comercial (cfr. arts. 28º, nº 6 do CSC).

15.4. **Capital social e património**

15.4.1. ***Importância fundacional e funcional do capital social; intangibilidade e proteção dos credores***

O capital social tem uma importância simultaneamente **fundacional**, porque tem de constar obrigatoriamente do contrato de sociedade – *salvo nas sociedades em nome coletivo em que todos os sócios contribuem apenas com a sua indústria* (art. 9º, nº 1, *alínea f)*)[331] –, e **funcional**, determinando internamente a posição dos sócios, em razão do montante das suas participações e representando externamente a garantia dos credores (sociais), na medida em que só poderão ser distribuídas aos sócios quantias a título de lucros ou dividendos, se o património líquido da socie-

[328] O que significa que é escolhido pelos sócios que não realizam as entradas em espécie. Sobre as razões que justificam esta medida e sobre o processo de escolha do ROC independente, sobretudo quando as entradas em espécie são comuns a todos os sócios, vd. Paulo Olavo Cunha, «Conversão de créditos em capital», AA.VV, *V Congresso de Direito da Insolvência* (coord. por Catarina Serra), Almedina, Coimbra, 2019, pp. 237-254, em especial p. 241 (nota 6).

[329] Em documento autónomo anexo ao contrato de sociedade (na constituição) ou anexo à ata (em caso de aumento do capital social).
Só não será assim nas sociedades em nome coletivo, nas quais a verificação das entradas em espécie pode ser substituída por assunção da solidariedade pelo valor dessas entradas (cfr. art. 179º).

[330] «*O relatório deve reportar-se a uma data não inferior em 90 dias à do contrato de sociedade (...)*» (art. 28º, nº 4).

[331] A noção de capital é, consequentemente, uma noção básica da existência da sociedade.

dade exceder (for superior) o montante do capital social (acrescido das reservas indisponíveis[332])[333].

O capital é o ponto de referência da situação económica da sociedade, «funciona como uma medida, em relação à qual se determina se no decurso do funcionamento da sociedade resultou acréscimo ou diminuição do património social»[334]. Assim, a sociedade tem lucro (ganhos) quando o património se encontra acima dessa medida (acrescida das reservas legais) e sofre perdas quando o património cai abaixo da "linha" do capital social.

Refira-se que, contabilisticamente, o capital social (cifra) deve figurar no passivo, com base no princípio da sua intangibilidade. Efetivamente, só a inscrição no passivo evita que o valor correspondente seja entregue aos sócios, como se de lucros realizados se tratasse, antes de satisfeitos os credores pela importância equivalente. Deverá haver sempre no ativo bens que correspondam a essa cifra e que a garantam.

15.4.2. *O património da sociedade*

O património social, que está em permanente mutação, é, em sentido amplo, o conjunto de direitos e vinculações da sociedade suscetíveis de avaliação pecuniária; o património líquido (aquele que nos interessa) é a diferença aritmética entre os créditos (ativo) e as dívidas (passivo) sociais.

Para os economistas, contudo, prevalece a ideia de conjunto de elementos e valores (incluindo os créditos e as dívidas) utilizados pelas entidades no exercício da sua atividade ou sujeitos a uma gestão unitária e afetos a determinado fim[335].

[332] As reservas indisponíveis representam um reforço da intangibilidade do capital social; a sua função é análoga à do capital social (vd. arts. 295º e 296º).

[333] Trata-se do chamado princípio da intangibilidade do capital social (cfr. o nosso *Direito das Sociedades Comerciais*, 7ª ed., 2019, pp. 117-118). Os preceitos legais que o pretendem garantir visam, designadamente, impedir a sociedade de distribuir, a título de lucros ou dividendos, importâncias que levem o património social a descer abaixo do montante do capital social (e das reservas legais).

[334] Fernando Olavo, *Direito Comercial*, vol. II (texto policopiado), Lisboa, 1963, p. 17.

[335] António Borges / Azevedo Rodrigues / Rogério Rodrigues, *Elementos de Contabilidade Geral*, 25ª ed., Áreas Editora, Lisboa, 2010, p. 44 (seguindo Gonçalves da Silva, *Contabilidade Geral*, vol. I).

Contabilisticamente importa ainda referir que os elementos que compõem o património têm natureza pecuniária, sendo suscetíveis de avaliação em dinheiro e devendo, assim, exprimir-se numa mesma unidade monetária. Tais valores serão classificados – consoante correspondam aos bens que são da titularidade da empresa ou a valores que representem créditos sobre terceiros, por um lado, ou constituam dívidas da empresa, por outro – em duas rubricas distintas: o ativo e o passivo, respetivamente[336].

15.4.3. *O capital social como garantia dos credores*

Classicamente afirma-se que o capital social constitui garantia dos credores, o que carece de melhor explicação, tendo em conta que se trata de uma cifra estatutária, expressa em moeda corrente legal, correspondente a um valor formado pelas entradas dos sócios, naturalmente utilizadas para sustentar o arranque e desenvolvimento da atividade social.

Vejamos então qual o significado e alcance deste princípio que, aparentemente, não parece fazer muito sentido.

Quando a sociedade comercial (em especial, a anónima) se constitui os respetivos sócios contribuem com bens, em dinheiro ou em espécie, à custa dos quais irá desenvolver a sua atividade. Por isso, a sociedade no momento fundacional gasta uma parte desses bens na sua inserção no mercado e entrada em funcionamento, o que significa que se vier a ter dificuldades a curto prazo os terceiros não encontram no seu ativo um montante correspondente ou sequer aproximado ao do capital social. Nesta aceção o capital não garante nada aos credores, antes os pode ter iludido; a sua garantia efetiva encontra-se no património.

Então, *em que sentido é que o capital social constitui a garantia dos credores?*

Conhecedores de que os sócios só podem obter bens da sociedade por distribuição (ainda que antecipada) de lucros (distribuíveis), os credores satisfazem-se em saber que os sócios não podem retirar licitamente bens da sociedade enquanto o ativo desta não superar a soma do capital social e das reservas legais (indisponíveis) e, nessa medida, o montante do capital social garante-lhes que não pode haver distribuição

[336] Para maiores desenvolvimentos, vd., por todos, António Borges / Azevedo Rodrigues / / Rogério Rodrigues, *Elementos de Contabilidade Geral*, 25ª ed., cit., 2010, pp. 44-56.

lícita de bens que ponha em causa esse valor[337]. O capital social é como um dique, eventualmente acrescido de um reforço pontual (as reservas), que impede a passagem da água – entenda-se dos bens –, enquanto esta não superar o limite correspondente ao montante do capital, eventualmente acrescido das reservas (legais)[338].

E é isso que nos diz o artigo 32º, ao determinar que só pode haver distribuição legítima de bens da sociedade quando existirem bens em valor superior à soma do capital e das reservas legais, impedindo que possam ser distribuídos aos sócios bens sociais quando o capital próprio (anteriormente, a "situação líquida") da sociedade – tal como resulta das *contas elaboradas e aprovadas nos termos legais* e consta do balanço – se torne, por efeito dessa distribuição, se não o for já, inferior à soma do capital e das reservas que não sejam, legal e contratualmente, distribuíveis (cfr. art. 33º).

15.5. As reservas[339]

15.5.1. *Tipos de reservas*

Numa sociedade comercial é possível constituir reservas de várias espécies: umas decorrem de imposição legal (reservas legais obrigatórias ou

[337] Ou, como referimos no nosso estudo sobre «O novo regime da redução do capital social e o artigo 35º do Código das Sociedades Comerciais» [AA.VV., *Prof. Inocêncio Galvão Telles: 90 anos. Homenagem da Faculdade de Direito de Lisboa,* Almedina, Coimbra, 2007 (pp. 1023-1078)], «o **capital social** garante a todos os que contratam com a sociedade que se ela está a distribuir lucros pelos seus sócios é porque a sua situação líquida o permite, correspondendo, nesse caso, o património líquido a um montante superior ao do capital acrescido das reservas legais. O capital é, assim, um importante ponto de referência da capacidade económica da sociedade, mas é, de facto, o património que garante os credores. Por isso, a lei se preocupa tanto em procurar assegurar uma correspondência mínima entre essas duas realidades, estabelecendo medidas de correção, como a que consta do artigo 35º» (p. 1029).

[338] Cfr. o nosso *Direito das Sociedades Comerciais,* 7ª ed., 2019, e a referência que fazemos (pp. 274, nota 464) à obra magistral do Direito Comercial contemporâneo (espanhol) de Joaquín Garrigues, *Curso de Derecho Mercantil,* t. I, 7ª ed. (com a colab. de Alberto Bercovitz), ed. Autor, Madrid, 1982.

[339] Seguimos o nosso livro *Direito das Sociedades Comerciais,* 7ª ed., 2019, pp. 266-281, onde tratamos também das reservas de fusão (pp. 281-282).

Vd. também António Menezes Cordeiro, «Escrituração comercial, prestação de contas e disponibilidade do ágio nas sociedades anónimas», AA.VV., *Estudos em Homenagem ao*

especiais), outras de determinação contratual (reservas estatutárias), outras correspondem a bens gerados pela sociedade e não distribuídos aos sócios (reservas livres[340]) e outras não se encontram contabilizadas como tais, mas resultam de subvalorização contabilística dos bens sociais (reservas ocultas). A estas reservas podem ainda acrescentar-se as chamadas reservas de reavaliação.

As reservas são reguladas nos artigos 295º e 296º, ambos aplicáveis às sociedades por quotas por remissão expressa do disposto no artigo 218º do Código das Sociedades Comerciais.

15.5.2. *Reservas legais*

15.5.2.1. *Reservas legais obrigatórias*

As reservas **legais** representam um reforço da intangibilidade do capital social; a sua função é análoga à do capital social. Por isso, a sociedade deve constituí-las à custa dos respetivos resultados do exercício, afetando periodicamente uma parte destes – não inferior a 5% do total do período – até perfazer o montante correspondente a 20% do capital social (cfr. art. 295º, nº 1)[341].

Professor Doutor Inocêncio Galvão Teles, vol. IV, Almedina, Coimbra, 2003 (pp. 573-598), em especial pp. 573-574, 591-598, e José A. Engrácia Antunes, «Cobertura de prejuízos sociais transitados e reserva de prémio de emissão», AA.VV., *Ars Ivdicandi – Estudos em Homenagem ao Prof. Doutor António Castanheira Neves*, vol. II: *Direito Privado*, org. por Jorge de Figueiredo Dias, José Joaquim Gomes Canotilho e José de Faria Costa, Coimbra Editora, Coimbra, 2008 (pp. 65-85), pp. 69-77.

[340] Que muitas vezes se configuram contabilisticamente, e em termos de menção no balanço como resultados transitados.

[341] Há uma especialidade nas sociedades por quotas, porquanto a lei impõe que estas constituam uma reserva legal mínima de 2.500 euros (cfr. art. 218º, nº 2 *in fine*); montante que correspondia a metade do capital social mínimo (€ 5.000,00) anteriormente exigível e que se manteve inalterado com a liberalização do capital neste tipo societário, aprovada pelo Decreto-Lei nº 33/2011, de 7 de março. Isto é, neste tipo societário, o capital social pode ser de € 1,00 (se a sociedade for unipessoal), mas a reserva legal (global) mínima deverá ser de € 2.500,00. Trata-se seguramente de um esquecimento do legislador de 2011, mas cuja correção obrigará a (nova) alteração do Código das Sociedades Comerciais.
Por sua vez, as sociedades sujeitas a leis especiais, como as instituições de crédito, por exemplo, têm de constituir uma reserva legal mínima que corresponda ao montante do respetivo capital social (cfr. art. 97º, nº 1 do RGIC).

No que respeita ao seu destino, no sistema português o valor afeto a reserva legal pode inclusivamente ser aproveitado para integrar um aumento de capital. Isto é, constituída a reserva na sua totalidade, o respetivo montante pode ser, parcial ou totalmente, reconduzido a um aumento de capital, devendo posteriormente ser refeita a reserva com referência à (nova) cifra do capital social resultante dessa variação de capital. Esta menção é importante porque há ordenamentos que proíbem esta solução e porque se contabilisticamente esta medida tem perfeita razão de ser, já pode ser merecedora de críticas sob uma perspetiva de pura lógica jurídica, uma vez que se estamos a pensar na (tal) garantia do capital social não parece fazer sentido integrá-la no capital, consumindo-a neste e eliminando-a. Temos aqui em mente os aumentos por incorporação de reservas legais; e não apenas à custa de reservas livres.

15.5.2.2. *Reservas legais especiais*

Quanto à constituição de reservas legais, tenha-se ainda em atenção o nº 2 do artigo 295º, onde se prevê a criação de reserva **especial** para diversos efeitos.

Por sua vez, quando numa sociedade comercial existirem ações próprias, ou quotas próprias, quer dizer existir uma situação em que parte do capital é detido pela própria sociedade – o que obviamente nunca pode acontecer no início da respetiva atividade, porque a sociedade não existe e tem de se constituir à custa de bens dos sócios –, é necessário criar uma reserva especial que cubra precisamente o montante equivalente ao que é representado por essas participações (quotas e ações) próprias, isto nos termos do disposto no artigo 324º, nº 1, *alínea b)* aplicável às quotas próprias, por remissão do nº 4 do artigo 220º[342].

[342] Este princípio conhece uma outra aplicação no âmbito do Código, e no domínio das sociedades anónimas, mais concretamente no art. 463º, nº 2, *alínea b) in fine*, segundo o qual é possível deliberar a redução do capital social por extinção de ações próprias se forem extintas unicamente ações liberadas, adquiridas por meio de bens distribuíveis, e desde que seja constituída reserva especial, sujeita ao regime do art. 296º, em montante correspondente ao valor nominal das ações extintas.

15.5.3. *Reservas livres*

As reservas **livres** são constituídas por todos os lucros distribuíveis que não são oportunamente, aquando da aplicação de resultados de cada exercício, atribuídos aos sócios – isto é, a parte dos lucros do exercício que a sociedade não distribui aos seus sócios e que não está afeta a uma finalidade específica – e podem, em nossa opinião, resultar também de libertação de excesso de reservas legais.

Tecnicamente as reservas livres correspondem aos lucros acumulados de que a sociedade pode dispor livremente, partilhando entre os sócios (cfr. art. 31º, nº 1), incorporando no respetivo capital (cfr. art. 91º, nºs 1, 2 e 4, *alínea c)*) ou utilizando para cobrir prejuízos do exercício ou transitados de exercícios anteriores (cfr. art. 296º, *alíneas a)* e *b)*).

15.5.4. *Reservas estatutárias, reservas ocultas e reservas de reavaliação*

Para além das reservas legais – obrigatórias e especiais – e das livres, que são as mais comuns, podem existir reservas estatutárias, ocultas e de reavaliação.

As reservas **estatutárias** correspondem, como o nome indica, a reservas criadas por imposição contratual. Constituídas pela afetação de um montante percentual (variável) dos resultados do exercício a um fundo especial, destinado a reforçar as reservas legalmente obrigatórias, podem ser também formadas para uma finalidade específica. São presentemente raras e a lei geral societária não lhes faz qualquer alusão.

As reservas **ocultas** são aquelas que correspondem à valorização não contabilizada, e consequentemente não reconhecida, dos bens que integram o ativo imobilizado da sociedade. Por isso, não podem ser distribuídas (cfr. art. 33º, nº 3), enquanto os bens a que estão subjacentes não forem objeto de reavaliação. Não têm autonomia dogmática ou prática[343] e podem converter-se em reservas de reavaliação se puderem vir a ser objeto de contabilização por efeito da revalorização dos bens que integram o ativo da sociedade.

[343] Neste sentido, considerando que o regime do art. 33º, nº 3 constitui o afloramento de um princípio geral de inadmissibilidade deste tipo de reservas, PAULO DE TARSO DOMINGUES, em anotação ao art. 33º do CSC, *in* AA.VV., *Código das Sociedades Comerciais em Comentário*, vol. I (artigos 1º a 84º), 2ª ed., coord. por COUTINHO DE ABREU, 2017, p. 543.

Finalmente, as reservas de **reavaliação** são aquelas que resultam da reapreciação positiva legalmente autorizada de bens sociais existentes e da necessária contabilização do valor acrescido nessa espécie (contabilística).

15.6. Noção de capital próprio e conceito de justo valor (*fair value*)[344]

O **capital próprio** da sociedade corresponde à sua situação líquida; ao património (líquido) societário que é formado exclusivamente à custa de bens de que a sociedade beneficie com caráter de estabilidade, incluindo os que são necessários para cobrir o capital social acrescido das reservas legais (obrigatórias e especiais) acumuladas. Não integram, assim, os capitais próprios os suprimentos, que podem ser reembolsados à custa da situação líquida, isto é, à custa de bens necessários para cobrir o montante do capital social e das reservas legais entretanto constituídas. O capital próprio da sociedade é, pois, o resultado da atividade social projetada no seu capital (ou património) de arranque.

Esta noção tem especial relevância no que respeita à incidência do artigo 35º e, dadas as exigências em termos de qualificação dos bens de que a sociedade possa, em cada momento, dispor, deixa de fora os créditos de sócios, designadamente os suprimentos, que não tenham sido prestados ao abrigo de um rigoroso regime de reembolso. Curiosamente, o artigo 35º não especifica o que se deve entender por capital próprio, daí que tenhamos arriscado uma noção por mais discutível que seja. Trata-se de uma referência que encontramos hoje no artigo 349º, nº 1 do Código das Sociedades Comerciais, na red. do DL nº 26/2015, de 6 de fevereiro (anteriormente no nº 2 do mesmo artigo, na redação introduzida pelo DL 52/2006, de 15 de março), segundo o qual, para efeitos (de limite) de

[344] Reproduzimos o nosso *Direito das Sociedades Comerciais*, 7ª ed., 2019, pp. 282-284.
Com inegável interesse, vd. Ana Maria Gomes Rodrigues, «Justo valor, uma perspectiva crítica e multidisciplinar», AA.VV., *Miscelâneas*, nº 7, IDET, Almedina, Coimbra (pp. 69-133).
Sobre o capital próprio, vd. também José A. Engrácia Antunes, «Cobertura de prejuízos sociais transitados e reserva de prémio de emissão», cit., 2008 (pp. 65-85), pp. 67-69, em especial nota 4.
Escrevemos também sobre os capitais próprios no nosso estudo sobre «Aspectos críticos da aplicação prática do regime das acções sem valor nominal», AA.VV., *Capital Social Livre e Acções sem Valor Nominal*, Almedina, Coimbra, 2011 (pp. 131-152), pp. 134-135.

emissão de obrigações, se deve entender *por* **capitais próprios** *«o somatório do capital realizado, deduzidas as ações próprias, com as reservas, os resultados transitados e os ajustamentos em ativos financeiros»*.

O artigo 32º do CSC, na redação (aprovada pelo art. 3º do DL nº 185/2009, de 12 de agosto), substituiu a referência à situação líquida pelo conceito de "*capital próprio*" (cfr. nº 1). Para além disso, introduziu no Direito português – pelo aditamento do nº 2 ao artigo 32º (vigente desde 1 de janeiro de 2010) – um novo conceito: o de "*justo valor*" (*fair value*)[345].

O critério de mensuração do **justo valor**, que as empresas nacionais – no quadro das Normas Internacionais de Relato Financeiro adotadas pela União Europeia e do Sistema de Normalização Contabilística, vigente desde 1 de janeiro de 2010 (cfr. art. 16º do Decreto-Lei nº 158/ /2009, de 13 de julho) – passaram a utilizar, consiste numa técnica contabilística que permite às sociedades comerciais expressarem muitas das rubricas dos seus balanços em *valores de mercado*, podendo, desse modo, refletir de forma permanente e atualizada a sua performance real.

Contudo, tratando-se de um critério valorimétrico suscetível de provocar grandes oscilações nos indicadores contabilísticos das sociedades comerciais (que passaram a adotá-lo) por refletir, nomeadamente, os valores de mercado das respetivas carteiras com variações (positivas e negativas) acentuadas, impunha-se regular a distribuição de valor provocada pela sua aplicação, limitando-se a distribuição dos resultados positivos que resultassem exclusivamente da mensuração das rubricas das demonstrações financeiras com base neste critério (de valorimetria) (cfr. Preâmbulo do DL 185/2009).

Por isso, a lei societária vem agora exigir que *os incrementos* que decorram da projeção do critério do justo valor no capital próprio da sociedade *apenas* relevem *para poderem ser distribuídos aos sócios bens da sociedade quando* o valor dos ativos que integram o capital próprio se fixe definitivamente; o que (só) ocorre pela alienação, exercício, extinção e liquidação dos elementos e direitos que o compõem, ou, relativamente aos *ativos fixos tangíveis e intangíveis*, pelo seu uso (cfr. nº 2 do art. 32º, red. do DL 185/2009).

[345] Posteriormente seria introduzido (pelo DL 98/2015, de 2 de junho) um nº 3 nesta disposição legal, para precisar o relevo dos rendimentos que resultam da aplicação do critério do justo valor.

15.7. A subcapitalização das sociedades comerciais[346]

As sociedades comerciais nem sempre se constituem com um capital social adequado às suas necessidades económicas. Muitas vezes nascem com insuficiência de capitais, devendo recorrer imediatamente a fontes internas (sócios) ou externas (terceiros) de financiamento. Dizemos então, que surgem (no mercado) subcapitalizadas.

15.7.1. *Caracterização*

Subcapitalização significa insuficiência de capitais ou de meios financeiros para a prossecução de um determinado objetivo – nos termos em que foi traçado –, que pode consistir na normal realização da atividade social[347].

A sociedade encontra-se em situação de subcapitalização quando não dispõe de meios financeiros suficientes para exercer a (sua) atividade empresarial nos termos propostos. Se tal acontecer, terá de procurar, interna ou externamente, esses meios, que lhe permitam continuar a desenvolver a sua atividade.

A subcapitalização pode ocorrer por diversas razões, dependendo estas, de certo modo, do momento da vida societária em que o fenómeno se verifica.

Quando ocorre no início da atividade, a subcapitalização explica-se por uma deficiente avaliação dos custos que o arranque da sociedade implicaria. Justifica-se porque os fundadores consideraram que o investimento associado à constituição e entrada em funcionamento não teria de ser tão grande como afinal se viria a verificar. Diga-se, de passagem,

[346] Vd. Paulo Olavo Cunha, «O contrato de suprimento na sociedade anónima: aspetos substantivos e fiscais», *DSR*, ano 6, vol. 11, 2014 (pp. 53-76), pp. 54-56, *Rui* Pinto Duarte, «A subcapitalização das sociedades no Direito Comercial», *Fisco*, nos 76/77, ano VIII, 1996 (pp. 55-64), em especial pp. 56-58.

[347] A este fenómeno, jurídico-societário, contrapõe-se o da ***sobrecapitalização***, de sinal oposto, que se traduz em excesso de meios, o que acontece porque se sobredimensionou a atividade social, porque esta decorreu acima das expectativas ou porque, afinal, os sócios não pretendem prosseguir a atividade societária com a dimensão com que a tinham planeado, resultando, portanto, um excesso de meios. A devolução aos sócios desses meios, admitindo que a sociedade permanece em funcionamento, passa, em regra, por uma operação de redução do capital para libertação de excesso.

que muitas sociedades se constituem, na prática, numa situação de subcapitalização consciente, vendo-se obrigadas a recorrer a empréstimos de sócios logo que começam a funcionar.

Mas pode acontecer que a subcapitalização inicial se fique a dever a uma revisão, em alta, do plano económico. Isto é, os sócios resolveram, entretanto, ampliar ou redimensionar a atividade societária, comprovando, naturalmente, que os meios que haviam pensado afetar eram insuficientes.

O redimensionamento é também uma razão que explica a subcapitalização em vida da sociedade, embora o motivo principal que o justifica se prenda com um desempenho menos conforme com o que havia sido previsto, quaisquer que sejam os fatores que o tenham influenciado.

Por fim, refira-se que, tecnicamente, num sentido estrito, a subcapitalização se reporta também por referência ao capital social, significando que este é insuficiente para a sociedade prosseguir a respetiva atividade económica, de caráter mercantil.

15.7.2. *Autofinanciamento e heterofinanciamento; enumeração sumária das diversas formas de superação das situações de subcapitalização*

As diversas formas de superação de uma situação de subcapitalização – que iremos caracterizar, com maior ou menor desenvolvimento – podem corresponder a um financiamento interno, por recurso aos próprios sócios, ou a um financiamento externo, com apelo a terceiros. Nalgumas circunstâncias, o financiamento pode ser, simultaneamente, assumido por sócios e terceiros.

Constituem sempre **autofinanciamento** as prestações suplementares (de capital), as obrigações acessórias e os suprimentos.

Por sua vez, o recurso ao crédito – qualquer que seja a forma que revista (do simples empréstimo ou mútuo até ao mais sofisticado *project finance*) – é um modo de **heterofinanciamento** por excelência.

Restam-nos dois meios típicos de superação de situações de subcapitalização – o aumento de capital e os empréstimos obrigacionistas –, os quais podem ser participados por sócios e por terceiros. No entanto, no primeiro os sócios têm uma preferência legal; e o segundo dirige-se essencialmente ao mercado e, portanto, a terceiros.

Pela sua relevância na capitalização das sociedades comerciais, vamos analisar em seguida o contributo que os sócios podem dar, para além do capital disponibilizado à sociedade, e que se materializa em obrigações estatutárias ou contratuais e na realização de suprimentos, forma habitual de financiamento das sociedades, todos instrumentos essenciais para as sociedades exercerem, de forma competitiva, a respetiva atividade económica.

15.7.3. *Prestações suplementares (de capital)*[348]

De entre as diversas obrigações acessórias (à obrigação principal, de entrada), assume especial relevância a que se traduz na disponibilidade para reforçar o capital investido, com dinheiro, de forma subordinada aos demais créditos e sem auferir qualquer remuneração.

As prestações suplementares, que se encontram reguladas no título referente às sociedades por quotas (cfr. arts. 210º a 213º), são sempre em dinheiro e «*não vencem juros*» (art. 210º, n.os 2 e 5). Por essa razão, e pelo regime a que estão sujeitas, designam-se habitualmente por *quase capital.*

O contrato de sociedade tem de prever a eventualidade de as prestações virem a ser exigidas, mediante deliberação dos sócios (art. 211º, nº 1), e estabelecer o respetivo montante máximo (art. 210º, nos 1, 3, *alínea a)* e 4).

[348] Vd., na doutrina nacional publicada neste século, Rui Pinto Duarte, «Suprimentos, prestações acessórias e prestações suplementares. Notas e questões», AA.VV., *Problemas do Direito das* Sociedades, Almedina, Coimbra, 2002 (pp. 257-280), pp. 259-262, 264-265, 275-278, 2002, «Prestações suplementares e prestações acessórias (uma reincidência)», AA.VV., *Nos 20 anos do Código das Sociedades Comerciais. Homenagem aos Profs. Doutores A. Ferrer Correia, Orlando de Carvalho e Vasco Lobo Xavier*, vol. I – *Congresso Empresas e Sociedades*, Coimbra Editora, Coimbra, 2007 (pp. 693-706), pp. 694-696, 701-706, e «Contribuições dos sócios para além do capital social: prestações acessórias, prestações suplementares e suprimentos», *in Escritos sobre Direito das Sociedades*, Coimbra Editora, Coimbra, 2008 (pp. 225-259), pp. 225-230 e 246-259, Sofia Gouveia Pereira, *As prestações suplementares no Direito Societário português*, Principia, Lisboa, 2004, Ana Pinto da Rocha, *Da perda grave do capital social nas sociedades de capitais*, Petrony, Lisboa, 2009, pp. 178-192, Pedro Pais de Vasconcelos, *A participação social nas sociedades comerciais*, 2ª ed., 2006, pp. 275-278, e Alexandre Mota Pinto, «As Prestações Suplementares», AA.VV., *I Congresso Direito das Sociedades em Revista*, Almedina, Lisboa, 2010 (pp. 113-127), e Ana Perestrelo de Oliveira, *Manual de* Corporate Finance, 2ª ed., Almedina, Coimbra, 2015, pp. 66-70, confrontando estas prestações com as acessórias (vd. p. 69, Quadro).

A restituição do capital que tiver sido prestado não pode ocorrer à custa da situação líquida da sociedade e deve ser efetuada em termos de absoluta igualdade (cfr. art. 213º, nºs 1 e 4). Com efeito, o regime jurídico das prestações suplementares – ditas de capital, considerando terem de ser efetuadas em dinheiro –, nomeadamente no que respeita às limitações que se colocam ao respetivo reembolso, é extremamente rigoroso, permitindo enquadrá-las no conceito de capitais próprios que, pela respetiva realização e entrega, assegurarão o empenho dos sócios na manutenção da sociedade em funcionamento de forma adequada e compatível com o inicialmente proposto. Fundamental é que o contrato de sociedade permita que tais prestações sejam realizadas (cfr. art. 210º, nºs 1 e 3), visto que de outro modo será necessário proceder previamente a alteração estatutária que acolha essa obrigação, sendo as modificações deliberadas, no respeitante ao aumento de obrigações, válidas e eficazes unicamente para os sócios que as aprovarem (cfr. art. 86º, nº 2 do CSC).[349]

Por sua vez, a recusa em efetuar prestações suplementares, tendo sido as mesmas adequadamente exigidas, é causa de exclusão do sócio (arts. 212º, nº 1, 204º e 205º).

A concluir, refira-se ser discutível a admissibilidade da realização de prestações suplementares (de capital) nas sociedades anónimas[350].

Sendo o Código das Sociedades Comerciais totalmente omisso relativamente à possibilidade de numa sociedade anónima poderem ser exigidas prestações suplementares (de capital) e não sendo pacífico que as disposições legais constantes do título referente às sociedades por quotas possam ser aplicáveis por analogia às sociedades anónimas, visto que

[349] Sobre o princípio da inoponibilidade da criação de novas obrigações sem o consentimento de todos os sócios, consagrado no art. 86º, nº 2 do CSC, vd. o nosso *Direito das Sociedades Comerciais*, 7ª ed., 2019, pp. 114-117 (nº 3.4.2).

[350] Em concordância com o texto, Pedro Pais de Vasconcelos, *A participação social nas sociedades comerciais*, 2ª ed., 2006, pp. 277-278.

Recusando este tipo de contribuições *qua tale* nas sociedades anónimas, embora admitindo que elas possam configurar-se como prestações acessórias, Sofia Gouveia Pereira, *As prestações suplementares no Direito Societário português*, 2004, pp. 187-194.

Rejeitando estas prestações nas sociedades anónimas, Alexandre Mota Pinto, em anotação ao art. 210º do CSC, *in* AA.VV., *Código das Sociedades Comerciais em Comentário*, vol. III (artigos 175º a 245º), 2ª ed., coord. por Coutinho de Abreu, 2016, pp. 281-282.

as participações sociais se estruturam de forma muito diferente num e noutro tipo social, não nos repugna aceitar, tendo em conta que todas as participações são nominativas, que os acionistas fiquem obrigados, com referência a tais participações, ou até mesmo individualmente, a realizar prestações suplementares de capital, isto é, reforços em dinheiro, visto que tal opção – a ter de ser necessariamente contratualmente consagrada – é compatível com a autonomia privada que deve caracterizar a estruturação das situações jurídicas de natureza societária. Ela corresponde, de certo modo, a consagrar verdadeiras *prestações acessórias de capital*, como empréstimos de acionistas que representam capitais próprios[351].

Por isso, existindo prestações suplementares que, no momento da transformação de uma sociedade por quotas em anónima, estejam contabilizadas no balanço da sociedade por quotas (transformada), as mesmas podem permanecer como prestações suplementares.

15.7.4. *Obrigações (de prestações) acessórias*[352]

A lei regula de forma idêntica para os principais tipos sociais as chamadas obrigações de prestações acessórias que podem ser efetuadas em dinheiro (designando-se, nesse caso, por obrigações acessórias de capital), noutros bens fungíveis (reconduzindo-se, ou não, a suprimentos), ou até em prestações de facto (cfr. arts. 209º e 287º).

[351] Para maior desenvolvimento, vd. o nosso *Direito das Sociedades Comerciais*, 7ª ed., 2019, pp. 320-322 (nº 11.4.2.2).

[352] Vd., na doutrina nacional publicada na última década, Jorge Coutinho de Abreu, «Suprimentos», AA.VV., *Estudos em Homenagem ao Prof. Doutor Raul Ventura*, vol. II, Faculdade de Direito da Universidade de Lisboa, 2003 (pp. 71-80), e *Curso de Direito Comercial, vol. II – Das Sociedades*, 6ª ed., Almedina, Coimbra, 2019, pp. 309-313, Rui Pinto Duarte, «Suprimentos, prestações acessórias e prestações suplementares», cit., 2002, em especial, pp. 259-262, 264-265, 277-280, «Prestações suplementares e prestações acessórias (uma reincidência)», cit., 2007, pp. 696-701, 704-705, e «Contribuições dos sócios para além do capital social: prestações acessórias, prestações suplementares e suprimentos», cit., 2008, pp. 225-237 e 246-258, Ana Pinto da Rocha, *Da perda grave do capital social nas sociedades de capitais*, cit., 2009, pp. 161-172, e Manuel António Pita, «As prestações acessórias: Direito das Sociedades e Direito da Contabilidade», AA.VV., *I Congresso Direito das Sociedades em Revista*, Almedina, Lisboa, 2010, pp. 95-111.

15.7.4.1. *Significado e caracterização*

Nem todas as vinculações societárias se esgotam na obrigação de entrada que uma pessoa ou entidade assume quando participa numa sociedade.

O Código prevê a possibilidade de serem realizadas obrigações acessórias. Mas obrigações acessórias de quê? São obrigações acessórias à obrigação de entrada e estão previstas nos artigos 209º e 287º, para as sociedades por quotas e anónimas, respetivamente.

As **obrigações acessórias** podem revestir diversos tipos: podem traduzir-se na disponibilidade de um sócio vir a prestar uma determinada atividade em benefício da sociedade (por exemplo, serviços jurídicos, de engenharia ou outros) ou podem resultar do comprometimento dos sócios em contribuírem com bens (fungíveis ou infungíveis, por exemplo dinheiro, materiais de construção civil ou um cavalo de corrida) para a sociedade caso ela venha a necessitar, mediante uma contrapartida – sendo onerosas – ou sem qualquer retribuição, isto é, a título puramente gratuito.

Importa, assim, distinguir as obrigações acessórias em sentido restrito daquelas que, por corresponderem a empréstimos em dinheiro, se podem caracterizar como prestações acessórias de capital e que, nas sociedades anónimas, desempenham o papel que é habitualmente reservado às prestações suplementares nas sociedades por quotas.

15.7.4.2. *Regime jurídico*

Se confrontarmos as duas disposições legais em que as obrigações acessórias se encontram reguladas (arts. 209º e 287º), verificamos que são quase iguais[353], apenas se notando uma ligeira diferença na parte final do respetivo nº 3, estabelecendo expressamente a regra aplicável às sociedades anónimas que a contraprestação a pagar, no caso de obrigações de prestações onerosas, não pode «*exceder o valor da prestação respetiva*». Trata-se de uma ligeira discrepância que atribuímos a lapso de redação[354].

[353] A referência a acionistas, e não a sócios, no nº 1 do art. 287º, em nada altera esta conclusão.

[354] Uma vez que não faz sentido que nas sociedades por quotas a remuneração destas prestações possa ter valor superior às próprias prestações, caso em que estaríamos perante uma distribuição de bens encapotada.

A obrigação de prestações acessórias deve ser estabelecida no contrato de sociedade e recai sobre todos ou alguns dos sócios (cfr. arts. 209º, nº 1 e 287º, nº 1). O respetivo conteúdo pode ser idêntico e proporcional às diversas participações ou ser criado *intuitus personae*. Contudo, a lei pretende evitar – com o disposto na parte final do nº 3 do art. 287º – que estas situações jurídicas, que se configuram como passivas, acabem por se traduzir numa vantagem absolutamente injustificada para os sócios ou alguns deles.

Os estatutos devem fixar os elementos da obrigação de prestações acessórias e determinar a respetiva onerosidade ou gratuitidade (cfr. arts. 209º, nº 1 e 287º, nº 1). As prestações, em si e por natureza, são sempre suscetíveis de avaliação pecuniária, quer consistam num empréstimo (mútuo, remunerado ou não remunerado)[355], na cedência provisória de bens (comodato, aluguer, arrendamento) ou na prestação de serviços (de advocacia, arquitetura, engenharia, gestão, etc.).

Contudo, a lei impõe que o contrato estabeleça a sua natureza.

Serão onerosas as que se traduzirem numa contrapartida para o sócio, que constitua um sacrifício da sociedade (remuneração do capital, por exemplo), podendo até constituir um benefício para o sócio prestador, que desse modo obtém a remuneração da cedência (provisória) de um bem ou da prestação de um serviço. As gratuitas, por sua vez, não se exprimem em qualquer vantagem para o sócio que a elas está obrigado e que sofre um sacrifício pela sua realização, porque não obtém remuneração pelos seus serviços ou pela cedência do seu capital.

Por sua vez, se as prestações forem onerosas, a satisfação da contrapartida não está dependente da existência de lucros (do exercício).

A lei configura estas obrigações como um crédito da sociedade sobre os sócios, eventualmente transmissível, se as prestações forem onerosas

[355] Em nosso entender, as prestações acessórias não podem consistir numa doação em favor da sociedade, não se devendo confundir com esta o mútuo não remunerado cujo reembolso fica sujeito à existência de capitais próprios suficientes.

Por isso, não entendemos a posição de MANUEL ANTÓNIO PITA, no seu estudo cit. sobre «As prestações acessórias: Direito das Sociedades e Direito da Contabilidade», 2010, quando qualifica como gratuitas «as prestações acessórias pecuniárias em que *não* há obrigação de restituir o capital» (p. 111) (*itálico nosso*). Com efeito, essa obrigação deve existir sempre ainda que não possa ser cumprida. De outro modo estaríamos a falar de um verdadeiro reforço de capital, que deveria assumir a forma de uma entrada com essa natureza.

(cfr. art. 209º, nº 2 e 287º, nº 2), mas extinguindo-se, em qualquer circunstância, com a dissolução da sociedade (cfr. arts. citados, nº 5).

O contrato de sociedade pode prever que o incumprimento põe em causa a participação social, mas se não o fizer a situação do sócio não pode resultar afetada (cfr. arts. 209º, nº 4 e 287º, nº 4).

Finalmente, importa salientar que somos defensores das prestações acessórias voluntárias, isto é, que os acionistas possam realizar prestações acessórias, ainda que não estejam estatutariamente previstas.

Nesta circunstância, tudo estará em saber qual o regime legal e contratual que lhes é aplicável. Desde que elas sejam realizadas, nada impede que o respetivo levantamento (reembolso) fique condicionado às disponibilidades da sociedade, não podendo eventualmente ser efetuado à custa dos bens necessários para manter a situação líquida desta positiva, ou seja, para cobrir o capital social acrescido das reservas legais entretanto constituídas.

Acresce que nada, na lei, impede que o contrato configure a obrigação como voluntária.

15.7.4.3. *Exemplificação; os suprimentos como obrigações acessórias*

A obrigação de realizar suprimentos, quando contratualmente estipulada, é exemplo paradigmático de uma obrigação acessória, uma vez que é um empréstimo qualificado precisamente por ser feito por um sócio em favor de uma sociedade.

Os suprimentos podem consistir numa espécie do género obrigações acessórias, caso em que deverão encontrar-se contratualmente previstos (cfr. art. 244º, nº 1), ou podem ser efetuados voluntariamente (art. 244º, nºs 2 e 3), por deliberação dos sócios – vinculando apenas aqueles que os votarem favoravelmente – ou por disponibilidade do mutuante.

15.7.5. *Obrigações específicas nas sociedades por quotas*

Nas sociedades por quotas, e constituindo exceção à clássica limitação da responsabilidade dos sócios – ao capital social subscrito –, pode ainda ser clausulada a obrigatoriedade destes assumirem perante os credores sociais, até um certo montante, e solidariamente com a sociedade ou em termos meramente subsidiários «*em relação a esta e a efetivar apenas na fase da liquidação*» (art. 198º, nº 1; vd. também nºs 2 e 3), a satisfação das dívidas sociais. Trata-se da possibilidade de alargar a responsabilidade dos sócios, elevando o respetivo limite, dentro de certos parâmetros contratualmente previstos, e desse modo assegurar a contabilização da sociedade.

15.7.6. *A necessidade de financiamento das sociedades comerciais*

São raras as sociedades que apresentam, desde a sua fundação, uma estrutura de capitais que lhes permita iniciar e exercer a sua atividade sem financiamento. Com efeito, com exceção das que se encontram sujeitas a leis especiais que impõem capital social mínimo obrigatório substancialmente mais elevado do que o (mínimo) legal, as sociedades comerciais constituem-se frequentemente com insuficiência de capitais próprios, pelo que nascem subcapitalizadas. Por isso, carecem, na sua quase totalidade, de financiamento desde o arranque, sendo em regra o mesmo assegurado, direta ou indiretamente – através de garantias pessoais que prestam a terceiros –, pelos respetivos sócios.

Só quando assume uma dimensão razoável, normalmente ao fim de alguns anos de atividade, a sociedade está em condições de recorrer ao mercado para se financiar. Até lá, o financiamento tem de ser assegurado pelos sócios com património bastante para o efeito e que lhe disponibilizam meios financeiros, sob a forma do cumprimento de obrigações sociais, tais como prestações suplementares ou prestações acessórias (cfr., *supra*, nº 15.7.3 e 15.7.4), ou emprestam espontaneamente as quantias de que a sociedade carece, sob a forma de contrato de suprimento.

Nalguns casos, as sociedades, não obstante surgirem subcapitalizadas, conseguem recorrer ao crédito e financiar-se junto das instituições de crédito e financeiras, no início da sua atividade, com base em garantias pessoais ou reais prestadas pelos sócios que revelam capacidade económica significativa e património conhecido. Nesses casos, são essas garantias que asseguram o (in)cumprimento das obrigações sociais.

Uma vez estabelecidas, e com um histórico positivo, as sociedades ganham a confiança dos demais agentes económicos e do público em geral, passando a beneficiar do recurso ao crédito, sem obrigações pessoais dos seus sócios ou gestores, e, quando atingem uma dimensão significativa, chegam mesmo a realizar operações de financiamento estruturadas dirigidas ao mercado, designadamente através da forma de empréstimos obrigacionistas.

15.7.7. *O contrato de suprimento*[356]

15.7.7.1. *Caracterização*

O **contrato de suprimento** consiste no empréstimo ou mútuo (em dinheiro ou outros bens fungíveis) efetuado pelo sócio em prol da sociedade, com um caráter de permanência – entendendo-se que esta corresponde a uma disponibilização financeira superior a um ano (cfr. art. 243º, nº 2) –, ficando a sociedade obrigada a restituir bens do género e qualidade dos que lhe foram disponibilizados, ou é o contrato pelo qual o sócio acorda com a sociedade o diferimento, por prazo superior a um ano, do vencimento de créditos que tem sobre a mesma (cfr. art. 243º, nº 1)[357].

Ao regular no Capítulo IV (arts. 243º a 245º) do Título III («Sociedades por Quotas») do Código das Sociedades Comerciais o contrato de suprimento, o legislador limitou-se a tipificar um negócio que já era socialmente típico. Fê-lo fundamentalmente com duas finalidades:

A primeira foi a de hierarquizar os suprimentos enquanto créditos dos sócios, concluindo pela preferência dos créditos de terceiros e, dessa forma, colocando fim a uma acesa discussão doutrinal. Os suprimentos enquanto créditos dos sócios cedem sempre perante créditos de terceiros. Esta finalidade coincide, aliás, com um dos fundamentos da

[356] Seguimos, de muito perto, o nosso livro *Direito das Sociedades Comerciais*, 7ª ed., 2019, pp. 964-974 (nº 31.2).
Vd., na doutrina nacional mais recente, para além do nosso estudo sobre «O contrato de suprimento na sociedade anónima», cit., 2014 (pp. 53-76), pp. 59-72, Jorge Coutinho de Abreu, *Curso de Direito Comercial*, II – *Das Sociedades*, 6ª ed., 2019, pp. 317-329, Rui Pinto Duarte, «Suprimentos, prestações acessórias e prestações suplementares», cit., 2002, em especial, pp. 262-274, e «Contribuições dos sócios para além do capital social: prestações acessórias, prestações suplementares e suprimentos», cit., 2008, pp. 225-230 e 244-258, Deolinda Aparício Meira, «O Contrato de Suprimento enquanto Meio de Financiamento da Sociedade», *RCEJ*, nº 2, 2005 (pp. 139-166), em especial pp. 148-165, João Aveiro Pereira, *O Contrato de Suprimento*, 2ª ed., Coimbra Editora, Coimbra, 2001, Alexandre Mota Pinto, *Do Contrato de Suprimento. O Financiamento da Sociedade entre capital próprio e capital alheio*, Almedina, Coimbra, 2002 (cfr., em especial, pp. 255 e segs.). Cfr., também, no âmbito do Código das Sociedades Comerciais, Raúl Ventura, *O Contrato de Suprimento no Código das Sociedades Comerciais*, sep. de «O Direito», ano 121º, I, 1989 (pp. 7-73).

[357] É habitual que, não dispondo a sociedade de tesouraria (liquidez) para proceder ao pagamento de lucros distribuídos aos sócios, estes aceitem transformar o seu crédito resultante da distribuição deliberada em suprimentos.

regulamentação do próprio negócio, designadamente a necessidade de proteção dos credores sociais (externos) em face dos credores internos. A segunda, para conferir certeza à prática negocial societária, acentuando a consensualidade (desnecessidade de forma escrita) do contrato.

Nos termos do regime legal:

- O caráter de permanência constitui característica essencial dos suprimentos, permitindo diferenciá-los dos simples empréstimos e dos atos de tesouraria (cfr. art. 243º);
- Quando não estiverem contratualmente previstos, os suprimentos só são obrigatórios para os sócios que derem o seu consentimento à respetiva prestação (cfr. art. 244º, nº 2).

Por sua vez, da parte final do nº 4 do art. 243º resulta que, para além da permanência, é pressuposto do contrato a qualidade (de sócio) de um dos sujeitos[358]. Com efeito, os contratos de empréstimo que sejam estabelecidos entre a sociedade e terceiros nunca se reconduzem a suprimentos. O momento constitutivo assume-se, assim, como essencial. Deste modo, os financiamentos que os sócios façam à sociedade, dos quais eventualmente retirem uma remuneração adequada, se não integrarem outras formas de obviar à subcapitalização, em geral de regime acentuadamente mais rígido para os próprios sócios do que os suprimentos, como é o caso das prestações suplementares de capital, qualificam-se como suprimentos se forem feitos com caráter de permanência.

Em certas circunstâncias torna-se difícil distinguir créditos dos sócios, relativos a negócios celebrados com a sociedade independentemente dessa qualidade, de suprimentos. Para além da estabilidade, associada a este contrato típico[359], a lei não estabeleceu qualquer mecanismo para distinguir a natureza das situações creditícias – embora permita que o sócio possa demonstrar não ter o respetivo crédito resultante de negócio jurídico autónomo o caráter de permanência do suprimento –, pelo que deverá ser através da interpretação que poderemos procurar distinguir um suprimento de um crédito de terceiro.

[358] O outro tem de ser, natural e necessariamente, a sociedade (mutuária).

[359] Para que a questão tenha sentido o índice de permanência deve verificar-se em relação a ambas as situações.

A ideia a reter deverá ser a seguinte: não é suprimento qualquer crédito de um sócio. Não o são os créditos resultantes de normais relações comerciais entre um sócio e a sociedade. Mas já o é o diferimento de lucros distribuídos (cfr. art. 243º, nº 1 *in fine*, e nº 3 *in fine*), desde que revista o caráter de permanência que caracteriza o suprimento.

Por sua vez, se um sócio adquirir a um terceiro – *por negócio entre vivos* – um crédito sobre a sociedade, o mesmo enquadra-se no regime do contrato de suprimento se esse crédito tiver um caráter de permanência (cfr. art. 243º, nº 5).

Então que critério se deve utilizar (para qualificar um suprimento)?

Existe um contrato de suprimento sempre que:

a) o sócio tenha conscientemente, por efeito de uma obrigação estatutária ou da sua simples vontade, procurado financiar a sociedade através de um empréstimo de médio ou longo prazo, tenha diferido o reembolso de um crédito por idêntico termo ou resgatado um crédito de terceiro;
b) a situação creditícia do sócio perante a sociedade tenha resultado da sua participação societária, e não do facto de ser um credor comercial da sociedade, mormente porque a respetiva relação comercial era anterior à relação jurídico-societária e independente desta.

A relevância da qualificação de um crédito como suprimento tem a ver com uma questão essencial da vida societária que é o da graduação desse crédito em face dos demais, sendo hoje incontestável que as posições ativas dos credores sociais se sobrepõem e preferem, a nível de graduação de créditos, às situações decorrentes da titularidade de suprimentos, pelo que facilmente se compreende que os sócios detentores de créditos sobre a sociedade procurem a todo o transe descaracterizar tais créditos como suprimentos ou obrigações acessórias.

Finalmente, refira-se que o contrato se encontra regulado nos arts. 243º a 245º do Código das Sociedades Comerciais, no título referente às sociedades por quotas, por uma razão de ordem histórica, precisamente por ser neste tipo de sociedade que faz mais sentido serem exigidos suprimentos, e porventura deliberados, ainda que não correspondam a uma obrigação contratual dos sócios.

Nas sociedades anónimas, os suprimentos só podem ser vinculativos se as ações forem nominativas, pois só nesse caso saberemos a quem exigir o cumprimento das obrigações. Quando as ações forem ao portador e sempre que a obrigação não se encontre contratualmente estabelecida, os suprimentos só serão prestados voluntariamente, havendo apenas que respeitar o princípio do igual tratamento dos acionistas, isto é, permitir que todos os acionistas que o pretendam fazer – nomeadamente se os suprimentos forem remunerados – os possam prestar proporcionalmente às participações que detêm.

É, pois, hoje pacífica a admissibilidade de suprimentos no âmbito das sociedades anónimas[360], sendo necessário recorrer, no Código das Sociedades Comerciais, ao capítulo IV do título (III) respeitante às sociedades por quotas, para conhecer o respetivo regime jurídico.

15.7.7.2. *Regime jurídico*

O contrato de suprimento, que é uma espécie do mútuo (cfr. arts. 1142º e segs. do CC), tal como o empréstimo mercantil (cfr. arts. 394º a 396º do CCom), constitui, todavia, uma categoria jurídica contratual autónoma, sendo aplicável a todos os tipos societários[361].

Pressupondo a específica relação entre o sócio e a sociedade, o suprimento é um contrato meramente consensual (cfr. art. 243º, nº 6), embora surja frequentemente reduzido a escrito – sobretudo para efeitos de prova e por razões de caráter fiscal[362] –, e a sua formação não depende

[360] Temos presente a posição de ANTÓNIO PEREIRA DE ALMEIDA, *Sociedades Comerciais, Valores Mobiliários, Instrumentos Financeiros e Mercados,* vol. 1 – *As Sociedades Comerciais,* 7ª ed., Coimbra Editora, Coimbra, 2013, que se mantém inalterada – no sentido de continuar a rejeitar os suprimentos nas sociedades anónimas, considerando serem um instituto próprio das sociedades por quotas (pp. 456-457) – e que constitui a exceção que confirma a regra (da admissibilidade dos suprimentos também nas sociedades anónimas, a que corresponde, aliás, uma abundante prática societária).

[361] Durante largo tempo, este negócio jurídico foi, pois, socialmente típico, embora legalmente atípico.

[362] A opção e recurso ao contrato de suprimentos depende, frequentemente, da incidência tributária a que essa forma de financiamento se encontra pontualmente sujeita.

Diversamente do que ocorre com as prestações suplementares ou com as prestações acessórias de capital, que não vencendo juros não estão sujeitas a qualquer imposto, sobre os **empréstimos** ou adiantamentos de sócios que não se traduzam em suprimentos, por serem efetuados por prazo inferior a um ano, recai Imposto do Selo [À taxa de 0,04%, por cada

da entrega da quantia mutuada, pelo que não é seguramente um contrato real *quoad constitutionem*. Assim, o contrato considera-se concluído com a deliberação dos sócios que o aprove, relativamente a todos os sócios – se tal estiver previamente estabelecido no contrato de sociedade –, ou quanto aos que votaram favoravelmente a proposta da respetiva realização (cfr. art. 244º, nº 2)[363]. Eventual recusa de um sócio em proceder à entrega da quantia mutuada será, pois, geradora de responsabilidade contratual, por incumprimento.

Importa salientar que o contrato de sociedade pode sujeitar a celebração de contratos de suprimento a prévia deliberação dos sócios (cfr. art. 244º, nº 3 *in fine*).

No momento da celebração do contrato de suprimentos – que, como vimos, pode consistir na própria deliberação dos sócios exarada em ata,

mês ou fração – sobre a quantia mutuada (cfr. Verba 17.1.1 da Tabela Geral de Imposto do Selo) e à taxa de 4% – sobre o valor de juros cobrado – sempre que a operação seja realizada por, ou com a intermediação de, instituição de crédito, sociedade financeira ou outra entidade a elas equiparada].
Os empréstimos com características de suprimentos propriamente ditos – se efetuados, pelo menos, pelo prazo mínimo de um ano, por quem seja sócio há um ano e detenha, pelo menos, 10% do capital da mutuária, e não reembolsados, entretanto, – estão, presentemente, isentos de Imposto do Selo, implicando o reembolso antecipado a liquidação do Imposto do Selo a que houver lugar.
Para maior desenvolvimento, vd. o nosso *Direito das Sociedades Comerciais*, 7ª ed., 2019, pp. 972-974 (nº 31.2.3).

[363] Diversamente, a jurisprudência – Sent. Tribunal de Círculo de Portalegre 14 abr 1997, confirmada pelo AcRelÉvora 12 mar 1998 (Fonseca Ramos), *CJ* ano XXIII, t. II, 1998, pp. 271-273, e pelo AcSTJ 27 out 1998 (Martins da Costa), *CJ/AcSTJ*, ano VI, 1998, t. III, pp. 85-86 – ignorou a doutrina coeva e, de forma cega (como a própria justiça, aliás), baseada em entendimentos que consideramos manifestamente infelizes e que não deixam de vincular todos aqueles que subscreveram as respetivas decisões, apesar de naturalmente relatadas por apenas um magistrado em cada instância, concluiu que a cessação da relação de socialidade prejudicaria o caráter de estabilidade do suprimento que o sócio se havia disponibilizado a realizar. Na base das decisões esteve a perceção que os respetivos relatores (e demais subscritores) evidenciaram, ao reconduzir os suprimentos a um contrato real *quoad constitutionem* – ao arrepio, inclusivamente, da moderna doutrina civilística que aceita que, em certas circunstâncias (e, designadamente, por opção das próprias partes), o mútuo não se reconduza a essa categoria de negócio jurídico (cfr. Menezes Cordeiro, *Tratado de Direito Civil II*, 4ª ed., 2014, pp. 97-101, Carvalho Fernandes, *Teoria Geral do Direito* Civil, II, cit., 2010, pp. 68-72, em especial pp. 70-72, e Carlos A. Mota Pinto, *Teoria Geral do Direito Civil*, 4ª ed., cit., 2005, pp. 395-397) –, e fazendo regredir, desse modo, os avanços que tinham sido, entretanto, conseguidos.

correspondendo o teor do mesmo aos respetivos termos, ou nem sequer depender de prévia deliberação (cfr. art. 244º, nºs 2 e 3)[364] – deverá ser estabelecido o regime aplicável, designadamente quanto à eventual onerosidade do mútuo e ao prazo e condições do reembolso dos bens mutuados.

Na fixação do regime jurídico aplicável haverá que respeitar os princípios enformadores fundamentais do Direito das Sociedades Comerciais, embora seja aceite pelos especialistas que o reembolso dos suprimentos não está vinculado ao princípio da intangibilidade do capital social, podendo os mesmos serem pagos (reembolsados) à custa de quantias necessárias para cobrir o capital social e as reservas legais[365]. Essencial é que a sociedade disponha de liquidez para o efeito. Por isso, se a sociedade obtém um financiamento bancário, pode utilizá-lo, se não estiver contratualmente limitada – o que será o mais natural acontecer –, para proceder ao reembolso de suprimentos.

Quanto aos princípios a observar, e para além do que resulta do artigo 86º, nº 2 – que converte a obrigação de prestar suprimentos, quando não se encontra estatutariamente estabelecida, em mera faculdade –, há que conceder aos diversos sócios que realizem os suprimentos um tratamento igualitário, não estabelecendo condições de reembolso diferentes para situações análogas, nem favorecendo alguns sócios relativamente a outros na prestação de suprimentos remunerados[366].

Na celebração do contrato, há que estipular um prazo para reembolso, naturalmente superior a um ano[367].

[364] Com efeito, o contrato de suprimentos pode ser celebrado a pedido do órgão de administração, podendo o próprio contrato de sociedade reforçar esta ideia, prevendo a respetiva eventualidade com uma cláusula com o seguinte teor: «*O disposto no artigo anterior* [sobre prestações acessórias, por exemplo], *não impede que os acionistas efetuem suprimentos a pedido, e por solicitação, da administração sempre que tal seja necessário*».

[365] Por isso, este contrato integra, contabilisticamente, a rubrica dos créditos de sócios, diversamente das obrigações acessórias gratuitas, cujo reembolso não pode ser efetuado à custa da situação líquida, e que, por essa razão, integram os capitais próprios (situação líquida).

[366] Contudo, nada obsta a que um sócio prescinda de ser reembolsado na mesma oportunidade em que o são os demais.

[367] Se não for estipulado prazo, e não havendo acordo entre a sociedade e o sócio, haverá que proceder à respetiva **fixação judicial** (cfr. art. 245º, nº 1 do CSC e art. 777º, nº 2 do CC) – em processo de jurisdição voluntária (cfr. arts. 1026º e 1027º do CPC) –, devendo o tribunal

No que se refere à graduação dos créditos por suprimentos, estes, relativamente a outros créditos sobre a sociedade, soçobram, apenas sendo satisfeitos, em caso de insolvência da sociedade, quando se encontram liquidadas todas as demais responsabilidades sociais.

Para além do mais, não pode o credor de suprimentos requerer a insolvência da sociedade, com base nesses créditos (cfr. art. 245º, nº 2, I parte).

No entanto, uma vez instaurado o processo de insolvência, por iniciativa que não lhe pode caber, a concordata concluída no âmbito do mesmo produz efeitos, positivos (a favor) e negativos (contra), relativamente aos credores dos suprimentos (cfr. art. 245º, nº 2, *in fine*).

Uma vez decretada a insolvência ou dissolvida a sociedade, o reembolso dos suprimentos tem de aguardar pela satisfação de todos os créditos de terceiros, não sendo possível operar a compensação entre créditos da sociedade e dos credores dos suprimentos; a exigibilidade daqueles não pressupõe, nem requer, a satisfação destes (cfr. art. 245º, nº 3).

A concluir refira-se que, considerando que os créditos por suprimentos cedem no confronto com créditos de terceiros ou de sócios enquanto terceiros, a lei não autoriza operações que visem exclusivamente beneficiar tais créditos, tais como aquelas que visem assegurar a satisfação desses créditos por garantias (reais) prestadas pela própria sociedade (cfr. nº 6 do art. 245º).

15.8. A estruturação orgânica e governação de sociedades anónimas e por quotas

15.8.1. *A orgânica societária*[368]

As sociedades comerciais, como qualquer pessoa coletiva, atuam através dos respetivos órgãos, com competências distintas. Vejamos como é que os mesmos se podem enquadrar em razão da natureza das suas funções.

ter «*em conta as consequências que o reembolso acarretará para a sociedade*» e podendo determinar, entre outras medidas, que o pagamento seja feito em prestações (cfr. art. 245º, nº 1 *in fine*). Para maior desenvolvimento, vd. o nosso *Direito das Sociedades Comerciais*, 7ª ed., 2019, pp. 970-971 (nº 31.2.2).

368 Seguimos, naturalmente, o nosso livro *Direito das Sociedades Comerciais*, 7ª ed., 2019, pp. 545-551.

15.8.1.1. *Órgão deliberativo: a assembleia geral*

Constituídas com uma base associativa – ainda que na sociedade anónima por referência às participações de capital (ações) –, é compreensível que sejam os seus associados, com influência dependente do montante da sua participação, consoante o tipo societário envolvido, a construir a respetiva decisão através de deliberações em que todos possam participar e exprimir a sua vontade, formando-se desse modo a decisão social (coletiva) sobre os aspetos essenciais da vida societária. E, embora tal vontade se possa formar à margem de um órgão institucionalizado, é normal que os associados se reúnam num órgão, estatutária e legalmente, previsto e regulado ou que – nos termos da lei – se constitui e funciona *ad hoc*: a **assembleia geral.**

15.8.1.2. *Órgão executivo: a administração da sociedade*

No entanto, se, por um lado, não é prático, nem possível, chamar frequentemente o conjunto dos associados a decidir sobre todos e quaisquer aspetos da vida social, incluindo os quotidianos, por outro lado, é impossível delegar em todos os sócios funções representativas da sociedade. Por isso, as sociedades (comerciais) têm, como as demais pessoas coletivas em geral, órgãos executivos, com a finalidade de as representarem perante terceiros e de as gerirem e administrarem, assegurando assim a prossecução do respetivo objeto social. Por outras palavras, todas as sociedades têm um órgão que as representa externamente, que exprime a vontade do coletivo (dos sócios) e que assume a respetiva gestão: a **gerência,** o **conselho de administração** ou o **conselho de administração executivo**.

Ora, o órgão de gestão assume poderes completamente distintos nas sociedades anónimas e por quotas. Enquanto nestas deve observar as instruções do coletivo dos sócios, constituindo uma extensão do mesmo (cfr. art. 259º do CSC), nas sociedades anónimas é um órgão autónomo que apenas está subordinado às deliberações dos acionistas nos casos em que, legal ou contratualmente, se encontre vinculado às mesmas (cfr. arts. 405º, nº 1 *in fine*, e 373º, nº 3 do CSC).

15.8.1.3. *Órgão de controlo: a fiscalização da atividade societária*

Tendo a sociedade comercial um órgão executivo com o objetivo imediato de realizar a respetiva atividade, compreende-se e aceita-se que os sócios, especialmente os que não se encontram representados nesse órgão, pretendam ter um controlo permanente, especializado e eficaz sobre a forma como a sociedade é gerida. Para o efeito, a lei faculta nuns casos e impõe noutros que a sociedade tenha um ou mais órgãos de fiscalização, os quais podem assumir, tipificadamente, as formas de **conselho fiscal, fiscal único, comissão de auditoria, conselho geral e de supervisão** ou de **revisor oficial de contas**[369].

Originariamente, o conselho fiscal surgiu essencialmente como um órgão intermédio (entre a assembleia geral e o conselho de administração) de controlo político, de verificação, em concreto, dos negócios sociais – e, designadamente, de aferição periódica da regularidade dos mesmos – e, em geral, visando assegurar a correspondência destes ao objeto social. Gradualmente, a atividade de fiscalização passou a incidir nos aspetos económico-financeiros da atividade da sociedade, pelo que se especializou, tendo surgido profissionais com competência específica para o efeito: os revisores oficiais de contas[370].

Do reconhecimento da imprescindibilidade destes profissionais à admissibilidade dos mesmos como fiscais únicos da atividade societária[371] foi um pequeno passo que, em certos casos de fiscalização obrigatória, não deixou de causar dificuldades, em especial pela falta de vocação dos revisores (oficiais de contas) para a fiscalização de caráter político, em termos de apreciação da adequação dos negócios sociais à prossecução da atividade social.

Só na sociedade anónima é **obrigatória** a fiscalização que, como veremos adiante (cfr., *infra*, nº 15.8.2), se pode processar por mais do que uma via.

[369] Com desenvolvimento substancial, vd. Gabriela Figueiredo Dias, *Fiscalização de sociedades e responsabilidade civil*, Coimbra Editora, Coimbra, 2006, em especial pp. 13-16, 18-21 e 24-36, Alexandre de Soveral Martins, *Sobre a Fiscalização das Sociedades Anónimas. Os órgãos de fiscalização. O ROC, Almedina,* Coimbra, 2020, em especial pp. 25-197, e o nosso *Direito das Sociedades Comerciais,* 7ª ed., 2019, pp. 913-940 (nºs 28.1 a 28.7).

[370] Sobre o ROC nas sociedades por quotas e anónimas, vd. Paulo Olavo Cunha, *Direito das Sociedades Comerciais,* 7ª ed., 2019, pp. 787-794 (nº 26.7) e 925-927 (nº 28.4).

[371] Sobre a figura do fiscal único, vd. o nosso *Direito das Sociedades Comerciais,* 7ª ed., 2019, pp. 924-925 (nº 28.3).

Nas sociedades por quotas o órgão de fiscalização é, em regra, **facultativo** – podendo assumir a configuração de fiscal único ou mesmo de conselho fiscal –, tornando-se obrigatório em certas circunstâncias.

Dos poderes, deveres e competência dos membros do conselho fiscal (arts. 421º, em especial nº 1, alíneas *a), b)* e *d)*, 422º, em especial nºs 1, alíneas *a), b)* e *e)*, e 3, e 420º, em especial nº 1, alíneas *a), b)* e *g)*) retiramos aquela que ainda é a essência da fiscalização (interna) da sociedade: o controlo da atividade da administração e a faculdade de conhecer a formação das respetivas decisões.

Em acréscimo, aos poderes, deveres e competência dos membros do conselho fiscal em geral, a lei impõe deveres específicos aos revisores oficiais de contas (cfr. arts. 420º, nº 4 e 420º-A), tendo naturalmente em conta a respetiva especialização, isenção, imparcialidade e estatuto.

Com o controlo da atividade da administração exercido por um órgão societário específico não se pode confundir o controlo externo que é efetuado pela Conservatória do Registo Comercial, relativamente a atos sujeitos a registo (cfr., em especial, art. 3º do CRCom), pelo Ministério Público (arts. 172º e 173º), pela Autoridade da Concorrência, em geral, e pelas Autoridades de Regulação sectorial – como, por exemplo, o Banco de Portugal, a Comissão do Mercado de Valores Mobiliários, a Autoridade de Supervisão de Seguros e Fundos de Pensões (ex-Instituto de Seguros de Portugal), a Autoridade Nacional de Comunicações e a Entidade Reguladora dos Serviços Energéticos –, em especial, relativamente a sociedades com determinado objeto (atividade) social. Tal controlo corresponde a uma atividade de supervisão em áreas sensíveis da economia nacional e, por isso, objeto de regulação[372].

[372] As entidades reguladoras são presentemente objeto de uma Lei-quadro aprovada pela Lei nº 67/2013, de 28 de agosto, que não se aplica ao BdP e à Entidade Reguladora para a Comunicação Social (cfr. art. 3º, nº 4 da L 67/2013).
Sobre a relação entre a Autoridade da Concorrência e as Autoridades de Regulação sectorial, vd. o livro de MARIA MANUEL LEITÃO MARQUES, JOÃO PAULO SIMÕES DE ALMEIDA e ANDRÉ MATOS FORTE, *Concorrência e Regulação*, FDC, Coimbra Editora, Coimbra, 2005, e o estudo de CARLOS PINTO CORREIA, «As Relações entre a Autoridade da Concorrência e os Reguladores sectoriais», na obra coletiva coordenada por EDUARDO PAZ FERREIRA, LUÍS SILVA MORAIS e GONÇALO ANASTÁCIO, *Regulação em Portugal: Novos Tempos, Novo Modelo*, Almedina, Coimbra, 2009 (pp. 721-736).
Sobre as autoridades reguladoras, vd. PAULO OLAVO CUNHA, *Direito Comercial e do Mercado*, 2ª ed., 2018, pp. 237-244.

15.8.1.4. *O secretário da sociedade (nas sociedades abertas cotadas)*

Nas sociedades anónimas abertas cujas ações se encontram admitidas à negociação em mercado regulamentado (*maxime* bolsa de valores), deve ser instituído o cargo de secretário (da sociedade), regulado nos arts. 446º-A a 446º-F do Código das Sociedades Comerciais, e cuja competência se encontra legalmente estabelecida no art. 446º-B. De entre os diversos poderes – e para além da certificação de uma série de documentos (cfr. art. 446º-B, nº 1, *alíneas e), f), h), i)* e *j)*) –, ressalta a referência a funções auxiliares em *reuniões dos órgãos sociais* (cfr. art. 446º-B, nº 1, *alínea a)*). Entendemos, a este propósito, que as funções só devem ser exercidas em assembleia geral na falta do secretário da mesa ou se este se encontrar a dirigir os trabalhos, uma vez que, hierárquica e organicamente, o secretário da mesa precede sobre o secretário da sociedade que, não sendo eleito pelos acionistas, mas escolhido pela administração, deve secretariar todos os órgãos sociais colegiais, coadjuvando os respetivos titulares no desempenho das suas funções.

15.8.1.5. *Órgãos sociais facultativos*

De entre os órgãos facultativos podemos distinguir os que se encontram legalmente previstos e que, sendo obrigatórios em determinadas circunstâncias, se podem pontualmente configurar como facultativos – casos do conselho fiscal (ou fiscal único) e do secretário da sociedade –, dos que podem ser estatutariamente criados, sem referência legal, como os conselhos consultivos que caracterizam a orgânica de certas sociedades.

15.8.2. ***Estrutura de gestão e fiscalização da sociedade anónima: os diferentes modelos de governação societária***[373]

15.8.2.1. *Enquadramento*

A indicação da estrutura da administração e fiscalização da sociedade é menção obrigatória do contrato de sociedade anónima (cfr. art. 272º, *alínea g)*), uma vez que neste tipo social é possível adotar uma de três

[373] Seguimos, naturalmente, o nosso livro *Direito das Sociedades Comerciais*, 7ª ed., 2019, pp. 795-806.

estruturas admitidas na lei (cfr. art. 278º, nº 1). Com efeito, a gestão e fiscalização da sociedade anónima pode reconduzir-se, agora[374], a um de três modelos:

a) *Conselho de administração e conselho fiscal*, eventualmente com *revisor oficial de contas externo* (modelo clássico);
b) *Conselho de administração, compreendendo uma comissão de auditoria, e revisor oficial de contas* (modelo anglo-saxónico); ou
c) *Conselho de administração executivo, conselho geral e de supervisão e revisor oficial de contas* (modelo germânico).

Antes de proceder a uma análise desses modelos, refira-se que a opção por uma das estruturas enunciadas depende, essencialmente, de dois fatores: a dimensão da sociedade e a existência de controlo mais ou menos definido do respetivo capital e direitos de voto ou relativa dispersão no mercado das participações sociais.

Assim, no que respeita à dimensão, as pequenas sociedades anónimas tenderão a adotar o modelo clássico[375], eventualmente reduzido a administrador e fiscal únicos – não se ajustando facilmente aos modelos anglo-saxónico e germânico que implicam órgãos de controlo de composição necessariamente plural, mínima de três e dois membros, respetivamente –; as sociedades médias optarão entre o modelo clássico e o modelo germânico, menos exigente em termos de número de membros dos órgãos de administração e fiscalização que o anglo-saxónico, e só as grandes socie-

[374] Até 2006 (29 de junho, *inclusive*), a opção colocava-se apenas entre dois modelos: o clássico e o de inspiração germânica (cfr. art. 278º, na sua redação originária). Com a entrada em vigor do DL 76-A/2006, de 29 de março, passou a ser possível optar, na sociedade anónima, por uma de três diferentes estruturas (de administração e fiscalização), como explicamos desenvolvidamente no nosso livro de *Direito das Sociedades Comerciais,* 7ª ed., 2019, pp. 559-560 (nºs 22.3.3.2) e 795-806 (27.1).

[375] Este modelo é adotado também por grandes sociedades, eventualmente cotadas (em bolsa), como é o caso (em fevereiro de 2016), da Altri – SGPS, S.A., do Banco BPI, S.A., da Galp Energia, SGPS, S.A., da Impresa – Sociedade Gestora de Participações Sociais, S.A., da Mota-Engil, SGPS, S.A., da NOS SGPS, S.A., da Pharol, SGPS, S.A., Portucel – Empresa Produtora de Pasta e Papel, S.A., da SEMAPA – Sociedade de Investimento e Gestão, SGPS, S.A., das sociedades do Grupo Sonae (Sonae Capital e Sonae Indústria), todas organizadas sob a forma de SGPS, e da Teixeira Duarte, S.A.
É o modelo de sociedades que foram cotadas na nossa bolsa de valores, como a Brisa Auto-estradas de Portugal, S.A., a Cimpor – Cimentos de Portugal, SGPS., S.A., e a Sonaecom, S.A.

dades elegerão o modelo anglo-saxónico, o que se tem vindo a verificar crescentemente, embora possam também escolher qualquer dos outros.

No entanto, sublinhe-se que qualquer dos modelos é adequado a sociedades de grande dimensão[376], dependendo a escolha frequentemente da maior ou menor concentração e dispersão do capital social. Com efeito, onde existe apenas um acionista maioritário ou a maioria do capital se concentra nas mãos de um reduzido número de acionistas, a tendência é para optar entre uma estrutura tradicional, acolhendo no conselho de administração, a par do(s) próprio(s) acionista(s), os técnicos especializados na gestão da sociedade, e o modelo anglo-saxónico. Nos casos em que o capital se encontra mais (mas não excessivamente) repartido, reconhecendo-se diversos acionistas titulares de um número significativo de ações, embora percentualmente limitado (por exemplo, cerca de oito a doze acionistas com uma participação social variável entre 5 a 10% do capital cada ou pelo menos superior a 2%), é habitual escolher-se o modelo germânico, entregando-se a gestão da sociedade exclusivamente a profissionais (que são necessariamente administradores *executivos*) e controlando-a a partir do conselho geral e de supervisão. Por sua vez, quando a sociedade atinge uma dimensão particularmente relevante, tem as respetivas participações admitidas à cotação em mercados externos e conta com a participação significativa de acionistas estrangeiros, o modelo de governação anglo-saxónica é, porventura, aquele que melhor compatibiliza a estrutura da administração e fiscalização da sociedade com as exigências desses mercados e desses acionistas. Trata-se de um modelo especialmente vocacionado para sociedades cotadas em mercados regulamentados[377].

[376] O modelo germânico é seguido pela EDP – Energias de Portugal, S.A., e pelo Novo Banco, S.A. – embora esta seja uma sociedade de acionista único –; e era, até ao final de fevereiro de 2012, o do Banco Comercial Português, S.A., que se converteu então ao modelo anglo-saxónico.

[377] Este modelo de governação, que só se tornou disponível a partir de 30 de junho de 2006, colheu significativa aceitação prática entre grandes sociedades cotadas na Bolsa (Euronext Lisbon, S.A.) e caracteriza ainda (fevereiro de 2016) as seguintes: Banco Comercial Português, S.A., CTT – Correios de Portugal, S.A., INAPA – Investimentos, Participações e Gestão, S.A., Jerónimo Martins, SGPS, S.A., e REN – Redes Energéticas Nacionais, SGPS, S.A. Este era o modelo do Banco Espírito Santos, S.A., e do Banif – Banco Internacional do Funchal, S.A., quando os mesmos foram objeto de resoluções em agosto de 2014 e em

15.8.2.2. *Modelo clássico*

O modelo de governação clássico corresponde à estrutura que tradicionalmente existe em Portugal e que é comum à grande maioria das sociedades anónimas portuguesas. Traduz-se na organização da administração e da fiscalização em conselho de administração e conselho fiscal (ou em administrador e fiscal único), podendo a fiscalização concentrar-se num único órgão, de que faça parte obrigatoriamente um revisor oficial de contas (ROC) ou podendo este constituir-se autonomamente, à margem do conselho fiscal, com funções específicas de natureza contabilística, nomeadamente para promover a certificação legal das contas da sociedade.

O **modelo clássico** pode, desde 2006, revestir uma de duas configurações – *simples* ou (mais) *complexa* –, consoante o revisor oficial de contas seja, ou não, membro do conselho fiscal (cfr. arts. 278º, nº 1, *alínea a)* e 413º, nº 1), reservando-se a figura do fiscal único para as pequenas e médias sociedades (cfr. art. 413º, nº 2), à semelhança do que acontecia com a figura do administrador único, para as sociedades de capital reduzido, e verificando-se um aumento das incompatibilidades dos membros do órgão de fiscalização (cfr. art. 414º-A) e a limitação da renovação dos mandatos dos seus membros independentes (cfr. art. 414º, nº 5, *alínea b)*).

Este modelo surge na maior parte das vezes com uma **estrutura simples**, em que a administração pode ser desempenhada por um administrador único (cfr. art. 278º, nº 2 e 390º, nº 2) ou, quando o capital social for superior a € 200.000,00, por um conselho composto por um mínimo de dois administradores (cfr. art. 390º, nº 1)[378] – podendo ser em número par (cfr. art. 390º, nº 1), com imprescindível voto de qualidade de um deles, nesse caso (cfr. art. 395º, nºs 3 e 4) – e a fiscalização da sociedade pode ser entregue a um fiscal único (que seja revisor oficial de contas ou sociedade de revisores oficiais de contas) ou, facultativamente, a um conselho fiscal, do qual faça parte um revisor oficial de contas ou sociedade de revisores oficiais de contas.

dezembro de 2015; e havia sido também o modelo do BPI, da PT, SGPS (atual Pharol) e da ZON (atual NOS).

[378] Até 29 de junho de 2006, as sociedades com mais de 200.000 euros de capital social só podiam constituir-se com um número ímpar de administradores, mínimo de três (cfr. art. 390º, nº 1, na red. originária).

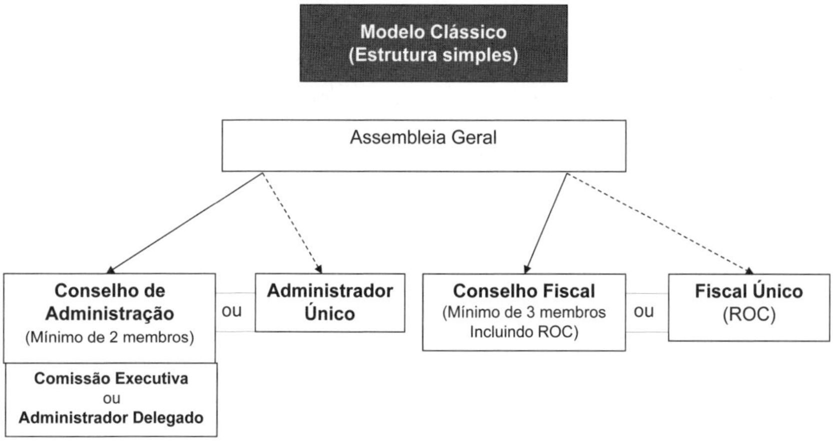

Contudo, em certas circunstâncias, designadamente se a sociedade for *emitente de valores mobiliários admitidos à negociação em mercado regulamentado* (*maxime* ações ou obrigações) ou, não o sendo, e não se encontrando totalmente dominada por sociedade que adote o modelo de governação clássico, ultrapassar, durante dois exercícios seguidos, três dos limites estabelecidos na *alínea a)* do nº 2 do art. 413º[379] – balanço total de vinte milhões de euros, volume de negócios líquido de quarenta milhões de euros e uma média de duzentos e cinquenta trabalhadores durante o exercício –, a respetiva fiscalização deverá assumir uma **estrutura complexa** (reforçada relativamente à simples), devendo ser, necessariamente, cometida a um conselho fiscal e a um revisor oficial de contas externo, isto é, que não seja membro desse órgão (cfr. art. 413º, nºs 2, *alínea a)*, e 1, *alínea b)*).

[379] A atual redação desta norma está em vigor desde 1 de janeiro de 2016, por efeito do disposto na L 148/2015, de 9 de setembro (cfr. arts. 7º e 13º, nº 1). Anteriormente, os limites eram os seguintes:
Anteriormente, os limites eram os seguintes:
(i) *Total do balanço – cem milhões de euros;*
(ii) *Vendas líquidas e outros proveitos – cento e cinquenta milhões de euros;*
(iii) Número médio de trabalhadores durante o exercício: *150*.

Assim, sempre que estivermos perante uma sociedade (aberta) cotada, qualquer que seja o respetivo balanço, vendas líquidas e outros proveitos ou número de trabalhadores, ou uma *grande sociedade anónima*, que não seja totalmente participada por sociedade com idêntico modelo de governação, a estrutura orgânica de fiscalização terá, obrigatoriamente, de incluir, para além do conselho fiscal – de que deverá fazer parte um membro independente que tenha *conhecimentos em auditoria ou contabilidade* e *um curso adequado ao exercício das suas funções* (cfr. art. 414º, nº 4) e no qual poderá participar facultativamente um revisor oficial de contas –, um revisor oficial de contas (ou SROC) autónomo (externo).

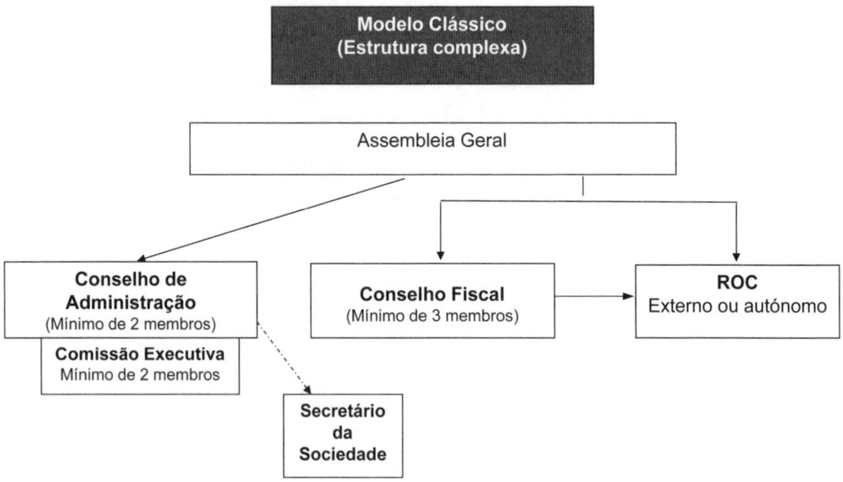

15.8.2.3. *Modelo germânico*

No âmbito das sociedades anónimas é possível criar uma orgânica que assenta não em dois, mas em três órgãos distintos: o conselho de administração executivo, o conselho geral e de supervisão e o revisor oficial de contas. Vejamos sucintamente como se caracterizam estes órgãos.

O *conselho de administração executivo*[380] é um órgão bastante mais técnico que o conselho de administração, embora tenha menos poderes

[380] Este órgão pode corresponder a administrador executivo único, nas sociedades de reduzida dimensão (cfr. arts. 278º, nº 2 e 424º, nº 2).

(cfr. arts. 431º e 432º). Os seus membros designam-se *administradores*, podendo ser pessoas coletivas, as quais devem designar uma pessoa singular para exercer as funções (cfr. art. 425º, nº 8 e 390º, nº 4).

O conselho geral e de supervisão é um órgão intermédio que reúne competências que pertencem classicamente ao conselho fiscal (cfr. art. 441º, *alínea d)*) e à assembleia geral (cfr. art. 441º, *alínea a)*), mas que também intervém a nível da gestão, pelo menos a longo prazo, em moldes que na estrutura tradicional cabem em exclusivo ao conselho de administração (cfr. arts. 442º, nº 1 e 432º). O número dos seus membros terá de ser sempre superior ao número dos administradores.

O revisor oficial de contas é um órgão necessariamente singular que procede ao exame das contas da sociedade (cfr. art. 446º), verificando se, na respetiva elaboração, foram observados os critérios legalmente estabelecidos.

No modelo reformulado desta estrutura é possível criar comissões especializadas no âmbito do conselho geral e de supervisão, as quais são obrigatórias em certos casos (cfr. art. 444º). Com efeito, sempre que estiver em causa uma grande sociedade anónima, ou uma sociedade cotada, deverá ser constituída, no âmbito do conselho geral e de supervisão, uma *comissão para as matérias financeiras* (cfr. art. 278º, nº 4 e 444º, nº 2), podendo ser facultativamente criadas no seio do mesmo conselho outras comissões (cfr. art. 444º, nº 1), tais como a comissão de sustentabilidade e de governação societária, a comissão de seleção, a comissão de ética e a comissão de auditoria.

No modelo de inspiração germânica, os estatutos podem reservar a designação e destituição dos administradores à assembleia geral (cfr. art. 441º, nº 1, *alínea a)*). Na falta de previsão contratual, os administradores são designados e destituídos pelo conselho geral e de supervisão, o qual exerce funções significativas de controlo da atividade do órgão de gestão (cfr. arts. 441º e 442º), não podendo os seus membros pertencer a sociedades concorrentes, sem autorização da assembleia geral (cfr. art. 434º, nº 5), e, em conformidade com as boas práticas de governação societária, devem ser maioritariamente independentes.

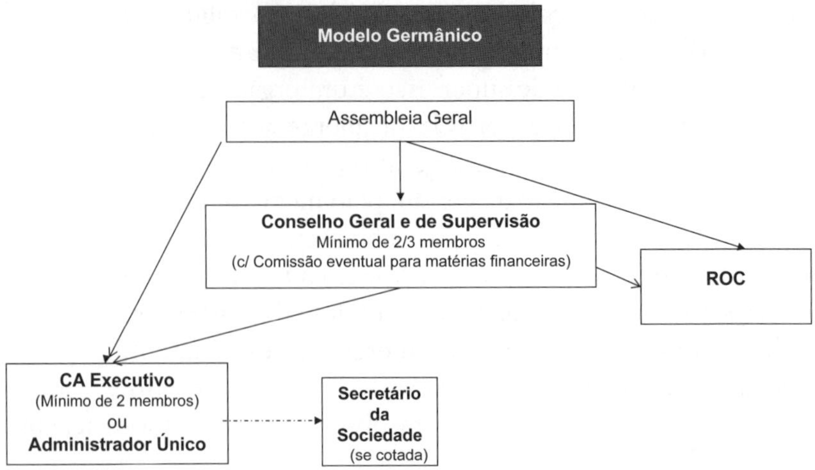

15.8.2.4. *Modelo anglo-saxónico*

Finalmente, no modelo de governação de sociedades anónimas anglo-saxónico (introduzido na nossa legislação em 2006) a estrutura de administração e fiscalização da sociedade anónima sistematiza-se num **conselho de administração**[381], numa **comissão de auditoria** – daquele integrante e composta unicamente por administradores não executivos (cfr. arts. 278º, nº 1, *alínea b)* e 423º-B, nºs 2 e 3) e com amplas funções de fiscalização da sociedade (cfr. art. 423º-F) – e num **revisor oficial de contas** (cfr. art. 278º, nº 1, *alínea b)*).

O conselho de administração é, assim, composto por administradores executivos, a quem cabe assegurar a gestão e representação da sociedade (cfr. arts. 405º e 406º), por administradores necessariamente não executivos que integram a comissão de auditoria e, eventualmente, por outros administradores (também não executivos). Por sua vez, dado que a comissão de auditoria é composta por um mínimo de três membros (cfr. art. 423º-B, nº 2), o conselho de administração terá de integrar

[381] Neste modelo, uma vez que a comissão de auditoria, que é o órgão de fiscalização, integra o conselho de administração, a lei não permite a figura do administrador único (cfr. art. 278º, nº 5), mas as regras que a este são aplicáveis nos demais modelos de governação societária devem ser transpostas para o modelo anglo-saxónico.

um mínimo de quatro ou cinco membros[382] e mesmo nessa circunstância poderá ser contratualmente prevista a possibilidade de a sociedade se vincular apenas com a intervenção de um administrador. Trata-se, contudo, de questão meramente académica, uma vez que este modelo é sobretudo utilizado pelas grandes sociedades com um número razoável de administradores (executivos).

O revisor oficial de contas tem diversas funções que cabem habitualmente ao fiscal único ou ao conselho fiscal (cfr. art. 446º e *alíneas c), d), e)* e *f)* do nº 1 do art. 420º).

Neste modelo – que, como referimos, colheu significativa adesão em sociedades cotadas em bolsa – a fiscalização processa-se por *autocontrolo*, ou seja, é exercida por pessoas que são membros do próprio órgão de administração (cfr. art. 423º-B, nº 1). Tais elementos são administradores não executivos (cfr. art. 423º-B, nº 3) e nalguns casos independentes (cfr. art. 423º-B, nºs 4 e 5) – com um estatuto autónomo e diferenciado em termos de remuneração e destituição (cfr. arts. 423º-D e 423º-E) – que integram a comissão de auditoria formada no seio do conselho de administração (cfr. art. 423º-C, nº 1), composta por, pelo menos, três membros designados pela assembleia geral (cfr. art. 423º-B, nº 2), a qual desempenha funções que tradicionalmente são reservadas ao conselho fiscal e ao conselho geral (cfr. art. 423º-F) e por isso assume muitas das competências que são características de tais órgãos (cfr. arts. 420º, 421º e 441º), devendo reunir no mínimo uma vez de dois em dois meses (cfr. art. 423º-G, nº 1, *alínea a) in fine*).

A comissão de auditoria supervisiona a gestão – a exercer pelos administradores executivos – e controla o desempenho de funções do revisor oficial de contas (cfr. art. 423º-F, *alíneas a), b), n)* e *o)*). Considerando a composição da comissão de auditoria (cfr. art. 423º-B, nº 2), o órgão de administração terá de ter, em qualquer circunstância, neste modelo, um mínimo de cinco membros, sendo dois executivos, pressupondo que

[382] A lei, expressa e tautologicamente, tem o cuidado de afastar a possibilidade de a sociedade ter um administrador único (cfr. art. 278º, nº 5). Retiramos da leitura desta disposição legal a conclusão de que a sociedade que adota este modelo de governação deverá ter, no mínimo, dois administradores executivos, sempre que o respetivo capital social for superior a 200.000 euros.
Para mais desenvolvimentos cfr. o nosso *Direito das Sociedades Comerciais*, 7ª ed., 2019, nota 1196, pp. 804-805 (nº 27.1.4).

a sociedade tenha um capital social superior a € 200.000,00 (cfr. arts. 390º, nº 2 e 422º-B, nº 3).

A introdução do **modelo anglo-saxónico** facilita a adaptação das grandes sociedades nacionais aos quadros jurídicos externos e permite às sociedades estrangeiras que participem significativamente em sociedades portuguesas replicar as suas estruturas orgânicas nas sociedades nacionais.

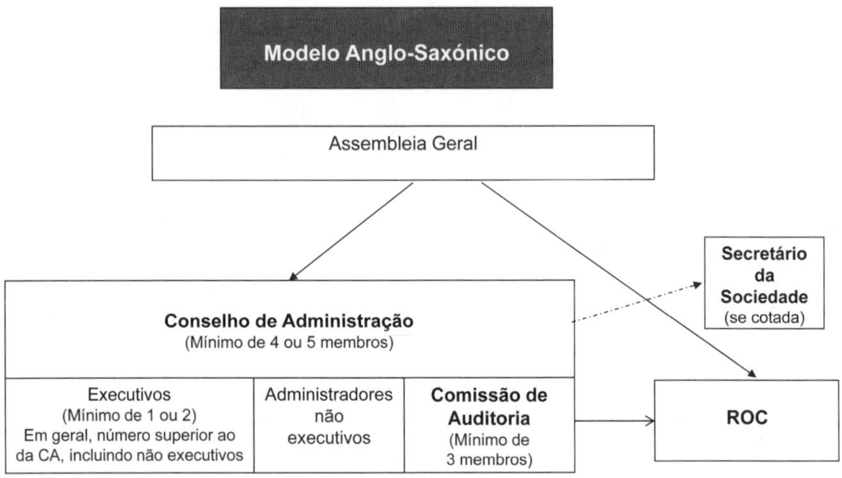

15.8.3. *A competência do conselho de administração*[383]

O conselho de administração[384], à semelhança da gerência, tem a seu cargo a gestão dos negócios sociais e a representação da sociedade.

[383] Seguimos, naturalmente, o nosso livro *Direito das Sociedades Comerciais*, 7ª ed., 2019, pp. 806-811 (nº 27.2.1).
Vd. também as anots. de Alexandre de Soveral Martins aos art. 405º e 406º, in AA.VV., *Código das Sociedades Comerciais em Comentário*, vol. VI (Artigos 373º-480º), 2ª ed., coord. por Coutinho de Abreu, Almedina, Coimbra, 2019, pp. 421-443.

[384] Referir-nos-emos, por vezes, ao conselho de administração tendo em mente o órgão de gestão da sociedade anónima, qualquer que seja o modelo de governação, pelo que poderá também estar em causa o conselho de administração executivo.

15.8.3.1. *Gestão da sociedade*

O conselho de administração (conselho de administração executivo ou administrador único) é o órgão competente para gerir os negócios sociais, tendo a seu cargo a prática de todos os atos que se reconduzem à prossecução do objeto social e os atos de gestão da sociedade (arts. 405º, nº 1 e 406º; 431º). Trata-se do órgão de representação da sociedade que atua e cumpre os respetivos direitos e vinculações na realização da atividade social.

A lei enumera, exaustiva e exemplificativamente, todos os atos que considera de gestão, neles incluindo, como atos típicos de gestão a elaboração dos relatórios e das contas anuais (cfr. art. 406º, *alínea d)*), a aquisição de imóveis – mesmo quando não corresponda ao objeto social (cfr. art. 406º, *alínea e)*) – e, por maioria de razão, de quaisquer bens móveis e bens incorpóreos (como, por exemplo, patentes, ações escriturais, quotas) e a aquisição ou abertura de estabelecimentos, bem como o seu encerramento (cfr. art. 406º, *alínea j)*).

Na *alínea n)* do artigo 406º, o Código reconhece ao órgão de gestão a competência para deliberar sobre *qualquer outro assunto sobre o qual algum administrador requeira deliberação do conselho*, naquela que é aparentemente uma norma residual e subsidiária[385].

A prática dos atos de gestão está sempre limitada pelos poderes resultantes da própria lei e pelo âmbito do objeto da sociedade. Assim, salvo se o contrato o proibir, pode o conselho encarregar um administrador de praticar certos atos que se enquadrem no objeto social, e sem que

[385] Para além dos normais poderes de gestão e representação reconhecidos ao órgão de administração, para a prossecução do objeto social e realização da atividade económica que o mesmo enquadra (cfr. art. 405º), e dos poderes de gestão que a lei estende especificamente a esse órgão (cfr. art. 406º), o Código das Sociedades Comerciais tem a preocupação, na *alínea n)* do artigo 406º, de ampliar a competência do órgão de gestão a assuntos não especificados. Assim, qualquer administrador tem poderes para submeter à apreciação do conselho o respetivo regulamento ou regimento, tal como o regulamento da comissão executiva. Do mesmo modo, e encontrando-se o conselho de administração autorizado a distribuir dividendos antecipados, a questão poderá ser colocada por qualquer membro do conselho (cfr. art. 297º). Este preceito legal, de caráter residual, permite a qualquer administrador suscitar uma decisão do conselho de administração sobre matéria da competência deste órgão, que não corresponda exatamente ao seu objeto social ou a qualquer das competências reconhecidas nas demais alíneas do artigo 406º.

tal encargo limite os poderes normais dos demais (art. 407º, nºs 1 e 2). É, pois, frequente que certos administradores se encontrem especialmente encarregados dos assuntos de mero expediente, podendo o conselho organizar a sua atuação em diversos pelouros, de forma a obter uma melhor rentabilização dos seus membros.

Esta faculdade que circunscreve a prática de atos no âmbito do objeto não deve ser confundida com a delegação de poderes a que a seguir nos referiremos.

15.8.3.2. *Comissão executiva e administrador delegado*[386]

O contrato pode autorizar que o conselho delegue certos poderes de gestão – a chamada "gestão corrente" – num ou mais administradores (art. 407º, nº 3)[387]. Sendo a delegação efetuada em administradores individualmente considerados, estes assumem o cargo de **administradores delegados**; se for feita numa comissão formada para o efeito (por um mínimo de dois membros), esta designa-se por **comissão executiva** e funciona como um conselho dentro do próprio conselho (de administração), reunindo e decidindo separadamente, com maior frequência e ficando, assim, encarregada da gestão corrente da sociedade.

A deliberação de delegação de poderes – que tem de estar contratualmente autorizada – deve fixar os respetivos limites, havendo certas matérias que não podem ser objeto de delegação, casos da aprovação (interna) das contas, prestação de garantias e atos de competência excecional deste órgão, como são a mudança de sede e o aumento de capital, quando autorizados (cfr. art. 407º, nº 4).

A competência do conselho é sempre cumulativa com a dos membros em que são delegados poderes, isto é, não é afastada por efeito da delegação feita relativamente às matérias autorizadas (cfr. art. 407º, nº 8).

[386] Vd. Alexandre Soveral Martins, *Administradores delegados e comissões executivas. Algumas considerações*, 2ª ed., Cadernos, nº 7, IDET/Almedina, Coimbra, 2011, em especial pp. 7-14, 18-60 e 64-75, e Isabel Mousinho de Figueiredo, «O administrador delegado (A delegação de poderes de gestão no Direito das Sociedades)», *O Direito*, ano 137º, II, 2005 (pp. 547-599).

[387] A delegação de poderes não se confunde com a prática de o conselho solicitar a um administrador, sem limitação dos poderes normais dos demais administradores, que pratique certos atos no âmbito do objeto social, nomeadamente aqueles que se reconduzem a assuntos de mero expediente (cfr. art. 407º, nº 1).

Tendo em conta a competência exclusiva do conselho em matéria de gestão (cfr. art. 373º, nº 3), não é admissível que seja a assembleia geral a designar o administrador delegado e a estabelecer o quadro da delegação de poderes, nem a interferir com a atribuição de poderes executivos[388].

Se percorrermos o Código das Sociedades Comerciais, verificamos que o legislador optou por caracterizar os diversos modelos de governação societária, descrevendo os órgãos e estruturas característicos de cada um, sem consagrar uma parte geral que fosse comum a todos. Desse modo, a estrutura típica de cada desses modelos terá de ser isolada com recurso (exclusivo) às respetivas normas e regime.

Seguindo este método, somos levados a concluir que a comissão executiva, enquanto subórgão em que são delegados determinados poderes de gestão corrente, é uma estrutura típica do modelo clássico (art. 407º, nº 3), expressamente alargada ao modelo anglo-saxónico (cfr. art. 423º-G, nº 1, *alínea c*)), pelo que a legalidade da sua constituição e a legitimidade da sua atuação nos quadros destes dois modelos não merece reservas.

Diversamente, no modelo germânico de governação societária não é possível delegar poderes no âmbito do conselho, afastando a lei, pela natureza (executiva) das funções dos membros do conselho de administração **executivo**, a constituição de comissão executiva e a designação de administradores delegados (cfr. art. 431º, nº 3 do CSC) (*negrito nosso*)[389].

[388] No entanto, se a assembleia geral indicar na lista de administradores eleitos que um deles se propõe desempenhar funções delegadas e o conselho nada deliberar acerca dessa designação, aceitando-a, ao requerer o registo comercial desse administrador nessa qualidade, podemos considerar que o órgão executivo tacitamente aprovou a indicação recebida, assumindo-a como sua.

[389] Neste sentido Alexandre Soveral Martins, *Administradores delegados e comissões executivas. Algumas considerações*, 2ª ed. cit., 2011, p. 12, João Calvão da Silva, «"Corporate Governance" – Responsabilidade civil de administradores não executivos, da comissão de auditoria e do conselho geral e de supervisão», *RLJ*, ano 136º, nº 3940, 2006 (pp. 31-59), p. 47, e Paulo Câmara, «Os Modelos de Governo das Sociedades Anónimas», AA.VV., *Reformas do Código das Sociedades*, IDET, Colóquios nº 3, Almedina Coimbra, 2007 (pp. 179-242), p. 229.

Com efeito, se em nenhuma passagem do Código é feita qualquer referência à comissão executiva no contexto deste modelo, afigura-se legítimo concluir não constituir esta comissão uma estrutura típica do modelo germânico. Cremos que tão pouco é admitida a

sua constituição, no uso da autonomia contratual, por implicar não apenas uma distorção dos princípios da tipicidade societária e do *numerus clausus* que enformam os modelos de governação societária, mas também a descaracterização da estrutura germânica.
Neste modelo, a tipicidade impõe que, sendo o conselho de administração formado exclusivamente por administradores executivos, todos tenham competências de gestão, não sendo possível delegar apenas num ou nalguns os poderes executivos que todos têm. A delegação de poderes que é admissível no modelo clássico, se prevista contratualmente (cfr. art. 407º, nº 3), não pode assim ocorrer no modelo germânico, sendo eventual previsão contratual nesse sentido nula.
Reforça este entendimento a própria evolução legislativa ocorrida em matéria de normas remissivas, extraindo-se um argumento no sentido da inadmissibilidade da delegação de poderes no âmbito do modelo germânico. Assim, enquanto, na redação anterior à reforma de 2006, o artigo 431º remetia para o artigo 407º, podendo abranger, portanto, nessa remissão a delegação de poderes e a possibilidade de constituição de comissão executiva – se estatutariamente prevista a delegação de poderes (cfr. nº 3 do art. 407º) –, a redação atual do nº 3 do artigo 431º omite especificamente essa remissão, mantendo a remissão para os artigos 406º, 408º e 409º, e afastando desse modo a aplicabilidade do artigo 407º [que, por sua vez, não é objeto de qualquer referência na secção relativa ao conselho de administração executivo (cfr. arts. 424º a 433º)] a este modelo de governação. Desta exclusão intencional, em paralelo com a redenominação do órgão de gestão – e com a tentativa de qualificar de igual modo todos os seus membros –, resulta a eliminação da remissão para o artigo 407º, não sendo por isso admissível defender tal aplicação, nem sequer por via de interpretativa extensiva ou de analogia.
Expressamente neste sentido, João Calvão da Silva, «"Corporate Governance": responsabilidade civil de administradores não executivos, da comissão de auditoria e do conselho geral e de supervisão», 2006 (pp. 31-59), p. 47, Alexandre Soveral Martins, «Comissão executiva, comissão de auditoria e outras comissões na administração», AA.VV., *Reformas do Código das Sociedades*, IDET, Almedina, Coimbra, 2007 (pp. 243-275) – que acrescenta que o nº 5 do art. 425º do CSC, que impede expressamente a representação dos membros do conselho de administração executivo no exercício do cargo, não faz qualquer ressalva à possibilidade de delegação de poderes (cfr. p. 248) –, Paulo Câmara, «Os Modelos de Governo das Sociedades Anónimas», cit., 2007 (pp. 179-242), p. 229, e Armando Triunfante, *Código das Sociedades Comerciais Anotado*, Coimbra Editora, Coimbra, 2007, pp. 469.
Por sua vez, na perspetiva de Pedro Maia, *Função e Funcionamento do Conselho de Administração da Sociedade Anónima*, Coimbra Editora, Coimbra, 2002, pp. 258-259 – que se pronunciou anteriormente à Reforma Societária (de 2006) –, o conselho de administração da estrutura monista estaria para a comissão executiva, como o conselho geral (e de supervisão, acrescente-se) está para a direção (atual conselho de administração executivo), na estrutura dualista.

15.8.4. *A governação da sociedade anónima aberta (corporate governance)*[390]

15.8.4.1. *A efetividade das (novas) regras dos modelos de governação*

Foi na mudança do milénio que começaram a surgir em Portugal as primeiras referências à governação societária ou, na linguagem original, à *corporate governance.*

Os modelos normativos – reordenados e ampliados pela Reforma do Direito das Sociedades (2006) e o reconhecimento da aplicação dos princípios e práticas de boa governação às próprias empresas públicas [cfr., presentemente, o RJSPE, aprovado pelo Decreto-Lei nº 133/2013, de 3 de outubro[391]] – procuram ir mais longe do que as regras avulsas preexistentes (à Reforma) e que, no passado, foram ignoradas por parte das autoridades de supervisão que, tendo força e legitimidade para o efeito, nunca impuseram a sua aplicação que, a ocorrer, lhes teria proporcionado uma necessária efetividade.

O modelo de governação societária, caracterizando-se por diferentes orgânicas, como vimos, é hoje atravessado por princípios que são comuns a qualquer solução e que têm por objetivo assegurar que a administração das grandes sociedades e o respetivo controlo se processam de acordo com práticas que visam, fundamentalmente, assegurar que o interesse da sociedade se realize plenamente, tendo em conta os interesses que gravitam na sua órbita.

[390] Sobre bibliografia portuguesa existente e doutrina estrangeira (Direito norte-americano, inglês e continental), vd. a notas 879 e 880, pp. 571-573 do nosso livro *Direito das Sociedades Comerciais*, 7ª ed., 2019, e a bibliografia recenseada no *Manual de Governo das Sociedades* (Almedina, Coimbra, 2017) de Ana Perestrelo de Oliveira (pp. 367-390).

[391] Note-se que a revogação da Resolução do Conselho de Ministros nº 49/2007, de 1 de fevereiro de 2007 (publ. no DR, I Série nº 62, de 28 de março de 2007), pelo art. 74º, *alínea b)* do DL 133/2013, veio criar um problema em matéria de governação societária, porquanto a Resolução revogada estendia os princípios da boa governação ao Estado, em geral, incluindo não apenas os respetivos institutos, mas os próprios serviços e organismos estaduais, e dando assim lugar à chamada *public governance.*

15.8.4.2. *Origem, significado e fundamento da* corporate governance *como instituto autónomo*

Importa, contudo, explicar com mais detalhe o que devemos entender por sistema de governação das sociedades[392].

O sistema de **governação societária** ou *corporate governance* é o conjunto de regras e princípios que o órgão de gestão de uma sociedade anónima aberta deve respeitar no exercício da respetiva atividade; e que se caracteriza por incluir regras que visam tornar transparente a administração da sociedade, definir a responsabilidade dos respetivos membros e assegurar que na mesma se refletem as diversas tendências acionistas[393].

O sistema, de origem norte-americana[394], constitui um corolário do princípio da tutela das minorias e da salvaguarda dos interesses públicos que possam estar em jogo na gestão de uma grande sociedade comer-

[392] Traduzimos a expressão originária *corporate governance* por **governação societária**, que consideramos caracterizar mais adequadamente o fenómeno em causa do que a de "governo societário".
Preferimos a expressão **governação** à de "governo", apesar de menos elegante, reconheça-se, desde logo, porque consideramos adequado reservar a expressão clássica para as situações em que estão envolvidas a gestão da *res* publica e a regulação do Estado. Acresce que está em causa a designação de um sistema que engloba também (para além do órgão de gestão) órgãos com funções de controlo que, não participando diretamente na gestão da sociedade, integram a sua governação, em sentido amplo, como sucede com os órgãos de fiscalização. Finalmente, a expressão adotada – e que é também a preferida por Jorge Coutinho de Abreu, nos seus estudos sobre a matéria (cfr., a título de exemplo, *Governação das Sociedades Comerciais*, 2ª ed., Almedina, Coimbra, 2010) – é a mais adequada para refletir a dinâmica que caracteriza a realidade que pretende descrever em manifesto contraste com a expressão estática, de *governo*, que tem sido utilizada pela nossa legislação e pela (ainda) maioria da doutrina portuguesa.

[393] Ou, na definição da OCDE (de 1999) – que retomou e desenvolveu a do *Cadbury Report* – «*corporate governance* é o sistema pelo qual as sociedades comerciais são administradas e controladas. A estrutura da *corporate governance* especifica a distribuição de direitos e de responsabilidades entre os diferentes participantes na sociedade, tais como a administração, os diretores, acionistas e outros *stakeholders*, e estabelece as regras e procedimentos para tomada de decisões sobre negócios societários. Fazendo isso, também fornece a estrutura através da qual são estabelecidos os objetivos da sociedade, e os meios de os atingir e de monitorizar a sua realização».

[394] A expressão *corporate governance* foi inicialmente usada nas revistas jurídicas norte-americanas, dos anos 70 do século XX, e generalizou-se na Europa, a partir do Reino Unido, na década de 90.

cial, fazendo todo o sentido em ordenamentos nos quais o direito legislado não conhece os desenvolvimentos do Direito continental de base romano-germânica, importando por isso definir, com enorme grau de precisão, os direitos dos acionistas minoritários e o funcionamento dos órgãos de gestão, entre outros aspetos.

O Direito positivo português continha já, desde 1986, uma série de soluções que, devidamente aplicadas, correspondiam a princípios elementares da governação societária (*corporate governance*)[395]. Nesse sentido, aponte-se as disposições legais expressas de eleição de administradores por um colégio de acionistas que votou contra a principal lista (cfr. art. 392º, nºs 8, 6 e 7), os preceitos legais que disciplinam os conflitos de interesses no âmbito da administração da sociedade anónima (cfr. arts. 410º, nº 6 e 397º), a norma legal sobre a reforma de administradores e o direito (estatutário) a pensão a cargo da sociedade (cfr. art. 402º)[396], e as regras implícitas de que todos os administradores deverão – se disponíveis para exercer as suas funções na sociedade – receber idêntica remuneração, devendo todos ter igual acesso a *toda* a informação e logística societárias.

Na fase inicial, o sistema evoluiu de uma conceção geral – correspondente às funções típicas e tradicionais do órgão de gestão –, em que equivalia à execução da atividade social e ao poder de representação, administração e gestão da sociedade, para uma conceção mais restrita, no final do século XX, corolário de inúmeras concentrações, entretanto ocorridas, algumas com caráter multinacional, que conduziram as próprias autoridades de supervisão dos países de Direito continental a procurar estabelecer princípios reguladores das grandes sociedades públicas, passando a corresponder não tanto ao governo dos acionistas – de dentro para fora – e sobretudo ao controlo, cada vez mais necessário do

[395] Sobre os princípios da *corporate governance* ou governação societária, cfr. o anexo constante da obra de Pedro Caetano Nunes, *Responsabilidade civil dos administradores perante os acionistas*, Almedina, Coimbra, 2002, pp. 113-173.
Mais recentemente, considerando serem quatro os princípios (ou pilares) que caracterizam «um bom modelo de *corporate governance*, e desenvolvendo o «pilar da fiscalização», Paulo Bandeira, «A independência dos auditores de sociedades cotadas», *RDS*, ano III, nº 2, 2011 (pp. 301-334), pp. 301-307.

[396] Para maiores desenvolvimentos, vd. o nosso estudo sobre «Reforma e pensão de administradores (a cargo da sociedade administrada)», AA.VV., *III Congresso Direito das Sociedades em Revista*, Almedina, 2014 (pp. 305-338), em especial pp. 312-315 e 320-321.

exterior para o interior com projeção em diversos aspetos da gestão da sociedade, inclusivamente os de caráter financeiro.

E neste aspeto encontramos a principal diferença entre as possíveis aceções de *corporate governance* e que irá conduzir à sua autonomização dogmática.

A governação das grandes sociedades, no século XXI, tornou-se uma preocupação maior das autoridades de supervisão do mercado, apostadas em preservar o regular funcionamento dessas entidades e das empresas a que elas dão forma e, desse modo, em assegurar os direitos dos investidores, mais do que os dos próprios acionistas, cada vez mais distanciados da gestão. Esta nova ótica – que não se resume apenas a uma forma de encarar a participação societária como um investimento financeiro – corresponde à crescente publicização de áreas que, classicamente, escapavam à intervenção do Estado e se formavam na interseção da procura com a oferta, no próprio mercado, em época em que o conhecimento e o controlo dos acionistas eram seguramente muito menores. A próxima (temporalmente falando) regulação destes fenómenos, possivelmente também a nível do Código dos Valores Mobiliários – como sucedeu, fulminantemente, com as sociedades abertas e, paulatinamente, com os próprios valores mobiliários –, por mais ligeira que seja, explica a crescente complexidade do sistema de supervisão, mas também o afastamento do mercado dos seus agentes tradicionais, as pessoas singulares, em favor das grandes instituições.

E a questão que então legitimamente se coloca, a propósito, é a de saber se, dada a especialização dos agentes envolvidos, se justifica o controlo existente e crescente sobre a respetiva atividade.

15.8.4.3. *Enquadramento legal: a* soft law

Contudo, e não obstante as inúmeras pressões a que o legislador tem estado sujeito, nomeadamente para conceder caráter injuntivo a um número cada vez maior de regras, a verdade é que o sistema de governação societário é caracterizado por muitas regras que se reconduzem à chamada "*soft law*"[397], correspondente à autorregulação que as socieda-

[397] Tal como explicámos no nosso estudo sobre «Independência e inexistência de incompatibilidades para o desempenho de cargos sociais», AA.VV., *I Congresso Direito das Sociedades em Revista*, Almedina, Lisboa, 2011 (pp. 259-295), pp. 261, nota 6, por ***soft law***

des anónimas se propõem observar na procura do (simples) reconhecimento social e, consequente, afirmação no mercado. É nesse contexto, misto de normas injuntivas e de voluntariedade na adoção de novos comportamentos, que nos encontramos presentemente.

A par com Recomendações da CMVM – aplicáveis às entidades emitentes sob a sua supervisão e neste quadro legal –, existe hoje um Regulamento sobre o Governo das Sociedades Cotadas, aprovado por esta entidade reguladora do mercado de capitais [Reg. CMVM nº 4/2013, de 18 de julho (publ. no DR II Série, de 1 de agosto de 2013)[398]], do qual resulta a necessidade de as sociedades cotadas adotarem um *código de governo societário* (cfr. art. 2º), existindo atualmente apenas um disponível: o Código de Governo das Sociedades, elaborado pelo Instituto Português de *Corporate Governance*.

No plano das sociedades participadas pelo Estado, importa ainda especialmente ter em consideração os novos princípios impostos à governação das empresas públicas, os quais constam hoje do DL 133/2013, de 3 de outubro, que revogou a Resolução do Conselho de Ministros nº 49/2007.

15.8.5. *Novas exigências da governação: ética, sustentabilidade e responsabilidade social*[399]

Mas aos gestores das modernas sociedades comerciais já não se exige apenas transparência na gestão e responsabilização pelos respetivos efeitos.

entendemos o conjunto de regras que, constituindo modelos de adoção aconselhada, não são impostos aos agentes económicos a que se destinam, ficando a respetiva observância ao seu critério. A *soft law* concretiza-se, assim, na autorregulação das entidades a que as regras se destinam.

[398] Este Regulamento entrou em vigor no dia 1 de janeiro de 2014.

[399] Vd. Vincenzo Calandra Buonaura, «Responsabilità sociale dell'impresa e doveri degli amministratori», *Giurisprudenza Commerciale*, nº 38.4, 2011 (pp. 526-548), e José António Gómez Segade, «A responsabilidade dos administradores das sociedades no quadro da responsabilidade social da empresa», AA.VV., *Estudos de Homenagem ao Prof. Doutor Ferreira de Almeida*, vol. IV, 2011 (pp. 345-356), em especial pp. 345-349 a 355-356.
A doutrina portuguesa é muito incipiente. Entre os poucos, vd. as questões suscitadas por J. M. Coutinho de Abreu, «Corrupção privada, bom governo, transparência e responsabilidade social das empresas (nótulas interrogativas)», *Colecção Estudos Instituto do Conhecimento AB*, Nº 4 – Estudos comemorativos dos 20 anos da Abreu Advogados, Almedina/Abreu Advogados, Coimbra, 2015 (pp. 389-393), pp. 392-393.

O desempenho dos membros dos órgãos de administração (e também de fiscalização, acrescente-se) tem de se pautar por elevados padrões éticos, não devendo nortear-se exclusivamente por regras de boa governação societária. Na realidade, é hoje possível autonomizar da *corporate governance* a ética no exercício de funções.

Um outro aspeto que caracteriza a atividade societária, em especial das sociedades comerciais com maior dimensão, é o da sua sustentabilidade. Pretende-se, com isto, salientar que as empresas têm de se encontrar adequadamente alicerçadas, contribuindo permanentemente para a formação dos seus colaboradores, e exercerem a sua atividade com respeito pelos princípios e regras fundamentais que caracterizam o sistema jurídico-societário, relacionando-se com todas as pessoas e entidades que com elas se cruzam, de forma que a sua intervenção social não acarrete prejuízos, ainda que indiretos (por exemplo, de natureza ambiental), a terceiros.

Paralelamente, as (grandes) empresas têm vindo a assumir uma responsabilidade social crescente, obrigando-se a intervir para além da sua área negocial e a cumprir objetivos que não passam apenas pela realização da atividade económica que prosseguem. Importa ser preciso neste domínio, evitando caracterizar este fenómeno de forma vaga e ambígua[400]. Recolhendo naturalmente contributos sedimentados, podemos considerar que a responsabilidade social da empresa, pressupondo naturalmente que ela seja sustentável, impõe a observância das mais elementares normas de conduta em sociedade, com respeito pelo meio ambiente e pelo impacto que a atividade societária tem sobre terceiros.

15.8.6. *O administrador de facto*[401]

Por vezes, a sociedade não é gerida por quem se encontra legal e concretamente habilitado para o efeito. Nesse caso, dizemos que estamos

[400] BUONAURA, «Responsabilità sociale dell'impresa e doveri degli amministratori», cit., 2011 (pp. 526-548), chama a atenção para esta realidade (p. 526).

[401] Vd. RICARDO COSTA, *O administrador de facto*, Almedina, Coimbra, 2014, em especial pp. 80-85, 338-339, 385-390 e 881-982, e JOÃO MIGUEL SANTOS CABRAL, «O administrador de facto no ordenamento jurídico português», *RCEJ*, nº 10, 2008 (pp. 109-164), em especial pp. 109-112 e 116-137.
Sobre a responsabilidade do administrador de facto, para além da dissertação de Ricardo Costa, vd. JORGE M. COUTINHO ABREU, *Responsabilidade civil dos administradores de sociedades*, IDET / Cadernos nº 5 / Almedina, Coimbra, 2007, em especial pp. 97-108.

perante um administrador de facto. Trata-se do indivíduo que gere efetivamente a sociedade, quer o faça aparentemente em conjunto com outras pessoas que não participam (realmente) na gestão, embora tenham sido formalmente designadas para o efeito, quer seja aquele que, encontrando-se ou não nomeadas ou eleitas outras pessoas, assegura a condução dos destinos da sociedade, apesar de não ter sido formalmente encarregado de o fazer. Neste caso, ocorre uma assunção substantiva do cargo, sem que a mesma seja suportada em ato designativo idóneo.

A figura do administrador de facto é particularmente relevante nos casos em que a lei estende a todos aqueles que se encontram na direção efetiva de uma sociedade a responsabilidade por essa situação, nomeadamente de natureza penal, fiscal ou previdencial.

No plano jurídico-societário, o administrador de facto não assume especial relevância, não podendo ser imputados à sociedade os efeitos dos atos por ele praticados em seu nome e em manifesto excesso de poderes de representação. Cremos que a solução deverá ser encontrada nos quadros do Direito Civil, em matéria de representação sem poderes (cfr. art. 268º do CC).

Por isso, não deve surpreender que, no que respeita a responsabilidade civil, a lei societária não institua, como veremos, um regime especial aplicável aos administradores de facto.

15.8.7. *A gerência da sociedade por quotas*

Quanto à estrutura de governação da sociedade por quotas – que continua a corresponder no nosso tecido produtivo ao tipo social mais utilizado –, importa salientar que não tem de compreender necessariamente um órgão específico de fiscalização[402], podendo a sociedade constituir-se contratualmente com um único órgão institucionalizado: o gerente ou a gerência.

[402] No momento da constituição da sociedade, a institucionalização da fiscalização é facultativa, exceto nos reduzidos casos em que o objeto social a impõe – como sucede com as sociedades gestoras de participações sociais (cfr. art. 10º, nº 2 do Decreto-Lei nº 495/88, de 30 de dezembro) –, podendo, durante a vida da sociedade, vir a tornar-se obrigatória, ainda que pontualmente (*ad hoc*), quando durante dois exercícios sociais se registarem determinados parâmetros, previstos e enunciados no artigo 262º, nº 2. Só nessas circunstâncias a sociedade fica necessariamente sujeita a fiscalização por revisor oficial de contas.

Com efeito, nas sociedades por quotas o órgão de administração a quem compete a gestão dos negócios sociais e a representação da sociedade perante terceiros designa-se por gerência e os respetivos membros são os gerentes. Contudo, como veremos, a lei não configura a gerência como um órgão social com regras próprias de funcionamento[403], diversamente do que sucede com a administração das sociedades anónimas. Limita-se a regular – no capítulo VI do Título III do Código das Sociedades Comerciais (nos arts. 252º a 262º-A) – a *gerência e* a *fiscalização*, estabelecendo uma série de regras cujas epígrafes mencionam pontualmente a gerência (cfr. arts. 252º, 256º, 259º e 261º), apesar de o texto dos preceitos legais apenas referenciar os gerentes, sem nunca inculcar que os mesmos formam um órgão colegial que decida coletivamente, com a participação conjunta de todos os seus elementos, numa clara separação entre o momento deliberativo (dos gestores) e o ato de execução.

Os gerentes atuam conjuntamente, materializando as respetivas decisões de gestão nos atos que praticam, em nome da sociedade que representam, em regra com a intervenção da maioria.

Contudo, a lei não impede que o contrato de sociedade por quotas configure a gerência como um órgão análogo ao conselho de administração. Cremos mesmo que abre essa possibilidade, ao estabelecer a representação conjunta quando a gerência for plural, mas salvaguardando solução diversa contratualmente prevista (cfr. art. 261º, nº 1).

A gerência – ou, melhor dizendo, o(s) gerente(s) – pode e deve praticar os atos necessários e convenientes à realização do objeto social e que se consubstanciam na administração e representação da sociedade (cfr. art. 259º). Para além deles, também pode praticar todos os atos que estejam previstos no art. 246º, nº 2, se se encontrar contratualmente autorizada[404]. Por exemplo, a alienação de bens imóveis (cfr. *alínea c)*)

[403] A lei não trata o órgão executivo das sociedades por quotas como um órgão coletivo, não lhe reconhecendo a designação de conselho de gerência quando a sua composição é plural. Assinale-se, não obstante, que nada impede que os gerentes reúnam e deliberem em conjunto sobre assuntos da sua competência e vertam tais deliberações em atas (da gerência) ou que o contrato de sociedade configure a gerência como um órgão colegial.

[404] Considerando que a sociedade fica adequadamente vinculada quando a gerência pratica um ato que, no caso concreto, era da competência supletiva da assembleia geral, ALEXANDRE SOVERAL MARTINS, *Transmissão da empresa societária: algumas notas*, sep. de AA.VV.,

quando a sociedade comercial em causa não tem por objeto essa atividade, porque quando a tem esse ato corresponde, obviamente, ao exercício do objeto social.

15.8.8. *A responsabilidade dos gestores*[405]

Questão central – e hoje de resposta pacífica, embora, em certos aspetos, complexa – suscitada pela governação societária consiste na determinação da responsabilidade dos membros dos órgãos de administração e fiscalização das sociedades comerciais pela sua atuação, isto é, em apurar se estes podem ser pessoalmente responsabilizados pelos atos que pratiquem (ou omissões em que incorram) e dos quais resultem prejuízos para a sociedade ou os seus *stakeholders*.

Nos 20 anos do Código das Sociedades Comerciais. Homenagem aos Profs. Doutores A. Ferrer Correia, Orlando de Carvalho e Vasco Lobo Xavier, Coimbra Editora, Coimbra, 2007 (pp. 415-438), pp. 417-418.

[405] De entre a vasta bibliografia portuguesa existente (parcialmente recenseada em Paulo Olavo Cunha, *Direito das Sociedades Comerciais*, 7ª ed., 2019, nota 1339, pp. 889-890), vd. as anotações de J. M. Coutinho de Abreu e Maria Elisabete Ramos aos arts. 71º a 79º do CSC *in* AA.VV., *Código das Sociedades Comerciais em Comentário*, vol. I, 2ª ed., coord. por Coutinho de Abreu, 2017, pp. 882-978, Jorge M. Coutinho Abreu, *Responsabilidade civil dos administradores de sociedades*, cit., 2007, em especial pp. 36-55 e 59-68, e, anteriormente, com Elisabete Ramos, «Responsabilidade civil de administradores e de sócios controladores», AA.VV., *Miscelâneas*, nº 3, IDET, Almedina, Coimbra, 2004 (pp. 9-55), António Pereira de Almeida, Sociedades Comerciais, 7ª ed., 2013, pp. 288-321, António Menezes Cordeiro, *Da responsabilidade civil dos administradores das sociedades comerciais*, Lex, Lisboa, 1997, Ricardo Costa, «Responsabilidade dos administradores e *business judgment rule*», AA.VV., *Reformas do Código das Sociedades*, IDET, Colóquios nº 3, Almedina, Coimbra, 2007 (pp. 49-86), Manuel Carneiro da Frada, «A *business judgment* rule no quadro dos deveres gerais dos administradores», AA.VV., *Jornadas – Sociedades Abertas, Valores Mobiliários e Intermediação Financeira*, Almedina, Coimbra, 2007 (pp. 201-242), pp. 218-240, Nuno Manuel Pinto Oliveira, *Responsabilidade civil dos administradores: entre Direito Civil, Direito das Sociedades e Direito da Insolvência*, Coimbra Editora, Coimbra, 2015, pp. 25-73 e 75-83, Maria Elisabete Gomes Ramos, *O Seguro de Responsabilidade Civil dos Administradores (Entre a exposição ao risco e a delimitação da cobertura)*, Almedina, Coimbra, 2010, pp. 101-147, «Insolvência da sociedade e efetivação da responsabilidade civil dos administradores», *BFDUC*, vol. LXXXIII, Coimbra, 2007 (pp. 449-489), e Pedro Pais de Vasconcelos, «Responsabilidade Civil dos Gestores das Sociedades Comerciais», *DSR*, ano 1, vol. 1, 2009 (pp. 11-32). Abordando esta matéria de forma prática e ligeira, mas desenvolvendo o plano tributário, Edgar Valles, *Responsabilidade dos Gerentes e Administradores*, Almedina, Coimbra, 2015, em especial pp. 53-86.

15.8.8.1. *Enquadramento da questão*

O Código das Sociedades Comerciais contém uma norma (o art. 64º) sobre a forma como os membros da administração (de uma sociedade comercial)[406] devem nortear o exercício das suas funções de gestão e representação, pautando-o pela observância de deveres de cuidado, com a diligência de um gestor criterioso e ordenado – obedecendo a critérios de racionalidade financeira –, e de lealdade, ponderando no seu desempenho os interesses da sociedade, dos acionistas e dos demais *stakeholders* (ou partes interessadas, isto é, trabalhadores, clientes, fornecedores e financiadores). Trata-se de uma cláusula geral suscetível de ser concretizada caso a caso e com manifesto impacto em matéria de responsabilidade civil, isto é, de dever de indemnizar os danos resultantes do exercício negligente das suas funções[407].

15.8.8.2. *Presunção de culpa pela atuação e exclusão da responsabilidade; a* business judgment rule

O art. 72º, nº 1 do CSC estabelece uma presunção de culpa relativamente à atuação dos administradores e gerentes (art. 72º, nº 1), responsabilizando-os para com a própria sociedade[408].

No entanto, a lei prevê, no número seguinte da mesma disposição legal (nº 2 do art. 72º), uma regra que exclui a responsabilidade dos administradores que provem ter atuado com conhecimento (*informados*), sem interesse pessoal no ato (de que resulta a responsabilidade) e guiando-

[406] Bem como os membros do seu órgão de fiscalização, se existente (cfr. art. 64º, nº 2).

[407] No exercício da sua atividade, os administradores e gerentes têm de respeitar o quadro normativo e estatutário em que se move a sociedade administrada, não devendo executar, nem permitir que sejam executadas, deliberações ilegais (nulas), qualquer que seja a sua fonte (assembleia geral ou conselho de administração) (cfr. art. 412º, nº 4), mas não são responsáveis para com a sociedade se o seu desempenho (o ato ou omissão) se fundar em «*deliberação dos sócios, ainda que anulável*» (art. 72º, nº 5). Por isso, sempre que pretenderem evitar a responsabilidade das suas decisões, recorrem aos acionistas, solicitando a sua aprovação. Inserem-se nestes atos as matérias de gestão, que submetem à apreciação dos acionistas (cfr. art. 373º, nº 3).

[408] A presunção implica responsabilidade solidária pelos danos a ressarcir (art. 73º, nº 1), embora admita o direito de regresso (art. 73º, nº 2), prevendo a lei expressamente a responsabilidade solidária do gestor por todos os atos a que não se tenha oposto, podendo tê-lo feito (cfr. art. 72º, nº 4).

-se por *critérios* de pura *racionalidade empresarial*[409]. Isto é, a lei faculta aos administradores o meio de afastarem a respetiva responsabilidade. Para o efeito, tendo participado no ato que a origina (uma vez que se não o fizeram é-lhes aplicável o disposto no nº 3 do art. 72º), os administradores não respondem pelos danos causados à sociedade, se demonstrarem que a sua intervenção foi ponderada, ocorreu de forma pessoalmente desinteressada e consistiu numa prática normal e adequada de gestão.

Os membros da administração que não tenham participado na deliberação ou que hajam votado vencidos não são responsáveis pelos danos que a mesma origine, desde que emitam, «*no prazo de cinco dias, a sua declaração de voto*», fazendo-a constar do livro de atas, em comunicação escrita dirigida ao órgão de fiscalização, se existente, ou em declaração perante notário ou conservador (art. 72º, nº 3).

15.8.8.3. *Ações de responsabilização da sociedade*[410]

Quando praticam atos danosos, os gestores podem ser processados, em benefício da sociedade, por esta ou pelos seus sócios. A sua responsabilização passa por dois tipos de ações: uma proposta pela própria sociedade (cfr. arts. 248º, nº 2 e 375º, nº 2 do CSC e art. 23º-A, nº 1 do CVM, e art. 75º, nº 1 do CSC) e outra pelos sócios detentores de uma percentagem mínima

[409] Sobre o âmbito de aplicação desta regra, cfr. Jorge M. Coutinho Abreu, *Responsabilidade civil dos administradores de sociedades*, cit., 2007, pp. 36-47, António Pereira de Almeida, «A Business Judgment Rule», AA.VV., *I Congresso Direito das Sociedades em Revista*, Almedina, Lisboa, 2011 (pp. 359-372), e *Sociedades Comerciais*, 7ª ed., 2013, pp. 291-297, Filipe Barreiros, *Responsabilidade Civil dos Administradores: os Deveres Gerais e a* Corporate Governance, Almedina, Coimbra, 2010, pp. 92-101, Ricardo Costa, «Responsabilidade dos administradores e *business judgment rule*», cit., 2007 (pp. 49-86), pp. 66-86, Gabriela Figueiredo Dias, «A fiscalização societária redesenhada: independência, exclusão de responsabilidade e caução obrigatória dos fiscalizadores», AA.VV., *Reformas do Código das Sociedades*, IDET, Colóquios nº 3, Almedina, Coimbra, 2007 (pp. 277-334), pp. 310-313, em especial pp. 310-311, Nuno Pinto Oliveira, *Responsabilidade civil dos administradores,* cit., 2015, pp. 99-105 e 115-171, Maria Elisabete Gomes Ramos, *O Seguro de Responsabilidade Civil*, cit., 2010, pp. 159-166, e Pedro Pais de Vasconcelos, *D&O Insurance: O seguro de responsabilidade civil dos administradores e outros dirigentes da sociedade anónima*, Almedina, Coimbra, 2007, p. 28.

[410] Vd. Jorge M. Coutinho Abreu, *Responsabilidade civil dos administradores de sociedades,* cit., 2007, pp. 59-64, e Maria Elisabete Gomes Ramos, *O Seguro de Responsabilidade Civil,* cit., 2010, pp. 184-200.

de capital social (ação social *ut singuli*) (cfr. art. 77º, nº 1)[411]; ambas com a finalidade de condenarem a gestão deficiente e de obterem o ressarcimento dos danos sofridos pela sociedade, que é, em qualquer das circunstâncias, a prejudicada.

15.8.8.4. *Responsabilidade para com os credores sociais*[412] *e para com os sócios e terceiros*

Em matéria de responsabilidade, haverá também que distinguir a responsabilidade para com os credores sociais (art. 78º, nº 1) da responsabilidade para com os sócios e terceiros (art. 79º, nº 1).

Os gestores têm responsabilidade para com os credores sociais – fornecedores e financiadores da sociedade – quando o património societário se torne insuficiente para a satisfação dos respetivos créditos, em virtude da inobservância culposa de regras legais ou contratuais de proteção dos credores (cfr. art. 78º, nº 1)[413].

[411] A lei permite aos sócios que, individual ou conjuntamente, sejam titulares de 5% do capital de uma sociedade por quotas ou de uma sociedade anónima não cotada ou de 2% de uma sociedade cotada que proponham uma ação social de responsabilidade contra os gestores com a finalidade de obterem a reparação em «*favor da sociedade, do prejuízo que esta tenha sofrido, quando a mesma a não haja solicitado*» (art. 77º, nº 1, *in fine*).
Sobre a ação social de responsabilidade, vd. Manuel Carneiro da Frada / Diogo Costa Gonçalves, «A *acção ut singuli* (de responsabilidade civil) e a relação do Direito Cooperativo com o Direito das Sociedades Comerciais», *RDS*, ano I, nº 4, 2009 (pp. 885-922), pp. 904-908, Maria Elisabete Gomes Ramos, «Minorias e acção especial de responsabilidade», AA.VV., *I Congresso Direito das Sociedades em Revista*, Almedina, Lisboa, 2011 (pp. 373-390), Maria de Fátima Ribeiro, «A função da acção social "ut singuli" e a sua subsidariedade», *DSR*, ano 3, vol. 6, 2011 (pp. 155-188), e Tiago Soares da Fonseca / António Manuel Menezes Cordeiro, «A natureza subsidiária da acção *ut singuli*», *RDS*, ano III, nº 2, 2011 (pp. 369-393).

[412] Cfr. Maria Elisabete Gomes Ramos, *Responsabilidade civil dos administradores e directores de sociedades anónimas perante os credores sociais*, Coimbra Editora, Coimbra, 2002, em especial pp. 138-249, 261-270, e posteriormente em *O Seguro de Responsabilidade Civil dos Administradores*, cit., 2010, pp. 126-136, Jorge M. Coutinho Abreu, *Responsabilidade civil dos administradores de sociedades*, cit., 2007, pp. 69-80, Filipe Barreiros, *Responsabilidade Civil dos Administradores* cit., 2010, pp. 109-114, Ricardo Costa, «Responsabilidade dos gerentes de sociedades por quotas perante credores e desconsideração da personalidade jurídica – anotação ao Ac. do TRP de 29.11.2007, Proc. 0735578», *CDP*, nº 32, 2010 (pp. 45-70), em especial pp. 52-55, e Nuno Pinto Oliveira, *Responsabilidade civil dos administradores* cit., 2015, pp. 133-152.

[413] Enquadram-se nas disposições legais ou contratuais destinadas à proteção dos credores sociais as normas que concretizam princípios fundamentais do ordenamento jurídico-socie-

Os credores sociais podem sub-rogar-se no exercício do direito de indemnização de que a sociedade seja titular – e não exerça –, e acionar os seus gestores (cfr. art. 78º, nº 2 e arts. 606º a 609º do CC)[414].

A lei societária autonomiza a responsabilidade dos membros do órgão de administração por danos que tenham causado diretamente a sócios e terceiros, no exercício das suas funções, isto é, que não os tenham afetado pelos prejuízos sofridos pela sociedade, que podem repercutir-se nas respetivas esferas jurídicas (art. 79º).

Um mesmo facto pode ocasionar danos na esfera da sociedade, dos sócios e de terceiros. Assim, por exemplo[415], a deficiente elaboração de contas anuais pode traduzir-se no empolamento dos resultados e provocar danos:

- à sociedade, se, com base nessas contas incorretas aprovadas, ocorrer a distribuição de lucros fictícios,
- aos sócios, se, em função desses resultados, adquirirem por valor inflacionado novas participações, e, ainda,
- a terceiros, financiadores ou fornecedores, que, considerando a aparente saúde financeira da sociedade, lhe concedam, injustificadamente, crédito.

Em qualquer caso, no quadro da disposição legal em apreço os gestores incorrem em responsabilidade extracontratual, uma vez que, estando em causa o exercício das suas funções, as relações contratuais estariam estabelecidas entre a sociedade e os afetados, que podem ser, para além dos sócios, quaisquer terceiros, incluindo aqueles não fossem necessariamente contrapartes da sociedade, estando, assim, aberta a porta para a responsabilidade por danos ambientais.

tário, como o da intangibilidade do capital social (realidade que constitui uma garantia para os credores), as que disciplinam a aquisição e detenção de participações próprias e as que limitam a prática dos atos societários em função da capacidade de gozo da sociedade.

[414] Sobre esta ação, cfr. Coutinho Abreu, *Responsabilidade civil dos administradores* cit., 2007, pp. 65-67, e Maria Elisabete Gomes Ramos, *O Seguro de Responsabilidade Civil*, cit., 2010, pp. 201-210.

[415] Seguimos de perto um exemplo de Coutinho Abreu, *Responsabilidade civil dos administradores* cit., 2007, p. 83, reproduzido também na dissertação de Maria Elisabete Gomes Ramos, *O Seguro de Responsabilidade Civil*, cit., 2010, p. 143.

15.8.8.5. *Responsabilidade em caso de insolvência*[416]

Encontrando-se a empresa em crise, a lei comete aos membros do respetivo órgão de gestão, verificados determinados pressupostos, o dever de a apresentarem à insolvência (cfr. arts. 18º e 19º do CIRE).

O devedor tem de requerer a declaração de insolvência quando tenha conhecimento, há mais de 60 dias, de que a empresa se encontra nessa situação (cfr. art. 18º, nº 1). Para o efeito a lei disponibiliza alguns critérios que constituem fatores indiciadores da insolvência (cfr. art. 20º, nº 1 do CIRE). A inobservância do dever de apresentação à insolvência constitui presunção de culpa grave do devedor (cfr. art. 186º, nº 3, *alínea a)* do CIRE), podendo conduzir à qualificação da insolvência como culposa (cfr. art. 186º, nº 1 do CIRE), com consequências especialmente gravosas para os gestores da empresa insolvente (cfr. art. 189º, nº 2 do CIRE).

15.8.8.6. *Responsabilidade ambiental*[417]

Os gestores das sociedades assumem também uma responsabilidade ambiental, no sentido de serem chamados a responder perante a sociedade por infração a regras de tutela do ambiente e por atos que ponham em causa o bem-estar das populações que possam ser afetadas pela atividade da sociedade gerida.

Ora, tal responsabilidade é enquadrável nas normas gerais do Código das Sociedades Comerciais, designadamente no disposto no art. 79º, e também na legislação específica sobre tutela do ambiente, como sucede com o Decreto-Lei nº 147/2008, de 29 de julho (cfr., em especial, arts. 12º e 13º).

[416] Vd. Manuel Carneiro da Frada, «A responsabilidade dos administradores na insolvência», ROA, ano 66, vol. II, 2006 (pp. 653-702), Nuno Pinto Oliveira, *Responsabilidade civil dos administradores* cit., 2015, *pp. 184-188 e 193-237,* Maria Elisabete Gomes Ramos, O Seguro de Responsabilidade Civil, cit., 2010, pp. 211-219, e Maria de Fátima Ribeiro, «A responsabilidade de gerentes e administradores pela actuação na proximidade da insolvência de sociedade comercial», O Direito, ano 142º, vol. I, 2010 (pp. 81-128), e «A responsabilidade dos administradores na crise da empresa», AA.VV., *I Congresso Direito das Sociedades em Revista,* Almedina, Lisboa, 2011, pp. 391-413.

[417] De entre as obras gerais citadas, vd. Carla Amado Gomes, *Introdução ao Direito do Ambiente,* 3ª ed., 2018, pp. 305-345.

Adicionalmente, saliente-se que é, precisamente, o risco ambiental que permite agregar aos *stakeholders* de uma sociedade comercial todos os cidadãos que, não sendo sua contraparte contratual, possam ver a sua esfera jurídica (patrimonial e, ou, pessoal) afetada por efeito de um dano ambiental causado pela atividade económica dessa sociedade.

15.8.8.7. *Responsabilidade fiscal e perante a segurança social*[418]

Importa também assinalar que um gestor de uma sociedade comercial é responsável por todos os impostos que a sociedade tenha retido no exercício da sua atividade, bem como pelas quantias descontadas aos trabalhadores por conta das suas contribuições para a segurança social que a sociedade tenha retido e que, para além disso, assume ainda a chamada responsabilidade subsidiária por dívidas fiscais da sociedade administrada, nos termos do disposto no art. 24º da Lei Geral Tributária.

Com efeito, segundo este regime – que efetiva a responsabilidade subsidiária através da reversão do processo de execução fiscal (cfr. art. 23º da LGT) –, os administradores e gerentes de sociedades comerciais, ainda que o sejam apenas de facto, *são responsáveis* subsidiariamente perante as sociedades geridas (e solidariamente entre si) *pelas dívidas* de impostos:

a) que se constituíram no decurso do *exercício do seu cargo ou cujo prazo legal de pagamento ou entrega tenha terminado depois* do fim desse cargo *quando tiver sido por culpa sua que o património* societário *se tornou insuficiente para a sua satisfação*;

b) *cujo prazo legal de pagamento ou entrega* terminou durante o *exercício do seu cargo*, se não provarem que a falta de pagamento não lhes era imputável.

15.8.8.8. *Responsabilidade criminal e contraordenacional*[419]

Os gestores incorrem também, e simultaneamente com a responsabilidade civil pela sua atuação, em responsabilidade criminal. Nesse sentido,

[418] Vd., por todos, Edgar Valles, *Responsabilidade dos Gerentes e Administradores*, Almedina, Coimbra, 2015, pp. 53-76.

[419] Vd., por todos, Germano Marques da Silva, *Responsabilidade penal das sociedades e dos seus administradores e representantes*, Verbo, Lisboa, 2009, pp. 284-415.

são particularmente relevantes, pela sua especificidade, os arts. 509º a 528º do CSC (o último apenas respeitante a responsabilidade contraordenacional) e ainda os arts. 378º e 379º do CVM, relativos aos chamados "crimes de bolsa".

15.9. As formas de organização das empresas plurissocietárias[420]

No mundo atual é frequente as sociedades surgirem interligadas umas às outras, constituindo grandes aglomerados empresariais e beneficiando, desse modo, de sinergias essenciais à sua subsistência e desenvolvimento no mercado global.

São diversas as formas que a articulação de participações pode revestir.

15.9.1. *Sociedades Gestoras de Participações Sociais (SGPS)*

As Sociedades Gestoras de Participações Sociais (SGPS) são, por natureza, as sociedades vocacionadas para a gestão de participações noutras sociedades como forma indireta do exercício da atividade económica (sendo, aliás, este o único objeto social admissível). Podem adotar a forma de sociedade por quotas ou sociedade anónima, não existindo nenhuma formalidade especial para este tipo de sociedades.

As SGPS são reguladas pelo Decreto-Lei nº 495/88, de 30 de dezembro (redação dos DL 318/94, de 24 de dezembro, e 378/98, de 27 de novembro, e da Lei nº 109-B/2001, 27 de dezembro)[421], e subsidiariamente pelo disposto no Código das Sociedades Comerciais, nomeadamente pelas regras constantes do Título VI (referente às Sociedades Coligadas) e são também conhecidas por *holdings*. Estas sociedades caracterizam-se por terem como objeto social *exclusivo «a gestão de participações sociais de outras sociedades, como forma indireta de exercício de atividades económicas»* (art. 1º, nº 1); sendo a **participação** considerada **forma indireta** de atividade económica da sociedade participada quando for

[420] Vd. Ana Perestrelo de Oliveira, *Manual de Grupos de Sociedades*, Almedina, Coimbra, 2016, pp. 7-35 e 38-67, e Paulo Olavo Cunha, *Direito das Sociedades Comerciais*, 7ª ed., 2019, pp. 73-76 (nº 1.1.2.6) e 1126-1157 (cap. X, nºs 45 e 46), e bibliografia específica citada.

[421] A que se reportam, neste número (15.9.1), todas as disposições legais citadas que não estiverem especialmente referenciadas.

detida por período superior a um ano e represente, direta ou indiretamente, pelo menos 10% do capital (com voto) da participada (cfr. art. 1º, nºs 2 e 3).

Do exposto resulta que as SGPS pressupõem, na respetiva qualificação, dois requisitos que as afastam decisivamente de sociedades comerciais que tenham por objeto o exercício direto de uma atividade económica – sem prejuízo de, pontualmente, poderem realizar investimentos financeiros em participações sociais – ou que se constituam com objetivos de pura especulação económica: as participações, por um lado, devem ser estáveis e, por outro, devem revestir importância significativa no capital das sociedades participadas. **Estabilidade e concentração** do investimento serão, pois, dois fatores relevantes a ponderar na constituição de uma SGPS.

No entanto, nem todas as participações têm de estar sujeitas a esses princípios da forma rígida como foram acima enunciados. Com efeito, a lei (arts. 1º, nº 4 e 3º, nº 3) admite que uma SGPS detenha participações ocasionais e, ou, inferiores a 10% do capital (com voto) da sociedade participada sempre que:

a) Tais participações não ultrapassem 30% do valor total das participações iguais ou superiores a 10% do capital social (com voto) das participadas – e que se encontrem «*incluídas nos investimentos financeiros constantes do último balanço aprovado*»;
b) A participação tenha sido adquirida, pelo menos, por € 4.987.978,97;
c) Tais participações tenham sido adquiridas por efeito de fusão ou cisão da participada;
d) Tal participação ocorra em sociedade em relação de subordinação (contratualmente titulada) com a SGPS.

A inobservância dos limites mínimos legalmente estabelecidos constitui uma contraordenação, punível com coima nos termos do artigo 13º do Decreto-Lei nº 495/88, de 30 de dezembro.

As limitações de caráter operacional que estas sociedades enfrentam relativamente a sociedades (que poderiam ser verdadeiras *holdings* impuras) que tenham por objeto uma atividade económica direta, de natureza comercial, e simultaneamente detenham participações noutras sociedades, eram tradicionalmente compensadas por um regime fiscal mais favorável.

Com efeito, importa referir que estas sociedades que, durante muitos anos, constituíram as unidades de topo e centrais dos grupos portugueses perderam – por efeito da unificação do regime fiscal resultante da aprovação da reforma do IRC (pela Lei nº 2/2014, de 16 de janeiro) – grande parte da sua importância e estão, como prevíamos na 1ª edição deste livro (2014, p. 220), a desaparecer do panorama económico e social português, cedendo o lugar a *holdings* impuras, isto é, a sociedades com objeto comercial imediato que, paralelamente, são constituídas ou se mantêm para albergar participações sociais, assumindo e desempenhando as funções que até aqui cabiam às SGPS. Estas, a partir de 2014, apenas se justificam para arrumação de participações no âmbito de um grupo ou para intencionalmente terem um objeto limitado – à atividade de exercício indireto da atividade económica, através da participação noutras sociedades –, mas apresentam claras desvantagens, de natureza operacional, em relação a sociedades que possam acumular a atividade comercial (direta) com a detenção de participações sociais, sem beneficiarem de contrapartidas de caráter fiscal.

15.9.2. *Grupos de sociedades*

O grupo de sociedades constitui uma das grandes categorias das sociedades coligadas (cfr. art. 482º do CSC).

O grupo, em sentido jurídico, é um modo de concentração de empresas que se distingue da fusão, que se traduz na integração de duas ou mais sociedades numa estrutura jurídica unitária.

Em sentido amplo, ***grupo*** é qualquer modalidade mais ou menos estruturada e formalizada de colaboração entre sociedades para a realização de uma finalidade comum.

Nos **grupos de sociedades**, em sentido estrito e jurídico, existe uma entidade que tem uma direção unitária (comum) sobre todas as sociedades.

Essa direção pode corresponder a uma relação de:

a) Domínio total:
   - inicial, se existente *ab initio* (a chamada sociedade "subsidiária integral") (art. 488º); ou
   - superveniente, sempre que a dominante atinge 90% do capital da dominada (arts. 489º, 490º e 541º), vendo-se obrigada a tomar uma de duas atitudes previstas no artigo 489º, nº 2.

b) Grupo paritário (art. 492º), em que as sociedades são dirigidas por uma terceira entidade.
c) Subordinação (art. 493º), em que, não sendo necessário haver domínio, se subordina a gestão a outra sociedade, dominante ou não.

Para além dos grupos, encontramos ainda, como coligadas, as seguintes **sociedades em relação de participação:**

a) Sociedades em relação de simples participação (art. 483º), sempre que uma delas detenha 10%, ou mais, do capital social da outra (e não está coligada de outro modo).
b) Sociedades em relação de participações recíprocas (art. 485º), se ocorrer o cruzamento de participações sociais de 10%, ou mais. Esta situação pode coexistir com uma relação de domínio ou de grupo (art. 485º, nº 4).
c) Sociedades em relação de domínio simples (art. 486º), que se verifica quando uma delas (a dominante) exerce, direta ou indiretamente, uma influência determinante sobre a outra ou outras. O nº 2 do artigo 486º do CSC estabelece uma presunção de domínio.

15.9.3. *Diferenciação (entre SGPS e grupo de sociedades)*

Enunciados sumariamente alguns aspetos do regime jurídicos das SGPS e referenciadas as sociedades em relação de grupo, refira-se que as primeiras se distinguem claramente das segundas pelo respetivo objeto que se reconduz exclusivamente à *gestão de participações sociais de outras sociedades* (como forma indireta de exercício de atividades económicas), enquanto as segundas têm por objeto uma atividade económica direta, exercendo uma atividade comercial, sem prejuízo de poderem deter participações sociais alheias.

Com a unificação do regime jurídico-tributário das sociedades comerciais e gestoras de participações sociais, e com a consequente perda de importância destas, é natural que, a prazo, toda a organização plurissocietária passe pela coligação de sociedades, sendo de admitir, nos tempos mais próximos, alterações de objeto nas SGPS existentes.

15.9.4. *Grupos de sociedades em sentido jurídico e em sentido económico*

Para se falar, em sentido técnico-jurídico, de grupo de sociedades teremos de estar perante uma relação de participação interssocietária, eventualmente recíproca, em que, pelo menos, uma das sociedades envolvidas participa significativamente no capital de outra.

Se duas ou mais sociedades forem detidas pelos mesmos acionistas tal situação corresponde à de um grupo de facto, porque determinado pelas mesmas vontades, mas não se enquadra nas sociedades ditas coligadas, previstas no Código das Sociedades Comerciais, em que no mínimo deverá haver um contrato de subordinação da atividade de uma sociedade a outra.

15.10. **Sociedades unipessoais**

As sociedades unipessoais, como a designação antecipa, são sociedades constituídas por apenas um sócio, o qual pode ser uma entidade com a mesma natureza (societária) ou uma pessoa singular.

A primeira sociedade unipessoal admitida no Direito português foi a sociedade anónima unipessoal, a que chamámos subsidiária integral[422], e que se caracteriza por ser uma sociedade anónima constituída unicamente por outra sociedade de responsabilidade limitada (anónima, por quotas ou em comandita por ações) (cfr. art. 488º do CSC). Uma sociedade pode ser a acionista única de uma sociedade anónima que constitua ou cuja totalidade das participações venha a adquirir quando a sociedade já estiver constituída e a funcionar (arts. 488º e 490º do CSC). Essa situação contribui para a criação de uma empresa plurissocietária, gerando um grupo de sociedades caracterizado pelo domínio total da acionista única, com consequências e efeitos, nomeadamente nos planos da gestão e da responsabilidade pela atividade da dominada.

A lei societária também admite que sejam criadas, por pessoas singulares ou coletivas, sociedades unipessoais por quotas, desde que cada pessoa singular seja sócia de apenas uma sociedade unipessoal (cfr. art. 270º-C, nº 1 do CSC) e que esta sociedade não tenha como sócia única uma sociedade com igual substrato social (cfr. art. 270º-C, nº 2 do CSC).

[422] Cfr. Paulo Olavo Cunha, *Direito das Sociedades Comerciais*, 7ª ed., 2019, p. 72.

15.11. Sociedades transnacionais

A par das sociedades comerciais que podem ser criadas no Direito português, é hoje possível criar sociedades que ultrapassem as fronteiras do nosso país e que tenham ligações com mais de um ordenamento jurídico.

15.11.1. *A Sociedade Anónima Europeia*

A nível da União Europeia, para os casos em que a empresa tem conexões com mais de um Estado membro, foi reconhecida, já no século XXI, uma nova entidade jurídica personalizada: a Sociedade Anónima Europeia[423].

As Sociedades Anónimas Europeias – cujo regime legal consta do Decreto-Lei nº 2/2005, de 4 de janeiro –, são sociedades criadas por entidades ligadas a mais de um Estado membro da União Europeia, devendo a sua sede estatutária localizar-se num desses Estados e a sociedade encontrar-se nele registada. O respetivo capital[424] encontra-se dividido em ações, como em qualquer sociedade nacional com idêntica natureza, e os seus acionistas têm a sua responsabilidade limitada ao capital que subscrevem. A firma deste tipo societário multinacional deve iniciar-se ou concluir-se com a sigla «S.E.» (cfr. art. 11º, nº 1 do RegSE).

Esta nova estrutura empresarial, de carácter multinacional, tem tido uma adesão muito pouco significativa no nosso ordenamento jurídico.

15.11.2. *As sociedades falhadas: Sociedade Privada Europeia e* Societas Unius Personae *(SUP)*

Após o reconhecimento da Sociedade Anónima Europeia seriam propostas duas novas empresas comunitárias com características próximas das sociedades por quotas e unipessoal por quotas, respetivamente a Sociedade Privada Europeia e a *Societas Unius Personae* (SUP), isto é, a sociedade de um único sócio.

Com efeito, em acréscimo à sociedade anónima europeia, foi apresentada pela Comissão Europeia, em julho de 2008, uma Proposta de

[423] Sobre esta matéria, cfr. as nossas lições de *Direito das Sociedades Comerciais*, 7ª ed., 2019, pp. 80-81, e bibliografia citada na nota 202.

[424] Mínimo de € 120 000, segundo o art. 4º, nº 2 do Regulamento (CE) nº 2157/2001, do Conselho, de 8 de outubro, aplicável no nosso país desde 8 de outubro de 2004.

Regulamento sobre a Sociedade Privada Europeia destinada a promover a internacionalização das Pequenas e Médias Empresas.

Tratava-se do projeto de um modelo de sociedade fechada (à negociação no mercado regulamentado e a oferta pública) que se admitia viesse a ter, no futuro, um aproveitamento grande a nível comunitário, mas que, para isso, tinha de ser transposta para o Direito positivo[425]; o que até ao presente não aconteceu.

Por sua vez, na sequência de uma proposta do Conselho, esteve em vias de ser aprovada uma Diretiva que abria a porta à criação de uma nova sociedade unipessoal por quotas: a *Societas Unius Personae*, que permitiria a qualquer entidade da União Europeia a constituição de uma sociedade (de responsabilidade limitada) unipessoal noutro Estado membro; o que, até hoje, não ocorreu.

16. Outras entidades personalizadas

Para além dos empresários individuais e das sociedades, a que nos referimos anteriormente (n°s 14 e 15), existem outros sujeitos de Direito Comercial e do Mercado. Façamos-lhes uma referência sucinta.

16.1. Agrupamentos Complementares de Empresas e Agrupamentos Europeus de Interesse Económico[426]

16.1.1. *Agrupamentos Complementares de Empresas*

O Agrupamento Complementar de Empresas (ACE)[427] – figura introduzida na nossa ordem jurídica pela Lei de Bases nº 4/73, de 9 de

[425] A Comissão Europeia apresentou em julho de 2008 uma Proposta de Regulamento sobre este novo tipo de sociedade fechada (à negociação no mercado regulamentado e a oferta pública) que permitirá promover a internacionalização de pequenas e médias empresas.
Sobre a bibliografia existente, vd. o nosso livro de *Direito das Sociedades Comerciais*, 7ª ed., 2019, nota 203 (p. 82).

[426] Cfr. Santos/Gonçalves/Leitão Marques, *Direito Económico*, 2012, pp. 245-246, e Edgar Valles, *Consórcio, ACE e outras figuras*, Almedina, Coimbra, 2007, pp. 13-16 e 41-62.

[427] Cfr. o estudo conjunto de José António Pinto Ribeiro e Rui Pinto Duarte, *Dos Agrupamentos Complementares de Empresas*, CadCTF nº 118, Lisboa, 1980, em especial pp. 60-65 e 89-91.

junho, regulamentada pelo Decreto-Lei nº 430/73, de 25 de agosto – é um entidade constituída pela junção de pessoas singulares ou coletivas e sociedades, conjugando esforços com a finalidade de obter um melhor resultado económico, sem prejuízo da respetiva personalidade jurídica e atividade comercial, a qual adquire personalidade (jurídica) com a inscrição no registo comercial.

Importa essencialmente reter que a lei não estabelece qualquer limitação à natureza dos intervenientes, que não têm de ser comerciantes. Nesse sentido, esta entidade é verdadeiramente um sujeito do Mercado (e não apenas de Direito Comercial[428]).

O ACE propõe-se uma atividade *complementar*, que não seja diretamente lucrativa, embora possa ter por fim acessório a realização e a partilha de lucros, desde que esta seja autorizada pelo contrato constitutivo; e tem por função promover a investigação, a formação profissional, a publicidade e o controlo de qualidade.

16.1.2. *Agrupamentos Europeus de Interesse Económico*

O **Agrupamento Europeu de Interesse Económico** (AEIE) – instituído pelo Regulamento (CEE) nº 2137/85 do Conselho, de 25 de julho de 1985, diretamente aplicável na nossa ordem jurídica, para iniciar a vigência a partir de 1 de julho de 1989, e regulado pelo Decreto-Lei nº 148/90, de 9 de maio[429] – é também um ente[430] auxiliar de outras pessoas jurídicas que agrega com a finalidade de promover a atividade económica dos seus membros no mercado europeu (comunitário), inclusivamente no que respeita à prestação de serviços. Sendo um ente

[428] Não obstante, se analisarmos o diploma que regula o ACE, estabelecendo o respetivo regime, concluímos pela sua quase integração no Direito Comercial e pela aplicação subsidiária do regime das sociedades comerciais. Por isso, o ACE encontra-se sujeito a regime comercial e, quando a atividade complementar e a natureza dos seus membros forem mercantis, devemos considerá-lo sujeito de Direito Comercial.

[429] Cfr. também Decreto-Lei nº 1/91, de 5 de janeiro.

[430] A respetiva personificação que, nos termos do Regulamento (art. 1º, nº 3), dependia de legislação interna, foi estabelecida, no nosso País, pelo Decreto-Lei nº 148/90, de 9 de maio (art. 1º).
O artigo 1º, nº 2 do Código do Registo Comercial prevê a sujeição a registo do AEIE e o artigo 7º do mesmo diploma especifica os factos, relativos ao agrupamento, submetidos a registo.

comunitário, deve integrar membros provenientes de, pelo menos, dois Estados membros da União Europeia.

O seu objeto é acessório do prosseguido pelos seus membros – que, nos termos do artigo 4º, nº 1 do Regulamento, podem ser sociedades ou outras entidades jurídicas (públicas ou privadas, coletivas ou singulares) –, cuja atividade não pode dirigir.

Com a particularidade de ser comunitário, o AEIE é, a par do consórcio (que, adiante-se, não constitui ente jurídico autónomo) e do agrupamento complementar de empresas, uma das formas associativas possíveis de empresas (*incorporated joint-venture*)[431].

16.2. **Cooperativas**[432]

16.2.1. *Noção*

As **cooperativas** são pessoas coletivas *de livre constituição* e *de capital e composição variáveis* que, tendo por finalidade a satisfação, sem intuito lucrativo, das necessidades económicas, sociais e culturais dos seus membros, através da respetiva cooperação e entreajuda e pela observância dos princípios cooperativos (cfr. art. 3º do Código Cooperativo), podem ainda, complementarmente, realizar operações com terceiros (cfr. art. 2º do CCoop).

[431] Sobre as diversas formas associativas das empresas, designadamente sobre o AEIE, Paulo Alves de Sousa de Vasconcelos, *O Contrato de Consórcio no âmbito dos contratos de cooperação entre empresas*, Col. *Stvdia Ivridica*, nº 36, Coimbra Editora, Coimbra, 1999, pp. 88-91.

[432] No plano bibliográfico, vd., por todos, AA.VV., *Código Cooperativo Anotado*, coord. Deolinda Meira e Elisabete Ramos, Almedina, Coimbra, 2018.

No quadro da anterior legislação (CCoop. de 1996) para além das obras gerais sobre Direito Comercial, vd. as diversas anotações publicadas na obra geral, AA.VV., *Jurisprudência Cooperativa Comentada*, coord. Deolinda Aparício Meira, INCM, Lisboa, 2012, em especial as apreciações dos autores portugueses (pp. 327-620), os estudos de Rui Namorado, *Os princípios cooperativos*, Fora do Texto, Coimbra, 1995, *Introdução ao Direito Cooperativo. Para uma expressão jurídica da cooperatividade*, Almedina, Coimbra, 2000 (em especial sobre o conceito e o regime jurídico aplicável, cfr. pp. 181-186 e 205-209), e *Horizonte Cooperativo. Política e Projecto*, Almedina, Coimbra, 2001, e as monografias de José Luís Cruz Vilaça, *A empresa cooperativa*, sep. do Boletim de Ciências Económicas, vols. XI, XII, XIII e XIV, Coimbra, 1969, e de Deolinda Aparício Meira, *O Regime Económico das Cooperativas no Direito Português: o Capital Social*, Vida Económica, Porto, 2009.

16.2.2. *Enquadramento legal*

As cooperativas são reguladas pelo Código Cooperativo, aprovado pela Lei nº 119/2015, de 31 de agosto (red. da L 66/2017, de 9 de agosto), que entrou em vigor em 30 de setembro de 2015 (cfr. art. 122º, nº 2), o qual, substituindo o Código Cooperativo de 1996, entre outros aspetos, introduziu nas cooperativas as três estruturas de governação das sociedades anónimas (cfr. arts. 45º a 70º). A esta lei fundamental acresce legislação complementar criada para tipos específicos de cooperativas.

O seu órgão executivo é o conselho de administração (anteriormente, a "direção") – que nas pequenas cooperativas (as que tiverem um máximo de *vinte membros*) pode ser substituído por um administrador único (cfr. art. 45º, nº 2 do CCoop) –, a quem cabe a sua gestão (cfr. arts. 27º, nº 1, *alínea b)* e 45º do CCoop), por vezes delegada num dos seus membros, que reveste a qualidade de administrador delegado (cfr. art. 50º, nº 1 do CCoop). O modo da sua vinculação e representação não diverge da forma de representação das sociedades comerciais – cujas regras lhe são subsidiariamente aplicáveis (cfr. art. 9º do CCoop) –, não apresentando especificidades que se justifique salientar.

16.2.3. *Qualificação*

As cooperativas são controladas por uma entidade pública, a Cooperativa António Sérgio para a Economia Social (CASES), encontrando-se sujeitas a uma tutela pública rigorosa (cfr. arts. 115º a 118º do CCoop), em contrapartida de benefícios – designadamente de natureza fiscal – que lhes são reconhecidos.

As cooperativas definem-se, por natureza, por falta de escopo lucrativo, finalidade essa geralmente reconhecida como essencial para a qualificação do comerciante, em função da regular prática de atos de comércio (contratos comerciais) ou de natural predisposição para o efeito.

Não obstante, as cooperativas, que tenham um objeto comercial e que estejam inscritas no registo comercial, fazendo do comércio profissão, poderão ser qualificadas como comerciantes; justifica-o a prática seguida na sua atuação normal, que é comum à de outras empresas com fim lucrativo.

16.3. Empresas Públicas; *remissão*

As empresas públicas – que analisaremos adiante (cfr., *infra*, nº 21), a propósito da intervenção do Estado na economia –, não obstante a natureza da sua titularidade, enquadram-se também nos sujeitos de Direito Comercial e, incontestavelmente, nos sujeitos do Mercado.

16.4. O recurso (impróprio) às Fundações para prosseguir fins comerciais[433]

As **fundações** são pessoas coletivas que correspondem a organizações de bens instituídas com a finalidade de afetar um acervo de meios (materiais) à realização de um fim de *interesse social*, de solidariedade, de proteção ambiental, cultural, educativo, científico ou artístico (cfr. arts. 157º a 166º e 185º a 194º do CC), devendo a sua constituição ser objeto de reconhecimento *individual* por um ato externo à vontade do instituidor – da competência de autoridade administrativa (arts. 158º, nº 2 e 185º, nº 2 do CC) –, que se manifesta por testamento ou em ato próprio (cfr. arts. 185º, 187º, nº 2 e 188º)[434]. Assim, e uma vez que os estatutos das fundações devem ser aprovados pela autoridade administrativa competente para o respetivo reconhecimento, se não forem mesmo da sua autoria

[433] Para além da doutrina geral, que aborda a matéria das fundações sob a perspetiva do Direito Civil, dada a regulação do instituto no Código Civil (arts. 185º a 194º e 157º a 166º) – casos de Menezes Cordeiro, *Tratado de Direito Civil*, IV – *Parte Geral. Pessoas*, 4ª ed., Almedina, Coimbra, 2016 (cfr. pp. 819-820), e Carvalho Fernandes, *Teoria Geral do Direito Civil I – Introdução. Pressupostos da relação jurídica*, 6ª ed., Universidade Católica Editora, Lisboa, 2012 (pp. 492-493, 572-578, 590-591, 597-599 e 662-664) –, vd. Cristina Paula Casal Baptista, *As Fundações no Direito Português*, 2ª ed., Almedina, Coimbra, 2016, pp. 29-34 e 55-71, Henrique Sousa Antunes, *Comentário aos artigos 185º a 94º do Código Civil: Fundações*, Universidade Católica Editora, Lisboa, 2014, pp. 45-110, Emílio Rui Vilar, «Fundações – Legitimidade, responsabilidade e (auto-)regulação», AAVV, *Nos 20 anos do Código das Sociedades Comerciais. Homenagem aos Profs. Doutores A. Ferrer Correia, Orlando de Carvalho e Vasco Lobo Xavier*, vol. II – *Vária*, Coimbra Editora, Coimbra, 2007 (pp. 535-550), e Paulo Olavo Cunha, «As "Fundações-Empresa" – Liberdade paradoxal ou paradoxo da liberdade (de instituição)», AA.VV., *Direito das Fundações em debate: nos 50 anos do Código Civil – Insuficiências no quadro normativo atual do Direito das Fundações*, coord. de Diogo Costa Gonçalves e de Rui Soares Pereira, Principia, Cascais, 2020, pp. 170-182 (no prelo).

[434] Seguimos de muito perto a nota 833 da nossa dissertação *Cheque e Convenção de Cheque*, cit., 2009, pp. 377-378.

(cfr. arts. 187º, nº 2 do CC), eventuais alterações à competência e forma de vinculação dos seus órgãos estão sujeitas a um formalismo significativo (cfr. art. 189º do CC).

Deste modo, o regime legal que caracteriza as fundações e o controlo externo que sobre elas recai não se nos afigura compatível com a sua generalização na vida mercantil que requer agilidade na tomada e implementação de decisões de caráter empresarial.

Contudo, alguns agentes económicos, com o intuito fundamental de obter vantagens de natureza fiscal, têm recorrido à organização da respetiva atividade sob a forma de fundações, a qual, como vimos, é manifestamente inadequada à prossecução de fins comerciais em geral e lucrativos em particular[435]. Tais fundações têm sido utilizadas com a complacência do Estado, a quem compete fiscalizar o exercício da atividade destas pessoas coletivas[436] e assegurar que a sua finalidade é essencialmente altruísta, sem prejuízo de acessoriamente poderem prosseguir atividades comerciais de forma instrumental à realização do seu objeto. A utilização desta espécie de pessoa coletiva para a realização de fins egoísticos representa, pois, uma contradição *in natura*.

Importa, porém, sublinhar que nada impede que as próprias empresas comerciais e grupos económicos recorram a esta figura (a este tipo de pessoa coletiva) para organizar acessoriamente as suas atividades de caráter altruístico, de natureza puramente social ou cultural. Assim, de entre as várias fundações de Direito Privado, podemos salientar as **Fundações de Empresa**[437], de que constituem exemplos as Fundações da

[435] Não podemos, assim, aceitar passivamente que, em manifesta fraude à lei, tenha vindo a ser introduzida na vida económica uma prática pouco saudável que conduz à adulteração dos fins das pessoas coletivas, estabelecidos em função da sua natureza e regras aplicáveis.

[436] Esta realidade é reconhecida pela generalidade dos autores, incluindo por aqueles que publicam obras de caráter eminentemente prático, como é o caso de Feliciano Barreiras Duarte, *Regime Jurídico e Fiscal das Fundações com apêndice legislativo*, Âncora Editora, Lisboa, 2008, p. 51.

De todo, admitimos que a Lei-Quadro das Fundações, aprovada pela L 24/2012, de 9 de julho, venha, na sua redação revista – pela L 150/2015, de 10 de setembro –, a contribuir para pôr termo à fraude à lei inerente ao recurso à figura da "fundação" para prosseguir fins egoísticos.

[437] Estas fundações instituídas por empresas ou grupo de empresas constituem uma extensão destas para atividades que não revestem carácter comercial, permitindo autonomizar das atividades negociais outras de carácter puramente social ou meramente cultural.

PT (*Fundação Portugal Telecom*), do BCP (*Fundação Millennium bcp*) e da Jerónimo Martins (*Fundação Francisco Manuel dos Santos*).

17. Os consumidores

17.1. Enquadramento normativo

A caracterização dos intervenientes no mercado não ficaria completa sem uma menção aos destinatários dos bens e serviços que somos todos nós, como consumidores.

A aceleração da produção e a crescente agressividade na promoção dos bens e serviços no mercado tem sido acompanhada por um conjunto de regras destinada a tutelar os consumidores, enquanto agentes económicos passivos que são, mas em função dos quais o mercado se desenvolveu e sofisticou[438].

Vamos ver, neste número, quais as respostas que a sociedade, em geral, e o Direito em particular, têm encontrado para proteger os consumidores num quadro económico gradualmente mais complexo e difícil. Essa tutela processa-se em mais de que um plano, desde as regras que disciplinam as condições de produção e comercialização de bens e serviços – impondo que estes fenómenos se processem com respeito pelo meio ambiente, designadamente em condições cada vez mais rigorosas, e protegendo reflexamente os seus (últimos) destinatários – até às que visam tutelar diretamente o consumidor na ótica do bem que lhe é disponibilizado e nas qualidades intrínsecas que o mesmo deve revestir as quais têm de ser respeitadas na publicidade que lhe for feita, passando por todas as regras em que os interesses do consumidor são protegidos pela legislação que disciplina e tutela a concorrência no mercado e sanciona a concorrência desleal.

É, por isso, muito vasta a legislação que, no século XXI, protege os consumidores.

Não obstante, por razões evidentes, «mantêm com a empresa laços estreitos, quer quanto à sua administração quer em termos financeiros» (Cristina Casal Baptista, *As Fundações no Direito Português*, Almedina, Coimbra, 2006, p. 39).

[438] Tal como a Universidade existe essencialmente em função dos alunos (os "consumidores"); e não dos que nela ensinam (os "produtores").

No que se refere a legislação ainda não mencionada, devemos distinguir diplomas de caráter geral – como é o caso da Lei de Defesa do Consumidor (Lei nº 24/96, de 31 de julho)[439] e a Lei das Cláusulas Contratuais Gerais (Decreto-Lei nº 446/85, de 25 de outubro) – de **diplomas específicos** que têm paulatinamente vindo a ser introduzidos na nossa ordem jurídica. Entre estes[440], saliente-se os diplomas que recaem sobre:

- A **venda de bens de consumo e garantias** inerentes (Decreto-Lei nº 67/2003, de 8 de abril, na red. do DL 84/2008, de 21 de maio)[441];
- As **vendas à distância** (Decreto-Lei nº 24/2014, de 12 de fevereiro, na red. do DL 78/2018 de 15 de outubro)[442];
- As **normas de segurança geral dos produtos e serviços** colocados no mercado (europeu) (Decreto-Lei nº 69/2005, de 17 de março, red. do Decreto-Regulamentar nº 38/2012, de 10 de abril); cfr., em especial, arts. 1º e 4º a 6º);
- A **rotulagem, apresentação e publicidade dos géneros alimentícios** destinados ao consumidor final (Decreto-Lei nº 560/99, de 18 de dezembro, na red. do DL 156/2008, de 7 de agosto);
- As **informações em língua portuguesa** relativas à natureza, características e garantias de bens ou serviços disponibilizados em Portugal (Decreto-Lei nº 238/86, de 19 de agosto, red. do DL 42/88, de 6 fevereiro);
- A **proibição da discriminação em função do sexo** do acesso a bens ou serviços (Lei nº 14/2008, de 12 de março, red. da L 9/2015, de 11 de fevereiro);
- O regime aplicável às **práticas comerciais desleais** das empresas nas relações com os consumidores (Decreto-Lei nº 57/2008, de 26 de março, red. DL 205/2015, de 23 de setembro)[443];

[439] Esta lei – objeto da Retificação nº 16/96, de 13 de novembro – seria objeto de alterações introduzidas pelos seguintes diplomas: Lei nº 85/98, de 16 de dezembro, Decreto-Lei nº 67/2003, de 8 de abril, Lei nº 10/2013, de 28 de janeiro, Lei nº 47/2014, de 28 de julho, e Lei nº 63/2019, de 16 de agosto.

[440] Para uma panorâmica mais completa, vd. a *Colectânea de Legislação e do Consumo*, org. por Elionora Cardoso, Coimbra Editora, Coimbra, 2011.

[441] Cfr. Jorge Morais Carvalho, *Manual de Direito do Consumo*, 6ª ed., 2019, pp. 268-269.

[442] Sobre as vendas à distância, vd., *infra*, nºs 17.2.5 e 24.2.1.

[443] Cfr. Jorge Morais Carvalho, *Manual de Direito do Consumo*, 6ª ed., 2019, 134-153, e Luís Manuel Teles de Menezes Leitão, «A Revisão do Regime das Práticas Comerciais

- A **redução de preço** nas vendas a retalho (Decreto-Lei nº 70/2007, de 26 de março, na red. DL 109/2019, de 14 de agosto)[444];
- A **afixação do preço** dos bens para **venda a retalho** (Decreto-Lei nº 138/90, de 26 de abril, na red. do DL 162/99, de 13 de maio, objeto da Ret. 10-AF/99, de 31 de maio)[445];
- A obrigatoriedade de dispor de **livro de reclamações** (Decreto-Lei nº 156/2005, de 15 de setembro, na red. do DL 74/2017, de 21 de junho).

A estes diplomas acrescem muitos outros, designadamente com incidência financeira. Entre estes, impõe-se realçar o regime dos **contratos de crédito ao consumo** (Decreto-Lei nº 133/2009, de 2 de junho, na red. do Decreto-Lei nº 74-A/2017, de 23 de junho)[446].

17.2. A tutela do consumidor e as associações de defesa do consumidor

17.2.1. *Noções de consumidor e de fornecedor: âmbito de aplicação da lei*

A Lei (nº 24/96, de 31 de julho) de Defesa do Consumidor (LDC) define o **consumidor** como «*aquele a quem sejam fornecidos bens, prestados serviços*[447] *ou transmitidos quaisquer direitos, destinados a uso não profissional, por pessoa que exerça com caráter profissional uma atividade económica que vise a obtenção de benefícios*» (art. 2º, nº 1)[448].

Desleais», AA.VV., *I Congresso de Direito do Consumo, coord. Jorge Morais Carvalho,* Almedina, Coimbra, 2016, pp. 73-94, em especial pp. 75-85.

[444] Cfr. Jorge Morais Carvalho, *Manual de Direito do Consumo,* 6ª ed., 2019, 94-99.

[445] Cfr. Jorge Morais Carvalho, *Manual de Direito do Consumo,* 6ª ed., 2019, 91-94.

[446] Pronunciando-se no âmbito da atual redação, Jorge Morais Carvalho, *Manual de Direito do Consumo,* 6ª ed., 2019, 384-443.

[447] Assinale-se, contudo, que *o regime de responsabilidade por serviços prestados por profissionais liberais* não é regulado pela LDC (cfr. art. 23º).

[448] Partindo desta noção e analisando quatro elementos com referência aos quais o conceito de consumidor pode ser ponderado, Jorge Morais Carvalho, *Manual de Direito do Consumo,* 6ª ed., 2019, 23-41.

Sobre este conceito, vd. tb José Engrácia Antunes, *Direito do Consumo,* cit., 2019, pp. 45-47 e 53-54, e Fernando Baptista de Oliveira, *O conceito de consumidor,* Almedina, Coimbra, 2009, pp. 51-106.

O consumidor é, pois, o agente económico que adquire, no mercado (a empresários ou agentes profissionais), bens e, ou, serviços para satisfação de necessidades pessoais, suas ou de terceiros.

Recorde-se que a lei comercial exclui a comercialidade das aquisições para consumo próprio (cfr. art.. 464º, nº 1 do CCom).

Não é consumidor, para efeitos da tutela da Lei de Defesa do Consumidor, aquele que adquire a um particular bens, qualquer que seja o respetivo uso.

A Lei de Defesa do Consumidor não caracteriza o fornecedor, mas o respetivo conceito pode formar-se com referência à intervenção profissional do empresário.

17.2.2. *Os direitos e garantias do consumidor*

A Constituição Portuguesa confere dignidade constitucional aos direitos dos *consumidores*, determinando que estes *têm direito à qualidade dos bens e serviços consumidos, à formação e à informação, à proteção da saúde, da segurança e dos seus interesses económicos, bem como à reparação de danos* (cfr. art. 60º, nº 1)[449].

Por sua vez, a Lei de Defesa do Consumidor apresenta, no artigo 3º, um catálogo de direitos, que desenvolve noutras regras (arts. 4º a 15º). Limitamo-nos a enunciá-los e a indicar as normas que os acolhem:

- Direito à qualidade dos bens e serviços (arts. 3º, *alínea a)* e 4º);
- Direito à proteção da saúde e da segurança física (arts. 3º, *alínea b)* e 5º);
- Direito à formação e à educação (para o consumo) (arts. 3º, *alínea c)* e 6º);
- Direito à informação, em geral e em particular (arts. 3º, *alínea d)*, 7º e 8º);
- Direito à proteção dos seus interesses económicos (arts. 3º, *alínea e)* e 9º);

[449] Cfr. J. J. Gomes Canotilho / Vital Moreira, *Constituição da República Portuguesa Anotada*, I, 2007, pp. 778-786 (art. 60º) – pronunciando-se sobre os direitos dos consumidores, retomados na LDC –, Jorge Miranda, anot. ao art. 29º da CRP, Jorge Miranda / Rui Medeiros, *Constituição Portuguesa Anotada*, I, 2010, pp. 1169-1178, e Santos / Gonçalves / / Leitão Marques, *Direito Económico*, 6ª ed., 2012, pp. 55-57.

- Direito à prevenção (e ação inibitória) e à reparação de danos (incluindo não patrimoniais) (arts. 3º, *alínea f)* e 10º a 13º);
- Direito à proteção jurídica e direito a uma justiça acessível e célere (arts. 3º, *alínea g)* e 14º);
- Direito à participação, por via representativa (através das associações de consumidores), na definição legal ou administrativa dos seus direitos e interesses (arts. 3º, *alínea h)* e 15º).

Por fim, refira-se que, para além dos direitos que lhes são reconhecidos pela Constituição e pela lei ordinária, os consumidores encontram, em legislação dispersa, inúmeras garantias para proteção dos seus interesses. A título exemplificativo, vd. o já citado (*supra*, nº 17.1) diploma sobre as garantias inerentes à venda de bens de consumo (Decreto-Lei nº 67/2003, de 8 de abril, em especial arts. 5º e 9º).

17.2.3. *A Lei das Cláusulas Contratuais Gerais*[450]

17.2.3.1. *Origem e conceito de cláusulas contratuais gerais*

Com a massificação da atividade económica e dos negócios que a caracterizam, tornou-se indispensável disciplinar os contratos que são celebrados com recurso a mecanismos de adesão em que uma das partes se limita a dar o seu consentimento às regras que, pela outra, lhe são apresentadas para enquadrar especificamente a relação jurídica que pretendem concluir, sem possibilidade de discussão.

Razões que explicam o recurso crescente a este tipo de contratação são simples. A atividade económica exprime-se crescentemente

[450] Cfr. Ferreira de Almeida, *Contratos I*, 6ª ed., 2017, pp. 193-219, Engrácia Antunes, *Contratos Comerciais. Noções Fundamentais*, cit., 2007, pp. 131-152, Jorge Morais de Carvalho, *Manual de Direito do Consumo*, 6ª ed., 2019, 115-134, Menezes Cordeiro, *Direito Comercial*, 4ª ed., 2017, pp. 608-635, e *Tratado de Direito Civil II*, 2014, pp. 357-468, Almeida Costa, *Direito das Obrigações*, 12ª ed., 2009, pp. 243-276, Carvalho Fernandes, *Teoria Geral do Direito Civil II*, 2010, pp. 106-120, Joaquim de Sousa Ribeiro, *Cláusulas Contratuais Gerais e o Paradigma do Contrato*, sep. do vol. XXXV do Supl. BFDUL, Coimbra, 1990, pp. 13-63 e 123-203, Almeno de Sá, *Cláusulas Contratuais Gerais e Directiva sobre Cláusulas Abusivas*, 2ª ed., Almedina, Coimbra, 2000, pp. 49-141, e João Calvão da Silva, *Banca, Bolsa e Seguros*, 5ª ed., 2017, pp. 243-293, em especial pp. 243-282.

em condutas negociais massificadas e repetidas, em especial na banca, seguros, telecomunicações, energia, transportes e *Internet*, mas com uma tendência de generalização a todos os sectores em que os negócios singulares estejam a ceder o seu espaço aos contratos celebrados com base neste tipo de regras.

A utilização de cláusulas contratuais com esta natureza, que estabelecem condições gerais de contratação de certas entidades, no que respeita aos bens e serviços por elas comercializados, veio a dar origem à criação de um regime jurídico específico.

As **cláusulas contratuais gerais** são proposições (regras) pré-elaboradas, de modo rígido, que regulam certos negócios jurídicos em que uma das partes (os proponentes ou os destinatários) é indeterminada, limitando-se a propor ou a aceitar os termos em que os mesmos são celebrados.

É relativamente aos contratos comerciais que se faz sentir, com mais premência, a necessidade de regulação aplicável a todos os atos que se reconduzem à mesma categoria negocial, evitando-se atrasos provocados pela discussão das cláusulas mais adequadas à disciplina do negócio em causa.

17.2.3.2. *A lei das cláusulas contratuais gerais*

A lei das cláusulas contratuais gerais (Decreto-Lei nº 446/85, de 25 de outubro)[451] visa disciplinar a utilização desta técnica negocial, assegurando uma comunicação e informação efetivas (cfr. arts. 5º e 6º) e impedindo que as cláusulas gerais prevaleçam sobre as regras particulares ou que sejam aplicáveis normas de que os contratantes não se tivessem inteirado oportunamente (cfr. arts. 7º e 8º, *alínea c)*).

Mas a essência da lei, que distingue as relações entre agentes económicos (empresários) e consumidores (finais) (cfr. arts. 20º e segs. da LCCG) ou apenas entre profissionais ou empresários (cfr. arts. 15º e

[451] Sobre este diploma e o regime por ele estabelecido, cfr. José Manuel de Araújo Barros, *Cláusulas Contratuais Gerais. DL Nº 446/85 – Anotado. Recolha Jurisprudencial*, Coimbra Editora, Coimbra, 2010, em especial pp. 17-35, Mário Júlio de Almeida Costa, *Síntese do regime jurídico vigente das cláusulas contratuais gerais*, 2ª ed., Universidade Católica Editora, Lisboa, 2000, pp. 13-29, e Ana Prata, *Contratos de Adesão e Cláusulas Contratuais Gerais. Anotação ao Decreto-Lei nº 446/85, de 25 de Outubro*, Almedina, Coimbra, 2010, cfr. em especial pp. 9-152.

segs.) – em que se verifica um maior equilíbrio contratual –, encontra-se na proibição de certas cláusulas que, se forem utilizadas, serão nulas (cfr. art. 12º), sem prejuízo do maior aproveitamento possível do negócio celebrado com tais cláusulas (cfr. arts. 13º, nºs 1 e 2, e 14º).

No que respeita à sua estrutura, as cláusulas contratuais gerais podem ser absolutamente ou relativamente proibidas. As primeiras não podem, em qualquer caso, ser incluídas em contratos celebrados por recurso à adesão de uma das partes (cfr. arts. 18º e 21º da LCCG); as segundas não podem regular contratos com esta natureza em certas circunstâncias, devendo ser objeto de apreciação e valoração em concreto (cfr. arts. 19º e 22º da LCCG).

Nas disposições aplicáveis às relações com consumidores finais são ampliadas as proibições estabelecidas para o relacionamento entre profissionais e nesta distinção, isto é, na diferença de cuidado na proteção dispensada às relações entre empresários (ou profissionais, ainda que não sejam comerciantes) e aos contratos que estes celebram com consumidores (finais), normalmente mais desprotegidos (e indeterminados) e, consequentemente, a parte fraca do negócio, reside na atualidade um dos aspetos característicos das inúmeras normas que disciplinam o Direito do Mercado, onde todos esses agentes se movimentam, e que têm por finalidade reequilibrar a estrutura de um negócio baseado nessas cláusulas, que pode surgir desfavorável por ser proposto (ou, melhor, imposto) por quem tem maior poder negocial. Ao evitar a subsistência na ordem jurídica de determinadas cláusulas que se revelam francamente prejudiciais à parte que não tem capacidade para as percecionar devidamente e para se opor à sua aplicação (se pretender concluir o contrato que as mesmas integram) – tal como ao sujeitar os empresários a certas obrigações (legais), noutros diplomas –, o Direito procura assegurar que a expansão da contratação, o aumento exponencial dos negócios, provocado pelo aumento de produção e consumo desenfreado do virar do século, e a afluência de novos agentes ao mercado se processe de forma adequada, correta e ética, com o equilíbrio e a consciência que a regulação da vida social e económica exige e postula e, em suma, com o respeito dos seus valores mais elementares.

17.2.4. *A proteção do consumidor por recurso aos princípios gerais do Direito Civil e das Obrigações*

Pelo exposto, ficamos com a ideia clara de que o consumidor é hoje protegido por regras específicas e por regras gerais criadas a pensar na sua participação em determinado tipo de contratos, formados com recurso a cláusulas contratuais gerais.

No entanto, a tutela do consumidor decorre também de princípios e regras gerais de Direito Civil e das Obrigações, aos quais devemos estar atentos.

Assim, e sem preocupação de grande pormenorização, importa referir que subjacente à celebração de um contrato deve estar uma equivalência de prestações. Isso não significa que não se possam fazer "bons negócios", mas o Direito disponibiliza à parte menos esclarecida e mais fraca, para além de mecanismos utilizáveis em circunstâncias limite – como a anulação do negócio usurário, por exemplo (cfr. art. 282º do CC) –, meios para reagir contra o manifesto desequilíbrio de prestações que caracteriza o contrato celebrado. Fá-lo através de uma cláusula geral que visa, precisamente, prevenir o abuso do direito: o art. 334º do Código Civil. Segundo esta regra, «*é ilegítimo o exercício de um direito, quando o titular exceda manifestamente os limites impostos pela boa fé, pelos bons costumes ou pelo fim social ou económico desse direito*».

Por sua vez, no que respeita a determinado tipo de contratos, também encontramos na respetiva disciplina legal normas de proteção dos consumidores.

Enquadra-se neste tipo de regras o art. 913º do Código Civil, segundo o qual a venda de coisa defeituosa – coisa que padeça *de vício que a desvalorize ou impeça a realização do fim a que se destina ou não tenha as qualidades asseguradas pelo vendedor ou necessárias para a realização daquele fim* (nº 1) – pode ser anulada, objeto de correção ou de indemnização por parte do vendedor, que tem o ónus de suprir ou eliminar a deficiência, podendo ainda haver lugar à redução do preço convencionado.

São, pois, diversas as fontes de proteção do consumidor, não devendo ser desprezada a tutela dos seus direitos enquanto contraparte contratual.

17.2.5. *Os contratos celebrados à distância; remissão*

A contratação à distância é objeto de uma disciplina e regulamentação específicas – constantes do Decreto-Lei nº 24/2014, de 12 de fevereiro (que substituiu o DL 143/2001, de 26 de abril) – que visam proteger os consumidores, proporcionando-lhes uma lista de direitos de que dispõem sempre que um agente do mercado com eles se relaciona.

Trata-se de matéria que abordaremos, a propósito dos negócios jurídicos comerciais (cfr., *infra*, nº 24.2).

17.2.6. *As associações de defesa do consumidor e o Instituto do Consumidor*

Dado a fragilidade que revestem sempre que, no mercado, se cruzam com os agentes económicos mais sofisticados, dotados de organização e de meios incomparavelmente superiores, não surpreende que os consumidores se agreguem em associações que prossigam a defesa dos seus interesses e que o Estado sinta a necessidade de criar um instituto público com a finalidade de promover a sua proteção: o Instituto do Consumidor.

Tendo em conta a importância destes organismos – objeto de tutela específica pela lei ordinária (cfr. arts. 17º e 21º da LDC) –, a Constituição garante o apoio estatal às associações de consumidores e às cooperativas de consumo, reconhecendo-lhes *legitimidade processual para defesa dos seus associados ou de interesses coletivos ou difusos* (art. 60º, nº 3).

17.3. A publicidade: o Código da Publicidade

A concluir importa fazer uma referência à disciplina da publicidade, como meio de divulgação de bens e serviços no mercado e cuja regulação é essencial para proteção dos interesses dos consumidores em função dos quais são comercializados os bens e serviços cuja imagem é publicitada.

A Constituição impõe a disciplina legal da publicidade – a qual é objeto de um complexo normativo que, apesar de não ser muito desenvolvido, forma um Código (aprovado pelo Decreto-Lei nº 330/90, de 23 de outubro, cuja redação atual é a resultante do Decreto-Lei nº 66/2015, de

29 de abril) – e comina a proibição de quaisquer formas de *publicidade oculta, indireta ou dolosa* (cfr. art. 60º, nº 2).

18. O estatuto (próprio e) comum dos sujeitos de Direito Comercial

Os sujeitos do Direito Mercantil encontram-se abrangidos por um regime jurídico específico e comum diferenciado do aplicável à generalidade das pessoas que se movimentam no mercado e que, na sua vida quotidiana, se encontram sujeitas a regras de Direito Civil e beneficiam da tutela que lhes é dispensada pelo Direito do Mercado, como intervenientes neste, na qualidade de consumidores, ou apenas como público em geral, beneficiários de uma proteção direta por regras que visam os interesses da generalidade.

18.1. Razão de ser das regras aplicáveis aos intervenientes na atividade comercial

O regime jurídico aplicável aos sujeitos de Direito Comercial contém obrigações e direitos e, de um modo geral, visa facilitar as situações jurídicas que envolvem os comerciantes na sua atividade económica, contribuindo para o reforço da tutela do crédito.

O Código Comercial estabelece as obrigações a que estão sujeitos os empresários mercantis (individuais e coletivos), independentemente da dimensão da sua estrutura produtiva.

Entre outros deveres, que os caracterizam, os sujeitos de Direito Comercial estão «*obrigados a adotar uma firma, a ter escrituração mercantil, a inscrever no registo comercial os atos* sujeitos a registo e *a dar balanço ou prestar contas*» (cfr. art. 18º do CCom).

Os empresários individuais são em número crescentemente reduzido, porquanto os comerciantes optam por limitar a sua responsabilidade a um património que afetam ao exercício da atividade económica e ao desenvolvimento do seu projeto.

Por sua vez, recorde-se, as sociedades comerciais são sujeitos de Direito Comercial por definição (cfr. art. 13º, nº 2) e, como pessoas coletivas, são dotadas de uma capacidade de gozo específica, que abrange todos os direitos necessários e convenientes à prossecução dos seus fins e à realização da sua atividade.

18.2. A firma da empresa comercial[452]

18.2.1. *Noção. Sentido subjetivo*

A **firma** é o nome pelo qual o comerciante ou empresário mercantil é conhecido no exercício da sua atividade e no giro comercial, sendo também a denominação que identifica a sociedade comercial (ou qualquer outro sujeito de Direito Comercial).

Trata-se de uma obrigação mercantil, como vimos (cfr. art. 18º do CCom), a que as sociedades se encontram especificamente adstritas (cfr. arts. 9º, nº 1, *alínea c)*, 177º, 200º, 270º-B, 275º e 467º do CSC).

Tal como as pessoas singulares são conhecidas pelo seu nome – que as identifica e individualiza em sociedade e perante o registo civil –, os sujeitos de Direito Comercial devem também publicitar a sua existência e individualização no mercado através da sua inscrição no registo comercial, indicando o nome (a firma) pelo qual propõem ser conhecidos no exercício da atividade económica.

A firma pode assumir dois significados distintos: em sentido objetivo, reconduz-se ao estabelecimento onde o comerciante desenvolve a sua atividade, que identifica (e, nesse caso, corresponde ao logótipo ou "nome registado", anterior nome do estabelecimento); em sentido subjetivo (e amplo) – e aquele que é correntemente utilizado pela lei nacional –, a firma consiste no (próprio) nome que identifica e individualiza o comerciante (empresário individual ou sociedade) na respetiva atividade comercial e em função do qual beneficia de uma determinada tutela.

[452] Os preceitos citados neste número (18.2) que não sejam especialmente referenciados reportam-se ao DL nº 129/98, de 13 de maio, na redação do DL nº 250/2012, de 23 de novembro, embora a alteração por este introduzida não tenha qualquer impacto na matéria objeto de análise.
Sobre esta matéria, vd. o nosso *Direito das Sociedades Comerciais*, 7ª ed., 2019, pp. 133-137, e bibliografia citada na nota 272 (p. 133), e na bibliografia geral, Coutinho de Abreu, *Curso de Direito Comercial*, I, 12ª ed., 2019, pp. 159-183, e Menezes Cordeiro, *Direito Comercial*, 4ª ed., 2016, pp. 359-404.

Em sentido restrito, referimo-nos a firma por contraposição a denominação. Fala-se de **firma-nome** quando corresponde à conjugação de um ou mais nomes dos sócios com a indicação de que ressalte terem estes organizado a respetiva atividade de forma coletiva. Por exemplo, «Aguiar Mota & Feliz, S.A.». A **firma-denominação** consiste na individualização da sociedade por referência à atividade específica que se propõe realizar, sendo (total ou parcialmente[453]) composta pelo objeto que caracteriza a atividade da sociedade que visa identificar. Por exemplo, «Companhia de Seguros Vida "A Venturosa", S.A.», ou «Vamosávida – Organização de Festas e Eventos, Lda». Isto significa que a firma tanto pode surgir com o nome das pessoas que a integram, como corresponder à atividade que o empresário mercantil pretende prosseguir, e pode ser associada a siglas ou a expressões de fantasia.

Mas a firma pode ser **mista**, congregando o nome dos que integram a organização que prossegue uma certa atividade e fazendo menção ao tipo de atividade que essas pessoas, organizadas coletivamente, possam realizar, eventualmente sob a forma jurídica societária. Nesse caso, a firma é simultaneamente uma firma-nome e uma firma-denominação. Podemos recorrer a exemplos diferentes em que a associação do nome à atividade surge integrada, como sucedia com as firmas «Banco Espírito Santo, S.A.» ou «Banco Fonsecas & Burnay, S.A.», ou em que se diferencia, como no caso de «Omar Telo – Importação, Exportação e Comercialização de Ferramentas e Utensílios Domésticos, S.A.».

Importa realçar que não há limitações quanto às palavras a serem utilizadas na composição das firmas, podendo as mesmas ser integradas por quaisquer vocábulos estrangeiros (cfr. art. 10º do CSC)[454] e sendo suficiente existir uma correspondência mínima entre a denominação social e o objeto social. Surgem, assim, firmas que, não referenciando o nome de qualquer dos sócios, também não revelam a atividade que a sociedade se propõe prosseguir. São firmas de fantasia, a que podemos recorrer atualmente sem limitações, como por exemplo, «Nanium, S.A.».

[453] Essencial é que exista uma correspondência mínima da denominação com o teor do objeto social.

[454] Foi o regime jurídico da "empresa na hora" (aprovado pelo Decreto-Lei nº 111/2005, de 8 de Julho) – que facilitou a constituição de sociedades – que aligeirou significativamente as regras nesta matéria, deixando de ser necessário revelar *tanto quanto possível* a atividade da sociedade, como acontecia anteriormente.

18.2.2. *Princípios caracterizadores*

A firma dos comerciantes deve obedecer a dois princípios: da verdade e da novidade.

18.2.2.1. *Princípio da verdade*

O princípio da verdade – acolhido genericamente no artigo 32º do Decreto-Lei nº 129/98, de 13 de maio – significa que a firma deve corresponder à situação retratada e que visa identificar, revelando quem é o empresário mercantil e, eventualmente, qual a natureza da atividade que exerce.

No plano das sociedades comerciais, este princípio encontra-se também regulado no artigo 10º, nºs 1 e 3, do Código das Sociedades Comerciais.

Os elementos que integram a firma em sentido amplo devem corresponder à situação real, à *verdade*, de modo a não poderem induzir em erro as pessoas relativamente às quais este sinal pretende ser um sinal identificador. Fundamentalmente, a identificação deve ser de modo a não fazer incorrer em erro o mercado quanto à atividade e quanto à natureza do respetivo titular. Este aspeto é particularmente importante, porque significa que não devem ser introduzidas nas firmas expressões que, de algum modo, não correspondam à atividade exercida pelo seu titular, nomeadamente quanto à dimensão (cfr. art. 10º, nº 5, *alínea a)* do CSC). Assim, e exemplificando, uma pequena empresa não deve utilizar na composição da sua firma a expressão "Casa Mundial", porque esta sugere uma dimensão substancialmente diferente da sua atividade real.

O **princípio da verdade** visa, assim, garantir a conformidade entre a realidade jurídica, que se pretende organizar, e a social que é objeto de concretização dela, para que não haja discrepâncias e erros das pessoas que pretendem ter na firma uma referência do sujeito de Direito Comercial, em geral, e da sociedade comercial, em particular.

No entanto, a simplificação da constituição de sociedades comerciais (a chamada "empresa na hora"), desbastando as exigências de rigor que a lei anteriormente impunha veio, de certo modo, abrir fortes brechas neste princípio. As exigências que, presentemente, se fazem apontam apenas no sentido de que na firma «*não podem ser incluídas ou mantidas expressões indicativas de um objeto social que não esteja especificamente previsto na respetiva cláusula do contrato de sociedade»* (arts. 200º, nº 2 e 275º, nº 2 do CSC).

Assim, atualmente – e ao contrário do que acontecia no passado (ainda recente) –, a firma não tem de dar a conhecer tanto quanto possível a atividade social; é suficiente que haja alguma correspondência entre as duas realidades.

Mas se a firma deve refletir, apesar de tudo, a realidade que identifica e individualiza, há uma exceção a assinalar. Em certos casos é perfeitamente possível que uma determinada firma deixe de corresponder ao exercício de uma atividade prosseguida por um sujeito. Este fenómeno respeita, nomeadamente, às situações de transmissão. A nossa lei pode considerar especialmente relevante a transmissão de um estabelecimento (comercial) e associar, nesse caso, a transmissão da firma da entidade que é titular desse estabelecimento. Mas pode suceder que haja conveniência em preservar uma firma-nome, pela relevância deste, e mantê-la mesmo quando o titular do nome deixou de ser sócio, por ter morrido ou transmitido a sua participação. No primeiro caso, poderão os herdeiros continuar a atividade societária sob a firma composta pelo nome do seu sucessível ou autorizar a utilização desse nome; no segundo caso, deverá o cedente ou transmitente da participação social, cujo nome figura na firma da sociedade, autorizar expressamente a continuação da utilização desse nome (cfr. art. 44º, nºs 1 e 2 do DL nº 129/98, de 13 de maio).

Naturalmente que a autorização para a utilização do nome do sócio na firma de sociedade que este deixou de integrar importa relevantes limitações futuras à utilização pelo sócio, na atividade comercial, do seu próprio nome.

18.2.2.2. *O princípio da exclusividade*

O **princípio da exclusividade** (ou da novidade) significa que uma nova firma deve ser distinta das já existentes, não devendo ser confundível com estas e permitindo assim diferenciar as empresas entre si (cfr. art. 10º, nº 2 do CSC e 33º, nº 1 do DL nº 129/98).

Este princípio visa evitar que venham a ser criadas no mercado empresas com um nome semelhante ao das já existentes, introduzindo confusão nos agentes que no mesmo se movimentam.

18.2.3. *A identificação das sociedades comerciais pela respetiva firma*

O tipo societário é identificável pela firma social, em especial por uma palavra, abreviatura ou pela falta dela (que exprima a natureza da participação dos sócios).

Assim, a palavra "*limitada*" ou a abreviatura "*Lda*", aposta após o nome social, corresponde a uma sociedade por quotas (cfr. art. 200º, nº 1 do CSC).

A expressão "*sociedade anónima*" ou as letras "*S.A.*" acrescentada a um ou mais nomes ou atividades é sinónimo desse tipo societário (cfr. art. 275º, nº 1 do CSC).

Nas sociedades em comandita é aditada a referência "*em comandita*" ou "*& comandita*", ou "*em comandita por ações*" ou "*& comandita por ações*" (cfr. art. 467º, nº 1 do CSC).

Finalmente, na sociedade em nome coletivo, ou ocorre uma junção de nomes reveladora de estarmos perante uma sociedade ou a firma resulta do acréscimo ao nome de um dos sócios ou de vários de expressões que signifiquem pluralidade, tais como "*& Cia*" ou "*& Outro*" (cfr. art. 177º, nº 1 do CSC).

18.3. Escrituração mercantil e prestação de contas[455]

18.3.1. *Escrituração mercantil*[456]

O empresário comercial é obrigado a ter escrituração mercantil, podendo organizá-la como melhor entender e escolher o respetivo *suporte físico* (cfr. arts. 29º e 30º do CCom).

Só os livros de atas são hoje obrigatórios (cfr. art. 31º, nº 1 do CCom), mas a escrituração abrange todos os documentos pertinentes à atividade comercial, incluindo correspondência e contratos.

[455] Na bibliografia geral, cfr. Coutinho de Abreu, *Curso de Direito Comercial*, I, 12ª ed., 2019, pp. 184-193, Menezes Cordeiro, *Direito Comercial*, 4ª ed., 2016, pp. 405-417, e Alexandre Libório Dias Pereira, *Direito Comercial das Empresas*, 2ª ed. cit., 2015, pp. 51-53.

[456] Vd. o estudo de José Engrácia Antunes, *Direito da Contabilidade. Uma introdução*, Almedina, Coimbra, 2018, pp. 47-48 e 75-86, em especial pp. 75-77 e 86-92, e a bibliografia indicada nas notas das pp. 9 e 75, e António Menezes Cordeiro, «Escrituração comercial, prestação de contas e disponibilidade do ágio nas sociedades anónimas», cit., 2003, pp. 574-583, e *Introdução ao Direito da Prestação de Contas*, Almedina, Coimbra, 2008.

A escrituração não se confunde, assim, com as contas dos comerciantes, isto é, com a organização contabilística da sua atividade que abrange fundamentalmente a expressão financeira dos respetivos negócios, desde o registo até à apresentação[457].

18.3.2. *Regime específico de prova*

Os livros de escrituração mercantil podem constituir base de prova contra os comerciantes, cuja escrita relatam, embora sejam também oponíveis aos terceiros que se queiram prevalecer deles em juízo quanto aos factos que não lhes forem favoráveis (cfr. art. 44º, proémio e nº 1º do CCom).

Nos litígios entre empresários mercantis, e sem prejuízo de (outra) prova em contrário:

- Havendo *discrepância* entre os respetivos livros, *farão fé* os que se encontrarem *regularmente arrumados* (cfr. art. 44º, nº 4 do CCom);
- Não tendo um dos empresários livros, e não se devendo a falta *a caso de força maior*, ou não querendo apresentá-los, *farão fé contra ele os do outro litigante* (empresário) *devidamente arrumados* (cfr. art. 44º, § único).

18.3.3. *Obrigação de dar balanço e prestação de contas*

Todos os empresários mercantis, sem exceção, estão obrigados a efetuar periódica e regularmente – em regra, uma vez por ano[458] – um balanço da sua atividade e a prestar contas ao mercado e, no caso de empresários coletivos, aos seus sócios (cfr. arts. 18º, nº 4º e 62º do CCom).

Esse balanço anual, do seu *ativo e passivo*, deverá ocorrer *nos três primeiros meses do ano* (civil) subsequente a que respeita (cfr. art. 62º do CCom e art. 65º, nº 5 do CSC), com as seguintes exceções:

[457] Não estamos de acordo com PUPO CORREIA, *Direito Comercial*, 14ª ed., Ediforum, Lisboa, 2018, p. 96, quando reconduz a análise das operações comerciais, em termos de valores pecuniários, à contabilidade. A análise revela caráter conclusivo que a contabilidade, como sistema de informação, não pretende ter.
Sobre o conceito de contabilidade, vd. JOSÉ ENGRÁCIA ANTUNES, *Direito da Contabilidade*, cit., 2018, pp. 9-10.

[458] As sociedades cotadas estão sujeitas a revelar o seu balanço trimestralmente.

- Nas sociedades comerciais cujo exercício social não coincide com o ano civil, o balanço deve ser apresentado aos sócios, para aprovação, nos três meses posteriores ao encerramento do exercício (cfr. art. 65º, nº 5 do CSC);
- Nas *sociedades que devam apresentar contas consolidadas* (ou *que apliquem o método da equivalência patrimonial*), o balanço deve ser submetido à assembleia geral no prazo de cinco meses após o termo do exercício a que se reporta (cfr. art. 65º, nº 5 do CSC).

A informação referente às contas de um determinado período da atividade económica do empresário (exercício social) deve ser objeto de registo comercial (cfr. art. 18º, nº 4º do CCom e art. 70º, nº 1 do CSC). Trata-se da prestação de contas a que o comerciante se encontra legalmente obrigado e que atualmente está muito facilitada pela Informação Empresarial Simplificada.

18.3.4. *A Informação Empresarial Simplificada (IES)*[459]

Tradicionalmente, o registo da prestação de contas, uma vez aprovadas pela sociedade, era efetuado por apresentação dos respetivos suportes físicos, em papel, na Conservatória do Registo Comercial competente, e concretizado por depósito numa pasta criada para o efeito.

Em 2007, depois de uma série de atos tendentes a simplificar os procedimentos junto das Conservatórias e a acabar com a respetiva competência territorial, a prestação de contas passou a poder realizar-se por via eletrónica, por determinação do Decreto-Lei nº 8/2007, de 17 de janeiro (red. atual do DL 10/2015, de 16 de janeiro), que aplicou o novo regime à transmissão dos dados referentes aos exercícios sociais iniciados no ano de 2006 (cfr. art. 24º, nº 1)[460].

[459] Seguimos quase à risca o nosso *Direito das Sociedades Comerciais*, 7ª ed., 2019, pp. 958-959 (nº 30.4.2).

[460] Em complemento às normas sobre a IES constantes do DL 8/2007 (atualmente na red. do DL nº 116/2008) foram ainda publicadas as Portarias nº 208/2007, de 16 de fevereiro, e nº 499/2007, de 30 de abril (red. da Port. 245/2008, de 27 de março), tendo a primeira aprovado o modelo declarativo da IES e respetivos anexos e a segunda definido os termos de transmissão eletrónica destes pelas entidades que estão obrigadas a fazê-lo.

A Informação Empresarial Simplificada agrega, num único ato, a realização de quatro obrigações legais distintas a que as empresas se encontravam sujeitas e que deveriam ser cumpridas perante diferentes organismos da Administração Pública, por vias também diversas. Assim, para além do registo da prestação de contas (cfr. art. 2º, nº 1, *alínea c)* do cit. DL 8/2007 e CRCom), integram também a IES a entrega da declaração anual contabilística e fiscal, a prestação de informação de natureza estatística ao INE e a informação relativa a dados contabilísticos anuais para fins estatísticos prestada ao Banco de Portugal (cfr. art. 2º, nº 1, *alíneas b), d)* e *e)*).

18.3.5. *Obrigação de arquivar documentação*

O empresário mercantil deve conservar devidamente arrumado o seu contrato constitutivo, bem como os documentos que respeitem ao exercício da respetiva atividade comercial por um prazo mínimo de dez anos (cfr. art. 40º, nº 1 do CCom).

O arquivamento da escrituração pode ser feito por via eletrónica (cfr. art. 40º, nº 2 do CCom).

18.4. O arresto (preventivo)

Antes da alteração do Código de Processo Civil de 1961 ocorrida em 1 de janeiro de 1997 (aprovada pelo Decreto-Lei nº 329-A/95, de 12 de dezembro), o comerciante encontrava-se dispensado do arresto dos seus bens.

O arresto consiste numa apreensão judicial de bens do devedor, para assegurar um crédito, em caso de "*justificado receio*" do credor de perda da respetiva garantia patrimonial (cfr. art. 391º).

A proibição do arresto dos bens do comerciante tratava-se de uma medida de proteção que tinha por finalidade assegurar a sua manutenção em laboração do empresário mercantil, visto que impedi-lo de continuar a exercer a sua atividade com recurso aos meios necessários para o efeito poderia revelar-se fatal à possibilidade de gerar rendimentos que lhe permitissem fazer face às suas dívidas.

No entanto, o legislador não entendeu adequadamente a proibição de arresto dos bens do comerciante como consequência da necessidade e finalidade de proteção da sua atividade[461], tendo – à luz dos interesses mesquinhos e da falta de visão dos credores – optado por suprimir essa proibição, sujeitando com essa alteração os bens do empresário mercantil a arresto (cfr. art. 406º do CPC, na redação então aprovada e na redação originária).

No *novo* Código de Processo Civil, este procedimento cautelar é regulado pelos arts. 391º a 396º e subsidiariamente pelas disposições relativas à penhora (cfr. art. 391º, nº 2 do CPC), mantendo-se intocável o regime que constava do Código de Processo Civil de 1961, na sua última redação, designadamente dos arts. 406º a 411º, com exceção da epígrafe desta última disposição legal.

19. Insolvência[462]

19.1. Significado e regulação: o CIRE

As empresas para funcionarem necessitam de liquidez e do acesso a meios que lhes permitam solver regularmente os seus compromissos. Quando deixam de proceder ao cumprimento das suas obrigações e

[461] A este propósito, vd. o estudo lapidar de Rui Pinto Duarte, «Defesa da proibição de arresto contra empresas», AA.VV., *Estudos em Homenagem ao Prof. Doutor José Lebre de Freitas*, vol. I, Coimbra Editora, Coimbra, 2013 (pp. 1197-1215), em especial pp. 1206-1211, onde o autor alinha as suas razões em favor da proibição do arresto, que merecem a nossa plena concordância.

[462] Na bibliografia geral, vd. Coutinho de Abreu, *Curso de Direito Comercial*, I, 12ª ed., 2019, pp. 332-356, António Menezes Cordeiro, *Direito Comercial*, 4ª ed., 2016, pp. 463-552, Maria Elisabete Ramos, *Direito Comercial e das Sociedades*, Almedina, Coimbra, 2018 pp. 136-139, e Filipe Cassiano dos Santos, *Direito Comercial Português*, I, 2007, pp. 212-235.
Sobre o tema em especial – e para mais desenvolvimentos –, vd. AA.VV., *Novo Direito da Insolvência, Themis – RFDUNL* (Edição Especial), 2005, AA.VV., *Ciclo de Conferências sobre a Lei da Insolvência*, publicado na revista *DJ*, vol. XIX, T. II, 2005, pp. 159-302, Maria do Rosário Epifânio, *Manual de Direito da Insolvência*, 7ª ed., Almedina, Coimbra, 2019, Luís A. Carvalho Fernandes/João Labareda, *Código da Insolvência e da Recuperação de Empresas Anotado*, 3ª ed., Quid Juris, Lisboa, 2015, Luís Manuel Teles de Menezes Leitão, *Direito da Insolvência*, 8ª ed., Almedina, Coimbra, 2018, Alexandre de Soveral Martins, *Um Curso de Direito da Insolvência*, 2ª ed., Almedina, Coimbra, 2016, e Catarina Serra, *O Regime Português da Insolvência*, 5ª ed., Almedina, Coimbra, 2012, e, posteriormente, *Lições de Direito da Insolvência*, Almedina, Coimbra, 2018.

concluem não o conseguir fazer pela situação em que se encontram (de escassez ou falta de meios), e tendo em conta as perspetivas que se perfilam, as empresas devem apresentar-se à insolvência. Não o fazendo, os próprios credores poderão tomar essa iniciativa.

No plano empresarial, a insolvência é a situação de maior crise que a empresa pode atravessar – e que se, em alguns casos, é reparável, em regra conduz à sua extinção, isto é, ao seu encerramento e, subsequente, liquidação[463] –, pelo que não surpreende que a ordem jurídica queira preveni-la, criando mecanismos que permitam à empresa reagir antes que seja tarde de mais.

Quando tais medidas não surtem efeito ou a situação de incumprimento é tão grave que elas já não são suficientes para superar a crise, a empresa deve declarar a sua própria insolvência, confessando ao mercado a sua incapacidade para satisfazer pontualmente as suas obrigações e, consequentemente, encaminhando-se para o fim da sua vida, se não for possível manter-se em funcionamento, ainda que reformulada e à custa do perdão das suas dívidas.

A **insolvência** consiste, assim, na impossibilidade de uma entidade cumprir pontualmente as obrigações vencidas ou evidencia uma situação patrimonial negativa (cfr. art. 3º do CIRE).

Esta situação de insuficiência patrimonial, que acarreta ao devedor significativas limitações relativamente à administração e disposição dos seus bens, encontra-se regulada no Código da Insolvência e da Recupe-

[463] Classicamente, os sujeitos de Direito Comercial distinguiam-se dos não comerciantes também nas situações de crise, uma vez que, em caso de incapacidade de cumprimento pontual de obrigações, se encontravam sujeitos à **falência** que conduzia, em regra, à cessação da sua atividade.
A falência, que não equivalia necessariamente a uma situação patrimonial negativa, embora em regra coincidisse com esta, era inicialmente um instituto privativo dos comerciantes. Contudo, numa primeira fase começou também a aplicar-se a não comerciantes, designadamente agentes económicos do sector primário (da economia) e, já neste século – com o novo Código da Insolvência e da Recuperação da Empresa (2004) –, sob a designação unitária de "insolvência" generalizou-se a todas as pessoas.
Paralelamente, no final do século XX, em particular desde a década de setenta, acentuou-se o objetivo de recuperação da empresa, o qual se passou a sobrepor aos interesses dos credores.
No século XXI (desde 2004), a insolvência deixou de constituir fator de distinção entre sujeitos de Direito Comercial e não comerciantes, embora assuma um relevo particular sempre que ocorre no domínio empresarial. O atual Código (CIRE) agilizou o processo, enfatizando a tutela do credor.

ração de Empresas (designado abreviadamente por CIRE)[464], aprovado pelo Decreto-Lei nº 53/2004, de 18 de março[465], e vigente desde 15 de setembro de 2004[466].

Por razões óbvias, interessam-nos sobretudo as situações de insolvência que afetem as empresas comerciais[467], nas quais concentraremos a

[464] É o diploma a que se reportam as disposições legais não especialmente referenciadas neste número (19), com exceção das citadas nos nos 19.2.2 e 19.5.
Sobre as linhas gerais do Código, cfr. CATARINA SERRA, *O Regime Português da Insolvência*, 5ª ed., 2012, pp. 31-55.

[465] O CIRE – cuja redação atual resultou da Lei nº 8/2018, de 2 de março – deve ser complementado, no **plano internacional**, pelo Regulamento comunitário relativo aos processos de insolvência: Reg (EU) 2015/848 do Parlamento Europeu e do Conselho, de 20 de maio de 2015, que substituiu o Reg. (CE) nº 1346/2000, em 26 de junho 2017 (cfr. art. 92º).
Sobre o regulamento vigente, vd. LUÍS MENEZES LEITÃO, *Direito da Insolvência*, 8ª ed., 2018, pp. 395-406, ALEXANDRE DE SOVERAL MARTINS, «O Regulamento (EU) 2015/848 relativo aos processos de insolvência», *in Estudos de Direito da Insolvência*, Almedina, Coimbra, 2ª ed., 2018, pp. 47-102, e CATARINA SERRA, *Lições de Direito da Insolvência*, cit., 2018, pp. 616-647, CATARINA SERRA / JOSÉ GONÇALVES MACHADO, «Para uma harmonização mínima do Direito da Insolvência – Primeira abordagem à proposta de Diretiva de 22/11/2016, com especial atenção ao seu impacto no Direito das Sociedades Comerciais», DSR, ano 9, vol. 17, 2017, pp. 135-175.
Pronunciando-se sobre o Regulamento revogado, LUÍS DE LIMA PINHEIRO («O Regulamento comunitário sobre insolvência – Uma introdução», AA.VV., *Nos 20 anos do Código das Sociedades Comerciais. Homenagem aos Profs. Doutores A. Ferrer Correia, Orlando de Carvalho e Vasco Lobo Xavier*, vol. III – *Vária*, Coimbra Editora, Coimbra, 2007, pp. 153-198) entendia que «contrariamente ao que a sua designação poderia sugerir, (...) não regula o processo de insolvência (...). Regula fundamentalmente a competência internacional, a determinação do Direito aplicável e o reconhecimento das decisões estrangeiras» (pp. 154-155).

[466] Depois de substancialmente alterado (pelo DL 200/2004, de 18 de agosto), ainda antes de entrar em vigor.
Sobre a evolução histórica do Direito da Insolvência, na Europa e em Portugal, vd. ANTÓNIO MENEZES CORDEIRO, «Introdução ao Direito da insolvência», *O Direito*, ano 137º, vol. III, 2005 (pp. 466-506), pp. 469-493.
Sobre a origem histórica e evolução do instituto, e alargando a sua investigação ao Direito norte-americano, vd. CATARINA SERRA, *A Falência no Quadro da Tutela Jurisdicional dos Direitos de Crédito. O problema da natureza do processo de liquidação aplicável à insolvência no Direito Português*, Coimbra Editora, Coimbra, 2009, pp. 181-226.

[467] O CIRE, como já vimos, contém uma **noção de empresa** extremamente lata que não só não é coincidente com a de sujeito de Direito Comercial, como abarca realidades não personificadas, como fundos de investimento, por exemplo (cfr. arts. 2º, nº 1, *alínea h)*, e 3º, nº 2). Com efeito, a nossa lei considera passível de insolvência qualquer *organização* (de capital e de trabalho) *destinada ao exercício de atividade económica* e, consequentemente, as empresas que não são comerciais e os entes não personificados (cfr. art. 5º). Trata-se, pois,

nossa atenção, pelo que prescindimos de fazer referência às regras que não lhes forem aplicáveis.

19.2. As reações (da empresa) em situação de pré-insolvência: o PER e o RERE

Tal como antecipámos, a empresa pode encontrar-se em claras dificuldades para fazer face aos seus compromissos, mas ainda não estar incapaz de os honrar. Nessa circunstância, a insolvência pode representar uma medida excessiva que compromete decisivamente o seu futuro. Por isso, a ordem jurídica faculta às empresas que entram em crise meios de reação expedita que podem evitar que elas caiam em insolvência. Vamos referi-los sucintamente.

19.2.1. *O Processo Especial de Revitalização (PER)*[468]

Quando a empresa se encontra em situação difícil, mas ainda não incapaz de solver os seus compromissos, pode recorrer ao chamado Processo Especial de Revitalização (PER), que se encontra regulado nos arts. 17º-A a 17º-I, os quais foram introduzidos no Código da Insolvência pela Lei nº 16/2012, de 20 de abril.

A ideia subjacente a este processo é a de que uma situação de insolvência e, em especial, a apresentação de requerimento para a sua declaração pode prejudicar seriamente o valor dos ativos subsistentes e, em alguns casos, comprometer a recuperação da empresa. Para evitar o alarme social que pode resultar do conhecimento de uma situação

de uma noção amplíssima de empresa, que prescinde da exigência da profissionalidade, desde que a atividade prosseguida tenha natureza económica.

[468] Sobre este processo, vd. Maria do Rosário Epifânio, *Manual de Direito da Insolvência*, 7ª ed., 2019, pp. 411-488, e *O Processo Especial de Revitalização*, Almedina, Coimbra, 2015,em especial pp. 19-65 e gráficos a pp. 105-108, Luís Manuel Teles de Menezes Leitão, *Direito da Insolvência*, 8ª ed., 2018, pp. 337-352, Alexandre de Soveral Martins, *Um Curso de Direito da Insolvência*, 2ª ed., 2016, pp. 509-546, Madalena Perestrelo de Oliveira, «O Processo Especial de Revitalização: o novo CIRE», *RDES*, ano IV, nº 3, 2012 (pp. 707-726), em especial pp. 715-726, Catarina Serra, *O Regime Português da Insolvência*, 5ª ed., 2012, pp. 175-189, o nosso estudo sobre «(o)s deveres dos gestores e dos sócios no contexto da revitalização de sociedades», AA.VV., *II Congresso de Direito da Insolvência*, Almedina, 2014 (pp. 209-233), pp. 220-222, e Carvalho Fernandes/João Labareda, *Código da Insolvência e da Recuperação de Empresas Anotado*, 3ª ed., 2015, pp. 137-185.

económica difícil, o devedor que «*enfrentar dificuldade séria para cumprir pontualmente as suas obrigações, designadamente por ter falta de liquidez ou por não conseguir obter crédito*» (art. 17º-B), ou se encontrar em *situação de insolvência meramente iminente, mas suscetível de recuperação* (cfr. art. 17º-A, nº 1), poderá procurar obter, de um ou mais dos seus credores, o acordo para espoletar – junto do tribunal – o processo especial de revitalização (da sua empresa), pelo qual venha a negociar com os seus credores uma solução que conduza à recuperação da empresa.

19.2.2. *O Regime Extrajudicial de Recuperação de Empresas (RERE)*[469]

Fora do âmbito e da intervenção necessária dos tribunais, existe um procedimento a que se pode recorrer, também numa situação de pré-insolvência – o Regime Extrajudicial de Recuperação de Empresas (RERE), aprovado pela Lei nº 8/2018, de 2 de março[470] –, com a finalidade de se estabelecer um plano que viabilize a recuperação de uma empresa em dificuldades.

O RERE – que só se aplica a empresas (cfr. art. 3º, nº 1, *alínea a)*) – visa evitar os processos de insolvência e suspende os processos que tenham sido instaurados por credores que sejam parte deste procedimento (cfr. art. 1º, nº 1), permitindo que o devedor e todos ou alguns credores, quando o capital não está perdido, reajam a uma situação difícil, autorregulando os respetivos interesses. Para o efeito, devem

[469] Antecipávamos já na nossa última intervenção sobre «Reestruturação de sociedades e direitos dos sócios», publ. *in* AA.VV., *IV Congresso de Direito da Insolvência* (coord. Catarina Serra), Almedina, Coimbra, 2017, pp. 341-359, a então próxima substituição do SIREVE pelo Regime Extrajudicial de Recuperação de Empresas (RERE), pp. 357-358.
Sobre o RERE, vd. Luís Manuel Teles de Menezes Leitão, *Direito da Insolvência*, 8ª ed., Almedina, Coimbra, 2018, pp. 319-336, Alexandre de Soveral Martins, «O RERE (Regime Extrajudicial de Recuperação de Empresas)», *in Estudos de Direito da Insolvência*, Almedina, Coimbra, 2ª ed., 2018, pp. 23-32, e Catarina Serra, *Lições de Direito da Insolvência*, 2018, pp. 486-527 – com indicação de fontes bibliográficas adicionais (pp. 485-486) –, e *Regime Extrajudicial de Recuperação de Empresas – Análise (e) Crítica*, Almedina, Coimbra, 2018, em especial pp. 73-159.
Na bibliografia geral, cfr. Coutinho de Abreu, *Curso de Direito Comercial*, I, 12ª ed., 2019, pp. 352-356, e Pupo Correia, *Direito Comercial*, 14ª ed., 2018, 431-432.

[470] A que se reportam todas as disposições legais citadas neste número (19.2.2), mas não referenciadas.

subscrever um **protocolo de negociação**, a ser objeto de depósito na Conservatória do Registo Comercial e ao qual podem aderir os credores interessados (cfr. arts. 6º a 8º).

Em seguida, o protocolo de negociação deve, por sua vez, conduzir a um **acordo de reestruturação** (arts. 19º a 22º) – também objeto de registo comercial –, podendo, na sua preparação, desempenhar papel de relevo um mediador de recuperação de empresas (cfr. art. 14º, nº 1)[471].

Em suma, no RERE encontramos duas fases distintas: uma, inicial, que corresponde às negociações tendentes a concluir um protocolo; e outra, final, que se traduz no acordo de restruturação da empresa a que se pretende chegar com base no primeiro instrumento.

19.3. A situação de insolvência

19.3.1. *Âmbito e ocorrência*

Quando uma empresa, um ente personalizado ou um património autónomo se encontra impossibilitado de cumprir as suas obrigações, dizemos que se encontra em situação de insolvência.

Todas as pessoas singulares ou coletivas – com exceção das empresas públicas e entidades públicas empresariais, bem como das empresas de seguros e das instituições de crédito (cfr. art. 2º, nº 2) – podem ser objeto de processo de insolvência, tal como o podem ser realidades jurídicas não personificadas (cfr. art. 2º, nº 1, *alíneas g)* e *h)*). Entre estas, enquadramos hoje os organismos de investimento coletivo, *maxime* os fundos de investimento (mobiliário ou imobiliário).

A insolvência pode ser requerida pelo devedor (cfr. art. 18º, nº 1) ou por um terceiro. Este é normalmente um credor, mas em certos casos pode ser o Ministério Público (cfr. art. 20º, nº 1).

19.3.2. *O dever de apresentação à insolvência*

O devedor tem de requerer a declaração de insolvência quando tenha conhecimento, há mais de 30 dias, de que a empresa se encontra nessa

[471] Este acordo pode vir a ser objeto de homologação judicial através de um PER (cfr. arts. 29º do RERE e 17º-I do CIRE).

situação (cfr. art. 18º, nº 1)[472]. Para o efeito a lei disponibiliza alguns **critérios** que constituem fatores **indiciadores** da insolvência (cfr. art. 20º, nº 1)[473].

Importa salientar que a inobservância do dever de apresentação à insolvência constitui presunção de *culpa grave* do devedor (cfr. art. 186º, nº 3, *alínea a)*) e que esta pode conduzir à qualificação da insolvência como *culposa* (cfr. art. 186º, nº 1).

Se o devedor tiver a perceção de que irá muito provavelmente *entrar* em insolvência, isto é, se a situação de **insolvência** for **iminente**, poderá requerer a insolvência, mas não tem de o fazer. Nestas circunstâncias, o devedor tem a faculdade de optar entre apresentar-se à insolvência ou não o fazer, equiparando a lei esta situação à de insolvência *atual* (cfr. art. 3º, nº 4)[474].

Quando o devedor for uma empresa coletiva, uma **sociedade comercial**, a iniciativa de apresentação à insolvência caberá ao respetivo órgão de administração ou a qualquer administrador (cfr. art. 19º).

Apesar dos efeitos negativos que resultam da inobservância deste dever – designadamente a qualificação da insolvência como culposa (cfr. art. 186º, nº 1) –, nem sempre o devedor se prontifica a apresentar-se à insolvência, muitas vezes na esperança de que a empresa recupere e "dê a volta" à situação negativa em que se encontra. Nesse caso, qualquer terceiro credor poderá requerer a insolvência.

[472] Sobre o dever de ação do devedor, vd. Catarina Serra, *A Falência no Quadro da Tutela Jurisdicional dos Direitos de Crédito*, cit., 2009, pp. 330 e ss., em especial pp. 337-338 e 341-348.

[473] Assim, constituem factos indiciadores de insolvência, entre outros, «*a suspensão generalizada do pagamento das obrigações vencidas*» (art. 20º, nº 1, *alínea a)*), o incumprimento de uma obrigação que, pelo seu montante ou pela circunstâncias em que se verifica, «*revele a impossibilidade de o devedor satisfazer a generalidade das suas obrigações*» (art. 20º, nº 1, *alínea b)*), desaparecimento («*fuga* ou *abandono do local*») do titular (sócio, acionista ou empresário individual) da empresa ou dos gestores da empresa devedora em situação de «*falta de solvabilidade*» sem se fazer substituir (art. 20º, nº 1, *alínea c)*) ou o «*incumprimento generalizado*», durante um determinado lapso de tempo («*seis meses*»), de determinados tipos de dívidas (por exemplo, fiscais, de previdência, emergentes de contrato de trabalho) (art. 20º, nº 1, *alínea g)*) que equivalem ao reconhecimento de que a empresa se encontra em situação de insolvência.

[474] Neste sentido, cfr. Luís M. Martins, *Processo de insolvência*, 3ª ed., Almedina, Coimbra, 2013, p. 69.

Sobre o âmbito e alcance desta regra, vd. também Pedro de Albuquerque, «Declaração da situação de insolvência», *O Direito*, ano 137, vol. III, 2005 (pp. 507-525), p. 513.

19.3.3. *A insolvência requerida por terceiros*

Os credores podem, na realidade, requerer a insolvência do seu devedor, sempre que o mesmo não satisfaça pontualmente as suas dívidas e não tenha capacidade para o vir a fazer, substituindo-se ou concorrendo com o devedor, a quem caberia apresentar-se à insolvência.

Para além, de requerida pelos credores, a insolvência pode ser *requerida por quem for legalmente responsável pelo pagamento das dívidas* do devedor – isto é, por um seu representante – ou pelo Ministério Público (cfr. art. 20º, nº 1)[475].

19.3.4. *O processo de insolvência*

A situação de insolvência conduz o devedor ao processo de insolvência, quer o mesmo tenha sido iniciativa sua, quer tenha sido requerido por credor(es).

Esse processo, cujos trâmites são habitualmente estudados na licenciatura em Direito e em cursos de mestrado das Faculdades de Direito – para onde remetemos –, envolve diversos **sujeitos** que importa apenas, nesta sede, enunciar.

São eles: o **insolvente**, em primeiro lugar, o **administrador da insolvência** – que é um profissional, escolhido pelo juiz, para assegurar a gestão da empresa depois da declaração de insolvência (cfr. art. 52º) –, a **comissão de credores** (que fiscaliza o administrador da insolvência), a **assembleia de credores**, onde têm assento todos os **credores**, que também devem ser individualmente considerados; e, naturalmente, o **juiz**.

19.4. O plano de insolvência e o regresso à atividade

Para concluir esta breve abordagem do fenómeno da insolvência, importa fazer uma referência à alternativa de que o devedor dispõe para evitar a cessação da sua atividade económica, procurando reestruturar a sua atividade de modo a torná-la viável, se necessário à custa do perdão parcial das suas dívidas.

[475] Vd., por todos, CATARINA SERRA, *A Falência no Quadro da Tutela Jurisdicional dos Direitos de Crédito*, cit., 2009, pp. 408-420.

Para o efeito, no âmbito do processo de insolvência, após a respetiva declaração, é possível gizar e (fazer) aprovar um plano que conduza à viabilização da empresa insolvente, permitindo simultaneamente que os credores recuperem a prazo parte, senão mesmo a totalidade, dos seus créditos.

Com efeito, a lei, embora com naturais preocupações pela tutela e ressarcimento dos credores cujos créditos ficaram em suspenso com a insolvência, contém mecanismos que visam permitir à empresa insolvente manter-se no mercado sempre que estiver em condições de recuperar da situação difícil em que se encontra e retomar o exercício da respetiva atividade (económica). Com essa finalidade, deverá ser elaborado e proposto um Plano, designado de Insolvência[476], no qual se prevê os atos que a empresa deverá vir a praticar.

Os titulares da empresa insolvente e os credores deverão avaliar as possibilidades de esta poder vir a retomar a sua atividade, com eventual redução da mesma, do número dos seus trabalhadores e com a reestruturação da sua dívida, que envolva inclusivamente um perdão parcial (do capital e juros ou apenas destes).

Admitindo-se que a empresa é viável, não justificando a sua liquidação – mas a sua *manutenção na titularidade do devedor ou de terceiro* –, e que os credores poderão estar de acordo com o processo a seguir para conseguir a recuperação, ainda que parcial, dos seus créditos, é submetido à aprovação dos credores um plano de insolvência (art. 192º).

O plano aprovado pela assembleia de credores deverá seguidamente ser objeto de sentença judicial homologatória, antes de ser executado.

Transitada em julgado, a decisão de homologação põe termo à insolvência.

Se tudo correr como programado, o plano será devidamente executado e a empresa a que o mesmo respeita retoma a sua atividade satisfazendo os credores, em conformidade com o que havia sido estabelecido.

[476] Sobre o plano de insolvência, vd. o nosso *Direito Comercial e do Mercado*, 2ª ed., 2018, pp. 226-231, e, em particular sobre as medidas de recuperação aplicáveis às empresas comerciais, vd. o nosso estudo sobre as «Providências específicas do plano de recuperação de sociedades», AA.VV., *I Congresso de Direito da Insolvência*, Almedina, Coimbra, 2013 (pp. 107-139), em especial pp. 116-139, e a bibliografia nacional nele citada (nota introdutória, pp. 107-108).

19.5. Outras medidas de recuperação de empresas: o aumento do capital (social) por conversão de suprimentos ou de outros créditos[477]

Para além do PER e do RERE (*supra*, nº 19.2), o legislador aprovou, nos últimos anos, outras duas medidas[478] que podem contribuir para a recuperação de empresas, mas que ainda não se encontram suficientemente testadas e não têm sido objeto de aproveitamento pela *praxis*.

São elas o ***aumento do capital social por conversão de suprimentos***[479] ***e a conversão de (outros) créditos em capital***[480].

A primeira medida – reservada às sociedades por quotas e introduzida pelo Decreto-Lei nº 79/2017, de 30 de junho (que alterou o CSC e o CIRE) – consiste em proceder a um aumento do capital por conversão de suprimentos, de forma simplificada (vd. arts. 87º, nºs 4 e 5, 88º, nºs 1 e 2, e 89º, nºs 4 e 5 do CSC), por conveniência dos respetivos (sócios-)credores, desde que sejam detentores de maioria qualificada de três quartos dos votos correspondentes ao capital social; que se limitam a comunicar à gerência a (sua intenção de) conversão, e, consequentemente, a realização do aumento. Trata-se de uma solução que dispensa a reunião de uma assembleia geral e a intervenção de um ROC (cfr. art. 89º, nº 4), que, em circunstâncias normais, deveria certificar o valor das entradas em espécie, visto que os créditos representados por suprimentos são bens em espécie (cfr. art. 28º do CSC).

[477] Para maior desenvolvimento, vd. Catarina Serra, *Lições de Direito da Insolvência*, 2018, pp. 527-537, e o nosso estudo «Conversão de créditos em capital», AA.VV., *V Congresso de Direito da Insolvência* (coord. por Catarina Serra), Almedina, Coimbra, 2019, pp. 237-254, e bibliografia citada (nota 2, a pp. 238-239).

[478] Excluímos o "processo especial para acordo de pagamento" (cfr. arts. 222º-A a 222º-J do CIRE, aprovados pelo DL 79/2017, de 30 de junho, e objeto da Decl. Retif. nº 21/2017, de 25 de agosto), por não ser aplicável às empresas (cfr. art. 222º-A, nº 1).

[479] Escrevendo antes da Retificação do diploma, José Ferreira Gomes, «A alteração dos artigos 87º e 89º do CSC pelo Decreto-Lei nº 79/2017, de 30 de junho: conversão de créditos de suprimentos em capital», *RDS*, Ano IX, Nº 3, 2017, pp. 535-547.

[480] Vd. Orlando Vogler Guiné, «Comentários preliminares ao Regime Jurídico da Conversão de Créditos em Capital», *RDS*, Ano X, Nº 2, 2018, pp. 289-317, e Alexandre de Soveral Martins, «O regime de conversão de créditos em capital», *in Estudos de Direito da Insolvência*, Almedina, Coimbra, 2ª ed., 2018, pp. 33-45.

A segunda medida, mais recente, foi aprovada pela Lei nº 7/2018, de 2 de março[481], que criou o regime jurídico da **conversão de créditos em capital**. Este mecanismo, que amplia a natureza dos créditos a converter em capital, permite aos terceiros (credores), quer sejam particulares, quer se trate de entidades integradas no sector público empresarial (cfr. art. 2º, nº 3), que tenham créditos em mora sobre uma sociedade comercial – que não seja uma instituição de crédito, uma sociedade financeira, uma empresa de investimento, uma seguradora, uma sociedade aberta ou uma entidade do sector público empresarial (cfr. art. 2º, nº 2) –, e cujo volume de negócios seja de, pelo menos, um milhão de euros (cfr. art. 2º, nºs 1 e 4), impor um aumento do capital social à sociedade devedora. Para o efeito, os credores verificam estarem reunidos os pressupostos que lhes permitam apresentar uma proposta de conversão, devidamente instruída, com relatório de um ROC (cfr. art. 3º), devendo ser convocada uma assembleia geral para aprovar o aumento de capital (cfr. art. 4º), em cuja subscrição os sócios têm direito de preferência, desde que realizem as entradas em dinheiro (cfr. art. 3º, nºs 12 e 13). Caso a alteração proposta – que pode envolver uma prévia redução do capital (cfr. art. 3º, nºs 7 e 9) – seja recusada, pode haver lugar a suprimento judicial da deliberação (cfr. arts. 4º, nº 3, e 5º).

Em suma, qualquer das medidas aprovadas visa permitir aos credores da sociedade, sejam eles sócios ou terceiros, poder converter os seus créditos em capital e, dessa forma, passar a poder intervir na gestão societária.

[481] Considerámos oportunamente (*Direito Comercial e do Mercado*, cit., 2018, p. 234, nota 381), que este diploma legal alterava implicitamente o CSC.

Capítulo IV
A intervenção do Estado na economia

Concluído o estudo dos sujeitos de Direito Comercial e, no que respeita aos mais relevantes – das sociedades comerciais, em especial as por quotas e anónimas –, a capitalização e respetivos modelos de governação, vamos neste capítulo ver como é que o Estado assegura a publicidade da sua existência e das principais operações estruturais que realizam, bem como as formas de fiscalização externa (regulação e supervisão) a que sujeita os agentes produtivos do mercado. Em seguida, abordaremos a temática referente aos litígios que possam surgir e à sua resolução, quer no quadro dos tribunais estaduais, quer no plano da arbitragem. Finalmente, estudaremos a intervenção do Estado na economia, através dos seus agentes – as empresas públicas e as empresas do sector empresarial local, que caracterizaremos brevemente –, e a sua participação nas parcerias público-privadas (PPP).

20. Registo, regulação, supervisão e foro específicos da atividade comercial

O Estado mantém, no século XXI, uma assinalável intervenção na economia não apenas como regulador ou supervisor da atividade económica em geral e da conduta dos seus principais sujeitos, mas como agente produtivo, através de empresas de que é, direta ou indiretamente, titular.

Não se trata, agora, de analisar como o Estado, através do poder legislativo, disciplina a economia[482], mas de analisar o modo como intervém no mercado, organizando a publicidade das situações jurídicas mais relevantes, através de institutos criados para o efeito, regulando as atividades comerciais mais relevantes para a economia, dirimindo os conflitos que possam surgir na atividade mercantil, em especial, e como se organiza como sujeito ativo desse mercado, assegurando o fornecimento de bens e os serviços que os agentes privados não podem ou não querem garantir ou que, pelas suas características, deve reservar para si.

20.1. **O registo comercial**[483]

O registo comercial é o instituto onde são inscritos os factos e as situações jurídico-mercantis relevantes. Já lhe fizemos menção a propósito do instituto dos registos públicos (cfr., *supra*, nº 9.2.3), bem como ao diploma autónomo que o disciplina: o Código do Registo Comercial[484].

Vejamos agora algumas das suas especificidades, no que toca aos sujeitos de Direito Comercial e aos seus atos mais relevantes.

20.1.1. ***Âmbito: registo de entidades e de situações jurídico-mercantis***

Os sujeitos de Direito Comercial têm o dever de se inscrever no registo comercial. Tal obrigação é imposta pelo Código Comercial (cfr. art. 18º) e pelo Código do Registo Comercial, que autonomiza esse dever nos

[482] O que fizemos anteriormente quando estudámos a disciplina da concorrência no mercado e o modo como o Estado reconhece aos agentes económicos produtivos a prerrogativa de serem titulares de direitos privativos da propriedade industrial.

[483] Na bibliografia geral, cfr. Coutinho de Abreu, *Curso de Direito Comercial*, I, 12ª, 2019, pp. 193-199, e Menezes Cordeiro, *Direito Comercial*, 4ª ed., 2016, pp. 418-462.
Na bibliografia especial, cfr. Francisca Almeida D'Eça, *Registos online*, cit., 2008, pp. 19-24. Cfr., também, com uma perspetiva especialmente crítica das alterações ao registo comercial, J. A. Mouteira Guerreiro, «Registo comercial – Ainda existe?», *O Direito*, ano 14º, II, 2008 (pp. 367-390).

[484] Tendo sido aprovado pelo Decreto-Lei nº 403/86, de 3 de dezembro – na sequência da publicação (2 de setembro de 1986) e entrada em vigor do Código da Sociedades Comerciais (1 de novembro de 1986) – foi, desde então, objeto de inúmeras modificações, a última das quais pelo Decreto-Lei nº 250/2012, de 23 de novembro (cfr. art. 2º).

artigos 2º a 8º, por referência a diversas situações. O próprio Estado, enquanto agente económico (empresa pública ou empresa local), encontra-se sujeito à obrigação de declaração da *constituição* das suas empresas no registo comercial (cfr. art. 5º, nº 1, *alínea a)* do CRCom, art. 61º do RJSPE[485] e arts. 19º, nº 3 e 22º, nº 3 do RJAEL[486]).

Em paralelo com a inscrição das entidades comerciais que intervêm no mercado, o Código do Registo Comercial impõe o registo de múltiplas situações jurídico-mercantis, respeitantes às sociedades comerciais (cfr. art. 3º do CRCom), em especial, e aos sujeitos de Direito Comercial, em geral, como os mandatários (ou representantes) comerciais (cfr. art. 10º, *alínea a)* do CRCom).

20.1.2. *Registo on-line*[487]

No século XXI, o registo comercial passou a poder ser promovido por recurso a meios eletrónicos[488]; e não apenas por apresentação pessoal junto da Conservatória territorialmente competente para o efeito (a do domicílio do comerciante).

A inscrição é hoje possível junto de qualquer conservatória, ou por via eletrónica, cabendo aleatoriamente a uma das Conservatórias existentes o dever de promover a inscrição na Conservatória competente.

[485] Regime Jurídico do Sector Público Empresarial, aprovado pelo Decreto-Lei nº 133/2013, de 3 de outubro, vigente desde 2 de dezembro de 2013 (cfr. art. 75º). Substituiu o Decreto-Lei nº 558/99, de 17 de dezembro – na sua (última) redação aprovada pelo DL 55-A/2010, de 31 de dezembro –, que revogou expressamente (cfr. art. 74º, *alínea a*)).

[486] Regime Jurídico da Atividade Empresarial Local, aprovado pela Lei nº 50/2012, de 31 de agosto, vigente desde 1 de setembro de 2012 (cfr. art. 72º). Substituiu as Leis nº 53-F/2006, de 29 de dezembro, e nº 55/2011, de 15 de novembro, que revogou expressamente (cfr. art. 71º, nº 2).

[487] Cfr. Francisca Almeida D'Eça, *Registos online*, cit., 2008, pp. 121-126, 189-191.

[488] Esta possibilidade foi viabilizada pela reforma de 2006 (aprovada pelo DL 76-A/2006, de 29 de março), que pôs fim à competência territorial das Conservatórias do Registo Comercial, permitindo que a inscrição de factos relevantes se efetue em qualquer local e, consequentemente, por via eletrónica.

20.1.3. *Certificação dos atos registados; a certidão permanente*[489]

Os atos registados são objeto de certificação por certidão do registo comercial, que pode ser obtida *on-line* com base numa senha de acesso, tornando-se desnecessária a requisição pessoal *in loco* da certidão.

20.2. Supervisão (externa) de atividades comerciais; os reguladores[490]

20.2.1. *A regulação económica*[491]

As empresas comerciais têm frequentemente, na sua estrutura, órgãos com funções de controlo da respetiva atividade. São os órgãos de fiscalização – que já caracterizámos (cfr., *supra*, nº 15.8.1.3) –, que exercem a chamada fiscalização interna.

No entanto, as empresas produtoras de bens e prestadoras de serviços para o mercado ou, simplesmente, mediadoras estão sujeitas a uma regulação de caráter geral, destinada a disciplinar a sua intervenção no mercado e a proteger os últimos destinatários da sua atuação: os consumidores.

A atividade económica é, assim, objeto de uma regulação geral, a cargo da Autoridade da Concorrência, e, em certas áreas, de uma regulação sectorial e específica.

[489] Cfr. Francisca Almeida D'Eça, *Registos online*, cit., 2008, pp. 205-206.

[490] Sobre esta matéria, vd. Maria Eduarda Azevedo, *Direito da Regulação da Economia*, Quid Juris, Lisboa, 2017, pp. 85-114, e Maria Manuel Leitão Marques, «A intervenção do Estado na Economia», AA.VV., *Manual de Introdução ao Direito*, 2ª ed., 2017 (pp. 211-264), pp. 225-232.

[491] Cfr. AA.VV., *Regulação em Portugal: Novos Tempos, Novo Modelo?*, coord. de Eduardo Paz Ferreira, Luís Silva Morais e Gonçalo Anastácio, Almedina, Coimbra, 2009, em especial Eduardo Paz Ferreira/Luís Silva Morais, «A Regulação Sectorial da Economia – Introdução e Perspectiva Geral», pp. 7-38, João Caupers, *Introdução ao Direito Administrativo*, cit., 2013, pp. 209-215, e Marta de Sousa Nunes Vicente, *A quebra da legalidade material na actividade normativa de regulação económica*, Coimbra Editora, Coimbra, 2012, pp. 14-20 e 45-47. Note-se que todos estes autores escreveram antes da atual Lei-quadro das entidades reguladoras (Lei nº 67/2013, de 28 de agosto).

20.2.2. *Autoridade da Concorrência e a defesa do mercado; enquadramento normativo*[492]

20.2.2.1. *Criação da instituição e finalidade*

A Autoridade da Concorrência (AdC) foi instituída em 2003[493], tendo-se afirmado como uma entidade independente (do poder político e das entidades empresariais), com funções de apreciar os atos de concentração de empresas e os negócios jurídicos que pudessem acarretar um prejuízo significativo para o mercado[494].

[492] Cfr. Maria Eduarda Azevedo, *Temas de Direito da Economia*, 3ª ed. cit., 2018, pp. 187-253, e a anot. de José Luís da Cruz Vilaça / Miguel Marques de Carvalho ao art. 5º da LC, AA.VV., *Lei da Concorrência – Comentário Conimbricense*, 2ª ed. 2017, pp. 132-148.

[493] Pelo Decreto-Lei nº 10/2003, de 18 de janeiro, que previu a sua instalação e, no termo do prazo (de 60 dias) estabelecido para o efeito, a substituição dos órgãos que anteriormente tinham competência na matéria (o Conselho da Concorrência e a Direcção-Geral do Comércio e da Concorrência) pela então nova AdC.
O DL 10/2013 foi revogado pelo Decreto-Lei nº 125/2014, de 18 de agosto (cfr. art. 5º, nº 1), que aprovou os novos Estatutos da AdC, e que entrou em vigor em 1 de setembro de 2014 (cfr. art. 6º).

[494] Esta instituição, da maior importância na regulação da atividade económica em Portugal, pode ser estudada, sob uma perspetiva administrativa e processual, que estruturaríamos do seguinte modo:
1. Competência da AdC: *Atribuições* (art. 5º dos Estatutos) e *Poderes* (arts. 6º dos Estatutos e 5º, nº 1 da LC).
2. O Conselho de Administração: *Composição e estatuto profissional* (arts. 12º a 18º e 23º dos Estatutos); *Competência* (arts. 19º, 21º e 22º dos Estatutos) e *Funcionamento* (arts. 20º e 24º dos Estatutos).
3. Processos relativos a práticas proibidas (arts. 13º a 35º da LC): *Obtenção de informações* (art. 15º), *Inquérito* [*Abertura* (art. 17º), *Poderes de inquirição, busca e apreensão* (arts. 18º a 21º) e *Decisão* (arts. 23º e 24º)]; *Instrução* [*Início: notificação* (art. 25º); *Contraditório e diligências complementares de prova* (arts. 26º e 27º e 31º); *Medidas cautelares* (art. 34º); e *Decisão* (arts. 28º e 29º)].
4. Controlo das operações de concentração de empresas: procedimento (arts. 36º a 59º da LC): *definição* (arts. 36º e 3º e 39º), *notificação prévia* (cfr. art. 37º); *suspensão da operação* (cfr. art. 40º), *apreciação* (art. 41º), *instrução* (cfr. arts. 42º a 49º); *decisão* (cfr. arts. 50º); *investigação desenvolvida* (cfr. arts. 52º e 53º); e *procedimento oficioso* (cfr. art. 56º).
5. Infrações e sanções: *Coimas; Sanções acessórias; publicações; Sanções pecuniárias compulsórias* (cfr. arts. 58º e 59º da LC).
6. Recursos; tribunal competente e hierarquia judicial (cfr. arts. 83º a 90º da LC).5. Infrações e sanções: *Coimas; Sanções acessórias; publicações; Sanções pecuniárias compulsórias* (cfr. arts. 58º e 59º da LC).
6. Recursos; tribunal competente e hierarquia judicial (cfr. arts. 83º a 90º da LC).

Nascendo com o objetivo primordial de «*assegurar a aplicação das regras da concorrência em Portugal, no respeito pelo princípio da economia de mercado e de livre concorrência, tendo em vista o funcionamento eficiente dos mercados, a repartição eficaz dos recursos e os interesses dos consumidores*» (art. 1º, nº 2 dos Estatutos aprovados pelo DL 10/2003, de 18 de janeiro[495]), viu os seus poderes ampliados, designadamente em matéria sancionatória (cfr. arts. 5º, 58º e 59º, 67º e segs. da LC), com o regime jurídico da concorrência, aprovado pela Lei nº 19/2012, de 8 de maio (LC), que já analisámos (*supra*, cap. II, nº 10).

Os Estatutos da Autoridade da Concorrência, na sua versão atual, foram aprovados pelo Decreto-Lei nº 125/2014, de 18 de agosto.

20.2.2.2. *Articulação com outras entidades reguladoras*[496]

No quadro da lei da concorrência (cfr. art. 5º, nº 4) e da lei-quadro das entidades reguladoras (Lei nº 67/2013, de 28 de agosto, red. da L 71/2018 de 31 de dezembro), a Autoridade da Concorrência deve articular-se com as entidades reguladoras sectoriais das diversas áreas de atividade económica, que o Estado reputou relevantes (art. 11º da Lei-Quadro) e que são, hoje[497], as seguintes:

- **Banco de Portugal** (BdP);
- Entidade Reguladora para a Comunicação Social (**ERC**)[498];
- Autoridade de Supervisão de Seguros e Fundos de Pensões (**ASF**);
- Comissão do Mercado de Valores Mobiliários (**CMVM**);
- Entidade Reguladora dos Serviços Energéticos (**ERSE**);

[495] Este diploma foi, entretanto, revogado. Vd. penúltima nota (493).

[496] Vd. Maria Eduarda Azevedo, *Direito da Regulação da Economia,* Quid Juris, Lisboa, 2017, pp. 189-199.

Escrevendo antes da atual Lei-quadro das entidades reguladoras, Marta Nunes Vicente, *A quebra da legalidade material na actividade normativa de regulação económica*, cit., 2012, pp. 40-45.

[497] Em 31 de janeiro de 2020. Cfr. art. 3º, nº 3 da Lei nº 67/2013, de 28 de agosto, que aprovou a Lei-Quadro das entidades reguladoras.

[498] A Entidade Reguladora da Comunicação Social tem por função promover a regulação e supervisão de todas as entidades que exerçam a atividade de comunicação social (cfr. L 53/2005, de 8 de novembro). Esta entidade e o BdP regem-se por legislação própria, não lhes sendo aplicável a Lei-Quadro (cfr. art. 2º, nº 2).

- Autoridade Nacional de Comunicações[499];
- Autoridade Nacional da Aviação Civil (**ANAC**)[500];
- Autoridade da Mobilidade e dos Transportes (**AMT**)[501];
- Entidade Reguladora dos Serviços de Águas e Resíduos (**ERSAR**)[502];
- Entidade Reguladora da Saúde (**ERS**)[503].

Para além das entidades enunciadas e que se encontram listadas na Lei nº 67/2013, de 28 de agosto – que as reconheceu expressamente como entidades reguladoras (cfr. art. 1º, nº 3) –, podemos ainda mencionar o Instituto da Construção Civil e do Imobiliário (INCI)[504] e o

[499] Criado em 1981 (DL 188/81, de 2 de julho), com o nome de ICP – Instituto de Comunicações de Portugal. Posteriormente designado Autoridade Nacional de Comunicações (ICP – ANACOM). Rege-se, desde 1 de abril de 2015, pelos Estatutos aprovados pelo DL 39/2015, de 16 de março, que revogou o DL 309/2001, de 7 de dezembro.

[500] Anteriormente designado Instituto Nacional de Aviação Civil (INAC). A sua designação atual foi estabelecida pelo art. 4º, nº 2 da L 67/2013, de 28 de agosto.
Este instituto regula e fiscaliza o sector da aviação civil, devendo verificar as condições em que se desenvolvem, com segurança, tais atividades.

[501] A AMT sucedeu ao Instituto da Mobilidade e dos Transportes (IMT), inicialmente designado por Instituto da Mobilidade e dos Transportes Terrestres (IMTT).
É a entidade reguladora dos transportes terrestres, fluviais e marítimos, sendo responsável pela supervisão e regulamentação dessas atividades. No âmbito das suas funções, e para além de atividades de fiscalização, coordenação e planeamento, compete a este instituto promover a segurança, a qualidade e os direitos dos utilizadores dos serviços deste sector de transportes (cfr. *http://www.imtt.pt*). Vd. art. 4º, nºs 1 e 2 da L 67/2013 e DL 78/2014, de 14 de maio (red. DL 18/2015, de 2 de fevereiro).

[502] Anteriormente designado por Instituto Regulador das Águas e Resíduos (IRAR), é a entidade reguladora dos serviços de abastecimento público de água, de saneamento de águas residuais urbanas e de gestão de resíduos sólidos urbanos.

[503] Criada pelo DL 309/2003, de 10 de dezembro, e atualmente regulada pelo Decreto-Lei nº 126/2014, de 22 de agosto, que entrou em vigor em 1 de setembro de 2014 – revogando o DL 127/2009, de 27 de maio, vigente desde 26 de junho de 2009 (cfr. art. 64º) –, a ERS é a entidade reguladora e responsável pela supervisão dos cuidados de saúde, intervindo na disciplina da concorrência entre os diversos operadores e assegurando a defesa dos interesses dos utentes (cfr. *http://www.ers.pt*).

[504] O INCI – que sucedeu ao IMOPPI (Instituto dos Mercados de Obras Públicas e Particulares e do Imobiliário) – é a entidade reguladora do sector da construção e do imobiliário. Na sua atual forma, foi criado pelo Decreto-Lei nº 144/2007, de 27 de abril, tendo por funções, no âmbito da sua competência fiscalizadora e inspetiva, conceder os títulos necessários ao exercício das atividades de construção e do imobiliário objeto da sua regulação, designadamente alvarás de construção e licenças de mediação imobiliárias (cfr. também *http://www.inci.pt*).

INFARMED – Autoridade Nacional do Medicamento e Produtos de Saúde, IP[505].

A supervisão, depois da crise económica global, foi objeto de revisão – através da publicação do Decreto-Lei nº 67/2013, de 28 de agosto (vigente desde 2 de setembro de 2013) –, tendo as principais autoridades de supervisão sido objeto de modificações (cfr. art. 3º, nº 1).

Atualmente, podemos distinguir planos verticais de supervisão – como sucede com a atividade das instituições de crédito e sociedades financeiras (BdP), das companhias seguradoras (ASF), das entidades que funcionam no mercado energético (sob controlo da ERSE) ou no domínio das telecomunicações (Autoridade Nacional de Comunicações) – de planos horizontais, como o representado pela supervisão do mercado de valores mobiliários, assegurada pela CMVM[506].

Em acréscimo a todos os institutos acima mencionados, poderíamos ainda referir o Instituto do Turismo de Portugal, com intervenção reguladora e fiscalizadora no plano dos jogos de fortuna e azar (Serviço de Regulação e Inspeção de Jogos) e a Comissão Nacional de Proteção de Dados (CNPD), que corresponde à Autoridade Nacional de Controlo de Dados Pessoais e que tem por missão fiscalizar o tratamento de dados pessoais.

[505] O INFARMED foi criado, na sua configuração atual pelo Decreto-Lei nº 269/2007, de 26 de julho, tendo sucedido ao INFM (Instituto Nacional da Farmácia e do Medicamento) (cfr. art 19º do DL 269/2007). É a autoridade reguladora que avalia, autoriza, disciplina e fiscaliza os medicamentos de uso humano, os cosméticos e produtos de higiene corporal e os produtos de saúde – nomeadamente dispositivos médicos – com a finalidade de assegurar a respetiva qualidade, segurança e eficácia (cfr. arts. 3º e 16º do diploma cit. e tb. *http://www.infarmed.pt*).

O DL 269/2007 foi revogado pelo art. 19º do DL 46/2012, de 24 de fevereiro (red. DL 97/2015, de 1 de junho).

[506] Com as Entidades Reguladoras não se confundem as autoridades administrativas, como a Autoridade de Segurança Alimentar e Económica (ASAE) (cfr. DL 194/2012, de 23 de agosto) ou a Comissão Nacional de Proteção de Dados (CNPD) (cfr. L 43/2004, de 18 de agosto, na red. da L 58/2019, de 28 de agosto), ainda que qualquer delas venha naturalmente a cruzar-se na sua atividade com os diversos agentes económicos que se movimentam no mercado.

A ASAE – entidade administrativa que avalia e divulga os riscos na cadeia alimentar – é especializada no domínio da segurança alimentar e de fiscalização económica, procurando, nomeadamente, assegurar o cumprimento da lei, através de atividades inspetivas.

20.2.3. *O mercado de valores mobiliários: a CMVM*[507]

O mercado de valores mobiliários, por sua vez, é objeto de regulação e supervisão por uma entidade autónoma designada Comissão do Mercado de Valores Mobiliários (ou CMVM), à qual compete, nomeadamente, controlar a atividade de determinadas entidades, como os agentes que atuam no mercado – desde os emitentes de valores mobiliários admitidos à negociação em mercado regulamentado e os intermediários financeiros, passando pelos investidores institucionais até à própria entidade gestora do mercado (bolsa de valores, designada por *Euronext Lisbon*[508]) –, ou supervisionar as operações nele praticadas e promover o respetivo desenvolvimento.

A lei estabelece com muita precisão as atribuições da CMVM, no artigo 353º do Código dos Valores Mobiliários e nos Estatutos da Comissão (aprovados pelo Decreto-Lei nº 5/2015, de 8 de janeiro[509], red. do DL 148/2015, de 9 de setembro)[510]. Entre tais atribuições, cumpre salientar:

[507] Cfr. Paulo Câmara, «Regulação e Valores Mobiliários», AA.VV., *Regulação em Portugal: Novos Tempos, Novo Modelo?*, coord. de Eduardo Paz Ferreira, Luís Silva Morais e Gonçalo Anastácio, Almedina, Coimbra, 2009, pp. 127-186.

[508] A ***Euronext Lisbon*** – Sociedade Gestora de Mercado Regulamentados, S.A., é uma sociedade anónima de Direito português (constituída e a funcionar em Portugal de acordo com as leis portuguesas), que tem por objeto essencialmente a gestão de bolsas e que resultou da integração da Bolsa de Valores de Lisboa (fundada em 1769) e Porto na plataforma internacional *Euronext*, em 2002.
A *Euronext* é o primeiro mercado de bolsa pan-europeu e um dos maiores mercados bolsistas mundiais. Foi criado pela fusão, em sentido impróprio (no Direito Continental), das Bolsas de Paris, Bruxelas e Amesterdão, tendo, posteriormente, integrado o Mercado de Derivados londrino. A integração na *Euronext* contribuiu para que o mercado de capitais português acompanhasse o desenvolvimento das bolsas internacionais, permitindo aos investidores e às empresas nacionais cotadas (aquelas cujos valores mobiliários se encontram admitidos à negociação no mercado regulamentado) exposição internacional e conferindo-lhes acesso privilegiado a mercados dotados de maior liquidez..

[509] Que substituiu o DL 473/99, de 8 de novembro.

[510] Os Estatutos da CMVM estabelecem as suas atribuições enquanto entidade reguladora e autoridade de supervisão e prevêm a sua cooperação com outras autoridades nacionais, estrangeiras e internacionais (cfr. art. 353º, nº 2 do CVM) de supervisão e regulação dos mercados de valores mobiliários e do sistema financeiro (cfr. art. 4º, em especial nºs 1 e 4). Os Estatutos explicitam ainda diversos aspectos inerentes ao funcionamento da Comissão, nomeadamente os relativos à competência do Conselho de Administração (cfr. arts. 9º e segs., em especial 12º a 14º).

(i) A supervisão dos mercados (de instrumentos financeiros) organizados, de *ofertas públicas* (de valores mobiliários), *da compensação e liquidação de operações, dos sistemas centralizados de valores mobiliários,* das *entidades gestoras de mercados regulamentados e dos sistemas de negociação, de liquidação, de compensação e centralizados* (de valores mobiliários), dos *intermediários financeiros,* dos *emitentes,* de certos *investidores qualificados* e de outras entidades (enunciadas no art. 359º do CVM) (cfr. art. 353º, nº 1, *alínea a)*); e
(ii) A *regulação do mercado de instrumentos financeiros,* das *ofertas públicas,* das *atividades exercidas por entidades sujeitas à supervisão* (cfr. art. 353º, nº 1, *alínea b)*).

20.2.4. *Atividades financeira e seguradora: Banco de Portugal e Autoridade de Supervisão de Seguros e Fundos de Pensões*[511]

A atividade financeira e a atividade seguradora são objeto de supervisão por entidades autónomas: o Banco de Portugal e a Autoridade de Supervisão de Seguros e Fundos de Pensões. Qualquer destas instituições atua a nível das entidades supervisionadas, mas intervém também no plano das respetivas operações.

Ao Banco de Portugal – cuja Lei Orgânica e Estatutos foram aprovados pela Lei nº 5/98, de 31 de janeiro (atualmente na red. da L 39/2015, de 25 de maio) – cabe garantir a *estabilidade do sistema financeiro,* no âmbito das suas funções de banco central (cfr. art. 12º, *alínea c)* do DL 5/98), realizando *a supervisão das instituições de crédito e das sociedades financeiras,* nos termos de legislação específica (cfr. art. 17º do DL 5/98): o Regime Geral das Instituições de Crédito e Sociedades Financeiras, aprovado pelo Decreto-Lei nº 292/98, de 31 de dezembro.

Por sua vez, à Autoridade de Supervisão de Seguros e Fundos de Pensões (ASF) (que sucedeu ao Instituto de Seguros de Portugal, em 1 de

[511] Embora com naturais desatualizações, vd. Armindo Saraiva Matias, «Supervisão Bancária. Situação actual e perspectiva de evolução», AA.VV., *Estudos em Homenagem ao Prof. Doutor Inocêncio Galvão Telles,* vol. II – *Direito Bancário,* Almedina, Coimbra, 2002 (pp. 565-592), em especial pp. 566-580, Luís Máximo dos Santos, «Regulação e Supervisão Bancária», AA.VV., *Regulação em Portugal,* 2009, pp. 39-126, António Pedro A. Ferreira, *O Governo das Sociedades e a Supervisão Bancária,* Quid Juris, Lisboa, 2009, pp. 68-89, e Maria José Rangel Mesquita, «Regulação da Actividade Seguradora: Traços Fundamentais», AA.VV., *Regulação em Portugal* cit., 2009, pp. 187-206.

fevereiro de 2015[512]) compete a fiscalização do mercado segurador, velando pelo seu bom funcionamento, bem como dos fundos de pensões existentes. No âmbito das suas funções, a ASF pretende contribuir, pelo controlo exercido, para a estabilidade e solidez financeira das companhias seguradoras e garantir a qualidade e os padrões de conduta dos operadores, desde as seguradoras e resseguradores, passando pelas sociedades gestoras de fundos de pensões e acabando nos mediadores (cfr. arts. 6º e 7º dos Estatutos da ASF).

20.3. **Tribunais judiciais e recurso a tribunais arbitrais**

Como referimos no primeiro capítulo, cabe ao Estado a função jurisdicional, de administrar a justiça, através de tribunais que integram uma hierarquia independente.

Vamos agora ver quais são os tribunais competentes para dirimir litígios do mercado, bem como em que termos é possível delegar em entidades não estaduais, os chamados tribunais arbitrais – que constituem uma justiça concorrente com a do Estado – a resolução desses conflitos.

20.3.1. ***Tribunais judiciais (comuns)***

O processo comercial, como forma processual autónoma, extinguiu-se na década de trinta do século XX, e, com a entrada em vigor do Código de Processo Civil de 1939, deixou de ser fator distintivo entre comerciantes e não comerciantes.

Os litígios que envolvem empresários mercantis e não comerciantes são assim objeto de resolução pelos tribunais judiciais comuns. Contudo, por um lado, tem-se acentuado a complexidade normativa aplicável à decisão do litígio e, por outro, a morosidade do funcionamento dos tribunais judiciais tem vindo a agravar-se.

A constatação dessas realidades, no final do século XX, esteve na origem da criação de tribunais judiciais de competência especializada[513] e

[512] Decreto-Lei nº 1/2015, de 6 de janeiro (cfr. art. 9º).

[513] Tais tribunais constituem «uma importante semente no sentido da criação de uma verdadeira jurisdição comercial autónoma», tendo a competência material dos juízos de comércio sido delimitada em função de «um elenco de matérias mercantis específicas» [José Engrácia Antunes, «O regime jurídico dos actos de comércio», cit., 2009 (pp. 19-60), p. 57].

do desenvolvimento dos tribunais arbitrais para dirimirem conflitos de caráter mercantil.

20.3.2. *O juízo de comércio dos tribunais judiciais*

Os tribunais integram o Sistema Judiciário, que é objeto de uma Lei de Organização (a Lei nº 62/2013, de 26 de agosto[514], red. do Decreto-Lei nº 110/2018, de 10 de dezembro)[515], a qual foi regulamentada pelo Decreto-Lei nº 49/2014, de 27 de março (conforme previsto no art. 188º, nº 1)[516].

Nos termos da LOSJ, *os tribunais de comarca* – que «*são de competência genérica e de competência especializada*» (art. 80º, nº 2) – podem ser desdobrados em juízos «*de competência especializada* – designadamente de comércio (art. 81º, nº 3, *alínea i)* da LOSJ) –, *de competência genérica e de proximidade* (cfr. art. 81º, nºs 1 e 3 da LOSJ)[517].

O juízo de comércio tem competência exclusiva para apreciar os processos de insolvência (e os PER) e as ações que respeitem ao exercício de direitos sociais (cfr. art. 128º, nº 1, *alíneas a)* e *c)* da LOSJ), entre outras.

Paralelamente existem tribunais de competência territorial alargada (a todo o País), como aqueles a que incumbe apreciar as ações relativas a marcas, casos do tribunal da propriedade intelectual (cfr. art. 83º, nºs 1, 2 e 3, *alínea a)* da LOSJ), com sede em Lisboa (art. 83º, nº 4, e Anexo

[514] Sobre a LOSJ, vd. os comentários de João Miguel Barros, *Sistema Judiciário Anotado*, 2ª ed., AAFDL, Lisboa, 2017, em especial pp. 434-449, Salvador da Costa / Rita Costa, *Lei da Organização do Sistema Judiciário Anotada*, Almedina, Coimbra, 2013, em especial pp. 5-18, e António Alberto Vieira Cura, *Curso de Organização Judiciária*, 2ª ed., Coimbra Editora, Coimbra, 2014, pp. 97-228, em especial sobre os juízos de comércio (pp. 210-213).

[515] Esta lei sucedeu às Leis de Organização e Funcionamento dos Tribunais Judiciais (Lei nº 3/99, de 13 de janeiro, e Lei nº 52/2008, de 28 de agosto), que estabeleceram a competência especializada de determinados tribunais judiciais em matéria comercial. Foram, assim, primeiramente, (re)criados tribunais de comércio para julgar processos relativos a assuntos societários (que relacionem as sociedades com os seus sócios e com os membros dos órgãos sociais), ou que envolvam a propriedade industrial ou os respetivos direitos privativos (cfr. art. 89º da LOFTJ); e, mais tarde, com a lei de 2008, juízos especializados de comércio.
Sobre a LOFTJ, vd. as nossas *Lições de Direito Comercial*, 2010, pp. 149-151, e o nosso *Direito das Sociedades Comerciais*, 5ª ed., 2012, pp. 671-675.

[516] Vd. Salvador da Costa, *Regulamento da Organização do Sistema Judiciário e Organização e Funcionamento dos Tribunais Judiciais* (Anotado), Almedina, Coimbra, 2014.

[517] Nas comarcas em que não exista juízo de comércio, as ações que deveriam ser, pelo mesmo, apreciadas são dirimidas pelos juízos de competência genérica.

III da LOSJ), ou aqueles aos quais compete apreciar os recursos das decisões da Autoridade da Concorrência, como o tribunal da concorrência, regulação e supervisão (cfr. art. 83º, nºs 1, 2 e 3, *alínea b)* da LOSJ), com sede em Santarém (art. 83º, nº 4 e Anexo III da LOSJ).

Note-se que nem todas as ações judiciais que envolvam as sociedades e os membros dos respetivos órgãos sociais – como sucede por exemplo na condenação em indemnização proposta por um administrador ou gerente destituído sem justa causa, a qual é da competência genérica dos juízos cíveis[518] – são necessariamente dirimidas pelos juízos de comércio.

20.3.3. *Tribunais arbitrais (internos e internacionais)*[519]

Importa assinalar que os conflitos que revistam natureza jurídico-mercantil recaem invariavelmente sobre direitos disponíveis, na esfera jurídico-privada dos sujeitos envolvidos, pelo que são resolúveis por recurso a mediação ou a juízos arbitrais.

Com efeito, dada a morosidade associada à justiça em geral e aos tribunais estaduais em especial, os agentes económicos optam frequentemente por dirimir os seus litígios à margem dos tribunais judiciais do Estado, incluindo nos contratos de que são partes cláusulas arbitrais ou celebrando mesmo, em caso de conflito, compromissos arbitrais destinados à respetiva resolução. O custo, normalmente mais elevado de funcionamento destes tribunais, é compensado com a rapidez da decisão e com

[518] Por esta razão, inclinamo-nos para admitir que nem todas as ações que opõem um sócio à sociedade devem ser dirimidas pelo juízo de comércio. Apenas aquelas que respeitem ao exercício de direitos sociais. Desse modo, e exemplificando, a ação de fixação (judicial) de prazo (cfr. arts. 1026º e 1027º do CPC de 2013) para reembolso de suprimentos – ao contrário do que a jurisprudência, porventura maioritária, faz crer – deve ser proposta no tribunal cível, por se tratar do exercício de um direito de crédito e não de um direito social, visto que constituído o suprimento, este é transmissível a terceiros, sem prejuízo de conservar a sua natureza de crédito subordinado. Acresce que o sócio pode alienar a sua participação social e, não obstante, manter a sua posição creditícia.

[519] Cfr. José Augusto Engrácia Antunes, *Contratos Comerciais. Noções Fundamentais*, cit., 2007, pp. 234-237, Manuel Pereira Barrocas, *Manual de Arbitragem*, 2ª ed., Almedina, Coimbra, 2013, em especial pp. 33-35, Maria Helena Brito, *Direito do Comércio Internacional*, cit., 2004, em especial pp. 196-202, António Pedro Pinto Monteiro / Artur Flamínio da Silva / Daniela Mirante, *Manual de Arbitragem*, Almedina, Coimbra, 2019, em especial pp. 38-43, e Luís de Lima Pinheiro, *Direito Comercial Internacional*, cit., 2005, em especial pp. 343-361 e 443-556.

o facto de a mesma não ser em regra suscetível de recurso, esgotando-se numa única instância.

Mas se internamente se recorre com cada vez maior frequência a tribunais arbitrais, como forma mais expedita de resolver questões litigiosas, no plano internacional em que os elementos de conexão com diversas ordens jurídicas são vários, é frequente os contratos conterem cláusulas arbitrais que remetem para centros de arbitragem, como é o caso do Centro de Arbitragem da CCI (Paris).

Sempre que, num qualquer contrato – *inclusive* de sociedade –, exista uma ou mais cláusulas arbitrais, importa ter atenção, em caso de conflito, se a situação é de competência reservada a um tribunal arbitral, em detrimento dos tribunais judiciais, sob pena de, nos casos em que possa ocorrer a caducidade do direito de ação, se poder esgotar o prazo disponível para requerer a decisão arbitral, com o recurso (por erro) aos tribunais judiciais.

20.3.4. *Outros meios de resolução alternativa de litígios*

Importa ainda assinalar que o Estado disponibiliza hoje aos agentes económicos, incluindo os consumidores, outros meios de resolução alternativa de litígios – como conjunto de atos que permitem solucionar um conflito sem recurso à via judicial[520] –, para além da arbitragem, que passam pela possibilidade de resolução de litígios por recurso a centros constituídos para a negociação[521], mediação[522] e conciliação[523]. O recurso

[520] Vd. Mariana França Gouveia, *Curso de Resolução Alternativa de Litígios*, Almedina, Coimbra, 2011, pp. 17-22, em especial p. 17, e António Pedro Pinto Monteiro / Artur Flamínio da Silva / Daniela Mirante, *Manual de Arbitragem*, 2019, pp. 45-55.

[521] Cfr. Manuel Pereira Barrocas, *Manual de Arbitragem*, 2013, pp. 72-73, Mariana França Gouveia, *Curso de Resolução Alternativa de Litígios*, 2011, pp. 35-39, e António Pedro Pinto Monteiro / Artur Flamínio da Silva / Daniela Mirante, *Manual de Arbitragem*, 2019, p. 53.

[522] Cfr. Manuel Pereira Barrocas, *Manual de Arbitragem*, 2013, pp. 36, 71-72 e 73-77, Mariana França Gouveia, *Curso de Resolução Alternativa de Litígios*, 2011, pp. 41-77 – embora esta autora escrevendo antes da Lei nº 29/2013, de 19 de abril (Regime jurídico da mediação) –, e António Pedro Pinto Monteiro / Artur Flamínio da Silva / Daniela Mirante, *Manual de Arbitragem*, 2019, pp.47-50.

[523] Cfr. Manuel Pereira Barrocas, *Manual de Arbitragem*, 2013, pp. 78-79, Mariana França Gouveia, *Curso de Resolução Alternativa de Litígios*, 2011, pp. 79-90, e António Pedro Pinto Monteiro / Artur Flamínio da Silva / Daniela Mirante, *Manual de Arbitragem*, 2019, pp. 50-52.

a tais centros pode constituir sempre uma alternativa à via judicial, pelo menos como forma imediata de resolução de conflitos, sem pôr em causa a possibilidade de recurso a tribunal. Em qualquer caso, essa via depende do acordo das partes envolvidas, à semelhança do que se passa com a resolução de conflitos por via arbitral.

Admitimos que tais meios constituam uma alternativa interessante para dirimir pequenos litígios de consumo.

21. Sector público empresarial: empresas públicas, regionais e locais

21.1. Empresas públicas[524]

21.1.1. *Enquadramento*

Em meados dos anos 70 do século XX, numa época em que tendencialmente todos os sectores de produção nacionais estavam a cair nas mãos do Estado, este reconheceu a premência de criar um Estatuto Geral para as empresas públicas, qualquer que fosse o respetivo âmbito territorial. As empresas públicas foram então reguladas, em termos gerais, pelo Decreto-Lei nº 260/76, de 8 de abril, o qual se manteria em vigor – com algumas alterações – durante mais de duas décadas. Para além desse diploma, as empresas públicas eram disciplinadas pelos respetivos estatutos.

[524] Vd. Jorge Coutinho de Abreu, «As Novíssimas Empresas Públicas (Segundo o DL 133/2013)», AA.VV., *Homenagem ao Prof. Doutor António José de Avelãs Nunes* (org. por Luís Pedro Cunha, José Manuel Quelhas e Teresa Almeida), *Boletim de Ciências Económicas da Faculdade de Direito da Universidade de Coimbra*, vol. LVII, t. I, Coimbra (pp. 45-67), em especial pp. 47-51, 53-55 e 56-57, Maria Eduarda Azevedo, *Temas de Direito da Economia*, 3ª ed., 2018, pp. 126-137, e Luís S. Cabral de Moncada, *Direito Económico*, 7ª ed., 2018, pp. 324-331.
Sobre o anterior regime das empresas públicas (instituído em 1999), vd. Eduardo Paz Ferreira, *Direito da Economia*, AAFDL, Lisboa, 2001, pp. 253-255, 263-277 e 283-291, e na obra coletiva org. pelo mesmo autor, *Estudos sobre o Novo Regime do Sector Empresarial do Estado*, Almedina, Coimbra, 2000, cfr., em especial, Paz Ferreira, «Aspectos Gerais do Novo Regime do Sector Empresarial do Estado» (pp. 9-24), p. 20, e António Pinto Duarte, «Notas sobre o conceito e regime jurídico das empresas públicas estaduais» (pp. 61-88), pp. 73-76 (escritos anteriores à revisão de 2007), bem como as obras de Luís S. Cabral de Moncada, *ibid.*, pp. 288-295, e de Santos / Gonçalves / Leitão Marques, *Direito Económico*, 2011, pp. 161-165.

No entanto, com as privatizações, ocorridas no final da década de oitenta e durante a década de noventa, assistir-se-ia a uma proliferação de diferentes regimes e qualificações, a qual justificaria um toque a reunir. Tal aconteceria no final de 1999, com a aprovação de um (então novo) regime legal para o sector empresarial do Estado e para as empresas públicas estaduais – o Decreto-Lei nº 558/99, de 17 de dezembro[525] –, que representou simultaneamente uma clara rutura com o passado e a modernização da estrutura normativa das empresas públicas.

Esse diploma manteve-se vigente até 2 de dezembro de 2013[526], data em que entrou em vigor o atual regime legal das empresas públicas, aprovado pelo Decreto-Lei nº 133/2013, de 3 de outubro[527].

[525] Este diploma, alterado pelo Decreto-Lei nº 300/2007, de 23 de agosto, surgiu posteriormente à lei com incidência puramente local (ou regional), que reconheceu e regulou as empresas públicas municipais, no final do século XX: a Lei nº 58/98, de 18 de agosto, a qual constituía "uma evolução na continuidade" relativamente ao sistema de 1976, e que seria substituída pela Lei nº 53-F/2006, de 29 de dezembro.

[526] Neste sentido, vd. o art. 75º do DL nº 133/2013, de 3 de outubro.

[527] Reportam-se ao novo RJSPE todos os preceitos que não sejam especialmente mencionados neste número (21.1). O novo diploma trouxe algumas modificações, que importa assinalar.
Em primeiro lugar – e recorrendo ao preâmbulo do Decreto-Lei nº 133/2013 –, alargou «*o âmbito subjetivo de aplicação do regime das empresas públicas, passando a abranger todas as organizações empresariais em que o Estado ou outras entidades públicas, possam exercer, isolada ou conjuntamente, de forma direta ou indireta, influência dominante*».
Em segundo lugar, consagrou «*o conceito de sector* público empresarial*» – composto não apenas pelo sector empresarial do Estado, mas também pelo sector empresarial local –, acolhendo «*uma visão integrada do exercício da atividade empresarial pública*», materializada nas alterações implícitas que os seus artigos 62º a 67º introduziram na Lei nº 50/2012, de 31 de agosto.
Paralelamente, o novo regime densificou os conceitos de *empresa pública* (art. 5º) e de *influência dominante* (cfr. art. 9º).
Em terceiro lugar, introduziu normas em matéria de financiamento, visando controlar e impedir o endividamento das empresas públicas (cfr. arts. 24º a 29º).
Em quarto lugar, introduziu *alterações relevantes* no que respeita à chamada *função acionista*, procurando clarificar o *conceito* (art. 37º), o *conteúdo* (art. 38º) e *as regras* que sejam *aplicáveis* ao seu exercício (art. 39º).
Em quinto lugar, o novo diploma absorveu os princípios de boa governação aplicáveis às empresas públicas estaduais (cfr. arts. 40º a 54º), que se encontravam plasmados nas Resoluções do Conselho de Ministros nºs 49/2007, de 28 de março, e 70/2008, de 22 de abril (cfr. art. 74º, alíneas *b)* e *c)*).
Finalmente, o novo regime jurídico dá cumprimento às obrigações decorrentes do *MoU* celebrado com a Troika, isto é, do Memorando de Entendimento celebrado (numa versão única em língua inglesa) no âmbito do Programa de Assistência Económica e Financeira entre

21.1.2. *Noção*

A ideia geral é a de que as empresas públicas são pessoas coletivas de origem pública e funcionamento privado, cuja titularidade é exclusiva ou maioritária de entidades públicas. Prosseguem atividades de natureza económica ou social, segundo princípios de economicidade. No entanto, tais atividades podem não ser comerciais (por exemplo, Companhia das Lezírias).

Movimentando-se num domínio deficitário por excelência e beneficiando, por esse facto, de subsídios, não é essencial à empresa pública a noção de lucro, pelo que não se confunde com a sociedade comercial, ainda que recorra a essa forma para se constituir no mercado e participar na respetiva atividade.

Nos termos do art. 2º da Diretiva 80/723/CEE da Comissão, de 25/06 (JOCE L195, de 29/07/80), relativa à transparência das relações financeiras entre os Estados-Membros e as empresas públicas, alterada pela Diretiva 2000/52/CE da Comissão, de 26/07 (JOCE L193, de 29/07), empresa pública é «*qualquer empresa em que os poderes públicos possam exercer, directa ou indirectamente, uma influência dominante em consequência da propriedade, da participação financeira e das regras que a disciplinaram*». Trata-se de preceito que consagra uma presunção de existência de influência dominante quando o Estado ou os poderes públicos, direta ou indiretamente, detenham a maioria do capital da empresa, ou disponham da maioria dos votos atribuídos às partes sociais emitidas pela empresa ou possam designar mais de metade dos membros do órgão de administração, de direção ou de fiscalização da empresa.

Ora, o art. 5º do novo RJSPE, ao traçar a noção de empresa pública, acolhe as ideias que resultavam das Diretivas da União Europeia – impondo uma redefinição do conceito de empresa pública, que passa pelo seu alargamento, designadamente às entidades públicas empresariais –, sendo necessário recorrer também ao disposto no art. 9º que avança o conceito de influência dominante.

o Estado Português, o Fundo Monetário Internacional, a Comissão Europeia e o Banco Central Europeu, em 17 de maio de 2010.

(*) Assinale-se que o diploma, aplicando o (novo) Acordo Ortográfico, apresenta a palavra "sector" na versão com "c" ("sector"), usando autorizadamente a dupla grafia. Seguimos a ortografia oficial, nesta 2ª edição.

Tomando por referência estas regras (arts. 5º e 9º), procuremos construir um conceito de **empresa pública**. Trata-se de uma organização de fatores produtivos predispostos para o mercado, sob a forma de sociedade por quotas ou anónima, na qual *o Estado ou outras entidades públicas possam exercer, isolada ou conjuntamente, de forma direta ou indireta, **influência dominante***, por deterem nessa sociedade uma participação de capital maioritária, por disporem *da maioria dos direitos de voto*, por terem *a possibilidade de designar ou destituir a maioria dos membros dos órgãos de administração ou do órgão de fiscalização* (se existente) ou ainda por disporem *de participações qualificadas ou* de *direitos especiais* que possam permitir condicionar as decisões ou *as opções estratégicas* da participada.

O nº 2 do art. 5º engloba nas empresas públicas as **entidades públicas empresariais**, reguladas nos arts. 56º a 61º, isto é, *as pessoas coletivas de direito público, com natureza empresarial, criadas pelo Estado para prossecução dos seus fins* (art. 56º).

A firma destas empresas deve incluir a sua designação técnica (entidades públicas empresariais) ou as iniciais "E.P.E." (cfr. art. 57º), o seu capital é estatutário (cfr. art. 59º) e devem organizar-se organicamente como sociedades anónimas (cfr. art. 60º). Estas entidades – que também devem ser objeto de registo comercial (cfr. art. 61º), apesar das suas especificidades – estão também sujeitas às regras aplicáveis às empresas públicas em geral (cfr. art. 56º *in fine*).

21.1.3. *Natureza jurídica*

A empresa pode ser comercial pelo artigo 230º do Código Comercial.

O principal problema que se levanta reside no facto de o empresário não ser comerciante, nem poder ser. Por outras palavras, a empresa é comercial, mas o seu (principal) titular – o Estado – não é, nem pode ser, comerciante.

No que respeita ao registo (publicidade) – não obstante o disposto no Código do Registo Comercial (arts. 1º, nº 2, 5º e 37º) – e à função de publicidade que lhe está associada, esta será assegurada, da melhor forma, pelo próprio diploma legal que cria uma certa empresa pública. É dos termos deste que resulta a qualidade de comerciante da empresa pública, com objeto comercial. A inscrição no registo (comercial) nada lhe acrescenta.

Com efeito, nesse caso, a empresa pública assume a qualidade de comerciante, mesmo antes da atividade ou do registo (comercial), em consequência do diploma que a cria.

21.1.4. *Regime legal*

O art. 14º do RJSPE (Decreto-Lei nº 133/2013, de 3 de outubro) determina a aplicação do Direito Privado às empresas públicas[528] e – ao estabelecer-lhes a forma de sociedade comercial de responsabilidade limitada (consequentemente anónima ou por quotas) (art. 5º, nº 1) – sujeita-as ao regime jurídico aplicável às sociedades comerciais, em geral.

Por sua vez, no nº 5, o referido art. 14º dispõe que *as empresas* públicas «*participadas* (mas minoritariamente) *estão sujeitas ao regime jurídico comercial, laboral e fiscal*» que for «*aplicável às empresas cujo capital e controlo é exclusivamente privado*».

Assim, retira-se do regime jurídico das empresas públicas que nos devemos nortear, na matéria que nos interessa, pelo disposto no Código das Sociedades Comerciais, com exceção das empresas não comerciais.

No que respeita à respetiva estrutura de governação, as empresas públicas que adotarem a forma de sociedade anónima podem optar pelo modelo de governação que entenderem sem qualquer constrangimento (cfr. arts. 31º e 33º)[529], contanto que os mesmos sejam *ajustados à dimen-*

[528] «*Sem prejuízo do disposto na legislação aplicável às empresas públicas regionais e locais*» (art. 14º, nº 1).

[529] Tendo em conta que a administração não deve exceder, em regra, três membros, poderia discutir-se a admissibilidade do modelo de governação anglo-saxónico que deve integrar uma comissão de auditoria com três administradores, esgotando assim o número de administradores. Consideramos, assim, que a referência a *administradores* não inclui aqueles que sejam membros do órgão de fiscalização.

Viabilizamos deste modo o modelo anglo-saxónico, que é provavelmente o que melhor se adequa às empresas públicas sob a forma de sociedade anónima, tendo em conta que entre os respetivos *stakeholders* se contam os cidadãos contribuintes como substrato pessoal do principal acionista (o Estado), e que a estrutura em causa alberga, no seio do conselho de administração, com presença permanente, o principal órgão de fiscalização: a comissão de auditoria (cfr. art. 278º, nº 1, *alínea b)* do CSC). Nestes termos, este modelo é seguramente o mais impermeável a pressões da tutela, isto é, às naturais pressões do Governo sobre a administração, visto que os independentes que integram a comissão de auditoria acompanham de perto, para não dizer *in loco*, as principais decisões dos gestores (executivos), constituindo um elemento dissuasor de uma eventual política vinculada aos interesses (dos) acionistas (maioritários).

são e à complexidade da empresa e que, na sua organização, garantam uma separação efetiva *entre as funções de administração executiva* e o respetivo controlo (funções de fiscalização) (cfr. art. 30º, nº 1).

A lei estabelece que o órgão de gestão deve ser composto por três administradores, salvo se a dimensão da sociedade e complexidade da administração ou a sujeição a regimes jurídicos especiais justifiquem um maior número, abrindo a porta para a sociedade – quando for de reduzida dimensão – poder ser gerida por um administrador único (cfr. art. 31º, nº 2).

Em qualquer circunstância, a configuração do modelo, que deve constar dos estatutos, cabe ao Estado – no exercício da sua função acionista –, devendo o órgão de gestão integrar um elemento designado ou proposto pelo Ministro das Finanças (cfr. art. 31º, nºs 3 e 4) e devendo os órgãos de gestão e de fiscalização integrar necessariamente membros dos dois sexos (cfr. art. 31º, nº 6).

21.2. **O Estatuto de Gestor Público**

A terminar esta breve incursão nas empresas públicas, importa fazer uma breve referência ao Estatuto do Gestor Público, aprovado pelo Decreto-Lei nº 71/2007, de 27 de março (e em vigor desde 26 de maio de 2007), entretanto substancialmente revisto pelo Decreto-Lei nº 8/2012, de 18 de janeiro[530] (e atualmente na red. do DL 39/2016, de 28 de junho). Enuncie-se, sucintamente, alguns aspetos do regime legal aplicável aos titulares de órgãos de administração de empresas públicas:

- O exercício de funções executivas tem lugar em regime de exclusividade[531], sem prejuízo das situações de acumulação legalmente permitidas (cfr. art. 20º, nº 2 do EGP).

[530] O DL 8/2012, de 18 janeiro (i) modificou as regras de recrutamento e seleção dos gestores públicos, bem como as matérias relativas aos contratos de gestão e à sua remuneração e benefícios, (ii) alterou a redação dos artigos 2º, 6º, 12º, 13º, 18º, 20º, 22º, 25º, 26º, 28º, 29º, 30º a 35º e 38º, (iii) revogou o nº 3 do artigo 18º e a *alínea f)* do nº 3 do artigo 20º, todos do EGP (aprovado pelo DL 71/2007, de 27 de março), e (iv) incluía uma norma transitória segundo a qual, durante a vigência do Programa de Assistência Económica e Financeira, não havia lugar à atribuição de prémios de gestão prevista no artigo 30º do EGP.

[531] No que respeita aos administradores executivos, o EGP prevê que a remuneração seja fixada pela assembleia geral ou por uma comissão de vencimentos, se a mesma tiver sido

- O desempenho do cargo de gestor público encontra-se sujeito à inexistência de incompatibilidades (previstas no art. 22º) e é causa de impedimentos legais inerentes ao exercício de funções e de outras atividades (e que se encontram estabelecidos na mesma disposição legal).
- A ocorrência e subsistência de uma situação de incompatibilidade e a inobservância das regras sobre impedimentos são causa de demissão do gestor público (cfr. art. 25º, nº 1, *alínea c)*)[532].
- Os impedimentos legalmente estabelecidos são genéricos e não dependem do valor dos atos que o gestor público, ou que certas pessoas com ele relacionadas, deixam de poder praticar em razão do cargo.
- As incompatibilidades são autónomas e variam consoante o gestor público é, ou não, executivo, limitando significativamente a sua esfera de atuação.
- A lei admite, excecionalmente, que um administrador que desempenhe funções executivas as acumule com *funções* em empresa mãe ou noutra relativamente à qual *a própria empresa ou a empresa mãe exerçam direta ou indiretamente influência dominante*, nomeadamente por deter a respetiva maioria do capital ou dos direitos de voto (cfr. art. 20º, nº 4). Decorre do disposto no nº 4 do art. 20º que os administradores de empresas que integrem o mesmo grupo podem desempenhar simultaneamente funções em mais do que uma empresa.

O Estatuto do Gestor Público distingue as remunerações consoante os administradores sejam executivos ou não executivos, estabelecendo *(i)* que os administradores não executivos têm direito a auferir uma remuneração fixa, correspondente à atividade normal que desempenhem, a qual tem como limite um terço da remuneração fixa estabele-

designada, e que a fixação da remuneração seja sempre fundamentada, obedecendo a respetiva determinação a critérios de complexidade, exigência e responsabilidade inerente às funções desempenhadas e atendendo às práticas normais do mercado no respetivo sector de atividade (art. 28º, nºs 2 a 4 e 7).

532 A demissão é da competência do órgão responsável pela designação (formal) do gestor público. No caso em análise, a assembleia geral. A respetiva deliberação deve ser fundamentada e precedida da *audiência prévia do gestor*, implicando a cessação do mandato sem qualquer compensação (cfr. art. 25º, nºs 2 e 3 do EGP).

cida para os administradores executivos, não podendo auferir qualquer remuneração variável e *(ii)* que a remuneração dos administradores executivos pode integrar uma componente variável[533], para além da fixa.

A concluir refira-se que o alargamento do conceito de empresa pública – por efeito do (novo) regime do sector público empresarial (aprovado pelo Decreto-Lei nº 133/2013, de 3 de outubro), a que nos referimos acima (*supra*, nº 21.1.2) – implica o alargamento do conceito de gestor público, tal como definido no artigo 1º do EGP[534].

21.3. **Sector empresarial local**[535]

Para além das empresas públicas (nacionais), tuteladas pelo Governo, é possível criar empresas locais, detidas, exclusiva ou maioritariamente, pelos entes infra estaduais: os municípios (as respetivas associações e as áreas metropolitanas).

As empresas locais têm por *objeto exclusivo a exploração de atividades de interesse geral ou a promoção do desenvolvimento local e regional*, designadamente exercendo uma das seguintes atividades (cfr. arts. 20º, nº 1, 45º e 48º da Lei nº 50/2012, de 31 de agosto[536]):

[533] A componente variável da remuneração dos administradores executivos corresponde a um prémio estabelecido, de acordo com critérios de complexidade, exigência e responsabilidade inerente às respetivas funções e atendendo às práticas normais do mercado no respetivo sector de atividade (art. 28º, nºs 2 a 4 e 7), especialmente ao desempenho de cada gestor público, e dependendo a respetiva atribuição, da efetiva concretização de objetivos previamente determinados.
No entanto, como referimos já, durante a vigência do Programa de Assistência Económica e Financeira, esta componente fica suspensa.

[534] A remissão, no art. 1º do EGP, para as empresas públicas abrangidas pelo Decreto-Lei nº 558/99, de 17 de dezembro – entretanto revogado –, deve agora entender-se como feita para o regime das empresas públicas abrangidas pelo Decreto-Lei nº 133/2013, de 3 de outubro.

[535] Vd. Coutinho de Abreu, *Curso de Direito Comercial*, I, 12ª ed., 2019, pp. 278-284, Carlos José Batalhão, *Empresas Municipais, S.A. ("S" de Sociedades, "A" de Anómalas) e a aplicação do CIRE*, AEDRL, Braga, 2015, pp. 62-88, em especial 62-64 e 68-77, e Pedro Gonçalves, *Regime Jurídico da Atividade Empresarial Local*, Almedina, Coimbra, 2012, escrito na vigência da lei atual e na sequência da monografia, entretanto desatualizada, *Regime Jurídico das Empresas Municipais*, Almedina, Coimbra, 2007 (vd., em especial, pp. 210-214).

[536] Regime Jurídico da Atividade Empresarial Local (na red. da Lei nº 71/2018, de 31 de dezembro), a que se reportam todas as disposições legais que neste número (21.3) não são especialmente referenciadas.

- *Promoção e gestão de equipamentos coletivos* (p.ex., jardins, mercados) *e prestação de serviços na área da educação* (p.ex., creches), *ação social, cultura* (monumentos, museus, teatros), *saúde e desporto;*
- *Promoção, gestão e fiscalização do estacionamento público urbano* (p.ex., parques de estacionamento e gestão do estacionamento na via pública);
- *Abastecimento público de água;*
- *Saneamento de águas residuais urbanas;*
- *Gestão de resíduos urbanos e limpeza pública* (recolha de lixo e limpeza das ruas);
- *Transporte de passageiros* (empresas de transportes urbanos);
- *Produção de energia elétrica* e *distribuição de energia elétrica em baixa tensão;*
- *Promoção, manutenção e conservação de infraestruturas urbanísticas e gestão urbana;*
- *Renovação e reabilitação urbanas e gestão do património edificado;*
- *Promoção do desenvolvimento urbano e rural no âmbito intermunicipal.*

Curiosamente, a lei afasta a possibilidade de as empresas locais prosseguirem atividades com fim exclusivamente mercantil ou puramente administrativas (cfr. art. 20º, nº 1 do RJAEL). Repare-se: a empresa local pode ter um objeto comercial, se não se limitar a prosseguir uma atividade económica com intuito lucrativo, nem a exercer uma atividade de natureza exclusivamente administrativa, que vise a satisfação de necessidades coletivas (cfr. art. 20º, nº 2).

São diversas as empresas locais, dedicando-se parte substancial à exploração de serviços municipalizados, designadamente no sector das águas. Para além destes, são vários os exemplos que nos ocorrem, mas, para citar apenas os mais conhecidos, na cidade de Lisboa, podemos referir a EMEL – Empresa Municipal de Mobilidade e Estacionamento de Lisboa, E.M. S.A., a EGEAC – Empresa de Gestão de Equipamentos e Animação Cultural, EEM, e a Gebalis – Gestão de Bairros Municipais de Lisboa, EEM[537].

[537] A segunda e a terceira não evidenciando o tipo societário que adotam, o que constitui uma irregularidade em face da lei vigente devidamente interpretada (cfr. art. 19º do

Estas empresas seguem – desde 1 de setembro de 2012, data da entrada em vigor da Lei nº 50/2012, de 31 de agosto –, para além da lei em apreço, a lei comercial, e (apenas subsidiariamente) o regime do sector empresarial do Estado, por expressa remissão do disposto no art. 21º[538].

Juridicamente as empresas locais – que são *pessoas coletivas de direito privado* – devem adotar o tipo de uma sociedade comercial de responsabilidade limitada (sociedade anónima ou por quotas) (cfr. art. 19º, nºs 4 e 6) e estruturam-se organicamente como uma sociedade comercial, com as limitações estabelecidas pelo RJAEL. Assim, para além da assembleia geral (*composta por um máximo de três elementos*) e do fiscal único [que é um órgão obrigatório e que deve ser um ROC ou uma SROC (cfr. arts. 25º, nºs 2, 5 e 6 e 26º, nº 4)], têm um órgão de gestão, composto por um máximo de três membros (art. 26º, nº 5), no qual só um ou dois, consoante os proveitos da empresa, podem ser remunerados (cfr. art. 25º, nºs 2, 3 e 4)[539].

A concluir esta necessariamente breve abordagem das empresas locais refira-se que as mesmas estão, desde 1 de setembro de 2012, sujeitas a um regime jurídico mais rigoroso do que o aplicável anteriormente, em especial no que se refere à latitude da sua capacidade e atuação. A título exemplificativo, mencione-se a proibição de aquisição de participações sociais em sociedades comerciais (cfr. art. 38º) ou a obrigatoriedade de nos primeiros seis meses a contar da entrada em vigor da lei – isto é, até 28 de fevereiro de 2013 (cfr. art. 68º) – alienarem as participações de sociedades comerciais em que (as empresas locais) participassem maioritariamente.

RJAEL, em especial os nºs 1, 5 e 6, e o disposto no CSC sobre firmas de sociedades de responsabilidade limitada: arts. 10º, 200º e 275º).

[538] Foram objeto de regulação adicional pelo Decreto-Lei nº 133/2013, de 3 de outubro, que aprovou o novo Regime Jurídico do Sector Público Empresarial (cfr., arts. 62º a 67º e 16º, 18º, 22º, 23º, 40º a 47º e 49º a 54º).

[539] Sobre o estatuto e o valor da remuneração do estatuto do gestor das empresas locais, vd. o art. 30º.

22. As Parcerias Público-Privadas[540]

O Estado pode também intervir na economia como simples cliente, contratando bens e serviços de que necessita para a sua atividade e para, no quadro da mesma, prover as necessidades dos cidadãos. Na relação que, com estes, estabelece, no exercício normal da sua atuação, recorre frequentemente[541] a figuras típicas do Direito Privado, ainda que adaptadas ao interesse público. Para o efeito celebra **contratos públicos**, que têm um regime específico, obedecendo a princípios e regras que constam de um diploma próprio: o Código dos Contratos Públicos.

Para além de intervenções de natureza negocial expressas na normal contratação pública, o Estado socorre-se da figura do contrato noutras circunstâncias, fazendo-o no quadro da política económica que prossegue – através de **contratos económicos** que podem assumir diversas formas (contratos de desenvolvimento, contratos-programa, contratos de investimento estrangeiro e, a propósito destes, contratos fiscais) – ou utilizando-o pontualmente, de forma complexa, para a realização conjunta com entidades privadas de obras de grande dimensão que não conseguiria executar isoladamente em condições adequadas. Este último tipo de intervenção contratual – materializado nas chamadas parcerias público-privadas – merece-nos, pela sua relevância atual, uma referência um pouco mais desenvolvida.

Podemos caracterizar uma **parceria público-privada** como uma relação de natureza contratual estabelecida entre o Estado e, ou, outros entes públicos (dotadas ou não de personalidade jurídica), por um lado, e uma ou mais entidades particulares, por outro, com a finalidade de maximizarem os respetivos recursos na realização de um projeto de

[540] Sobre esta matéria, vd. Maria Eduarda Azevedo, *Temas de Direito da Economia*, 3ª ed., 2018, pp. 255-327, em especial pp. 284-292, Nazaré da Costa Cabral, *As Parcerias Público-Privadas*, Cadernos IDEF | Nº 9, Almedina, Coimbra, 2009, vd. em especial pp. 11-33 e 219-234, Maria Manuel Leitão Marques, «A intervenção do Estado na Economia», AA.VV., *Manual de Introdução ao Direito*, 2ª ed., 2017 (pp. 211-264), pp. 223-225, Santos / / Gonçalves / Leitão Marques, *Direito Económico*, 2012, pp. 171-178, e Joaquim Miranda Sarmento, *Parcerias Público-Privadas*, Fundação Francisco Manuel dos Santos, Lisboa, 2013, em especial pp. 11-25.

[541] Noutras circunstâncias intervém munido das suas prerrogativas de autoridade, como já foi referido, impondo unilateralmente a sua vontade e decisão, ainda que devendo suportar uma contrapartida justa pela vantagem obtida,

grande envergadura, partilhando o risco inerente ao investimento a realizar, assumindo a responsabilidade conjunta pelo mesmo e acordando na divisão dos rendimentos que possa vir a gerar e que deverão sustentar a obra a executar.

Subjacente a este tipo de negócio – por definição e estrutura[542] extremamente complexo –, está a ideia de que há serviços que o Estado deve providenciar que dificilmente são assegurados numa base de receitas que cubram os custos associados ao respetivo investimento. A esses serviços públicos, designadamente quando está em causa a construção de infraestruturas essenciais – tais como hospitais (ex. Cascais, Braga), estradas (SCUT), pontes (Vasco da Gama), linhas ferroviárias (TGV)[543] –, podem associar-se os particulares, sem prejuízo de o Estado garantir, sob diversas formas, e frequentemente a longo prazo, o respetivo pagamento aos entes privados aos quais o Estado contrata a obra e, ou, a exploração do serviço. Estamos perante contratos que pressupõem financiamentos muito elevados que o Estado, isolada e individualmente, dificilmente poderia suportar de uma só vez, pelo que opta por assumir o pagamento a prazo, ainda que de forma mais onerosa do que se fosse a pronto. Por estes contratos, o Estado partilha com os agentes económicos privados, que financiam – juntamente com a banca – uma obra e, ou, prestação de serviços e que assumem a responsabilidade pela execução da mesma, os riscos inerentes à realização de tais investimentos.

Esta ideia de parceria público-privada é compatível com os modelos jurídicos que o Estado utilizou nos séculos XIX e XX, para a realização de grandes obras, revestindo então a forma de contratos de concessão de bens ou de serviços públicos e de obras públicas ou, simplesmente, de contratos de prestação de serviços.

As PPP – que foram inicialmente acolhidas pelo Decreto-Lei nº 86/ /2003, de 26 de abril, alterado pelo Decreto-Lei nº 141/2006, de 27 de julho – encontram-se hoje reguladas pelo Decreto-Lei nº 111/2012, de 23 de maio[544].

[542] Sobre a estrutura de uma PPP, vd. MIRANDA SARMENTO, *Parcerias Público-Privadas*, cit., 2013, p. 16.

[543] Sobre as PPP em Portugal, vd. MIRANDA SARMENTO, *Parcerias Público-Privadas*, cit., 2013, pp. 50-61 (e sobre o seu futuro, pp. 64-66).

[544] Vigente desde 1 de julho de 2012 (cfr. art. 49º); revogou o Decreto-Lei nº 86/2003, de 26 de abril (art. 47º, nº 1). Sobre este diploma – cuja red. atual foi introduzida pelo DL

À semelhança da primeira lei sobre as PPP, este diploma base que disciplina as PPP[545], procura conceptualizar esta realidade, estabelecendo que uma parceria público-privada consiste no «*contrato por via do qual uma entidade privada, designada por parceiro privado, se obriga de forma duradoura, perante um parceiro público, a assegurar, mediante contrapartida, o desenvolvimento de uma atividade tendente à satisfação de uma necessidade coletiva, em que a responsabilidade pelo investimento, financiamento, exploração, e riscos associados, incumbem, no todo ou em parte, ao parceiro privado*» (art. 2º, nº 1, na red. do art. 3º do DL 170/2019, de 4 de dezembro).

A segunda alteração introduzida no regime jurídico das PPP – refletida no respetivo conceito[546] – acentuou a responsabilidade e o contributo dos contratantes privados, eliminando a ideia de que nestes acordos o Estado só tem obrigações e os particulares benefícios.

170/2019, de 4 de dezembro –, vd. Maria Eduarda Azevedo, *Temas de Direito da Economia*, 3ª ed., 2018, pp. 308-317.

[545] Este diploma não é aplicável a parcerias que envolvam um encargo acumulado atualizado inferior a 10 milhões de euros e um investimento inferior a 25 milhões de euros (cfr. art. 2º, nº 5, *alínea a)*).

[546] Assinalamos a negrito as diferenças introduzidas pela nova lei, relativamente à versão constante do diploma revogado.

Capítulo V
Negócios jurídico-empresariais

23. Os contratos comerciais[547]; aspetos gerais

A prática de atos de comércio é qualificadora do sujeito que os pratica – se ele não for, por definição, comerciante, como sucede com a sociedade comercial (cfr. art. 13º, 2º do CCom) – e implica, frequentemente, a extensão do regime comercial a todos os envolvidos (cfr. art. 99º do CCom).

Esses atos de comércio são, na sua quase totalidade, **contratos comerciais;** embora possam também ser enquadrados na categoria de atos de

[547] Nesta matéria, a obra de referência nacional é a de JOSÉ AUGUSTO ENGRÁCIA ANTUNES, *Direito dos Contratos Comerciais*, Almedina, Coimbra, 2009.
Outras obras nacionais que abordam com algum desenvolvimento a matéria dos contratos comerciais e que se justifica salientar são as de CARLOS FERREIRA DE ALMEIDA, *Contratos II. Conteúdo. Contratos de troca*, 4ª ed., Almedina, Coimbra, 2016, e *Contratos III. Contratos de liberalidade, de cooperação e de risco*, 3ª ed., Almedina, Coimbra, 2019 – ambas produzidas no contexto de uma abordagem mais vasta à temática dos contratos –, ANTÓNIO MENEZES CORDEIRO, *Direito Comercial*, 4ª ed., 2016, pp. 556-881, M. JANUÁRIO GOMES, *Contratos Comerciais*, Almedina, Coimbra, 2012, pp. 15-87 (centrada essencialmente nos contratos bancários e financeiros), PEDRO ROMANO MARTINEZ, *Contratos Comerciais*, Principia, Lisboa, 2001, e PEDRO PAIS DE VASCONCELOS, *Manual de Direito Comercial*, Almedina, Coimbra, 2011, pp. 139-284 (autores indicados por ordem alfabética do último nome). Todos textos com natureza didática, com exceção da obra de Ferreira de Almeida.
Na forma de comentário legislativo, vd. ABÍLIO NETO, *Código Comercial e Contratos Comerciais Anotado*, Ediforum, Lisboa, 2008.

comércio – e, consequentemente, qualificados como tais – diversos atos jurídicos não negociais (de mera comunicação), negócios unilaterais e, inclusivamente, atos ilícitos, geradores de responsabilidade civil extracontratual.

Em qualquer caso, importa reter, por agora, que o legislador do Código Comercial ao basear a sua construção na figura do "ato de comércio" teve, essencialmente em mente, os negócios habitualmente praticados pelos sujeitos de Direito Comercial (comerciantes e empresários mercantis, de natureza individual ou coletiva), os quais se reconduzem aos contratos em que se exprime a sua atividade profissional.

Vamos fazer-lhes uma necessariamente breve referência, sem preocupações de explicar o respetivo regime jurídico, mas começando por distingui-los dos contratos civis.

23.1. **Contratos civis e contratos comerciais**

23.1.1. ***Aspetos comuns***

Diversos são os aspetos comuns aos contratos civis e comerciais, bem como certos princípios enformadores e os requisitos de validade de uns e outros.

23.1.1.1. *A autonomia privada; sentido e âmbito*[548]

Os sujeitos de Direito Comercial, em regra, movimentam-se livremente no mercado concorrencial em que vivem, e em função do qual se qualificam como empresários comerciais, aptos a praticar atos ou a celebrar contratos que não sejam legalmente proibidos. Ao fazê-lo, e na prossecução dos seus interesses gerais e específicos, atuam no âmbito de um princípio enformador essencial de toda a atividade mercantil, que é o da autonomia privada (dos respetivos sujeitos).

Autonomia privada ou autonomia da vontade, como geralmente se sabe, é sinónimo de faculdade de autorregulação de interesses ou,

[548] Recorremos ao nosso livro de *Direito das Sociedades Comerciais*, 7ª ed., 2019, pp. 77-80. Vd. também Almeida Costa, *Direito das Obrigações*, 12ª ed., 2009, pp. 228-243, e Maria Elisabete Ramos, «Os contratos e a responsabilidade civil», AA.VV., *Manual de Introdução ao Direito*, 2ª ed., 2017 (pp. 137-154), pp. 142-146.

recorrendo a um conhecido juscivilista, correspondendo a «uma área reservada na qual as pessoas podem desenvolver as atividades jurídicas que entenderem», consiste numa «permissão genérica de produção de efeitos jurídicos[549]». Trata-se, em qualquer caso, de meios que se encontram ao dispor dos sujeitos de Direito para, da forma que se revelar mais adequada e conveniente aos seus interesses, regerem a sua pessoa e bens, com respeito pelas regras imperativas e cogentes que delimitam a respetiva atuação no mercado.

O mercado – em que agem os sujeitos de Direito que estudamos – é, por natureza, concorrencial. A concorrência, como vimos, é formada pela livre participação dos agentes económicos, cujas faculdades criativas (*maxime* de autorregulamentação de interesses) e de execução são logicamente limitadas pelo direito que todos têm de aceder ao mercado. A liberdade é, também aqui, sinónimo de permissão genérica de atuação, sendo admitido tudo aquilo que, em tutela de interesses alheios legítimos, não for, direta ou indiretamente, proibido.

Contudo, não é indiferente pensar que, curiosamente e de forma (só) aparentemente paradoxal, o mercado concorrencial em que se movem as empresas impõe que, para a disciplina do respetivo relacionamento entre si e com os consumidores, lhes sejam reconhecidos certos direitos absolutos, como sejam os direitos privativos da propriedade industrial, a que já fizemos referência.

No plano estritamente negocial, o domínio dos contratos comerciais é seguramente aquele em que a autonomia privada depara com menores limitações, justificando-se em todas as suas vertentes:

- Liberdade de celebração (ou não) de negócios jurídicos.
- Liberdade de seleção de tipo negocial; e
- Liberdade de estipulação do conteúdo.

É hoje vulgar pela massificação e crescente complexidade do mundo negocial, introduzir fórmulas que padronizam o conteúdo dos contratos a celebrar, conferindo-lhes simultaneamente segurança e rigor. Constitui exemplo deste facto o recurso frequente à técnica das cláusulas contratuais gerais.

[549] MENEZES CORDEIRO, *Tratado de Direito Civil I*, 4ª ed., 2012, pp. 951-952.

23.1.1.2. *Boa fé. Culpa* in contrahendo, *aparência e tutela da confiança*[550]

A postura ética adotada na negociação comercial – e a confiança subjacente à *palavra* (ou ao compromisso assumido por mútuo consenso) dos sujeitos intervenientes e que na atividade económica mercantil é recíproca, encontrando-se subjacente a inúmeros atos e instrumentos – não afasta os contratos comerciais dos contratos civis, nos quais a boa fé está permanentemente presente, nas suas duas vertentes: objetiva e subjetiva.

Não há especialidades a assinalar, para além do reforço que a compreensão deste princípio deva merecer no plano comercial, tendo em conta o relevo da aparência na vida comercial e, inerentemente, a tutela da confiança.

Considerando que as vertentes acima mencionadas não se confundem, acolhemos neste domínio as soluções tradicionais do Direito Comum (Direito Civil).

Assim, na boa fé subjetiva o que está em causa é um estado do sujeito, que se analisa no binómio conhecimento-ignorância de determinados factos, e na maior ou menor culpa pelo desconhecimento ou pela ignorância desses factos, por um lado, e na necessidade de se informar devidamente e de adotar deveres mínimos de cuidado, para evitar prejudicar interesses alheios, por outro.

A boa fé objetiva reflete-se no instituto da culpa *in contrahendo*, recebida na nossa ordem jurídica no artigo 227º, nº 1 do Código Civil, e concretiza-se no princípio da tutela da confiança, isto é, na proteção da circulação de bens no mercado.

23.1.1.3. *Contratos típicos e atípicos; nominados e inominados*

Os contratos dizem-se típicos ou atípicos, consoante estão, ou não, regulados na lei. Nesse aspeto, o contrato de hospedagem é atípico, por não ser objeto de regulamentação legal.

Contudo, há contratos que, embora não se encontrem regulados na lei, são socialmente típicos, por corresponderem a práticas sociais reiteradas, dispondo de uma matriz comum.

[550] Cfr. Ferreira de Almeida, *Contratos I*, 6ª ed., 2017, pp. 221-255, Menezes Cordeiro, *Tratado de Direito Civil I*, 4ª ed., 2012, pp. 958-978, e *Tratado de Direito Civil II*, 4ª ed., 2014, pp. 216-295, em especial pp 267-295, e Almeida Costa, *Direito das Obrigações*, 12ª ed., 2009, pp. 298-312.

Consoante sejam conhecidos por uma designação, legal ou comummente aceite, ou não tenham ainda fixado uma expressão que os identifique na ordem jurídica, os contratos dizem-se nominados ou inominados.

Os negócios típicos são, por definição, nominados, mas existem muitos negócios com *nomen iuris* que não são objeto de regulamentação legal, como o referido contrato de hospedagem (cfr. art. 755º, *alínea b)* do CC).

23.1.2. *Negócios causais e abstratos*[551]

No Direito português, os negócios são, na sua generalidade, **causais**, o que significa que a sua subsistência na ordem jurídica depende da validade da fonte de onde promanam. Por isso, se esta sofrer uma vicissitude, serão naturalmente afetados, deixando de produzir os efeitos para que tendiam.

No lado oposto a estes atos encontram-se os chamados negócios **abstratos** que são válidos e eficazes independentemente da subsistência da fonte que os origina. Enquadram-se nesta categoria excecional do nosso Direito os negócios cambiários, que, como veremos adiante (cfr. nºs 28.1.6, 28.2 e 28.3), pelas suas características, se mantêm válidos e eficazes ainda que o ato que concretamente os consubstanciou se extinga ou desapareça por razões de caráter formal ou substantivo.

23.1.3. *Diferenciação entre contratos civis e comerciais relativamente a um mesmo tipo negocial; critério*

Sendo diversos os aspetos e os princípios comuns aos contratos de Direito Privado, a verdade é que também se registam diferenças significativas que justificam a autonomia dos negócios jurídico-mercantis.

A estrutura e forma dos negócios jurídicos apresentam diferenças relativamente a um mesmo tipo negocial, consoante o contrato seja civil ou comercial.

Assim, e exemplificando com a compra e venda e o empréstimo (ou mútuo), podemos concluir que:

(i) a venda de bens alheios é nula se o negócio for civil (cfr. art. 892º do CC), apesar da obrigação (legal) de convalidação, sendo

[551] Sobre a distinção entre negócios causais e abstratos, vd., por todos, Menezes Cordeiro, *Tratado de Direito Civil*, II – *Parte Geral. Negócio Jurídico*, 4ª ed., 2014, pp. 101-104.

válida e eficaz se for comercial, uma vez que é expressamente permitida pelo Código Comercial (cfr. art. 467º);

(ii) o empréstimo não depende de forma se for mercantil (cfr. art. 396º do CCom), o que já não acontece se for civil, caso em que pode estar sujeito a forma escrita e até a escritura pública (cfr. art. 1143º).

23.1.4. *Contratos puramente civis e contratos exclusivamente comerciais*

Muitos contratos podem revestir natureza civil ou comercial, conforme as circunstâncias. Constituem exemplos os contratos de compra e venda, mandato, mútuo (ou empréstimo), empreitada, entre outros.

Contudo, alguns contratos têm natureza exclusivamente civil, ainda que possam ter um objeto suscetível de avaliação patrimonial. Estamos a pensar na doação (cfr. arts. 940º e segs. do CC).

Outros são característicos da vida mercantil e constituem instrumentos jurídicos especificamente aplicáveis à regulação contratual do mercado. Constituem exemplos, os contratos de bolsa ou contratos de intermediação (neles incluídas as ordens de bolsa; arts. 325º a 334º do CVM), designadamente de aquisição de participações sociais (cfr. arts. 463º, nº 5º do CCom e 321º a 324º do CVM).

23.2. Regras específicas e princípios subjacentes à contratação comercial

23.2.1. *Regime especial dos contratos comerciais*

Vamos ver, ainda no início deste capítulo, como se caracteriza a especialidade dos negócios jurídicos mercantis em face dos demais negócios jurídicos, e nomeadamente se a mesma justifica falar em teoria geral do contrato comercial.

O Direito Comercial postula regras de forma e de prova próprias. Com efeito, há, pela exigibilidade subjacente às atividades jurídico-mercantis, uma simplicidade de formas e também regras de prova diversas daquelas que resultam da aplicação da lei civil.

Importa distinguir as regras aplicáveis aos atos de comércio – inclusivamente àqueles que não têm caráter negocial – das que apenas respeitam às obrigações comerciais. Sendo estas mais características, impõe-se fazer uma breve menção às que são relativas a atos comerciais.

Antes de o fazermos, recorde-se, quanto à forma, que no Direito português o princípio da consensualidade dos negócios jurídicos – isto é, de que os negócios não estão sujeitos a forma especial – constitui regra (cfr. art. 219º do CC).

O recurso à simplicidade de forma e de prova já era, há muito, a solução do Direito Comercial positivo. Nesse sentido, apontam os arts. 396º (empréstimo) e 400º (penhor mercantil) do Código Comercial. Vamos acrescentar-lhes agora o disposto nos arts. 96º e 97º do mesmo diploma.

O art. 96º comina a validade dos **títulos** exarados em **língua estrangeira**; o art. 97º permite estender, por analogia, às telecomunicações atuais – *maxime* ao telefax e correio eletrónico – o valor negocial das declarações emitidas por essas vias, sem assinatura; e o art. 98º estabelece o princípio de que, em certas circunstâncias, os registos dos comerciantes gozam de uma **fé especial**, sobrepondo-se, em caso de dúvida, aos contratos celebrados.

Da leitura, análise e sentido dos arts. 96º e 97º (regras de forma) e 98º (regras de prova), em apreço, extrai-se um importante corolário: o de que os **atos de comércio** em geral, e os contratos comerciais, em particular, dispõem de **regras próprias** inerentes à sua formação, ao modo de exteriorização da vontade das partes e à forma de os evidenciar na ordem jurídica.

23.2.2. *Normas especificamente aplicáveis às obrigações comerciais*

Façamos agora um breve excurso pelas regras que são particulares das obrigações mercantis e que representam desvios às regras comuns do Direito.

23.2.2.1. *Solidariedade passiva*[552]

Em primeiro lugar, impõe-se falar na solidariedade passiva nas obrigações plurais.

[552] Cfr. Engrácia Antunes, *Contratos Comerciais. Noções Fundamentais*, cit., 2007, pp. 162-181, e «O regime jurídico dos actos de comércio», cit., 2009 (pp. 19-60), pp. 30-33.

Comece por recordar-se que, quanto às obrigações civis, a regra é a da conjunção, porque a solidariedade não se presume; deve resultar da lei ou da vontade das partes (cfr. art. 513º do CC). No Direito Civil, a solidariedade que resulta da vontade das partes é uma solidariedade convencional em desvio ao regime legal da conjunção.

No Direito Comercial verifica-se o oposto, isto é, o regime legal aplicável às obrigações plurais é o da solidariedade, justificado pelos interesses e pela celeridade subjacentes aos negócios comerciais e como reforço do crédito. Assim, as obrigações comerciais, quando plurais, estão sujeitas ao regime da solidariedade (cfr. art. 100º do CCom), com exceção das obrigações dos não comerciantes que não forem comerciais (cfr. art. 100º, § único).

Por sua vez, consequência da solidariedade passiva no plano do Direito Comercial é o regime da responsabilidade do fiador mercantil (art. 101º), que iremos analisar em seguida.

23.2.2.2. *Responsabilidade (na fiança) do fiador mercantil*

Aquele que é fiador de uma obrigação comercial, mesmo que não seja comerciante, não beneficia do princípio do benefício da excussão prévia (constante do art. 638º do CC) (cfr. art. 101º do CCom).

A criação de um regime próprio e específico do Direito Mercantil é uma consequência da solidariedade que estabelece uma derrogação ao disposto no art. 638º do Código Civil.

23.2.3. ***Juros comerciais***[553]

23.2.3.1. *Regime legal*

Em matéria de juros, devemos ter presente que os atos comerciais se caracterizam, em regra, pela sua onerosidade, em contraposição com a

[553] Coligindo a principal doutrina existente, cfr. Abílio Neto, *Código Comercial e Contratos Comerciais Anotado*, cit., 2008, pp. 69-75.
Com significativa clareza e razoável desenvolvimento, José Engrácia Antunes, «O regime jurídico dos actos de comércio», cit., 2009 (pp. 19-60), pp. 34-45, e Pais de Vasconcelos, *Manual de Direito Comercial*, 2011, pp. 118-126. Ambos escrevendo antes da última alteração do art. 102º do CCom.

gratuitidade que é típica do Direito Civil, pelo que as obrigações mercantis se presumem por natureza onerosas. Isto retira-se com muita clareza do proémio do art. 102º do Código Comercial.

O art. 102º (red. do DL 62/2013, de 10 de maio[554]) estabelece o regime geral dos juros comerciais, devendo hoje ser complementado por legislação avulsa que permite adaptar aos contratos comerciais a aplicação de uma taxa de juros adequada e que exprime as variações do mercado.

O regime é então o seguinte:

1º – A taxa de juros **convencionais** tem de ser fixada por escrito (cfr. art. 102º, § 1º).

2º – Aos juros comerciais aplica-se o disposto nos artigos 559º-A e 1146º do Código Civil, pelo que são afastados os juros usurários (art. 102º, § 2º).

3º – É fixada – por Portaria (conjunta dos Ministros da Justiça e das Finanças)[555] – uma taxa supletiva de juros moratórios aplicáveis aos créditos das empresas comerciais, com um determinado limiar mínimo (cfr. art. 102º, §§ 3º e 4º)[556], elevado num ponto percentual, se estiverem em causa transações comerciais que se enquadrem no Decreto-Lei nº 62/2013, de 10 de maio (cfr. art. 102º, § 5º, aditado pelo DL 62/2013)[557].

[554] Vigente desde 1 de julho de 2013, com algumas exceções, e aplicando-se consequentemente às transações comerciais celebradas a partir dessa data.

[555] Portaria nº 277/2013, de 26 de agosto, que retroagiu efeitos a 1 de julho de 2013 (cfr. art. 5º), data da entrada em vigor do aditamento introduzido no (art. 102º do) CCom que autonomizou as taxas de juro aplicáveis às transações comerciais referentes aos créditos comerciais.

[556] *A taxa de juro (...) não* pode *ser inferior ao valor da taxa de juro aplicada pelo Banco Central Europeu à sua mais recente operação principal de refinanciamento efetuada antes do 1º dia de janeiro ou julho, consoante se esteja, respetivamente, no 1º ou no 2º semestre do ano civil, acrescida de sete pontos percentuais*» (§ 4º do art. 102º).

[557] Em conformidade com o disposto nos arts. 1º e 3º da Portaria nº 277/2013, de 26 de agosto, os Avisos nºs 11571/2019, de 28 de junho (D.R., 2ª Série, nº 135, de 17 de julho), e /2020, de 2 de janeiro (ainda não publ. na data em que se fechou esta edição), da Direção-Geral do Tesouro e Finanças, fixaram, respetivamente, para o 2º semestre de 2019 e para o 1º semestre de 2020, as *taxas supletivas de juros moratórios relativamente a créditos de que sejam titulares empresas comerciais, singulares ou coletivas.* Nos termos desses avisos os juros aplicáveis a transações comerciais são de 8% e a taxa aplicável aos créditos de empresas comerciais que não resultem de transações comerciais é de 7% (isto é, inferior em um ponto percentual àquela).

Sendo proibido o anatocismo (isto é, a capitalização de juros) – no que respeita às obrigações civis –, o mesmo não se passa no plano do Direito Comercial, havendo que recordar que o nº 3 do art. 560º do Código Civil declara inaplicáveis as restrições que forem contrárias a "*regras ou usos particulares do comércio*", o que permite aos bancos capitalizar juros.

Os juros podem ser **compensatórios**, quando visem repor o poder do dinheiro, ou podem ser **moratórios** quando forem consequência do atraso no cumprimento das obrigações e visem fundamentalmente penalizar o devedor.

23.2.3.2. *Aplicação automática de juros aos pagamentos das transações comerciais*

A Diretiva 2000/35/CE do Parlamento Europeu e do Conselho, de 29 de junho, que estabeleceu medidas de combate contra os atrasos no pagamento de transações comerciais, sujeitando-os automaticamente a juros, foi transposta para a ordem jurídica portuguesa pelo Decreto-Lei nº 32/2003, de 17 de fevereiro[558].

Este regime legal, que não distingue as transações comerciais, em função dos respetivos agentes, abrangendo as relações estabelecidas entre pessoas coletivas privadas – às quais equipara os profissionais liberais – ou públicas, não se aplica às transações com os consumidores, que exclui expressamente (cfr. art. 2º, nº 2, *alínea a)*).

O Decreto-Lei nº 32/2003, que alterou o art. 102º do Código Comercial (cfr. art. 6º) e que se aplicou *às prestações de contratos de execução continuada ou reiterada que se* venceram *a partir da data da sua entrada em vigor* (art. 9º), define ***«transação comercial»*** como *qualquer transação entre empresas*[559] *ou entre empresas e entidades públicas, qualquer que seja a respetiva natureza, forma ou designação, que dê origem ao fornecimento de mercadorias ou à prestação de serviços contra uma remuneração* (art. 3º, *alínea a)*)[560].

[558] Sobre este diploma, vd. José Engrácia Antunes, «O regime jurídico dos actos de comércio», cit., 2009 (pp. 19-60), pp. 46-54.

[559] ***Empresa***, na ótica do regime legal, é *qualquer organização que desenvolva uma atividade económica ou profissional autónoma, mesmo que exercida por pessoa singular* (art. 3º, *alínea b)*).

[560] Nos termos do diploma são devidos juros, que se vencem automaticamente sem necessidade de aviso, *30 dias após a data em que o devedor tiver recebido a fatura* ou *30 dias após a data da efetiva receção dos bens ou da prestação de* serviços, se a fatura foi apresentada anteriormente (cfr. art. 4º, nº 2, *alíneas a)* e *c)*).

A taxa de juros que se aplica às transações comerciais é, desde 1 de julho de 2013 (por efeito do disposto no aditamento do § 5º ao art. 102º do Código Comercial), de mais um ponto percentual do que a aplicável aos créditos das empresas comerciais (vd., *supra*, nº 23.2.3.1).

23.2.3.3. *Obrigatoriedade de pagamento de juros de mora pelo Estado*

O art. 1º da Lei nº 3/2010, de 27 de abril, estabelece a obrigatoriedade de *pagamento de juros de mora pelo Estado pelo atraso no cumprimento de qualquer obrigação pecuniária*, aplicando-se a taxa de juro legal estabelecida no Código Civil (no art. 806º, nº 2)[561].

O vencimento das obrigações pecuniárias encontra-se previsto no Código dos Contratos Públicos (aprovado pelo Decreto-Lei nº 18/2008, de 29 de janeiro) numa norma que o regula se o contrato não previr data ou prazo de pagamento (cfr. art. 299º) e comina de nulidade as cláusulas contratuais que, sem fundamento atendível, fixem «*prazos superiores a 60 dias para o vencimento das obrigações pecuniárias*» (art. 299º-A, nº 1 do CCP, red. da Lei nº 3/2010, de 27 de abril)[562].

23.2.4. *Prescrição*[563]

Outra regra especial é a que resulta de um regime específico de prescrição aplicável às obrigações comerciais sempre que as mesmas não surjam no estrito contexto das relações entre empresários mercantis.

Com efeito, segundo o art. 317º, *alínea b)* do Código Civil, estão sujeitos à prescrição presuntiva, no prazo de dois anos, os créditos dos comerciantes (e industriais) pelas vendas de objetos do seu comércio a:

- Não comerciantes, ou
- Aos comerciantes que os não destinem ao seu comércio ou indústria, isto é, que os afetem ao consumo (próprio ou alheio).

[561] Este regime *não é aplicável à administração fiscal*, no âmbito das relações tributárias sujeitas a *legislação própria* (art. 1º, nº 3 da L 3/2010, de 27 de abril).

[562] Nesse caso, considerando-se não escrita a cláusula (cfr. nº 2 do art. 299º-A do CCP) – regime que já resultaria da aplicação das regras gerais do Direito –, a obrigação considera-se vencida, *grosso modo*, no prazo de 30 dias (previsto nos termos do art. 299º), isto é, em prazo inferior ao que seria admissível clausular.

[563] Cfr. José Engrácia Antunes, «O regime jurídico dos actos de comércio», cit., 2009 (pp. 19-60), pp. 54-56, e Pais de Vasconcelos, *Manual de Direito Comercial*, 2011, pp. 126-128.

Pretende aqui introduzir-se um elemento de segurança no tráfico jurídico. Esta prescrição presuntiva não se aplica, contudo, às obrigações comerciais nas quais os devedores sejam comerciantes, no exercício da sua atividade[564], que estão sujeitas ao prazo da prescrição ordinária, de vinte anos (cfr. art. 309º do CC). Aí a lei tem de privilegiar a boa fé por parte desses devedores, em detrimento da eventual segurança que resultaria da prescrição presuntiva e que não se justifica.

Retira-se, pois, do curto prazo prescricional – de aplicação restrita –, estabelecido no referido artigo 317º do CC, que a lei privilegia a boa fé e a segurança nas relações jurídicas que caracterizam a atividade económica.

24. A contratação comercial

Os negócios comerciais, que começaram por ser individuais – isto é, celebrados entre um mercador e o seu cliente –, e consequentemente formados com referência e com respeito pelos interesses próprios de cada uma das partes, são hoje concluídos, com muita frequência, com o recurso a meios que permitem dar vazão à sua crescente massificação, com recurso constante a esquemas predeterminados de cláusulas aplicáveis a certo tipo de contratos.

A contratação no século XXI já não coloca frente a frente necessariamente as partes contratuais, sendo possível por recurso a vias cada mais sofisticadas, como é o caso dos meios informáticos.

24.1. **A contratação com recurso a cláusulas contratuais gerais**; *remissão*. **Confronto com os negócios rígidos**[565]

Como vimos acima (nº 17.2.3), a propósito dos consumidores, é cada vez mais habitual a utilização de cláusulas contratuais gerais na celebração de negócios no mercado.

Quando uma das partes – o sujeito de Direito Comercial, por ser um produtor, prestador de serviços ou distribuidor para o mercado – con-

[564] Considerando que a aplicação do prazo da prescrição ordinária aos comerciantes ocorre *a contrario sensu*, Engrácia Antunes, «O regime jurídico dos actos de comércio», cit., 2009 (pp. 19-60), p. 54.

[565] Seguimos de perto o nosso *Direito Comercial e do Mercado*, 2ª ed., 2018, pp. 264-265.

trata com recurso a proposições (regras) pré-elaboradas, de modo rígido, para regular os seus negócios jurídicos, visto que a sua contraparte é indeterminada, fá-lo sem conceder margem de manobra ao destinatário dessas regras, que se limita a aceitar os termos em que o contrato é celebrado.

Nestes casos, a contratação só é possível com modelos contratuais previamente elaborados e aos quais uma das partes do negócio se circunscreve a aderir, sem pretender os efeitos para que o mesmo tende.

Mas os negócios celebrados com recurso a cláusulas contratuais gerais – em que as cláusulas são recebidas em bloco – não devem ser confundidos com os negócios singulares rígidos, que assentam em propostas rígidas (fixas), mas específicas, e aplicáveis a situações individualizáveis. A semelhança de uns e outros, que reside na estrutura das cláusulas que os integram e que não é negociável, é superada pelas características dos contratantes, que, nos negócios rígidos individuais, não são indeterminados.

Estes negócios, que também integram cláusulas típicas dos negócios celebrados com cláusulas contratuais gerais, são especialmente relevantes na contratação comercial em que, pela complexidade do objeto negocial, não é ponderável discutir a forma de prestação de uma das partes. Constituem exemplos destes tipos negociais o fornecimento de determinados bens de equipamento e alguns contratos de chave na mão.

Em termos técnicos, suscita-se a questão da aplicabilidade da lei das cláusulas contratuais gerais aos negócios rígidos. A este propósito não repugna aceitar que as limitações por ela impostas ao conteúdo dos contratos entre empresários e profissionais devam ser respeitadas, a menos que a individualização das partes e o concreto objeto do negócio justifiquem diferente solução.

24.2. **Contratação (normal e automática) à distância[566] e comércio eletrónico**

A contratação comercial à distância é possível através de meios normais – por correspondência – ou com recurso a autómatos (pré-programados) ou a meios eletrónicos e informáticos (*maxime* computadores).

[566] Vd., com maior desenvolvimento do que no nosso *Direito Comercial e do Mercado*, 2ª ed., 2018, pp. 265-272, ENGRÁCIA ANTUNES, *Direito dos Contratos Comerciais*, 2009, pp. 116-117,

São contratos à distância os que são formados e concluídos *sem a presença física simultânea* de consumidor e fornecedor de bens ou serviços no quadro de um sistema de venda ou prestação de serviços organizada para o comércio à distância[567], isto é, pela utilização de um meio idóneo que não implique o contacto físico de ambas as partes, ou seja, a sua presença física e simultânea.

24.2.1. *Vendas à distância*[568]

Inicialmente, o recurso a esta forma de contratação visava ultrapassar a diferença geográfica existente entre o empresário mercantil e a sua contraparte, permitindo-lhes, não obstante, concluir validamente os seus negócios, visto que, encontrando-se situados em locais fisicamente diferentes, poderiam subscrever válida e eficazmente as respetivas propostas negociais. A nossa lei civil regula a formação do contrato, admitindo que a proposta e a eventual aceitação contratual possam ser emitidas em momentos e sítios distintos (cfr. arts. 228º a 235º do CC).

Tal regulação aproveitava, naturalmente, à formação dos contratos comerciais, mas, pela massificação destes, viria a revelar-se insuficiente. Por isso, as vendas à distância seriam objeto de disciplina legal. Presentemente encontram-se reguladas pelo Decreto-Lei nº 24/2014, de 14 de

144-150, 163-164 e 173-177, Carlos Lacerda Barata, «Contratos celebrados fora do estabelecimento comercial», *RDC*, ano I, Nº 4, 2016, pp. 861-916, em especial pp. 880-886, Menezes Cordeiro, *Direito Comercial*, 4ª ed., 2016, pp. 576-578, e também *Tratado de Direito Civil II*, 4ª ed., 2014, pp. 342-355, e a anot. de Jorge Morais Carvalho / João Pedro Pinto-Ferreira, *Contratos Celebrados à Distância e Fora do Estabelecimento Comercial. Anotação ao Decreto-Lei Nº 24/2014, de 14 de fevereiro*, Almedina, Coimbra, 2014.

[567] Cfr. art. 3º, *alínea f)*, do DL 24/2014, de 14 de fevereiro, e art. 2º, *alínea b)*, do DL 95/2006, de 29 de maio (Contratos à distância relativos a serviços financeiros).

[568] No âmbito do regime jurídico atual, vd. Jorge Morais Carvalho, *Manual de Direito do Consumo*, 6ª ed., 2019, 261-268, João Pedro Pinto-Ferreira / Jorge Morais Carvalho, «*Contratos celebrados à distância e fora do estabelecimento comercial*», *AA.VV.*, *I Congresso de Direito do Consumo*, Almedina, Coimbra, 2016, pp. 95-113, e Calvão da Silva, *Banca, Bolsa e Seguros*, 5ª ed., 2017, pp. 158-169, e a anot. de Jorge Morais Carvalho / João Pedro Pinto-Ferreira, *Contratos Celebrados à Distância e Fora do Estabelecimento Comercial. Anotação ao Decreto-Lei Nº 24/2014, de 14 de fevereiro*, Almedina, Coimbra, 2014.
No quadro do regime anterior (DL 143/2001, de 26 de abril), vd. Pedro Romano Martinez, *Celebração de contratos à distância e o novo regime do contrato de seguro*, sep. da *RDES*, ano L (XXXII da 2ª Série), 2009 (pp. 85-116).

fevereiro, que transpôs a Diretiva comunitária relativa aos direitos dos consumidores (a Diretiva nº 2011/83/UE do Parlamento Europeu e do Conselho, de 25 de outubro de 2011)[569].

Este diploma – que também regula as vendas a domicílio e equiparadas e as vendas automáticas – define o **contrato celebrado à distância** como «*um contrato celebrado entre o consumidor e o fornecedor de bens ou prestador de serviços sem presença física simultânea de ambos, e integrado num sistema de vendas ou prestação de serviços organizado para o comércio à distância mediante a utilização exclusiva de uma ou mais técnicas de comunicação a distância até à celebração do contrato, incluindo a própria celebração*» (art. 3º, *alínea f)*).

Excluindo do seu âmbito de aplicação os *serviços financeiros* e os *contratos celebrados* por intermédio de *máquinas distribuidoras automáticas* (cfr. art. 2º, nº 2, *alíneas a) e b)*), entre outros[570], o Decreto-Lei nº 24/2014, de 14 de fevereiro, abrange em geral os contratos celebrados fora do estabelecimento comercial (cfr. art. 3º, *alínea g)*), incluindo os **contratos ao domicílio** (*ii)*) – nos quais se enquadram os negócios que tenham *por objeto o fornecimento de bens ou de serviços* não solicitados expressamente pelo consumidor que tenham sido *proposto*s e *concluído*s no seu *domicílio, pelo fornecedor ou seu representante* – e os **equiparados** a estes contratos, como os que sejam celebrados no **local de trabalho** (*iii)*), em **reuniões** realizadas para o efeito com demonstração das qualidades dos bens ou serviços (as chamadas reuniões *tupperware*) (*iv)*), em deslocações organizadas para o efeito (*v)*) ou em local previamente sugerido pelo fornecedor ao consumidor (*vi)*). Estas últimas não se confundem com as **vendas especiais esporádicas**, também previstas no diploma (arts. 25º e 26º), como as quermesses natalícias ou de beneficência ou as vendas (individualizadas) por seleção prévia dos clientes.

569 Entrando em vigor no dia 13 de junho de 2014 (cfr. art. 35º), revogou o DL 143/2001, de 26 de abril (na red. do DL 317/2009, de 30 de outubro), que havia transposto a Diretiva nº 97/7/CE, do Parlamento Europeu e do Conselho de 20 de maio. A sua redação atual foi introduzida pelo DL 78/2018, de 15 de outubro.

570 A lei tem o cuidado de excluir do seu âmbito de aplicação certos negócios que, por natureza ou objeto, não se podem enquadrar na sua regulamentação rigorosa – apesar de poderem ser celebrados à distância –, como os *contratos de fornecimento de bens alimentares* (cfr. art. 2º, nº 2, *alínea j)*) e aqueles que estejam sujeitos a regulamentação específica, como os serviços prestados por agências de viagens (cfr. art. 2º, *alínea h)*).

Por sua vez, os *contratos celebrados* por intermédio de *máquinas distribuidoras automáticas* estão sujeitos a um regime específico (cfr. arts. 2º, nº 2, *alínea b)* e 22º a 24º)[571].

Entre outros aspetos de regime, a lei preocupa-se, em especial, por salvaguardar os consumidores das vendas agressivas e faculta-lhes condições de resolução do contrato (cfr. arts. 10º e 11º), impondo inúmeros deveres pré-contratuais aos fornecedores de bens e prestadores de serviços, incluindo os referentes a informação sobre os direitos dos consumidores (cfr. arts. 4º e 12º), requisitos de forma inerentes à celebração dos contratos (cfr. arts. 5º e 9º) e uma norma sobre a adequada execução do contrato (cfr. art. 19º).

24.2.2. *Serviços financeiros à distância*[572]

A lei, pela sua importância e relevância, regulou, com autonomia, no Decreto-Lei nº 95/2006, de 29 de maio (red. do DL 242/2012, de 7 de novembro), a contratação de serviços financeiros à distância. Enquadram-se nesta categoria *os serviços bancários, de crédito, de seguros, de investimento ou de pagamento e os relacionados com a adesão individual a fundos de pensões abertos*, que sejam prestados por *instituições de crédito e sociedades financeiras* e outras empresas[573] a *qualquer pessoa singular* que não intervenha no ato profissionalmente e *cuja formação e conclusão* se efetue *exclusivamente através de meios de comunicação à distância*, integrados *num sistema de vendas organizado pelo prestador* com essa finalidade (cfr. art. 2º).

A preocupação do legislador nesta matéria – que resulta também de transposição de Diretiva comunitária (a Diretiva nº 2002/65/CE, do Parlamento Europeu e do Conselho, de 23 de setembro) – centra-se essencialmente no regime dos atos abrangidos por tais serviços e na informação pré-contratual (cfr. arts. 11º a 18º) que deve ser prestada.

[571] Sobre estes contratos, e em geral sobre os contratos celebrados em estabelecimentos automatizados, vd. Jorge Morais Carvalho, *Manual de Direito do Consumo*, 6ª ed., 2019, 261-268.

[572] Vd. Calvão da Silva, *Banca, Bolsa e Seguros*, 5ª ed., 2017, pp. 171-181, e ainda Pedro Romano Martinez, *Celebração de contratos à distância e o novo regime do contrato de seguro*, cit., 2009, pp. 105-107, focando a contratação à distância no domínio dos seguros (pp. 115-116).

[573] Tais como *instituições de pagamento, intermediários financeiros em valores mobiliários, empresas de seguros e resseguros, mediadores de seguros e sociedades gestoras de fundos de pensões* (art. 2º, *alínea d)*).

24.2.3. *Vendas automáticas (através de autómato)*

24.2.3.1. *Caracterização*

No último quartel do século XX começou a generalizar-se a contratação com recurso a meios mecânicos em que o ser humano depara com uma máquina ou autómato, como contraparte imediata, apesar de a mesma conter nos primórdios um número de opções relativamente limitado.

A máquina, programada pela vontade humana, permitia dispensar – mediante uma contrapartida (que inicialmente era satisfeita em dinheiro e, posteriormente, passou em certos casos a poder ser assegurada também por cartão de débito ou de crédito) – bens e serviços, facultando repetidas contratações sem necessidade de intervenção humana, pela sua parte.

Como iniciadoras das vendas automáticas, hoje generalizadas, recordamos, ainda no terceiro quartel do século XX, as *juke box*, que permitiam a escolha de um disco, as máquinas que (só) dispensavam amendoins ou pastilhas elásticas (de bola) e as, então mais sofisticadas, de gaveta, que forneciam chocolates e caramelos. Todas tinham em comum o facto de serem acionadas pela introdução de uma moeda (à época, de um escudo, cinquenta centavos e vinte cinco tostões[574], respetivamente).

Posteriormente surgiram as máquinas que recolhem bilhetes e acionam meios mecânicos (cancelas), permitindo que parte de um contrato (de estacionamento ou de depósito) – após o pagamento inicialmente (sempre) manual e presencial – fosse concluído sem a intervenção humana. Mais tarde, as máquinas começaram a fornecer bilhetes (títulos de transporte e de estacionamento) e nos anos oitenta surgiram, em Portugal, as caixas automáticas (*ATM*)[575], genericamente conhecidas

[574] O que equivale sensivelmente, em moeda corrente, a meio cêntimo, um quarto de cêntimo e um cêntimo vírgula vinte e cinco.

[575] A **caixa automática**, também conhecida por **ATM** (iniciais das palavras de língua inglesa *Automated* ou *Automatic Teller Machine*), é uma máquina informaticamente acionada que permite aos clientes dos bancos, através de um cartão bancário [em regra de débito, conhecido em Portugal por cartão Multibanco, por corresponder à designação da rede ou sistema gerido pela SIBS (Sociedade Interbancária de Serviços, S.A.), que é entidade monopolista no sector] executarem, direta e pessoalmente, sem restrições horárias, diversas operações bancárias *on-line*, como levantamento de dinheiro, depósito de valores, transferências, pagamentos de despesas correntes e periódicas (telecomunicações, eletricidade, água), de variadíssimos serviços (seguros), de impostos e taxas, de coimas (por contraordenações) e até

por caixas Multibanco. Estas permitem presentemente – e desde há mais de uma década –, sem a presença de um funcionário do banco, uma enorme diversidade de operações (de natureza bancária e outras) que, por serem do conhecimento geral, nos abstemos de descrever.

Paralelamente, com o desenvolvimento do fenómeno da cibernética e da *Internet*, em especial, a contratação passou a processar-se frequentemente através de computador em que o cibernauta encontra uma contraparte totalmente automatizada na dispensa de bens e serviços.

24.2.3.2. *Autonomização*

No século XXI, a contratação através de autómato ou de computador – que abrange atualmente o fornecimento de inúmeros bens e serviços, como já vimos –, foi autonomizada dos negócios jurídicos tradicionais e passou a ser regulada nos diplomas de vendas à distância.

Vejamos então como é que devem ser, juridicamente, compreendidas as operações realizadas pelos autómatos.

A nossa doutrina, que estudou a questão antes da disciplina legal deste tipo de contratos, avançava com uma de duas explicações para a cobertura negocial das operações automáticas[576].

A existência do autómato, pronto a funcionar, poderia corresponder a uma oferta ao público (efetuada pela entidade que recorre à máquina para a sua prática negocial e que é responsável pela sua programação) dos bens e serviços que através dele são transacionados. Tratava-se da teoria da **oferta automática**, segundo a qual, uma vez acionado o autómato, nomeadamente pela introdução no respetivo mecanismo da moeda ou cartão (de plástico) necessários, a eventual falha ou deficiência na entrega do bem ou na disponibilização do serviço (ou do título indispensável para o respetivo acesso) equivaleria a uma violação do contrato, que se havia concluído com a aceitação do ser humano que

compras, pela imediata liquidação do serviço ou bem adquirido, como seja o caso dos títulos de transporte ou espetáculos, consulta de saldos e de movimentos, requisição de cheques e obtenção de crédito (dentro de um certo limite ou por utilização de cartão de crédito).
Para mais desenvolvimentos, vd. PAULO OLAVO CUNHA, *Cheque e Convenção de Cheque*, 2009, pp. 297-299 (notas 682 e 683) e bibliografia citada na nota 683 (p. 299), e, *infra*, nº 26.3.4 e 30.4 (Transferências).

[576] Nesse sentido, MENEZES CORDEIRO, *Tratado de Direito Civil II*, 4ª ed., 2014, pp. 342-345, e *Direito Comercial*, 4ª ed., 2016, pp. 637-639, que a este propósito seguimos de perto.

havia acionado o autómato, com a introdução da moeda ou do cartão. Estaríamos perante uma situação de incumprimento (contratual).

De acordo com outra perspetiva – a teoria da **aceitação automática** –, o contrato só se concluiria com o funcionamento do autómato, que exprime a aceitação da proposta negocial, sendo a instalação da máquina uma atividade meramente preparatória. Encarada a contratação automática nesta perspetiva, a eventual falha do autómato, em vez de se reconduzir a um incumprimento contratual, corresponde à recusa da proposta negocial que lhe é dirigida pelo humano e que ele, em princípio, estaria apto a aceitar. A sua responsabilidade será então exclusivamente pré-contratual.

Apesar do progresso técnico, a capacidade dos autómatos ainda não é ilimitada e a sua capacidade de reação dependerá de diversos fatores, mas seguramente da sua programação, afigurando-se excessivo reconduzir a incumprimentos contratuais, com as consequências que estes podem acarretar, as suas eventuais falhas. Talvez por isso, e não obstante a crescente capacidade de resposta dos autómatos, a nossa lei viria a acolher a segunda solução.

Com efeito, as **vendas automáticas** são atualmente objeto de regulamentação legal pelo Decreto-Lei nº 24/2014, de 14 de fevereiro (cfr. arts. 22º a 24º)[577] – a que fizemos referência acima (nº 24.2.1) –, o qual estabelece o regime de responsabilidade em caso de incumprimento por parte do autómato.

Estes negócios têm como elemento comum a antecipação do preço, por parte do consumidor (contraparte da máquina), e concluem-se pelo acionamento de um mecanismo que permita a obtenção do bem ou serviço desejado (cfr. art. 22º, nº 1).

Estabelecendo que o equipamento deve ter condições de devolver a quantia nele depositada, em caso de não fornecimento do bem ou serviço pretendido (cfr. art. 23º, nº 1) e a responsabilidade solidária do titular do espaço onde o mesmo se encontra instalado pela restituição da importância despendida e indevidamente retida pela máquina (cfr. art. 24º), a lei vigente parece inclinar-se decisivamente no sentido da teoria

[577] Este diploma – que retoma o disposto nos arts. 21º a 23º do DL 143/2001 – sujeita a **atividade de venda automática** *à legislação aplicável à venda a retalho do bem ou à prestação de serviço em causa* (cfr. art. 22º, nº 2).

da aceitação automática, limitando a responsabilidade pré-contratual do seu programador à quantia utilizada.

A crescente sofisticação dos equipamentos automáticos e a oferta que os mesmos facultam irá colocar novos e complexos problemas no que respeita aos efeitos contratuais que envolvem sujeitos do Direito Comercial e os consumidores.

24.2.4. *O comércio eletrónico*[578]

Com o desenvolvimento dos meios informáticos em geral e das comunicações eletrónicas em particular, pela criação e enorme progresso da *Internet*, começou a ser possível realizar transações por via informática, no espaço virtual, e, consequentemente, à distância. O mundo comercial não poderia ficar indiferente.

O comércio eletrónico e os serviços da sociedade de informação são presentemente regulados, em Portugal, pela Lei nº 41/2004, de 18 de agosto (na red. do DL 46/2012, de 29 de agosto) e pelo Decreto-Lei nº 7/2004, de 7 de janeiro (na red. do DL 46/2012, de 29 de agosto), que transpuseram para o nosso País as Diretivas do Parlamento Europeu e

[578] Vd. José Engrácia Antunes, *Direito dos Contratos Comerciais*, 2009, pp. 116-117, 144-150, 163-164 e 173-177, e *Direito do Consumo*, 2019, pp. 177-180, Menezes Cordeiro, *Direito Comercial*, 4ª ed., 2016, pp. 576-578, 639-643 e 647-650, e Calvão da Silva, *Banca, Bolsa e Seguros*, 5ª ed., 2017, pp. 183-242, e Pedro Romano Martinez, *Celebração de contratos à distância e o novo regime do contrato de seguro*, cit., 2009 (pp. 85-116), pp. 93-105.
No âmbito do regime anterior, vd. Mário Castro Marques, «O Comércio Electrónico, Algumas Questões Jurídicas», AA.VV., *O Comércio Electrónico. Estudos Jurídico-Económicos*, coord. por Glória Teixeira, Almedina, Coimbra, 2002 (pp. 34-55), Alexandre Libório Dias Pereira, *Comércio electrónico na sociedade da informação: da segurança técnica à confiança jurídica*, Almedina, Coimbra, 1999 (cfr., em especial, pp.14-15), e «Princípios do comércio electrónico», AA.VV., IDET, Miscelâneas nº 3, Almedina, Coimbra, 2004, pp. 75-112, e Sebastião Nóbrega Pizarro, *Comércio Electrónico. Contratos Electrónicos e Informáticos*, Almedina, Coimbra, 2005, em especial pp. 7-90.
Sobre a fraude no comércio eletrónico, vd. Maria Raquel Guimarães, «A fraude no comércio electrónico: o problema da repartição do risco por pagamentos fraudulentos», sep. de *Infrações Económicas e Financeiras – Estudos de Criminologia e Direito*, Coimbra Editora, Coimbra, 2013, pp. 581-597.
Sobre contratação eletrónica, vd. Hugo Ramos Alves, «*Smart contracts*: Entre a tradição e a inovação», AA.VV., *FinTech II – Novos Estudos sobre Tecnologia Financeira*, coord. António Menezes Cordeiro, Ana Perestrelo de Oliveira e Diogo Pereira Duarte, Almedina, Coimbra, 2019, pp. 181-216), pp. 186-192.

do Conselho, nº 2002/58/CE, de 12 de julho de 2002 (*Diretiva relativa à Privacidade e às Comunicações Eletrónicas*) e nº 2000/31/CE, de 8 de junho de 2000 (*Diretiva sobre Comércio Eletrónico*).

O **comércio eletrónico** é o exercício da atividade mercantil com recurso a tecnologias de informação desenvolvidas para permitir uma maior eficiência na venda de bens e na prestação de serviços à distância entre empresas ou com consumidores (finais)[579].

A contratação à distância por via eletrónica ou informática não é reservada aos contratos comerciais (cfr. art. 24º do DL 7/2004), embora certos tipos negociais não possam ser celebrados por esta via, como, por exemplo, os negócios familiares e sucessórios (cfr. art. 25º, nº 2, *alínea a)*) e os negócios jurídicos (reais) imobiliários, *com exceção do arrendamento* (cfr. art. 25º, nº 2, *alínea c)*).

A própria **faturação eletrónica** – isto é, *as condições técnicas para a emissão, conservação e arquivamento das faturas ou documentos equivalentes emitidos por via eletrónica* – é presentemente objeto de regulamentação autónoma, cabendo ao Decreto-Lei nº 196/2007, de 15 de maio (na redação do DL 197/2012, de 24 de agosto), a respetiva regulação e condições exigidas (cfr., em especial, o arts. 1º e 3º)[580].

24.2.5. *Contratação fora do estabelecimento comercial*[581]

Quando sc dirige a um estabelecimento comercial, o consumidor tem um propósito: concluir uma transação ou obter uma informação que contribua para a formação da sua decisão.

Nesse contexto, o consumidor sabe que pode ser persuadido pelo vendedor a concluir um negócio que não deseje ou não lhe interesse

[579] A lei define "serviço da sociedade de informação" como «*qualquer serviço prestado à distância por via eletrónica, mediante remuneração ou pelo menos no âmbito de uma atividade económica na sequência de pedido individual do destinatário*» (art. 3º, nº 1).

[580] Nomeadamente, a aposição de **assinatura eletrónica avançada ou qualificada (ou digital** produzida por técnicas criptográficas) do respetivo emitente, emitida nos termos do Decreto-Lei nº 290-D/99, de 2 de agosto (alterado pelos Decretos-Leis nºs 62/2003, de 3 de abril, 165/2004, de 6 de julho, 116-A/2006, de 16 de junho, e 88/2009, de 9 de abril).

[581] Vd. José Engrácia Antunes, *Direito do Consumo*, 2019, pp. 164-170, Carlos Lacerda Barata, «Contratos celebrados fora do estabelecimento comercial», cit., 2016, em especial pp. 886-919, e Morais Carvalho / Pinto-Ferreira, *Contratos Celebrados à Distância e Fora do Estabelecimento Comercial*, Anotação cit. 2014, pp. 39-45.

particularmente. Mas também sabe que não será obrigado a fazê-lo e que se pode retirar se o pretender. Isto é, no âmbito do estabelecimento comercial – no relacionamento com um sujeito de Direito Comercial (ou seu representante) –, o consumidor conserva a sua liberdade de decisão; sendo abordado fora do ambiente em que está habituado a transacionar, designadamente na sua própria casa ou em local alheio a um estabelecimento, o consumidor pode ser surpreendido e conduzido a celebrar um negócio no qual não tenha interesse ou que não deseje verdadeiramente.

Tal acontece com a contratação à distância, a que inadvertidamente pode acorrer ou responder, mas não se esgota na regulamentação que lhe é aplicável. Por isso, a lei (o Decreto-Lei nº 24/2014, de 14 de fevereiro) hoje autonomiza os negócios celebrados fora do estabelecimento comercial, como uma subcategoria contratual do tipo negocial a que respeita (*maxime*, e com maior frequência, a compra e venda)[582], designadamente os acordados no domicílio do consumidor ou celebrados em circunstâncias equiparadas, como no seu local de trabalho ou em reunião promovida para o efeito, definindo o **contrato celebrado fora do estabelecimento comercial** como aquele que é concluído «*na presença física simultânea do fornecedor de bens ou do prestador de serviços e do consumidor em local que não seja o estabelecimento comercial daquele*», ainda que seja o consumidor a tomar a iniciativa negocial (art. 3º, *alínea g)*).

Estes contratos – que se caracterizam por não serem totalmente realizados no ambiente a que o consumidor está habituado, no estabelecimento do profissional – estão sujeitos a um regime jurídico mais rigoroso, do que aqueles que são celebrados exclusivamente no estabelecimento comercial, tais como deveres de informação reforçados, forma escrita e direito (irrenunciável) de resolução ou desvinculação (durante um prazo mínimo, de 14 dias) por parte do consumidor, a operar por declaração unilateral (cfr. arts. 4º, 9º, nº 1, 10º e 11º do DL 24/2014).

[582] Neste sentido, vd. CARLOS LACERDA BARATA, «Contratos celebrados fora do estabelecimento comercial», cit., 2016, p. 872, que reconhece abrangerem estes contratos em sentido amplo os contratos celebrados à distância (p. 863, nota 4).

24.3. O equilíbrio (de prestações) na contratação[583]; o caso dos contratos de *swap*[584]

Vimos acima que existe atualmente uma tendência para equilibrar as posições das partes contratantes – ainda que as mesmas sejam, por natureza, assimétricas no mercado –, estabelecendo regras que visam promover um equilíbrio são na formação e execução dos contratos.

Com essa finalidade, de procurar um equilíbrio de prestações – ainda que as mesmas não sejam à partida determinadas, mas apenas determináveis –, o Direito é, *a priori*, mais exigente com os sujeitos que intervêm profissionalmente nos negócios, e que fazem da sua celebração uma prática habitual, do que com as pessoas e entidades que celebram esses negócios apenas pontualmente, como meros consumidores que são.

Num diferente nível, porventura mais sofisticado, o Direito distingue, no plano negocial, o agente que participa no contrato no âmbito da sua atividade específica – celebrando quotidianamente contratos inerentes à atividade que prossegue – do sujeito que, sendo eventualmente também um profissional, não tem o mesmo conhecimento sobre o conteúdo e efeitos desse negócio em concreto, por celebrá-lo na posição de consumidor[585].

Em todos os casos, o objetivo a atingir é o equilíbrio de prestações que, em algumas situações, se assegura pelas maiores exigências que são feitas a uma das partes contratantes.

[583] Sobre esta questão em geral, vd. o estudo de Rui Pinto Duarte, «Equilíbrio Contratual como Princípio Jurídico», *in Escritos Jurídicos Vários 2000-2015*, Almedina, Coimbra, 2015, pp. 685-699.

[584] Sobre estes contratos, vd., na doutrina portuguesa, António Pereira de Almeida, «Instrumentos financeiros: os *swaps*», AA.VV., *Estudos em Homenagem ao Professor Doutor Carlos Ferreira de* Almeida, vol. II, Almedina, Coimbra, 2011 (pp. 37-69), em especial pp. 49-69, Ferreira de Almeida, *Contratos II*, 4ª ed., 2016, em especial pp. 120-122, Engrácia Antunes, *Direito dos Contratos Comerciais*, 2009, pp. 647-653, e *Instrumentos Financeiros*, 2ª ed., Almedina, Coimbra, 2014, pp. 156-166, Maria Clara Calheiros, *O contrato de Swap*, Coimbra Editora, Coimbra, 2000, em especial pp. 7-12, 77-96, 109-113 e 124-127, em especial pp. 125-127, Paulo Mota Pinto, «Contratos de *swap* de taxas de juro, jogo e aposta e alteração das circunstâncias que fundaram a decisão de contratar», *RLJ*, ano 143º, nº 3987 (pp. 391-413), e ano 144º, nº 3988 (pp. 14-56), 2014, e a anot. de João Calvão da Silva ao AcRelLisboa de 21 de março de 2013 /Proc. nº 2587/10.0 TVLSB.L1-6 («*Swap* de taxa de juro: sua legalidade e autonomia e inaplicabilidade da excepção do jogo e aposta»), *RLJ*, ano 142º, nº 3979, 2013 (pp. 238-269, anotação a pp. 253-269).

[585] São estes os negócios abrangidos pela previsão dos arts. 17º a 19º da LCCG.

Esta preocupação é mais acentuada se o negócio for, por natureza, aleatório, ou seja, de efeitos imprevisíveis pelo menos para uma das partes, como sucede por exemplo com os contratos de seguro, de jogo e de aposta, e de *swap* (permuta financeira)[586]. Com efeito, e como é óbvio, o Direito não rejeita negócios que possam originar situações desequilibradas, resultantes da álea própria que envolvem, sobretudo quando esta constitua elemento característico do contrato celebrado, contanto que os sujeitos envolvidos possam representar antecipadamente a natureza aleatória do contrato e os efeitos aleatórios que dele podem decorrer[587].

Vamos recorrer a um contrato clássico – o de troca ou permuta –, mas numa utilização atual, para procurar perceber até onde é lícito os agentes económicos explorarem, no âmbito da respetiva autonomia privada, os instrumentos negociais disponíveis.

Os sujeitos do mercado, em geral, e os empresários, em particular, são férteis na conceção de contratos cujos efeitos não são antecipáveis com facilidade, porque a álea faz parte da sua essência, como acontece, presentemente, com os chamados contratos *swap* (ou contratos de permuta), que, nas suas versões mais recentes, passaram a abranger finalidades de cobertura de risco e especulação[588].

O *swap* é a operação pela qual as partes de um contrato (que pode ser de compra e venda de bens, financiamento, investimento ou mera aplicação financeira) – que tem por objeto moeda (*currency*), ativos financeiros (ações ou outros valores mobiliários), juros ou mercadorias ou matérias-primas (*commodities*) – trocam posições no que respeita ao risco e rentabilidade do negócio[589].

[586] Reconduzindo este contrato à categoria dos contratos comutativos, porque, «à partida, ambas as partes têm iguais expectativas de lucros, caso contrário não» o celebrariam, e afastando-o, por isso, do contrato de jogo, Pereira de Almeida, «Instrumentos financeiros: os *swaps*», cit., 2011 (pp. 37-69), p. 66.

[587] Por isso, se alguém contrata um seguro (não vida) – que nunca vem a acionar, por não sofrer qualquer sinistro – não pode, decorrido um longo prazo, vir a exigir o reembolso, ainda que parcial, dos prémios pagos. O que é natural é que estes venham a ser gradualmente objeto de redução, como recompensa pela ausência de sinistralidade.

[588] Neste sentido, Ferreira de Almeida, *Contratos II*, 4ª ed., 2016, p. 121.

[589] O *swap* é um instrumento financeiro que os agentes económicos se disponibilizam a contratar para procurar controlar os riscos dos financiamentos que obtêm sempre que as taxas de juro disparam (*swap* de taxa de juros) ou a sua variação afeta a moeda em que o negócio é contratado, sofrendo uma desvalorização acentuada (*swap* cambial). Este segundo

Vamos procurar simplificar este contrato à situação mais comum no nosso mercado, em que o *swap* é contratado diretamente por um banco e uma empresa sua cliente, para colateralizar um financiamento[590], em que a instituição de crédito aceita fixar a taxa de juro a um determinado montante mínimo (mais elevado do que a taxa praticada no mercado), para compensar o eventual risco cambial ou de subida de taxas de juro (Euribor) que possa agravar o financiamento concedido. No fundo, o cliente assume a obrigação de pagar uma taxa fixa em contrapartida da limitação do risco a essa mesma taxa. O banco por sua vez irá procurar assegurar uma cobertura do risco inerente à concessão da referida taxa fixa.

O contrato de *swap* é um acordo sinalagmático, isto é, com obrigações (de prestação) para ambas as partes[591], que se caracteriza por uma álea inerente à eventual variação das taxas ou do preço (de mercado) do respetivo objeto, por efeito do funcionamento do mercado, tornando-se naturalmente oneroso para quem é financiado se as taxas ou o valor de mercado – em lugar de subirem, como seria esperado aquando da sua contratação – diminuírem acentuadamente, como sucedeu recentemente, como efeito da (solução para a) crise económica global. O objeto do contrato reside precisamente na álea relacionada com a variação dos preços ou das taxas, cujos efeitos os contratantes pretendem minimizar ou neutralizar, mediante a celebração de um negócio pelo qual transferem para a contraparte essa mesma álea.

contrato (*swap* cambial), que se destina à cobertura de risco (*hedge*) cambial, traduz-se numa operação de compra e venda de moedas, para assegurar a variação negativa da moeda em que é feita a venda futura de um bem ou a variação positiva da moeda em que é contratada uma compra futura.
Ensaiando uma definição deste contrato, cuja qualificação admite ser variável, Ferreira de Almeida, *Contratos II*, 4ª ed., 2016, pp. 120-121. Sobre o conceito de *swap*, vd. também Engrácia Antunes, *Direito dos Contratos Comerciais*, 2009, p. 647, e Paulo Mota Pinto, «Contratos de *swap* de taxas de juro, jogo e aposta e alteração das circunstâncias que fundaram a decisão de contratar», *cit.*, 2014, pp. 391-396.

[590] Noutros casos, o swap é contratado entre duas empresas, por exemplo, uma importadora de matéria-prima e a exportadora, com a intermediação de uma instituição de crédito que aceita cobrir o risco cambial da operação, numa determinada moeda (por exemplo em dólares), acautelando a sua variação (positiva ou negativa) no mercado.

[591] Chamando precisamente a atenção para a correspetividade das prestações, Calvão da Silva, na anot. cit. ao AcRelLisboa de 21 de março de 2013, «*Swap* de taxa de juro: sua legalidade e autonomia e inaplicabilidade da excepção do jogo e aposta», p. 265.

Este contrato atípico[592] – por não se encontrar legalmente regulado, resultando da mera convenção das partes, mas suficientemente cristalizado para que se possa reconhecer como figura contratual específica –, que procurámos simplificar, pode ser objeto de múltiplas variações, ficando dependente nalguns casos de formas de cálculo relativamente complexas[593].

Ora, o problema que se coloca precisamente, na execução desses acordos, resulta da fixação de limiares mínimos de variação que, em caso de inversão do mercado – por exemplo, no caso de um *swap* de taxa de juro, redução generalizada das taxas de juro de referência (Euribor) –, se revelam ser, por comparação com outras então oferecidas, extremamente onerosas para quem subscreveu este instrumento.

Consideramos, assim, essencial que a variação que venha a ocorrer seja, em circunstâncias normais, antecipável pelas partes contratantes e não origine um resultado desproporcionado para qualquer delas, relativamente aos resultados previsíveis num plano de normal funcionamento do mercado. Se tal for conseguido, então, *a priori*, não vislumbramos nenhum obstáculo à contratação. Por outras palavras, é fundamental, para que a contratação nestes termos seja juridicamente admissível, que qualquer variação que venha a ocorrer se enquadre no espetro de variações que, em circunstâncias normais – nelas incluindo as variações de mercado –, possa ser considerada previsível. Isto significa que fora do perímetro de validade dos contratos ficam apenas as situações em que a variação ocorrida se situe para além do respetivo âmbito de previsibilidade, isto é, cuja alteração seja efetivamente maior do que aquela que, em circunstâncias normais, qualquer contraente poderia e deveria ter antecipado que pudesse ocorrer.

O contrato de permuta financeira (*swap*) e os seus efeitos evidenciam a importância do equilíbrio (de prestações) na contratação, fazendo do mesmo um verdadeiro princípio.

Em todos os casos e circunstâncias, há que procurar assegurar, na formação dos contratos, um equilíbrio nas prestações, compensando, se necessário com maiores exigências de informação e cuidado antes da

[592] Neste sentido, considerando-o como um contrato *sui generis*, Maria Clara Calheiros, *O contrato de Swap*, cit., 2000, p. 124-125.

[593] Designadamente por passarem a tomar como referência objetos puramente nocionais, como salienta Ferreira de Almeida, *Contratos II*, 4ª ed., 2016, p. 121.

celebração dos contratos, o desequilíbrio natural que existe entre contratantes com aptidões, conhecimentos e poder económico substancialmente diferentes.

Uma vez concluído o negócio, não se afigura lícito invocar a alteração anómala de circunstâncias (fundada na previsão do art. 437º do CC) para legitimar o incumprimento ou a resolução do contrato, se tais circunstâncias não eram de todo imprevisíveis, no momento da celebração do negócio[594].

Isso não impede que – demonstrando uma das partes que a outra tinha conhecimento da extrema necessidade em que ela se encontrava e forçou a celebração do contrato em condições desequilibradas e que, em que em circunstâncias normais, não seriam aceites – o contrato possa vir a ser questionado por outras vias que o Direito faculta a todos os sujeitos do mercado, como as do abuso de direito (cfr. art. 334º do CC), da usura (cfr. art. 282º do CC) ou da ilegalidade das cláusulas contratuais (gerais), na circunstância concreta (cfr. arts. 18º, 19º, 21º e 22º da LCCG).

25. Tipos e espécies de contratos comerciais

Vamos agora caracterizar os contratos comerciais mais relevantes, procedendo ao seu enquadramento normativo, avançando o respetivo conceito e enunciando os seus sujeitos e os aspetos mais diferenciadores do seu regime.

25.1. Contratos comerciais de organização

Começamos por dois contratos que são frequentemente confundidos com verdadeiras pessoas jurídicas, isto é, com entidades personificadas (autónomas), mas que na realidade correspondem a formas possíveis de organização empresarial dos sujeitos envolvidos: a associação em participação e o consórcio, que se encontram regulados no mesmo diploma – o Decreto-Lei nº 231/81, de 28 de julho –, mas que apresentam uma

[594] Cfr. Inocêncio Galvão Telles, *Manual dos Contratos em Geral*, 4ª ed., Coimbra Editora, Coimbra, 2002, pp. 337-354.

longevidade diferente. Enquanto o primeiro se encontrava regulado na versão originária do (ainda vigente) Código Comercial de 1888 (nos artigos 224º a 229º[595], sob a designação de "conta em participação"), o consórcio só seria tipificado pelo diploma legal que o introduziu na nossa ordem jurídica e ainda hoje o disciplina.

25.1.1. *Associação em participação*[596]

A **associação em participação** consiste na associação de uma pessoa (associado) a uma atividade económica exercida por outra (o associante), ficando a primeira a participar nos lucros (elemento essencial) e perdas (característica que pode ser dispensada) que desse exercício resultarem para a segunda (cfr. nºs 1 e 2 do art. 21º do DL 231/81, de 28 de julho).

Tal como já antecipámos, este contrato não gera uma entidade personificada. Trata-se de um acordo pelo qual um dos contratantes se junta a outro que "dá a cara", participando ativamente no mercado, por si, e pelo seu associado – que o financia –, com quem irá repartir os resultados da atividade económica desenvolvida.

Não sendo uma figura contratual atual, corresponde a uma forma jurídica que se verifica na prática negocial com mais frequência do que poderíamos pensar, consistindo muitas vezes numa associação espontânea de um sujeito ao exercício da atividade comercial por outro.

O contrato não está sujeito a **forma** especial, salvo se a natureza dos bens a exigir (cfr. art. 23º, nº 1); sem prejuízo de dever ser sempre reduzida a escrito cláusula que exclua a participação do associado nas perdas ou que lhe atribua a responsabilidade ilimitada destas (cfr. art. 23º, nº 2).

O **associado** tem direito a participar nos lucros, nos termos de cláusula contratual que regule a distribuição dos resultados da associação

[595] Entretanto revogados.

[596] Seguimos de muito perto o nosso *Direito Comercial e do Mercado*, 2ª ed., 2018, pp. 290-293. Vd. também Ferreira de Almeida, *Contratos III*, 3ª ed., 2019, pp. 141-142, Engrácia Antunes, *Direito dos Contratos Comerciais*, 2009, pp. 406-412, José de Oliveira Ascensão, *Direito Comercial*, vol. I *(Institutos Gerais)*, Policop., FDL, Lisboa, 1998/99, pp. 457-466, Menezes Cordeiro, *Direito Comercial*, 4ª ed., 2016, pp. 734-746, Romano Martinez, *Contratos Comerciais*, 2001, pp. 37-39, João Calvão da Silva, «Associação em participação», *Estudos de Direito Comercial (Pareceres)*, Almedina, Coimbra, 1996, pp. 79-93, Edgar Valles, *Consórcio, ACE e outras figuras*, Almedina, Coimbra, 2007, pp. 63-67, Pais de Vasconcelos, *Manual de Direito Comercial*, 2011, pp. 145-151.

em participação (cfr. art. 25º, nº 1 *in fine*) e, sendo o contrato omisso, com base no critério em que participa nas perdas, se essa participação estiver determinada (cfr. art. 25º, nº 2), proporcionalmente ao valor da sua contribuição, se a mesma tiver sido objeto de avaliação, ou, faltando esta, em metade dos lucros, sem prejuízo de o associante requerer judicialmente uma redução dessa participação (cfr. art. 25º, nº 3).

No que respeita aos seus deveres, o associado apenas participa nas perdas no limite dos bens com que contribui (cfr. arts. 25º, nº 4 e 24º).

O **associante** é aquele que assume a condução da atividade económica e a quem são imputados, em primeira linha, os efeitos do exercício do comércio. É por isso natural que o contrato de associação em participação acautele a sua posição jurídica, impondo as respetivas obrigações. Não obstante, a lei não abdica de disciplinar a sua atuação, cominando (imperativamente) diversos deveres (cfr. art. 26º).

Trata-se de uma figura contratual utilizada sempre que, por qualquer razão, um determinado sujeito (o associante), que tem de, isoladamente, configurar-se como parte (autónoma) de um contrato, pretende fazer participar, conjuntamente consigo, na execução desse contrato e nos proveitos que a mesma gerar, um ou mais sujeitos (os associados), que se agregam à atividade económica que lhe corresponde e aos respetivos resultados. Tal acontece quando o associado quer manter reservada a sua intervenção no negócio ou quando um sujeito é parte num concurso para a celebração de um contrato e, após vencê-lo, entende associar à respetiva execução outro sujeito.

25.1.2. *Consórcio*[597]

O **consórcio** é o contrato pelo qual duas ou mais pessoas (singulares ou coletivas) que exerçam uma atividade económica se obrigam entre si a,

[597] Seguimos de muito perto o nosso *Direito Comercial e do Mercado*, 2ª ed., 2018, pp. 294-298. Cfr. também Ferreira de Almeida, *Contratos III*, 3ª ed., 2019, pp. 134-138, Engrácia Antunes, *Direito dos Contratos Comerciais*, 2009, pp. 398-405, José de Oliveira Ascensão, *Direito Comercial*, I *(Institutos Gerais)*, cit., 1998/99, pp. 439-448, Menezes Cordeiro, *Direito Comercial*, 4ª ed., 2016, pp. 747-761, Romano Martinez, *Contratos Comerciais*, 2001, pp. 37-39, Edgar Valles, *Consórcio, ACE e outras figuras*, cit., 2007, pp. 17-40, Paulo Alves de Sousa de Vasconcelos, *O contrato de consórcio*, cit., 1999 (cfr., em especial, pp. 19-30, 31-46, 76-78, 93-133), Pais de Vasconcelos, *Manual de Direito Comercial*, 2011, pp. 152-159, e Raúl Ventura, «Primeiras notas sobre o contrato de consórcio», *ROA*, ano 41, t. III, 1981, pp. 609-690.

de forma concertada, realizar certa atividade ou efetuar certa contribuição com o fim de prosseguir um objeto comum que, em princípio, corresponde a uma das seguintes atividades (cfr. arts. 1º e 2º):

a) *Realização de atos materiais ou jurídicos, preparatórios quer de um determinado empreendimento, quer de uma atividade contínua* (por exemplo, consórcio para participar num concurso público);
b) *Execução de determinado empreendimento* (como a construção da ponte Vasco da Gama, metro do Porto);
c) *Fornecimento a terceiros de bens iguais ou complementares entre si* (produzidos pelos diversos membros do consórcio);
d) *Pesquisa ou exploração de recursos naturais* (tal como a atividade de extração de petróleo);
e) *Produção de bens que possam ser repartidos, em espécie, entre os membros do consórcio.*

O consórcio pode ser **interno** se os consorciados se fizerem representar junto de terceiros por um deles ou se mantiverem relações diretas com terceiros sem invocarem a sua qualidade (cfr. art. 5º). Nesta modalidade, o consórcio não tem relevância, nem qualquer eficácia contratual, junto de terceiros que se cruzem e contactem com qualquer dos respetivos contratantes.

O consórcio é **externo** se os seus membros estabelecem relações comercias diretamente com terceiros, nessa qualidade (cfr. art. 5º, nº 2). Nesta modalidade de consórcio, os respetivos membros podem fazer-se designar coletivamente, juntando as suas firmas e expressando a sua agregação com referência ao consórcio (cfr. art. 15º, nº 1) e um dos membros é designado o chefe do consórcio, como poderes de representação de todos os membros (cfr. art. 12º).

Esta figura contratual permite a participação conjunta de dois ou mais sujeitos autónomos num projeto e em concursos para a seleção de uma contraparte contratual, dando frequentemente azo a uma entidade personificada, sob a forma de sociedade comercial, com a participação de todos os consorciados; a qual substitui o consórcio, convertendo uma organização contratual numa pessoa jurídica autónoma.

25.2. Compra e venda comercial[598]

25.2.1. *Enquadramento normativo*

O contrato de compra e venda comercial constitui o negócio-jurídico mercantil por excelência, a par da troca, e é celebrado com a intenção de, através dele, o agente económico vir a conseguir um ganho (lucro) expresso na diferença positiva entre o que pagou pela aquisição de um bem e o que recebe pela respetiva revenda. Encontra-se regulado no Código Comercial (arts. 463º a 476), no Código Civil (arts. 874º-939º) e, ainda, no Decreto-Lei nº 24/2014, de 14 de fevereiro, que regula as vendas à distância, como já vimos (cfr., *supra*, nº 24.2.1).

25.2.2. *Noção*

O contrato de **compra e venda comercial** é o negócio jurídico pelo qual uma das partes (a vendedora) aliena à outra (a compradora), mediante um determinado preço, uma coisa móvel ou imóvel, com a finalidade desta a revender (cfr. art. 463º, nos 1º a 4º), ou transaciona uma participação social (cfr. art. 463º, nº 5º).

A lei exclui da comercialidade as compras para consumo (cfr. art. 464º), porque entende que as mesmas, pelo lado do sujeito adquirente do bem (consumidor), não se enquadram na atividade económica mercantil, não merecendo, por isso, a tutela do Direito Comercial.

25.2.3. *Regime jurídico*

O contrato de compra e venda comercial é **consensual**, não estando sujeito a forma especial, salvo se a própria transmissão do bem impuser um modo de exteriorização da vontade específico (cfr. art. 875º do CC).

[598] Seguimos de muito perto o nosso *Direito Comercial e do Mercado*, 2ª ed., 2018, pp. 298-301. Vd. também Engrácia Antunes, *Direito dos Contratos Comerciais*, 2009, pp. 345-363, Menezes Cordeiro, *Direito Comercial*, 4ª ed., 2016, pp. 856-861, Marta Martins da Costa, *Da compra e venda comercial. Aspetos de regime que permitem sustentar uma existência substancialmente autónoma para o Direito Comercial, Instituto Ivridico da FDUC*, Coimbra, 2019, pp. 69-114, Luís da Cunha Gonçalves, *Da compra e venda no Direito Comercial Português*, 2ª ed., Coimbra Editora, 1924, Filipe Cassiano dos Santos, *Direito Comercial Português*, vol. I, 2007, pp. 365-382, João Calvão da Silva, «Compra e venda de empresas», *Estudos de Direito Comercial (Pareceres)*, cit., 1996, pp. 137-163, e «A empresa como objecto de tráfico jurídico», *Estudos de Direito Comercial (Pareceres)*, cit., 1996, pp. 165-197, e Pais de Vasconcelos, *Manual de Direito Comercial*, 2011, pp. 258-278.

O vendedor está obrigado a proceder à entrega da coisa vendida e tem direito a receber o preço, sendo o direito e vinculação principais do comprador recíprocos, isto é, tem direito a receber o bem adquirido, devendo entregar o respetivo preço.

As declarações de vontade são suficientes para transferir a propriedade, constituindo as partes na obrigação de entrega da coisa vendida e do respetivo preço, embora a determinação deste possa vir a ocorrer em conformidade com mecanismo contratual ou por fixação de terceiro (cfr. art. 466º do CCom).

A resolução contratual pode ocorrer perante o incumprimento da obrigação de pagar o preço das mercadorias antes da entrega ou no momento desta (cfr. art. 474º do CCom).

Por fim, refira-se que a principal diferença entre a compra e venda mercantil e a civil reside no facto de a primeira poder recair, licitamente, sobre bens alheios que o empresário se predispõe a adquirir para poder concretizar o negócio acordado (cfr. art. 467, 2º e § ún. do CCom), enquanto idêntico contrato (de venda de bens alheios) no plano do Direito Civil é nulo (cfr. art. 892º do CC)[599].

25.3. Representação comercial[600]

25.3.1. *A representação comercial: origem, significado e enquadramento normativo*

O empresário mercantil nem sempre consegue estar presente pessoalmente em locais distantes do seu centro de vida económica. Esta dificuldade era seguramente maior no passado quando os meios de transporte e as (tele)comunicações não tinham a sofisticação de que se revestem hoje, apresentando-se rudimentares e incipientes.

[599] Sobre esta questão, vd. o nosso estudo, *Venda de bens alheios*, sep. da ROA, ano 47, 1987 (pp. 419-472), em especial pp. 462-463 e 449-453.

[600] Seguimos de muito perto o nosso *Direito Comercial e do Mercado*, 2ª ed., 2018, pp. 304-309. Vd. também Engrácia Antunes, *Direito dos Contratos Comerciais*, 2009, pp. 363-368, Oliveira Ascensão, *Direito Comercial*, vol. I *(Institutos Gerais)*, cit., 1998/99, pp. 250-259, Menezes Cordeiro, *Direito Comercial*, 4ª ed., 2016, pp. 656-688, Romano Martinez, *Contratos Comerciais*, 2001, pp. 37-39, e Pais de Vasconcelos, *Manual de Direito Comercial*, 2011, pp. 166-178.

No século XIX, para comercializar um bem num local distante do seu estabelecimento (fabril ou comercial) o comerciante tinha de empreender longas e dispendiosas viagens ou, em alternativa, constituir um agente local ou delegar a contratualização da sua atividade mercantil num empresário que residisse no lugar onde pretendia celebrar os seus negócios. Esse agente interviria na comercialização dos seus bens, em seu nome e por sua conta (ou no seu interesse), ou atuando em nome próprio, sem revelar o beneficiário (último) dos seus atos. Ocorria, pois, uma substituição de vontades que permitia ao empresário atuar em diferentes locais simultaneamente através das pessoas que constituía como seus representantes. E isto tanto era válido para o espaço nacional, como para os mercados internacionais.

Por **representação comercial** podemos entender a atuação em nome (e no interesse) de outrem, informando desse facto a contraparte, ou uma atuação por conta de outrem, sem revelar que o destinatário final dos efeitos do negócio é o titular de uma esfera jurídica alheia, diferente do agente que intervém a título pessoal no negócio.

O Código Comercial[601] regulou as formas tradicionais de representação: os contratos de mandato e comissão comercial (arts. 231º a 267º), que viriam a ser, posteriormente, regulados (como contratos civis) no Código Civil, sob as designações de mandato com e sem representação (cfr. arts. 1157º a 1184º). Vamos referenciá-los sinteticamente.

25.3.2. *O mandato comercial*

25.3.2.1. *Conceito e características*

O **mandato comercial** é o contrato pelo qual uma pessoa atua por conta e em nome de outrem, substituindo-a na celebração de contratos comerciais (cfr. art. 231º do CCom). Trata-se de um ato que se pressupõe oneroso, pelo que mandante deverá pagar um preço pela intervenção que o mandatário aceita fazer em seu nome.

[601] Diploma a que se reportam todas as disposições legais que neste número (25.3) não estão especialmente referenciadas.

25.3.2.2. *Categorias de mandatários*[602]

Os **mandatários** são os sujeitos em quem a atividade comercial é delegada, atuando em regra em nome e por conta do mandante. São os representantes dos empresários comerciais.

A nossa lei comercial refere-se a diversas categorias de mandatários que se impõe caracterizar sucintamente.

O **gerente de comércio** é o sujeito que, sob designação reconhecida pelos usos comerciais, trata da atividade comercial de outrem, em seu nome e por sua conta, no respetivo estabelecimento ou noutro local (cfr. art. 248º), sendo o responsável pelo funcionamento desse estabelecimento. É a pessoa que se designa habitualmente por "*gerente de loja*".

Na sua atividade mercantil, o empresário comercial é auxiliado por outros mandatários que contrata – os balconistas (ou **auxiliares**) (cfr. art. 256º) – e que hoje prestam a sua colaboração frequentemente ao abrigo de um vínculo de subordinação expresso num contrato de trabalho. Estes mandatários agrupam-se em mais do que uma categoria, cumprindo salientar aqueles que estão encarregados de controlar a caixa (recebimentos e pagamentos) dos estabelecimentos comerciais.

O Código Comercial refere-se ainda aos **caixeiros** que, tradicionalmente, eram os mandatários a quem o empresário solicitava que o representassem noutras localidades, sendo também conhecidos por "viajantes" (e daí a expressão "caixeiro-viajante") ou simplesmente por representantes comerciais (cfr. art. 257º).

25.3.2.3. *Regime jurídico*

A lei admite que possa ser exigido ao mandatário o documento escrito que consubstancia e legitima a sua intervenção (cfr. art. 242º).

O mandato comercial que seja concluído na **forma** escrita está obrigatoriamente sujeito a registo comercial (cfr. art. 10º, *alínea a)* do CRCom).

O mandatário tem direito a ser remunerado (cfr. art. 232º), tem deveres de informação e comunicação (cfr. arts. 239º e 240º) e é respon-

[602] Sobre a qualificação dos mandatários como comerciantes e as respetivas categorias, vd. Engrácia Antunes, «O estatuto jurídico de comerciante», cit., 2015 (pp. 413-442), pp. 417-419.

sável pela guarda e conservação das mercadorias (cfr. art. 236º). Em caso de antecipação do termo do mandato por morte do mandante, o mandatário tem direito a ser compensado (cfr. art. 236º).

O contrato de mandato tem como **efeito** principal a imputação dos atos de representação ao mandante.

Em caso de incumprimento ou cumprimento defeituoso suscita-se a responsabilidade contratual (cfr. art. 238º).

A revogação e a renúncia sem justa causa dão origem a indemnização (por perdas e danos), se não houver sido convencionada sanção específica (cfr. art. 245º).

25.3.3. *Contrato de comissão*

25.3.3.1. *Noção*

O **contrato de comissão** é o contrato pelo qual o mandatário executa o mandato mercantil sem aludir ao mandante, contratando por si e em seu nome, como único contraente. Trata-se, pois, de uma modalidade do contrato de mandato, só que o sujeito de Direito Comercial não atua em representação do seu cliente, mas em nome próprio.

Recorrendo a um comissário, o empresário comercial não revela a sua identidade, ficando o (seu) representante diretamente obrigado, como se o negócio fosse seu. Este contrato permite ao empresário (mercantil) atuar no mercado – através de quem se dedique profissionalmente a fazê-lo no interesse de terceiros – sem alardear a sua presença, evitando, dessa forma, empolar os preços, uma vez que a contraparte não saberá que está a negociar com ele.

Algumas espécies negociais caracterizam-se precisamente por recorrerem a comissários. Tal acontece, nomeadamente, com os negócios de bolsa (contratos de intermediação ou corretagem), em que o sujeito de Direito Comercial (o corretor) atua quase sempre[603] em nome próprio, mas em representação do seu cliente.

[603] Dizemos quase sempre, porque o corretor (quando organizado sob a forma de sociedade financeira de corretagem) pode ser titular de carteira própria e celebrar negócios pessoais.

25.3.3.2. *Regime jurídico: aspetos específicos (forma, objeto, direitos e deveres dos contratantes)*

O regime legal deste contrato consta do Código Comercial, em capítulo autónomo (cfr. arts. 266º a 277º), aplicando-se-lhe ainda as regras do mandato (arts. 232º a 247º), na matéria que não for especificamente regulada nos preceitos sobre a comissão (cfr. art. 267º).

Trata-se de um contrato meramente **consensual** (cfr. art. 219º do CC), uma vez que a lei não exige um modo especial de exteriorização da vontade dos contraentes, ainda que nalguns casos particulares possa impor que a concretização das instruções do comitente, quando transmitida oralmente, seja reduzida a escrito, como sucede com as ordens de bolsa (cfr. art. 327º, nºs 1 e 2 do CVM).

A comissão recai sobre um contrato comercial, cujos efeitos o comitente pretende vir a aproveitar, embora em primeira mão sejam imputados ao comissário.

A **comissão *del credere*** é a remuneração acrescida – à *remuneração ordinária* – que o comissário tem direito a cobrar ao comitente por ter-lhe assegurado o cumprimento das obrigações contratuais pela contraparte com quem negociou (cfr. art. 269º). Esta retribuição, se não estiver fixada no mandato celebrado, deve ser calculada «*pelos usos da praça onde a comissão for executada*» (cfr. art. 269º, § 2º *in fine*).

Este contrato tem duas **partes**: o comitente e o comissário[604], que é o empresário mercantil que aquele encarrega de, por sua conta, celebrar um ou mais contratos comerciais, sem revelar no interesse de quem é que o faz.

Os direitos e deveres são os mesmos do mandato mercantil (cfr. art. 267º), sendo que o comissário fica diretamente vinculado pelo contrato celebrado (cfr. art. 268º), uma vez que atua em nome próprio, desconhecendo a respetiva contraparte contratual naturalmente que não será ele que assumirá os efeitos finais do negócio.

[604] Cfr. ENGRÁCIA ANTUNES, «O estatuto jurídico de comerciante», cit., 2015 (pp. 413-442), pp. 420-421.

25.3.4. ***Outras formas de representação comercial;*** *remissão (contratos de distribuição)*

A atuação de um empresário mercantil por conta de outrem generalizou-se com o alargamento dos mercados nacionais e internacionais e com a sofisticação das formas de comercialização de bens através de pessoa ou entidade não coincidente com o respetivo produtor. Surgiram então, com autonomia dogmática, os contratos de distribuição – a que faremos breve referência adiante (cfr., *infra*, nº 25.5) – que permitiram ao produtor ou intermediário (grossista) colocar os seus bens em mercado longínquo sem ter de, para o efeito, constituir no mercado final uma empresa sua; antes recorrendo a estruturas comerciais detidas pelos seus representantes locais (agentes, concessionários ou franchisados).

25.4. **Mediação**[605]

25.4.1. ***Noção***

A **mediação** é o contrato pelo qual uma pessoa ou entidade (*mediador*) coloca em contacto dois interessados em concluir um determinado contrato – normalmente de compra e venda –, contribuindo para o esclarecimento das partes sobre o âmbito e escopo do negócio e favorecendo, desse modo, a respetiva conclusão, mediante uma retribuição, normalmente calculada percentualmente sobre o valor do negócio e a suportar pelo adquirente, se não for convencionada diferente forma de proceder à repartição do pagamento devido ao mediador.

25.4.2. ***A intermediação financeira***; *remissão*

Os intermediários financeiros estão enunciados no art. 293º do Código dos Valores Mobiliários (CVM)[606] e as atividades de intermediação

[605] Seguimos de perto o nosso *Direito Comercial e do Mercado*, 2ª ed., 2018, pp. 310-312.
Vd. também Ferreira de Almeida, *Contratos II*, 4ª ed., 2016, pp. 186-188, Engrácia Antunes, *Direito dos Contratos Comerciais*, 2009, pp. 458-463, e «O estatuto jurídico de comerciante», cit., 2015 (pp. 413-442), pp. 429-430 e 433-435, Menezes Cordeiro, *Direito Comercial*, 4ª ed., 2016, pp. 689-733, e «Do contrato de mediação», *O Direito*, ano 139º, III, 2007, pp. 517-554, e Pais de Vasconcelos, *Manual de Direito Comercial*, 2011, pp. 197-198.

[606] A que se referem as disposições legais citadas neste número (25.4.2).
Sobre os intermediários financeiros e a multiqualificação que a categoria gera, Rute Saraiva, *Direito dos Mercados Financeiros*, AAFDL, Lisboa, 2013, pp. 214-215.

financeira encontram-se definidas no art. 289º. Estão em causa serviços e atividades de investimento com instrumentos financeiros e serviços auxiliares, bem como a gestão de instituições de investimento coletivo.

A lei estabelece diversos princípios a quem devem obedecer estas atividades (cfr. art. 304º), nomeadamente a salvaguarda dos bens e dinheiro de clientes (arts. 306º a 306º-D), a informação a investidores (cfr. arts. 312º a 312º-G), a resolução de conflitos de interesses (cfr. arts. 309º a 309º-F), e a defesa do mercado (cfr. art. 311º).

Estes contratos devem apresentar um conteúdo mínimo (cfr. art. 321º-A) e quando formados com base em cláusulas contratuais gerais estão sujeitos a uma disciplina rigorosa, uma vez que os chamados investidores não qualificados (cfr. art. 30º *a contrario* do CVM) são, para o efeito, considerados consumidores (cfr. nº 3).

O Código dos Valores Mobiliários menciona três espécies diferentes: as ordens de bolsa (cfr. art. 325º a 334º), a gestão de carteiras (cfr. arts. 335º e 336º) e a assistência e colocação (cfr. arts. 337º a 342º).

25.4.3. *Mediação imobiliária*

A **mediação imobiliária** pode corresponder a uma atividade, quando exercida profissionalmente, mas consiste num contrato comercial, pelo qual um sujeito (o mediador ou mediadora) se predispõe a encontrar um interessado para adquirir um determinado imóvel cuja venda (se) pretende promover, devendo diligenciar a divulgação da situação do mesmo ao mercado, executando os atos necessários a difundir o interesse na venda com a finalidade de que surja um ou mais potenciais compradores.

Este contrato (de mediação imobiliária) é disciplinado pela Lei nº 15/2013, 8 de fevereiro (que revogou o DL 211/2004, de 20 de agosto), que impõe a sua forma escrita (cfr. art. 16º, nº 1), determina os elementos mínimos que dele devem constar (cfr. art. 16º, nº 2)– *identificação* do imóvel objeto da mediação, bem como do negócio sobre o qual esta recai, e *condições de remuneração*[607] – e considera-se celebrado por um prazo de seis meses, se não for convencionada diferente duração (cfr. art. 16º, nº 3).

[607] Em princípio, a remuneração apenas será devida após a concretização do negócio (cfr. art. 19º, nº 1), salvo situações expressamente previstas em contrato de mediação, e será suportada pelo adquirente se não for convencionado diferente regime. Trata-se da aplicação por

25.4.4. *Outros contratos de mediação*

Há outros contratos de mediação legalmente tipificados, como, por exemplo, a mediação de seguros, presentemente designada **distribuição de seguros** (cfr. arts. 28º a 31º da LCS e Lei nº 7/2019, de 16 de janeiro[608])[609], e a **intermediação de crédito** (DL nº 81-C/2017, de 7 de julho).

Os mediadores de seguros, para além de procurarem as soluções mais adequadas ao tomador do seguro – a contraparte da companhia seguradora (cfr., *infra*, nº 25.7) –, no que respeita ao seguro a contratar, em termos de objeto, cobertura de riscos e preço, é suposto desempenharem um papel relevante em caso de sinistro, junto do segurador.

Os intermediários de crédito, que se encontram sob a supervisão do Banco de Portugal, são as pessoas que apresentam ou propõem aos consumidores contratos de crédito, que lhes prestam assistência na celebração desses contratos ou que representam instituições mutuantes na celebração dos mesmos.

25.5. Contratos de distribuição[610]

A **distribuição** corresponde a um complexo de atos articulados com vista a promover a transferência remunerada de bens e serviços do

analogia da regra supletiva prevista no artigo 878º do Código Civil, que faz recair os encargos da compra e venda sobre o adquirente. Contudo, sucede com frequência que, sendo o vendedor a tomar a iniciativa e a contactar o mediador, poderão as partes convencionar que a remuneração deste poderá ficar a cargo do alienante.

[608] Este diploma substituiu o Decreto-Lei nº 144/2006, de 31 de julho (red. da L 147/2015, de 9 de setembro), que revogou (cfr. art. 15º), entrando retroativamente em vigor (cfr. art. 16º, nº 1) e produzindo «*efeitos a partir de 1 de outubro de 2018*».

[609] Vd. o comentário de Francisco Luís F. Ribeiro Alves, *O Novo Regime Jurídico da Distribuição de Seguros*, Almedina, Coimbra, 2019.

Elaborados no quadro legal da anterior legislação sobre mediação de seguros, cfr. José Vasques, *Novo Regime Jurídico da Mediação de Seguros*, Almedina, Coimbra, 2006, Paula Ribeiro Alves, *Estudos de Direito dos Seguros. Intermediação de Seguros e Seguro de Grupo*, Almedina, Coimbra, 2007, em especial, pp. 69-75, nas quais classifica os distribuidores deste contrato, e Higina Orvalho Castelo, *O contrato de mediação*, Almedina, Coimbra, 2014, pp. 19-30.

[610] Sobre esta matéria, vd. a dissertação de doutoramento de Fernando A. Ferreira Pinto, *Contratos de Distribuição. Da tutela do distribuidor integrado em face da cessação do vínculo*, Universidade Católica Editora, Lisboa, 2013, pp. 17-27, 48-49, 96-103 e 288-290 – com a oportuna e interessante análise económica destes contratos (pp. 169-221) –, e também Ferreira de Almeida, *Contratos III*, 3ª ed., 2019, pp. 143-157, Engrácia Antunes, *Direito*

produtor para o utilizador final. Trata-se de uma atividade de intermediação que pressupõe uma relação, pelo menos, triangular, entre o fabricante (produtor), o distribuidor e o consumidor.

A distribuição pode ser **direta**, se as mercadorias são transmitidas diretamente pelo produtor ao utilizador final – o que sucede com as vendas efetuadas na sede da empresa, por exemplo, de equipamentos complexos de elevado custo –, ou **indireta**. Neste caso, a comercialização efetua-se em diversos planos, desde o transporte, depósito e armazenagem, redução das partidas de mercadorias a quantidades para venda a retalho, até ao retalhista.

25.5.1. *Agência*[611]

A **agência** – objeto de regulamentação pelo Decreto-Lei nº 178/86, de 3 de julho – é o contrato pelo qual uma das partes (o *agente*) *se* obriga a promover por conta da outra (o *principal*) a celebração de contratos de

dos Contratos Comerciais, 2009, pp. 435-467, e «O estatuto jurídico de comerciante», cit., 2015 (pp. 413-442), pp. 426-428, 431-433, Menezes Cordeiro, *Direito Comercial*, 4ª ed., 2016, pp. 770-815, António Pinto Monteiro, *Contratos de distribuição comercial*, Almedina, Coimbra, 2002 (cfr., em especial, pp. 25-49, 60-74, 129-170), Santos / Gonçalves / Leitão Marques, *Direito Económico*, 2012, pp. 255-257, Isabel Marques da Silva, «Os acordos de distribuição e o Direito da concorrência», *DJ*, vol. X, 1996, t. 2, pp. 167-235 (existe separata), e Pais de Vasconcelos, *Manual de Direito Comercial*, 2011, pp. 145-151.
No texto, seguimos de muito perto o nosso *Direito Comercial e do Mercado*, 2ª ed., 2018, p. 313.

[611] Seguimos de muito perto o nosso *Direito Comercial e do Mercado*, 2ª ed., 2018, p. 314.
Cfr. também Ferreira de Almeida, *Contratos III*, 3ª ed., 2019, pp. 145-148, Engrácia Antunes, *Direito dos Contratos Comerciais*, 2009, pp. 439-445, Oliveira Ascensão, *Direito Comercial*, vol. I, cit., 1998/99, pp. 267-273, Carlos Lacerda Barata, *Sobre o contrato de agência*, Almedina, Coimbra, 1991, e *Anotações ao novo regime do contrato de agência*, LEX, Lisboa, 1994, Maria Helena Brito, *O contrato de concessão comercial*, Almedina, Coimbra, 1990 (cfr., em especial, pp. 88-103, 109-112), Menezes Cordeiro, *Direito Comercial*, 4ª ed., 2016, pp. 776-793, e «O contrato de agência e a boa-fé», *RDC*, ano I, Nº 4, 2016, pp. 795-805, Romano Martinez, *Contratos Comerciais*, 2001, pp. 13-18, António Pinto Monteiro, *Contratos de agência, de concessão e de franquia («franchising»)*, 1989, pp. 303-316, *Contrato de agência. Anotação ao Decreto-Lei nº 178/86*, 7ª ed., Almedina, Coimbra, 2010, *Contratos de distribuição comercial*, Almedina, Coimbra, 2002, em especial, pp. 76-104, Abílio Neto, *Código Comercial e Contratos Comerciais Anotado*, cit., 2008, pp. 553-582, Fernando Ferreira Pinto, *Contratos de Distribuição*, cit., 2013, pp. 49-58, em especial pp. 50-51 e 57-58, e Pais de Vasconcelos, *Manual de Direito Comercial*, 2011, pp. 178-189.

modo autónomo e estável e mediante retribuição, podendo ser-lhe atribuída certa zona ou círculo de clientes (cfr. art. 1º).

Na agência, tal como na comissão, o intermediário não adquire os produtos que distribui, mas a distribuição através do agente comercial permite ao produtor reduzir (despesas de instalação e) riscos inerentes a uma nova implantação no mercado.

Constituem exemplos os estabelecimentos revendedores de telemóveis e eletrodomésticos quando não são explorados por operadoras de telecomunicações ou diretamente pelas respetivas marcas.

25.5.2. *Concessão comercial*[612]

Na **concessão comercial** o intermediário (distribuidor) adquire os produtos, assumindo assim um maior risco que o agente (comercial). O concessionário, que é escolhido por reunir aptidões técnicas e funcionais adequadas à distribuição que se propõe efetuar sem ser em regime de exclusividade, obriga-se a adquirir uma quantidade mínima de produtos e a revendê-los, beneficiando da publicidade geral que é feita a esses produtos, nacional e internacionalmente. Em complemento, e no âmbito das suas obrigações, o concessionário vincula-se a assegurar serviços de pós-venda e nalguns casos poderá explorar serviços complementares.

Sendo um contrato legalmente atípico, à concessão comercial poderá ser aplicado, por analogia, o regime legal da agência.

[612] Cfr. Ferreira de Almeida, *Contratos III*, 3ª ed., 2019, pp. 148-152, Engrácia Antunes, *Direito dos Contratos Comerciais*, 2009, pp. 446-451, Helena Brito, *O contrato de concessão comercial*, cit., 1990, em especial, pp. 1-20, 30-32, 54-78, Menezes Cordeiro, *Direito Comercial*, 4ª ed., 2016, pp. 794-803, Romano Martinez, *Contratos Comerciais*, 2001, pp. 9-10, António Pinto Monteiro, *Contratos de agência, de concessão e de franquia («franchising»)*, cit., 1989, pp. 303-308, 317-327, *Denúncia de um contrato de concessão comercial (Anotação* ao *AcRelPorto de 27 Junho 1995)*, Coimbra Editora, 1998, *Contratos de distribuição comercial*, Almedina, Coimbra, 2002, pp. 105-116, Abílio Neto, *Código Comercial e Contratos Comerciais Anotado*, cit., 2008, pp. 582-607, Fernando Ferreira Pinto, *Contratos de Distribuição*, cit., 2013, pp. 62-65, João Calvão da Silva, «Concessão comercial e direito da concorrência», *Estudos Jurídicos (Pareceres)*, Almedina, Coimbra, 2001, pp. 185-231, Pais de Vasconcelos, *Manual de Direito Comercial*, 2011, pp. 189-194, e José Alberto Coelho Vieira, *O contrato de concessão comercial*, AAFDL, Lisboa, 1991.
Reproduzimos no texto o nosso *Direito Comercial e do Mercado*, 2ª ed., 2018, pp. 315-316.

Constituem exemplos os *stands* de automóveis de marca e as oficinas que garantem a respetiva assistência, bem como muitos postos de abastecimento de combustíveis[613].

25.5.3. ***Licença de direitos privativos de propriedade industrial e contrato de transferência de tecnologia***[614]

25.5.3.1. *Licenças de marca*[615] *e de patente*[616]

O **contrato de licença** é o acordo pelo qual uma entidade (a licenciadora) faculta a outra (a licenciada) direitos para produzir, manter ou utilizar – de qualquer outro modo – um produto ou serviço sob um ou mais direitos privativos da propriedade industrial de que é titular, nomeadamente marca registada e patente.

A utilização de *software* (programas de computador) e de bases de dados, que se podem enquadrar na categoria dos bens informáticos, podem também ser objeto de contrato de licença[617].

[613] Embora estes estabelecimentos também sejam operados por revendedores.
Hoje, os respetivos contratos de exploração já não revestem uma forma pura e, muito dificilmente, se podem reconduzir a um negócio único, porquanto em muitos casos a empresa petrolífera é a proprietária do posto de abastecimento, cedendo a terceiro a respetiva exploração. Assim sucede habitualmente nas autoestradas.

[614] Vd. Ferreira de Almeida, *Contratos II*, 4ª ed., 2016, pp. 201-206, 211-212 e 214-215, José Manuel Oliveira Antunes / José António Costa Manso, *Relações internacionais e transferência de tecnologia. O contrato de licença*, Almedina, Coimbra, 1993, pp. 41-96, Maria Gabriela de Oliveira Figueiredo Dias, *A assistência técnica nos contratos de know-how*, Coimbra Editora, Coimbra, 1995, Romano Martinez, *Contratos Comerciais*, 2001, pp. 33-35, Santos / Gonçalves / Leitão Marques, *Direito Económico*, 2012, pp. 248-251, e Pedro Sousa e Silva, *Direito Industrial*, 2ª ed., 2019, pp. 528-538.
Seguimos o nosso *Direito Comercial e do Mercado*, 2ª ed., 2018, pp. 316-317.

[615] Cfr. Maria Miguel Rocha Morais de Carvalho, *Merchandising de Marcas (A comercialização do valor sugestivo das marcas)*, Almedina, Coimbra, 2003, pp. 322-330, Couto Gonçalves, *Manual de Direito Industrial*, 8ª ed., 2019, pp. 317-321, e Pedro Sousa e Silva, *Direito Industrial*, 2ª ed., 2019, pp. 528-538.

[616] Vd. Ferreira de Almeida, *Contratos II*, 4ª ed., 2016, pp. 201-205.

[617] Para maior desenvolvimento, vd. a obra citada de Ferreira de Almeida, *Contratos II*, 4ª ed., 2016, pp. 211-212.

25.5.3.2. Merchandising[618]

De entre os contratos de licença de marca podemos autonomizar o **contrato de *merchandising***, pelo qual uma determinada entidade cede a um terceiro, mediante uma contrapartida, a licença para, durante um certo prazo e com respeito por determinadas regras relativas à utilização figurativa dos elementos que compõem uma marca sua (registada), utilizar em exclusivo essa marca, eventualmente em produtos que nada tenham que ver com a sua atividade principal.

Constituem exemplos o *merchandising* de diversos produtos associados a uma marca desportiva pertencente a um clube de futebol – Benfica, Porto, Sporting –, desde os que tenham a ver com a atividade da entidade licenciadora, casos dos equipamentos desportivos, até outros que lhe são totalmente estranhos, como bebidas (vinho) ou bens alimentares (azeite).

25.5.3.3. *Transferência de tecnologia*[619] *e assistência técnica*

Contratos de **transferência de tecnologia** são acordos de transmissão de conhecimentos técnicos associados a determinado processo de realização produtiva (*know how* ou simples processo de fabricação), celebrados entre um agente económico que detém esse conhecimento e outro interessado na respetiva utilização, designadamente para aproveitamento industrial.

A **assistência técnica**, que pode estar, ou não, associada à transferência de tecnologia, traduz-se numa prestação de serviços.

25.5.4. ***Franchising***[620]

No ***franchising*** não se concede apenas a utilização da marca; o franqueador obriga-se a fornecer ao franqueado (ou franchisado) os meios

[618] Cfr. Ferreira de Almeida, *Contratos II*, 4ª ed., 2016, pp. 214-215, Maria Miguel Rocha Morais de Carvalho, *Merchandising de Marcas*, cit., 2003, em especial pp. 14-16, 21-25, 253-310, 334-336, Couto Gonçalves, *Manual de Direito Industrial*, 8ª ed., 2019, pp. 321-329, e Pedro Sousa e Silva, *Direito Industrial*, 2ª ed., 2019, pp. 540-542.

[619] Ferreira de Almeida, *Contratos II*, 4ª ed., 2016, pp. 205-206, e Santos / Gonçalves / / Leitão Marques, *Direito Económico*, 2011, pp. 248-251.

[620] Vd. Ferreira de Almeida, *Contratos III*, 3ª ed., 2019, pp. 153-157, Engrácia Antunes, *Direito dos Contratos Comerciais*, 2009, pp. 451-458, Menezes Cordeiro, *Direito Comercial*, 4ª ed., 2016, pp. 804-815, Romano Martinez, *Contratos Comerciais*, 2001, pp. 21-27, António

adequados para a comercialização dos produtos ou dos serviços (ou para a produção dos bens que forem objeto do contrato).

Constituem exemplos a exploração de estabelecimentos comerciais de pronto-a-vestir (*Benetton, Stefanel*), acessórios (*Furla*), produtos de beleza e afins (*amenities*) (*Body Shop*, Boticário), restaurantes (*MacDonalds* e *Pizza Hut*), e de venda de determinados produtos agro-alimentares, casos dos gelados (*Hagen Dazz*) e das bebidas (Coca-Cola).

O *franchising* pode ser de distribuição, serviços ou industrial.

25.6. Contrato de transporte[621]

25.6.1. *Noção e enquadramento normativo*

O **contrato de transporte** é o negócio jurídico pelo qual uma pessoa ou entidade (o *transportador*) se encarrega profissionalmente de promover

PINTO MONTEIRO, *Contratos de agência, de concessão e de franquia («franchising»)*, cit., 1989, pp. 303-308, 317-327, *Contratos de distribuição comercial*, cit., 2002, pp. 117-127, ABÍLIO NETO, *Código Comercial e Contratos Comerciais Anotado*, cit., 2008, pp. 607-614, CARLOS OLAVO, *O contrato de «franchising»*, sep. de *Novas Perspectivas do Direito Comercial*, Almedina, Coimbra, 1988, FERNANDO FERREIRA PINTO, *Contratos de Distribuição*, cit., 2013, pp. 66-82, em especial pp. 69-72 e 75-77, MARIA DE FÁTIMA RIBEIRO, *O contrato de franquia (franchising)*, Almedina, Coimbra, 2001, e «O Contrato de Franquia (*franchising*)», *DJ*, vol. XIX, t. I, 2005 (pp. 77-127), SANTOS / GONÇALVES / LEITÃO MARQUES, *Direito Económico*, 2012, pp. 257-260, ISABEL MARQUES DA SILVA, «Os acordos de distribuição e o Direito da concorrência», cit., 1996 (pp. 167-235), pp. 218-229, L. MIGUEL PESTANA DE VASCONCELOS, *O contrato de franquia (franchising)*, Almedina, Coimbra, 2010, e PAIS DE VASCONCELOS, *Manual de Direito Comercial*, 2011, pp. 194-197.

No texto, reproduzimos o nosso *Direito Comercial e do Mercado*, 2ª ed., 2018, pp.318-319.

[621] Vd. FERREIRA DE ALMEIDA, *Contratos II*, 4ª ed., 2016, pp. 169-173, HUGO RAMOS ALVES, *Direito Aéreo cit., 2019, pp. 410-431*, ENGRÁCIA ANTUNES, *Direito dos Contratos Comerciais*, 2009, pp. 725-758, NUNO MANUEL CASTELLO-BRANCO BASTOS, *Direito dos Transportes*, IDET/Cadernos/Nº 2, Almedina, Coimbra, 2004, MENEZES CORDEIRO, *Direito Comercial*, 4ª ed., 2016, pp. 835-851, ROMANO MARTINEZ, *Contratos Comerciais*, 2001, pp. 41-48 (em especial, pp. 41-42), ALFREDO PROENÇA, *Transporte de mercadorias por estrada*, Almedina, Coimbra, 1998, pp. 13-35, 39-75, FRANCISCO COSTEIRA DA ROCHA, *O contrato de transporte de mercadorias*, Almedina, Coimbra, 2000, em especial, pp. 25-54, 121-128, 138-139, 143-162, 173-174, MARIA DA GRAÇA TRIGO, «Responsabilidade civil do transportador aéreo», *Direito e Justiça*, vol. XII, T. 2, 1998, pp. 71-94 (existe separata), e PAIS DE VASCONCELOS, *Manual de Direito Comercial*, 2011, pp. 228-241.

O texto corresponde a uma síntese do nosso *Direito Comercial e do Mercado*, 2ª ed., 2018, pp. 319-325.

a deslocação de pessoas ou bens de um lugar para outro, por via terrestre – rodoviária ou ferroviária –, marítima (fluvial ou oceânica) ou aérea, mediante uma retribuição.

Este contrato encontra-se regulado no Código Comercial (arts. 366º-393º[622]) e em legislação avulsa, incluindo diversas convenções aplicáveis ao contrato de transporte internacional.

Os **transportes terrestres** – em especial ferroviário e rodoviário – regem-se por uma Lei de Bases (Lei nº 10/90, de 17 de março, na red. do DL 43/2008, de 10 de março) e, no que se refere ao transporte de mercadorias perigosas, pelo Decreto-Lei nº 41-A/2010, de 29 de abril.

O transporte **ferroviário de passageiros** em Portugal é regulado pelo Decreto-Lei nº 52/2008, de 26 de março.

Nos transportes **rodoviários de passageiros** importa considerar a legislação aplicável aos transportes em táxi (Decreto-Lei nº 251/98) e a Convenção de Genebra de 1964 sobre o transporte internacional de passageiros e bagagens por estrada (conhecida por "CVR").

Por sua vez, os transportes executados por recurso a plataformas eletrónicas (como sucede com a Uber), são objeto de regulação autónoma pela Lei nº 45/2018, de 10 de agosto, que estabeleceu o *regime jurídico da atividade de transporte individual e remunerado de passageiros em veículos descaracterizados a partir de plataforma eletrónica*, vigente desde 1 de novembro de 2018 (cfr. art. 33º).

Os transportes **rodoviários** são ainda regulados, no que se refere a mercadorias, pelo Decreto-Lei nº 239/2003, de 4 de outubro (na red. do DL 145/2008, de 28 de julho), e pela Convenção relativa ao Contrato Internacional de Transporte de Mercadorias por Estrada (conhecida por "CMR")[623].

Ao **transporte marítimo** eram inicialmente aplicáveis as disposições constantes do livro III do Código Comercial (cfr. art. 366º, § 4º), entretanto revogadas, sendo presentemente objeto de regulamentação em

[622] Estes preceitos legais foram revogados na parte respeitante ao **transporte rodoviário** de mercadorias (cfr. art. 26.º do DL 239/2003, de 4 de outubro, que estabeleceu o contrato de transporte rodoviário nacional de mercadorias).

[623] Esta Convenção, concluída em Genebra em 19 de maio de 1956 – e aprovada internamente pelo Decreto-Lei nº 46235, de 18 de março de 1965 –, foi modificada por Protocolo, também de Genebra, de 5 de julho de 1978, recebido na nossa ordem jurídica pelo Decreto nº 28/88, de 6 de setembro.

legislação avulsa. Assim, para além da Convenção de Bruxelas de 25 de agosto de 1924[624], e outras convenções que foram, entretanto, concluídas – como a Convenção de Atenas de 1974 (passageiros) e as Convenções de Hamburgo (1978) e das Nações Unidas (2008) sobre o contrato internacional de mercadorias efetuado por mar –, importa considerar, no Direito português, o disposto no Decreto-Lei nº 349/86, de 17 de outubro, e nos Decretos-Lei nº 352/86, de 21 de outubro, e nº 180/2004, de 27 de julho, sobre o **transporte de passageiros** e **de mercadorias** por mar, respetivamente[625].

O Código Comercial não regula o contrato de **transporte aéreo** – uma vez que o avião era desconhecido aquando da sua entrada em vigor (no século XIX) –, o qual foi inicialmente objeto de disciplina na Convenção de Varsóvia de 1929, posteriormente alterada por diversos Protocolos e, entretanto, substituída pela Convenção de Montreal (1999). No Direito português, importa atender ainda a diversos diplomas e regulamentos comunitários[626].

Pelas referências – necessariamente incompletas – ao quadro jurídico dos transportes, que não encontra consenso nos diversos autores citados, fácil é concluir que estamos perante um conjunto de normas complexo que não se limita a diplomas de caráter exclusivamente nacional e que se cruzam amiúde com convenções internacionais.

25.6.2. *Sujeitos*

São partes necessárias neste contrato: o **transportador** – a empresa que realiza o transporte ou que assume a sua execução[627] – e o **expedidor** que é a pessoa ou entidade que solicita o transporte de bens ou mercadorias, ou **pessoa transportada** (ainda que não seja esta a suportar o preço).

[624] Recebida na nossa ordem jurídica pelo Decreto-Lei nº 37.748, de 1 de fevereiro de 1950, após publicação no *Diário do Governo* de 4 de julho de 1930.

[625] É precisamente o *quid* (a realidade) que é objeto do transporte que nos permite distinguir transporte de bens (ou **mercadorias**) do transporte de pessoas (ou **passageiros**), diferença que é patente nos diplomas que regulam o transporte por mar.

[626] Vd. Hugo Ramos Alves, *Direito Aéreo cit.*, 2019, pp. 461-502, e Engrácia Antunes, *Direito dos Contratos Comerciais*, 2009, pp. 736-737.

[627] Uma vez que a lei autoriza expressamente a subcontratação (cfr. art. 367º, *in fine*), caso em que se assume como expedidor perante a empresa (de transporte) subcontratada (cfr. art. 367º, § único).

Podem ser também intervenientes no negócio:

- o **destinatário**, isto é, a pessoa ou entidade para a qual as mercadorias são enviadas;
- o **carregador,** que corresponde nos contratos de transporte de mercadorias por mar, ao expedidor, deve proceder à entrega da mercadoria para embarque ao transportador[628]; e
- o **transitário**, que é uma entidade que não se confunde com os outros sujeitos, e que desempenha uma atividade auxiliar do contrato de transporte[629], que se traduz na «*prestação de serviços de natureza logística e operacional que inclui o planeamento, o controlo, a coordenação e a direção das operações relacionadas com a expedição, receção armazenamento e circulação de bens ou mercadorias*» (art. 1º, nº 2 do DL nº 255/99, de 7 de julho).

25.6.3. *Os títulos de transporte e a forma do contrato*

Não há uma regra única sobre os títulos de transporte e a forma do respetivo contrato.

Com efeito, o Código Comercial e o diploma que regula o transporte rodoviário interno de mercadorias (DL 239/2003, de 4 de outubro, red. DL 145/2008, de 25 de julho) não impõem **forma** especial para a celebração do contrato de transporte – admitindo-se, por isso, que o mesmo se constitua consensualmente (cfr. art. 4º-A, nºs 2 a 4 do DL 239/2003) –, apesar de obrigar o transportador a entregar um documento comprovativo (*guia*) de transporte ao expedidor que o exigir (cfr. art. 369º).

Já o **transporte de mercadorias por mar** está sujeito a forma escrita (cfr. art. 3º, nº 1 do DL 352/86, de 21 de outubro)[630], ainda que possa consubstanciar-se em cartas, telegramas, telefax e emails (*meios equivalentes criados pela tecnologia moderna*) (cfr. art. 3º, nº 2 do mesmo diploma).

[628] Compete-lhe também entregar ao transportador a declaração de carga (cfr. art. 4º do DL 352/86).

[629] Com o contrato de transporte, tal como ele se configura na nossa lei, não se devem confundir certos negócios que, cumprindo a finalidade e função daquele – visto regularem e assegurarem a deslocação e entrega de mercadorias –, associam e congregam características próprias de outros contratos, nomeadamente de organização, armazenamento, mediação e prestação de serviços.

[630] No transporte de passageiros é suficiente a emissão do *bilhete de passagem*, que faz prova (cfr. art. 3º do DL 349/86, de 17 de outubro).

Para documentar o transporte a realizar, pode ser emitido um documento representativo do transporte a efetuar que se designa por **guia de transporte**, no caso dos transportes terrestres, e **conhecimento de carga**, no caso dos transportes marítimos.

A **guia de transporte** deve conter, pelo menos, a identificação dos intervenientes no transporte (transportador, expedidor e destinatário), incluindo o respetivo domicílio, dos objetos transportados e forma do seu acondicionamento, local do carregamento e da entrega, meio de transporte e prazo para a realização, e eventual indemnização (que seja convencionada com o transportador) no caso de incumprimento (cfr. art. 370º do CCom e arts. 3º e 4º do DL 239/2003, de 4 de outubro). Este documento, quando for emitido à ordem ou ao portador (cfr. art. 369º, § 2º), pode ser endossado ou simplesmente entregue, transferindo a propriedade dos bens transportados (cfr. art. 374º).

O **conhecimento de carga**, sendo *representativo da mercadoria descrita*, corresponde, no âmbito do transporte marítimo, ao título de transporte propriamente dito (cfr. art. 1º, *alínea b)* da Convenção de Bruxelas e arts. 5º, 8º, 10º, 11º, 25º e 28º do DL 352/86, de 21 de outubro) e, quando for emitido à ordem ou ao portador pode ser transmitido nos moldes em que o pode ser a guia de transporte (cfr. art. 11º do DL 352/86, de 21 de outubro).

25.7. Contrato de seguro[631]

25.7.1. *Enquadramento normativo: legislação e regimes jurídicos especiais*

O contrato de seguro – classicamente regulado no Código Comercial (arts. 425º a 462º) e em legislação avulsa – tem recentemente conhe-

[631] Seguimos de muito perto o nosso *Direito Comercial e do Mercado*, 2ª ed., 2018, pp. 325-331. Cfr. também, na bibliografia atualizada [publicada desde a entrada em vigor da Lei do Contrato de Seguro (LCS), aprovada pelo Decreto-Lei nº 72/2008, de 16 de abril], Ferreira de Almeida, *Contratos III*, 3ª ed., 2019, pp. 235-272, Paula Ribeiro Alves, *Contrato de Seguro à Distância: o contrato electrónico*, Almedina, Coimbra, 2009, pp. 9-16 e 18-20, Engrácia Antunes, *Direito dos Contratos Comerciais*, 2009, pp. 677-724, António Menezes Cordeiro, *Direito dos Seguros*, 2ª ed., 2016, em especial pp. 479-490, 510-523, 525-534, 537-541, 542-545, 546 e 557-567, 569-578 e 723-759, Margarida Lima Rego, *Contrato de Seguro e Terceiros. Estudo de Direito Civil*, Wolters Kluwer / Coimbra Editora, Coimbra, 2010, em especial pp. 31-471, Maria Elisabete Ramos, «Contrato de seguro – perspetivas da experiência portuguesa», AA.VV., *Questões de Direito Comercial no Brasil e em*

cido um enorme desenvolvimento e apresenta uma grande complexidade, com especial incidência nos seguros obrigatórios, nos deveres de informação do operador e nas limitações à vontade das partes, sendo hoje exclusivamente objeto de regulamentação extravagante[632].

De entre os diplomas que disciplinam este contrato, saliente-se:

- A Lei do Contrato de Seguro (**LCS**), aprovada pelo Decreto-Lei nº 72/2008, de 16 de abril[633], e vigente desde 1 de janeiro de 2009 (cfr. art. 7º da LCS)[634];
- O Regime Jurídico de Acesso e Exercício da Atividade Seguradora e Resseguradora (**RJASR**), aprovado pela Lei nº 147/2015, de 9 de setembro, e vigente desde 1 de janeiro de 2016 (cfr. art. 37º, nº 1)[635];
- O **Decreto-Lei nº 176/95**, de 26 de julho, sobre informação e regime do contrato de seguro, que foi parcialmente revogado pela LCS, e se encontra profundamente amputado.
- O **Decreto-Lei nº 384/2007**, de 19 de novembro, sobre informação nos seguros de vida e de acidentes pessoais.

Os contratos formam-se frequentemente com recurso a cláusulas contratuais gerais e espelham usos profissionais que assumem particular relevância.

Portugal (coord. Fábio Ulhoa Coelho e Maria de Fátima Ribeiro), Saraiva, São Paulo, 2014 (pp. 257-294), pp. 271-293, e Pais de Vasconcelos, *Manual de Direito Comercial*, 2011, pp. 246-257.

Vd., também, pelo interesse de corresponder ao pensamento do legislador, AA.VV., *Lei do Contrato de Seguro Anotada* (Pedro Romano Martinez/Leonor Cunha Torres/Arnaldo da Costa Oliveira/Maria Eduarda Ribeiro/José Pereira Morgado/José Vasques/José Alves de Brito), Almedina, Coimbra, 2009.

Sobre as obras mais relevantes publicadas no âmbito do **regime legal anterior**, vd. a nota 368, das nossas *Lições*, 2010, p. 213.

[632] Revogados pelo art. 6º, nº 2, *alínea a)* do DL nº 72/2008, de 16 de abril, que aprovou a Lei do Contrato de Seguro.

[633] Revogou as disposições do Código Comercial aplicáveis a este contrato (arts. 425º a 465º) e, entre outros, o Decreto-Lei nº 142/2000, de 15 de julho, os quais cessaram a sua vigência em 31 de dezembro de 2008, por determinação do art. 6º, nº 1 (do DL 72/2008, de 16 de abril).

[634] As disposições legais não referenciadas neste número reportam-se à Lei do Contrato de Seguro (aprovada pelo DL 72/2008, de 16 de abril, na red. dos arts. 7º e 34º, *alínea f)* da L 147/2015, de 9 de setembro), que entrou em vigor no início de 2009, e que designaremos abreviadamente por LCS.

[635] Revogou e substituiu o **Decreto-Lei nº 94-B/98**, de 17 de abril.

Paralelamente com a lei do contrato de seguro existem **regimes especiais** (cfr. art. 2º da Lei do Contrato de Seguro), nomeadamente:

- Responsabilidade civil automóvel: Decreto-Lei nº 291/2007, de 21 de agosto (Seguro obrigatório), e Decreto-Lei nº 214/97, de 16 de agosto (Seguro automóvel facultativo: redução do valor seguro);
- Acidentes de trabalho: Lei nº 100/97, de 13 de setembro;
- Seguro de crédito e de caução: Decreto-Lei nº 183/88, de 24 de maio (red. do Decreto-Lei nº 31/2007, de 14 de fevereiro), e Decreto-Lei nº 214/99, de 15 de junho.

25.7.2. *Noção e elementos essenciais*

O **seguro** é o contrato pelo qual uma empresa (organizada em geral sob a forma de sociedade comercial anónima) com objeto exclusivo (a *seguradora*), se obriga, mediante uma remuneração (*prémio*), a favor do segurado (que frequentemente é o *tomador do seguro*) ou de terceiro (*beneficiário*), e caso se venha a verificar (*risco*) um evento futuro e incerto (*sinistro*) a indemnizar danos ou prejuízos que deste possam resultar ou a pagar um determinado valor pré-estabelecido.

Simplificando, diríamos que é o contrato pelo qual uma pessoa (o **tomador**) transfere para uma empresa específica com objeto exclusivo (a **companhia seguradora**) o risco da ocorrência de um dano, na esfera própria ou alheia, mediante o pagamento de uma contrapartida (**prémio**) (cfr. art. 1º da LCS).

São elementos essenciais do contrato:

- Os sujeitos intervenientes (seguradora e tomador de seguro);
- As respetivas obrigações: pagamento do prémio e da eventual indemnização (eventualmente sujeita a franquia); e
- O objeto: risco de sinistro.

25.7.3. *As partes e outros sujeitos*

São partes necessárias deste contrato:

(i) A **seguradora**, que é habitualmente uma sociedade anónima (cfr. arts. 3º, nº 1, *alínea a)* e 50º do RJASR); e

(ii) O **tomador do seguro** – que é o segurado, se o risco da ocorrência prevenido for na sua esfera jurídica – é o sujeito contratante do seguro e que paga o respetivo prémio.

Destes sujeitos podem diferenciar-se:

(iii) O **segurado** – que é o sujeito coberto pelo seguro – se não coincidir com o tomador; e (eventualmente)

(iv) O **beneficiário** do seguro – aquele que recebe o pagamento da seguradora em caso de sinistro do segurado –, se for diferente do tomador ou do segurado.

Em muitas situações o tomador, o segurado e o beneficiário são uma única pessoa. Tal acontece, por exemplo, no seguro de doença, que uma determinada pessoa contrata para si própria – isto é, para cobrir um risco na sua esfera jurídica e do qual é a única beneficiária. Nesse caso, o contrato de seguro esgota-se em duas partes.

Podemos, assim, afirmar que o segurado coincide frequentemente, mas não necessariamente, com o tomador.

Com efeito, em diversos contratos de seguro, o tomador pretende prevenir os riscos que possam ocorrer na esfera jurídica do segurado e pelos quais ele é responsável. Exemplificando, é o que sucede com o seguro de acidentes de trabalho, em que o tomador (do seguro) é a empresa (entidade patronal) e o segurado o trabalhador.

Por sua vez, o tomador e o segurado podem não ser beneficiários do seguro. Assim acontece nos seguros de vida, por exemplo, em que o segurado pode (ou não[636]) ser o tomador e o (eventual) beneficiário é um terceiro (por morte do segurado).

Às partes que tradicionalmente compõem o contrato de seguro, devemos acrescentar – no que respeita à regulação e supervisão dos diversos sujeitos e, em particular, no que respeita à atividade das companhias (seguradoras) – a **Autoridade de Supervisão de Seguros e Fundos de Pensões** (cfr. arts. 20º a 46º do RJASR).

Finalmente refira-se que a posição contratual do segurador pode ser reforçada, designadamente se o montante a indemnizar for muito elevado, concretizando a contratação do seguro através de uma pluralidade de

[636] O segurado não coincide com o tomador, se o risco coberto não respeitar ao tomador, mas a terceiro em razão do qual o seguro seja contratado. Neste caso, o tomador pode ser o beneficiário do seguro, se for ele a receber uma indemnização, em caso de sinistro (de que o segurado venha a ser vítima), com a finalidade de ressarcir os danos (cobertos) que venha eventualmente a sofrer.

empresas, em regime de **cosseguro** (cfr. arts. 62º a 71º da LCS e arts. 248º a 251º do RJASR) ou repercutindo, noutra companhia, eventualmente estrangeira, a cobertura do risco, promovendo o respetivo **resseguro** (arts. 72º a 75º da LCS e arts. 5º, nº 1, *alínea g)*, 18º, 47º, nº 2, 245º do RJASR).

25.7.4. *Ramos e modalidades*

Há basicamente dois grandes ramos de seguro, que são configurados autonomamente sob os pontos de vista legal e operacional: vida e não vida.

O **ramo vida** respeita às pessoas e envolve diversos seguros e operações (cfr. art. 9º do RJASR). O mais relevante é precisamente o seguro de vida, que pode ter *seguros complementares* que previnam situações de incapacidade (profissional) definitiva.

O ramo "**não-vida**" pode respeitar a mais de uma dúzia de ramos e a várias modalidades (cfr. art. 8º do RJASR). Exemplifique-se:

(i) *Acidentes* (de trabalho, pessoais e de pessoas transportadas);
(ii) *Doença* (envolvendo as modalidades isoladas ou conjugadas de prestações convencionadas e de prestações indemnizatórias);
(iii) *Veículos* (terrestres e ferroviários, aeronaves e embarcações marítimas) *e* respetiva *responsabilidade (civil)*;
(iv) *Responsabilidade civil (geral);*
(v) *Mercadorias transportadas*;
(vi) *Incêndio* (cfr. arts. 8º, *alínea h)*, 149º a 151º da LCS) *e elementos da natureza* (raio ou explosão, tempestades, energia nuclear, aluimento de terras) *e outros danos em coisas* (nas modalidades de riscos agrícolas [colheitas (cfr. arts. 152º e 154º da LCS)] e pecuários);
(vii) *Crédito* (à exportação, agrícola, hipotecário, vendas a prestações e insolvência);
(viii) *Caução*;
(ix) *Perdas pecuniárias diversas* (lucros, rendas, etc);
(x) *Proteção jurídica* (incluindo despesas com processos judiciais);
(xi) *Assistência* (em viagem ou ao domicílio).

Outra classificação distingue os seguros obrigatórios [automóvel, acidentes de trabalho e propriedade horizontal (incêndio)] dos facultativos.

25.8. Outros contratos comerciais

Encontramos no ordenamento jurídico muitos outros contratos comerciais.

A concluir este número e antes de focarmos os contratos bancários e financeiros, faremos uma brevíssima referência aos contratos de publicidade e de patrocínio e limitar-nos-emos a sumariar um contrato que, à semelhança dos anteriormente analisados tem dignidade suficiente para ser objeto de apreciação dogmática autónoma: o contrato de locação (comercial) e os negócios conexos.

25.8.1. *Contrato de publicidade*[637]

O **contrato de publicidade** é o contrato pelo qual uma pessoa ou entidade (o anunciante) encarrega uma entidade profissional (agência, em regra) de planear e preparar a programação e execução de uma campanha destinada a divulgar um produto ou serviço, mediante um preço.

25.8.2. *Contrato de patrocínio*

O **contrato de patrocínio** é aquele pelo qual, mediante uma contrapartida, se promove uma marca ou entidade, financiando um programa, uma atividade, um espetáculo (cultural, tipo concerto, ou desportivo) ou uma outra entidade que participe em espetáculos públicos (nomeadamente de caráter desportivo) (cfr. art. 24º do Código da Publicidade).

[637] Vd. Carlos Ferreira de Almeida, *Contratos de Publicidade*, sep. da *Scientia Ivridica*, T. XLIII, nos 250/252, 1994, Ana Clara Azevedo de Amorim, *Manual de Direito da Publicidade*, Petrony, Lisboa, 2018, pp. 249-263, José Engrácia Antunes, «O Direito da Publicidade. Breve introdução», sep. do *BFDUC*, vol. XCIII, t. II, Coimbra, 2017 (pp. 771-848), pp. 827-831, Rita Barbosa da Cruz, «A publicidade – em especial os contratos de publicidade», AA.VV., *estudos dedicados ao Prof. Doutor Mário Júlio de Almeida Costa* (coord. por Júlio Gomes), UCP, Lisboa, 2002 (pp. 1299-1391), em especial pp. 1310-1346, Adelaide Menezes Leitão, «Publicidade na rede», *O Direito*, ano 14º, II, 2008 (pp. 349-365), Luísa Lopes, *Do contrato de publicidade*, Rei dos Livros, Lisboa, 2000, Romano Martinez, *Contratos Comerciais*, 2001, pp. 49-51.

25.8.3. *Locação comercial*[638]

São diversos os negócios em que a locação comercial se pode desdobrar.

Entre outros – e com referência ao contrato de locação em geral –, podemos autonomizar os seguintes:

- O **aluguer mercantil** (arts. 481º e 482º do CCom, 1022º a 1046º do CC e legislação especial)[639], que consiste no contrato pelo qual um sujeito (locador) adquire um bem móvel para, mediante uma contrapartida sob a forma de renda (periódica), ceder o respetivo uso e fruição (ao locatário).
- O **arrendamento comercial** (arts. 1108º a 1113º do CC), que mencionámos a propósito do estabelecimento (e da sua transmissão)[640], que se traduz na locação de bem imóvel para o exercício de uma atividade comercial.
- A **locação do estabelecimento comercial** (art. 1109º do CC)[641], que corresponde à cessão de exploração (do estabelecimento comercial).
- O **contrato de hospedagem**, que pode revestir duas modalidades: hospedagem ou **hotelaria** – pelo qual uma pessoa se obriga, mediante um pagamento, habitualmente diário, a facultar alojamento temporário e serviços de apoio (que se traduzem em arrumação e limpeza) e acessórios, como comida e bebidas – e **alojamento local** (cfr. Decreto-Lei nº 128/2014, de 29 de agosto, na red. da Lei nº 62/2018, de 22 de agosto)[642], pelo qual uma entidade, mediante uma remuneração, cede a uma ou mais pessoas o gozo de um imóvel (registado junto da Câmara Municipal) ou de parte dele, por curto período, podendo disponibilizar simultaneamente alguns serviços (tais como refeições e limpezas).

[638] Seguimos de perto o nosso manual de *Direito Comercial* cit., 2ª ed., 2018, pp. 355-360.

[639] Vd. Ferreira de Almeida, *Contratos II*, 4ª ed., 2016, pp. 194-196.

[640] Vd. Ferreira de Almeida, *Contratos II*, 4ª ed., 2016, pp. 193-194.

[641] Diferenciando este contrato do arrendamento, Coutinho de Abreu, *Curso de Direito Comercial*, I, 12ª ed., 2019, pp. 322-332, em especial pp. 330-332.

[642] Vd. José Engrácia Antunes, *Direito do Consumo*, cit., 2019, pp. 223-225, J. Pinto Furtado, «Do alojamento local, na sua relação com a propriedade horizontal», *RDC*, ano II, nº 3, 2017, pp. 529-574, e Manuela Patrício, *Direito do Turismo e Alojamento Turístico*, cit., 2016, pp. 161-173.

- O **contrato de instalação** (ou exploração) **de loja em espaços comerciais** (*maxime* em centro comercial)[643], pelo qual um sujeito (a entidade gestora do espaço comercial) cede o gozo de um imóvel integrado num complexo de estabelecimentos comerciais, em regra de diferente objeto, e presta à sua contraparte negocial um conjunto de serviços – incluindo segurança, limpeza e promoção publicitária – que se tem entendido serem suficientes para fundarem um contrato de locação autónomo relativamente ao arrendamento, embora tenha neste a sua raiz; e
- **Os contratos de locação financeira, aluguer de longa duração e *renting*[644].**

  O **contrato de locação financeira** (ou *leasing*) (Decreto-lei nº 72/95, de 15 de abril, red. do DL 100/2015, de 2 de junho) consiste no negócio jurídico pelo qual o locador adquire um bem (móvel ou imóvel) para ceder, por um determinado prazo e em contrapartida de uma renda periódica, o respetivo gozo ao locatário, dispondo este da opção de compra do bem no final do contrato, mediante o pagamento de um valor remanescente ou residual.

  O **aluguer de longa duração** (ALD) é um contrato de aluguer de um bem de equipamento, em geral um veículo automóvel, muito semelhante ao *leasing* mobiliário – com rendas periódicas que abrangem o capital mutuado e os respetivos juros –, que, envolvendo, em

[643] Trata-se de um contrato que é socialmente típico, não se encontrando regulado na lei. Vd. Ana Isabel da Costa Afonso, *Os contratos de instalação de lojistas em Centros Comerciais. Qualificação e regime jurídico*, Publicações Universidade Católica, Porto, 2003, e «Contrato de utilização de loja em centro comercial», *DJ*, vol. XIX, T. II, 2005 (pp. 49-68), Ferreira de Almeida, *Contratos II*, 4ª ed., 2016, pp. 196-197, Menezes Cordeiro, *Direito Comercial*, 4ª ed., 2016, pp. 762-769, Jorge Pinto Furtado, *Os centros comerciais e o seu regime jurídico*, Almedina, Coimbra, 1998, Romano Martinez, *Contratos Comerciais*, 2001, pp. 29-31, Rui Rangel, *Espaços comerciais. Natureza e regime jurídico dos contratos de utilização*, Cosmos, Lisboa, 1998, Pedro Malta da Silveira, *A empresa nos centros comerciais e a pluralidade de estabelecimentos. Os centros comerciais como realidade juridicamente relevante*, Almedina, Coimbra, 1999, e João de Matos Antunes Varela, *Centros Comerciais (Shopping Centers). Natureza jurídica dos contratos de instalação dos lojistas*, Coimbra Editora, Coimbra, 1995.

[644] Vd. também Ferreira de Almeida, *Contratos II*, 4ª ed., 2016, pp. 198-201, Engrácia Antunes, *Direito dos Contratos Comerciais*, 2009, pp. 516-520, Januário da Costa Gomes, *Contratos Comerciais*, 2012, pp. 351-366, L. Miguel Pestana de Vasconcelos, *Direito Bancário*, 2ª ed., 2019, pp 277-286, e Pais de Vasconcelos, *Manual de Direito Comercial*, 2011, pp. 282-284.

regra, a assunção da obrigação (unilateral) de aquisição desse bem, no final da locação, não confere ao locatário o direito de aquisição do bem.

O ***renting*** ou aluguer operacional é o contrato de locação que conjuga a prestação de serviços por parte do locador com a cedência do bem móvel, habitualmente um veículo automóvel (mas também recai sobre equipamento informático), incluindo os respetivos seguros, assistência e substituição ilimitada de algumas peças (tais como pneus), aproximando-se do aluguer comercial puro, uma vez que não contempla a transação do bem entre o locador e o locatário depois de expirado o prazo de aluguer.

26. Contratos bancários[645]

26.1. Operações bancárias[646]

A relação comercial que banco e cliente estabelecem, independentemente de quem toma a iniciativa – o banco, através de campanha publicitária ou abordagem personalizada, direta ou por recurso a promotores, ou o cliente, por contacto efetuado com aquele –, não está sujeita a um conjunto de normas escritas perfeitamente definido. Tal relação enquadra-se nas normas aplicáveis às operações bancárias, constantes do Código Comercial (cfr. artigos 362º a 365º e 407º)[647] e de legislação avulsa (mercantil) – caso do Decreto-Lei nº 317/2009, de 30 de outubro (sobre a prestação de serviços de pagamento) –, e encontra-se subordinada às disposições legais que disciplinam a atividade bancária (constantes

[645] Vd. também Engrácia Antunes, *Direito dos Contratos Comerciais*, 2009, pp. 469-565, Menezes Cordeiro, *Direito Bancário*, 6ª ed., 2016, pp. 539-871, e Januário da Costa Gomes, *Contratos Comerciais*, 2012, pp. 91-370, para além da doutrina pontualmente citada.

[646] Reproduzimos o nosso *Direito Comercial e do Mercado*, 2ª ed., 2018, p. 332.

[647] Recorde-se que o Código Comercial regula as operações de banco, qualificando-as como atos de comércio (contratos comerciais) (cfr. art. 362º). De entre as quatro normas que classicamente se reportam a estes contratos (arts. 362º a 365º), merece especial referência o art. 365º que estabelece uma presunção de insolvência culposa do banqueiro que cessa os seus pagamentos, a qual tem uma importância redobrada nos dias de hoje.
Sobre estas disposições legais, vd. Pais de Vasconcelos, *Manual de Direito Comercial*, 2011, pp. 218-220.

do Regime Geral das Instituições de Crédito e Sociedades Financeiras) e às regras do Banco Central, estabelecidas por Instruções, Avisos e Circulares, em paralelo com as cláusulas a que as partes sujeitam a respetiva relação comercial, as quais são expressas – em formulários pré-elaborados ou em contratos individualizados – ou são fruto de mero acordo tácito, frequentemente resultante da aceitação expressa de determinados efeitos[648]. A estas regras – constantes da lei, dimanadas do Banco de Portugal ou construídas e estabelecidas pelas partes – acrescem os usos bancários[649].

26.2. **Relação contratual bancária**[650]

A relação jurídica estabelecida entre o banco e o seu cliente abrange diversos tipos contratuais diferentes, que implicam, em regra (mas não necessariamente, esclareça-se), a abertura de conta, para se iniciar, o depósito de dinheiro, para se consubstanciar, e a conta-corrente, como corolário da sua execução.

Optamos, pois, por classificar a relação que se desenvolve entre o banqueiro e o seu cliente como ***complexa***, por ser o qualificativo que melhor salvaguarda a autonomia formal dos diversos negócios envolvidos e as múltiplas combinações que estes podem proporcionar[651] e que não se reconduzem, em nossa opinião, a um contrato bancário geral[652].

[648] Constitui exemplo desta última prática a requisição de um ou mais conjuntos de módulos (de cheques), a qual implica a formalização da convenção de cheque, se não tiver sido precedida da assinatura de um contrato celebrado com essa finalidade.

[649] Seguimos, de muito perto, a nossa dissertação de doutoramento, *Cheque e Convenção de Cheque*, 2009, pp. 418-419.

[650] Reproduzimos o nosso *Direito Comercial e do Mercado*, 2ª ed., 2018, p. 333.

[651] Optando presentemente por qualificar esta relação como "relação bancária geral", cujo relevo considera corresponder «a uma exigência dogmática moderna» (p. 253), Menezes Cordeiro, no capítulo VI da parte II do seu *Direito Bancário*, 6ª ed., 2016, pp. 255-291 (cfr. também p. 539).

[652] A pluralidade de negócios que caracterizam o relacionamento entre o banqueiro e o seu cliente levou diversos autores a falarem num *contrato bancário geral* – na esteira da doutrina germânica –, casos de António Menezes Cordeiro, no passado, «O "contrato bancário geral", AA.VV., *Estudos de Direito Bancário*, FDUL / Coimbra Editora, 1999 (pp. 11-19), p. 11 (e bibliografia citada), Ferreira de Almeida, *Contratos II*, 2ª ed., 2016, pp. 144-137, de António Pedro Ferreira, *Direito Bancário*, cit., 2009, pp. 413-418 (cfr., em especial a bibliografia citada, nesta última obra, na nota 783, na p. 414), e de L. Miguel Pestana de Vasconcelos, *Direito Bancário*, 2ª ed., 2019, pp. 73-92, em especial pp. 77-79 e 87-91.

26.3. Relacionamento negocial típico

26.3.1. *Enquadramento*[653]

A relação jurídica que se estabelece entre o banqueiro e o seu cliente alicerça-se, essencialmente, em dois contratos autónomos, mas complementares, que podemos designar de contrato inicial e de contrato-base: o primeiro por constituir o acordo pelo qual habitualmente, mas não necessariamente[654], se inicia juridicamente a relação entre o banqueiro e o cliente[655] e o segundo por ser um negócio jurídico nuclear no âmbito das operações de banco. Referimo-nos aos contratos de **abertura de conta**[656] e de **depósito**, que, pela sua relevância, abordaremos separadamente, em seguida (cf., *infra*, 26.3.2 e 26.3.3)[657].

Entre nós, criticando a noção de "contrato bancário geral", por não captar «a essência da relação corrente de negócios» e por falta de determinação do respetivo conteúdo, MANUEL A. CARNEIRO DA FRADA, *Teoria de confiança e responsabilidade civil*, Almedina, Coimbra, 2004, pp. 575-577 (nota 614).

[653] Reproduzimos o nosso *Direito Comercial e do Mercado*, 2ª ed., 2018, pp. 334-336.

[654] Fazemos esta afirmação porque este contrato (de abertura de conta), apesar de habitual, não é essencial para constituir uma relação jurídica bancária, a qual pode existir antes ou independentemente da abertura de uma conta, quando está em causa, por exemplo, o contrato de câmbios ou o contrato de cartão de crédito com uma entidade bancária, sem (prévia) abertura de conta.

[655] O ato de abertura de conta assume natural relevância na constituição da relação contratual entre o banqueiro e o seu cliente. Embora tal relação possa, pontualmente, constituir-se ou existir à margem da conta bancária, a abertura desta tem sempre o significado de relação de clientela, mesmo que subsequentemente não haja desenvolvimento negocial entre as partes.

[656] É através desse contrato que se inicia, em regra, a relação entre o banco e o cliente, mesmo quando este apenas pretende recorrer ao crédito, devendo, de qualquer modo, abrir uma conta que constitua referência dos débitos a efetuar, quer assumam a forma de prestações regulares, quer sejam pontuais. Nessas circunstâncias, a abertura de conta pode não acarretar a celebração de uma convenção de cheque – nem tão pouco a constituição de um contrato de depósito (o que sucede, por exemplo, se a conta se destinar unicamente a lançamentos relativos à utilização de um cartão de crédito, cujo saldo é periodicamente liquidado por cheque, multibanco ou transferência) –, mas é natural que o banco pretenda aproveitar o financiamento concedido para desenvolver e estimular uma relação comercial estabelecida.

[657] Para maior desenvolvimento, vd., a nossa dissertação, *Cheque e Convenção de Cheque*, 2009, pp. 383-393.

Contudo, a relação bancária, apesar de se fundar nesses dois negócios e, em especial no contrato de abertura de conta, é complexa, como vimos (*supra*, nº 26.2), compreendendo diversos atos dogmaticamente autonomizáveis e não cabendo ponderar a possibilidade de a reconduzir a um só negócio[658].

Com efeito, o relacionamento negocial típico entre o banco e o cliente envolve, no mínimo, os seguintes três ou quatro contratos[659]:

- Abertura de conta;
- Depósito;
- Transferência; e eventualmente
- (Utilização de) Cartão de débito.

É pela celebração, em regra simultânea, destes contratos que se inicia a relação contratual entre um banco e a sua contraparte negocial: o cliente. Este, após escolher o banco, celebra um contrato de abertura de conta, deposita uma determinada quantia em dinheiro (numerário ou cheque) ou ordena uma transferência em favor dessa conta e recebe um cartão de débito para a poder movimentar em linha (*on-line*), podendo proceder a levantamentos ou a pagamentos (por transferência). O risco do banco é, neste caso, muito reduzido e resume-se à eventualidade de antecipar fundos ao cliente, por conta de valores a cobrar.

No entanto, a limitação da relação bancária a estes negócios não é satisfatória para os clientes profissionais, isto é, para as empresas e pessoas coletivas em geral, que não se bastarão com as transferências e com levantamentos por cartão de débito, nem com a utilização da respetiva conta exclusivamente a débito (das importâncias que nela forem previamente depositadas), como veremos adiante.

[658] Para além das operações bancárias financeiras, em regra são autonomizáveis operações de crédito (à produção, distribuição e ao consumo) e de prestação de serviços, desde o simples aluguer de cofre-forte e depósito e custódia de títulos e outros valores, passando pela administração de bens, emissão de cartões (bancários) e transferências (pontuais e permanentes) e terminando nas cobranças (de rendimentos de ações e outros valores, letras e cheques).

[659] Os dois primeiros são "quase obrigatórios" e comuns ao relacionamento entre o banqueiro e o seu cliente.

Para além desses contratos, existem outros que, não surgindo imediatamente, no momento da constituição, vêm a integrar a relação estabelecida entre o banqueiro e o seu cliente. Entre eles, cumpre salientar o contrato de **conta-corrente bancária** que é uma consequência lógica da movimentação da conta aberta e do depósito constituído.

26.3.2. *Abertura de conta*[660]

A **abertura de conta** confunde-se frequentemente com o depósito bancário (inicial) – embora o banco não se encontre legalmente obrigado a exigir ao cliente que proceda à entrega de uma quantia pecuniária, no momento em que este solicita a abertura de conta ou em que, por sugestão do banco, acede a fazê-lo – ou com a conta-corrente, que resulta da sua contratação. Trata-se do momento constitutivo da relação contratual global e complexa que se vai estabelecer entre banco e cliente, embora nada impeça que uma pessoa ou entidade crie uma relação de clientela com um banco sem ter, no mesmo, conta aberta[661].

A abertura de cada (nova) conta representa o corolário da opção de constituição de uma nova relação contratual, que irá originar uma multiplicidade de contratos entre o banco e o cliente, embora nem todos tenham de ser aproveitados, no sentido de que as partes se podem ater a específicas relações obrigacionais, prescindindo voluntária ou involuntariamente de certas vertentes da complexa relação bancária, por não serem adequadas aos seus interesses ou por não disporem de capacidade técnica e, em certos casos, económica para o efeito.

Apesar de constituir o *ponto de partida* para a formação da relação jurídica bancária, a abertura de conta só por si não tem efeitos próprios,

[660] Seguimos de perto o nosso *Direito Comercial e do Mercado*, 2ª ed., 2018, pp. 336-338, e a nossa dissertação sobre *Cheque e Convenção de Cheque*, 2009, pp. 383-386 e 396-402.
Sobre este contrato, vd. também Engrácia Antunes, *Direito dos Contratos Comerciais*, 2009, pp. 483-490, Januário da Costa Gomes, *Contratos Comerciais*, 2012, pp. 108-113 e 118-120, L. Miguel Pestana de Vasconcelos, *Direito Bancário*, 2ª ed., 2019, pp. 95-107, e Pais de Vasconcelos, *Manual de Direito Comercial*, 2011, pp. 221-222.

[661] O banco realiza outras operações sem que a contraparte tenha necessariamente conta aberta. Tal sucede, designadamente, com as operações de câmbios ou troca de divisas e de venda de moedas e metais preciosos, e pode acontecer com o *desconto* (de títulos de crédito), e com o próprio cheque, quando é apresentado para pagamento à vista, ao balcão do banco sacado, por um terceiro não cliente.

para além de formalizar o relacionamento contratual entre o banqueiro e o cliente, estabelecendo a respetiva relação de clientela. São os demais contratos que as partes celebram, por referência a esse ato, que a desenvolvem, lhe dão sentido e lhe conferem o merecido relevo[662].

A abertura de conta não é disciplinada por diploma legal, continuando o legislador concentrado nos depósitos e cheques, mas é objeto de regulamentação pelo Banco de Portugal, que lhe reconhece, atualmente, no contexto do sistema financeiro português, um *papel central* (cfr. Aviso nº 5/2013, de 18 de dezembro, na redação do Aviso nº 3/2017, de 2 de junho de 2017)[663].

A abertura de conta representa, assim, o ato inicial constitutivo de uma relação contratual complexa, com natureza específica, tendencialmente duradoura. Trata-se do momento em que o cliente se deve identificar, dando a conhecer à sua contraparte – a instituição de crédito escolhida – os seus dados essenciais e o seu perfil financeiro e, com essa finalidade, preenchendo uma ficha que constituirá referência necessária do relacionamento encetado. Sendo dogmaticamente um negócio autónomo, porque reúne as características atinentes à sua validade, eficácia jurídica e subsistência sem atos complementares, é habitualmente acompanhada de um depósito em dinheiro ou em valores, o qual será a sustentação dos movimentos a efetuar relativamente à conta aberta[664].

[662] Isso explica o facto de não ter ainda sido objeto do estudo autónomo que bem se justificaria.
No entanto, a doutrina distingue a abertura de conta dos contratos conexos ou sequenciais. Na literatura nacional, cfr. Menezes Cordeiro, *Direito Bancário*, 6ª ed., 2016, pp. 539-545, em especial pp. 539-540, e, anteriormente, em *Da Compensação no Direito Civil e no Direito Bancário*, Almedina, Coimbra, 2003, pp. 238-239, e José Simões Patrício, *Direito Bancário Privado*, cit., 2004, pp. 141-143.

[663] O Aviso do Banco de Portugal impõe aos bancos normas a observar na abertura de contas bancárias, que respeitam ao adequado conhecimento dos clientes (cfr. art. 2º), à disponibilização de condições gerais existentes (cfr. art. 3º) e aos deveres de cuidado a cumprir na identificação dos clientes com os elementos que devem ser exigidos, quer a abertura de conta seja presencial, quer não o seja (cfr. arts. 8º a 12º).

[664] Para mais desenvolvimentos, cfr. o nosso livro *Cheque e Convenção de Cheque*, 2009, pp. 396-401.

26.3.3. *Depósito*[665]

O depósito é o contrato-quadro da relação existente entre o banqueiro e o seu cliente[666] e, em regra, dá origem à chamada provisão, isto é, aos fundos que o cliente coloca no banco – ou que este assegura que lhe sejam creditados –, para que o banco possa à custa de tais disponibilidades proceder ao cumprimento de instruções (de pagamento) que o cliente lhe transmite.

[665] Cfr. Paulo Olavo Cunha, *Cheque e Convenção de Cheque*, 2009, pp. 402-409, e *Direito Comercial e do Mercado*, 2ª ed., 2018, pp. 338-341, que seguimos de muito perto, mas com menor desenvolvimento.
Sobre o contrato de depósito bancário, para além da literatura geral, cfr. (por ordem alfabética do último apelido), Engrácia Antunes, *Direito dos Contratos Comerciais*, 2009, pp. 492-496, Carlos Lacerda Barata, «Contrato de Depósito Bancário», AA.VV., *Estudos em Homenagem ao Prof. Doutor Inocêncio Galvão Telles*, vol. II – *Direito Bancário*, Almedina, Coimbra, 2002 (pp. 7-66), pp. 9-10 (sintetizando as modalidades de depósito a pp. 15-19), Paula Ponces Camanho, *Do contrato de depósito bancário*, Almedina, Coimbra, 1998, pp. 69-73 e 93-98, José Gabriel Pinto Coelho, *Operações de Banco*, 2ª ed., Petrony, Lisboa, 1962, pp. 11-12, Menezes Cordeiro, *Da Compensação no Direito Civil e no Direito Bancário*, cit., 2003, pp. 213-227, em especial pp. 221-227 (texto retomado no *Direito Bancário*, 6ª ed., 2016, pp. 611-624, em especial pp. 619-624), Januário da Costa Gomes, *Contratos Comerciais*, 2012, pp. 164-166, 169-175 e 178-179, Fernando Conceição Nunes, «Depósito e Conta», AA.VV., *Estudos em Homenagem ao Prof. Doutor Inocêncio Galvão Telles*, vol. II – *Direito Bancário*, Almedina, Coimbra, 2002 (pp. 67-88), em especial pp. 70-79, José Simões Patrício, *A operação bancária de depósito*, Elcla, Porto, 1994, pp. 14-16, João de Matos Antunes Varela, «Depósito bancário. (Depósito a prazo em regime de solidariedade – Levantamento antecipado por um contitular)», *RB*, nº 21, 1992 (pp. 41-75), pp. 45-58, 61-63 e 65-68, L. Miguel Pestana de Vasconcelos, *Direito Bancário*, 2ª ed., 2019, pp 128-144, e Pais de Vasconcelos, *Manual de Direito Comercial*, 2011, p. 222.

[666] Chamamos a este contrato *base* não apenas por nele assentarem efetivamente os mais importantes contratos e operações bancárias, mas por representar também a concretização do fator decisivo na diferenciação das instituições de crédito (e dos bancos em especial) relativamente a outras entidades – nas quais os clientes poderão também ter contas, mas não depósitos de fundos reembolsáveis –, contribuindo desse modo para a caracterização dos bancos em relação às demais sociedades financeiras. E esse elemento distintivo e único nas instituições de crédito, respeitante à sua aptidão para a captação de fundos ou constituição de depósitos, é determinante na definição dos bancos e dos contratos que, com base no depósito, podem ser com eles celebrados.
A conta bancária pode ser aberta ou constituída sem se efetuar qualquer depósito passando a funcionar, neste caso, com base no crédito que o banco disponibilizar ao cliente.

O **depósito bancário** é, em sentido lato[667], o contrato pelo qual um indivíduo ou uma entidade, a que chamamos depositante, entrega[668] à guarda de um banco, que é o depositário, uma determinada quantia em dinheiro – ou outros bens fungíveis ou infungíveis com valor –, para que este a restitua quando aquele a reclamar[669] [670], devendo eventualmente remunerar a disponibilidade que teve dos bens depositados. Nestes termos amplos, o depósito bancário surge como uma forma de segurança do dinheiro e de outros valores de diferente natureza – tais como títulos ou bens, envolvendo eventualmente a utilização de cofres-fortes – e mais tarde passa a ser remunerado, constituindo os fundos que os bancos vão poder utilizar no exercício da respetiva atividade creditícia.

[667] Em *sentido estrito*, o contrato de depósito resume-se, de acordo com o art. 1185º do CC, à entrega de dinheiro à guarda do banco, quer o mesmo seja em notas e moedas metálicas, quer seja em cheques ou outros instrumentos com poder liberatório pleno. No entanto, neste sentido estrito, o depósito bancário não constitui um contrato de depósito na aceção técnica da palavra, porque o depositário não fica obrigado a restituir o bem depositado.
O **depósito bancário** moderno, de pura **moeda escritural**, obriga a repensar o contrato civil que classicamente impunha que os bens depositados – e não um montante equivalente dos mesmos – fossem restituídos ao depositante, limitando-se o depositário a conservá-los. A rentabilização desses bens, através da sua disponibilização, sob a forma de crédito, a terceiros, altera definitivamente a natureza do depósito. Assim, diversamente do que sucedia com o depósito de bens (infungíveis), efetuado com a finalidade de ulterior devolução do objeto depositado, cuja propriedade se conservava na esfera jurídica do depositante, o dinheiro que – na forma de numerário ou de moeda escritural – é depositado pode ser utilizado pelo banqueiro (depositante) no exercício da sua atividade de concessão de crédito, ficando o banqueiro apenas obrigado a devolver ao cliente (depositante), montante equivalente ao recebido, eventualmente deduzido de despesas incorridas com a guarda do dinheiro ou acrescido dos juros que entretanto se venceram e forem devidos.

[668] As partes neste contrato são quem solicita a guarda (custódia, no significado tradicional) do bem e quem aceita que o mesmo lhe seja entregue com essa finalidade, podendo acordar na utilização desse bem, de modo a aproveitar as suas qualidades, antes de proceder à restituição a que se encontra obrigado. O depositante não tem de ser necessariamente o titular do depósito, embora seja, no âmbito do contrato, a pessoa interessada na entrega de fundos em favor da sua conta de depósito. Outras pessoas podem proceder a depósitos de quantias na conta e designam-se também, por essa razão, depositantes, motivo pelo qual o termo é «ambíguo» (Conceição Nunes, «Depósito e Conta», cit., 2002, p. 68, nota 1).

[669] Cfr. Paula Camanho, *Do contrato de depósito bancário*, cit., 1998, p. 69.

[670] Por isso não devem ser considerados depósitos, não obstante a sua qualificação como tal pelos operadores, certos instrumentos ou produtos bancários estruturados de captação de fundos, cuja rentabilidade é indexada a outros instrumentos financeiros, sem garantia do capital investido, já que este último aspeto retira a característica estrutural do depósito que consiste no reembolso do capital depositado.

O depósito bancário forma-se, em regra, pela entrega de dinheiro ao banco, vindo a confundir-se com a conta bancária cuja movimentação sustenta e a que se encontra associado. Neste caso, tecnicamente, a conta assume correntemente o resultado do depósito, sob a forma de saldo (normalmente credor) relativo à posição jurídica do cliente, revelando a posição necessariamente coincidente com o valor do depósito (à ordem) que lhe é inerente. Daí que a conta represente o direito de crédito do cliente sobre o banco correspondente ao saldo do depósito.

O cliente deverá, pois, no seu interesse – de simples custódia, para rentabilização, como caução, ou para mera sustentação de movimentação de conta e para poder efetuar pagamentos a partir do banco –, proceder ao depósito de fundos no banco.

O depósito bancário não é objeto de regulamentação legal com caráter geral. As normas do Código Comercial sobre o contrato de depósito mercantil remetem para os usos bancários (os *estatutos* dos bancos, a que se refere o art. 407º do Código Comercial), ou seja, para a prática negocial, onde se tem paulatina e gradualmente formado a matriz contratual que regula este contrato bancário. Existem diversos diplomas e disposições legais dispersos na legislação, nuns casos correspondendo à disciplina de modalidades de depósito que se caracterizam pelo prazo e modo do seu vencimento (cfr. Decreto-Lei nº 430/91, de 2 de novembro, na red. do DL 88/2008, de 29 de maio, que estabelece o regime geral das contas de depósito), noutros referindo-se à disponibilização dos saldos dos depósitos em numerário e em cheque (cfr. arts. 4º e 5º do Decreto-Lei nº 18/2007, de 22 de janeiro), e noutros ainda resultando de interesses de caráter adjetivo, designadamente de natureza processual [caso, por exemplo, da regra processual sobre *penhora de depósitos bancários* (cfr. art. 780º do CPC)] ou fiscal, como os depósitos especiais correspondentes às "contas poupança".

26.3.4. *Transferência*[671]

As **transferências** de fundos entre instituições de crédito surgiram para permitir a deslocação de espécies monetárias, entre contas bancárias, dispensando o titular de uma delas (e cliente do bancos) – adquirente num negócio em que o pagamento do preço se deveria fazer em

[671] Vd., *infra*, nota 809 (nº 30.4).

dinheiro – de proceder ao prévio levantamento do numerário, sendo-lhe bastante ordenar o crédito da importância correspondente ao preço na conta da sua contraparte negocial (o vendedor) à custa do saldo correspondente da sua conta. Constituem, por isso, um instrumento seguro adequado a promover pagamentos avultados[672].

Trata-se de um meio de pagamento, pelo que a transferência será objeto de apreciação no último capítulo (VI, nº 30.4), para onde remetemos.

26.3.5. *Cartão de débito*[673]

O **cartão de débito** é um cartão de plástico, disponibilizado pelo banco ao seu cliente, para que este possa proceder a levantamentos e pagamentos à custa do saldo existente na sua conta bancária. É, como veremos adiante (nº 30.5.3), um meio de pagamento que permite concretizar negócios à distância.

26.3.6 *Conta-corrente bancária*[674]

No que respeita à sua movimentação, a conta vai configurar-se como uma conta corrente[675], na qual serão lançadas a crédito todas as quantias depositadas (ou creditadas) e a débito as importâncias sacadas ou transferidas. Em geral, essa conta deverá apresentar um saldo credor (em favor do cliente), embora nada impeça que, pontual ou permanentemente, o saldo seja devedor, tudo dependendo do que houver sido expressa ou

[672] «O que o emitente de uma ordem de transferência pretende é a transmissão para um terceiro, dos fundos mantidos junto da instituição bancária; o que ele pretende é transmitir moeda» [Beatriz Segorbe, «A transferência bancária, a moeda escritural e a figura da delegação», *RB*, 52, 2001 (pp. 79-125), p. 81].

[673] Vd., *infra*, nº 30.5.3 e Paulo Olavo Cunha, *Cheque e Convenção de Cheque*, 2009, pp. 323-325.

[674] Cfr. Engrácia Antunes, *Direito dos Contratos Comerciais*, 2009, pp. 491-492, e Paulo Olavo Cunha, *Cheque e Convenção de Cheque*, 2009, pp. 386-387 e 409-413, e *Direito Comercial e do Mercado*, 2ª ed., 2018, pp. 342-346.

[675] E, por isso, alguns autores, ao caracterizarem a conta, reportam-se essencialmente à sua expressão dinâmica integrada pelos atos que se lhe reportam e que, na prática, correspondem à noção de conta-corrente. Tal é o caso de Conceição Nunes, no seu estudo citado sobre «Depósito e Conta», 2002 (pp. 67-88), quando afirma que a conta é o «registo, organizado numa base pessoal, cronológico e sintético, das operações de entrega e reembolso de fundos, constitutivas, modificativas ou extintivas do crédito unitário ao reembolso» (p. 79) e qualifica a conta-corrente como uma «técnica contabilística» (p. 80).

tacitamente[676] estabelecido entre as partes. O efeito de conta-corrente como que dilui, numa amálgama, as diversas operações que, regular ou irregularmente, forem sendo praticadas, passando a ser unicamente relevante o produto ou resultado pontual correspondente ao balanço dos créditos e dos débitos referentes a essa conta, num efeito prático e jurídico de novação. Deste modo, banco e cliente – sem prejuízo da previsibilidade de certos movimentos, a crédito (salário, *v.g.*) ou a débito (é o caso dos pagamentos por transferência) – podem convencionar a obrigatoriedade ou, mais suavemente, a conveniência de a conta apresentar um determinado saldo médio credor.

A conta-corrente bancária traduz, assim, o funcionamento da conta aberta no banco, operando movimentos – a crédito e a débito – no depósito que lhe está associado e constituindo o reflexo patrimonial (contabilístico) da relação contratual estabelecida entre o banqueiro e o seu cliente e existente em cada momento[677].

[676] O ***overdraft*** ou autorização de descoberto em conta é frequentemente acordado em termos puramente tácitos, *v.g.*, quando o banco – sem que antes tenha havido qualquer convenção expressa nesse sentido – honra cheques sem provisão e cobra ao cliente, sem qualquer oposição ou discordância deste, juros sobre o montante e pelo período do descoberto. Sobre o *overdraft* e as respetivas condições (expressas ou tácitas) de contratação, bem como sobre a respetiva utilização mediante o saque de cheques sem provisão, vd. José Maria Pires, *Direito Bancário*, 2º vol., *As operações bancárias*, Rei dos Livros, Lisboa, s/d (mas depósito legal de 1995), pp. 242-243, Engrácia Antunes, *Direito dos Contratos Comerciais*, 2009, pp. 506-508, e Januário da Costa Gomes, *Contratos Comerciais*, 2012, pp. 331-334.

[677] Importa introduzir algumas precisões no que se refere a este contrato, que corresponde a um desenvolvimento específico da conta-corrente comercial que, tendo uma origem contabilística, assumiu natureza contratual definida no século XIX. Em Portugal, foi objeto de regulamentação no Código Comercial de 1888 (arts. 344º a 370º).

No plano geral, a **conta-corrente** é o contrato aplicável às relações comerciais entre credor (fornecedor) e devedor (cliente), no âmbito de um contrato de fornecimento [ou de negociação (da transmissão) de quaisquer valores (cfr. art. 345º do CCom)], exprimindo o "deve" e o "(há-de) haver" desse contrato (cfr. art. 344º do CCom), que se prolonga no tempo e corresponde a uma sucessão de atos desfavoráveis e favoráveis ao *correntista*. A sua finalidade essencial é permitir a compensação entre os diversos movimentos lançados nessa conta (cfr. art. 346º, nº 3º do CCom), que documenta a relação comercial existente entre dois sujeitos, de modo que (só) o respetivo resultado (saldo) seja exigível pelo credor (cfr. art. 346º, nº 4º do CCom), sendo, pela construção jurídica que lhe está subjacente, muito mais do que uma mera escrituração contabilística de entradas e saídas.

A vantagem deste tipo contratual é, consequentemente, evitar que os movimentos que o formam deem lugar a inúmeras liquidações autónomas.

A **conta-corrente bancária** constitui, assim, o reflexo do relacionamento contratual entre o banqueiro e o seu cliente, com referência a uma conta aberta no estabelecimento daquele, sendo uma espécie do género "conta-corrente comum". Representa, por isso, o *balanço* da relação existente entre um banco e o seu cliente (com referência a uma conta individualizada) – balanço que deve espelhar em cada momento os movimentos, a débito e a crédito, dessa conta – correspondente ao saldo pontualmente determinado.

Quando o cliente abre uma conta bancária e efetua um depósito nessa conta, acorda com o banco sobre a respetiva movimentação a débito e a crédito, efetuando pagamentos e levantamentos com base no dinheiro depositado e procedendo a novos depósitos na conta, para reforço dos respetivos fundos e, consequentemente, do saldo (credor). Assim, a conta em movimento exprime em cada momento o valor das disponibilidades do cliente (junto do banco), devendo serem nela lançadas a débito e a crédito as operações realizadas. Nesses termos, os cheques sacados sobre a conta serão debitados na respetiva "conta-corrente", ficando por satisfazer (sem provisão) se o saldo for insuficiente, exceto se o banco autorizar, prévia[678] ou pontualmente, um descoberto na conta[679].

[678] A autorização prévia de saque a descoberto conduz à distinção entre saldo disponível – correspondente aos meios que o cliente pode usar licitamente (incluindo crédito que lhe seja concedido) – e saldo contabilístico, exclusivamente formado pelas disponibilidades efetivas de uma determinada conta.

[679] Autonomizando-se e distinguindo-se da abertura de conta e do depósito bancário, a **conta-corrente bancária** tem uma específica expressão contabilística, não sendo, porém, objeto de regulamentação legal no nosso País. Não obstante, é possível traçar-lhe um **regime** socialmente típico. Assim:

- É um contrato estabelecido entre dois sujeitos específicos – o banqueiro e o seu cliente – que pressupõe a prévia abertura de conta, negócio que dá início à relação contratual bancária, mas de que se autonomiza.
- Envolve o lançamento a crédito e a débito de todos os movimentos que se reportem à conta aberta, qualquer que seja a sua fonte negocial, expressos em unidades monetárias correntes, em conformidade com modelo estruturado pelo banqueiro;
- Em regra, o cliente é o credor do resultado desses lançamentos – que se designa por saldo – o qual, devendo ser permanentemente atualizado, consiste no produto pontual do encontro dos débitos e créditos processados na conta e deve estar sempre disponível;
- Deve ser verificável pelo cliente através de informação periodicamente distribuída ou disponibilizada, sob a forma de extrato (da conta), que se tem por tacitamente aprovado decorrido um determinado período sobre a sua receção ou conhecimento.

A conta-corrente bancária é, em nossa opinião e concluindo, o produto (somatório) e o espelho contabilístico de todos os contratos ativados entre o banco e o cliente com referência a uma determinada conta – e com os quais não se confunde, apesar de espelhar as operações em que se consubstanciam –, refletindo, em cada momento, a variação dos depósitos feitos e as operações que lhe estão indexadas, e correspondendo, assim, ao resultado do giro bancário, entendido no sentido lato de *serviços de caixa*, a que se referem alguns autores[680]. Representando o desenvolvimento da conta bancária, tanto mais significativo quanto maior for o número de contratos por ela documentados, e correspondendo ao funcionamento da conta bancária, equivale à faceta dinâmica da abertura de conta. É um elemento necessário da conta, mas não do contrato de abertura de conta que, como vimos, define a relação bancária complexa existente entre o banco e o cliente, e que está na origem de grande parte dos negócios bancários.

26.4. **Contratos bancários eventuais**[681]

Os clientes de um banco, e as pessoas coletivas e os empresários em particular, para além de necessitarem de financiamento para a sua atividade, precisam frequentemente de movimentar as suas contas através de cheques.

[680] A conta-corrente bancária não consiste, em nossa opinião no *serviço de caixa*, como pretende Luís Branco [«Conta corrente bancária. Da sua estrutura, natureza e regime jurídico», *RB*, nº 39, 1996 (pp. 35-85), pp. 48-53] – que considera que o serviço de caixa integra o conteúdo da conta-corrente (pp. 59-60), definindo conta corrente bancária como «o contrato em virtude do qual o banco se obriga perante o cliente a, nos limites da sua organização, proceder a operações de pagamento e recebimento por conta deste» (cfr. p. 53) e nele incluindo a transferência bancária (p. 61) –, mas constitui o reflexo (contabilístico) desse serviço, embora com autonomia dogmática, sendo efeito necessário do contrato de abertura de conta. Neste sentido, Quirino Soares, «Contratos bancários», *SI*, t. LII, nº 295, 2003 (pp. 109-128), p. 111.

[681] Para além dos contratos sumariamente descritos, existem outros que, não surgindo logo no momento da constituição da relação bancária, vêm a integrar a relação estabelecida entre o banqueiro e o seu cliente. Referimo-nos aos **contratos bancários de prestação de serviços** – de que Menezes Cordeiro, *Direito Bancário*, 6ª ed., 2016, p. 533, enuncia mais de uma dezena –, que se formam com recurso a cláusulas contratuais gerais (indiferenciadas, porque o Direito nacional não conhece cláusulas bancárias).
A esses contratos podemos acrescentar negócios bancários clássicos como o contrato de aluguer de cofre-forte (para depósito de objetos e valores).

Por isso, aos negócios bancários básicos (cfr., *supra*, nº 26.3.1) acrescem ainda:

- A **convenção de cheque**;
- A **abertura** (ou concessão) **de crédito**; e
- O (contrato de utilização de) **cartão de crédito.**

26.4.1. *Convenção de cheque*[682]

A **convenção de cheque** é o contrato, expresso ou tácito, pelo qual o depositante fica com o direito de dispor de uma provisão por meio de cheque, obrigando-se o banco a pagar cheques até ao limite da quantia disponível, quer a mesma tenha sido formada por depósito antecipadamente efetuado ou por crédito (por ele) concedido, ou seja, concluindo este contrato, de forma expressa ou tácita, o cliente passa a poder proceder, por meio de cheques, ao saque de quantias que se encontram disponíveis em conta bancária de que é titular ou para cuja movimentação tem legitimidade (cfr. art. 3º da LUCh).

Sendo comum no relacionamento do banco com as empresas, é possível, e habitual, no âmbito das contas particulares, que permite movimentar, e é eventualmente celebrada entre o banqueiro e o seu cliente, quando este procede à abertura de conta na instituição por aquele gerida; conta essa que poderá ser movimentada através de cheques emitidos

[682] Vd. Paulo Olavo Cunha, *Cheque e Convenção de Cheque*, 2009, em especial pp. 393, 413-414, 442-512, que seguimos de muito perto. Sobre o respetivo regime jurídico, *ibid.*, pp. 449-512. Mais resumidamente, vd. também o nosso *Direito Comercial e do Mercado*, 2ª ed., 2018, pp. 347-351.
Vd. também Engrácia Antunes, *Direito dos Contratos Comerciais*, 2009, pp. 548-550, Sofia Galvão, *O contrato de cheque*, Lex, Lisboa, 1992, e Januário da Costa Gomes, *Contratos Comerciais*, 2012, pp. 192-208.
No que se refere à **designação** deste contrato, optámos decididamente pela expressão **convenção de cheque**, em vez de "contrato de cheque", tendo em consideração a sua atipicidade legal, por um lado, e a sua origem convencional, por outro. Embora a referência à convenção possa gerar um equívoco com o tratado internacional que recai sobre o cheque, com uma diferente preposição (*de*, em vez *do*, que caracteriza a Lei Uniforme relativa ao cheque, também conhecida por convenção do cheque) a separar as mesmas palavras que compõem a expressão, considerámos mais adequada a designação que se enquadra na tradição jurídica portuguesa e que tem colhido adesão esmagadora da doutrina nacional, para além de ser a legalmente consagrada (cfr. arts. 1º, nºs 1, 3, 4, 6 e 7, 2º, *alínea b)*, 4º, 6º e 9º, nº 2 do DL 454/91, de 28 de dezembro).

com base em módulos que são disponibilizados pelo banco ao cliente. Trata-se, assim, de um contrato que surge naturalmente com a abertura de conta e não de um negócio jurídico que seja procurado por si mesmo[683]. Nesse sentido é não apenas instrumental da conta que toma por referência, e em função da qual existe, como surge naturalmente na *sequência* da abertura da conta a que fica adstrito, no que respeita à provisão a utilizar. Contudo, a sua execução irá requerer que, paralelamente, se desenvolva uma relação contratual de conta-corrente. O contrato de depósito – no qual se materializa habitualmente a provisão – poderá não existir, uma vez que subjacente à abertura de conta e ao seu provisionamento poderá estar um contrato de diferente natureza, como seja a abertura de crédito. A convenção de cheque enquadra-se, deste modo, numa relação contratual complexa estabelecida entre o banqueiro e o seu cliente, não sendo essencial para que a conta bancária aberta seja movimentada a débito, uma vez que o seu titular pode, para o efeito, limitar-se a utilizar cartão de débito ou a ordenar transferências.

No entanto, dado o risco envolvido na execução deste contrato, é usual as condições gerais subjacentes à abertura de conta reservarem ao banqueiro a faculdade de celebrar, ou não, a convenção[684], pelo que ele não se constitui obrigado a fazê-lo pela simples abertura de conta ou pelos depósitos que, concomitante ou subsequentemente, sejam efetuados na mesma. Do aproveitamento desta faculdade resulta uma característica essencial da convenção de cheque, que se traduz no carácter *intuitus personae* da respetiva celebração. Ao atribuir a um cliente a capacidade para movimentar a sua conta através de cheques, o banco está a fazer uma escolha pessoal, com base na confiança que detém no cliente e relativamente ao qual assume diversos riscos[685].

[683] Embora tal possa acontecer, isto é, nada impede que o cliente, em teoria, pretenda essencialmente aceder ao uso de cheques, circunstância em que não poderá deixar de, previamente, abrir uma conta bancária.

[684] No que respeita à abertura de contas de *particulares*, é hoje habitual na prática bancária não fornecer de imediato módulos de cheque a clientes sem historial e procurar sedimentar a relação contratual bancária, primeiramente no débito *em linha* (*on-line*), que não apresenta risco.

[685] O facto de, em regra, as convenções assumirem uma estrutura idêntica, com um conteúdo, senão igual, pelo menos semelhante, não altera que se trate de um negócio celebrado em consideração do perfil da contraparte. Assinale-se, porém, quanto às regras que são aplicáveis à execução do negócio, não existir, em geral, especial margem de manobra quanto à sua

No que respeita ao respetivo **regime jurídico**[686], a convenção é um ato complexo, cujo conteúdo se desdobra em diversos direitos e deveres[687].

negociação, até porque a convenção de cheque está externamente condicionada pelo regime jurídico do cheque resultante da Lei Uniforme e do Decreto-Lei nº 454/91, de 28 de dezembro. Ocorre, assim, um fenómeno algo inverso ao que se verifica com a celebração dos outros dois contratos (abertura de conta e depósito), em que o banco não tem a mesma ponderação, contratualizando com quem se manifeste disponível para concluir o negócio – e se sujeitar às taxas aplicáveis aos serviços prestados e, por vezes, a saldos médios mínimos –, mas em seguida disponha de diversas opções, consoante o perfil do cliente. Existem, por isso, diversas "contas de depósito" – terminologia regulamentarmente consagrada (cfr. Secções II e III e arts. 9º e 11º do Aviso nº 11/2005 do BdP, de 13 de julho de 2005, na red. do Aviso nº 2/2007, de 2 de fevereiro de 2007), com regimes adaptáveis a diversos tipos e perfis de cliente.
Note-se que a convenção de cheque é frequentemente um acordo tácito, decorrendo de atitudes simples por parte dos intervenientes, como sejam o cliente preencher uma ficha de requisição (de um conjunto) de módulos de cheques (livro de cheques) e o banco aceitá-la (embora não se encontre obrigado a disponibilizá-los), mandar proceder à impressão desses módulos e entregá-los (ao cliente). Por outras palavras, embora os atos subjacentes à emissão de um livro de cheques (ou conjunto de módulos) possam ser objeto de expressa previsão contratual, que acolha não apenas o consentimento das partes, mas também o regime jurídico e os efeitos da específica relação negocial desse modo estabelecida, a verdade é que a mesma é desnecessária, sendo suficiente que dos atos das partes decorra a sua vontade de celebrarem uma convenção de cheque, em conformidade com a qual o sacador à custa de fundos que o banqueiro colocou previamente à sua disposição – por corresponderem a depósitos feitos em favor do cliente ou a crédito que lhe foi concedido pelo banqueiro –, procede a pagamentos, reembolsos, empréstimos ou levantamentos em numerário, com recurso a cheques.

[686] Vd. Paulo Olavo Cunha, *Cheque e Convenção de Cheque*, 2009, em especial pp. 456-512.

[687] Assim, inclui o direito do cliente (sacador) sacar ou dispor dos fundos por meio de cheque (ou de sacar fundos, emitindo cheques) e os respetivos deveres de diligência – de verificar a conta e de conservar os cheques – e de informação de eventuais vicissitudes ocorridas.
Por sua vez, o Banco tem o direito de lançamento em conta da quantia paga (e eventual remuneração pelo serviço prestado) e os deveres de:
- pagamento (principal);
- informação, incluindo o dever de informar o cliente sobre o tratamento do cheque [nomeadamente sobre o «*dever de colaboração na investigação*» criminal (art. 13º-A)];
- verificação dos cheques e fiscalização da movimentação da conta;
- competência técnica;
- não pagar em dinheiro o "*cheque para levar em conta*" (cfr. art. 39º da LUCh);
- rescisão da convenção (em caso de utilização indevida de cheques);
- observar a revogação, em certos casos; e
- sigilo.

26.4.2. *Abertura de crédito*[688]

No plano da atividade das empresas comerciais, aquilo que caracteriza a procura dos bancos é a obtenção de crédito, de que elas carecem normalmente para o seu giro comercial.

O contrato de concessão ou **abertura de crédito** é precisamente aquele pelo qual o banco se dispõe a financiar o cliente[689], podendo fazê-lo basicamente de dois modos diferentes: ou lhe concede um *plafond* dentro de cujos limites se compromete a pagar todos os débitos, suportando o cliente os encargos à medida que for necessitando dos fundos, ou provisiona a conta com uma determinada quantia, ficando o cliente, desde logo, responsável por essa quantia e com a sua disponibilidade total.

A chamada "abertura de crédito" (ou de "linha de crédito") é uma forma de concessão de crédito bancário consubstanciada, precisamente, na abertura de uma conta (com características e modos de movimen-

[688] Vd. Engrácia Antunes, *Direito dos Contratos Comerciais*, 2009, pp. 501-503, Paulo Olavo Cunha, *Cheque e Convenção de Cheque*, 2009, pp. 393 (em especial nota 859) e 407, nota 884, e *Direito Comercial e do Mercado*, 2ª ed., 2018, pp. 351-352, Januário da Costa Gomes, *Contratos Comerciais*, 2012, pp. 324-331.

[689] Cfr. Pinto Coelho, *Operações de Banco*, cit., 1962, pp. 133-253, em especial pp. 137-146.
Este contrato, também designado "abertura de crédito em sentido próprio" – «pelo qual uma instituição de crédito se obriga a colocar dinheiro à disposição de um cliente, que este, mediante o pagamento do capital, de juros e de comissões, pode utilizar, à medida da sua conveniência, até um certo limite e em determinadas circunstâncias» (Ferreira de Almeida, *Contratos II*, 4ª ed. cit., 2016, p. 150) –, não se deve confundir com a **abertura de crédito documentário**, operação que «consiste *grosso modo* em promover por intermédio de um banco a execução de um contrato de compra e venda» comercial, encarregando o adquirente esse banco de proceder ao pagamento contra a apresentação «dos documentos representativos da mercadoria vendida, que constituem garantia do banco enquanto não é reembolsado pelo comprador» (Fernando Olavo, *Abertura de crédito documentário*, ed. autor, Lisboa, 1952, pp. 8 e 94-95). Vd. também Engrácia Antunes, *Direito dos Contratos Comerciais*, 2009, pp. 513-515, e Januário da Costa Gomes, *Contratos Comerciais*, 2012, pp. 338-345.
A CCI fixou Regras e Usos Uniformes para os Créditos Documentários, que reviu por diversas vezes, a última das quais designada Revisão 2007 (publicação nº 600 da CCI). Sobre estas regras, cfr. Paulo Olavo Cunha, *Cheque e Convenção de Cheque*, 2009, pp. 426-427 (nota 929) e doutrina citada.
O contrato de abertura de crédito em sentido próprio é geralmente acompanhado de garantias pessoais por parte do cliente ou dos seus representantes legais, que assegurem o cumprimento das obrigações assumidas, enquanto o cliente não tem histórico no banco, por ser jovem ou por se tratar de entidade recém-constituída.

tação específicos) em nome de um titular que, não obstante, pode não efetuar qualquer depósito no ato em que contrata essa abertura.

A **abertura de crédito**, gerando para o banco a obrigação de manter à disposição do cliente, por um certo período de tempo, uma determinada quantia em dinheiro, para que este o utilize *se quiser, quando quiser e nas quantidades que quiser* até ao montante do limite do crédito (acordado), apresenta uma específica função económica face ao mútuo tradicional, uma vez que proporciona uma rigorosa adequação do crédito às específicas necessidades do cliente, pela exata correspondência temporal entre o momento da efetiva atribuição do crédito e da sua utilização, sendo os juros devidos limitados ao período de utilização efetiva do crédito e apenas sobre a quantia realmente utilizada, não obstante o montante ou limite da linha de crédito poder ser muito superior ao valor de que o cliente vem realmente a dispor. A possibilidade de reconstituição permanente do montante do crédito através de reembolso parcial (*revolving credit*) – na modalidade de abertura de crédito em conta-corrente[690] – confere-lhe, além do mais, uma flexibilidade que faz da abertura de crédito um instrumento fundamental da vida empresarial, pela segurança que representa e pela rigorosa adequação às necessidades do empresário a quem é disponibilizada.

26.4.3. *Cartão de crédito*[691]

Por fim, refira-se que, como efeito da relação contratual bancária, é habitual o banco conceder ao cliente um cartão de crédito, que lhe permita efetuar pagamentos a prazo, que poderá liquidar de uma só vez ou em prestações, remuneradas com juros.

Sem prejuízo do que adiante referirmos, quando abordarmos os meios de pagamento (*infra*, nº 30.5.2), importa assinalar que a titularidade e utilização do cartão de crédito não pressupõem a específica cons-

[690] A abertura de crédito é, na maioria dos casos, celebrada em conta-corrente, isto é, com convenção de utilização por *tranches*, de acordo com as exatas necessidades do cliente (quantidade e momento) e com cláusula *revolving*, configurando-se como um contrato normativo, na leitura de CALVÃO DA SILVA (*Direito Bancário*, Almedina, Coimbra, 2001, pp. 365-367), e definitivo e autónomo, «pertencente à categoria dos contratos de troca onerosa de dinheiro», no entendimento de FERREIRA DE ALMEIDA (*Contratos II*, 4ª ed., 2016, p. 151).

[691] Reproduzimos o nosso *Direito Comercial e do Mercado*, 2ª ed., 2018, p. 353. Vd., *infra*, nota 822 (nº 30.5.2).

tituição prévia de uma conta bancária, podendo a relação de cartão de crédito existir autonomamente (entre uma entidade emissora do cartão e o seu cliente), isto é, à margem da relação contratual bancária, que habitualmente a sustenta.

27. Os contratos instrumentais dos contratos comerciais: as garantias

No mercado é frequente assegurar o cumprimento dos negócios celebrados – e das respetivas obrigações contratuais – através da prestação de garantias por parte dos contratantes ou de terceiros que nisso tenham algum interesse.

Por sua vez, no domínio específico da atuação dos sujeitos do Direito Comercial, designadamente das sociedades comerciais, é habitual recorrer a estes instrumentos, que se configuram como negócios específicos que existem para garantir os efeitos dos contratos comerciais. Assim, de entre os atos de comércio que são objetivos por acessoriedade objetiva – isto é, por terem uma conexão com um ato de comércio absoluto, nomeadamente a compra e venda –, contam-se os contratos comerciais de garantia, como a fiança mercantil (cfr. art. 101º do CCom) e o penhor mercantil (cfr. art. 397º do CCom). Essa acessoriedade a outros contratos comerciais evidencia a instrumentalidade que as garantias revestem relativamente aos contratos de que são acessórias e cujo cumprimento pretendem assegurar.

27.1. Garantias clássicas[692]

27.1.1. *Espécies de garantias*

As vicissitudes inerentes ao incumprimento contratual são exclusivamente reparadas à custa do património do devedor – que constitui a

[692] Vd., para além do nosso *Direito Comercial e do Mercado*, 2ª ed., 2018, pp. 281-286, António Menezes Cordeiro, *Tratado de Direito Civil, X – Direito das Obrigações. Garantias* (com a colab. de A. Barreto Menezes), Almedina, Coimbra, 2015, pp. 423-526, 593-603, 633-781 e 821-845, Almeida Costa, *Direito das Obrigações*, 12ª ed., 2009, pp. 881-884, 886-912, 920-959 e 973-983, João de Matos Antunes Varela, *Das Obrigações em Geral*, vol. II, 7ª ed.,

garantia geral do crédito –, se o cumprimento do negócio não tiver sido assegurado pelo recurso a garantias especiais, pessoais ou reais[693]. Nas primeiras, o devedor apresenta ao credor, como garantia do cumprimento da sua obrigação, o património de uma terceira pessoa, o fiador ou avalista; nas segundas a obrigação é assegurada pela afetação de um bem, móvel ou imóvel, como garantia de cumprimento, independentemente de quem for o respetivo titular.

A constituição da garantia corresponde, por si só, à celebração de um contrato (instrumental do cumprimento de outro contrato), pelo que a sua natureza jurídica é semelhante.

Pela natureza da garantia, facilmente concluímos que as garantias pessoais, diferentemente do que acontece com as reais – que se mantêm independentemente da subsistência do devedor ou do titular dos bens garantidos –, não são transmissíveis por morte do fiador ou avalista, embora se mantenham mesmo que ocorra a cessão da posição contratual da obrigação garantida. Comecemos por caracterizar, sucintamente, as garantias pessoais tradicionais.

27.1.2. *Garantias pessoais*

As garantias pessoais atribuem ao credor um reforço quantitativo da garantia do seu crédito à custa do património de um terceiro, que acresce, para este efeito, ao património do devedor. As duas principais são a fiança e o aval.

A **fiança**[694] é a garantia pessoal pela qual o fiador disponibiliza o seu património para assegurar o cumprimento da obrigação de um terceiro

Almedina, Coimbra, 1997, pp. 477-512, 526-571 e 577-581, e as obras específicas de Luís Manuel Teles de Menezes Leitão, *Garantias das Obrigações*, 5ª ed., Almedina, Coimbra, 2016, Pedro Romano Martinez / Pedro Fuzeta da Ponte, *Garantias de cumprimento*, 5ª ed., Almedina, Coimbra, 2006, pp. 85-114, 167-188, 189-207 e 226-234, e de L. Miguel Pestana de Vasconcelos, *Direito das Garantias*, 3ª ed., Almedina, Coimbra, 2019.

693 Cfr. a obra geral de L. Miguel Pestana de Vasconcelos, *Direito das Garantias*, 3ª ed., 2019, pp. 60-64, e as classificações propostas a pp. 64-73, em especial pp. 70-73.

694 Sobre a fiança em geral, cfr. Ferreira de Almeida, *Contratos III*, 3ª ed., 2019, pp. 201-207, António Menezes Cordeiro, *Tratado de Direito Civil, X,* 2015, pp. 423-526, em especial pp. 438-502, Almeida Costa, *Direito das Obrigações*, 12ª ed., 2009, pp. 888-906, Januário Gomes, *Contratos Comerciais*, 2012, pp. 380-382, Luís Menezes Leitão, *Garantias das Obrigações*, 5ª ed., 2016, pp. 103-122, Romano Martinez / Fuzeta da Ponte, *Garantias de*

("afiançado" ou devedor), podendo revestir caráter mercantil, se for acessória de um contrato comercial, ou ter natureza meramente civil.

A fiança encontra-se disciplinada no Código Civil, nos arts. 627º a 654º, e também se encontra *especialmente* regulada no Código Comercial, apesar deste diploma apenas lhe dispensar um único preceito – o art. 101º –, que se limita a cominar a solidariedade do fiador de uma obrigação mercantil (ainda que o mesmo não seja comerciante), isto é, daquele que garante o cumprimento de um contrato com natureza comercial.

A grande diferença entre a fiança geral (civil) e a mercantil – que justifica a autonomia desta segunda garantia – reside no facto de numa (a primeira) o fiador ter o privilégio do benefício da excussão prévia dos bens do devedor (cfr. art. 638º, nº 1 do CC)[695], em caso de incumprimento da obrigação contratual, enquanto na outra (a segunda) o credor pode optar por se dirigir imediatamente ao fiador, reclamando o seu crédito e executando o património do fiador se este não se substituir ao devedor no cumprimento da obrigação contratual em falta.

Da fiança podemos autonomizar o **mandato de crédito**[696], contrato pelo qual uma pessoa «*encarrega outrem de dar crédito a terceiro, em nome e por conta do encarregado*», ficando a responder «*como fiador*» (art. 629º, nº 1 do CC).

O **aval**[697], por sua vez, constitui a garantia pessoal do pagamento de uma quantia inscrita num título de crédito (letra, livrança, cheque),

cumprimento, 2006, pp. 86-112, ANTUNES VARELA, *Das Obrigações em Geral*, II, 1997, pp. 477-512, e L. MIGUEL PESTANA DE VASCONCELOS, *Direito das Garantias*, 3ª ed., 2019, pp. 85-117.

695 Isto significa que o credor só pode exigir do fiador o cumprimento da obrigação garantida se o devedor já não dispuser de bens suficientes para o efeito. A fiança civil obriga, assim, o credor a executar previamente o património do devedor antes de reclamar do fiador o cumprimento em falta.

Cfr. FERREIRA DE ALMEIDA, *Contratos III*, 3ª ed., 2019, pp. 202-203.

696 Cfr. FERREIRA DE ALMEIDA, *Contratos III*, 3ª ed., 2019, pp. 208-209, HUGO RAMOS ALVES, *Do Mandato de Crédito*, Almedina, Coimbra, 2007, em especial pp. 63-104, ENGRÁCIA ANTUNES, *Direito dos Contratos Comerciais*, 2009, pp. 544-545, JANUÁRIO DA COSTA GOMES, *Contratos Comerciais*, 2012, pp. 306-310, LUÍS MENEZES LEITÃO, *Garantias das Obrigações*, 5ª ed., 2016, pp. 123-127, ROMANO MARTINEZ / FUZETA DA PONTE, *Garantias de cumprimento*, 2006, pp. 113-114, L. MIGUEL PESTANA DE VASCONCELOS, *Direito das Garantias*, 3ª ed., 2019, p. 117 (cfr. também pp. 117-120).

697 Para maiores desenvolvimentos, vd. JOSÉ A. ENGRÁCIA ANTUNES, *Os Títulos de Crédito, Uma Introdução*, 2ª ed., Coimbra Editora, Coimbra, 2012, pp. 85-89, ANTÓNIO MENEZES

assegurando que, em caso de incumprimento – isto é, não pagamento desse montante (que resulta do título, ao qual o aval está associado) por parte do devedor cambiário, o credor (portador do título na data do vencimento) poderá exigir diretamente do avalista a satisfação do seu crédito, independentemente da validade da obrigação cambiária e das vicissitudes que possam ter ocorrido na circulação do título a que respeita[698].

A ideia do aval é garantir o crédito que está consubstanciado no próprio título, isto é, poder reforçar a convicção de que quem é titular do direito (de crédito) incorporado no título (o credor) irá obter o seu pagamento no vencimento, porque alguém (o avalista) vai assegurar o cumprimento da obrigação constante deste título no vencimento, ou eventualmente até em via de regresso, se necessário for (cfr. art. 30º da LULL). Existindo diversos obrigados cambiários, o aval pode ser prestado em favor de qualquer deles[699].

Cordeiro, *Tratado de Direito Civil, X,* 2015, pp. 423-526, em especial pp. 593-603, Carolina Cunha, *Manual de Letras e Livranças,* Almedina, Coimbra, 2015, pp. 38.43 (e ainda pp. 119-164), Luís Menezes Leitão, *Garantias das Obrigações,* 5ª ed., 2016, pp. 123-129, Romano Martinez / Fuzeta da Ponte, *Garantias de cumprimento,* 2006, pp. 117-123, Alexandre de Soveral Martins, *Títulos de Crédito e Valores Mobiliários,* Parte I – *Títulos de Crédito,* Vol. I, Almedina, Coimbra, 2008, pp. 73-78, Evaristo Mendes, *Aval e fiança gerais,* sep. de *DJ,* vol. XIV, t. 1, 20000 (pp. 149-169), pp. 153-154 e 156-160, Nuno Madeira Rodrigues, *Das Letras: Aval e Protesto,* Almedina, Coimbra, 2002, pp. 26-27, 29-33, 44-58 e 71-80, Paulo Melero Sendin, *Letra de Câmbio – L.U. de Genebra,* vols. I (*Circulação cambiária*) e II (*Obrigações e garantias cambiárias*), Universidade Católica Portuguesa, Almedina, Coimbra, 1980 (em especial pp. 27-28) e 1982 (pp. 721-875), L. Miguel Pestana de Vasconcelos, *Direito das Garantias,* 3ª ed., 2019, pp. 120-136, em especial pp. 120-126, e Pais de Vasconcelos, *Manual de Direito Comercial,* 2011, pp. 339-341.

698 No aval existe uma independência da garantia relativamente à obrigação garantida. Isso resulta com muita clareza do disposto no artigo 32º, II da LULL, onde se diz que «*a obrigação do avalista* se *mantém mesmo no caso de a obrigação que ele garantir ser nula por qualquer razão que não seja um vício de forma*». Isto é, as exceções pessoais do avalizado – que ele possa opor ao portador do título (credor) para não pagar – não vão aproveitar ao avalista por efeito do princípio da independência das obrigações cambiárias, que resulta dos arts. 32º, II e 7º da LULL.

699 Não sendo designado o beneficiário do aval, surgindo apenas, no título, a inscrição "bom para aval", com uma assinatura, não se dizendo em favor de quem é concedido, há a **presunção** (legal) de que o aval se tem por dado em favor do sacador (cfr. art. 31º, IV da LULL).

27.1.3. *Hipoteca*[700]

Nas garantias reais verifica-se um reforço quantitativo da garantia de crédito pela afetação de um bem específico, pertencente ao devedor (ou a um terceiro), à satisfação do crédito, com prioridade sobre os demais credores.

A **hipoteca** é a principal garantia real. Consiste em afetar um bem imóvel (ou móvel sujeito a registo) ao cumprimento de uma obrigação contratual, permitindo ao credor satisfazer prioritariamente – relativamente a outros credores – o seu crédito à custa do bem hipotecado.

Sendo regulada no Código Civil (cfr. arts. 686º a 732º)[701], é também tradicionalmente acolhida no Direito Comercial[702], no domínio do Direito Marítimo em especial, como garantia real que pode recair sobre o navio (cfr. arts. 584º a 594º do CCom)[703].

27.1.4. *Penhor*[704]

O **penhor** é uma garantia real que consiste na afetação de um bem móvel (não sujeito a registo) para assegurar o cumprimento de uma

[700] Cfr. Ferreira de Almeida, *Contratos III*, 3ª ed., 2019, pp. 170-172, Almeida Costa, *Direito das Obrigações*, 12ª ed., 2009, pp. 936-959, António Menezes Cordeiro, *Tratado de Direito Civil, X*, 2015, pp. 685-781, em especial pp. 685-781, Salvador da Costa, *Concurso de Credores*, 5ª ed., Almedina, Coimbra, 2015, pp. 67-125, Luís Menezes Leitão, *Garantias das Obrigações*, 5ª ed., 2016, pp. 201-226, Romano Martinez / Fuzeta da Ponte, *Garantias de cumprimento*, 2006, pp. 189-207, Antunes Varela, *Das Obrigações em Geral*, II, 1997, pp. 549-571, e L. Miguel Pestana de Vasconcelos, *Direito das Garantias*, 3ª ed., 2019, pp. 213-257.

[701] A lei não define a hipoteca – nem tinha de o fazer, sublinhe-se –, caracterizando-a pelo seu objeto.

O regime legal da hipoteca, regulado no Código Civil, é aplicável à hipoteca convencional ou legal em tudo o que não for expressamente previsto.

[702] Note-se que o estabelecimento comercial ou fabril é suscetível de hipoteca, se incluir a titularidade de bens imóveis, ou de penhor, se apenas abranger móveis.

[703] Cfr. Luís Menezes Leitão, *Garantias das Obrigações*, 5ª ed., 2016, pp. 223-225.

[704] Sobre o penhor em geral, vd. Ferreira de Almeida, *Contratos III*, 3ª ed., 2019, pp. 174-187, Hugo Ramos Alves, *Do Penhor*, Almedina, Coimbra, 2010, em especial pp. 53-184 e 326-338, António Menezes Cordeiro, *Tratado de Direito Civil, X*, 2015, pp. 633-684, em especial pp. 649-655 e 660-668, Almeida Costa, *Direito das Obrigações*, 12ª ed., 2009, pp. 920-936, Salvador da Costa, *Concurso de Credores*, 5ª ed., 2015, pp. 39-65, e Antunes Varela, *Das Obrigações em Geral*, II, 1997, pp. 526-549.

obrigação contratual, pelo valor desse bem, prioritariamente a outros créditos que recaiam sobre o devedor.

Para além de disciplinado no Código Civil (arts. 666º-685º), é objeto de regulação no Código Comercial (cfr. arts. 397º-402º), configurando um contrato ou garantia comercial sempre que for acessório de um contrato comercial (cfr. art. 397º), cuja realização visa assegurar[705].

Diversamente do penhor civil – que é um contrato real *quoad constitutionem*, e que impõe para a efetiva conclusão a entrega do bem empenhado ao credor pignoratício –, o **penhor mercantil**[706], para se encontrar devidamente cumprido, não pressupõe a entrega ou transferência da posse do bem empenhado, mas apenas a entrega simbólica (cfr. art. 398º, § 1º do CCom). A lei pretende, desse modo, permitir ao devedor continuar a utilizar os equipamentos e máquinas que sejam objeto da garantia.

27.1.5. *Penhor bancário*[707]

O **penhor bancário** é uma garantia real específica, pela natureza do credor pignoratício – que é sempre uma instituição de crédito – e das operações asseguradas, que se consubstanciam em créditos bancários, consistindo numa garantia da respetiva satisfação.

O penhor bancário é regulado pelo Decreto-Lei nº 29 833, de 17 de agosto de 1939, e distingue-se do contrato de penhor civil, uma vez que o titular do objeto empenhado não tem de o entregar ao credor pignoratício (cfr. art. 1º, *in fine*).

27.2. Garantias financeiras

As garantias financeiras podem revestir duas modalidades: a de penhor financeiro ou de alienação fiduciária em garantia. Façamos-lhes uma brevíssima referência.

[705] Cfr. L. Miguel Pestana de Vasconcelos, *Direito das Garantias*, 3ª ed., 2019, pp. 257-386.

[706] Sobre o penhor mercantil, vd. Engrácia Antunes, *Direito dos Contratos Comerciais*, 2009, pp. 371-375, e Luís Menezes Leitão, *Garantias das Obrigações*, 5ª ed., 2016, pp. 197-198.

[707] Cfr. Ferreira de Almeida, *Contratos III*, 3ª ed., 2019, pp. 183-184, Engrácia Antunes, *Direito dos Contratos Comerciais*, 2009, pp. 542-544, e Luís Menezes Leitão, *Garantias das Obrigações*, 5ª ed., 2016, pp. 198-199.

27.2.1. *Penhor financeiro*[708]

Considerando a especificidade do dinheiro, a lei criou um regime jurídico especialmente aplicável ao **penhor financeiro**, presentemente regulado pelo Decreto-Lei nº 105/2004, de 8 de maio (cfr., em especial, os arts. 2º a 8º e 9º a 13º), que transpôs para a ordem jurídica portuguesa a Diretiva nº 2002/47/CE, do Parlamento Europeu e do Conselho, de 6 de junho.

27.2.2. *Alienação fiduciária em garantia*[709]

Próxima do penhor financeiro, mas mais complexa do que este contrato de garantia, é a **alienação fiduciária em garantia**, introduzida na ordem jurídica portuguesa pelo já mencionado Decreto-Lei nº 105/2004, de 8 de maio, na red. do DL 85/2011, de 29 de junho (cfr. arts. 2º a 8º e 14º e 15º).

Trata-se do negócio pelo qual o devedor transmite a propriedade do bem à sua contraparte, obrigando-se esta a retransmitir a titularidade desse bem quando o negócio (principal) se encontrar cumprido. Constitui pela obrigação de retransmissão uma espécie do género "reporte".

27.3. **Garantia bancária autónoma** (à vista ou *on first demand*)[710]

Na área financeira, encontramos ainda uma outra garantia, de natureza pessoal, que é a **garantia bancária autónoma**. Trata-se de uma garantia

[708] Cfr. L. Miguel Pestana de Vasconcelos, *Direito das Garantias*, 3ª ed., 2019, pp. 317-348. Vd. também Ferreira de Almeida, *Contratos III*, 3ª ed., 2019, pp. 184-187, Hugo Ramos Alves, *Do Penhor*, cit., 2010, pp. 267-284, Engrácia Antunes, *Direito dos Contratos Comerciais*, 2009, pp. 539-541, Catarina Monteiro Pires, *Alienação em Garantia*, Almedina, Coimbra, 2010, pp. 111-115, e Diogo Macedo Graça, *Os Contratos de Garantia Financeira*, Almedina, Coimbra, 2010, pp. 45-68.

[709] Cfr. Ferreira de Almeida, *Contratos III*, 3ª ed., 2019, pp. 187-188, Engrácia Antunes, *Direito dos Contratos Comerciais*, 2009, pp. 539-541, Diogo Macedo Graça, *Os Contratos de Garantia Financeira*, cit., 2010, pp. 69-96, Luís Menezes Leitão, *Garantias das Obrigações*, 5ª ed., 2016, pp. 259-265, Catarina Monteiro Pires, *Alienação em Garantia*, cit., 2010, pp. 134-141, e L. Miguel Pestana de Vasconcelos, *Direito das Garantias*, 3ª ed., 2019, pp. 608-646, em especial pp. 637-646.

[710] Cfr. Ferreira de Almeida, *Contratos III*, 3ª ed., 2019, pp. 212-226, Engrácia Antunes, *Direito dos Contratos Comerciais*, 2009, pp. 536-539, Luís Menezes Leitão, *Garantias das*

prestada por uma instituição de crédito, que é abstrata – uma vez que para ser acionada não carece da demonstração de incumprimento pelo devedor – e autónoma, na medida em que não depende da obrigação principal e subsiste para além da eventual declaração de invalidade desta.

Uma instituição de crédito acede a emiti-la, mediante uma contrapartida, quando o devedor lhe merece confiança. Em geral é limitada no tempo e, por vezes, é intransmissível.

27.4. **As cartas de conforto**[711]

As **cartas de conforto** são declarações subscritas por um sujeito, de apoio e sustentação da idoneidade e capacidade de cumprimento por parte de outra entidade, cuja intensidade é variável de acordo com o seu conteúdo, que pode ser meramente informativo (grau mais fraco) ou consubstanciar um compromisso firme, em caso de incumprimento da obrigação do devedor. Pelo teor dos instrumentos – de caráter epistolar – em que se configura, a declaração de conforto aproxima-se de uma garantia de caráter pessoal, embora seja discutível a sua qualificação como verdadeira garantia.

Podem assumir diversas formas e constituem, em geral, um modo mais ténue de assegurar o cumprimento de uma obrigação, sendo especialmente utilizadas no âmbito das operações bancárias.

Obrigações, 5ª ed., 2016, pp. 135-147, ROMANO MARTINEZ, *Contratos Comerciais,* 2001, pp. 99-121, ROMANO MARTINEZ / FUZETA DA PONTE, *Garantias de cumprimento,* 2006, pp. 124-153, JOÃO CALVÃO DA SILVA, «Locação Financeira e Garantia Bancária», *Estudos de Direito Comercial (Pareceres),* cit., 1996, pp. 5-48 (em especial, pp. 39-48) e «Garantias acessórias e garantias autónomas», *Estudos de Direito Comercial (Pareceres),* cit., 1996, pp. 327-368, ANTUNES VARELA, *Das Obrigações em Geral,* II, 1997, pp. 514-517, e L. MIGUEL PESTANA DE VASCONCELOS, *Direito das Garantias,* 3ª ed., 2019, pp. 136-159.

[711] Cfr. FERREIRA DE ALMEIDA, *Contratos III,* 3ª ed., 2019, pp. 232-235, ENGRÁCIA ANTUNES, *Direito dos Contratos Comerciais,* 2009, pp. 534-536, ANTÓNIO MENEZES CORDEIRO, *Das cartas de conforto no Direito Bancário,* Lex, Lisboa, 1993, em especial pp. 69-75, LUÍS MENEZES LEITÃO, *Garantias das Obrigações,* 5ª ed., 2016, pp. 147-154, ROMANO MARTINEZ / FUZETA DA PONTE, *Garantias de cumprimento,* 2006, pp. 153-166, ANDRÉ NAVARRO DE NORONHA, *As cartas de conforto,* Coimbra Editora, Coimbra, 2005, em especial pp. 161-198, e L. MIGUEL PESTANA DE VASCONCELOS, *Direito das Garantias,* 3ª ed., 2019, pp. 160-176.

27.5. O direito de retenção[712]

A concluir recorde-se que o **direito de retenção**, a que aludimos a propósito da autotutela (cfr., *supra*, nº 3.3), constitui também uma garantia de cumprimento de obrigações[713], visto que confere ao credor de uma obrigação de natureza pecuniária a faculdade de reter o bem que está na origem do seu crédito até que o mesmo seja integralmente satisfeito.

Contudo, saliente-se que o **direito de retenção** não representa uma garantia instrumental de um contrato. Trata-se de um meio que não resulta de contratualização, mas que tem fonte legal no próprio Código Civil (arts. 754º e 755º), constituindo simultaneamente um direito real de garantia, em especial quando tem por objeto bens imóveis, e uma sanção compulsória, visto que o seu exercício leva o devedor a cumprir.

[712] Cfr. António Menezes Cordeiro, *Tratado de Direito Civil, X*, 2015, pp. 821-845, Almeida Costa, *Direito das Obrigações*, 12ª ed., 2009, pp. 973-983, Salvador da Costa, *Concurso de Credores*, 5ª ed., pp. 175-195, Luís Menezes Leitão, *Garantias das Obrigações*, 5ª ed., 2016, pp. 232-238, Romano Martinez / Fuzeta da Ponte, *Garantias de cumprimento*, 2006, pp. 226-234, Antunes Varela, *Das Obrigações em Geral*, II, 1997, pp. 577-581, e L. Miguel Pestana de Vasconcelos, *Direito das Garantias*, 3ª ed., 2019, pp. 387-420, e diversos casos particulares analisados (pp. 390-417).

[713] Não é uma garantia com natureza mercantil, embora possa ser utilizada também em caso de incumprimento de contratos comerciais.

Capítulo VI
Instrumentos comerciais

O Direito Empresarial não ficaria completo se não fizéssemos uma referência aos instrumentos comerciais, designadamente aos títulos de crédito, valores mobiliários e meios de pagamento. Fazemo-lo, neste último capítulo, de forma naturalmente sucinta e do modo mais simples de que somos capazes, dado que este livro não se destina a juristas. No entanto, importa chamar a atenção para o facto de que a matéria dos títulos de crédito em especial exige uma linguagem que requer um vocabulário particularmente complexo, que não é possível evitar, sem prejuízo do rigor científico que deve caracterizar o texto com a natureza do presente.

28. Títulos de crédito

28.1. Títulos de crédito em geral[714]

28.1.1. *Conceito de título de crédito*[715]

28.1.1.1. *Crédito, título e documento*[716]

O **crédito** consiste na troca de uma prestação presente por uma prestação futura, ou seja, traduz o diferimento temporal de uma contraprestação.

Por sua vez, o **título** é uma realidade (jurídica) que justifica a existência de um direito e, sendo escrita, determina que o título de crédito seja um documento escrito.

O conceito de **documento** é, contudo, mais lato, correspondendo a «*qualquer objeto elaborado pelo homem com o fim de reproduzir ou representar uma pessoa, coisa ou facto*» (art. 362º do CC) e sendo objeto de diversas afinações consoante a aceção em que é utilizado pelos diversos ramos do saber jurídico.

Este conceito de documento desmaterializa a representação humana, apesar da referência ao *objeto*, e revela-se assim surpreendentemente atual, uma vez que o suporte físico, em regra de papel, que tradicionalmente é subentendido deixa de ser necessário, encontrando-se em revi-

[714] Nesta matéria, para além da nossa dissertação de doutoramento, *Cheque e Convenção de Cheque*, 2009 – concluída já no ambiente da escrituralidade –, e das obras pontualmente citadas, vd. as lições de José A. Engrácia Antunes, *Os Títulos de Crédito, Uma Introdução*, 2ª ed. cit., 2012, de José de Oliveira Ascensão, *Direito Comercial*, vol. III – *Títulos de Crédito*, Lisboa, 1992, de Fernando Olavo, *Direito Comercial*, vol. II, 2ª Parte (*Títulos de Crédito em Geral*), 2ª ed. cit., 1978 – estas apenas no que respeita à teoria geral dos títulos de crédito – e de Pedro Pais de Vasconcelos, *Direito Comercial*, 2011, pp. 287-347, que substituiu as lições (polic.) de *Direito Comercial. Títulos de Crédito*, Lisboa, 1989.
Outras obras relevantes, vd. o nosso *Direito Comercial e do Mercado*, 2ª ed., 2018, p. 362 (nota 643) e as nossas *Lições de Direito Comercial*, 2010, pp. 255-256 (notas 468 e 469).

[715] Cfr. Alexandre de Soveral Martins, *Títulos de Crédito e Valores Mobiliários*, Parte I – *Títulos de Crédito*, Vol. I, cit., 2008, pp. 9-14.

[716] Cfr. Paulo Olavo Cunha, *Cheque e Convenção de Cheque*, 2009, notas 31 (p. 5) e 32 (pp. 5 e 6), e Engrácia Antunes, *Os Títulos de Crédito*, 2012, pp. 14-15.

são, podendo o documento ser agora *objetivado* em suportes magnéticos ou simples impulsos eletrónicos.

Quando falamos de **título de crédito** ocorre-nos a ligação de um documento a um direito, isto é, que a concessão (do crédito) seja documentada, conferindo ao credor, através do documento, uma forma simples e segura de dispor do crédito e, se necessário, em caso de incumprimento, de garantir a sua realização coativa.

28.1.1.2. *Funções jurídico-económicas*[717]

São diversas as funções jurídico-económicas que os títulos de crédito desempenham e que podemos reconduzir a três grandes categorias.

Este tipo de instrumentos visa proporcionar maior rapidez e segurança na circulação da riqueza e na concessão de crédito, favorecer a posição do devedor, assegurando que este paga a quem está legitimado (para receber), e tutelar os (terceiros) adquirentes de boa fé.

28.1.1.3. *Conceito de título de crédito adotado*[718]

Tomando como referência fundamental o conceito de VIVANTE («*O título de crédito é o documento necessário para exercitar o direito literal e autónomo nele mencionado*»), há que questionar se a desmaterialização crescente de certo tipo de títulos não desvaloriza o clássico universo dos títulos de crédito e tentar apurar em que medida é que as semelhanças entre os documentos escritos e os simples suportes magnéticos superam as diferenças realmente existentes, sobretudo no que respeita à consideração do título como suporte suficiente para a inscrição da transmissão do direito nele incorporado; situação que não se verifica relativamente aos valores simplesmente escriturais que, emitidos geralmente em série, se consubstanciam num mero registo informático.

[717] Cfr. ENGRÁCIA ANTUNES, *Os Títulos de Crédito*, 2012, pp. 11-12, e SOVERAL MARTINS, *Títulos de Crédito e Valores Mobiliários*, I, vol. I, 2008, pp. 18-20.

[718] Cfr. PAULO OLAVO CUNHA, *Cheque e Convenção de Cheque*, 2009, pp. 187-194 e nota 454 (pp. 188-189).

28.1.2. *Características dos títulos de crédito*[719]

Constituem seguramente características dos títulos de crédito a literalidade, a autonomia e, em certos casos, a abstração.

28.1.2.1. *Literalidade*

O conteúdo literal ou gramatical do título corresponde ao direito (cartular) que por ele é representado, de modo que o conteúdo, a natureza e os limites deste têm o âmbito e o valor que resultar do próprio título[720].

Esta característica está estreitamente ligada a reforçadas, mas naturais, exigências de caráter formal, que se justificam pelas funções que os títulos desempenham. Tem verdadeiro sentido no plano das relações mediatas[721], quando está em causa determinar a validade do direito incorporado no título entre duas pessoas que não estabeleceram entre si qualquer relação material, não celebraram entre si qualquer negócio, mas que vêm mencionadas na cadeia de circulação do título. Nesse caso, a literalidade assume uma natural relevância[722] por reconduzir à expressão escrita do documento a caracterização do direito nele consubstanciado[723].

[719] Cfr. Paulo Olavo Cunha, *Cheque e Convenção de Cheque*, 2009, pp. 195-201, que seguimos quase *ipsis verbis*, embora com diferente sistematização, e Maria de Fátima Ribeiro, «Os títulos de crédito em Portugal», AA.VV., *Questões de Direito Comercial no Brasil e em Portugal* (coord. Fábio Ulhoa Coelho e Maria de Fátima Ribeiro), Saraiva, São Paulo, 2014, (pp. 431-466), pp. 439-445. Diferentemente do texto, Engrácia Antunes, *Os Títulos de Crédito*, 2009, pp. 12-26.

[720] A literalidade assume diferentes graus de intensidade, sendo menor em títulos que documentam situações jurídicas mais complexas, como é o caso das ações tituladas das sociedades anónimas que, exprimindo a participação social, só por forma indireta a titulam de modo cabal [pela remissão que operam o contrato ou «para o acto constitutivo da sociedade» (Fernando Olavo, *Direito Comercial*, II, 2ª P, 1978, pp. 27-28)].

[721] Nestas a legitimação emergente do título sobrepõe-se às vicissitudes que possam estar subjacentes à relação cartular.

[722] Por isso, quando a letra ou o cheque se encontram no domínio das relações mediatas, deverão valer exatamente nos termos constantes da sua expressão gramatical, podendo ser cambiariamente exigido o seu pagamento (dentro do prazo legalmente estabelecido para o efeito) nesse termos.

[723] Note-se que nem todos os títulos são especialmente aptos para documentar a totalidade do direito que neles está representado, suscitando-se, a este propósito, tradicionalmente, o caso das ações e obrigações (tituladas) no plano das sociedades comerciais, porque se a participação social (ou o crédito) é representada através de um título, dificilmente o conteúdo

28.1.2.2. *Autonomia e abstração*

A autonomia é uma característica dos títulos de crédito que reveste dois sentidos.

Com efeito, tão depressa se diz que o título de crédito (e, em particular, o direito cartular nele consubstanciado) é autónomo em relação ao negócio subjacente, como se utiliza a expressão para se exprimir a independência da posição de cada portador (e consequentemente do respetivo direito) em face dos anteriores subscritores do título.

No primeiro caso fala-se em **autonomia do** (direito sobre o) **título**[724] que decorre de uma sua característica vincada – a abstração –; na segunda situação caracteriza-se a **autonomia do direito cartular**[725].

do direito ou posição jurídica complexa em que a mesma se traduz resulta, na íntegra, desse título. A sua caracterização tem, pois, de se fazer por referência ao contrato de sociedade e às disposições legais em que se encontra desenhado o conteúdo dos direitos e obrigações sociais, ou aos termos da emissão de obrigações resultantes da respetiva deliberação e que, não se encontrando enunciadas no título, caracterizem o direito de crédito do titular das obrigações. Por isso se considerava existir uma *literalidade por referência* nestas situações, constando dos títulos apenas algumas menções verdadeiramente essenciais. A crescente desmaterialização dos títulos tem vindo a esbater este tipo de considerações.

[724] A autonomia do título afere-se em relação ao direito subjacente, sendo acolhida nos artigos 17º da LULL e 22º da LUCh, que consagram o princípio da inoponibilidade das exceções pessoais no plano das relações cartulares, salvo se tais relações forem imediatas ou se o portador do título ao adquiri-lo tiver «*procedido conscientemente em detrimento do devedor*», ou seja, tiver tido consciência da inoponibilidade (que originava com a sua subscrição) –, por saber que existia uma exceção (pessoal) que, com a sua intervenção, deixaria de se aplicar – e do prejuízo que causava ao devedor, por fazer sair o título do domínio das relações imediatas, impedindo o devedor (sacador ou endossante) de opor ao portador as exceções causais referentes ao incumprimento da relação subjacente [vd. os exemplos dados nos nossos livros anteriores, designadamente no *Cheque e Convenção de Cheque*, 2009, nota 465 (p. 201), nas *Lições de Direito Comercial*, 2010, nota 481 (pp. 260-261), e no manual de *Direito Comercial e do Mercado*, 2ª ed., 2018, nota 658 (pp. 366-367)]. É isto, precisamente, que se pretende evitar. A lei quer impedir que aquele que sabe existir uma vicissitude na sua relação subjacente se possa conluiar com terceiros, para que estes, com o endosso, beneficiem da autonomia do título no momento da apresentação a pagamento. Por outras palavras, com a parte final dos artigos 17º da LULL e 22º da LUCh limita-se a possibilidade de a exceção (pessoal) – oponível nas relações imediatas – ser ludibriada, através da intervenção de terceiros. Por isso, a consciência aqui relevante é a consciência da inoponibilidade e do prejuízo: é preciso que o adquirente saiba que existia uma exceção; não basta o prejuízo; a lei exige que o portador adquirente do título soubesse que havia uma exceção.

[725] A autonomia do direito cartular ou do direito do portador em face dos que o antecederam, justificada pelo art. 16º, II da LULL (21º, II da LUCh), significa que cada detentor do

A **abstração** – que justifica a autonomia do direito cartular – significa que os títulos valem independentemente da relação fundamental que é subjacente à sua criação (e transmissão), afirmando-se no tráfico negocial exclusivamente com base na respetiva aparência (literalidade). Por essa razão, os títulos requerem um acentuado grau de formalismo. É este que confere certeza e segurança, factores essenciais da confiança, à circulação para que os títulos de crédito foram criados. E essa circulabilidade implica que a tutela seja diferente, consoante o título saiu já do domínio da relação do(s) seu(s) subscritor(es) originário(s) ou se mantém ainda confinado à posse do sacador, embora completo. Na abstração radica, assim, a independência do direito cartular relativamente às situações jurídicas que estiveram subjacentes à criação do direito e dessa relação[726].

título adquire o direito nele incorporado de modo originário relativamente a eventuais vicissitudes que anteriormente tenham ocorrido. A legitimação do portador, e do seu direito, decorre da verificação do cumprimento de aspetos de caráter meramente formal, nomeadamente de que a assinatura de um endossante corresponde ao nome do endossatário anterior e que se verifica existir uma cadeia ininterrupta de endossos, ou seja, que a um endosso suceda um novo endosso efetuado pelo endossatário, e assim sucessivamente. Admitir que assim não acontecesse equivaleria a negar ao título a confiança que, sendo-lhe inerente, resulta da simples compatibilização das assinaturas dos seus subscritores e do crédito de que estes dispõem no mercado e que, em suma, fundamenta a sua circulabilidade.
Exemplificando uma situação de autonomia do direito do portador (legitimado): se ocorrer um desapossamento, mas o último portador receber a letra, em pagamento de um determinado bem, endossada por quem figurava como endossatário no título, então ele beneficia da legitimação resultante da cadeia ininterrupta de endossos, não lhe podendo ser oponível tal desapossamento que, com base na aparência resultante do título (expressa na referida cadeia de endossos), não tenha podido detetar.

[726] Esta característica não é, contudo, absoluta, uma vez que há **títulos** que não são abstratos, mas **causais**. Isto é, há títulos cujo valor e eficácia estão dependentes da subsistência da relação fundamental, a qual, desaparecendo supervenientemente ou encontrando-se afetada originariamente, arrasta o próprio título que também se extingue. Nos títulos causais há um nexo indissociável entre o título e a respetiva fonte (ou causa da sua subscrição e existência). A extinção desta (ou da causa) implica a extinção do direito em que se funda o título, tal como a extinção deste acarreta a extinção do direito (cartular). Constituem exemplos de títulos causais as ações (tituladas) de sociedades anónimas, ainda que a literalidade se estabeleça por referência, as guias de transporte e os títulos representativos de mercadorias.

28.1.3. *Pretensas características: incorporação, legitimação e transmissibilidade*[727]

Para além da literalidade, autonomia e, em certos casos, abstração, outros atributos ou aspetos – como é o caso da incorporação, da legitimação e da transmissibilidade – são indicados por diversos autores[728] como características dos títulos de crédito. Discordamos e passamos a explicar porquê.

28.1.3.1. *Incorporação*

A **incorporação** é da essência do próprio título, ou seja, o título documenta o direito que nele se consubstancia ou encontra o suporte material que com ele se confunde, pelo que a incorporação é uma técnica instrumental necessária para assegurar a realização da função do título de crédito. Sem incorporação nem sequer existiria título, ainda que incompleto.

28.1.3.2. *Legitimação*

A **legitimação** significa que a detenção do título é indispensável para o exercício e transmissão do direito nele mencionado. No entanto, não se trata propriamente de uma característica, mas sim de uma função.

[727] Cfr. Paulo Olavo Cunha, *Cheque e Convenção de Cheque*, 2009, pp. 201-203 e 195-196.

[728] Assim, a incorporação é classicamente integrada nas características gerais dos títulos de crédito por Ferrer Correia, *Lições de Direito Comercial*, vol. III – *Letra de câmbio*, Coimbra, 1975 (pp. 6-9), Fernando Olavo, *Títulos de Crédito em Geral*, 1978 (pp. 16-18 e 39), Pedro Pais de Vasconcelos, *Direito Comercial*, 2012, pp. 291 e 304-305, e Oliveira Ascensão, *Direito Comercial*, vol. III, *Títulos de Crédito*, Lisboa, 1992, embora considerando que se trata de «característica que exprime a função de legitimação passiva que é própria do título de crédito» (pp. 25-26).

Rejeitando a incorporação como característica da letra de câmbio, que assenta o respetivo fundamento (a confiança) na aparência do direito (de crédito) em circulação, criada pelo saque e baseada na legitimação formada pelo endosso, Paulo Sendin, *Letra de câmbio. LU de Genebra, I – Circulação cambiária*, cit., 1980, em especial, pp. 88-92, 52-53, 183-184, 86-88, 71-74.

Reconduzindo, sem explicações, a incorporação a um meio instrumental («a incorporação do direito no título permite o funcionamento de um mecanismo técnico novo denominado legitimação»), mas não a enquadrando entre as características dos títulos, António Pereira de Almeida, *Direito Comercial*, 3º vol., *Títulos de Crédito*, AAFDL, Lisboa, 1988, p. 11.

Resultando do título e da respetiva aparência, a legitimação depende do seu possuidor ser em certo momento o titular ou detentor do direito titulado.

Quando se fala de legitimação ativa tem-se em mente o direito que resulta do título, mas o mesmo não corresponde a uma característica diferenciadora; é inerente a uma pluralidade de situações jurídicas.

A legitimação, que deve verificar-se em relação à pessoa que pretende exercer o direito documentado, não deve confundir-se com a titularidade, que pode não ser suficiente para permitir ao sujeito do direito cartular atuá-lo em conformidade com o disposto no título. Tal acontecerá, nomeadamente, se o titular tiver perdido a legitimação, por desapossamento, extravio ou destruição do título[729].

O título confere ao seu detentor legitimação para exercer o direito que nele se consubstancia, desde que seja o portador legítimo[730]. Desse modo, a legitimação conferida pelo título não é independente de quem o possui, mas depende do modo pelo qual, pelo menos aparentemente, o título foi adquirido.

28.1.3.3. *Transmissibilidade (circulabilidade)*

Finalmente, a **transmissibilidade** constitui a função natural e primordial dos títulos de crédito[731]. Criados para promover a circulação de bens, é essa finalidade – de transmissibilidade ou circulabilidade – que justifica e impõe as respetivas características[732].

[729] A função legitimadora é a de reconhecer, pela aparência resultante do título de crédito, que o seu possuidor, alicerçado na titularidade das menções constantes do mesmo, é o seu legítimo titular. Por isso, consubstanciando-se numa verdade ao nível formal do título cambiário, e que pode não corresponder à verdade efetiva (à realidade), a legitimação não existe se o possuidor do título não justifica a sua posse, pela aparência que dele resulta, não sendo esta (aparência) objetivamente apreciável.

[730] Por sua vez, no plano da legitimação passiva, está em causa a exoneração do devedor baseada precisamente na aparência do título e na legitimação que a posse do mesmo confere ao respetivo portador, no momento do vencimento ou apresentação a pagamento.

[731] Diferentemente, Maria de Assunção Oliveira Cristas, na sua dissertação de doutoramento sobre a *Transmissão contratual do direito de crédito. Do carácter real do direito de crédito*, Almedina, Coimbra, 2005, pp. 404-413, que – na linha de, e parafraseando, Oliveira Ascensão, *Direito Comercial*, vol. III – *Títulos de Crédito*, 1992, pp. 12-15, 17-20 e 22-24 (em especial p. 15) – considera ser a legitimação «uma função mais ampla» (p. 406).

[732] No entanto, o título pode existir e não circular que nem por isso deixa de valer como título de crédito. Simplesmente, nesse caso, não beneficia de tutela cambiária.

O título é transmissível para a realização do seu valor – com base na confiança que lhe é conferida pelo crédito dos diversos subscritores – sem que, simultaneamente com a transmissão, se tenha de verificar cumprimento da obrigação correspondente ao direito que nele está expressamente mencionado (no caso das ações tituladas, apenas implicitamente, uma vez que a respetiva literalidade se determina por referência). Esta última aptidão constitui a própria razão de ser do título e da forma como o mesmo se configura, isto é, o porquê de o título de crédito ter as características que tem.

28.1.4. *Espécies de títulos de créditos*[733]

Podemos agrupar os títulos de crédito em títulos cambiários – que vão ser objeto de abordagem autónoma (*infra*, n°s 28.2 a 28.4) – e títulos não cambiários que, embora transmissíveis, não se destinam a circular, mas fundamentalmente a comprovar o direito do seu titular. Constituem exemplos destes últimos o certificado de depósito, o conhecimento de depósito, o conhecimento de carga e o extrato de fatura[734].

28.1.5. *Os títulos impróprios*

São impróprios os documentos (títulos) que, não obstante se assemelharem pelas suas características com os títulos de crédito, são desprovidos de circulabilidade. Dentro desta categoria, há ainda que estabelecer uma distinção entre os chamados títulos de legitimação e os comprovantes de legitimação.

Os **títulos de legitimação** são documentos que, apesar de não serem destinados à circulação, podem circular, conferindo legitimação ativa ao respetivo portador. Constituem exemplos o bilhete de entrada em espetáculos públicos, as cautelas de penhor e os títulos de transporte (pré-comprados, em série).

Os **comprovantes de legitimação** diferenciam-se dos títulos de legitimação basicamente por não poderem circular, sendo insuscetíveis de transmissão por simples vontade do seu titular e de eventual adquirente. Casos dos bilhetes de avião, passes e cartões de crédito.

[733] Cfr. Engrácia Antunes, *Os Títulos de Crédito*, 2012, pp. 131-145.
[734] Cfr. Engrácia Antunes, *Os Títulos de Crédito*, 2012, pp. 132-142.

28.1.6. *Os "títulos" quanto ao modo de circulação*[735]

Quanto ao modo de circulação os títulos de crédito classificam-se em títulos ao portador, à ordem e nominativos.

Os **títulos ao portador** são os que se transmitem pela simples tradição ou entrega material, pertencendo a quem for o seu detentor em certo momento (cfr. art. 483º do Ccom).

Os **títulos à ordem** são aqueles que, indicando o respetivo beneficiário, em nome de quem (à ordem de quem) são emitidos, transmitem-se pela entrega real acompanhada de uma declaração de endosso subscrita pelo seu (anterior) titular e alienante (cfr. também art. 483º do CCom).

Finalmente, os **títulos nominativos** são aqueles cujo texto menciona a identidade do titular, pressupondo para a respetiva circulação um formalismo complexo. Nos mesmos deverá, com efeito, ser exarada declaração de transmissão, lavrado o *pertence* (inserção do nome do novo titular) e proceder-se a averbamento em registo próprio.

28.1.7. *A relação entre o negócio cartular e o negócio subjacente*[736]

Na origem de um negócio cartular encontra-se sempre um negócio subjacente à operação cambiária que dá lugar ao nascimento do título de crédito. Vamos agora apurar a relação e a interação existente entre esses dois negócios.

Cada negócio cartular tem na sua base um negócio que o explica, que o fundamenta, que constitui a sua *causa*, o chamado **negócio subjacente**. Tal ocorre, por exemplo, com o simples saque de uma letra ou de um cheque (para tomador).

Na realidade, quando um sujeito (o sacador) saca uma letra à ordem do tomador (beneficiário) fá-lo com base num motivo: porque lhe concede crédito, porque lhe deve uma certa quantia, que pretende titular, porque quer efectuar um pagamento ou, apenas, porque quer fazer uma doação.

Por sua vez, o saque de um cheque em benefício de terceiro consubstancia o pagamento de um bem ou serviço, o reembolso de um empréstimo, uma garantia, enfim, pode corresponder a uma pluralidade

[735] Cfr. ENGRÁCIA ANTUNES, *Os Títulos de Crédito*, 2012, pp. 30-31, e SOVERAL MARTINS, *Títulos de Crédito e Valores Mobiliários*, I, vol. I, 2008, pp. 22-24.

[736] Cfr. PAULO OLAVO CUNHA, *Cheque e Convenção de Cheque*, 2009, pp. 203-204 e 208-209.

de situações diversas. As características deste tipo de títulos, abstratos, asseguram-lhes validade e eficácia independentemente da subsistência da relação subjacente, embora o saque não implique a novação da relação subjacente.

28.2. Letra de câmbio[737]

28.2.1. *Caracterização*

28.2.1.1. *Conceito e requisitos da letra*[738]

A letra é um título de crédito à ordem, que incorpora um direito de crédito pecuniário – um valor patrimonial –, que se consubstancia na ordem que um sujeito (o **sacador**) dá a outro (o **sacado**), para que este pague à sua ordem, a um terceiro (o **tomador**) ou à ordem de quem este indicar, uma determinada quantia no vencimento convencionado.

Contudo, a obrigação do sacado só se constitui com o **aceite**. Até que este ocorra, normalmente em simultâneo com o saque, o principal obrigado cambiário, embora em via de regresso, é o sacador.

O artigo 1º da Lei Uniforme relativa às Letras e Livranças, correspondendo à primeira das convenções sobre essa matéria aprovadas em Genebra de 7 de junho de 1930, integrada no Direito nacional pelo Decreto nº 23721, de 29 de março de 1934 (que revogou os arts. 278º e segs. do Código Comercial), pressupondo que a letra é um título formal, estabeleceu os seguintes requisitos:

1º – A palavra "**letra**" inserta no texto, redigida na língua portuguesa;
2º – Um **juzo** (injunção) para pagar uma quantia determinada;

[737] Para além da bibliografia anteriormente citada, neste capítulo, vd. J. G. Pinto Coelho, *Lições de Direito Comercial*, Lisboa, vol. II – *As Letras*, 1ª parte, Fasc. I (*Conceito e regime jurídico*), ed. autor, 1955, Fasc. II (*Regime jurídico e saque*), 2ª ed. (autor), 1964, Fasc. III (*Do aceite*), 2ª ed. (autor), 1954, Fasc. IV (*Do endosso*), 2ª ed. (autor), 1955, Fasc. V (*Do aval*), 3ª ed. (autor), 1965, Fasc. VI – *Do vencimento. Do pagamento*, 2ª ed., 1961, Supl. – *Pagamento por intervenção. Direito de regresso. Protesto. Prescrição*, 2ª ed. (autor), 1962, Jorge Henrique da Cruz Pinto Furtado, *Títulos de Crédito. Letra. Livrança. Cheque*, 2ª ed., Almedina, Coimbra, 2015, pp. 89-196, e Filipe Cassiano dos Santos, *Direito Comercial Português*, vol. I, 2007, pp. 239-262.

[738] Cfr. Engrácia Antunes, *Os Títulos de Crédito*, 2012, pp. 51-52 e 55-65, e Soveral Martins, *Títulos de Crédito e Valores Mobiliários*, I, vol. I, 2008, pp. 35-43.

3º – O nome de quem deve pagar (o **sacado**);
4º – Quando deve ser paga: **vencimento** (época de pagamento);
5º – Onde deve ser paga: indicação do **lugar do pagamento**;
6º – O nome do **beneficiário**: pessoa à ordem de quem deve ser paga;
7º – **Data e local de emissão**;
8º – Assinatura do **sacador**.

Há alguns requisitos cujo suprimento é admitido pela Lei Uniforme, como o **lugar do pagamento** [domicílio do sacado, quando a letra nada refere (art. 2º, III)]. Outros casos de suprimento dizem respeito ao **vencimento** (momento do pagamento) e ao lugar do saque (cfr. art. 2º II e IV da LULL).

28.2.1.2. *Letra em branco e pacto de preenchimento*[739]

Letra em branco é aquela que, sendo criada e colocada em circulação sem estar totalmente preenchida, apresenta algumas estipulações cambiárias (essenciais, como o saque e a própria palavra letra), destinando-se a ser completada até ao seu vencimento.

O preenchimento da letra em branco, intencionalmente sacada incompleta, deverá ser feito em conformidade com o pacto que tenha sido celebrado com a finalidade de facultar ao seu titular os dados necessários para o efeito, o qual é para todos os efeitos uma convenção obrigacional informal[740], que não vincula terceiros.

Por sua vez, os desapossamentos de índole económica, que possam surgir por efeito da violação do pacto de preenchimento, beneficiam da tutela do artigo 10º da LULL.

A letra em branco não se confunde com a **letra incompleta**, porquanto esta não é uma verdadeira letra. Falta-lhe um requisito fundamental e não lhe subjaz qualquer acordo de preenchimento, tendo sido

[739] Cfr. Engrácia Antunes, *Os Títulos de Crédito,* 2012, pp. 65-69, Carolina Cunha, *Manual de Letras e Livranças,* 2015, pp. 165-171, e Soveral Martins, *Títulos de Crédito e Valores Mobiliários,* I, vol. I, 2008, pp. 44-47.

[740] Saliente-se, contudo, que as estipulações correspondentes ao *acordo de preenchimento* da letra em branco integram com frequência os contratos com referência aos quais este título de crédito é sacado.

objeto de desapossamento e tentativa de colocação em circulação, como se tivesse sido sacada em branco.

28.2.2. *Regime jurídico*

28.2.2.1. *Saque*[741]

O **saque** é o ato de emissão; é a ordem (incondicional - cfr. art. 1º, II) dada pelo emitente (também conhecido por sacador) a outra pessoa (que se designa sacado) para pagar a letra. É feito pelo preenchimento do próprio título. Quer dizer, não é preciso indicar-se no título que "por esta ordem", ou que "por este título", se dá a seguinte ordem, basta naturalmente que se indique a quantia no local apropriado, e efetivamente se proceda à assinatura, à aposição do nome. Um outro aspeto que também é muito interessante, e que aliás resulta da própria ideia do art. 1º, II (de que é um juzo), é que o saque é sempre incondicionável, por isso se refere que é um mandato puro e simples. As modalidades do saque resultam do artigo 3º.

28.2.2.2. *Aceite*[742]

O **aceite** é o ato pelo qual o sacado se vincula ao pagamento de uma letra (perante o portador, que muitas vezes é o próprio sacador), tornando-se o principal responsável pelo pagamento, uma vez que o aceitante não tem direito de regresso sobre nenhum dos demais coobrigados cambiários. Isto é, trata-se da pessoa que se obriga a pagar a letra, no seu vencimento, pelo que, não o fazendo pontualmente, vai-se encontrar novamente em último lugar na cadeia cambiária, portanto, no fundo, vai ser responsável perante todos os demais subscritores cambiários.

[741] Cfr. Engrácia Antunes, *Os Títulos de Crédito,* 2012, pp. 70-73, Carolina Cunha, *Manual de Letras e Livranças,* 2015, pp. 31-32, e Soveral Martins, *Títulos de Crédito e Valores Mobiliários,* I, vol. I, 2008, pp. 55-57.

[742] Cfr. Engrácia Antunes, *Os Títulos de Crédito,* 2012, pp. 74-79, Pinto Coelho, *Lições de Direito Comercial,* 2º vol., *As Letras,* Fasc. III, 2ª Parte, 1954, pp. 5-111, em especial pp. 5-8, 23-26 e 63, Ferrer Correia, *Lições de Direito Comercial,* vol. III - *Letra de câmbio,* 1975, pp. 153-178, em especial pp. 153-155 e 163-164, Carolina Cunha, *Manual de Letras e Livranças,* 2015, pp. 32-33, Soveral Martins, *Títulos de Crédito e Valores Mobiliários,* I, vol. I, 2008, pp. 57-60, e Paulo Sendin, *Letra de câmbio. L.U. de Genebra,* vol. I - *Circulação cambiária,* 1980, pp. 20-24,em especial, p. 22, e vol. II - *Obrigações e garantias cambiárias,* 1982, pp. 587-717.

28.2.2.3. *Endosso*[743]

A letra transmite-se habitualmente por endosso (cfr. art. 11º, I da LULL), inscrito no verso (do documento)[744], embora o possa ser também pela simples entrega se não for emitida à ordem de um determinado beneficiário.

O **endosso** é a forma típica de transmissão dos títulos de crédito à ordem (cfr. art. 483º do Código Comercial), constituindo o meio adequado de circulação da letra que – tal como o cheque (cfr. art. 14º, II da LUCh) – também pode ser transmitida extracambiariamente no regime da cessão ordinária de créditos (cfr. art. 11º, II da LULL). Simplesmente, neste caso, deixam de se aplicar as regras próprias da tutela da circulação normal da letra, nomeadamente as normas que tutelam o portador legitimado (cfr. art. 16º, I), por exemplo, ou que consubstanciam a autonomia do direito do portador (cfr. art. 16º, II).

Pelo endosso, o endossante (titular do direito incorporado no título) transmite a letra ao endossatário, proporcionando o ingresso na esfera jurídica deste de todas as situações ativas que caracterizam a sua posição. Este é o endosso típico e designa-se por **endosso translativo**; nesta medida, constitui uma ordem de pagamento da totalidade da quantia inscrita no título, portanto, tal como o saque, o endosso também é uma ordem de pagamento. Trata-se de uma ordem de pagamento que é dada para que a quantia inscrita seja paga ao endossatário ou à sua ordem. E, naturalmente, o endosso constitui ainda uma outra garantia, que é a promessa de que se o sacado não honrar a letra no momento do vencimento, e se nenhum dos demais co-obrigados o fizer em vias de regresso, o endossante vai naturalmente responder perante aquele destinatário da sua declaração de transmissão, portanto perante o endossatário. Ou seja, em via de regresso o endossante irá assumir a responsabilidade.

[743] Cfr. Engrácia Antunes, *Os Títulos de Crédito*, 2012, pp. 79-85, Carolina Cunha, *Manual de Letras e Livranças*, 2015, pp. 33-38, e Soveral Martins, *Títulos de Crédito e Valores Mobiliários*, I, vol. I, 2008, pp. 64-72.

[744] O endosso é uma declaração unilateral feita, normalmente, no verso ou nas costas do título, embora não tenha de o ser necessariamente, se bem que se não for no verso terá de ser expressamente explicitado que a assinatura de um determinado interveniente é feita a título de endosso. De outro modo, qualquer assinatura constante da face anterior do título será entendida como uma garantia típica das letras: um **aval**, que – na falta de indicação do beneficiário – se considera prestado em benefício do sacador.

O endosso pode ocorrer até ao momento do pagamento, inclusivamente na data de vencimento ou nos dois dias úteis seguintes, que são em regra o prazo adequado para ser efetuado o protesto por falta de pagamento, e isto nos termos do disposto no artigo 38º, I da LULL.

Mas, para além da função de transmissão, o endosso pode ter outros efeitos, limitando-se a legitimar o portador – o chamado **endosso para cobrança ou por procuração** – ou a funcionar como garantia (**endosso para garantia ou em penhor**).

O endosso pode ser proibido pela inserção, ou pela inscrição, da **cláusula "não à ordem"** referida no artigo 11º, II, caso em que, nos termos do artigo 15º, I, o endossante não garante o pagamento da quantia inscrita na letra a quem ela vier a ser ulteriormente endossada[745].

28.2.2.4. *Aval*[746]

O **aval**, como já referimos (*supra*, nº 27.1.2), é a garantia pessoal do pagamento da quantia inscrita num título de crédito, *maxime* numa letra de câmbio.

Pressupondo a circulação do título, o aval pode ser prestado por um interveniente na cadeia cambiária, ou subscritor da letra, em favor de qualquer dos obrigados cambiários. Não sendo designado o beneficiário – não se dizendo em favor de quem é concedido –, surgindo apenas a inscrição "bom para aval"[747], com uma assinatura (do respetivo dador), há a **presunção** (legal) de que o aval se tem por dado em favor do sacador (cfr. art. 31º, IV da LULL); e não, por exemplo, do aceitante, que é aquela pessoa que se obriga (originariamente). Com efeito, não tem tanto sentido reforçar a obrigação do aceitante que é (normalmente) o sacado – e que já se encontra(va) vinculado ao pagamento do título –, como de assegurar a obrigação do sacador, que é o emitente da letra.

[745] O endosso torna-se proibido pela estipulação da cláusula "não à ordem", mas esta não vai afectar o endosso que tenha sido associado à sua inserção; proíbe é aquela pessoa que recebe a letra por efeito do endosso de, ulteriormente, a alienar e continuar a beneficiar da tutela característica da Lei Uniforme. A partir daí a letra vai transmitir-se no puro regime da **cessão ordinária de créditos**.

[746] Cfr., *supra*, nota 697 (nº 27.1.2).

[747] Note-se que a lei considera, contudo, valer como aval uma assinatura aposta na face anterior da letra, sem qualquer outra referência, desde que a mesma não seja do sacador ou do sacado (cfr. art. 31º, III).

Haverá também que ponderar o disposto no artigo 32º, I e II da LULL, no que respeita à responsabilidade do aval e, designadamente, à forma como o avalista responde pela obrigação avalizada.

Por um lado, o aval é dado nos exatos termos da obrigação cambiária que tinha sido assumida; por outro lado, no aval há uma independência também desta garantia relativamente à obrigação garantida. Quer dizer, e isso resulta com muita clareza do disposto no artigo 32º, II, onde se diz que «*a obrigação do avalista* se *mantém mesmo no caso de a obrigação que ele garantir ser nula por qualquer razão que não seja um vício de forma*», isto é, as exceções pessoais do avalizado não vão aproveitar ao avalista por efeito do princípio da independência das obrigações cambiárias, que não só resulta, neste caso, do art. 32º, II, mas também do art. 7º.

28.2.2.5. *Vencimento*

O **vencimento**[748] corresponde ao momento em que, decorrido o prazo de vigência da obrigação cambiária, a letra deve ser paga.

Diversamente do que se passa com o cheque – que é sempre um título pagável à vista (cfr. art. 28º da LUCh), isto é, mediante apresentação do título a qualquer momento, inclusivamente antes da data nele aposta, como sendo de emissão (cfr. art. 28º, II da LUCh) –, a letra pode ter um de quatro tipos de vencimento (cfr. art. 33º da LULL). Assim, este pode ocorrer:

a) Em **data fixa**. Exemplo: *Pague-se esta letra no dia 31 de dezembro de 2017.*
b) **A certo termo de data**, contando-se o prazo de vencimento sobre a data do saque. Exemplo: *Pague-se a um ano e dois meses.* Se for sacada em 30 de novembro de 2016, vence-se em 31 de janeiro de 2018.
c) **À vista**, mediante simples apresentação ao sacado; ou
d) A **certo termo de vista**, a contar da data do aceite.

Sobre as diversas modalidades de vencimento, vd. artigos 33º a 37º da LULL.

[748] Cfr. Engrácia Antunes, *Os Títulos de Crédito,* 2012, pp. 89-90, e Soveral Martins, *Títulos de Crédito e Valores Mobiliários*, I, vol. I, 2008, pp. 92-93.

28.2.2.6. *Pagamento*

Vencendo-se a letra, deverá o devedor (o aceitante) proceder ao pagamento da quantia nela inscrita.

Para beneficiar de tutela cambiária, em caso de recusa de pagamento, deverá o portador da letra exigir o pagamento em determinados termos e dentro de certo prazo. Na realidade, a Lei Uniforme determina, no artigo 38º, que haja um prazo para apresentação da letra a **pagamento**[749], não sendo admissível que a letra se vença num dia e que o respetivo portador e cobrador, querendo manter os direitos de natureza cambiária que porventura (ainda) esteja interessado em exercer, conserve o título sem nada fazer, nomeadamente não reclamando o pagamento.

Assim, a lei estabelece que a letra seja apresentada a pagamento na data do vencimento, ou num dos dois dias úteis seguintes, tal como resulta do artigo 38º; com a finalidade de que, se o pagamento não for efetuado, naturalmente se possa manifestar essa situação através de um ato formal que é lavrado em notário (cfr. arts. 119º a 129º-C do CNot). É o chamado **protesto** da letra, necessário para que possa ser espoletada a circulação anómala da letra, mas ainda no âmbito da Lei Uniforme, para se exigir por via de regresso as responsabilidades inerentes aos atos cambiários entretanto praticados. Serão responsáveis, perante o ultimo portador, todos os endossantes que o precedam na cadeia cambiária.

Mas se o pagamento constitui o objetivo primordial do (último) titular da letra, por um lado, a sua verificação também interessa ao devedor cambiário, porque o deverá exonerar da sua obrigação principal – que é a obrigação de pagamento –, por outro, evitando que ele pague por duas vezes se tiver ocorrido um desapossamento económico ou físico da letra durante a sua circulação[750].

[749] Cfr. Engrácia Antunes, *Os Títulos de Crédito,* 2012, pp. 91-94, e Soveral Martins, *Títulos de Crédito e Valores Mobiliários,* I, vol. I, 2008, pp. 93-99.

[750] Ao pagamento pontual da letra aplica-se o disposto no artigo 40º, III da LULL. Deste preceito resulta que quem paga no vencimento a letra ao seu portador legítimo só é obrigado a verificar a regularidade da sucessão dos endossos, mas não a assinatura dos endossantes. Não tem de comprovar a veracidade das assinaturas – que se trata de um ato muito difícil, senão mesmo impossível e que obrigaria a conhecer todos os anteriores subscritores do título –, mas tem de verificar a regularidade dos endossos que compõem a cadeia cambiária, isto é, constatar que, após um endosso, não pode surgir a endossar a letra quem não se encontra designado como último endossatário.

28.2.2.7. *Protesto*[751] *e direito de regresso*

O **protesto** vem previsto no artigo 44º da LULL, sendo o ato formal pelo qual o portador do título comprova a falta de pagamento ou recusa de aceite, junto de uma entidade dotada de especial fé pública (o notário), com a finalidade de poder acionar o direito de regresso.

Habitualmente, o protesto surgirá apenas em caso de recusa ou falta de pagamento no vencimento, eventualmente por manifesta insuficiência patrimonial do devedor.

No entanto, pode ocorrer numa outra situação típica: a recusa de aceite. Com efeito, sendo o aceite o ato pelo qual o sacado se responsabiliza a pagar a letra no vencimento, se este se recusa a aceitar – prenuncia o não pagamento final –, fazendo naturalmente a letra mergulhar numa *crise* (cfr. art. 43º, III). Tal recusa significa que, naquele momento, a pessoa que se previa ser responsável pelo pagamento daquele título, afinal, pura e simplesmente, escusa-se a assumir tal obrigação e, portanto, haverá que ter determinadas cautelas e reforçar as garantias.

A responsabilidade pelo **direito de regresso** resulta do artigo 47º, I, encontrando-se a ação inerente a este direito regulada no artigo 43º.

28.3. **Livrança**[752]

A **livrança** é um título cambiário pelo qual um sujeito (o **subscritor**) se compromete a pagar a outro (o **beneficiário**), ou à sua ordem, uma determinada quantia.

Ora, quem paga uma letra no vencimento – e isso resulta logo do artigo 40º, III, 1ª parte – fica validamente desobrigado, salvo se, da sua parte, tiver havido **fraude** ou **falta grave**, isto é, exceto se pagar, designadamente, para prejudicar um terceiro (porque sabe que o portador da letra não é o seu legítimo titular) ou se ignorava uma circunstância que era impeditiva do cumprimento do seu dever de obrigado cambiário, mas não a devia ignorar, isto é, desconhecia uma vicissitude que obstava ao pagamento da letra ao seu portador, porque não tinha prestado a devida atenção.

[751] Cfr. Engrácia Antunes, *Os Títulos de Crédito,* 2012, pp. 94-96, e Soveral Martins, *Títulos de Crédito e Valores Mobiliários,* I, vol. I, 2008, pp. 102-104.

[752] Cfr. Engrácia Antunes, *Os Títulos de Crédito,* 2012, pp. 109-113, Carolina Cunha, *Manual de Letras e Livranças,* 2015, pp. 44-45, e Jorge Pinto Furtado, *Títulos de Crédito,* 2ª ed. cit., 2015, pp. 164-171.

Encontra-se regulada na Lei Uniforme (arts. 75º a 78º), aplicando--se-lhe o regime da letra de câmbio (cfr. art. 77º), com algumas adaptações, visto que, sendo uma promessa de pagamento, em tudo mais é como se fosse uma letra.

A livrança não nasce com aptidão à circulação. Embora seja um título apto à circulação, não tem essa finalidade. E, por isso, consubstancia, em regra, uma obrigação pessoal do devedor perante o beneficiário, e este também é, por norma, uma instituição de crédito[753].

O recurso a este instrumento é frequente no plano das operações bancárias de empréstimo, servindo a livrança de garantia do respetivo reembolso e pagamento de juros, constituindo um título executivo e sendo utilizada para alargar a garantia do cumprimento, através do aval que muitas vezes (nela) é dado. Assim, e exemplificando, quando recorre ao crédito à habitação, o devedor, para além de celebrar uma hipoteca (constituindo, portanto, uma garantia real) sobre o próprio imóvel, subscreve ainda uma livrança em favor do banco e assegura que, na mesma, seja também dado um aval em favor do beneficiário.

28.4. **Cheque**[754]

Importa-nos analisar, neste local, o cheque na sua vertente de título de crédito, enquanto documento apto ao exercício do direito literal e

[753] Isso explica que o impresso em que este título se consubstancia é comum estar normalizado pelos bancos, que os imprimem, colocando-se na qualidade de beneficiários. Mas tal não é imperativo, ou seja, não têm de ser necessariamente os bancos os beneficiários das livranças. É, assim, possível emitir uma livrança, com base num impresso criado com respeito pelos requisitos enunciados no artigo 75º.

[754] O texto que se segue (e o que consta do nº 30.3, *infra*) é, naturalmente, tributário da nossa dissertação de doutoramento, *Cheque e Convenção de Cheque*, 2009 (cfr., em especial, pp. 91-152 e 277-291), do (nosso) estudo anteriormente publicado na obra coletiva *Estudos de Direito Bancário*, Coimbra Editora, 1999, sob o título «O cheque enquanto título de crédito: evolução e perspectivas» (pp. 243-260), da anotação que fizemos, posteriormente, ao Acórdão do STJ nº 4/2008 («A revogabilidade do cheque no respectivo prazo de apresentação a pagamento: escrever Direito por linhas tortas. Anotação ao Acórdão do STJ nº 4/2008», *Cadernos de Direito Privado*, nº 25, 2009, pp. 3-23), e das *Lições de Direito Comercial*, 2010, pp. 292-327, sendo possível e natural que sejam reproduzidos excertos desses originais, sem indicação específica de citação.
Para além dos nossos escritos, vd. – de entre as obras citadas na bibliografia constante do *Cheque e Convenção de Cheque*, 2009 (cfr. pp. 821-861) – as seguintes obras: ENGRÁCIA

autónomo nele contido, muito embora este instrumento revista outras facetas que, aliás, não se afastam, nem são incompatíveis com aquela, como sucede com a sua essência de meio de pagamento[755].

28.4.1. *Conceito e caracterização do cheque enquanto título de crédito*

O **cheque** é uma ordem sobre um banco para que pague ao emitente ou à pessoa inscrita como (último) beneficiário uma certa importância em dinheiro, à custa de fundos para o efeito disponíveis. Tratando-se de uma ordem dirigida a um banco, o cheque é também um meio de pagamento (cfr., *infra*, nº 30.3).

O cheque é um documento (título de crédito) que uma pessoa (sacador) emite à sua ordem, à ordem de terceiro (caso em que se designa impropriamente por cheque nominativo) ou do portador, isto é, sem indicação do beneficiário (cfr. art. 5º, VI da LUCh) e que incorpora uma ordem de pagamento incondicional (cfr. art. 1º, nº 2 da LUCh) de um certo montante em dinheiro, que é dada sobre uma instituição de crédito (banco sacado), na qual o sacador ou emitente tem constituído um depósito em dinheiro ou dispõe de crédito (cfr. art. 3º da LUCh).

A ordem de pagamento pressupõe a existência de:

- um contrato estabelecido entre o banco (sacado) e o cliente (sacador), designado "**convenção de cheque**", por força do qual o cliente, sacando cheques, pode proceder a pagamentos, com base em fundos disponíveis;
- **provisão**, correspondente ao crédito que o cliente/sacador tem sobre o banco ou que este lhe concede; portanto, qualquer que seja a natureza que revista (p.ex., depósito em dinheiro e abertura de crédito).

O cheque é um título que se diferencia da letra, por esta ser à ordem, e da livrança, que é promessa.

Antunes, *Os Títulos de Crédito,* 2012, pp. 115-130, Oliveira Ascensão, *Direito Comercial,* III - *Títulos de Crédito,* 1992, pp. 243-263, Pinto Furtado, *Títulos de Crédito,* 2ª ed. cit., 2015, pp. 213-274.

[755] Nesse sentido, cfr., *infra*, nº 30.3.

Finalmente, refira-se que o cheque enquanto título de crédito não se confunde com a convenção de cheque[756] – que já caracterizámos (*supra*, nº 26.4.1) –, isto é, com o contrato, expresso ou tácito, pelo qual o depositante fica com o direito de dispor da provisão por meio de cheque, obrigando-se o banco a pagar cheques até ao limite da quantia disponível (cfr. art. 3º da LUCh).

28.4.2. *Quadro legal*

O cheque, como título de crédito, é regulado pela Lei Uniforme de Genebra, de 1931.

No entanto, juntamente com essa lei e outros diplomas avulsos, subsiste em vigor ainda uma regra de um diploma anterior: o **§ único** do **artigo 14º**[757] do **Decreto-Lei nº 13.004,** de 12 de janeiro de 1927[758], referente à justificação do desapossamento do cheque, que enuncia as causas de justificação da revogação do cheque no decurso do prazo de apresentação a pagamento. Resulta desta norma que o portador do cheque que é objeto de desapossamento deve comunicar essa ocorrência ao sacado (o banco) com a finalidade de evitar que este proceda ao pagamento a eventual detentor do título.

28.4.2.1. *A Lei Uniforme de Genebra*

Portugal subscreveu a Convenção de Genebra, em 1931, e ratificou-a em 9 de junho de 1934. A **Lei Uniforme** seria recebida na ordem jurídica portuguesa pelo Decreto nº 23.721, de 29 de março de 1934, e ratificada pela Carta de 10 de maio de 1934 (publicada em Suplemento ao Diário do Governo de 21 de junho de 1934).

[756] Neste sentido – e para além da nossa dissertação (*Cheque e Convenção de Cheque*, 2009, em especial pp. 344-346 e 441-447) –, com particular clareza, Sofia Galvão, *O contrato de cheque*, cit., 1992, pp. 23-24.

[757] «Art. 14º, § único – *Se, porém, o sacador, ou o portador, tiver avisado o sacado de que o cheque se perdeu, ou se encontra na posse de terceiro em consequência de um facto fraudulento, o sacado só pode pagar o cheque ao seu detentor se este provar que o adquiriu por meios legítimos*».
A vigência desta regra é discutível. Sobre a questão, vd. Paulo Olavo Cunha, *Direito Comercial e do Mercado*, 2ª ed., 2018, nota 714, pp. 396-397.

[758] Este diploma, que introduziu na ordem jurídica portuguesa a tutela penal do cheque, impôs que o sacado passasse necessariamente a ser um estabelecimento de crédito (cfr. art. 1º). No entanto, a sua subsistência (ainda que) parcial é discutida na doutrina e jurisprudência.

28.4.2.2. *Outros diplomas legais*

O cheque é também disciplinado pelo **Decreto-Lei nº 454/91, de 28 de dezembro** (redação dos DL 316/97, de 19 de novembro, DL 323/2001, de 17 de dezembro, DL 83/2003, de 24 de abril, e da Lei nº 48/2005, de 29 de agosto), que estabeleceu a tutela jurídico-penal do cheque.

Importa ainda referenciar o Decreto-Lei nº 279/2000, de 10 de novembro, sobre a gestão, destruição e microfilmagem de originais de cheques e outros títulos pelas Instituições de Crédito.

28.4.2.3. *Avisos e Instruções do Banco de Portugal*

Finalmente, existem avisos e instruções do Banco de Portugal que desenvolvem ou pormenorizam diversos aspetos referentes aos cheques, dos quais salientamos os seguintes:

a) Aviso nº 1741-C/98 – Fornecimento de cheques e rescisão da convenção (de cheque);
b) Instrução nº 1/98 – Restrição ao uso do cheque;
c) Instrução nº 26/2003, de 15 de outubro de 2003 – Norma técnica do cheque;
d) Regulamento do Sistema de Compensação Interbancária – SICOI[759].

28.4.3. ***Traços gerais do regime jurídico***

28.4.3.1. *Requisitos do cheque*

A lei não exige que o cheque revista forma especial – apesar de ser invariavelmente representado por um impresso normalizado fornecido pelo banco ("módulo") –, mas não prescinde de enumerar os requisitos que reputa essenciais (art. 1º da LUCh[760]), tais como:

- Inserção da palavra "cheque" (corretamente redigida na língua portuguesa);

[759] **Instrução nº 3/2009**, de 16 de fevereiro, em vigor desde 2 de março de 2009, que revogou e substituiu a Instr. nº 25/2003 (publ. no *BO* nº 10, de 15 de outubro de 2003), alterada pelas Instruções nº 10/2005 (publ. no *BO* nº 4, de 15 de abril de 2005) e nº 4/2007 (publ. no *BO* nº 3, de 15 de março de 2007), vigente desde 27 de outubro de 2003.

[760] Os artigos citados (neste número, 28.4) sem indicação de fonte reportam-se à Lei Uniforme relativa ao Cheque (LUCh).

- Ordem de pagamento sobre quantia certa (a quantia a pagar);
- Sujeitos:
  a) Sacador (assinatura) e respetiva capacidade;
  b) Identificação do sacado, que deve ser um banco (cfr. também arts. 3º e 54º da LUCh);
  c) Portador (eventual);
- Data[761] e lugar do saque;
- Lugar do pagamento.

No que se refere aos módulos[762], há que chamar a atenção para o facto de, em rigor, embora coloquialmente designados por "cheques", os mesmos não o serem em sentido técnico até se encontrarem devidamente preenchidos.

28.4.3.2. *Emissão*

A emissão de um cheque traduz-se no seu preenchimento e ulterior entrega ao tomador ou imediata apresentação a pagamento.

O **saque** é o ato de emissão do cheque que consiste na ordem dada pelo sacador (cliente) ao sacado (necessariamente um banco) para proceder ao respetivo pagamento.

Quando se preenche um cheque, entre os diversos requisitos a observar, dever-se-á indicar a data do preenchimento, a qual – por o cheque ser um título **pagável à vista**[763] – coincide com a data de venci-

[761] Sobre a relevância da data, vd. PAULO OLAVO CUNHA, *Cheque e Convenção de Cheque*, 2009, p. 120.

[762] O BdP regula não apenas as características que deverá revestir um módulo, como estabelece regras que limitam a sua atribuição aos interessados (cfr. Aviso nº 1741-C/98).

[763] Por esta razão, o cheque é pagável independentemente da data que nele consta como data de emissão, a qual pode até ser posterior, o que acontece no cheque pós-datado. Essencial é que no cheque conste uma data (de emissão). Se tal não acontecer estamos perante um título incompleto e o banco sacado deverá recusar o seu pagamento.
A data que consta do cheque, como data de emissão, não tem assim de coincidir necessariamente com a data em que o cheque é efetivamente sacado. Assim, um cheque é **pré-datado** ou (**antedatado**) se é colocado em circulação depois de passado, isto é, se o seu lançamento no giro comercial ocorre em data posterior aquela que nele se encontra inscrita; e que é **pós-datado** se é passado e colocado em circulação em momento anterior à data que dele consta como de emissão. No primeiro caso, ele é datado com data anterior à da sua efetiva emissão; no segundo ele é datado com data posterior ao do seu saque.

mento. No cheque não tem sentido distinguir a (data de) emissão (da data) do vencimento, ou seja, a criação do título, por um lado, e o momento em que o mesmo deverá ser apresentado a pagamento, por outro. Emitido um cheque, este deverá ser apresentado a pagamento, num prazo máximo relativamente reduzido, que é de oito dias sobre a data de emissão (cfr. art. 29º, I).

28.4.3.3. *Transmissão*

O cheque transmite-se por endosso (cfr. art. 14º, I da LUCh) – inscrito no verso (do documento) –, quando for sacado à ordem do beneficiário, e pela simples entrega, quando não identifica este (cfr. art. 16º, II).

O **endosso** é, como já vimos (*supra*, nº 28.2.2.3), a forma típica de transmissão dos títulos de crédito à ordem (cfr. art. 483º do Código Comercial), constituindo o meio adequado de circulação do cheque[764], podendo ocorrer até ao momento de expirar o prazo de apresentação a pagamento, data limite para ser efetuado o protesto por falta de pagamento (arts. 41º e 24º, I da LUCh).

À semelhança do que acontece com a letra, o **endosso** típico do cheque é **translativo**, visto que através dele o endossante (titular do direito incorporado no título) transmite ao endossatário[765] o cheque, proporcionando o ingresso na esfera jurídica deste de todas as situações ativas que caracterizam a sua posição (jurídica). E nesta medida,

[764] Este também pode ser transmitido extracambiariamente, enquadrando-se no regime da cessão ordinária de créditos (cfr. art. 14º, II da LUCh); caso em que deixam de se aplicar as regras próprias da tutela da circulação normal do título de crédito, nomeadamente as normas que tutelam o portador legitimado, por exemplo, ou que consubstanciam a autonomia do direito do portador (cfr. art. 21º da LUCh).

[765] Também designado endossado, por diversos autores consagrados (citados na nota 572 das nossas *Lições de Direito Comercial,* 2010, pp. 302-303).
Preferimos, contudo, a expressão **endossatário** à de endossado, uma vez que esta palavra constitui uma fórmula verbal do verbo endossar, não permitindo distinguir a situação de transmissão do título (p. ex., o cheque encontra-se *endossado* à ordem de *y*) do sujeito que é beneficiário da mesma (p. ex., o *endossatário* pode optar entre apresentar o cheque a pagamento ou endossá-lo). Por isso, como refere Adriano Paes da Silva Vaz Serra, «Títulos de Crédito», *BMJ* 61, 1956, nota 927 (pp. 179-180), «endossado é o título e não aquele a quem o título é endossado». A distinção dos termos é clara nas línguas alemã (título *indossiert* e *Indossatar*) e italiana (título *girato e giratario*), como exemplifica Vaz Serra, *ibid*..

constitui uma ordem de pagamento da totalidade da quantia inscrita no título; portanto, tal como o saque, o endosso constitui também uma ordem de pagamento; ordem de pagamento essa que é dada para que a quantia inscrita seja paga ao endossatário ou à sua ordem. E, naturalmente, o endosso constitui ainda uma outra garantia, que é a promessa de que se o sacado não proceder ao pagamento do cheque no momento do vencimento, e se nenhum dos demais coobrigados o fizer em vias de regresso, o endossante vai naturalmente responder perante aquele destinatário da sua declaração de transmissão, portanto perante o endossatário. Ou seja, em via de regresso o endossante irá assumir a responsabilidade pelo pagamento da quantia titulada pelo cheque.

28.4.3.4. *Aspetos característicos do regime jurídico do cheque (relativamente à letra)*

Enunciemos agora, sucintamente, as principais diferenças entre os regimes jurídicos da letra e do cheque[766].

A primeira característica que afasta o cheque da letra e determina que não haja lugar a aceite (cfr. art. 4º da LUCh) respeita à qualidade do sacado que, no cheque, é sempre um **banco** (cfr. arts. 3º e 54º)[767], que só não paga o cheque se não dispuser de meios para o efeito ou receber uma instrução lícita em contrário (cfr. art. 32º da LUCh). Trata-se de uma entidade comercial especialmente idónea que cumpre se não tiver motivo válido para não o fazer. O banco é um obrigado especial, profissional e vinculado a uma *provisão* que nele (ou junto dele) é constituída precisamente para lhe permitir pagar os cheques que forem sacados por referência à conta bancária que tal provisão consubstancia. Enquanto esta subsistir, o banco tem de proceder ao paga-

[766] Para mais desenvolvimentos, vd. o nosso *Direito Comercial e do Mercado*, 2ª ed., 2018, pp. 403-405.

[767] A obrigatoriedade de o sacado ser um banco tem outras implicações que excedem o plano restrito da Lei Uniforme, embora decorram do seu art. 3º, uma vez que, diversamente do que sucede com as letras, o saque (legal e regular) do cheque está dependente do prévio acordo a celebrar entre o banco (sacado) – que faculta os módulos (de cheques) e se dispõe a proceder ao pagamento da quantia neles inscrita a quem se apresentar como respetivo titular – e o seu cliente, pelo qual este, preenchendo devidamente esses módulos, vai poder dispor de fundos que serão previamente creditados na sua conta.

mento, abatendo ao respetivo montante o valor dos cheques pagos, mas não se podendo recusar a pagar, sob pena de responsabilidade civil contratual e extracontratual.

Em segundo lugar, no cheque, diversamente do que acontece com a letra, não há – como já vimos – uma distinção clara entre o saque e o vencimento, o que se explica pela sua natureza e curta duração, que se confundem, sendo o cheque um título de curto prazo e meio de pagamento. Sendo um título à vista, o cheque não está dependente de aceite, o qual é, aliás, expressamente vedado (art. 4º da LUCh)[768].

O cheque pode ser objeto de cruzamento[769] – operação que constitui igualmente uma especificidade do respetivo regime e que pode ser realizada pelo sacador ou pelo portador (cfr. art. 37º, I) –, dando origem ao **cheque cruzado,** também designado cheque traçado ou barrado. O cruzamento é efetuado por razões de segurança[770], visando evitar

[768] Por isso, a lei tem o cuidado – depois de proibir o aceite (*«o cheque não pode ser aceito»*) – de considerar como *não escrita* eventual *menção de aceite lançada no cheque* (cfr. art. 4º, *in fine*).
É a qualidade do sacado que justifica a proibição, por desnecessidade, do aceite. No cheque, o banco não é beneficiário do valor patrimonial criado, apenas se dispõe a satisfazer a respetiva importância, se for dotado dos meios necessários para o efeito. Por isso, no plano cambiário o banco assume uma posição de desinteresse na execução do pagamento, que corresponde precisamente, na sua perspetiva, à prestação de um serviço.

[769] O cruzamento consiste na aposição, na face anterior do título, de duas linhas paralelas, em regra, oblíquas (e apostas no canto superior esquerdo), com a finalidade de condicionar o respetivo modo de pagamento. Há duas **modalidades** (cfr. arts. 37º, III e IV, e 38º da LUCh):

a) **geral**, quando se resume à aposição das duas linhas paralelas (sem qualquer inscrição no seu interior) –, caso em que o cheque só pode ser pago pelo sacado a um banqueiro ou a um seu *cliente*; ou
b) **especial**, se entre as linhas paralelas for indicado um banqueiro (por exemplo, "CGD"). Nesta hipótese, o cheque só pode ser pago pelo sacado ao banqueiro designado ou, se este é o sacado, ao seu cliente.

Sendo designado um banqueiro, a quem o cheque deverá ser pago, se ele não for o sacado, o cruzamento especial equivale à menção "para levar em conta", porquanto o cheque só podendo ser pago àquele banqueiro, obriga ao prévio depósito em conta aberta nesse banco.

[770] E, por isso, não obstante a limitação da lei (cfr. art. 37º, I), o **cruzamento** (geral) é atualmente antecipado pelos bancos, que o fazem imprimir nos próprios módulos (de cheque), designadamente naqueles que são dispensados ou solicitados em ATM sem mais especificações. Nesse caso, depreende-se que o cruzamento é efetuado pelo sacador que aceita preencher os módulos já cruzados.

danos decorrentes de furto, falsificação ou extravio do título e procura impedir o seu pagamento a um portador ilegítimo, com as limitações que introduz, mas não evita um eventual desapossamento, até porque o banco sacado quando paga só está obrigado a verificar a regularidade formal dos endossos (cfr. art. 35º da LUCh)[771].

Diferentemente do cheque cruzado, o **cheque para** depositar ou **levar em conta** (a que se refere o artigo 39º da LUCh) é aquele que tem de ser necessariamente depositado na conta do beneficiário para ser pago, não sendo suscetível de pagamento em numerário.

Por fim, o cheque pode ser objeto de *visto*. O **cheque visado** é aquele em que, a pedido do sacador ou de um portador, o banco sacado insere uma menção de "visto"[772], assegurando dessa forma que o sacador tem fundos disponíveis em depósito correspondentes à quantia visada[773].

[771] Com o cruzamento pretende assegurar-se que o cheque só seja pago a um cliente do sacado ou – sendo (o cruzamento) especial –, que só seja pago pelo sacado à instituição que estiver referenciada no cheque entre as linhas paralelas e, eventualmente, ao portador, se o banco, sacado e indicado no cruzamento, for o mesmo e aquele for deste cliente.

[772] O *visto* não equivale nem tem o *efeito dum aceite* e não é objeto de regulação legal no Direito português (apesar de ser expressamente salvaguardado no art. 6º do Anexo II à Convenção de Genebra), pelo que, para além das disposições especiais aplicáveis – que foram criadas para imporem a aceitação ou exigência do cheque visado relativamente a determinados pagamentos –, há que atender aos usos bancários.

[773] Por isso, os bancos, quando visam um cheque, devem imediatamente cativar, na conta do sacador, a quantia correspondente, eventualmente transferindo-a para uma conta especial, uma vez que são responsáveis pelo pagamento desse cheque (visado) durante o prazo legalmente estabelecido para o efeito (na Lei Uniforme).
E esse dever corresponde, desde há algumas décadas, à prática generalizada dos bancos da nossa praça, que quando acedem a conceder um *visto* procedem ao débito imediato da conta do cliente pelo valor do cheque, transferindo essa importância para uma conta de provisão (que é uma conta não movimentada, exceto pelo cheque visado).
Esta prática reiterada corresponde hoje a um uso arreigado no nosso mercado bancário, havendo a convicção generalizada de que o visto subsiste até ao termo do prazo de apresentação do cheque a pagamento.

29. Valores mobiliários

29.1. Enquadramento; a desmaterialização dos títulos de crédito[774]

29.1.1. *Significado e justificação*

A ideia de título de crédito corresponde, como vimos, à representação documental (com um suporte em papel) de um crédito ou de situação jurídica mais complexa que se traduz numa atribuição essencialmente patrimonial, mas autónoma, ao respetivo titular num certo momento sobre os sujeitos que, de algum modo, tiverem subscrito ou forem responsáveis pela emissão de tal suporte documental.

Recorde-se que o valor documentado pelo título de crédito adquire uma clara autonomia relativamente aos direitos ou situações jurídicas que pretende representar, dado o regime que foi especificamente criado para tutelar a respetiva circulação.

Cumpre apurar se a crescente desmaterialização dos títulos de crédito (ou, pelo menos, de certo tipo de títulos) vem pôr em causa a utilidade do conceito e respetivo regime, deslocando o interesse do Direito para diferente figura – a de **valor mobiliário** –, como pretende a nossa doutrina do final do século XX, ou se, diversamente, ainda tem sentido centrar a problemática em análise na vetusta figura do título de crédito, como sustentam vozes autorizadas que, direta ou indiretamente, se têm pronunciado sobre a questão[775].

Os **valores mobiliários** são «*documentos representativos de situações jurídicas homogéneas, suscetíveis de transmissão em mercado*» (art. 1º, *alínea g)* do

[774] Seguimos de muito perto, embora de forma mais resumida, o nosso *Direito Comercial e do Mercado*, 2ª ed., 2018, pp. 417-420.
Sobre esta questão, vd. Carlos Ferreira de Almeida, *Desmaterialização dos títulos de crédito: valores mobiliários escriturais*, sep. da *RB*, nº 26, 1993 (pp. 23-39), Engrácia Antunes, *Os Títulos de Crédito*, 2012, pp. 47-50, Maria de Fátima Ribeiro, «Os títulos de crédito em Portugal», cit., 2014, (pp. 431-466), pp. 434-435, e a nossa dissertação de doutoramento, *Cheque e Convenção de Cheque*, 2009, notas 456 (pp. 189-192) e 457 (pp. 192-193).

[775] Na linha de Ferreira de Almeida, *Desmaterialização* cit., 1993, a nossa mais recente doutrina tem retomado a referência central dos títulos de crédito, como acontece com Soveral Martins, *Títulos de Crédito e Valores Mobiliários*, I, vol. I, 2008, e Engrácia Antunes, *Os Títulos de Crédito*, 2012, fazendo o ponto da situação nas pp. 47-50.

CVM), que são criados em série e constituem complexos de direitos e vinculações padronizados ou *estandardizados*[776].

A lei enumera as principais categorias, colocando à cabeça as *ações*, seguidas das *obrigações* e de outros valores (cfr. art. 1º, *alíneas a)* e *b)* do CVM)[777]. Assim, para além dos *títulos de participação* (*alínea c)*), das *unidades de participação* em fundos (*alínea d)*) dos warrants *autónomos* (*alínea e)*) e dos *direitos destacados* das ações, obrigações, títulos de participação ou unidades de participação em fundos, se o destaque abranger *toda a emissão ou série ou esteja previsto no ato de emissão* (*alínea f)*), a lei reconduz à categoria de *valores mobiliários outros documentos representativos de situações jurídicas homogéneas, desde que sejam suscetíveis de transmissão em mercado* (*alínea g)*).

Ora, a última *alínea* do art. 1º do Código dos Valores Mobiliários caracteriza, de forma ampla, o conceito, fazendo ressaltar que esta realidade corresponde a qualquer *documento* transmissível no mercado que seja *representativo de situações jurídicas homogéneas*, isto é, que sejam formadas por direitos e obrigações idênticos.

Entendemos que o conceito de valor mobiliário, por ser demasiado lato e abrangente, se afigura inadequado para substituir, em termos de relevo jurídico, o conceito e regime de título de crédito, embora existam pontos naturais de contacto, como a tipicidade, facilmente justificada no âmbito dos valores mobiliários em geral, pela respetiva emissão em série.

A **desmaterialização** significa que se retira ao título de crédito o suporte (necessariamente) físico em que, até aí, se consubstanciava. Elimina-se, pois, o documento, pelo menos tal como até há uns anos o concebíamos – com necessário suporte físico –, e substituímo-lo por um simples registo informático. Este é, contudo, no quadro legal português, também um documento[778].

[776] Sobre o conceito e características de valor mobiliário, vd. ENGRÁCIA ANTUNES, *Os Instrumentos Financeiros*, 3ª ed., Almedina, Coimbra, 2017, pp. 73-84, e ANTÓNIO PEREIRA DE ALMEIDA, *Sociedades Comerciais, Valores Mobiliários, Instrumentos Financeiros e Mercados*, vol. 2 – *Valores Mobiliários, Instrumentos Financeiros e Mercados*, 7ª ed., Coimbra Editora, Coimbra, 2013, pp. 10-15.

[777] Cfr. PAULO CÂMARA, *Manual de Direito dos Valores Mobiliários*, 4ª ed. cit., 2018, pp. 104-156. Mais recentemente, vd. ANTÓNIO PEREIRA DE ALMEIDA, *Valores Mobiliários, Instrumentos Financeiros e Mercados*, 2013, pp. 9-17.

[778] Neste sentido, cfr. CARLOS FERREIRA DE ALMEIDA, «Valores mobiliários: o papel e o computador», AA.VV., *Nos 20 anos do Código das Sociedades Comerciais*, vol. I – *Congresso Empresas e Sociedades*, 2007 (pp. 621-629), pp. 628-629.

Contudo, para além de tentar determinar todo o alcance do progresso tecnológico no âmbito das transações em geral, subsiste o problema de saber como se comprova a transmissão de titularidade e a correção da execução das ordens que estão na base deste registo.

A vantagem que os títulos de crédito apresentavam, relativamente a outras formas de transmissão de situações jurídicas, exprimia-se essencialmente na salvaguarda de espaço e de tempo, para além de se evitarem outros custos. A assinatura ou subscrição do documento e o correio, forma adequada para a sua transmissão, asseguravam que a circulação dos títulos se fizesse com rapidez e simplicidade. Uma vez chegados ao seu destino, tais instrumentos que, frequentemente, consubstanciavam valores significativos podiam ser guardados com segurança.

A sociedade contemporânea, pelo progresso verificado em especial no último quartel do século XX, a nível tecnológico e de comunicações, transformou-se. Os mercados perderam caráter local e sofreram o chamado fenómeno da globalização. Os documentos sob forma escrita multiplicaram-se e as transações intensificaram-se. Tal situação, impulsionada por razões que não importa aqui escalpelizar, determina, no início do século XXI, a procura de instrumentos e fórmulas que permitam simultaneamente «encurtar o tempo das transacções, reduzir o espaço ocupado pelos documentos e baixar os custos do seu manuseamento»[779].

O aparecimento de novos suportes, magnéticos e informáticos, e de uma nova linguagem que lhes está necessariamente associada, se por um lado facilita inquestionavelmente o fluxo crescente das transações, por outro, dada a rapidez das transformações não deixa de colocar complexos problemas de regime e de qualificação relativamente às novas figuras negociais.

São os títulos de crédito emitidos em série, casos paradigmáticos das ações e obrigações, que revelam precisamente uma melhor capacidade de adaptação aos novos suportes e registos, de natureza magnética e informática, assimilando com maior celeridade a nova linguagem jurídica.

[779] Na feliz antevisão de Ferreira de Almeida, *Desmaterialização* cit., 1993, p.24.

29.1.2. *Os valores mobiliários escriturais*

29.1.2.1. *As ações escriturais*

A desmaterialização dos valores mobiliários – dispensando a impressão e a distribuição dos títulos – elimina os riscos inerentes à existência física do documento, tais como a destruição, a perda, o roubo e a falsificação, diminuindo o desapossamento, quer físico quer económico[780].

A lei caracteriza o regime dos valores mobiliários escriturais por referência às ações escriturais – que, aliás, não define –, limitando-se a distinguir os valores (mobiliários) escriturais dos titulados, por serem representados por registos em conta e não por documentos em papel (cfr. art. 46º, nº 1 do CVM). Tais ações caracterizam-se, pois, por serem «*exclusivamente materializadas pela sua inscrição em contas abertas em nome dos respetivos titulares*», correspondendo a um mero registo de caráter informático[781].

A desmaterialização das ações – dispensando a impressão e a distribuição dos títulos – elimina os riscos inerentes à existência física do documento, tais como a destruição, a perda, o roubo e a falsificação, diminuindo o desapossamento, quer físico, quer económico.

As ações escriturais proporcionam aos seus titulares maior comodidade relativamente às ações tituladas – nomeadamente porque pressupõem que os dividendos que lhes são atribuídos sejam necessariamente creditados em conta – e facilitam a respetiva transmissão, evitando demoras que possam estar associadas à transferência dos documentos que as titulam. Contudo, apresentam alguns inconvenientes que não podem ser desprezados, designadamente erros ou fraudes que podem ser, eventualmente, cometidos pela sociedade emitente.

29.1.2.2. *A problemática da qualificação dos valores mobiliários como títulos de crédito*

Quanto à questão de saber se os valores mobiliários escriturais são títulos de crédito – e tomando por referência os que são previstos e regu-

[780] Seguimos de perto o nosso *Direito das Sociedades Comerciais*, 7ª ed., 2019, p. 442 (nº 18.3.7). Sobre as vantagens e desvantagens da desmaterialização, cfr. Ferreira de Almeida, «Valores mobiliários: o papel e o computador», cit., 2007 (pp. 621-629), pp. 627-628.

[781] Sobre o conteúdo do registo, cfr. arts. 61º e segs. do Código dos Valores Mobiliários.

lados no Código dos Valores Mobiliários –, há que verificar se as características essenciais destes subsistem nos valores escriturais, tal como refere FERREIRA DE ALMEIDA[782]. Se concluirmos afirmativamente, não vemos razão para afastar os novos instrumentos do conceito e regime aplicáveis aos títulos de crédito. Do confronto, resultando que estamos perante registos (que constituem fonte e meio de legitimação), pode inferir-se uma resposta afirmativa.

Assim, sendo óbvio que não pode haver incorporação – a qual, nos valores mobiliários escriturais, corresponde a uma inerência, que significa constituir o registo fonte e meio suficiente de legitimação –, porque falta, por natureza, o corpo (papel) do documento, também é verdade que a incorporação não é uma verdadeira característica dos títulos de crédito, mas um meio ou técnica instrumental para assegurar a realização dessas características, que estão todas presentes nos valores escriturais. Tal acontece com a **literalidade**, uma vez que a definição dos direitos ocorre nos termos registados (cfr. arts. 55º e 74, nº 1 do CVM), e com a **autonomia do direito do titular**, dada a presunção inilidível de titularidade conferida ao titular por efeito do registo (cfr. art. 74º, nº 1)[783].

Por sua vez, para aqueles que considerem ser a transmissibilidade – função primordial dos títulos de crédito – uma característica, ela opera-se pelo registo (informático) (cfr. art. 80º, nº 1 do CVM).

Finalmente, a lei qualifica os valores mobiliários em nominativos ou ao portador, conforme o emitente tenha, ou não, forma de saber a qualquer momento quem são os titulares (cfr. art. 52º, nº 1 do CVM).

29.1.3. *Direito positivo: o Código dos Valores Mobiliários*

O Código dos Valores Mobiliários disciplina estes instrumentos, que enuncia genericamente no art. 1º, incluindo nos mesmos a categoria de *instrumentos representativos de situações jurídicas autónomas*, desde que transmissíveis em mercado (cfr. *alínea g)*), a que já nos referimos acima (nº 29.1.1).

[782] *Desmaterialização* cit., 1993, pp. 37-38, que seguimos de perto.

[783] Trata-se da ideia de que o "registo vale título", salvo para aquisições de má fé ou a título gratuito.

De entre as várias categorias previstas no art. 1º do Código dos Valores Mobiliários, vamos, por economia de espaço, focar apenas as duas mais representativas: as ações e as obrigações[784].

29.2. **Ações**[785]

O conceito de ação é plurissignificativo. Não encontramos um conceito único de ação, que exprime a participação numa sociedade comercial sob forma anónima, mas são várias as abordagens possíveis. Classicamente, as ações eram conceptualizadas em três diferentes perspetivas.

29.2.1. ***Ação como participação social***

A ação pode e deve ser entendida como **participação social**, isto é, como a medida da posição do sócio na sociedade anónima, caracterizando o complexo jurídico em que se traduz essa participação e, especificamente, uma certa e determinada situação jurídica. Este é sem dúvida o sentido hoje prevalecente.

A ação como complexo de direitos e deveres que exprimem a condição de sócio é, dos três sentidos possíveis, o único que se nos afigura inteiramente válido e de aplicação irrestrita, conservando plena atualidade.

As outras duas aceções referidas tradicionalmente pela doutrina[786] – a ação como *título* (de crédito) e a ação como fração do capital – são

[784] Sobre as demais, vd. ENGRÁCIA ANTUNES, *Os Instrumentos Financeiros*, 3ª ed., 2017, pp. 131-161.

[785] Vd. PAULO OLAVO CUNHA, *Direitos especiais dos sócios das sociedades anónimas: as ações privilegiadas*, Almedina, Coimbra, 1993, pp. 141-165, 27-28, 181-195, 200-201. Cfr. também CARLOS OSÓRIO DE CASTRO, *Valores mobiliários: conceito e espécies*, 2ª ed., UCP, Porto, 1998 (cfr., em especial, pp. 71-139), JOSÉ OLIVEIRA ASCENSÃO, «As acções», AA.VV., *Direito dos Valores Mobiliários*, vol. II, Instituto dos Valores Mobiliários/Coimbra Editora, Lisboa, 2000 (pp. 57-90), em especial, pp. 57-67, ALEXANDRE SOVERAL MARTINS, *Títulos de Crédito e Valores Mobiliários*, Parte II – *Valores Mobiliários*, vol. I – *As Ações*, Almedina, Coimbra, 2018, pp. 33-157, num claro desenvolvimento do seu texto inicial sobre *Valores Mobiliários [Acções]*, Almedina, Coimbra, 2003, e *Cláusulas do contrato de sociedade que limitam a transmissibilidade de acções*, Almedina, Coimbra, 2006, pp. 73-123, JOSÉ ENGRÁCIA ANTUNES, *Os Instrumentos Financeiros*, 3ª ed., 2017, pp. 100-114, e PAULO CÂMARA, *Manual de Direito dos Valores* Mobiliários, 4ª ed. cit., 2018, pp. 144-148.

[786] No Direito português, para além das obras citadas na nota anterior, vd. JOSÉ GABRIEL PINTO COELHO, «Estudo sobre as acções de sociedades anónimas», *RLJ*, anos 88º, 1955/56

objeto de reservas, embora a segunda tenha readquirido manifesta atualidade com a consagração no nosso Direito das ações sem valor nominal. Vejamos porquê.

29.2.2. *Ação como documento (título); crítica*

Num certo sentido – que tem vindo a ser crescentemente posto em causa –, a ação corresponde também a **título de crédito**[787], ou seja, é entendida como documento no qual se incorpora uma determinada situação jurídica, um certo conjunto de direitos e de vinculações. A ideia de título de crédito, designadamente da chamada característica da literalidade dos títulos de crédito (isto é, de que do título têm de resultar imediatamente os direitos que nele são incorporados), obtinha-se pela chamada literalidade por referência, isto é, pela ideia de que a ação se refere expressamente a uma determinada sociedade e especificamente a um certo contrato de sociedade.

Não obstante, hoje verifica-se o chamado fenómeno da desmaterialização das ações e não só destas, mas também de outros valores mobiliários, o que significa que a ação social, característica da participação social numa sociedade anónima, já não tem necessariamente de constar de um título, podendo reconduzir-se a um simples registo, resultando de uma mera inscrição em contas abertas em nome do respetivo titular e, por isso, poderá haver apenas um registo informático de que, numa sociedade anónima, um certo acionista tem um determinado número de ações.

29.2.3. *Ação como fração do capital; crítica. As ações sem valor nominal*

É possível também encarar a ação como equivalente a **fração do capital**, no sentido de que pela ação se determina a posição absoluta e relativa de determinada pessoa numa sociedade anónima. Por um lado, porque ela exprime a fração do capital subscrito por essa pessoa; por outro lado, em função do montante global de ações emitidas, podemos verificar qual é a importância relativa do titular dessas ações.

(pp. 161 e segs.), em especial pp. 161-164 e 177-181, e 89º, 1956/57 (pp. 3 e segs.), e João Labareda, *Das Acções das Sociedades Anónimas*, AAFDL, Lisboa, 1988, pp. 5-10.

[787] Sobre o conceito de título de crédito, vd. a nossa dissertação de doutoramento, *Cheque e Convenção de Cheque*, Almedina, Coimbra, 2009, pp. 187-194.

Este sentido, tal como o anterior, pode ser criticável – mas não em termos absolutos – pelo facto de poderem existir ações que não exprimam uma certa fração do capital social, mas sim uma percentagem do valor patrimonial da sociedade, designadamente porque se refiram a um valor de referência, relativamente ao próprio património da sociedade; temos em mente as participações que se designam por *ações sem valor nominal* puras (as *no par value shares* ou *stock without par value* do Direito anglo-saxónico).

Também o Direito Societário português, em alteração recente (cfr. Decreto-Lei nº 49/2010, de 19 de maio), acabou com a obrigatoriedade de as ações terem um valor nominal, para exprimirem um determinado valor de emissão, admitindo as **ações sem valor nominal**. Contudo, ao fazê-lo, procurou salvaguardar o conceito de capital social, ao qual se pode reportar também o valor da emissão, correspondendo cada ação a uma fração aritmética daquele. Apenas se exige que a sociedade opte por ter todo o capital representado por ações com valor nominal ou sem valor nominal. Neste caso, a ação não deixa de corresponder a uma fração do capital, porque a lei assim o impõe. Aliás, a alteração introduzida no Direito nacional impôs precisamente o princípio de que todas as ações «*devem representar a mesma fração no capital social*» (art. 276º, nº 4, na red. do DL 49/2010, de 19 de maio), mesmo que sejam sem valor nominal – exprimindo um determinado valor de emissão (variável de emissão para emissão) e resultando, depois de emitidas, num idêntico valor fracional –, o que significa que o conceito de capital social continua a ser um referencial societário incontornável. Relativamente a este novo tipo de ações, o conceito que adota como referência a fração de capital (social) readquire atualidade[788].

[788] Recorde-se que, anteriormente à recente alteração, existia já no nosso ordenamento uma situação relativamente excecional em que coexistiam ações ordinárias e ações reembolsadas, que haviam sido objeto de reembolso prioritário através de uma operação de amortização sem redução do capital social (cfr. art. 346º, nº 4). Referimo-nos às *ações de fruição*, que são de certo modo diminuídas em relação às ações normais e que – embora com valor nominal (porque a lei o impunha) – (já) não representam uma fração efetiva do capital social.

29.2.4. *O conceito de ação na atualidade*

Com a introdução, no ordenamento jurídico português, das ações sem valor nominal, inclinamo-nos para repensar o conceito de ação[789]. Antes de mais, refira-se que o acolhimento generalizado da ação sem valor nominal não põe em causa o conceito de ação como participação social.

Como é do conhecimento geral, ação é um conceito plurissignificativo que não se limita ao Direito das Sociedades.

No que respeita às sociedades anónimas[790], a ação é sinónimo de participação social, isto é, exprime a participação neste tipo societário e as situações jurídicas ativas e passivas que a caracterizam e que deverão ser, pontualmente, exercidas ou cumpridas por quem for o respetivo titular ou se encontrar devidamente legitimado para o efeito.

Mas a ação corresponde também a título de crédito – sendo entendida como o documento no qual se incorpora uma determinada situação jurídica composta por direitos e vinculações, ainda que por referência para o contrato de sociedade[791] – ou pode ser perspetivada como fração do capital social[792], permitindo determinar a posição absoluta e relativa de determinada pessoa na sociedade anónima. Este sentido é – como referimos acima (nº 29.2.3) – claramente revalorizado pelas ações sem valor nominal introduzidas no Direito português pelo Decreto-Lei nº 49/2010, de 19 de maio, que consagrou, no nosso ordenamento, o princípio de que todas as ações «*devem representar a mesma fração no capital social*» (art. 276º, nº 4 do CSC, na red. do DL 49/2010, de 19 de maio)[793].

[789] Cfr. o nosso artigo sobre «Aspectos críticos da aplicação prática do regime das acções sem valor nominal», cit., 2011 (pp. 131-152), pp 138-139.

[790] Remetemos para o nosso *Direito das Sociedades Comerciais,* 7ª ed., 2019, pp. 423-426.

[791] Sobre a literalidade por referência e a circunstância de nem todos os títulos serem especialmente aptos para documentar a totalidade do direito que neles está representado, vd. o nosso *Direito Comercial e do Mercado,* 2ª ed., 2018, pp. 365, nota 655.

[792] Criticávamos esta aceção na nossa dissertação de mestrado, *Os Direitos Especiais nas Sociedades Anónimas: As Acções Privilegiadas,* cit., 1993, p. 142, considerando então que as ações sem valor nominal características do Direito norte-americano condenavam o conceito de ação como fração do capital, visto que, de acordo com tais participações, a ação passaria «a ser, quando muito, expressão do valor da participação social».
Como resulta do texto, o conceito de ação sem valor nominal acolhido no nosso Direito obrigou-nos a rever a crítica então formulada relativamente a um ordenamento que rejeitava (já) o conceito de capital social como referência fundamental.

[793] Salientando também o (quarto) significado de ação como "produto financeiro" («instrumento financeiro negociável no mercado de capitais»), Engrácia Antunes, *Os Instrumentos*

Em qualquer dos sentidos, a ação exprime um direito de participação social autónomo, concedendo ao seu titular o direito de partilhar os resultados da sociedade e o de participar na formação das respetivas deliberações, acedendo à informação necessária para a formação da sua vontade.

Os direitos de caráter patrimonial que a ação concede estão bem definidos. Está em causa o direito a quinhoar nos lucros, que são por natureza variáveis – e podem até não existir –, e não a um rendimento concretamente definido, pelo que a ação não se caracteriza por atribuir ao seu titular um direito de crédito, apesar de o mesmo, naturalmente, nascer em relação aos dividendos depois de os lucros serem efetivamente objeto de deliberação de distribuição.

Em suma, se quisermos perspetivar esta realidade, na ótica do respetivo titular (o acionista), podemos afirmar que a **ação** é a participação societária, correspondente a uma fração do capital social, que exprime a medida da posição social de uma determinada pessoa e, consequente e inerentemente, os direitos que a mesma terá no âmbito da sociedade.

29.3. **Obrigações**[794]

As obrigações, tal como as ações, são valores mobiliários (cfr. art. 1º, nº 1, *alíneas a)* e *b)* do CVM).

Financeiros, 3ª ed., 2017, pp. 101-102, na linha de Carlos Osório de Castro, *Valores Mobiliários*, cit., 1998, pp. 73-76.

[794] Vd., na doutrina nacional, Carlos Osório de Castro, *Valores Mobiliários*, cit., 1998, em especial, pp. 139-200, Fátima Gomes, *Obrigações convertíveis em ações*, Universidade Católica Editora, Lisboa, 1999, em especial, pp. 63-141 (apesar de desatualizado quanto ao CVM), Florbela de Almeida Pires, *Direitos e Organização dos Obrigacionistas em Obrigações Internacionais (Obrigações Caravela e Eurobond)*, Lex, Lisboa, 2001, pp. 46-51, Nuno Barbosa, *Competência das assembleias de Obrigacionistas*, Almedina, Coimbra, 2002 (cfr., em especial, pp. 59-91), António Silva Dias, *Financiamento de Sociedades por Emissão de Obrigações*, Quid Juris, Lisboa, 2002 (em especial, pp. 27-85), Pedro Pais de Vasconcelos, «As obrigações no financiamento da empresa», AA.VV., *Problemas do Direito das Sociedades*, cit., 2002, pp. 321-329, Engrácia Antunes, *Os Instrumentos Financeiros*, 3ª ed., 2017, pp. 114-131, Paulo Câmara, *Manual de Direito dos Valores Mobiliários*, 2ª ed. cit., 2011, pp. 132-139, e António Pereira de Almeida, *Valores Mobiliários, Instrumentos Financeiros e Mercados*, cit., 2013, pp. 61-76.
O texto reproduz, com ligeiras alterações, o nosso *Direito das Sociedades Comerciais*, 7ª ed., 2019, pp. 443, 974-975 (nos 18.3.8 e 31.3).

As **obrigações** são valores negociáveis que, numa mesma emissão, conferem ao seu titular um determinado direito de crédito sobre o emitente e concedem direitos de crédito iguais para um idêntico valor nominal, correspondendo a um meio de financiamento da própria sociedade emitente que exprime uma relação completamente diferente da relação de participação social.

Classicamente – e sobretudo quando estes valores eram necessariamente documentados em papel –, dizia-se simplesmente que as obrigações eram *títulos* de dívida.

Um empréstimo obrigacionista é um financiamento, em regra de montante substancial, que a sociedade contrai junto de diversas entidades ou do público em geral, mediante o pagamento regular de uma retribuição que não tem de corresponder necessariamente a um rendimento preestabelecido – podendo ter uma componente de rendimento variável –, mas cujo critério de fixação pontual desse rendimento tem de se encontrar claramente definido, tal como os direitos que emergem do valor mobiliário. Trata-se ainda de valores mobiliários que garantem o reembolso do capital investido, isto é, o titular das obrigações, ao subscrevê-las ou ao comprá-las em mercado secundário, adquire a garantia de retorno do investimento efetuado, sendo essa garantia de reembolso um elemento caracterizador essencial destes valores mobiliários.

As obrigações são objeto de regulação no âmbito do Código das Sociedades Comerciais (cfr. arts. 348º a 372º-B do CSC e Decreto-Lei nº 160/87, de 3 de abril)[795] –, no qual se determinam os requisitos a que os empréstimos obrigacionistas devem obedecer e as modalidades que podem revestir – e no âmbito do Código dos Valores Mobiliários (cfr. arts. 1º, nº 1, *alínea b)*, e 39º e seguintes), onde se estabelece o regime dos valores mobiliários, de que constituem uma das principais espécies.

Hoje já não se pode falar da obrigação como um título de rendimento necessariamente fixo (como tradicionalmente se caracterizava, por contraposição às ações que eram considerados títulos de rendimento variável, pois nunca se sabia exatamente o rendimento que iriam pro-

[795] Vd. o comentário geral (pp. 875-891) e a anot. de Orlando Vogler Guiné aos arts 360º a 372º-B (pp. 998-1108) e a anot. de Nuno Barbosa aos arts. 348º a 359º (pp. 892-997), *in* AA.VV., *Código das Sociedades Comerciais em Comentário*, vol. V (Artigos 271º a 372º-B), 2ª ed., coord. por Coutinho de Abreu, Almedina, Coimbra, 2018.

porcionar através dos dividendos que eram acordados aos acionistas), correspondendo-lhe com frequência um rendimento variável, embora as coordenadas ou critérios que permitem (e contribuem para) a determinação desse rendimento, estejam predeterminados (o que é essencial à consideração do conceito de obrigação)[796].

30. Meios de pagamento

30.1. Quadro

Para além do numerário (papel-moeda e moedas metálicas) e da moeda escritural, movimentada por cheques, existem diversos outros meios de pagamento, alguns a conseguir um espaço crescente no sistema de pagamentos e outros, ao invés, em claro abandono ou redução ou mesmo em vias de extinção. A essas variações de notoriedade e de utilização, dependentes da eficácia intrínseca do meio de pagamento, não serão certamente estranhos a maior ou menor celeridade e custo dos serviços associados, como sucede em relação ao cheque[797]. E, sendo esse custo variável de país para país, é natural que o peso relativo dos meios de pagamento nos diversos ordenamentos sofra também alterações que não se prendam unicamente com a respetiva eficácia.

Os meios de pagamento visam prover o preço dos bens, o qual se exprime invariavelmente em dinheiro (que é sinónimo de moeda), salvo se sobrevier uma crise económica que substitua a moeda pelo recurso a bens alternativos, como os metais preciosos.

[796] Entre as ações e as obrigações, encontramos outros instrumentos (de financiamento da sociedade), tais como os valores mobiliários híbridos – de que nos fala ORLANDO VOGLER GUINÉ, no seu estudo sobre «O Financiamento de Sociedades por meio de Valores Mobiliários Híbridos (entre as acções e as obrigações)», AA.VV., *I Congresso Direito das Sociedades em Revista*, Almedina, Lisboa, 2010 (pp. 75-93) –, e mais recentemente «*outros instrumentos financeiros elegíveis para fundos próprios* core tier 1» (art. 4º, nº 2, *alínea c)* da Lei nº 63-A/2008, de 24 de novembro, na red. da Lei nº 4/2012, de 11 de janeiro (cfr. art. 2º).

[797] Há outros fatores que podem contribuir para a maior ou menor utilização de um meio de pagamento, como o da eventual relevância social que ao mesmo está associada. Assim, a utilização do cheque, nos Estados Unidos da América é sinónimo de *status* e crédito do cliente, tal como sucede em relação aos cartões de crédito mais sofisticados (de ouro e platina).
Sobre a evolução dos meios de pagamento e as suas diversas formas ao longo da história, vd. MÁRIO COUTINHO DOS SANTOS, *O Dinheiro*, cit., 2015, pp. 21-53.

O **dinheiro,** como vimos (cfr., *supra*, nº 15.3.2.1), constitui a expressão pecuniária do valor dos bens e serviços transacionáveis no mercado[798]. Trata-se de moeda circulante, composta consequentemente pelo numerário – formado pelas notas e moedas metálicas – e por cheques que são também, atendendo à função liberatória plena que os caracteriza, meios de pagamento.

Vamos em seguida caracterizar sucintamente os principais meios de pagamento – para além do numerário e do cheque –, sem preocupação de expor o respetivo regime jurídico ou desenvolver aspetos do mesmo. Naturalmente que, comuns a todos, se verificam diversos problemas jurídicos, alguns voluntária e intencionalmente criados, como a fraude e o desapossamento, incluindo a falsificação e a utilização abusiva, e outros resultantes de lapsos de funcionamento do próprio sistema.

30.2. **Numerário**

As notas e as moedas metálicas constituem o numerário, como já antecipámos, e permitem efetuar o pagamento dos bens transacionáveis no mercado.

O numerário é, pois, sinónimo evidente e imediato de dinheiro. Trata-se do método de pagamento mais simples – por não envolver qualquer problema de cobrança – e, simultaneamente, o mais arriscado pelos problemas de segurança que suscita a sua guarda, conservação e transporte. A estas dificuldades seculares e que explicam o surgimento de novos meios (ou instrumentos) de pagamento, como o cheque, vieram na atualidade acrescentar-se todas as que são inerentes à determinação da proveniência e destino de numerário e à prevenção de branqueamento de capitais, que lhes está associada e que favorece claramente o uso de instrumentos de pagamento alternativos.

[798] O dinheiro desempenha, como instrumento de medida do valor dos outros bens, uma relevantíssima função de troca.
Cfr. a nossa dissertação de doutoramento, *Cheque e Convenção de Cheque*, 2009, p. 283, nota 645, e a citada monografia de Mário Coutinho dos Santos, *O Dinheiro*, 2015, em especial pp. 19 e 20.

30.3. Cheque

Analisado o cheque na sua vertente de título de crédito (cfr., *supra*, nº 28.4), vamos agora abordá-lo numa diferente perspetiva.

30.3.1. *Enquadramento*

O cheque é um instrumento de pagamento com uma função liberatória total e equivalendo, dessa forma, ao dinheiro[799].

Ora, nos meios de pagamento em geral, a liberdade de forma, acolhida no artigo 219º do Código Civil e expoente da autonomia privada, deve constituir regra. Não obstante, na prática, predomina a formalização por escrito desses meios. Fundamentam-na a celeridade (algo paradoxalmente), que impõe a normalização dos instrumentos utilizados, e razões de certeza e segurança estreitamente ligadas ao conhecimento dos meios padronizados a que se deve (pode) recorrer para efetuar pagamentos.

Os cartões de crédito e as transferências manuais, primeiro, e os meios eletrónicos de pagamento, depois, vieram retirar ao cheque parte do seu protagonismo no mundo contemporâneo. O dinheiro de plástico deveria conduzir-nos à chamada ***cashless society*** ou sociedade sem numerário, aparentemente mais segura e cómoda[800]. No entanto,

[799] Recorrendo ao nosso estudo *Cheque e Convenção de Cheque*, cit., 2009 (pp. 283-286), diríamos que, «o cheque, mesmo que não seja dinheiro, é considerado como tal, equivalendo a numerário e desempenhando funções análogas às das notas e moedas» (p. 284). E acrescentávamos (*ob. cit.*, *ibid.*), a título de exemplo, que o cheque é precisamente «assimilado ao dinheiro para efeitos do disposto no art. 9º, nº 1, *alínea h)* do Código das Sociedades Comerciais sobre elementos do contrato de sociedade, visto que as entradas em cheque não são descritas como tais, antes se aceitam como se de dinheiro se tratasse. E a dicotomia "dinheiro-outros bens" – cujo valor deve ser certificado por relatório de revisor oficial de contas –, relevante no momento de realização das entradas sociais, mantém-se ao longo deste Código (por exemplo, art. 25º, nº 1, 89º, 202º, n.os 2 e 3, 277º, nº 3) e é claramente assumida no art. 28º, nº 1, onde se estatui que as entradas em bens, e passamos a citar, "*diferentes de dinheiro devem ser objeto de um relatório elaborado por um revisor oficial de contas (...)*", o qual nunca é chamado a certificar, na prática da constituição das sociedades comerciais, o valor dos cheques (ou mesmo a existência de provisão correspondente ao respectivo montante)» (cfr. pp. 284-285).

[800] De que constitui exemplo o porta-moedas eletrónico, caído em desuso, complemento dos cartões de crédito e de débito utilizados em operações de maior valor. Sublinhe-se que na versão pura da *cashless society* não é apenas o cheque que é colocado em causa; o uso de notas e moedas é igualmente questionado.

por diversas razões, tal ainda não sucedeu e, com o *arrefecimento* da "globalização" – como efeito da crise global –, poderá levar ainda algum tempo a acontecer.

30.3.2. *Conceito e significado do cheque como meio de pagamento*[801]

Vimos já (cfr., *supra*, nº 28.4.1), que o cheque é uma ordem dada a um banco para que, à custa de uma provisão (constituída por fundos disponíveis)[802] – previamente constituída –, proceda ao pagamento de uma certa importância em dinheiro ao seu emitente ou a terceiro (o beneficiário).

Considerando a função liberatória que apresenta, o cheque reveste a natureza de um **meio de pagamento** (uma forma de receber dinheiro por ordem do sacador)[803] que – à semelhança de outros (transferências e cartões[804]) – se destina a substituir o uso de notas e moedas metálicas (numerário) na execução de pagamentos (*v.g.*, preço na compra e venda) ou na satisfação de uma obrigação pecuniária (o que ocorre, por exemplo, nas situações de restituição de quantia mutuada, de enriquecimento sem causa ou de invalidação de negócio anterior)[805].

O cheque é meio de pagamento baseado no valor da confiança. O respetivo beneficiário ou portador recebe-o porque acredita que ele

[801] Sobre o quadro legal do cheque como meio de pagamento, vd. o nosso estudo sobre a «Relevância e significado do cheque e da convenção de cheque na atualidade: principais problemas», AA.VV., *I Congresso Direito Bancário* (coord. L. Miguel Pestana de Vasconcelos), Almedina, Coimbra, 2014 (pp. 145-175), pp. 149-151.

[802] O cheque, como instrumento de pagamento, pressupõe que o sacador disponha de meios financeiros com os quais concretize as suas ordens. Tais meios financeiros, que materialmente se traduzem em dinheiro, constituem a **provisão**. É à custa da provisão que o banco irá proceder ao pagamento dos cheques que – com referência à conta que a mesma sustenta – sejam sobre si sacados, encontrando-se legalmente obrigado a pagar todos os cheques regularmente sacados que lhe sejam oportunamente apresentados a pagamento, desde que as respetivas importâncias globais não ultrapassem o montante que ela representa.

[803] Referimo-nos ao cheque como *meio de pagamento*, apesar de não ignorarmos que o cheque, como tal, é *instrumento* e não simples meio de pagamento, já que, diversamente do numerário, não efetua o pagamento, mas permite transferir os meios que o realizam.

[804] Anteriormente também o *traveller* cheque ou cheque de viajante.

[805] É nesta especial característica do cheque – que reflete a sua função essencial – que o cheque se distingue dos demais títulos de crédito e justifica o regime jurídico específico que o anima e que se sobrepõe a qualquer negócio jurídico de carácter bilateral que o tome por referência ou pressuponha a sua utilização, como a convenção de cheque.

será pago. Para o efeito, é preciso que exista provisão suficiente[806], não tendo de ser confirmada a capacidade económica do sacado para proceder ao pagamento, atendendo à sua qualificação profissional.

O cheque constitui um valor de crédito de natureza especial, porque é um **valor de crédito monetário**, de realização imediata, que se vai traduzir em dinheiro.

Mas o cheque não se limita a ser um puro meio de pagamento, porque, como veremos, assume outras funções, também relevantes. Com efeito, para além de meio de pagamento como documento circulatório utilizado em substituição da moeda, também pode ser utilizado com outras finalidades, designadamente para levantamento de fundos próprios, ou mesmo como instrumento de garantia do cumprimento de obrigações do respetivo sacador, desempenhando desse modo outras importantes funções económicas.

Assim sendo, o cheque configura-se como **instrumento de**:

- **pagamento**, ou seja, como documento circulatório utilizado em substituição da moeda;
- **levantamento de fundos**, isto é, meio de dispor – em condições previamente acordadas –, parcial ou totalmente, das importâncias depositadas ou creditadas na conta do sacador;
- **compensação**[807], permitindo liquidações recíprocas através de entidades específicas: as câmaras de compensação; e

[806] Por isso, o cheque (que seja apresentado a pagamento) não é pago se não existir provisão na conta do sacador, isto é, se a conta com referência à qual o cheque visar movimentar dinheiro não dispuser de fundos disponíveis suficientes – por não ter sido previamente efetuado um depósito ou por não ter sido concedido crédito ao sacador relativamente a essa conta –, ficando, assim, por satisfazer a quantia em causa e defraudada a confiança depositada nesse título. Quando isso acontece, estamos perante uma situação de descrédito do instrumento de pagamento, em tudo semelhante ao que resulta do recurso à contrafação ou falsificação da moeda. Daí que o deficiente uso do cheque seja socialmente censurável e objeto de **tutela criminal**, tipificada no Decreto-Lei nº 454/91, de 28 de dezembro, que conheceu já diversas redações, e que estabeleceu o Regime Jurídico-Penal do Cheque (sem provisão).
Como efeito da deficiente utilização do cheque, o banco deverá pôr termo à convenção (de cheque) celebrada com o seu cliente.

[807] A **compensação** é o ato pelo qual o banco procede à troca de cheques que, tendo sido sacados sobre outros bancos, nele foram depositados com a finalidade de, por ele, virem a ser cobrados, num encontro de contas com instituições congéneres. O local onde se

– **garantia de uma obrigação** ou meio de obtenção de crédito[808].

30.4. Transferência (eletrónica) de fundos[809]

30.4.1. *Finalidade e evolução*

As transferências de fundos entre instituições de crédito surgiram para permitir a deslocação de espécies monetárias sem que os clientes precisassem de proceder ao prévio levantamento do numerário, constituindo também, por isso, um instrumento seguro adequado a promover pagamentos avultados.

Tradicionalmente realizada por meios humanos e baseada em instruções documentadas (em papel), a transferência de fundos implicava a efetiva deslocação das espécies monetárias ou, pelo menos, a sua compensação entre instituições especializadas entre as quais deveria ocorrer. Ordenada manualmente, passaria a concretizar-se através de meios mecânicos.

Hoje, processa-se por meios eletrónicos, sem recurso à utilização de papel, permitindo que em espaços temporais extremamente reduzidos se realizem inúmeras operações.

processa a compensação, hoje automática, designa-se "câmara de compensação" e nesta os bancos procedem a um encontro de contas com base nos valores que (neles) são depositados e que, até um certo montante, nem sequer chegam a ser apresentados à instituição sacada e objeto de troca, sendo imediatamente truncados. É nesse encontro interbancário de contas que os cheques desempenham uma função de compensação.

808 Um cheque pode ser sacado para garantir antecipadamente o pagamento de um bem ou serviço, destinando-se a ser depositado ou rebatido (só) em caso de falta de pagamento oportuno desse bem ou serviço. O **cheque de garantia** é aquele que é emitido em favor de uma pessoa para assegurar o cumprimento de uma obrigação.

809 Sobre este instrumento, vd., para além das obras gerais de Direito Bancário citadas (sobretudo as mais recentes), Catarina Martins da Silva Gentil Anastácio, *A transferência bancária*, Almedina, Coimbra, 2004 (em especial pp. 27-30, 37-51, 93-94, 143-151, 165-168, 175-176, 179-184 e 413-417), Engrácia Antunes, *Direito dos Contratos Comerciais*, 2009, pp. 550-552, Paulo Olavo Cunha, *Cheque e Convenção de Cheque*, 2009, pp. 292-302 e 392 (nota 857), e Januário da Costa Gomes, *Contratos Comerciais*, 2012, pp. 208-212.

30.4.2. *Conceito e enquadramento*

As transferências são atualmente reguladas no Direito português pelo Regime Jurídico dos Serviços de Pagamento e da Moeda Eletrónica, aprovado pelo Decreto-Lei nº 317/2009, de 30 de outubro (sobre o acesso à atividade das instituições de pagamento e à prestação de serviços de pagamento)[810], e pelo Decreto-Lei nº 18/2007, de 22 de janeiro (na red. do DL 317/2009, de 30 de outubro)[811]. É nestes diplomas que se encontram hoje reguladas as transferências de fundos no espaço jurídico comunitário (cfr. arts. 4º, *alíneas c), iii), d), iii), f)*, e 75º a 84º, e 3º), que envolvam uma instituição situada em Portugal.

De entre as diversas transferências possíveis, incluindo a ordem de débito permanente (cfr. art. 4º, *alínea c), iii)*), assumiram especial relevo as transferências eletrónicas de fundos que constituem, na atualidade, o meio mais rápido de processar pagamentos à distância[812].

Uma **transferência eletrónica de fundos** consiste na movimentação de meios financeiros entre contas bancárias sem recurso a instruções escritas, baseada exclusivamente em ordem exclusivamente transmitida (e concretizada) através de meios eletrónicos, qualquer que seja a sua natureza – como por exemplo telefone, vídeo, terminais autónomos, computadores, fita magnética, ou outra –, por forma a debitar uma conta e, sequencial e correspondentemente, creditar a quantia debitada numa ou mais contas bancárias.

[810] Na redação do DL 242/2012, de 7 de novembro, e que transpôs a Diretiva 2007/64/CE do Parlamento Europeu e do Conselho, de 13 de novembro (relativa aos serviços de pagamento no mercado interno).

[811] Este diploma veio limitar os prazos de disponibilização de fundos relativos à movimentação de fundos, em Portugal (cfr. art. 2º, nº 2), no âmbito da mesma instituição ou de banco para banco, estabelecendo a «*data valor*» das transferências efetuadas em euros e «*o prazo para disponibilização de fundos ao beneficiário*». Este diploma define uma série de conceitos, caracterizando a transferência – que pode ser intrabancária ou interbancária, consoante ocorre no âmbito da mesma instituição ou se processa entre bancos (cfr. art. 3º, *alínea b)* e *c)*) – como «*a operação efetuada por iniciativa de um ordenante, operada através de uma instituição e destinada a colocar quantias em dinheiro à disposição de um beneficiário, podendo a mesma pessoa reunir as qualidades de ordenante e beneficiário*» (art. 3º, *alínea a)*), e no Aviso do BdP nº 3/2007, de 6 de fevereiro (cfr. art. 4º), publicado no dia 12 de fevereiro.

[812] Trata-se de uma categoria muito vasta que encontra a sua origem legal mais remota à escala planetária no *Electronic Fund Transfers Act* norte-americano (E.U.A., 1978), e que é designada habitualmente na terminologia anglo-americana por *EFT*, sigla que é formada pelas iniciais das palavras *Electronic Fund Transfer(s)*.

As exclusões estabelecidas no artigo 5º do Decreto-Lei nº 317/2009, de 30 de outubro – que afastam do âmbito da aplicação deste importante diploma os pagamentos feitos com base em papel ou noutro suporte físico –, permitem diferenciar a transferência de qualquer ato baseado num documento específico consistente em papel, nomeadamente num cheque, e desse modo contribuindo para distinguir os pagamentos através de instrumentos financeiros materializados e alicerçados em suporte físico, de papel, dos pagamentos ou das transferências (eletrónicas) de fundos.

30.4.3. *Operações*

No quadro das transferências eletrónicas de fundos encontramos diferentes operações, com relevo crescente no mercado e na atual vivência social e económica. Entre elas, podemos enunciar as seguintes:

30.4.3.1. *O recurso a "caixas automáticas"*

A **caixa automática** (*ATM ou Automated Teller Machines*)[813], também conhecida por **ATM**, é uma máquina acionada informaticamente que permite aos clientes dos bancos, através de um cartão bancário, executar, direta e pessoalmente, sem restrições horárias, diversas operações bancárias *on-line*, como levantamento de dinheiro, depósito de valores, transferências, pagamentos de despesas correntes e periódicas, de variadíssimos serviços, de impostos e taxas, de coimas e até compras, pela

[813] Optamos por esta expressão por parecer a mais adequada na língua portuguesa, não obstante alguns autores preferirem a expressão "caixa automático", como é o caso de Luís Miguel Monteiro [«A operação de levantamento automático de numerário», *ROA*, ano 52, I, 1992 (pp. 123-168), p. 124, nota 2]. Compreendemos as razões subjacentes à escolha de diversos autores, baseadas na ideia de o "automático" se referir ao "caixa do banco", isto é, ao colaborador da instituição de crédito que recebia os depósitos e efetuava os pagamentos e que, até ao século XX, era necessariamente do sexo masculino. No entanto, *caixa* é um substantivo feminino e, portanto, deve ser adjetivada também no feminino. Acresce que se trata de uma "máquina" (substantivo também feminino), o que terá levado alguns autores a designá-la também "máquina automática de pagamento" ou "máquina automática de caixa". A utilização destas máquinas concorre com o uso do cheque nos saques de montantes reduzidos e nos pagamentos efetuados em benefício de quem for titular de conta bancária, sendo o cartão bancário (de plástico, com banda magnética e *microchip*) que as aciona um instrumento de pagamento.

imediata liquidação do serviço ou bem adquirido, como seja o caso dos títulos de transporte ou espetáculos, consulta de saldos e de movimentos, requisição de cheques e obtenção de crédito (dentro de um certo limite ou por utilização de cartão de crédito). As operações realizadas através de caixas automáticas designam-se por *retail banking* ou *self-service banking* e todas são bancárias ou financeiras, uma vez que implicam a movimentação de fundos através do sistema bancário, por transferência ou débito em conta, sendo operadas pelos consumidores na qualidade de clientes bancários, visto que pressupõem a abertura de conta à qual esteja indexado o cartão (ainda) necessário para a movimentar e acionar a ATM[814].

30.4.3.2. *Pagamento eletrónico*

O **pagamento eletrónico** de bens e serviços – incluindo pagamentos em geral, e compras em particular – permite ao consumidor (individual ou empresa) proceder a uma série de operações à distância, poupando o incómodo de se ter de deslocar ao local onde são habitualmente transacionados esses bens ou serviços.

[814] Como é do domínio geral, o **funcionamento das *ATM*** é extremamente simples. A caixa automática é ativada pelo cartão e pela digitação do PIN (abreviatura, constituída pelas iniciais, da expressão inglesa "*Personal Identification Number*") ou número de identificação pessoal, em Portugal composto por quatro dígitos, que deverá coincidir com um número codificado através de um algoritmo gravado na banda magnética do cartão ou no respetivo *micro-chip* (que, entretanto, substituiu a tarja magnética). Verificada essa coincidência pelo sistema, o utilizador poderá realizar a operação pretendida, desde uma simples consulta (de saldo ou movimentos bancários) ou mera requisição de cheques, passando por um levantamento de numerário ou efetuando uma transferência, eventualmente a título de pagamento de bens ou serviços. A máquina, reconhecendo o PIN procede à operação solicitada e disponibiliza um documento relativo à operação efetuada.
Estas máquinas, cuja sofisticação tem vindo a aumentar com o progresso tecnológico, foram antecedidas de máquinas unifuncionais, que se limitavam a permitir o levantamento de numerário – as chamadas *cash dispensers* (CD) ou *cash dispensing machines* –, frequentemente de contas sediadas num único banco, proprietário das máquinas ou ao qual elas estavam ligadas.
Para mais desenvolvimentos, cfr., na literatura nacional, José António Velozo, «"Electronic Banking"»: uma introdução ao EFTS», *SI*, t. XXXVI, 1987 (pp. 77-155), pp. 129-133, Luís Miguel Monteiro, «A operação de levantamento automático de numerário», cit., 1992 (pp. 123-168), pp. 123-126 e 140-158, e Maria Raquel Guimarães, *As transferências electrónicas de fundos e os cartões de débito. Alguns problemas jurídicos relacionados com as operações de levantamento de numerário e de pagamento por meios electrónicos*, Almedina, Coimbra, 1999, pp. 45-50 e 15-17.

O pagamento eletrónico processa-se através de caixas automáticas ou por telefone e computador [***homebanking*** (*Bankgeschäfte on-line* ou banco ao domicílio), *office banking* e *Internet banking*][815], meios que se distinguem dos pagamentos através de pontos de venda (POS) – a que nos referiremos em seguida (nº 30.4.3.3) –, que são efetuados eletronicamente, mas no local de consumo.

30.4.3.3. *Pagamento por POS*

Os pagamentos no local de consumo podem efetuar-se através de terminais de pontos de venda, conhecidos por POS (que são as iniciais da expressão *point of sale terminals*).

O sistema **POS** (ou *Point of sale*) apresenta uma grande afinidade com uma caixa automática em termos de funcionamento, realizando, com base na utilização do mesmo cartão bancário, uma transferência bancária, para pagamento de um bem ou serviço, por débito na conta bancária do consumidor e crédito na conta do comerciante ou prestador do serviço do correspondente valor. O utilizador confirma o valor a pagar e tal como na ATM, digita o seu PIN, promovendo desse modo a transferência da quantia que deve ser paga e que corresponde ao preço da aquisição que efetua[816].

[815] Para mais desenvolvimentos, cfr., na literatura nacional, José António Velozo, «"Electronic Banking"», cit., 1987 (pp. 77-155), pp. 137-155, Raquel Guimarães, *As transferências electrónicas* cit., 1999, pp. 41-45, «A repartição dos prejuízos decorrentes de operações fraudulentas de banca electrónica (*home banking*) – Ac. do TRG de 23.10.2012, Proc. 305/09», *CDP*, nº 41, 2013, pp. 45-69 (anot. pp. 57-69) – onde caracteriza as técnicas de *phishing* e *pharming* (p. 63) –, e o parecer de João Calvão da Silva, «Serviços de pagamento e responsabilidade civil», AA.VV., *Estudos em Homenagem a Rui Machete*, Almedina, Coimbra, 2015 (pp. 339-376), em especial pp 353-355.
A doutrina estrangeira é muito abundante.

[816] Sobre o nascimento e desenvolvimento deste sistema – que pressupõe uma relação, no mínimo triangular, envolvendo o cliente, o respetivo banco e o comerciante, e eventualmente o banco deste –, nos anos setenta do século XX, nos Estados Unidos da América, e as reações que o mesmo desencadeou, cfr. José António Velozo, «"Electronic Banking"», cit., 1987, pp. 94-95.
Para mais desenvolvimentos sobre o POS, cfr. Raquel Guimarães, *As transferências electrónicas* cit., 1999, pp. 50-54, Luís Miguel Monteiro, «A operação de levantamento automático de numerário», cit., 1992, pp. 136-137, e José António Velozo, *ult. ob. cit.*, pp. 133-135.

30.4.3.4. *Transferências (regulares) pré-autorizadas ou domiciliadas*

As **transferências** (regulares) **pré-autorizadas**, ou domiciliadas, são operações consideradas também com autonomia, relativamente às demais, por corresponderem a pagamentos periódicos regulares, por valores nem sempre previamente estabelecidos, a efetuar pelo banco, em benefício de terceiros, solicitados pelo seu cliente, correspondentes a autorizações de débito permanentes em favor de determinados contratantes – e não dependendo de uma instrução pontual e concreta que se esgota na realização de uma única transferência e que pode ocorrer através de uma ATM, de *home banking*, de ser efetuada com recurso a telecomunicações ou ordenada manualmente –, ou a créditos regulares relativos a receitas constantes antecipadamente previstas, como as resultantes do pagamento de salários.

No que se refere a débitos pré-autorizados, o cliente sabe que terá de efetuar o pagamento e conhece antecipadamente o respetivo montante, como sucede no pagamento de quotas, assinaturas (de jornais ou revistas) e rendas, ou desconhece esse valor, que varia com o consumo dos serviços inerentes, e cuja cobrança autoriza com antecedência, por ser também contratualmente devida (eletricidade, água, telefone, *v.g.*).

30.4.3.5. *Transferências por telecomunicações* (wire transfers)

As **transferências por telecomunicações** – que atualmente no mundo ocidental são, em geral, telemáticas – englobam as movimentações de fundos e a transmissão de informações entre bancos ou entre um banco e uma empresa, bem como regularizações efectuadas por bancos junto de câmaras de compensação. No contexto desta *Electronic Fund Transfer* desempenha papel de relevo o sistema *SWIFT* (*Society for Worldwide International Financial Telecommunications*), que é uma rede de telecomunicações que opera em tempo real (*real time*) – sem funções de compensação –, realizando operações de transmissões de informações interbancárias, transferências de fundos e abertura de créditos documentários, e que corresponde a uma sociedade que é composta por diversos bancos de muitos países[817].

[817] Armindo Saraiva Matias, *Direito Bancário*, Coimbra Editora, Coimbra, 1998, refere que a *SWIFT* «criou normas próprias de compensação, com vista a proceder às transferências

30.5. Cartões de pagamento[818]

30.5.1. *Enquadramento*

O recurso aos cartões como forma de pagamento de bens e serviços é um expediente muito anterior às transferências eletrónicas de fundos, embora a compensação e o pagamento das contas que lhes estão associadas se efetue hoje através de operações com essa natureza, por meio de débito automático, com base em instrução permanente, ou pelo pagamento feito por meio de ATM ou de terminal equivalente.

A doutrina é unânime em reconhecer terem sido os cartões emitidos por estabelecimentos comerciais no primeiro quartel do século XX – mormente hotéis e armazéns – os precursores dos atuais cartões de pagamento[819]. No entanto, tais meios de pagamento, necessariamente vinculados a determinado estabelecimento, consistiam em chapas metálicas e tinham uma utilização relativamente limitada, servindo fundamentalmente para registar a conta corrente dos clientes que tinham acesso aos mesmos.

bancárias, permanentemente, num sistema automático de gestão integrada por teletransmissão das transmissões» (p. 127).
Para mais desenvolvimentos, cfr., na literatura nacional, Raquel Guimarães, *As transferências electrónicas* cit., 1999, pp. 31-35, e José António Velozo, «"Electronic Banking"», cit., 1987 (pp. 77-155), pp. 121-128 [em especial, p. 121, no que se refere à designação original destas transferências (*wire* ou "telegráfica") e à atualização terminológica das mesmas].
Sobre outros sistemas ou redes interbancárias [incluindo o TARGET (*Trans-european Automated Real-time Gross-settlement Express Transfer*), ao qual apenas têm acesso direto os bancos centrais dos Estados membros da UE], cfr. Catarina Gentil Anastácio, *A transferência bancária*, cit., 2004, pp. 46-47.

[818] Seguimos de perto o nosso livro *Cheque e Convenção de Cheque*, 2009, pp. 312-317, sem prejuízo das atualizações introduzidas, designadamente com base nas úteis sugestões feitas pela Madalena e pelo nosso amigo Fernando Adão da Fonseca.

[819] Não se verifica consenso, contudo, no que respeita à origem dos cartões, e nomeadamente do cartão de crédito bilateral que era concedido por determinados estabelecimentos aos seus clientes para estes poderem efetuar compras nos mesmos, sem necessidade de as pagar de imediato. Com efeito, enquanto alguns reconduzem à Europa a origem do cartão de crédito, outros atribuem-na aos EUA.

Na sua forma atual, todos os cartões de pagamento têm uma base digital, dispensando, nalguns casos, suporte físico (habitualmente em plástico)[820], sendo geridos através de uma *app*[821].

Relativamente às três grandes categorias a que, há muito se reconduzem os cartões de plástico, se tomarmos em consideração as funções básicas que desempenham, enquanto instrumentos de pagamento – cartões de crédito, de débito e multifunções –, justifica-se presentemente autonomizar os cartões pré-pagos, pela sua relevância nas transações económicas.

820 O primeiro cartão de plástico com funções de pagamento universais – isto é, vocacionado para efetuar o pagamento numa pluralidade de diferentes estabelecimentos – foi o do *Diners Club*, em 1950, sob a forma de cartão de crédito, o qual seria seguido, alguns anos mais tarde (1958), no mercado norte-americano, pelo da *American Express* (que era a entidade emitente). Só na década de setenta, decorridas duas décadas, surgiriam os primeiros cartões de débito, introduzidos no mercado pelo *BankAmericard* (mais tarde *Visa*) e pelo *MasterCharge*, os quais, com a generalização das ATMs que acionavam – e através das quais permitiam aos respetivos titulares um acesso direto (*on-line*) aos fundos depositados –, registaram uma significativa adesão, facultando hoje aos seus detentores a generalidade das operações de banca eletrónica e representando, desse modo, um avanço significativo na realização das operações bancárias clássicas.

821 A evolução e implementação dos cartões nos diversos ordenamentos não se processou de modo uniforme.

Alguns cartões – como foi o caso do **porta-moedas eletrónico**, que se destinava a substituir o uso das moedas metálicas em pagamentos de reduzido valor – não registaram o êxito esperado. Neste cartão – que constituiu em Portugal um caso de manifesto insucesso comercial – o armazenamento de uma determinada quantia é possível independentemente das disponibilidades da conta bancária, uma vez pré-carregado, em geral numa caixa automática, com uma quantia fixa (de montante mínimo relativamente reduzido). Trata-se de um cartão com relativa autonomia usado para pagar consumos de reduzido valor, sem PIN, assinatura ou autorização de qualquer espécie.

Refira-se apenas que, como qualquer outro cartão pré-pago, o porta-moedas eletrónico, do ponto de vista jurídico, funciona como um cartão de débito, com a diferença de que a quantia afeta ao cartão, ou nele carregada, é debitada ao respetivo titular antes de ser utilizada.

Na doutrina nacional, vd., em especial, Fernando Conceição Nunes, «O porta-moedas electrónico», *in* AA.VV., *Estudos de Direito Bancário*, FDUL / Coimbra Editora, 1999 (pp. 213-240), com uma análise exaustiva das normas especificamente aplicáveis ao porta-moedas eletrónico na ordem jurídica portuguesa (a Instrução 54/96, do Banco de Portugal, publ. no BNBP, nº 1, de 17 de junho de 1996, que designa o porta-moedas eletrónico por porta-moedas automático), pp. 216-238. Outros autores também lhe fazem referência. Cfr., por exemplo, Raquel Guimarães, *As transferências electrónicas*, cit. 1999, pp. 56-57.

30.5.2. *Cartão de crédito*[822]

O cartão de crédito é o cartão de pagamento mais antigo – em que o emitente do cartão (de um cliente) é simultaneamente o garante do pagamento do comerciante –, tendo, na forma análoga à atual, enquanto cartão trilateral[823], surgido no início da segunda metade do século XX, sendo o *Diner's Club* a primeira instituição emitente desse tipo de cartões, destinados inicialmente a promover o pagamento de serviços de hotelaria e restauração[824].

[822] Cfr. Paulo Olavo Cunha, *Cheque e Convenção de Cheque*, cit., 2009, pp. 317-323, e bibliografia citada em especial na nota 724 (p. 317).
Sobre os cartões de crédito, e para além dos manuais gerais de Direito Bancário, cfr., na doutrina nacional, Adelino Lopes Aguiar, *O dinheiro de plástico. Cartões de crédito e de débito. Novos meios de pagamento*, Rei dos Livros, Lisboa, s/d (mas dep. legal de 1990), Raquel Guimarães, *As transferências electrónicas* cit., 1999, pp. 65-79, «O pagamento com cartão de crédito no comércio electrónico: evoluções legislativas recentes», sep. *RFDUP*, ano IX, 2012 (pp. 153-167), Carlos Frederico Gonçalves Pereira, «Cartões de crédito», *ROA*, ano 52, II, 1992 (pp. 355-416), em especial pp. 356-358, 372-390 e 400-403, Joana Vasconcelos, «Cartões de crédito», *RDES*, XXXIV, nº 4, 1992 (pp. 305-347), e XXXV, nºs 1-2-3-4, 1993 (pp.71-182), e «Sobre a repartição entre titular e emitente do risco de utilização abusiva do cartão de crédito no Direito português», AA.VV., *Estudos em Homenagem ao Prof. Doutor Inocêncio Galvão Telles*, vol. II – *Direito Bancário*, Almedina, Coimbra, 2002 (pp. 487-517) – com crítica sobre a posição da jurisprudência relativa às cláusulas de repartição do risco (pp. 511-517).
Perspetivando o contrato de utilização de cartão de crédito, enquanto contrato de crédito ao consumo, no quadro do Decreto-Lei nº 359/91, de 21 de setembro, e do Decreto-Lei nº 133/2009, de 2 de junho, Raquel Guimarães, *O Contrato-Quadro no Âmbito de Utilização de Meios de Pagamento Electrónicos*, Coimbra Editora, Coimbra, 2011, pp. 201-218.

[823] Cfr. Frederico Gonçalves Pereira, «Cartões de crédito», cit., 1992 (pp. 355-416), p. 361, Joana Vasconcelos, «Cartões de crédito», *RDES*, XXXIV, nº 4, 1992 (pp. 305-347), e XXXV, nºs 1-2-3-4, 1993 (pp.71-182), pp. 324-325.
Este cartão, atualmente trilateral e universal, surgiu com uma natureza bilateral, que se desenvolveu à margem do sistema bancário e que ligava um estabelecimento comercial aos respetivos clientes, procurando fidelizá-los pela venda dos respetivos bens a crédito, como aliás ainda sucede no presente, com os cartões do *El Corte Inglès*, da *Auchan* e da *Fnac*, por exemplo.
Sobre os cartões de crédito bilaterais, vd. Raquel Guimarães, *O Contrato-Quadro no Âmbito de Utilização de Meios de Pagamento Electrónicos*, cit., 2011, pp. 229-235.

[824] O *Diners Club* era, na sua forma inicial, um cartão de pagamento, cujo saldo deveria ser liquidado por inteiro pelo seu titular uma vez por mês, não correspondendo a um verdadeiro cartão de crédito, isto é, aquele cujo saldo – por efeito do *revolving* – pode ser liquidado em prestações, proporcionando ao seu titular verdadeiro crédito ao consumo.

O **cartão de crédito** pressupõe uma relação triangular entre o emitente e, ou, gestor, do cartão e do sistema, o cliente (titular do cartão) – a quem é atribuído o cartão a ser utilizado até um determinado *plafond* – e o comerciante ou prestador de serviços que aceita o pagamento do preço dos bens vendidos ou dos serviços prestados através desse instrumento, com o correspondente crédito a ser lançado na conta bancária do comerciante. Nesta figura geométrica, a base é ocupada pela(s) entidade(s) emitente[825] do cartão e aceitante do pagamento junto do comerciante, que é (são) sujeito(s) de dois negócios jurídicos distintos, que existem em estreita dependência e em função um do outro: os contratos de emissão e de associação à rede concluídos, respetivamente, com o titular do cartão e com o fornecedor de bens ou prestador de serviços.

No que se refere ao contrato de emissão ou de utilização do cartão, o mesmo celebra-se com base em cláusulas contratuais gerais, pré-elaboradas e predispostas pela entidade emitente que a contraparte (titular do cartão) se limita a aceitar. Em qualquer das suas vertentes, o contrato configura-se como um contrato de adesão[826] e, consequentemente, para

[825] A entidade emitente dos cartões e gestora dos pagamentos e do sistema não coincidem normalmente, isto é, a situação mais comum é haver uma entidade emitente dos cartões, responsável pela respetiva criação e pelo crédito concedido, que não procede à gestão dos movimentos que o cartão implica. Tal situação corresponde ao que sucede em Portugal com a intervenção da UNICRE, a qual acumula as duas funções, como emitente e gestora dos cartões "Unibanco", mas o seu principal papel é o de gestora do sistema junto dos comerciantes. As entidades emitentes ou gestoras de cartões de crédito regem-se pelo DL 157/2014, de 24 de outubro, e pelo Aviso do BdP nº 11/2001, de 6 de novembro (publ. no DR, I Série B, nº 269, de 20 de novembro de 2001). Sobre os antecedentes desta regulamentação, cfr. Joana Vasconcelos, «O contrato de emissão de cartão de crédito», AA.VV., *Estudos dedicados ao Prof. Doutor Mário Júlio de Almeida Costa*, Universidade Católica Editora, Lisboa, 2002 (pp. 723-752), pp. 727-733.

[826] Nesse sentido cfr. o nº 4 do Aviso 11/2001, de 6 de novembro, do BdP (publ. em 20 de novembro de 2001).

Acentuando a unilateralidade da construção destes contratos, Raquel Guimarães, «Algumas considerações sobre o Aviso nº 11/2001 do Banco de Portugal, de 20 de novembro, relativo aos cartões de crédito e de débito», *RFDUP*, ano I, 2004 (pp. 247-276), p. 249.

Também o contrato celebrado entre a entidade gestora e os comerciantes ou prestadores de serviços associados à rede é um contrato de adesão, estruturado com cláusulas contratuais gerais, embora possam variar as condições aplicáveis. Sobre as respetivas características e efeitos, cfr. Joana Vasconcelos, «Cartões de crédito», cit., 1992/1993, pp. 150-160.

além de se encontrar sujeito a regras específicas – constantes do Decreto-Lei nº 157/2014, de 24 de outubro (cujo art. 24º, *alínea c)* revogou o DL 166/95, de 15 de julho), e do Aviso do Banco de Portugal nº 11/2001, de 6 de novembro[827] –, a sua regulamentação consta da Lei das Cláusulas Contratuais Gerais[828], para cujo regime o diploma do governo remete.

Este tipo contratual complexo é independente dos contratos estabelecidos entre a entidade gestora do sistema e a diversidade de estabelecimentos comerciais (ou de estabelecimentos prestadores de serviços correspondentes a profissões autónomas), com vista à aceitação dos pagamentos através de cartões uniformemente emitidos dotados de uma banda magnética e de um *microchip*, responsabilizando-se por esses pagamentos, quando os cartões são devidamente utilizados[829], e obtendo como contrapartida da aquisição do risco associado à garantia de pagamento um valor fixo[830] ou uma percentagem calculada sobre o montante da transação, pago através do cartão.

Mas o cartão pode ser utilizado também para efectuar levantamentos de numerário a crédito (*cash advance*), nomeadamente em praças diferentes daquela em que foi emitido. Nessa circunstância, o seu titular suportará os juros inerentes ao adiantamento da quantia levantada – que acrescem à cobrança de taxas fixas percentuais predeterminadas –, num esquema em tudo idêntico aos demais pagamentos que faz com o cartão.

[827] Sobre o âmbito e alcance deste Aviso, publicado no DR, I Série B, nº 269, de 20 de novembro de 2001, e aplicável também aos cartões de débito, vd. RAQUEL GUIMARÃES, «Algumas considerações sobre o Aviso nº 11/2001 do Banco de Portugal» cit., 2004 – pronunciando-se, criticamente, sobre as alterações introduzidas nos regimes dos cartões de crédito e de débito (pp. 248-274) –, e JOANA VASCONCELOS, «Emissão de cartões de crédito», cit., 2002, pp. 169-170, notas 12 e 13.

[828] Aprovada pelo DL 446/85, de 25 de outubro (red. do DL 220/95, de 31 de agosto, e DL 249/99, de 7de julho). Cfr., em especial, arts. 20º a 23º.

[829] É natural que faça parte das obrigações do comerciante a comprovação da identidade do utilizador do cartão, ainda que isso nem sempre suceda.

[830] Trata-se de uma situação menos habitual, mas que pode surgir por conveniência do pagamento de determinados bens. É o que acontece, no nosso país, com o pagamento de combustíveis através de cartões de crédito, em que é debitada ao utilizador do cartão, para além do valor do abastecimento efetuado, um valor fixo, não sofrendo o revendedor custos diretos com a utilização do cartão.

30.5.3. Cartão de débito[831]

O **cartão de débito** é ainda, na sua modalidade mais comum, um cartão em plástico[832] que, incorporando tradicionalmente uma banda magnética no seu verso e, por razões de segurança, em muitos países, também obrigatoriamente um *microchip*, se encontra necessariamente associado a, pelo menos, uma conta bancária, permitindo ao seu titular proceder a levantamentos ou efetuar pagamentos, por transferência eletrónica, com base nessa conta, e implicando a sua utilização a movimentação do saldo disponível[833]. Este cartão pode funcionar com referência a um determinado *plafond* diário ou a qualquer quantia, que deverá ser objeto de débito imediato na conta do respetivo titular, apresentando, por isso, um risco muito reduzido – fundamentalmente operacional e, em certos casos, de fraude – para a instituição de crédito emitente e na qual está domiciliada a conta, e pressupõe, necessariamente, uma utilização em rede (*on-line*) (cfr. nº 1º, *alínea b)* do Aviso nº 11/2001 do BdP, de 6 de novembro[834]), perfilando-se, assim, a conta bancária como um elemento essencial do contrato de cartão de débito[835], e variando negativamente o respetivo saldo, na medida da sua utilização.

[831] Cfr. Paulo Olavo Cunha, *Cheque e Convenção de Cheque*, cit., 2009, pp. 323-325.

[832] Sobre a exata configuração e aspeto externo, cfr., por todos, Menezes Cordeiro, *Direito Bancário*, 6ª ed., 2016, p. 655.

[833] E não do saldo existente, porquanto o cartão de débito pode ter associado o crédito automático de um determinado montante que pode ser utilizado pelo respetivo titular para efetuar pagamentos mesmo quando não dispõe de saldo credor, contra o pagamento de uma taxa de juro aplicável sobre a quantia a descoberto. Neste caso, não se afigura correto considerar que o titular do cartão não dispõe de provisão. Pelo contrário, ele dispõe de provisão que, para além das quantias previamente depositadas na conta, é constituída sobre o crédito que lhe é concedido pelo banco. A existência de saldo disponível equivale a reconhecer que o titular da conta e do cartão dispõe de provisão. Na falta desta, o cartão não logrará operar a movimentação de fundos.

[834] Nos termos deste Aviso (nº 1º, *alínea b)*), o BdP define o "**cartão de débito**" como «*qualquer instrumento de pagamento, para uso eletrónico, que possibilite ao seu detentor a utilização do saldo de uma conta de depósito junto da instituição de crédito que emite o cartão, nomeadamente para efeitos de levantamento de numerário, aquisição de bens ou serviços e pagamentos, quer através de máquinas automáticas quer em estabelecimentos comerciais*».

[835] Para além da função normal de movimentação de fundos, o cartão de débito pode realizar uma série de funções relativas à conta bancária à qual está associado, tal como a requisição de módulos de cheques que permitam a movimentação da referida conta ou o acesso ao saldo e aos movimentos da conta.

O cartão de débito, cuja utilização pode reverter direta e unicamente em favor do respetivo titular, quando atuado como meio de levantamento de fundos, numa lógica de funcionamento estritamente bilateral, é usado muito frequentemente para promover transferências em favor de terceiros ou ordenar pagamentos de que estes sejam beneficiários diretos, designadamente através de terminais POS ou de ATM, quanto aos terceiros que reúnam essas condições.

Por sua vez, o cartão de crédito apresenta uma estrutura muito semelhante à do cartão de débito, acrescentando-se à relação contratual resultante da (abertura de) conta bancária a relação jurídica de concessão de crédito, que se estabelece entre o seu titular e adquirente de bens ou serviços e os terceiros que o admitem como meio de pagamento idóneo por acordo com a entidade bancária ou com a instituição gestora do sistema.

A particularidade deste cartão, cuja emissão – tal como a regulação das relações entre a entidade emitente e o respetivo titular – deve ser necessariamente objeto de um contrato escrito, reside na sua natureza, tendo de ser sua entidade emitente necessariamente uma instituição de crédito à qual o cartão se encontra associado.

Em Portugal, o cartão bancário de débito, quando utilizável nos terminais eletrónicos de pagamento ou levantamento de numerário geridos pela SIBS – que compreendem as inúmeras máquinas de levantamento automático (ATM) ou os POS –, é vulgarmente designado por cartão "Multibanco"[836], e a sua utilização nesses terminais permite realizar operações de transferência ou de levantamento de fundos (numerário), bem como de pagamento de bens e serviços, por débito imediato em conta na instituição financeira emitente do cartão e inerente crédito na conta do fornecedor dos bens ou prestador de serviços. A sua utilização pressupõe a prévia digitação de um PIN (ou número secreto de identificação) que comprove a legitimidade do seu manuseamento.

[836] A designação "Multibanco" generalizar-se-ia, acabando por identificar todos os elementos e equipamento utilizados (cfr. Luís Miguel Monteiro, «A operação de levantamento automático de numerário», cit., 1992, p. 139), incluindo os cartões de débito e as próprias ATM, com expoente na expressão vulgarizada de "vou ali ao Multibanco", para significar o recurso a uma caixa automática.
Ultimamente, e em especial desde 2017, assiste-se a um número crescente de equipamentos designados por ATM, com funções análogas às das máquinas Multibanco.

O cartão de débito é, tal como o cartão de crédito, um cartão de pagamento[837].

30.5.4. Cartão multifunções

Para além destas duas grandes categorias a que se reconduzem os cartões de plástico, estruturadas com referência às funções básicas que desempenham, enquanto instrumentos de pagamento, ainda existem cartões (de pagamento) que congregam, em simultâneo, características dos cartões de débito e de crédito: os **cartões multifunções**[838].

Estes cartões, configurando-se como cartões de crédito – mas não admitindo, originariamente que o respetivo titular optasse por fracionar o pagamento do crédito usado –, caso estejam associados a uma conta (bancária), podem ter funções de levantamento automático de dinheiro, de pagamentos e de transferências em geral, por débito nessa conta (como se fossem um cartão de débito)[839].

[837] O recurso aos cartões como forma de pagamento de bens e serviços é um expediente muito anterior às transferências eletrónicas de fundos, embora a compensação e o pagamento das contas que lhes estão associadas se realize hoje através de operações com essa natureza, por meio de débito automático, com base em instrução permanente, ou pelo pagamento feito por meio de ATM ou de terminal equivalente.

[838] Expressão que preferimos à de "cartões universais", designação também utilizada para caracterizar os cartões aptos a adquirir uma grande variedade de bens e serviços, sem limitações que se prendem com o respetivo género, como acontecia inicialmente com os cartões criados para pagamento de serviços de restauração ou de viagens.
Os cartões multifunções são também designados "polivalentes". Neste sentido, cfr. Luís Miguel Monteiro, «A operação de levantamento automático de numerário», cit., 1992, p. 134, para quem o importante é a qualificação da operação concreta (de crédito ou de débito) que o cartão realiza e não o próprio cartão.

[839] Nesta situação, correspondem aos cartões dourados e de platina emitidos pelas instituições de crédito em favor dos seus melhores clientes, em regra associados às redes *Visa* ou *Mastercard*. Enquadram-se também nesta categoria alguns cartões da *American Express* ou do *Diners' Club*.
Estes cartões, também designados cartões de despesa, não são considerados cartões de débito, por não terem efeito liberatório pleno, uma vez que este só se verifica quando o credor (fornecedor de um bem ou prestador de um serviço, "pago" pelo cartão) recebe o preço, que lhe é disponibilizado pela entidade emitente do cartão.
Quando os cartões estão associados a uma conta, movimentam-na necessariamente com PIN. No que respeita aos pagamentos que efetuam, os mesmos são transferidos para a entidade emitente que, no final de um determinado período, correspondendo em regra, a uma

Assim, os cartões bancários surgem, hoje, com muita frequência com funções simultaneamente de débito e de crédito, permitindo levantamentos e transferências por débito automático da conta a que estão associados, com recurso ao PIN do respetivo titular, e funcionando, sempre que for a opção deste, como cartão de crédito em determinados pagamentos efetuados sem débito imediato. Nestas circunstâncias, ainda que o cartão constitua o suporte material para efetuar as duas operações, a verdade é que estão em causa dois contratos distintos e não apenas um único.

30.5.5. **Cartão pré-pago**

Atualmente importa também mencionar os cartões pré-pagos, isto é, os cartões (de plástico) aos quais seja atribuído um determinado *plafond* (saldo) – em regra, porque o mesmo é satisfeito antecipadamente –, garantindo que o eventual desapossamento fica limitado ao montante disponibilizado. Estes cartões são naturalmente recarregáveis e pela segurança inerente à limitação do saldo são especialmente adequados a pessoas que têm uma capacidade de exercício limitada (como é o caso dos menores) e a operações de risco, designadamente na Internet. São emitidos por diversas entidades, designadamente instituições de crédito (CGD, Millennium BCP, Santander Totta) e emitentes de cartões de cédito (Mastercard e Visa).

30.6. **Meios de pagamento internacionais**[840]

30.6.1. ***Enquadramento***

Para concluir a nossa digressão pelo Direito Empresarial justifica-se, no mercado global em que nos enquadramos, fazer uma breve referência aos meios de pagamento internacionais, visto a sua utilização ser cada vez maior.

vez por mês, debita na conta do titular o saldo correspondente à utilização do cartão a crédito pela respetiva totalidade.

Sobre este tipo de cartões, vd. Raquel Guimarães, *As transferências electrónicas* cit., 1999, pp. 79-84.

[840] Sobre esta matéria, entre os autores mais recentes, vd. José Manuel Albuquerque Martins, *Comércio internacional. Transportes e Pagamentos. Operações Aduaneiras*, bnomics, 2015, pp. 191-207.

A questão que se coloca a este propósito tem a ver também com o *timing* ou oportunidade do pagamento a efetuar pelos bens e serviços transacionados à escala mundial e com a segurança que deve estar inerente ao processamento dos pagamentos. Nesta matéria, a prática, designadamente a de cariz financeiro, molda o Direito determinando a evolução dos instrumentos e o surgimento de novos modos de pagamento.

Os pagamentos internacionais são essencialmente de dois tipos e podem ocorrer por três diferentes modos e em momentos distintos:

a) os meios de pagamento diretos, os mais habituais[841] após a receção dos bens adquiridos contra fatura que os acompanha e os mais raros antes da entrega desses bens; e
b) os pagamentos com recurso a produtos bancários de natureza documentária.

30.6.2. *Pagamentos diretos*

Os meios de pagamento diretos – utilizados após a receção de mercadorias ou antes da respetiva expedição – são clássicos: desde o cheque, passando por uma letra sacada pelo exportador dos bens e de que o importador (e adquirente) é sacado e aceitante e acabando na transferência de fundos, ordenada após a receção ou antes da expedição.

O risco que estes meios de pagamento comportam para o vendedor e exportador – decorrente de o pagamento, por qualquer razão, não ser efetuado – é atenuado pela exigência frequente de que o pagamento ocorra contra a apresentação dos documentos relativos às mercadorias transacionadas; e, portanto, estas e a respetiva documentação são entregues com o dinheiro (ou o meio de pagamento) à vista.

Nos casos inversos, em que o importador faculta ao exportador o valor dos bens antes de os mesmos serem expedidos, realizando o pagamento antecipado dos mesmos, os meios de pagamento são também diretos, mas o processamento do transporte e documentação das mercadorias não ocorre de forma idêntica ao do pagamento após a receção dos bens. Trata-se naturalmente do meio de pagamento mais arriscado para o importador, que pode nunca vir a receber os bens já pagos. E, por isso, é o

[841] Neste sentido aponta uma estimativa do FMI de 2011, reproduzida no livro de José M. Albuquerque Martins, *Comércio internacional, cit.*, 2015, p. 200, a qual consideramos no texto.

menos vulgar, visto basear-se na confiança que o adquirente tem no vendedor dos bens ou na necessidade de vir a dispor deles, ainda que à custa do risco inerente à sua entrega.

30.6.3. *Pagamentos por meios documentários emitidos por bancos*

Grande parte dos pagamentos internacionais processa-se com recurso à intermediação bancária que permite o uso de meios sofisticados, de natureza documentária[842].

Neste caso estão em causa as cobranças documentárias e os créditos documentários – que podem assumir a forma de abertura de crédito documentário ou de carta de crédito.

O recurso a estes meios de pagamento permite um maior equilíbrio entre as partes que os utilizam, porque minimizam os riscos relativos à falta de entrega dos bens ou à falta do (seu) pagamento.

[842] São os chamados produtos bancários *trade finance*. Vd. José M. Albuquerque Martins, *Comércio internacional, cit.*, 2015, pp. 200-207, em especial p. 204.
Esta matéria encontra-se mais desenvolvida no nosso citado livro de *Direito Comercial e do Mercado*, 2ª ed., 2018, pp. 449-451.

BIBLIOGRAFIA

I) OBRAS GERAIS (incluindo MANUAIS e LIÇÕES)

AA.VV. – *Estudos de Direito das Sociedades*, 12ª ed. (coord. por COUTINHO DE ABREU), Almedina, Coimbra, 2015.

– *Introdução ao Direito*, coord. geral de PEDRO TROVÃO DO ROSÁRIO, Almedina, Coimbra, 2016.

– *Manual de Introdução ao Direito. Saber Direito para entender o Mercado* (por MARIA MANUEL LEITÃO MARQUES, MARIA ELISABETE RAMOS, CATARINA FRADE e JOÃO PEDROSO), *2ª ed.*, Almedina, Coimbra, 2017 (cit. AA.VV., *Manual de Introdução ao Direito, 2ª ed.*, 2017).

– *Nos 20 anos do Código das Sociedades Comerciais. Homenagem aos Profs. Doutores A. Ferrer Correia, Orlando de Carvalho e Vasco Lobo Xavier*, vol. I – *Congresso Empresas e Sociedades*, Coimbra Editora, Coimbra, 2007 (cit. AA.VV., *Nos 20 anos do Código das Sociedades Comerciais*, vol. I, 2007).

– *Nos 20 anos do Código das Sociedades Comerciais. Homenagem aos Profs. Doutores A. Ferrer Correia, Orlando de Carvalho e Vasco Lobo Xavier*, vol. II – *Vária*, Coimbra Editora, Coimbra, 2007.

ABREU, JORGE MANUEL COUTINHO DE – *Curso de Direito Comercial*, vol. I, *Introdução, actos de comércio, comerciantes, empresa, sinais distintivos*, 12ª ed., Almedina, Coimbra, 2019.

– *Curso de Direito Comercial*, II – *Das Sociedades*, 6ª ed., Almedina, Coimbra, 2019.

AKESTER, PATRÍCIA – *Direito de Autor em Portugal, nos PALOP, na União Europeia e nos Tratados Internacionais*, Almedina, Coimbra, 2013.

ALMEIDA, ANTÓNIO PEREIRA DE – *Direito Comercial*, 3º vol., *Títulos de Crédito* (Lições Policopiadas), AAFDL, Lisboa, 1988.

– *Sociedades Comerciais, Valores Mobiliários, Instrumentos Financeiros e Mercados*, vol. 1 – *As Sociedades Comerciais*, 7ª ed., Coimbra Editora, Coimbra, 2013.

– *Sociedades Comerciais, Valores Mobiliários, Instrumentos Financeiros e Mercados*, vol. 2 – *Valores Mobiliários, Instrumentos Financeiros e Mercados*, 7ª ed., Coimbra Editora, Coimbra, 2013.

ALMEIDA, CARLOS FERREIRA DE – *Direito Económico*, vol. I (Lições policopiadas), Lisboa, 1979.
– *Contratos I. Conceito. Fontes. Formação*, 6ª ed., Almedina, Coimbra, 2017.
– *Contratos II. Conteúdo. Contratos de troca*, 4ª ed., Almedina, Coimbra, 2016.
– *Contratos III. Contratos de liberalidade, de cooperação e de risco*, 3ª ed., Almedina, Coimbra, 2019.

ALMEIDA, MÁRIO AROSO DE – *Manual de Processo Administrativo*, 2ª ed., Almedina, Coimbra, 2016.

ALVES, HUGO RAMOS – *Direito Aéreo – Uma introdução*, AAFDL Editora, Lisboa, 2019.

AMADO, JOÃO LEAL – *Contrato de Trabalho. Noções básicas*, 3ª ed., Almedina, Coimbra, 2019.

AMARAL, DIOGO FREITAS DO – *Manual de Introdução ao Direito*, vol. I, Almedina, Coimbra, 2004, e vol. II (com a colab. de João Gomes de Castro), Almedina, Coimbra, 2019.
– *Curso de Direito Administrativo*, vol. I, 4ª ed. (com a colab. de Luís Fábrica, Jorge Pereira da Silva e Tiago Macieirinha), Almedina, Coimbra, 2015.

AMORIM, JOÃO PACHECO DE – *Direito Administrativo da Economia*, vol. I (Introdução e Constituição Económica), Almedina, Coimbra, 2014.

ANTUNES, HENRIQUE SOUSA – *Direitos Reais*, Universidade Católica Editora, Lisboa, 2017.

ANTUNES, JOSÉ ENGRÁCIA[843]– *Os Instrumentos Financeiros*, 3ª ed., Almedina, Coimbra, 2017.
– *Os Títulos de Crédito, Uma Introdução*, 2ª ed., Coimbra Editora, Coimbra, 2012.
– *Direito dos Contratos Comerciais*, Almedina, Coimbra, 2009.
– *Direito das Sociedades*, 8ª ed. (autor), Porto, 2018.
– *Direito do Consumo*, Almedina, Coimbra, 2019.

ASCENSÃO, JOSÉ DE OLIVEIRA – *O Direito – Introdução e Teoria Geral*, 13ª ed. (Refundida), Almedina, Coimbra, 2005 (cit. OLIVEIRA ASCENSÃO, *O Direito*, 2005).
– *Direito Civil – Teoria Geral*, vol. I – *Introdução. As pessoas. Os bens*, 2ª ed., Coimbra Editora, Coimbra, 2000.
– *Direitos Reais*, 5ª ed., Coimbra Editora, Coimbra, 2000.
– *Direito das Sucessões*, 5ª ed., Coimbra Editora, Coimbra, 2000.
– *Direito Comercial*, vol. I – *Institutos Gerais*, Lições Policopiadas, Lisboa, 1998/99.
– *Direito Comercial*, vol. III – *Títulos de Crédito*, Lições Policopiadas, Lisboa, 1992.

ATHAYDE, AUGUSTO DE – *Curso de Direito Bancário*, vol. I, 2ª ed. (com a colab. de Augusto Albuquerque de Athayde e Duarte de Athayde), Coimbra Editora, Coimbra, 2009.

AZEVEDO, MARIA EDUARDA – *Temas de Direito da Economia*, 3ª ed., Almedina, Coimbra, 2018.

BARROCAS, MANUEL PEREIRA – *Manual de Arbitragem*, 2ª ed., Almedina, Coimbra, 2013.

BORGES, ANTÓNIO / AZEVEDO RODRIGUES / ROGÉRIO RODRIGUES – *Elementos de Contabilidade Geral*, 25ª ed., Áreas Editora, Lisboa, 2010.

BRITO, MARIA HELENA – *Direito do Comércio Internacional*, Almedina, Coimbra, 2004.

BRITO, MIGUEL NOGUEIRA DE – *Introdução ao Estudo do Direito*, AAFDL, Lisboa, 2017.

[843] Também citado apenas como JOSÉ A. ENGRÁCIA ANTUNES ou JOSÉ AUGUSTO ENGRÁCIA ANTUNES.

BRONZE, F. PINTO – *Lições de Introdução ao Direito*, 2ª ed., Coimbra Editora, Coimbra, 2006.

CÂMARA, PAULO – *Manual de Direito dos Valores Mobiliários*, 4ª ed., Almedina, Coimbra, 2018.

CARVALHO, AMÉRICO DA SILVA – *Direito de Marcas*, Coimbra Editora, Coimbra, 2004.

CARVALHO, AMÉRICO TAIPA DE – *Direito Penal – Parte Geral. Questões Fundamentais. Teoria do Crime*, 2ª ed., Coimbra Editora, Coimbra, 2008.

CARVALHO, JORGE MORAIS – *Manual de Direito do Consumo*, 6ª ed., Almedina, Coimbra, 2019.

CARVALHO, PEDRO PITTA E CUNHA NUNES DE – *Direito das Sucessões*, Almedina, Coimbra, 2017.

CASTRO, CARLOS OSÓRIO DE – *Valores mobiliários: conceito e espécies*, 2ª ed., UCP Editora, Porto, 1998.

CAUPERS, JOÃO / VERA EIRÓ – *Introdução ao Direito Administrativo*, 12ª ed., Âncora, Lisboa, 2016.

CHORÃO, MÁRIO BIGOTTE – *Introdução ao Direito*, vol. I – *O conceito de Direito*, Almedina, Coimbra, 1989.

COELHO, FRANCISCO PEREIRA / GUILHERME DE OLIVEIRA – *Curso de Direito da Família*, Vol. I – *Introdução. Direito Matrimonial*, 5ª ed., Imprensa da Universidade de Coimbra, Coimbra, 2016 (reimp. 2018).

COELHO, JOSÉ GABRIEL PINTO – *Lições de Direito Comercial*, vol. I – *Introdução. As relações jurídico-comerciais. Elementos da relação jurídico-comercial*, 3ª ed. (autor), 1957.

– *Lições de Direito Comercial*, vol. II – *As Letras*, 1ª parte, Fasc. I (*Conceito e regime jurídico*), ed. autor, 1955, Fasc. II (*Regime jurídico e saque*), 2ª ed. (autor), 1964, Fasc. III (*Do aceite*), 2ª ed. (autor), 1954, Fasc. IV (*Do endosso*), 2ª ed. (autor), 1955, Fasc. V (*Do aval*), 3ª ed. (autor), 1965, Fasc. VI – *Do vencimento. Do pagamento*, 2ª ed., 1961, Supl. – *Pagamento por intervenção. Direito de regresso. Protesto. Prescrição*, 2ª ed. (autor), 1962.

CONDESSO, FERNANDO REIS – *Direito do Ambiente e Território, Urbanismo e Reabilitação Urbana*, 3ª ed. (com a colaboração de Ricardo Alexandre Azevedo dos Reis Condesso), Almedina, Coimbra, 2018.

CORDEIRO, A. BARRETO MENEZES – *Direito dos Valores Mobiliários*, Almedina, Coimbra, 2015.

CORDEIRO, ANTÓNIO MENEZES – *Direito Bancário*, 6ª ed. (com a colab. de A. Barreto Menezes Cordeiro), Almedina, Coimbra, 2016.

– *Direito Comercial*, 4ª ed. (com a colab. de A. Barreto Menezes Cordeiro), Almedina, Coimbra, 2016.

– *Direito dos Seguros, 2ª ed.*, Almedina, Coimbra, 2016.

– *Direito do Trabalho, I – Direito Europeu, Dogmática Geral, Direito Coletivo*, Almedina, Coimbra, 2019 (publ. em outubro de 2018).

– *Tratado de Direito Civil, I – Introdução. Fontes do Direito. Interpretação da Lei. Aplicação das Leis no Tempo. Doutrina Geral*, 4ª ed., Almedina, Coimbra, 2012 (cit. MENEZES CORDEIRO, *Tratado de Direito Civil I*, 4ª ed., 2012).

– *Tratado de Direito Civil, II – Parte Geral. Negócio Jurídico*, 4ª ed. (com a colab. de A. Barreto Menezes Cordeiro), Almedina, Coimbra, 2014.

– *Tratado de Direito Civil, III – Parte Geral. Coisas (incluindo domínio público, energia, teoria da empresa e tutela dos animais)*, 4ª ed. (com a colab. de A. Barreto Menezes Cordeiro), Almedina, Coimbra, 2019.

– *Tratado de Direito Civil, IV – Parte Geral. Pessoas*, 4ª ed. (com a colab. de A. Barreto Menezes Cordeiro), Almedina, Coimbra, 2017.

– *Tratado de Direito Civil, X – Direito das Obrigações. Garantias* (com a colab. de A. Barreto Menezes Cordeiro), Almedina, Coimbra, 2015.

Correia, António Ferrer – *Lições de Direito Comercial* (Polic.), vol. I – *Parte Geral*, Coimbra, 1973.

– *Lições de Direito Comercial* (Policopiadas), vol. III – *Letra de Câmbio*, 1975.

– *Lições de Direito Internacional Privado I*, Almedina, Coimbra, 2000.

Correia, Fernando Alves – *Manual de Direito do Urbanismo*, vol. I, Almedina, Coimbra, 2001.

Correia, Miguel J. A. Pupo – *Direito Comercial. Direito da Empresa*, 14ª ed. (com a colab. de António José Tomás e Octávio Castelo Paulo), Ediforum, Lisboa, 2018.

Corte-Real, Carlos Pamplona – *Curso de Direito das Sucessões*, Quid Juris, Lisboa, 2012.

Costa, Mário Júlio de Almeida – *Noções Fundamentais de Direito Civil*, 7ª ed. (com a colaboração de António Alberto Vieira Cura), Almedina, Coimbra, 2018.

– *Direito das Obrigações*, 12ª ed., Almedina, Coimbra, 2009.

Costa, José de Faria – *Direito Penal*, Imprensa Nacional-Casa da Moeda, Lisboa, 2017.

Cunha, Carolina – *Manual de Letras e Livranças*, Almedina, Coimbra, 2015.

Cunha, Paulo – *Teoria Geral do Direito Civil* (Lições Policopiadas), Serviços Sociais da Universidade de Lisboa, 1971-72.

Cunha, Paulo Olavo – *Lições de Direito Comercial*, Almedina, Coimbra, 2010.

– *Direito Comercial e do Mercado*, 2ª ed., Almedina, Coimbra, 2018.

– *Direito das Sociedades Comerciais*, 7ª ed., Almedina, Coimbra, 2019 (tb. 5ª ed., 2012).

Cura, António Alberto Vieira – *Curso de Organização Judiciária, 2ª ed.*, Coimbra Editora, Coimbra, 2014.

– Vd. também Costa, Mário Júlio de Almeida.

Dias, Cristina Araújo – *Lições de Direito das Sucessões*, 7ª ed., Almedina, Coimbra, 2019.

Dias, Jorge de Figueiredo – *Direito Penal – Parte Geral*, Tomo I, *Questões Fundamentais, A doutrina geral do crime*, 3ª ed. (com a colab. de Maria João Antunes, Susana Aires de Sousa, Nuno Brandão e Sónia Fidalgo), Gestlegal, Coimbra, 2019.

Dias, Augusto Silva – *Direito das Contra-Ordenações*, Almedina, Coimbra, 2018.

Duarte, Maria Luísa – *União Europeia. Estática e dinâmica da ordem jurídica Euro-comunitária*, vol. I, Almedina, Coimbra, 2011.

– *Direito Internacional Público e a Ordem Jurídica Global do Século XXI*, Coimbra Editora, Coimbra, 2014.

Duarte, Rui Pinto – *Curso de Direitos Reais*, 3ª ed., Principia, Parede, 2013.

Eiró, Pedro – *Noções Elementares de Direito*, Verbo, 1997 (cit. Pedro Eiró, *Noções Elementares*, 1997).

Epifânio, Maria do Rosário – *Manual de Direito da Insolvência*, 7ª ed., Almedina, Coimbra, 2019.

Estorninho, Maria João / Tiago Macieirinha –*Direito da Saúde*, UCE, Lisboa, 2014.

Fernandes, António Monteiro Fernandes, *Direito do Trabalho*, 19ª ed., Almedina, Coimbra, 2019.

Fernandes, Luís Carvalho – *Teoria Geral do Direito Civil I – Introdução. Pressupostos da relação jurídica*, 6ª ed., Universidade Católica Editora, Lisboa, 2012.

– *Teoria Geral do Direito Civil II – Fontes, Conteúdo e Garantia da Relação Jurídica*, 5ª ed., Universidade Católica Editora, Lisboa, 2010.

– *Lições de Direitos Reais*, 6ª ed., Quid Juris, Lisboa, 2009.

– *Lições de Direito das Sucessões*, 4ª ed., Quid Juris, Lisboa, 2012.

Ferreira, Amadeu José – *Direito dos Valores Mobiliários*, AAFDL, Lisboa, 1997.

Ferreira, António Pedro A. – *Direito Bancário*, 2ª ed., Quid Juris, Lisboa, 2009.

Ferreira, Eduardo Paz – *Direito da Economia*, AAFDL, Lisboa, 2001.

Ferreira, Manuel Cavaleiro de – *Lições de Direito Penal, Parte Geral*, I – *A Lei Penal e a Teoria do Crime no Código Penal de 1982*, 4ª ed., Almedina, Coimbra, 1992.

Frade, Catarina – vd. AA.VV. ou Marques, Maria Manuel Leitão.

Freitas, Lourenço Vilhena de – *Direito Administrativo da Energia*, 2ª ed. (com a colab. de João Sequeira Sena e Leonor Catela), AAFDL Editora, Lisboa, 2019.

Furtado, Jorge Pinto – *Títulos de Crédito*. Letra. Livrança. Cheque, 2ª ed., Almedina, Coimbra, 2015.

– *Curso de Direito das Sociedades*, 5ª ed., Almedina, Coimbra, 2004.

– *Manual do Arrendamento Urbano*, vol. II, 5ª ed., Almedina, Coimbra, 2011.

Gomes, Carla Amado – *Introdução ao Direito do Ambiente*, 4ª ed., AAFDL, Lisboa, 2018.

Gomes, José Ferreira / Diogo Costa Gonçalves – *Manual de sociedades abertas e de sociedades cotadas*, vol. I, AAFDL Editora, Lisboa, 2018.

Gomes, José Luís Caramelo – *Lições de Direito da* Concorrência, Almedina, Coimbra, 2010.

Gomes, Fátima – *Direito Comercial. Noções Gerais e Regimes Complementares*, 2ª ed., Universidade Católica Editora, Lisboa, 2017.

Gonçalves, Luís Couto – *Manual de Direito Industrial*, 8ª ed., Almedina, Coimbra, 2019.

Gonçalves, Pedro da Costa – *Direito das Telecomunicações*, Almedina, Coimbra, 1999.

– *Manual de Direito Administrativo*, vol. 1, Almedina, Coimbra, 2019.

Gorjão-Henriques, Miguel – *Direito da União. História, Direito, Cidadania, Mercado interno e Concorrência*, 9ª ed., Almedina, Coimbra, 2019.

Gouveia, Jorge Bacelar de – *Manual de Direito Internacional Público. Uma perspetiva de língua portuguesa*, 5ª ed., Almedina, Coimbra, 2017 (reimp. 2019).

Gouveia, Mariana França – *Curso de Resolução Alternativa de Litígios*, Almedina, Coimbra, 2011.

Justo, A. Santos – *ntrodução ao Estudo do Direito*, 10ª ed., Coimbra Editora, Coimbra, 2019 (cit. Santos Justo, *Introdução*, 10ª ed., 2019).

– *Direitos Reais*, 6ª ed., Coimbra Editora, Coimbra, 2019.

Leitão, Luís Manuel Teles de Menezes – *Direito de Autor*, Almedina, Coimbra, 2011.

– *Direito da Insolvência*, 8ª ed., Almedina, Coimbra, 2018.

– *Direito do Trabalho*, 6ª ed., Almedina, Coimbra, 2019.

– *Direitos Reais*, 8ª ed., Almedina, Coimbra, 2019.
– *Garantias das Obrigações*, 5ª ed., Almedina, Coimbra, 2016.

LOPES, JOAQUIM DE SEABRA – *Direito dos Registos e do Notariado*, 10ª ed., Almedina, Coimbra, 2019.

MACHADO, JOÃO BAPTISTA – *Introdução ao Direito e ao Discurso Legitimador*, Almedina, Coimbra, 1983.

MACHADO, JÓNATAS E. M. – *Direito da União Europeia*, 3ª ed., Gestlegal, Coimbra, 2018.

MARQUES, JOSÉ DIAS – *Noções Elementares de Direito Civil*, 7ª ed. (com a colab. de Paulo de Almeida), ed. autor, 1992.

MARQUES, MARIA MANUEL LEITÃO / JOÃO PAULO SIMÕES DE ALMEIDA / ANDRÉ MATOS FORTE – *Concorrência e Regulação*, FDC, Coimbra Editora, Coimbra, 2005.

MARQUES, MARIA MANUEL LEITÃO / MARIA ELISABETE RAMOS / CATARINA FRADE / JOÃO PEDROSO – *Manual de Introdução ao Direito. Saber Direito para entender o Mercado*, 2ª ed., Almedina, Coimbra, 2017 (cit. AA.VV., *Manual de Introdução ao Direito*, 2ª ed., 2017) (vd. também AA.VV.).

MARQUES, MÁRIO REIS – *Introdução ao Direito*, vol. I, 2ª ed., Almedina, Coimbra, 2007.

MARQUES, REMÉDIO, J. P. – *Direito Comercial*, Reproset, Coimbra, 1995.
– *Acção Declarativa à luz do Código Revisto*, 2ª ed., Coimbra Editora, Coimbra, 2009.

MARTINEZ, PEDRO ROMANO – *Contratos Comerciais*, Principia, Lisboa, 2001.
– *Direito do Trabalho*, 7ª ed., Almedina, Coimbra, 2019.

MARTINS, ALEXANDRE DE SOVERAL – *Títulos de Crédito e Valores Mobiliários*, Parte I – *Títulos de Crédito*, vol. I, Almedina, Coimbra, 2008.
– *Títulos de Crédito e Valores Mobiliários*, Parte II – *Valores Mobiliários*, vol. I – *As Ações, Almedina, Coimbra, 2018.*
– *Um Curso de Direito da Insolvência*, 2ª ed., Almedina, Coimbra, 2016.

MARTINS, MARIA D'OLIVEIRA – *Lições de Finanças Públicas e Direito Financeiro*, 4ª ed., Almedina, Coimbra, 2019.

MATIAS, ARMINDO SARAIVA – *Direito Bancário*, Coimbra Editora, Coimbra, 1998.

MELO, ALBERTO DE SÁ E – *Manual de Direito de Autor e Direitos Conexos*, 3ª ed., Almedina, Coimbra, 2019.

MENDES, JOÃO DE CASTRO – *Introdução ao Estudo do Direito*, Danúbio, Lisboa, 1984 (existe 3ª ed. póstuma rev. por Miguel Teixeira de Sosa e Diogo Costa Gonçalves, Lisboa, 2010).

MIRANDA, JORGE – *Manual de Direito Constitucional, Tomo I – Preliminares. O Estado e os Sistemas Constitucionais*, 8ª ed., Coimbra Editora, Coimbra, 2009.
– *Curso de Direito Internacional Público*, 6ª ed., Principia, Cascais, 2016.
– *Curso de Direito Constitucional*, vol. 1 – *Estado e constitucionalismo. Constituição. Direitos Fundamentais*, UCE, Lisboa, 2016.

MONCADA, LUÍS S. CABRAL DE – *Direito Económico*, 7ª ed., Almedina, Coimbra, 2018.

MONTEIRO, ANTÓNIO PEDRO PINTO / ARTUR FLAMÍNIO DA SILVA / DANIELA MIRANTE – *Manual de Arbitragem*, Almedina, Coimbra, 2019.

MORAIS, LUÍS SILVA / NUNO CUNHA RODRIGUES / PAULO ALVES PARDAL – *Direito da Economia*, vol. I, AAFDL, Lisboa, 2014.

Nabais, José Casalta – *Direito Fiscal,* 11ª ed., Almedina, Coimbra, 2019.

Olavo, Carlos – *Propriedade Industrial,* vol. I – *Sinais distintivos do comércio. Concorrência desleal,* 2ª ed., Almedina, Coimbra, 2005.

Olavo, Fernando – *Direito Comercial,* vol. I, 2ª ed., Coimbra Editora, Coimbra, 1978.
- *Direito Comercial,* vol. II, 2ª Parte (*Títulos de Crédito em Geral*), 2ª ed., Coimbra Editora, Coimbra, 1978.
- *Direito Comercial,* vol. II (texto policopiado), Lisboa, 1963, p. 17.

Oliveira, Ana Perestrelo de –*Manual de* Corporate Finance, 2ª ed., Almedina, Coimbra, 2015.
- *Manual de Grupos de Sociedades,* Almedina, Coimbra, 2016.
- *Manual de Governo das Sociedades,* Almedina, Coimbra, 2017.

Otero, Paulo – *Lições de Introdução ao Estudo do Direito,* I vol., 1º t., Lisboa, 1998.
- *Manual de Direito Administrativo,* vol. I, Almedina, Coimbra, 2013.

Patrício, José Simões – *Direito Bancário Privado,* Quid Juris, Lisboa, 2004.

Patrício, Manuela – *Direito do Turismo e Alojamento Turístico,* Almedina, Coimbra, 2016.

Pedroso, João – vd. AA.VV. ou Marques, Maria Manuel Leitão.

Pereira, Alexandre Libório Dias – *Direito Comercial das Empresas. Apontamentos Teórico-Práticos,* 2ª ed., Editorial Juruá, Lisboa, 2015.

Pereira, André Gonçalves / Fausto de Quadros – *Manual de Direito Internacional Público,* 3ª ed., Almedina, Coimbra, 1993.

Pereira, António Pinto – *Princípios Gerais de Direito,* Coimbra Editora, Coimbra, 2013.

Pereira, Manuel das Neves – *Introdução ao Direito e às Obrigações,* 6ª ed., Almedina, Coimbra, 2019.

Pereira, Maria Margarida da Silva – *Direito da Família,* 3ª ed., AAFDL Editora, Lisboa, 2019.

Pinheiro, Jorge Duarte – *O Direito da Família Contemporâneo,* 6ª ed., AAFDL, Lisboa, 2018 (reimp. 2019).

Pinheiro, Luís de Lima – *Direito Comercial Internacional,* Almedina, Coimbra, 2005.
- *Direito Internacional Privado,* vol. I – *Introdução e Direito de Conflitos. Parte Geral,* 3ª ed., Almedina, Coimbra, 2014 (reimp. 2019).

Pires, José Maria – *Direito Bancário,* 2º vol., *As operações bancárias,* Rei dos Livros, Lisboa, s/d (mas depósito legal de 1995).

Pinto, Carlos Alberto da Mota – *Teoria Geral do Direito Civil,* 4ª ed. (por António Pinto Monteiro e Paulo Mota Pinto), Coimbra Editora, Coimbra, 2005.

Pires, Manuel / Rita Calçada Pires – *Manual de Direito Fiscal,* 5ª ed., Almedina, Coimbra, 2012.

Pita, Manuel António – *Curso Elementar de Direito Comercial,* 4ª edição, Áreas Editora, Lisboa, 2018 (cit. Manuel António Pita, *Curso Elementar* cit., 2018).

Ramalho, Maria do Rosário Palma – *Tratado de Direito do Trabalho,* Parte I – *Dogmática geral,* Almedina, Coimbra, 3ª ed., 2012.
- *Tratado de Direito do Trabalho,* Parte II – *Situações Laborais Individuais,* 7ª ed., Almedina, Coimbra, 2019.
- *Tratado de Direito do Trabalho,* Parte III – *Situações Laborais Colectivas,* Almedina, Coimbra, 2012.

Ramirez, Paulo – *Direito Comercial*, 2ªed., Almedina, Coimbra, 2019.

Ramos, Maria Elisabete – *Direito Comercial e das Sociedades*, Almedina, Coimbra, 2018.
– vd. AA.VV. ou Marques, Maria Manuel Leitão.

Ribeiro, Gonçalo de Almeida / Patrícia Fragoso Martins / Pedro Garcia Marques – *Método do Caso. Uma introdução ao Direito*, 4ª ed., Universidade Católica Editora, Lisboa, 2018.

Ribeiro, Manuel de Almeida – *Introdução ao Direito para as Ciências Sociais*, Almedina, Coimbra, 2013.

Rocha, Joaquim Freitas da – *Direito da Despesa Pública*, Almedina, Coimbra, 2019.

Sanches, J. L. Saldanha – *Manual de Direito Fiscal*, 3ª ed., Coimbra Editora, Coimbra, 2007.

Santos, António Carlos / Maria Eduarda Gonçalves / Maria Manuel Leitão Marques – *Direito Económico*, 6ª ed., Almedina, Coimbra, 2012 (cit. Santos/Gonçalves/Leitão Marques, *Direito Económico*, 2012).

Santos, Filipe Cassiano dos – *Direito Comercial Português*, vol. I, *Dos actos de comércio às empresas: o regime dos contratos e mecanismos comerciais no Direito Português*, Coimbra Editora, Coimbra, 2007.

Saraiva, Rute – *Direito dos Mercados Financeiros*, AAFDL, Lisboa, 2013.

Sendin, Paulo – *Curso de Sociedades Comerciais* (Policopiado), Lisboa, 1984.

Serra, Catarina – *Direito comercial. Noções fundamentais*, Coimbra Editora, Coimbra, 2009.
– *Lições de Direito da Insolvência*, Almedina, Coimbra, 2018.

Silva, Germano Marques da – *Introdução ao Estudo do Direito*, 5ª ed., Universidade Católica Editora, Lisboa, 2015.
– *Direito Penal*, I, 3ª ed., Verbo, Lisboa, 2010.
– *Direito Processual Penal Português, vol. I – Noções e princípios gerais, sujeitos processuais, responsabilidade civil conexa com a criminal e objeto do processo*, 2ª ed., UCE, Lisboa, 2017.

Silva, João Calvão da – *Direito Bancário*, Almedina, Coimbra, 2001.
– *Banca, Bolsa e Seguros. Direito Europeu e Português*, Tomo I – *Parte Geral*, 5ª ed., Almedina, Coimbra, 2017.

Silva, Jorge Pereira da – *Direitos Fundamentais. Teoria Geral*, UCE, Lisboa, 2018.

Silva, Pedro Sousa e – *Direito Industrial. Noções Fundamentais*, 2ª ed., Almedina, Coimbra, 2019.

Silva, Suzana Tavares da – *Direito da Energia*, Coimbra Editora, Coimbra, 2011.

Silva, Vasco Pereira da – *Verde Cor de Direito. Lições de Direito do Ambiente*, Almedina, Coimbra, 2002.
– *O contencioso administrativo no divã da psicanálise. Ensaio sobre as acções no novo processo administrativo*, 2ª ed., Almedina, Coimbra, 2009.

Sousa, Miguel Teixeira de – *Introdução ao Direito*, Almedina, Coimbra, 2012.

Tavares, José – *Sociedades e Empresas Comerciais*, Coimbra, 1924.

Telles, Inocêncio Galvão – *Introdução ao Estudo do Direito*, vol. I, 11ª ed., Coimbra Editora, Coimbra, 2001 (cit. Galvão Telles, *Introdução* I cit., 2001), vol. II, 10ª ed., Coimbra Editora, Coimbra, 2001 (cit. Galvão Telles, *Introdução* II, cit., 2001).

– *Direito das Obrigações*, 7ª ed., Coimbra Editora, Coimbra, 1997.
– *Manual dos Contratos em Geral*, 4ª ed., Coimbra Editora, Coimbra, 2002.
VARELA, JOÃO DE MATOS ANTUNES – *Das Obrigações em Geral*, vols. I, 10ª ed., vol. II, 7ª ed., Almedina, Coimbra, 2000, 1997.
— / J. MIGUEL BEZERRA / SAMPAIO E NORA – *Manual de Processo Civil*, 2ª ed., Coimbra Editora, Coimbra, 1985.
VASCONCELOS, L. MIGUEL PESTANA DE – *Direito das Garantias*, 3ª ed., Almedina, Coimbra, 2019.
– *Direito Bancário*, 2ª ed., Almedina, Coimbra, 2019.
VASCONCELOS, PEDRO PAIS DE – *Direito Comercial. Títulos de Crédito*, Lisboa, 1989.
– *Manual de Direito Comercial*, Almedina, Coimbra, 2011.
— / PEDRO LEITÃO PAIS DE VASCONCELOS – *Teoria Geral do Direito Civil*, 9ª ed., Almedina, Coimbra, 2019.
VASQUES, SÉRGIO – *Manual de Direito Fiscal*, 2ª ed., Almedina, Coimbra, 2018 (reimp. 2019).
VIEIRA, JOSÉ ALBERTO – *Direitos Reais*, 2ª ed., Almedina, Coimbra, 2018.
XAVIER, BERNARDO DA GAMA LOBO – *Direito do Trabalho*, 3ª ed. (com a colab. de P. Furtado Martins, A. Nunes de Carvalho, Joana Vasconcelos e Tatiana Guerra de Almeida), Verbo, Lisboa, 2018.

II) COMENTÁRIOS, DICIONÁRIOS E LEGISLAÇÃO ANOTADA

AA.VV. – *Código Cooperativo Anotado*, coord. por Deolinda Meira e Maria Elisabete Ramos, Almedina, Coimbra, 2018.
– *Código das Sociedades Comerciais em Comentário*, vol. I (Artigos 1º a 84º), 2ª ed. coord. por COUTINHO DE ABREU, Almedina, Coimbra, 2017.
– *Código das Sociedades Comerciais em Comentário*, vol. III (Artigos 175º a 245º), 2ª ed. coord. por COUTINHO DE ABREU, Almedina, Coimbra, 2016.
– *Código das Sociedades Comerciais em Comentário*, vol. IV (Artigos 246º a 270º-G), 2ª ed. coord. por COUTINHO DE ABREU, Almedina, Coimbra, 2017.
– *Código das Sociedades Comerciais em Comentário*, vol. V (Artigos 271º a 372º-B), 2ª ed. coord. por COUTINHO DE ABREU, Almedina, Coimbra, 2018.
– *Código das Sociedades Comerciais em Comentário*, vol. VI (Artigos 373º-480º), 2ª ed. coord. por COUTINHO DE ABREU, Almedina, Coimbra, 2019.
– *Código do Trabalho Anotado* (por Pedro Romano Martinez, Luís Miguel Monteiro, Joana Vasconcelos, Pedro Madeira de Brito, Guilherme Dray e Luís Gonçalves da Silva), 9ª ed., Almedina, 2013.
– *Jurisprudência Cooperativa Comentada*, coord. Deolinda Aparício Meira, INCM, Lisboa, 2012.
– *Lei da Concorrência – Comentário Conimbricense* (coord. por Manuel Lopes Porto, José Luís da Cruz Vilaça, Carolina Cunha, Miguel Gorjão-Henriques, Gonçalo Anastácio, e dir. por Miguel Gorjão-Henriques), Almedina, Coimbra, 2ª ed., 2017 (cit. AA.VV., *Lei da Concorrência – Comentário Conimbricense*, 2017).

– *Lei do Contrato de Seguro Anotada* (Pedro Romano Martinez/Leonor Cunha Torres/ Arnaldo da Costa Oliveira/Maria Eduarda Ribeiro/José Pereira Morgado/José Vasques/José Alves de Brito), Almedina, Coimbra, 2009 (existe 3ª ed., 2016).

Albuquerque, Paulo Pinto de – *Comentário do Código Penal à luz da Constituição da República e da Convenção Europeia dos Direitos do Homem*, 3ª ed., UCE, Lisboa, 2015.

– *Comentário do Código de Processo Penal à luz da Constituição da República e da Convenção Europeia dos Direitos do Homem*, 4ª ed., UCE, Lisboa, 2011.

Alves, Francisco Luís F. Ribeiro – *O Novo Regime Jurídico da Distribuição de Seguros*, Almedina, Coimbra, 2019.

Anthero, Adriano – *Comentário ao Código Comercial Portuguez*, vol. I, Porto, 1913.

Antunes, Ana Filipa Morais – *Comentário aos artigos 70º a 81º do Código Civil (Direitos de personalidade)*, Universidade Católica Editora, Lisboa, 2012.

Azevedo, Maria Eduarda – *Direito da Regulação da Economia*, Quid Juris, Lisboa, 2017.

Barata, Carlos Lacerda – *Anotações ao novo regime do contrato de agência*, LEX, Lisboa, 1994.

Barros, José Manuel de Araújo – *Cláusulas Contratuais Gerais. DL Nº 446/85 – Anotado. Recolha Jurisprudencial*, Wolters Kluwer/Coimbra Editora, Coimbra, 2010.

Canotilho, J. J. Gomes / Vital Moreira, *Constituição da República Portuguesa Anotada*, Vol. I, 4ª ed., Coimbra Editora, Coimbra, 2007.

Carvalho, Jorge Morais / João Pedro Pinto-Ferreira – *Contratos Celebrados à Distância e Fora do Estabelecimento Comercial. Anotação ao Decreto-Lei Nº 24/2014, de 14 de fevereiro*, Almedina, Coimbra, 2014.

Costa, Adalberto – *O novo regime jurídico da concorrência*, Vida Económica, Porto, 2014.

– *As práticas individuais restritivas do comércio*, Vida Económica, Porto, 2014.

Costa, Salvador da – *Regulamento da Organização do Sistema Judiciário e Organização e Funcionamento dos Tribunais Judiciais* (Anotado), Almedina, Coimbra, 2014.

— / Rita Costa – *Lei da Organização do Sistema Judiciário Anotada*, Almedina, Coimbra, 2013.

Fernandes, Luís A. Carvalho / João Labareda – *Código da Insolvência e da Recuperação de Empresas Anotado*, 3ª ed., Quid Juris, Lisboa, 2015.

Furtado, J. Pinto – *Disposições Gerais do Código Comercial*, Almedina, Coimbra, 1984.

Gonçalves, Luiz da Cunha – *Comentário ao Código Comercial Português*, vol. I, José Bastos, Lisboa, 1914.

Martins, Luís M. – *Processo de insolvência*, 3ª ed., Almedina, Coimbra, 2013.

Miranda, Jorge / Rui Medeiros – *Constituição Portuguesa Anotada*, Tomo I, 2ª ed., Coimbra Editora, Coimbra, 2010.

Monteiro, António Pinto – *Contrato de agência. Anotação ao Decreto-Lei nº 178/86*, 7ª ed., Almedina, Coimbra, 2010.

Neto, Abílio – *Código Comercial e Contratos Comerciais Anotado*, Ediforum, Lisboa, 2008.

Prata, Ana – *Contratos de Adesão e Cláusulas Contratuais Gerais. Anotação ao Decreto-Lei nº 446/85, de 25 de Outubro*, Almedina, Coimbra, 2010.

Triunfante, Armando – *Código das Sociedades Comerciais Anotado*, Coimbra Editora, Coimbra, 2007.

III) MONOGRAFIAS, ESTUDOS E ANOTAÇÕES

AA.VV. – *O Comércio Electrónico. Estudos Jurídico-Económicos*, coord. por Glória Teixeira, Almedina, Coimbra, 2002.

– *Novo Direito da Insolvência, Themis – RFDUNL* (Edição Especial), 2005.

– *Ciclo de Conferências sobre a Lei da Insolvência*, publicado na revista *DJ*, vol. XIX, T. II, 2005, pp. 159-302.

– *Regulação em Portugal: Novos Tempos, novo modelo?*, coord. de Eduardo Paz Ferreira, Luís Silva Morais e Gonçalo Anastácio, Almedina, Coimbra, 2009.

– *I Congresso de Direito do Consumo* (coord. Jorge Morais de Carvalho), Almedina, Coimbra, 2016.

Abreu, Jorge Coutinho de – *Da empresarialidade (As empresas no Direito)*, Almedina, Coimbra, 1996.

– «Suprimentos», AA.VV., *Estudos em Homenagem ao Prof. Doutor Raúl Ventura*, vol. II, Faculdade de Direito da Universidade de Lisboa, 2003 (pp. 71-80).

– *Responsabilidade civil dos administradores de sociedades*, IDET / Cadernos nº 5 / Almedina, 2007.

– «Recuperação de empresas em Processo de Insolvência», AAVV, *Ars Ivdicandi – Estudos em Homenagem ao Prof. Doutor António Castanheira Neves*, vol. II: Direito Privado, org. por Jorge de Figueiredo Dias, José Joaquim Gomes Canotilho e José de Faria Costa, Coimbra Editora, Coimbra, 2008 (pp. 9-29).

– *Governação das Sociedades Comerciais*, 2ª ed., Almedina, Coimbra, 2010.

– «As Novíssimas Empresas Públicas (Segundo o DL 133/2013)», AA.VV., *Homenagem ao Prof. Doutor António José de Avelãs Nunes* (org. por Luís Pedro Cunha, José Manuel Quelhas e Teresa Almeida), *Boletim de Ciências Económicas da Faculdade de Direito da Universidade de Coimbra*, vol. LVII, t. I, Coimbra, pp. 45-67.

– «Corrupção privada, bom governo, transparência e responsabilidade social das empresas (nótulas interrogativas)», *Colecção Estudos Instituto do Conhecimento AB*, Nº 4 – Estudos comemorativos dos 20 anos da Abreu Advogados, Almedina/ /Abreu Advogados, Coimbra, 2015, pp. 389-393.

— / Maria Elisabete Ramos – «Responsabilidade civil de administradores e de sócios controladores», AA.VV., *Miscelâneas*, nº 3, IDET, Almedina, 2004, pp. 9-55.

Afonso, Ana Isabel da Costa – *Os contratos de instalação de lojistas em Centros Comerciais. Qualificação e regime jurídico*, Publicações Universidade Católica, Porto, 2003.

– «Contrato de utilização de loja em centro comercial», *DJ*, vol. XIX, T. II, 2005 (pp. 49-68).

Aguiar, Adelino Lopes – *O dinheiro de plástico. Cartões de crédito e de débito. Novos meios de pagamento*, Rei dos Livros, Lisboa, s/d (mas dep. legal de 1990).

Albuquerque, Pedro de – «Declaração da situação de insolvência», *O Direito*, ano 137, vol. III, 2005, pp. 507-525.

Almeida, Alberto Ribeiro de – *A Autonomia Jurídica da Denominação de Origem. Uma perspectiva transnacional. Uma garantia de qualidade*, Wolters Kluwer/Coimbra Editora, Coimbra, 2010.

– «Logótipos (ou das imperfeições de um legislador)», *RDI*, nº 2, 2017, pp. 37-59.

ALMEIDA, ANTÓNIO PEREIRA DE – «Instrumentos financeiros: os *swaps*», AA.VV., *Estudos em Homenagem ao Professor Doutor Carlos Ferreira de* Almeida, vol. II (coord. José Lebre de Freitas, Rui Pinto Duarte, Assunção Cristas, Vítor Pereira das Neves e Maria Tavares de Almeida), Almedina, Coimbra, 2011, pp. 37-69.

– «A Business Judgment Rule», AA.VV., *I Congresso Direito das Sociedades em Revista*, Almedina, Lisboa, 2011, pp. 359-372.

ALMEIDA, CARLOS FERREIRA DE – *Desmaterialização dos títulos de crédito: valores mobiliários escriturais*, sep. da *RB*, nº 26 (pp. 23-39), 1993.

– «Valores mobiliários: o papel e o computador», AA.VV., *Nos 20 anos do Código das Sociedades Comerciais. Homenagem aos Profs. Doutores A. Ferrer Correia, Orlando de Carvalho e Vasco Lobo Xavier*, vol. I – *Congresso Empresas e Sociedades*, Coimbra Editora, Coimbra, 2007, pp. 621-629.

– «O futuro do Direito do Consumo», *AA.VV., I Congresso de Direito do Consumo*, Almedina, Coimbra, 2016, pp. 27-34.

ALVES, HUGO RAMOS – *Do Mandato de Crédito*, Almedina, Coimbra, 2007.

– *Do Penhor*, Almedina, Coimbra, 2010.

ALVES, PAULA RIBEIRO – *Estudos de Direito dos Seguros. Intermediação de Seguros e Seguro de Grupo*, Almedina, Coimbra, 2007.

– *Contrato de Seguro à Distância: o contrato electrónico*, Almedina, Coimbra, 2009.

AMADO, JOÃO LEAL – «Microempresa e Direito do Trabalho: o dilema dimensional», AA.VV., *Nos 20 anos do Código das Sociedades Comerciais. Homenagem aos Profs. Doutores A. Ferrer Correia, Orlando de Carvalho e Vasco Lobo Xavier*, vol. I – *Congresso Empresas e Sociedades*, Coimbra Editora, Coimbra, 2007, pp. 399-414.

AMORIM, ANA CLARA AZEVEDO DE – *Manual de Direito da Publicidade*, Petrony, Lisboa, 2018.

ANASTÁCIO, CATARINA MARTINS DA SILVA GENTIL – *A transferência bancária*, Almedina, Coimbra, 2004.

ANTUNES, HENRIQUE SOUSA – *Comentário aos artigos 185º a 94º do Código Civil: Fundações*, Universidade Católica Editora, Lisboa, 2014.

ANTUNES, JOSÉ AUGUSTO ENGRÁCIA – *Contratos Comerciais. Noções Fundamentais*, Direito e Justiça, volume especial, 2007.

– «Cobertura de prejuízos sociais transitados e reserva de prémio de emissão», AA.VV., *Ars Ivdicandi – Estudos em Homenagem ao Prof. Doutor António Castanheira Neves*, vol. II: *Direito Privado*, org. por Jorge de Figueiredo Dias, José Joaquim Gomes Canotilho e José de Faria Costa, Coimbra Editora, Coimbra, 2008 (pp. 65-85).

– «O regime jurídico dos actos de comércio», *Themis*, ano IX, nº 17, 2009 (pp. 19-60).

– «O estatuto jurídico de comerciante», *Colecção Estudos Instituto do Conhecimento AB*, Nº 4 – Estudos comemorativos dos 20 anos da Abreu Advogados, Almedina/ /Abreu Advogados, Coimbra, 2015 (pp. 413-442).

– «O Direito da Publicidade. Breve introdução», sep. do *BFDUC*, vol. XCIII, t. II, Coimbra, 2017, pp. 771-848.

– *Direito da Contabilidade. Uma introdução*, Almedina, Coimbra, 2018.

ANTUNES, JOSÉ MANUEL OLIVEIRA / JOSÉ ANTÓNIO COSTA MANSO – *Relações internacionais e transferência de tecnologia. O contrato de licença*, Almedina, Coimbra, 1993.

ASCENSÃO, JOSÉ DE OLIVEIRA – «As acções», AA.VV., *Direito dos Valores Mobiliários*, vol. II, Instituto dos Valores Mobiliários/Coimbra Editora, Lisboa, 2000 (pp. 57-90).

– *«Direito Autoral e Direito do Consumidor», AA.VV., I Congresso de Direito do Consumo*, Almedina, Coimbra, 2016, pp. 35-38.

BANDEIRA, PAULO – «A independência dos auditores de sociedades cotadas», *RDS*, ano III, nº 2, 2011 (pp. 301-334).

BAPTISTA, CRISTINA PAULA CASAL – *As Fundações no Direito Português*, Almedina, Coimbra, 2006, e 2ª ed., 2016.

BARATA, CARLOS LACERDA – *Sobre o contrato de agência*, Almedina, Coimbra, 1991.

– «Contrato de Depósito Bancário», AA.VV., *Estudos em Homenagem ao Prof. Doutor Inocêncio Galvão Telles*, vol. II – *Direito Bancário*, Almedina, Coimbra, 2002 (pp. 7-66).

– «Contratos celebrados fora do estabelecimento comercial», *RDC*, ano I, Nº 4, 2016, pp. 861-916.

BARBOSA, NUNO – *Competência das assembleias de Obrigacionistas*, Almedina, Coimbra, 2002.

BARREIROS, FILIPE – *Responsabilidade Civil dos Administradores: os Deveres Gerais e a* Corporate Governance, Almedina, Coimbra, 2010.

BASTOS, NUNO MANUEL CASTELLO-BRANCO – *Direito dos Transportes*, IDET/Cadernos/ Nº 2, Almedina, Coimbra, 2004.

BATALHÃO, CARLOS JOSÉ – *Empresas Municipais, S.A. ("S" de Sociedades, "A" de Anómalas) e a aplicação do CIRE*, AEDRL – Associação de Estudos de Direito Regional e Local, Braga, 2015.

BRANCO, LUÍS – «Conta corrente bancária. Da sua estrutura, natureza e regime jurídico», *RB*, nº 39, 1996 (pp. 35-85).

BRITO, MARIA HELENA – *O contrato de concessão comercial*, Almedina, Coimbra, 1990.

BUONAURA, VINCENZO CALANDRA – «Responsabilità sociale dell'impresa e doveri degli amministratori», *Giurisprudenza Commerciale*, nº 38.4, 2011, pp. 526-548.

CABRAL, JOÃO MIGUEL SANTOS – «O administrador de facto no ordenamento jurídico português», *RCEJ*, nº 10, 2008 (pp. 109-164).

CABRAL, NAZARÉ DA COSTA – *As Parcerias Público-Privadas*, Cadernos IDEF | Nº 9, Almedina, Coimbra, 2009.

CALHEIROS, MARIA CLARA – *O contrato de Swap*, Coimbra Editora, Coimbra, 2000.

CAMANHO, PAULA PONCES – *Do contrato de depósito bancário*, Almedina, Coimbra, 1998.

CÂMARA, PAULO – «Os Modelos de Governo das Sociedades Anónimas», AA.VV., *Reformas do Código das Sociedades*, IDET, Colóquios nº 3, Almedina Coimbra, 2007 (pp. 179-242).

– «Regulação e Valores Mobiliários», AA.VV., *Regulação em Portugal* cit., 2009 (pp. 127-186).

CARVALHO, AMÉRICO DA SILVA CARVALHO, *Direito de Marcas*, Coimbra Editora, Coimbra, 2004.

Carvalho, Maria Miguel Rocha Morais de – *Merchandising de Marcas (A comercialização do valor sugestivo das marcas)*, Almedina, Coimbra, 2003.

– «O Novo Regime Jurídico do Capital Social das Sociedades por Quotas», AA.VV., *Capital Social Livre e Acções sem Valor Nominal,* Almedina, Coimbra, 2011 (pp. 9-35).

– «Os direitos privativos industriais», AA.VV., *Questões de Direito Comercial no Brasil e em Portugal* (coord. Fábio Ulhoa Coelho e Maria de Fátima Ribeiro), Saraiva, São Paulo, 2014, pp. 137-170.

– «Ser ou não ser marca de prestígio – Eis a questão (Anot. ao Acórdão do Tribunal da Relação de Lisboa sw 29.4.2014, Apelação 584/06)», *CDP* nº 47, 2014, pp. 56-65 (em especial pp. 59-65).

– «O novo regime jurídico da marca da união europeia», *RDI,* nº 01, 2017, pp. 149-173.

– «A nova Diretiva europeia sobre marcas e a sua transposição para a ordem jurídica portuguesa», *RDI,* nº 02, 2017, pp. 89-122.

– «A transposição da Diretiva sobre marcas no projecto do Código da Propriedade Industrial», *RDI,* nº 2, 2018, pp. 125-180.

Carvalho, Orlando de – *Critério e estrutura do estabelecimento comercial,* Atlântida Editora, Coimbra, 1967.

Castelo, Higina Orvalho – *O contrato de mediação,* Almedina, Coimbra, 2014.

Coelho, José Gabriel Pinto – «Estudo sobre as acções de sociedades anónimas», *RLJ,* anos 88º, 1955/56 (pp. 161 e segs.), em especial pp. 161-164 e 177-181, e 89º, 1956/57 (pp. 3 e segs.), a – *Operações de Banco,* 2ª ed., Petrony, Lisboa, 1962.

Cordeiro, António Menezes – *Das cartas de conforto no Direito Bancário,* Lex, Lisboa, 1993.

– *Da responsabilidade civil dos administradores das sociedades comerciais,* Lex, Lisboa, 1997.

– «O "contrato bancário geral"», AA.VV., *Estudos de Direito Bancário,* FDUL / Coimbra Editora, 1999 (pp. 11-19).

– *Da Compensação no Direito Civil e no Direito Bancário,* Almedina, Coimbra, 2003.

– «Escrituração comercial, prestação de contas e disponibilidade do ágio nas sociedades anónimas», AA.VV., *Estudos em Homenagem ao Professor Doutor Inocêncio Galvão Teles,* vol. IV, Almedina, Coimbra, 2003, pp. 573-598.

– «Introdução ao Direito da insolvência», O Direito, ano 137, vol. III, 2005, pp. 466-506.

– «Do contrato de mediação», *O Direito,* ano 139º, III, 2007, pp. 517-554.

– *Introdução ao Direito da Prestação de Contas,* Almedina, Coimbra, 2008.

– «O contrato de agência e a boa-fé», *RDC,* ano I, Nº 4, 2016, pp. 795-805.

Correia, António Ferrer – «Reivindicação do estabelecimento comercial como unidade jurídica», *in Estudos Jurídicos II,* Coimbra, 1969, pp. 255 e segs..

Correia, Carlos Pinto – «As relações entre a Autoridade da Concorrência e os Reguladores Sectoriais», AA.VV., *Regulação em Portugal: Novos Tempos, Novo Modelo?,* coord. de Eduardo Paz Ferreira, Luís Silva Morais e Gonçalo Anastácio, Almedina, Coimbra, 2009, pp. 721-736.

COSTA, MÁRIO JÚLIO DE ALMEIDA – *Síntese do regime jurídico vigente das cláusulas contratuais gerais*, 2ª ed., Universidade Católica Editora, Lisboa, 2000.

COSTA, MARTA MARTINS DA – *Da compra e venda comercial. Aspetos de regime que permitem sustentar uma existência substancialmente autónoma para o Direito Comercial*, Instituto Ivridico da FDUC, Coimbra, 2019.

COSTA, RICARDO – «O Novo Regime do Arrendamento Urbano e os negócios sobre a empresa», AA.VV., *Nos 20 anos do Código das Sociedades Comerciais. Homenagem aos Profs. Doutores A. Ferrer Correia, Orlando de Carvalho e Vasco Lobo Xavier*, vol. I – *Congresso Empresas e Sociedades*, Coimbra Editora, Coimbra, 2007, pp. 479-523.

– «Responsabilidade dos administradores e *business judgment rule*», AA.VV., *Reformas do Código das Sociedades*, IDET, Colóquios nº 3, Almedina, Coimbra, 2007, pp. 49-86.

– «Responsabilidade dos gerentes de sociedades por quotas perante credores e desconsideração da personalidade jurídica – anotação ao Ac. do TRP de 29.11.2007, Proc. 0735578», *CDP*, nº 32, 2010, pp. 45-70.

– *O administrador de facto*, Almedina, Coimbra, 2014.

– «O Direito Comercial Português: Direito misto, autónomo e basicamente empresarial», AA.VV., *Para Jorge Leite. Escritos Jurídicos*, vol. II (coord. por João Reis, Leal Amado, Liberal Fernandes e Regina Redinha), Coimbra Editora, Coimbra, 2014, pp. 121-146.

COSTA, SALVADOR DA – *Concurso de Credores*, 5ª ed., Almedina, Coimbra, 2015.

CRISTAS, MARIA DE ASSUNÇÃO OLIVEIRA – *Transmissão contratual do direito de crédito. Do carácter real do direito de crédito*, Almedina, Coimbra, 2005.

CRUZ, RITA BARBOSA DA – «A publicidade – em especial os contratos de publicidade», AA.VV., *estudos dedicados ao Prof. Doutor Mário Júlio de Almeida Costa* (coord. por Júlio Gomes), UCP, Lisboa, 2002, pp. 1299-1391.

CUNHA, CAROLINA – *Controlo das Concentrações de Empresas (Direito Comunitário e Direito português)*, Almedina, Coimbra, 2005.

CUNHA, PAULO OLAVO – *Venda de bens alheios*, sep. da ROA, ano 47, 1987, pp. 419-472.

– *Direitos especiais dos sócios das sociedades anónimas: as acções privilegiadas*, Almedina, Coimbra, 1993.

– «O cheque enquanto título de crédito: evolução e perspectivas», AA.VV., *Estudos de Direito Bancário*, Coimbra Editora, 1999, pp. 243-260.

– «A redução do capital das Sociedades Anónimas», AA.VV., *Estudos em Homenagem ao Professor Doutor Inocêncio Galvão Teles*, vol. IV, Almedina, Coimbra, 2003, pp. 659-693.

– *A aplicação no tempo da reforma de 2006 do Direito Societário Português*, sep. da *ROA*, ano 67, I, 2007, pp. 207-221.

– «O novo regime da redução do capital social e o artigo 35º do Código das Sociedades Comerciais», AA.VV., *Prof. Inocêncio Galvão Telles: 90 anos. Homenagem da Faculdade de Direito de Lisboa*, Almedina, Coimbra, 2007, pp. 1023-1078.

– *Cheque e Convenção de Cheque*, Almedina, Coimbra, 2009.

– «A revogabilidade do cheque no respectivo prazo de apresentação a pagamento: escrever Direito por linhas tortas. Anotação ao Acórdão do STJ nº 4/2008», *CDP*, nº 25, 2009, pp. 3-23.
– «Independência e inexistência de incompatibilidades para o desempenho de cargos sociais», AA.VV., *I Congresso Direito das Sociedades em Revista*, Almedina, Lisboa, 2011, pp. 259-295.
– «Aspectos críticos da aplicação prática do regime das acções sem valor nominal», AA.VV., *Capital Social Livre e Acções sem Valor Nominal*, Almedina, Coimbra, 2011, pp. 131-152.
– «Os novos direitos especiais: as ações especiais», AA.VV., *II Congresso Direito das Sociedades em Revista*, Almedina, Coimbra, 2012, pp. 111-146.
– «Providências específicas do plano de recuperação de sociedades», AA.VV., *I Congresso de Direito da Insolvência*, Almedina, Coimbra, 2013, pp. 107-139.
– «O contrato de suprimento na sociedade anónima: aspetos substantivos e fiscais», *DSR*, ano 6, vol. 11, 2014, pp. 53-76.
– Os deveres dos gestores e dos sócios no contexto da revitalização de sociedades», AA.VV., *II Congresso de Direito da Insolvência*, Almedina, Coimbra, 2014, pp. 209-233.
– «Reforma e pensão de administradores (a cargo da sociedade administrada)», AA.VV., *III Congresso Direito das Sociedades em Revista*, Almedina, Coimbra 2014, pp. 305-338.
– «Relevância e significado do cheque e da convenção de cheque na atualidade: principais problemas», AA.VV., *I Congresso Direito Bancário* (coord. L. Miguel Pestana de Vasconcelos), Almedina, Coimbra, 2014, 145-175.
– «Limitações à atividade concorrente de gestores de sociedades comerciais», *AA.VV., IV Congresso Direito das Sociedades em Revista*, Almedina, 2016, pp. 139-151 (existe sep.).
– «Reestruturação de sociedades e direitos dos sócios», publ. *in* AA.VV., *IV Congresso de Direito da Insolvência* (coord. Catarina Serra), Almedina, Coimbra, 2017, pp. 341-359.
– «Conversão de créditos em capital», AA.VV., *V Congresso de Direito da Insolvência* (coord. por Catarina Serra), Almedina, Coimbra, 2019, pp. 237-254.
– «As "Fundações-Empresa" – Liberdade paradoxal ou paradoxo da liberdade (de instituição)», AA.VV., *Direito das Fundações em debate: nos 50 anos do Código Civil – Insuficiências no quadro normativo atual do Direito das Fundações*, coord. de Diogo Costa Gonçalves e de Rui Soares Pereira, Principia, Cascais 2000, pp. 170-182 (no prelo).

D' Eça, Francisca Almeida – *Registos online*, Almedina, Coimbra, 2008.

Dias, António Silva – *Financiamento de Sociedades por Emissão de Obrigações*, Quid Juris, Lisboa, 2002.

Dias, Maria Gabriela de Oliveira Figueiredo – *A assistência técnica nos contratos de know-how*, Coimbra Editora, Coimbra, 1995.
– *Fiscalização de sociedades e responsabilidade civil (após a reforma do Código das Sociedades Comerciais)*, Coimbra Editora, Coimbra, 2006.

– «A fiscalização societária redesenhada: independência, exclusão de responsabilidade e caução obrigatória dos fiscalizadores», AA.VV., *Reformas do Código das Sociedades*, IDET, Colóquios nº 3, Almedina, Coimbra, 2007, pp. 277-334.

DIAS, URBANO – «Transmissão do arrendamento por morte e em vida», *O Direito*, ano 14º, II, 2008.

DOMINGUES, PAULO DE TARSO – «O regime das entradas no Código das Sociedades Comerciais», *RFDUP*, ano III, 2006 (673-723).

– O regime das entradas de sócios com créditos», AA.VV., *Nos 20 anos do Código das Sociedades Comerciais*, cit., vol. I – *Congresso Empresas e Sociedades*, Coimbra Editora, Coimbra, 2007 (pp. 785-801).

– *Variações do Capital Social*, Almedina, Coimbra, 2009.

– «Capital e património sociais, lucros e reservas», AA.VV., *Estudos de Direito das Sociedades*, 12ª ed., Almedina, Coimbra, 2015, pp. 151-222.

– «É justificável a proibição das entradas em indústria nas sociedades de capitais?», sep. de AA.VV., *Os 10 anos de investigação do CIJE. Estudos Jurídico-Económicos*, Almedina, Coimbra, 2010, pp. 819-831.

– «O novo regime do capital social nas sociedades por quotas», *DSR*, ano 3, vol. 6, 2011 (pp. 97-123) p. 121.

DUARTE, ANTÓNIO PINTO – «Notas sobre o conceito e regime jurídico das empresas públicas estaduais», AA.VV., *Estudos sobre o Novo Regime do Sector Empresarial do Estado*, Almedina, Coimbra, 2000 (pp. 61-88).

DUARTE, FELICIANO BARREIRAS – *Regime Jurídico e Fiscal das Fundações com apêndice legislativo*, Âncora Editora, Lisboa, 2008.

DUARTE, RUI PINTO – «A subcapitalização das sociedades no Direito Comercial», *Fisco*, nºs 76/77, ano VIII, 1996 (pp. 55-64).

– «Suprimentos, prestações acessórias e prestações suplementares. Notas e questões», AA.VV., *Problemas do Direito das* Sociedades, Almedina, Coimbra, 2002 (pp. 257-280).

– «Prestações suplementares e prestações acessórias (uma reincidência)», AA.VV., *Nos 20 anos do Código das Sociedades Comerciais. Homenagem aos Profs. Doutores A. Ferrer Correia, Orlando de Carvalho e Vasco Lobo Xavier*, vol. I – *Congresso Empresas e Sociedades*, Coimbra Editora, Coimbra, 2007 (pp. 693-706).

– «Contribuições dos sócios para além do capital social: prestações acessórias, prestações suplementares e suprimentos», *in Escritos sobre Direito das Sociedades*, Coimbra Editora, Coimbra, 2008 (pp. 225-259).

– «Defesa da proibição de arresto contra empresas», AA.VV., *Estudos em Homenagem ao Prof. Doutor José Lebre de Freitas*, vol. I, Coimbra Editora, Coimbra, 2013 (pp. 1197-1215).

– «Equilíbrio Contratual como Princípio Jurídico», *in Escritos Jurídicos Vários 2000-2015*, Almedina, Coimbra, 2015, pp. 685-699.

– *O registo predial*, Almedina, Coimbra, 2020.

– Vd. tb RIBEIRO, JOSÉ ANTÓNIO PINTO

EPIFÂNIO, MARIA DO ROSÁRIO – *O Processo Especial de Revitalização*, Almedina, Coimbra, 2015.

FERREIRA, ANTÓNIO PEDRO A. – *O Governo das Sociedades e a Supervisão Bancária*, Quid Juris, Lisboa, 2009.

FERREIRA, EDUARDO PAZ – «Aspectos Gerais do Novo Regime do Sector Empresarial do Estado», AA.VV., *Estudos sobre o Novo Regime do Sector Empresarial do Estado*, Almedina, Coimbra, 2000 (pp. 9-24).

— / LUÍS SILVA MORAIS – «A Regulação Sectorial da Economia – Introdução e Perspectiva Geral», AA.VV., *Regulação em Portugal: Novos Tempos, Novo Modelo?*, coord. de Eduardo Paz Ferreira, Luís Silva Morais e Gonçalo Anastácio, Almedina, Coimbra, 2009 (pp. 7-38).

FERRO, MIGUEL SOUSA – *A definição de Mercados Relevantes no Direito Europeu e Português da Concorrência*, Almedina, Coimbra, 2015.

FIGUEIREDO, ISABEL MOUSINHO DE – «O administrador delegado (A delegação de poderes de gestão no Direito das Sociedades)», *O Direito*, ano 137º, II, 2005 (pp. 547-599).

FONSECA, MARGARIDA ROSADO DA / LUÍS NASCIMENTO FERREIRA – *O procedimento de controlo das operações de concentração de empresas em Portugal. A prática decisória da Autoridade da Concorrência à luz da Lei nº 18/2003, de 11 de Junho*, Almedina, Coimbra, 2009.

FONSECA, TIAGO SOARES DA / ANTÓNIO MANUEL MENEZES CORDEIRO – «A natureza subsidiária da acção *ut singuli*», *RDS*, ano III, nº 2, 2011, pp. 369-393.

FREITAS, JOSÉ LEBRE DE – *Introdução ao Processo Civil. Conceito e princípios gerais à luz do novo código*, 3ª ed., Coimbra Editora, Coimbra, 2013.

FRADA, MANUEL A. CARNEIRO DA – *Teoria de confiança e responsabilidade civil*, Almedina, Coimbra, 2004.

- «A responsabilidade dos administradores na insolvência», *ROA*, ano 66, vol. II, 2006, pp. 653-702.
- «A *business judgment* rule no quadro dos deveres gerais dos administradores», AA. VV., *Jornadas – Sociedades Abertas, Valores Mobiliários e Intermediação Financeira*, Almedina, Coimbra, 2007, pp. 201-242.

— / DIOGO COSTA GONÇALVES – «A *acção ut singuli* (de responsabilidade civil) e a relação do Direito Cooperativo com o Direito das Sociedades Comerciais», *RDS*, ano I, nº 4, 2009, pp. 885-922.

FURTADO, J. PINTO FURTADO – «Dívidas comerciais ou dos comerciantes e executoriedade por dívidas dos cônjuges», *O Direito*, anos 106º-119º, 1974/1987, pp. 35-73 (existe sep.).

- *Os centros comerciais e o seu regime jurídico*, Almedina, Coimbra, 1998.
- «Do alojamento local, na sua relação com a propriedade horizontal», *RDC*, ano II, nº 3, 2017, pp. 529-574.

GALVÃO, SOFIA – *O contrato de cheque*, Lex, Lisboa, 1992.

GOMES, FÁTIMA – *Obrigações convertíveis em ações*, Universidade Católica Editora, Lisboa, 1999.

GOMES, JOÃO VEIGA – «As marcas não tradicionais e a nova Diretiva», *AB Instantia*, Ano III, nº 5, 2015, pp. 163-176.

GOMES, JOSÉ FERREIRA – «A alteração dos artigos 87º e 89º do CSC pelo Decreto-Lei nº 79/2017, de 30 de junho: conversão de créditos de suprimentos em capital», *RDS*, Ano IX, Nº 3, 2017, pp. 535-547.

GÓMEZ SEGADE, JOSÉ ANTÓNIO – «A responsabilidade dos administradores das sociedades no quadro da responsabilidade social da empresa», AA.VV., *Estudos de Homenagem ao Prof. Doutor Ferreira de Almeida*, vol. IV, 2011 (pp. 345-356).

GONÇALVES, LUÍS DA CUNHA – *Da compra e venda no Direito Comercial Português*, 2ª ed., Coimbra Editora, Coimbra, 1924.

GONÇALVES, PEDRO – *Regime Jurídico das Empresas Municipais*, Almedina, Coimbra, 2007.

GRAÇA, DIOGO MACEDO – *Os Contratos de Garantia Financeira*, Almedina, Coimbra, 2010.

GUERREIRO, J. A. MOUTEIRA – «Registo comercial – Ainda existe?», *O Direito*, ano 14º, II, 2008 (pp. 367-390).

GUINÉ, ORLANDO VOGLER – «O Financiamento de Sociedades por meio de Valores Mobiliários Híbridos (entre as acções e as obrigações)», AA.VV., *I Congresso Direito das Sociedades em Revista*, Almedina, Lisboa, 2010 (pp. 75-93).

– «Comentários preliminares ao Regime Jurídico da Conversão de Créditos em Capital», *RDS*, ano X, Nº 2, 2018, pp. 289-317.

GUIMARÃES, MARIA RAQUEL – *As transferências electrónicas de fundos e os cartões de débito. Alguns problemas jurídicos relacionados com as operações de levantamento de numerário e de pagamento por meios electrónicos*, Almedina, Coimbra, 1999.

– «Algumas considerações sobre o Aviso nº 11/2001 do Banco de Portugal, de 20 de Novembro, relativo aos cartões de crédito e de débito», *RFDUP*, ano I, 2004 (pp. 247-276).

– *O Contrato-Quadro no Âmbito de Utilização de Meios de Pagamento Electrónicos*, Coimbra Editora, Coimbra, 2011.

– «O pagamento com cartão de crédito no comércio electrónico: evoluções legislativas recentes», sep. *RFDUP*, ano IX, 2012 (pp. 153-167).

– «A fraude no comércio electrónico: o problema da repartição do risco por pagamentos fraudulentos», sep. de *Infrações Económicas e Financeiras – Estudos de Criminologia e Direito, Coimbra Editora*, 2013 (pp. 581-597).

– «A repartição dos prejuízos decorrentes de operações fraudulentas de banca electrónica (*home banking*) – Ac. do TRG de 23.10.2012, Proc. 305/09», *CDP*, nº 41, 2013, pp. 45-69 (anot. pp. 57-69).

HENRIQUES, SAMUEL DIAS – *O âmbito da patente e a doutrina dos equivalentes*, APDI/Almedina, Coimbra, 2019.

LABAREDA, JOÃO – *Das Acções das Sociedades Anónimas*, AAFDL, Lisboa, 1988.

LEITÃO, ADELAIDE MENEZES – «Publicidade na rede», *O Direito*, ano 14º, II, 2008 (pp. 349-365).

LEITÃO, LUÍS MANUEL TELES DE MENEZES – «Os Contratos no Direito do Petróleo e do Gás», AA.VV., *Direito dos Petróleos – Uma Perspectiva Lusófona*, 2ª ed., Almedina, Coimbra, 2015, pp. 221-266.

– «A Revisão do Regime das Práticas Comerciais Desleais», AA.VV., *I Congresso de Direito do Consumo, coord. Jorge Morais de Carvalho,* Almedina, Coimbra, 2016, pp. 73-94.

Lopes, Luísa – *Do contrato de publicidade,* Rei dos Livros, Lisboa, 2000.

Maia, Pedro – *Função e funcionamento do Conselho de Administração da Sociedade Anónima,* Coimbra Editora, Coimbra, 2002.

Marques, Mário Castro – «O Comércio Electrónico, Algumas Questões Jurídicas», AAVV, *O Comércio Electrónico. Estudos Jurídico-Económicos,* coord. por Glória Teixeira, Almedina, Coimbra, 2002 (pp. 34-55).

Martinez, Pedro Romano – *Direito dos Seguros,* Principia, Cascais, 2006.

– *Celebração de contratos à distância e o novo regime do contrato de seguro,* sep. da *RDES,* ano L (XXXII da 2ª Série), 2009 (pp. 85-116).

— / Pedro Fuzeta da Ponte – *Garantias de cumprimento,* 5ª ed., Almedina, Coimbra, 2006.

Martins, Alexandre de Soveral – *Valores Mobiliários [Acções],* Almedina, Coimbra, 2003.

– *Cláusulas do contrato de sociedade que limitam a transmissibilidade de acções,* Almedina, Coimbra, 2006.

– «Comissão executiva, comissão de auditoria e outras comissões na administração», AA.VV., *Reformas do Código das Sociedades,* IDET, Almedina, Coimbra, 2007 (pp. 243-275).

– *Transmissão da empresa societária: algumas notas,* sep. de AA.VV., *Nos 20 anos do Código das Sociedades Comerciais. Homenagem aos Profs. Doutores A. Ferrer Correia, Orlando de Carvalho e Vasco Lobo Xavier,* Coimbra Editora, Coimbra, 2007 (pp. 415-438).

– *Administradores delegados e comissões executivas. Algumas considerações,* 2ª ed., Cadernos, nº 7, IDET/Almedina, Coimbra, 2011.

– «O Regulamento (EU) 2015/848 relativo aos processos de insolvência», *in Estudos de Direito da Insolvência,* Almedina, Coimbra, 2ª ed., 2018, pp. 47-102.

– «O regime de conversão de créditos em capital», *in Estudos de Direito da Insolvência,* Almedina, Coimbra, 2ª ed., 2018, pp. 33-45.

– *Sobre a Fiscalização das Sociedades Anónimas. Os órgãos de fiscalização. O ROC,* Almedina, Coimbra, 2020.

— / Maria Elisabete Ramos, «As participações sociais», AA.VV., *Estudos de Direito das Sociedades,* 12ª ed., Almedina, Coimbra, 2015, pp. 113-150.

Martins, José Manuel Albuquerque – *Comércio internacional. Transportes e Pagamentos. Operações Aduaneiras,* bnomics, 2015.

Martins, Luís M. – *Processo de insolvência,* 3ª ed., Almedina, Coimbra, 2013.

Matias, Armindo Saraiva – «Supervisão Bancária. Situação actual e perspectiva de evolução», AA.VV., *Estudos em Homenagem ao Prof. Doutor Inocêncio Galvão Telles,* vol. II – Direito Bancário, Almedina, Coimbra, 2002 (pp. 565-592).

Meira, Deolinda Aparício – «O Contrato de Suprimento enquanto Meio de Financiamento da Sociedade», *RCEJ,* nº 2, 2005 (pp. 139-166).

– *O Regime Económico das Cooperativas no Direito Português: o Capital Social*, Vida Económica, Porto 2009.

Mendes, Evaristo – «Direito da concorrência desleal e direito da concorrência», AA.VV., *Concorrência desleal*, Almedina, Coimbra, 1997, pp. 87-98.

– *Aval e fiança gerais*, sep. de *DJ*, vol. XIV, t. 1, 2000 (pp. 149-169).

Mendes, M. Oehen – *Da protecção do nome comercial estrangeiro em Portugal. A propósito do Ac. STJ de 11 de Dezembro de 1979 (»El Corte Inglés»)*, Almedina, Coimbra, 1982.

Mesquita, Maria José Rangel – «Regulação da Actividade Seguradora: Traços Fundamentais», AA.VV., *Regulação em Portugal* cit., 2009 (pp. 187-206).

Monteiro, António Pinto – *Contrato de agência (anteprojecto)*, sep. do BMJ nº 360, Lisboa, 1987.

– *Contratos de agência, de concessão e de franquia («franchising»)*, sep. do número especial do BFDC – «Estudos em Homenagem ao Prof. Doutor Eduardo Correia» (1984), 1989 (pp. 303-316).

– *Denúncia de um contrato de concessão comercial (Anotação* ao *AcRelPorto de 27 Junho 1995)*, Coimbra Editora, Coimbra, 1998 [publicado também em *RLJ*, ano 130º, 1997/98, nºs 3874 e segs., pp. 22-32 e 91-96].

– *Contratos de distribuição comercial*, Almedina, Coimbra, 2002.

– *«O Direito do Consumidor em debate: evolução e desafios», AA.VV., I Congresso de Direito do Consumo*, Almedina, Coimbra, 2016, pp. 11-26.

Monteiro, Luís Miguel – «A operação de levantamento automático de numerário», *ROA*, ano 52, I, 1992 (pp. 123-168).

– *Novo Regime do Arrendamento Comercial*, 3ª ed., Almedina, Coimbra, 2011.

Morais, Luís Domingos Silva – *Direito da Concorrência – Perspectivas do seu Ensino*, Almedina, Coimbra, 2009.

Mota, Joana Quinteira – «As marcas não tradicionais, um novo paradigma no Direito da Propriedade Industrial. A jurisprudência recente: O caso Christian Loubotin vs Yves Saint Laurent», *Actualidad Jurídica*, Uría Menéndez, nº 34, 2013 (pp. 140-145).

Namorado, Rui – *Os princípios cooperativos*, Fora do Texto, Coimbra, 1995.

– *Introdução ao Direito Cooperativo. Para uma expressão jurídica da cooperatividade*, Almedina, Coimbra, 2000.

Neves, Miguel Santos – vd. AA.VV., *Introdução ao Direito*, coord. geral de Pedro Trovão do Rosário, Almedina, Coimbra, 2016, pp. 251-264 (*Soft Law*).

Noronha, André Navarro de – *As cartas de conforto*, Coimbra Editora, Coimbra, 2005.

Nunes, Fernando Conceição – «O porta-moedas electrónico», AA.VV., *Estudos de Direito Bancário*, FDUL / Coimbra Editora, 1999 (pp. 213-240).

– «Depósito e Conta», AA.VV., *Estudos em Homenagem ao Prof. Doutor Inocêncio Galvão Telles*, vol. II – *Direito Bancário*, Almedina, Coimbra, 2002 (pp. 67-88).

Nunes, Pedro Caetano – *Responsabilidade civil dos administradores perante os acionistas*, Almedina, Coimbra, 2002.

Olavo, Carlos – *O contrato de «franchising»*, sep. de *Novas Perspectivas do Direito Comercial*, Almedina, Coimbra, 1988.

– «Direitos e deveres dos sócios nas sociedades por quotas e anónimas», *in* AA.VV., *Estruturas Jurídicas da Empresa*, AAFDL, Lisboa, 1989 (pp. 57-81).

OLAVO, FERNANDO – *Abertura de crédito documentário*, ed. autor, Lisboa, 1952.
– *A empresa e o estabelecimento comercial*, Lisboa, 1963.
– *O nome comercial e o artigo 8º da convenção da União de Paris*, sep. da *CJ*, t. V, 1984 (pp. 19-22).

OLIVEIRA, FERNANDO BAPTISTA DE – *O conceito de consumidor. Perspectivas nacional e comunitária*, Almedina, Coimbra, 2009.

OLIVEIRA, MADALENA PERESTRELO DE – «O Processo Especial de Revitalização: o novo CIRE», *RDES*, ano IV, nº 3, 2012, pp. 707-726.

OLIVEIRA, NUNO MANUEL PINTO – *Responsabilidade civil dos administradores: entre Direito Civil, Direito das Sociedades e Direito da Insolvência*, Coimbra Editora, Coimbra, 2015.

PAIS, SOFIA OLIVEIRA – «O controlo das concentrações de empresas na Lei nº 18/2003», AA.VV., *Concorrência – Estudos* (coord. de António Goucha Soares e de Maria Manuel Leitão Marques), Almedina, Coimbra, 2006 (pp. 71-101).
– *Estudos de Direito da União Europeia* («O Tratado de Lisboa e o quadro institucional da União Europeia», pp. 13-81), 4ª ed., Almedina, Coimbra, 2018.

PATRÍCIO, JOSÉ SIMÕES – *A operação bancária de depósito*, Elcla, Porto, 1994.

PEREIRA, ALEXANDRE LIBÓRIO DIAS – *Comércio electrónico na sociedade da informação: da segurança técnica à confiança jurídica*, Almedina, Coimbra, 1999.
– «Princípios do comércio electrónico», AA.VV., IDET, Miscelâneas nº 3, Almedina, Coimbra, 2004 (pp. 75-112).

PEREIRA, CARLOS FREDERICO GONÇALVES – «Cartões de crédito», *ROA*, ano 52, II, 1992 (pp. 355-416).

PEREIRA, JOÃO AVEIRO – *O Contrato de Suprimento*, 2ª ed., Coimbra Editora, Coimbra, 2001.

PEREIRA, SOFIA GOUVEIA – *As prestações suplementares no Direito Societário português*, Principia, Lisboa, 2004.

PINHEIRO, LUÍS DE LIMA – «O Regulamento comunitário sobre insolvência – Uma introdução», AA.VV., *Nos 20 anos do Código das Sociedades Comerciais. Homenagem aos Profs. Doutores A. Ferrer Correia, Orlando de Carvalho e Vasco Lobo Xavier*, vol. III – *Vária*, Coimbra Editora, Coimbra, 2007 (pp. 153-198).

PINTO, ALEXANDRE MOTA – *Do Contrato de Suprimento. O Financiamento da Sociedade entre capital próprio e capital alheio*, Almedina, Coimbra, 2002.
– «Capital social e tutela dos credores para acabar de vez com o capital social mínimo nas sociedades por quotas», AA.VV., *Nos 20 anos do Código das Sociedades Comerciais*, vol. I – *Congresso Empresas e Sociedades*, Coimbra Editora, Coimbra, 2007 (pp. 837-861).
– «As Prestações Suplementares», AA.VV., *I Congresso Direito das Sociedades em Revista*, Almedina, Lisboa, 2010 (pp. 113-127).

PINTO, FERNANDO A. FERREIRA – *Contratos de Distribuição. Da tutela do distribuidor integrado em face da cessação do vínculo*, Universidade Católica Editora, Lisboa, 2013.

PINTO, PAULO MOTA – «Contratos de *swap* de taxas de juro, jogo e aposta e alteração das circunstâncias que fundaram a decisão de contratar», *RLJ*, ano 143º, nº 3987 (pp. 391-413), e ano 144º, nº 3988 (pp. 14-56), 2014.

PINTO-FERREIRA, JOÃO PEDRO / JORGE MORAIS DE CARVALHO – «*Contratos celebrados à distância e fora do estabelecimento comercial*», AA.VV., *I Congresso de Direito do Consumo*, Almedina, Coimbra, 2016, pp. 97-113.

PIRES, CATARINA MONTEIRO – *Alienação em Garantia*, Almedina, Coimbra, 2010.

PIRES, FLORBELA DE ALMEIDA – *Direitos e Organização dos Obrigacionistas em Obrigações Internacionais (Obrigações Caravela e Eurobond)*, Lex, Lisboa, 2001.

PITA, MANUEL ANTÓNIO – «O uso e fruição de bens na realização do capital social», AA.VV., *Prof. Inocêncio Galvão Telles: 90 anos. Homenagem da Faculdade de Direito de Lisboa*, Almedina, Coimbra, 2007 (pp. 775-802).

– «As prestações acessórias: Direito das Sociedades e Direito da Contabilidade», AA.VV., *I Congresso Direito das Sociedades em Revista*, Almedina, Lisboa, 2010 (pp. 95-111).

PIZARRO, SEBASTIÃO NÓBREGA – *Comércio Electrónico. Contratos Electrónicos e Informáticos*, Almedina, Coimbra, 2005.

PROENÇA, ALFREDO – *Transporte de mercadorias por estrada*, Almedina, Coimbra, 1998.

RAMALHO, MARIA DO ROSÁRIO PALMA – *Grupos Empresariais e Societários. Incidências laborais*, Almedina, Coimbra, 2008.

RAMOS, ARMINDO DIAS – vd. AA.VV., *Introdução ao Direito*, coord. geral de PEDRO TROVÃO DO ROSÁRIO, Almedina, Coimbra, 2016, pp. 160-162.

RAMOS, MARIA ELISABETE GOMES – *Responsabilidade civil dos administradores e directores de sociedades anónimas perante os credores sociais*, Coimbra Editora, Coimbra, 2002.

– «Insolvência da sociedade e efetivação da responsabilidade civil dos administradores», *BFD*, vol. LXXXIII, Coimbra, 2007, pp. 449-489.

– *O Seguro de Responsabilidade Civil dos Administradores (Entre a exposição ao risco e a delimitação da cobertura)*, Almedina, Coimbra, 2010.

– «Minorias e acção especial de responsabilidade», AA.VV., *I Congresso Direito das Sociedades em Revista*, Almedina, Lisboa, 2011, pp. 373-390.

– «Contrato de seguro – perspetivas da experiência portuguesa», AA.VV., *Questões de Direito Comercial no Brasil e em Portugal* (coord. Fábio Ulhoa Coelho e Maria de Fátima Ribeiro), Saraiva, São Paulo, 2014, pp. 257-294.

– Vd. ABREU, JORGE COUTINHO DE.

RANGEL, RUI – *Espaços comerciais. Natureza e regime jurídico dos contratos de utilização*, Cosmos, Lisboa, 1998.

REGO, MARGARIDA LIMA – *Contrato de Seguro e Terceiros. Estudo de Direito Civil*, Wolters Kluwer / Coimbra Editora, Coimbra, 2010.

RIBEIRO, JOAQUIM DE SOUSA – *Cláusulas Contratuais Gerais e o Paradigma do Contrato*, sep. do vol. XXXV do Supl. ao BFDUL, Coimbra, 1990.

RIBEIRO, JOSÉ ANTÓNIO PINTO / RUI PINTO DUARTE – *Dos Agrupamentos Complementares de Empresas*, CadCTF nº 118, Lisboa, 1980.

RIBEIRO, MARIA DE FÁTIMA – *O contrato de franquia (franchising)*, Almedina, Coimbra, 2001.

– «O Contrato de Franquia (*franchising*)», *DJ*, vol. XIX, T. I, 2005 (pp. 77-127).

– «A responsabilidade de gerentes e administradores pela actuação na proximidade da insolvência de sociedade comercial», *O Direito*, ano 142.º, vol. I, 2010, pp. 81-128.

– «A responsabilidade dos administradores na crise da empresa», AA.VV., *I Congresso Direito das Sociedades em Revista*, Almedina, Lisboa, 2011, pp. 391-413.

– «A função da acção social "ut singuli" e a sua subsidariedade», *DSR*, ano 3, vol. 6, 2011, pp. 155-188.

– «Os títulos de crédito em Portugal», AA.VV., *Questões de Direito Comercial no Brasil e em Portugal* (coord. Fábio Ulhoa Coelho e Maria de Fátima Ribeiro), Saraiva, São Paulo, 2014, pp. 431-466.

Robalo, Ana – vd. AA.VV., *Introdução ao Direito*, coord. geral de Pedro Trovão do Rosário, Almedina, Coimbra, 2016, pp. 109-113.

Rocha, Ana Pinto da – *Da Perda Grave do Capital Social nas Sociedades de Capitais. O papel das Prestações Acessórias e Suplementares*, Petrony, Lisboa, 2009.

Rocha, Francisco Costeira da – *O contrato de transporte de mercadorias*, Almedina, Coimbra, 2000.

Rocha, Manuel Durães – «Marcas sensoriais», *AB Instantia*, Ano V, nº 7, 2017, pp. 113-117.

Rodrigues, Ana Maria Gomes – «Justo valor, uma perspectiva crítica e multidisciplinar», AA.VV., *Miscelâneas*, nº 7, IDET, Almedina, Coimbra (pp. 69-133).

Rodrigues, Nuno Madeira – *Das Letras: Aval e Protesto*, Almedina, Coimbra, 2002.

Sá, Almeno de – *Cláusulas Contratuais Gerais e Directiva sobre Cláusulas Abusivas*, 2ª ed., Almedina, Coimbra, 2000.

Sá, Fernando Oliveira – «A transformação de créditos em capital e o problema das entradas em espécie ocultas», AA.VV., *Nos 20 anos do Código das Sociedades Comerciais*, vol. II – Vária, Coimbra Editora, Coimbra, 2007 (pp. 671-703).

Sarmento, Joaquim Miranda – *Parcerias Público-Privadas*, Fundação Francisco Manuel dos Santos, Lisboa, 2013.

Santos, Luís Máximo dos – «Regulação e Supervisão Bancária», AA.VV., *Regulação em Portugal: Novos Tempos, Novo Modelo?*, Almedina, Coimbra, 2009 (pp. 39-126).

Santos, Mário Coutinho dos – *O Dinheiro*, Fundação Francisco Manuel dos Santos, Lisboa, 2015.

Segorbe, Beatriz – «A transferência bancária, a moeda escritural e a figura da delegação», *RB*, 52, 2001 (pp. 79-125).

Sendin, Paulo Melero – *Letra de Câmbio – L.U. de Genebra*, vols. I (*Circulação cambiária*) e II (*Obrigações e garantias cambiárias*), Universidade Católica Portuguesa, Almedina, Coimbra, 1980, 1982.

Serens, Manuel Couceiro Nogueira – *A Monopolização da Concorrência e a (Re-) Emergência da Tutela da Marca*, Almedina, Coimbra, 2007.

Serra, Adriano Paes da Silva Vaz – «Títulos de Crédito», *BMJ* 60 (pp. 3-353) e 61 (pp. 5-354), 1956.

Serra, Catarina – *O Novo Regime Português da Insolvência. Uma Introdução*, 5ª ed., Almedina, Coimbra, 2013.

– *A Falência no Quadro da Tutela Jurisdicional dos Direitos de Crédito. O problema da natureza do processo de liquidação aplicável à insolvência no Direito Português*, Coimbra Editora, Coimbra, 2009.

– *Regime Extrajudicial de Recuperação de Empresas – Análise (e) Crítica*, Almedina, Coimbra, 2018.

—/ José Gonçalves Machado – «Para uma harmonização mínima do Direito da Insolvência – Primeira abordagem à proposta de Diretiva de 22/11/2016, com especial atenção ao seu impacto no Direito das Sociedades Comerciais», DSR, ano 9, vol. 17, 2017, pp. 135-175.

Silva, Ana – vd. AA.VV., *Introdução ao Direito*, coord. geral de Pedro Trovão do Rosário, Almedina, Coimbra, 2016, pp. 144-146.

Silva, Fernando – vd. AA.VV., *Introdução ao Direito*, coord. geral de Pedro Trovão do Rosário, Almedina, Coimbra, 2016, pp. 165-171.

Silva, Germano Marques da – *Responsabilidade penal das sociedades e dos seus administradores e representantes*, Verbo, Lisboa, 2009.

Silva, Isabel Marques da – «Os acordos de distribuição e o Direito da concorrência», *DJ*, vol. X, 1996, t. 2, pp. 167-235 (existe separata).

Silva, João Calvão da – *Estudos de Direito Comercial (Pareceres)*, Almedina, Coimbra, 1996.

– «Locação Financeira e Garantia Bancária», *Estudos de Direito Comercial (Pareceres)*, Almedina, Coimbra, 1996 (pp. 5-48).

– «Associação em participação», *Estudos de Direito Comercial (Pareceres)*, Almedina, Coimbra, 1996 (pp. 79-93).

– «Compra e venda de empresas», *Estudos de Direito Comercial (Pareceres)*, Almedina, Coimbra, 1996 (pp. 137-163).

– «A empresa como objecto de tráfico jurídico», *Estudos de Direito Comercial (Pareceres)*, Almedina, Coimbra, 1996 (pp. 165-197).

– «Garantias acessórias e garantias autónomas», *Estudos de Direito Comercial (Pareceres)*, Almedina, Coimbra, 1996 (pp. 327-368).

– «Concessão comercial e direito da concorrência», *Estudos Jurídicos (Pareceres)*, Almedina, Coimbra, 2001.

– «"Corporate Governance" – Responsabilidade civil de administradores não executivos, da comissão de auditoria e do conselho geral e de supervisão», *RLJ*, ano 136º, nº 3940, 2006 (pp. 31-59).

– «*Swap* de taxa de juro: sua legalidade e autonomia e inaplicabilidade da excepção do jogo e aposta», anot. ao AcRelLisboa de 21 de março de 2013 (Proc. nº 2587/10.0 TVLSB.L1-6), *RLJ*, ano 142º, nº 3979, 2013 (pp. 238-269, anotação a pp. 253-269).

– «Serviços de pagamento e responsabilidade civil», AA.VV., *Estudos em Homenagem a Rui Machete*, Almedina, Coimbra, 2015 (pp. 339-376).

Silva, Pedro Sousa e – *A Protecção Jurídica do* Design, Almedina, Coimbra, 2017.

Silveira, Pedro Malta da – *A empresa nos centros comerciais e a pluralidade de estabelecimentos. Os centros comerciais como realidade juridicamente relevante*, Almedina, Coimbra, 1999.

SOARES, QUIRINO – «Contratos bancários», *SI*, t. LII, nº 295, 2003 (pp. 109-128).

SOUSA, CONSTANÇA URBANO DE – vd. AA.VV., *Introdução ao Direito*, coord. geral de PEDRO TROVÃO DO ROSÁRIO, Almedina, Coimbra, 2016, pp. 13-120.

SOUSA, RABINDRANATH V. A. CAPELO DE – *O Direito Geral de Personalidade*, Coimbra Editora, Coimbra, 1995.

TORRES, NUNO MARIA PINHEIRO – «A Transmissão da propriedade das entradas *in natura* nas sociedades anónimas», *DJ*, XVII, 2003 (pp. 33-113).

TRIGO, MARIA DA GRAÇA – «Responsabilidade civil do transportador aéreo», *Direito e Justiça*, vol. XII, T. 2, 1998, pp. 71-94.

VALLES, EDGAR – *Consórcio, ACE e outras figuras*, Almedina, Coimbra, 2007.

– *Responsabilidade dos Gerentes e Administradores*, Almedina, Coimbra, 2015.

VARELA, JOÃO DE MATOS ANTUNES – «Depósito bancário. (Depósito a prazo em regime de solidariedade – Levantamento antecipado por um contitular)», *RB*, nº 21, 1992 (pp. 41-75).

– *Centros Comerciais (Shopping Centers). Natureza jurídica dos contratos de instalação dos lojistas*, Coimbra Editora, Coimbra, 1995.

VASCONCELOS, JOANA – «Cartões de crédito», *RDES*, XXXIV, nº 4, 1992 (pp. 305-347), e XXXV, nºs 1-2-3-4, 1993 (pp. 71-182).

– «O contrato de emissão de cartão de crédito», AA.VV., *Estudos dedicados ao Prof. Doutor Mário Júlio de Almeida Costa*, Universidade Católica Editora, Lisboa, 2002 (pp. 723-752).

– «Sobre a repartição entre titular e emitente do risco de utilização abusiva do cartão de crédito no Direito português», AA.VV., *Estudos em Homenagem ao Prof. Doutor Inocêncio Galvão Telles*, vol. II – *Direito Bancário*, Almedina, Coimbra, 2002 (pp. 487-517).

VASCONCELOS, LUÍS MIGUEL D.P. PESTANA DE – *O contrato de franquia (franchising)*, 2ª ed., Almedina, Coimbra, 2010.

VASCONCELOS, PAULO ALVES DE SOUSA DE – *O Contrato de Consórcio no âmbito dos contratos de cooperação entre empresas*, Coimbra Editora, Coimbra, 1999.

VASCONCELOS, PEDRO PAIS DE – «As obrigações no financiamento da empresa», AA.VV., *Problemas do Direito das Sociedades*, Almedina, Coimbra, 2002.

– *A participação social nas sociedades comerciais*, 2ª ed., Almedina, Coimbra, 2006.

– *D&O Insurance: O seguro de responsabilidade civil dos administradores e outros dirigentes da sociedade anónima*, Almedina, Coimbra, 2007.

– «Responsabilidade Civil dos Gestores das Sociedades Comerciais», *DSR*, ano 1, vol. 1, 2009, pp. 11-32.

VASQUES, JOSÉ – *Novo Regime Jurídico da Mediação de Seguros*, Almedina, Coimbra, 2006.

VELOZO, JOSÉ ANTÓNIO – «"Electronic Banking"»: uma introdução ao EFTS», *SI*, t. XXXVI, 1987 (pp. 77-155).

VENTURA, RAÚL – «Primeiras notas sobre o contrato de consórcio», *ROA*, ano 41, III, 1981 (pp. 609-690).

– *O Contrato de Suprimento no Código das Sociedades Comerciais*, sep. da Revista «O Direito», ano 121º, I, 1989 (pp. 7-73).

VICENTE, DÁRIO MOURA – *Da arbitragem comercial internacional. Direito aplicável ao mérito da causa*, Coimbra Editora, 1990.

– *A Tutela Internacional da Propriedade Intelectual*, Almedina, Coimbra, 2008.

VICENTE, MARTA DE SOUSA NUNES – *A quebra da legalidade material na actividade normativa de regulação económica*, Coimbra Editora, Coimbra, 2012.

VIEIRA, JOSÉ ALBERTO COELHO – *O contrato de concessão comercial*, AAFDL, Lisboa, 1991.

VILAÇA, JOSÉ LUÍS CRUZ – *A empresa cooperativa*, sep. do Boletim de Ciências Económicas, vols. XI, XII, XIII e XIV, Coimbra, 1969.

– «Introdução à nova legislação da concorrência», AA.VV., *Concorrência – Estudos* (coord. de António Goucha Soares e de Maria Manuel Leitão Marques), Almedina, Coimbra, 2006 (pp. 13-44).

VILAR, EMÍLIO RUI – «Fundações – Legitimidade, responsabilidade e (auto-) regulação», AA.VV., *Nos 20 anos do Código das Sociedades Comerciais. Homenagem aos Profs. Doutores A. Ferrer Correia, Orlando de Carvalho e Vasco Lobo Xavier*, vol. II – *Vária*, Coimbra Editora, Coimbra, 2007 (pp. 535-550).

XAVIER, RITA LOBO – *Planeamento sucessório e transmissão de património à margem do Direito das Sucessões*, Universidade Católica Editora, Porto, 2016.

– *Sucessão familiar na empresa: a empresa familiar como objeto da sucessão* mortis causa, Universidade Católica Editora, Porto, 2017.

IV) ARTIGOS JURÍDICOS

CUNHA, PAULO OLAVO – «Comerciante», AA.VV., *Enciclopédia Verbo*, Edição Século XXI, Verbo, Lisboa / São Paulo, 1998, vol. 7, cols. 550-551.

– «Comércio – DIR», AA.VV., *Enciclopédia Verbo*, Edição Século XXI, Verbo, Lisboa / São Paulo, 1998, vol. 7, cols. 551-552.

FERNANDES, ANTÓNIO MONTEIRO – «A empresa – Perspectiva jurídica», *in Enciclopédia PÓLIS*, vol. II, cols. 928-934.

ÍNDICE ANALÍTICO[844]

A

[844] As matérias reportam-se aos números em que se sistematiza o livro, sendo as notas referidas entre parêntesis. Todas as entradas autónomas são assinaladas em **negrito**, sobretudo quando o assunto tem mais de uma entrada.

D

G

I

J

L

O

P

ÍNDICE